■2025年度高等学校受験用

中央大学附属高等学校

収録内容一覧

★この問題集は以下の収録内容となっています。また[illegible]、解説・解答、解答用紙を省略させていただいている場合もございますのでご了承ください。

（○印は収録、一印は未収録）

入試問題の収録内容			解説	解答	解答用紙
2024年度	推薦	英語・数学	○	○	○
		小論文	—	—	—
	一般	英語・数学・国語	○	○	○
2023年度	推薦	英語・数学	○	○	○
		小論文	—	—	—
	一般	英語・数学・国語	○	○	○
	帰国生	英語・数学・国語	—	○	○
2022年度	推薦	英語・数学	○	○	○
		小論文	—	—	—
	一般	英語・数学・国語	○	○	○
	帰国生	英語・数学・国語	—	○	○
2021年度	推薦	英語・数学	○	○	○
		小論文	—	—	—
	一般	英語・数学・国語	○	○	○
	帰国生	英語・数学・国語	—	○	○
2020年度	推薦	英語・数学	○	○	○
		小論文	—	—	—
	一般	英語・数学・国語	○	○	○
	帰国生	英語・数学・国語	—	○	○

★当問題集のバックナンバーは在庫がございません。あらかじめご了承ください。

●凡例●

【英語】

≪解答≫

〔　〕　①別解
②置き換え可能な語句（なお下線は置き換える箇所が2語以上の場合）
（例）<u>I am</u>〔I'm〕glad〔happy〕to～

（　）　省略可能な言葉

≪解説≫

1，**2**…　本文の段落（ただし本文が会話文の場合は話者の１つの発言）

〔　〕　置き換え可能な語句（なお〔　〕の前の下線は置き換える箇所が 2 語以上の場合）

（　）　①省略が可能な言葉
（例）「（数が）いくつかの」
②単語・代名詞の意味
（例）「彼（＝警察官）が叫んだ」
③言い換え可能な言葉
（例）「いやなにおいがするなべにはふたをするべきだ（＝くさいものにはふたをしろ）」

//　訳文と解説の区切り

cf.　比較・参照

≒　ほぼ同じ意味

【数学】

≪解答≫

〔　〕　別解

≪解説≫

（　）　補足的指示
（例）（右図１参照）など

〔　〕　①公式の文字部分
（例）〔長方形の面積〕＝〔縦〕×〔横〕
②面積・体積を表す場合
（例）〔立方体 ABCDEFGH〕

∴　ゆえに

≒　約、およそ

【社会】

≪解答≫

〔　〕　別解

（　）　省略可能な語

＿＿　使用を指示された語句

≪解説≫

〔　〕　別称・略称
（例）政府開発援助〔ODA〕

（　）　①年号
（例）壬申の乱が起きた（672 年）。
②意味・補足的説明
（例）資本収支（海外への投資など）

【理科】

≪解答≫

〔　〕　別解

（　）　省略可能な語

＿＿　使用を指示された語句

≪解説≫

〔　〕　公式の文字部分

（　）　①単位
②補足的説明
③同義・言い換え可能な言葉
（例）カエルの子（オタマジャクシ）

≒　約、およそ

【国語】

≪解答≫

〔　〕　別解

（　）　省略してもよい言葉

＿＿　使用を指示された語句

≪解説≫

〈　〉　課題文中の空所部分（現代語訳・通釈・書き下し文）

（　）　①引用文の指示語の内容
（例）「それ（＝過去の経験）が ～」
②選択肢の正誤を示す場合
（例）（ア，ウ…×）
③現代語訳で主語などを補った部分
（例）（女は）出てきた。

／　漢詩の書き下し文・現代語訳の改行部分

中央大学附属高等学校

所在地	〒184-8575 東京都小金井市貫井北町3-22-1
電　話	042-381-5413
ホームページ	https://www.hs.chuo-u.ac.jp
交通案内	JR中央線武蔵小金井駅より徒歩18分またはバス 西武新宿線小平駅よりバス

普通科

男女共学

くわしい情報は
ホームページへ

応募状況

年度	募集数	受験数	合格数	倍　率
2024	推薦　80名 一般 120名	286名 711名	100名 204名	2.9倍 3.5倍
2023	推薦　80名 一般 120名	362名 872名	99名 216名	3.7倍 4.0倍
2022	推薦　80名 一般 120名	307名 756名	100名 181名	3.1倍 4.2倍

試験科目　（参考用：2024年度入試）

［一般公募推薦］小論文（600字）
基礎学力試験（英語・数学）
［一般］国語・数学・英語（リスニング含む）

教育方針

中央大学の学風「質実剛健」を基盤に，「明るく，強く，正しく」の校訓のもと，附属高校ならではのユニークな高校教育を実践している。高い知性と豊かな感性を持つ，心身ともに健康な，社会有為の人材を育成するために，次の三つの目標を掲げている。

Ⅰ．主体的・創造的な学習意欲を高め，均衡ある基礎学力の充実を図ることによって，論理的思考力と健全な批判力を養い，旺盛な知的好奇心と豊かな個性を持つ，大学の基幹学生となるべき資質を涵養する。

Ⅱ．自主・自治の精神を発揚し，特別活動の活性化を図ることによって，指導性・協調性・社会性を養う。

Ⅲ．自主・自律の精神を尊重し，自由と責任を重んじる，社会の形成者としての資質を育成する。

本校の特色

「教養総合」「理数教育」「グローバル教育」を教育の柱とし，自ら考え行動できる人材の育成に取り組んでいる。「自主・自治・自律」を基本とする自由な校風の中，卒論制作やSHH課外活動，海外語学研修などさまざまな体験をとおして，自ら未来を切り開ける力を養う。

高大連携

学部別講座など，附属校ならではのプログラムを実施。2022年度には大学の授業を先行履修できる「特別科目等履修生制度」がスタートした。

進路状況

中央大学への進学に際しては，一般の入学試験とは別に，高校から提出する調査書に基づき，大学が選考を行い，各学部への進学が許可される。

【近年の合格大学一覧】

筑波大，一橋大，北海道大，東北大，東京外国語大，東京都立大，横浜国立大，横浜市立大，上智大，早稲田大，東京理科大，慶應義塾大，明治大，立教大，青山学院大　ほか多数

編集部注―本書の内容は2024年4月現在のものであり，変更されている場合があります。正確な情報は，学校のホームページ等で必ずご確認ください。

出題傾向と今後への対策　英語

出題内容

	2024		2023		2022	
	推薦	一般	推薦	一般	推薦	一般
大問数	6	7	6	8	6	8
小問数	36	52	40	57	35	62
リスニング	×	○	×	○	×	○

◎推薦，一般ともにそれぞれの出題傾向に大きな変化はない。一般はリスニング問題が毎年出題されている。

2024年度の出題状況

《推　薦》

Ⅰ 適語(句)選択・語形変化
Ⅱ 書き換え―適語補充
Ⅲ 対話文完成―適語補充
Ⅳ 長文読解―内容一致―説明文
Ⅴ 長文読解総合―説明文
Ⅵ 条件作文

《一　般》

Ⅰ 放送問題
Ⅱ 長文読解総合―物語
Ⅲ 長文読解総合―説明文
Ⅳ 適語(句)選択・語形変化
Ⅴ 書き換え―適語補充
Ⅵ 整序結合
Ⅶ テーマ作文

解答形式

《推　薦》	記　述／マーク／併　用
《一　般》	記　述／マーク／併　用

出題傾向

一般入試の長文は長いが，一つの完結した内容で興味深く読めるようになっている。本文の大半は中学校の学習範囲で読み取れるものであり，極端に難しい表現はない。設問は，推薦，一般ともに長文の内容理解から，単語・熟語，文法事項など多岐にわたっている。英作文も頻出。一般のリスニング問題は２部構成で設問数は８～10問。

今後への対策

長文読解力を養わねばならない。副読本を選んで，最初は辞書を使わず，最後まで読み通し，大意をつかむ練習をすること。文章の流れをつかむ力をつけてほしい。また，出題内容は多様なので，数年分の過去問を解き出題形式を確認しよう。リスニング問題は，身近なメディアを使って，毎日聞くようにしよう。

◆◆◆◆◆ 英語出題分野一覧表 ◆◆◆◆◆

分野		年度	2022		2023		2024		2025予想※	
			推	一	推	一	推	一	推	一
音声	放送問題			■		■		■		◎
	単語の発音・アクセント									
	文の区切り・強勢・抑揚									
語彙・文法	単語の意味・綴り・関連知識			●			●	●	△	◎
	適語(句)選択・補充		●	■	■	■	■	●	◎	◎
	書き換え・同意文完成		●	●	●	●	●	■	◎	◎
	語形変化		●	●	●	●	●	●	◎	◎
	用法選択									
	正誤問題・誤文訂正									
	その他									
作文	整序結合		●	●	●	■	●	●	◎	◎
	日本語英訳	適語(句)・適文選択								
		部分・完全記述								
	条件作文		●		●		●		◎	
	テーマ作文			●		●		●		◎
会話文	適文選択									
	適語(句)選択・補充		●		●		●		◎	
	その他									
長文読解	内容把握	主題・表題								
		内容真偽	●	●	●	●	●	●	◎	◎
		内容一致・要約文完成		★		★	●	■	△	◎
		文脈・要旨把握	●	■	●	●	●	●	◎	◎
		英問英答								
	適語(句)選択・補充		●	■	■	★	●	●	◎	◎
	適文選択・補充		●	●	●			●	◎	◎
	文(章)整序									
	英文・語句解釈(指示語など)		●	●	●		●	●	◎	◎
	その他(適所選択)									

●印：１～５問出題，■印：６～10問出題，★印：11問以上出題。
※予想欄　◎印：出題されると思われるもの。　△印：出題されるかもしれないもの。

出題傾向と今後への対策　数学

出題内容

2024年度

《推 薦》 作 証 グ

小問集合形式で，数と式，方程式などの計算を主とするもの5問，確率1問，図形3問，関数3問の計12問の出題。図形からは円や円錐に関するものが出題された。関数からは放物線と直線に関するものが出題された。

《一 般》 作 証 グ

[1]は小問集合で，8問。各分野から出題されている。[2]は，数の性質から約数に関する問題。[3]はデータの活用から箱ひげ図などに関する問題。[4]は空間図形で四角錐と球に関する問題。[5]は関数で，放物線と直線に関するもの。

2023年度

《推 薦》 作 証 グ

小問集合形式で，数と式，方程式などの計算を主とするもの5問，関数4問，場合の数1問，図形3問の計13問の出題。関数は，変域に関する問題と，放物線と直線に関するものが出題されている。図形では，回転体について問うものもある。

《一 般》 作 証 グ

[1]は小問集合で，8問。各分野から出題されている。[2]は，円柱と球の体積などを文字式で表し，それを利用する問題。[3]は関数で，放物線と直線に関するもの。[4]は数の性質に関する問題。[5]は文字式の利用に関する問題。

作…作図問題　証…証明問題　グ…グラフ作成問題

解答形式

《推 薦》　記　述／マーク／併　用

《一 般》　記　述／マーク／併　用

出題傾向

推薦は12～14問の出題で，教科書の内容がどれだけ定着しているかを見るものが中心。一般について。[1]は小問集合で6～10問。[2]以降は，関数，図形がほぼ必出。その他，方程式の応用や数の性質など，毎年工夫を凝らしたものになっている。難度が高いものや，応用力を要するものもある。

今後への対策

教科書の章末問題をひと通り解いて，まずは基礎事項の確認を。基礎が定着したら，標準レベルの問題集などを用いて，問題に慣れるようにしよう。できるだけ多くの問題に接し，解法のパターンを身につけるようにするとよい。各分野からまんべんなく出題されているので，偏りのない学習を心がけよう。

◆◆◆◆◆ 数学出題分野一覧表 ◆◆◆◆◆

分野	年度	2022 推	2022 一	2023 推	2023 一	2024 推	2024 一	2025予想※ 推	2025予想※ 一
数と式	計算，因数分解	★	★	★	★	★	★	◎	◎
	数の性質，数の表し方		●		★		★	△	◎
	文字式の利用，等式変形				★				△
	方程式の解法，解の利用	■	■	■	●	■	■	◎	◎
	方程式の応用								
関　数	比例・反比例，一次関数			●			●	△	△
	関数 $y=ax^2$ とその他の関数	★	★	★	★	★	★	◎	◎
	関数の利用，図形の移動と関数		★						△
図　形	（平面）計　量	★	●	■	■	■	●	◎	◎
	（平面）証明，作図								
	（平面）その他								
	（空間）計　量	●	■	●		●	★	◎	◎
	（空間）頂点・辺・面，展開図								
	（空間）その他								
データの活用	場合の数，確率	●		●		●		◎	◎
	データの分析・活用，標本調査				●		★		◎
その他	不 等 式								
	特殊・新傾向問題など		★						△
	融合問題								

●印：1問出題，■印：2問出題，★印：3問以上出題。
※予想欄　◎印：出題されると思われるもの。　△印：出題されるかもしれないもの。

出題傾向と今後への対策　国語

出題内容

2024年度

論説文　小説

課題文
一鷲田清一『想像のレッスン』
二滝口悠生『恐竜』

2023年度

小説　論説文

課題文
一黒井千次『二人暮し』
二レベッカ・ソルニット／渡辺由佳里訳『それを，真の名で呼ぶならば』

2022年度

小説　論説文

課題文
一冥王まさ子『天馬空を行く』
二丸山眞男「『現実』主義の陥穽」

解答形式

2024年度	記述／マーク／併用

出題傾向

課題文は，分量がかなり多く，内容的にも高度である。設問は，それぞれに12問前後付されている。解答形式は記述式といっても，漢字のほかには抜き書きが１つか２つある程度で，あとは記号選択式である。選択肢がかなり長いので，全体としてはかなり分量の多い試験となっている。

今後への対策

課題文が長いだけでなく，選択肢も長く複雑なので，長い文章を読み，内容を正確につかむ力を養う必要がある。そのためには，問題集だけでなく，日頃の読書が大切である。特に論説文は，高度な内容が出題されるため，哲学・社会学系統の書物を読むとよいだろう。

◆◆◆◆◆ 国語出題分野一覧表 ◆◆◆◆◆

分野		年度	2022	2023	2024	2025予想※
現代文	論説文 説明文	主題・要旨	●	●	●	◎
		文脈・接続語・指示語・段落関係	●			△
		文章内容	●	●	●	◎
		表現	●	●	●	◎
	随筆 日記 手紙	主題・要旨				
		文脈・接続語・指示語・段落関係				
		文章内容				
		表現				
		心情				
	小説	主題・要旨				
		文脈・接続語・指示語・段落関係	●			△
		文章内容	●	●	●	◎
		表現	●	●	●	◎
		心情	●	●	●	◎
		状況・情景				
韻文	詩	内容理解				
		形式・技法				
	俳句 和歌 短歌	内容理解				
		技法				
古典	古文	古語・内容理解・現代語訳				
		古典の知識・古典文法				
	漢文	(漢詩を含む)				
国語の知識	漢字 語句	漢字	●	●	●	◎
		語句・四字熟語		●	●	◎
		慣用句・ことわざ・故事成語	●			△
		熟語の構成・漢字の知識				
	文法	品詞				
		ことばの単位・文の組み立て				
		敬語・表現技法				
	文学史					
作文・文章の構成・資料						
その他						

※予想欄　◎印：出題されると思われるもの。　△印：出題されるかもしれないもの。

合格を勝ち取るための

本書の使い方

本書に掲載されている過去問をご覧になって，「難しそう」と感じたかもしれません。でも，大丈夫。ほとんどの受験生が同じように感じるのです。高校入試の出題範囲は中学校の定期テストに比べて広いですし，残りの中学校生活で学ぶはずの，まだ習っていない内容からも出題されているかもしれません。

ですから，初めて本書に取り組む際には，点数を気にする必要はありません。点数は本番で取れればいいのです。

過去問で重要なのは「間違えること」です。自分の弱点を知るために，過去問に取り組むのです。当然，間違った問題をそのままにしておいては意味がありません。

本書には，長年にわたって高校受験に関わってきたベテランスタッフによる詳細な解説がついています。間違えた問題は重点的に解説を読み，何度も解きなおしてください。時にはもう一度，教科書で復習するのもよいでしょう。

別冊として，抜き取って使える解答用紙を収録しました。表示してあるように拡大コピーをとれば，実際の入試と同じ条件で，何度でも過去問に取り組むことができます。特に記述問題では解答欄の大きさがヒントになる場合があります。そうした，本番で使える受験テクニックの練習ができるのも，本書の強みです。

前のページにある「出題傾向と今後への対策」もよく読んで，本校の出題傾向に慣れておきましょう。

2025年度 高校受験用

中央大学附属高等学校　5年間スーパー過去問

をご購入の皆様へ

お詫び

本書、中央大学附属高等学校の入試問題につきまして、誠に申し訳ございませんが、以下の問題文は著作権上の問題により掲載することができません。設問と解説、解答は掲載してございますので、よろしくお願い申し上げます。

記

2023年度　一般　国語 二 の問題文

2021年度　一般　国語 二 の問題文

以上

株式会社　声の教育社　編集部

2024年度　中央大学附属高等学校（推薦）

【英　語】（30分）〈満点：60点〉

I　次の（　）に入る最も適切な語（句）を１つずつ選び，記号で答えなさい。

1．I was spoken (　　) by a stranger on the street.
あ．on　　い．with　　う．in　　え．to

2．Can you give us (　　) bit more information ?
あ．few　　い．little　　う．a few　　え．a little

3．The children went to the park (　　) soccer.
あ．play　　い．plays　　う．to playing　　え．to play

4．(　　) we climbed up the mountain, the air grew colder.
あ．If　　い．As　　う．Even　　え．Though

5．I want a book to read on the plane.　Could you lend me (　　) ?
あ．it　　い．them　　う．one　　え．the one

6．Your story (　　) be true.　It sounds unbelievable.
あ．may　　い．cannot　　う．will　　え．don't have to

7．Is there anything you (　　　　) get you from the supermarket ?
あ．want to me　　い．to me want
う．want me to　　え．to want me

8．These are the toys (　　　　) with when I was a child.
あ．who I play　　い．that I play
う．who I played　　え．that I played

9．How about (　　　　) in the sea tomorrow ?
あ．going swimming　　い．go to swim
う．going to swimming　　え．go swimming

10．Eriko doesn't look happy.　I wonder (　　　　) her so sad.
あ．what made　　い．why made　　う．where made　　え．how made

II　次の各組の文がほぼ同じ意味になるように，（　）に最も適切な語を入れたとき，（＊）に入る語を答えなさい。

1．My English is not as good as hers.
Her English is (　＊　) than (　　).

2．This is my first visit to Japan.
I've (　＊　) (　　) to Japan before.

3．My father drew a picture.　It was beautiful.
The picture (　＊　) (　　) my father was beautiful.

4．She decided to study in France for a year.
She (　　) up her (　＊　).　She was going to study in France for a year.

5．We had heavy rain last night.
(　＊　) (　　) heavily last night.

Ⅲ　次の対話が完成するように，(　)に最も適切な語を入れたとき，(＊)に入る語を答えなさい。

1．A：How long has Lisa played the piano?
　　B：She has played the piano (　＊　) she (　　　) four years old.

2．A：What's (　＊　)?　Are you all right?
　　B：I feel really sick.
　　A：Sorry to hear that.　You should go to see a doctor.

3．A：(　＊　)(　　　) your trip to Okinawa?
　　B：Well, it was hot, but the beaches were really nice.

4．A：How many children does Mr. Sato have?
　　B：He has two daughters.　(　　　) lives in Osaka, and the (　＊　) lives in Tokyo.

5．A：Oh no, I can't find my car keys.　I probably lost them.
　　B：Really?　(　　　) was careless (　＊　) you.

Ⅳ　次の2つの英文を読み，[　　]にあてはまる最も適切なものを1つずつ選び，記号で答えなさい。

［1］ Tommy John is one of the best-loved players in American baseball.　In 1974, after an *injury to his arm, he was the first player ever to have an operation to replace the *ligament in his left arm. He replaced it with his healthy one from his right *wrist.　After his operation, he went on to win 164 games, more than he did before science helped him to improve his performance.　His "*bionic arm" helped him to win at least 20 games a season.　He had one of the longest careers in baseball history, retiring at the age of 46, and is regarded by the public as a sporting hero.　Since then, many Major League Baseball pitchers have had the same operation.

注：*injury　怪我　　*ligament　靱帯(じんたい)　　*wrist　手首　　*bionic　超人的な

The passage is mainly about [　　　　　].

あ．how Tommy John practiced to be a professional baseball player
い．why Tommy John had to have an operation on his right arm
う．what Tommy John did after retiring from professional baseball
え．how Tommy John became a sporting hero after an operation on his left arm

［2］ Recently, the food chain Whole Foods started selling imperfect foods.　They call the items "produce with personality."　They also said they would start selling *ugly produce in some of their stores.　They are working with Imperfect Produce, a California company that sells and delivers ugly produce.　Whole Foods plan to sell the imperfect items at lower prices.

"We have found that people care about food waste, and they are *open-minded about eating foods that look a little different," says Ben Simon, head of Imperfect Produce.　He works directly with farmers to find *suppliers for fruits and vegetables that other stores won't buy.

Jordan Figueiredo, an anti-food waste *activist, posts funny photos of ugly produce on social media.　He hopes more stores will sell less-than-perfect items.　"We are throwing so much good food away," he says.　"People need to understand how important this is."

注：*ugly　形の悪い　　*open-minded　心の広い　　*suppliers　卸売業者　　*activist　活動家

The passage talks about [　　　　　].

あ．why people shouldn't eat ugly foods
い．why people don't care about food waste

う．how Whole Foods started to sell imperfect foods
え．how Whole Foods are helping farmers who grow perfect vegetables

V　次の英文を読み，あとの問いに答えなさい。

If you are a lazy person, don't worry—you might be able to blame your brain!　At least, that's what the research suggests.

Being lazy doesn't just mean you take the elevator instead [X] the stairs.　It can also mean the way you think and make decisions is "lazy."　So, what can we do about it?　How can we make our brains less lazy?

To understand why the brain wants to be lazy, we must understand how the brain works.　The brain is very *complex, and it thinks in ①two different ways.　The first way is the lazy way, and it is a good kind of lazy.　It is the thinking that we use when we add [A].　It's the same lazy thinking that we use when we drive to school or work.　We don't have to think about how to do it—we just do it!　Scientists say we have thousands of these lazy thoughts every day.

②So, why does the brain like lazy decisions?　When we do things fast and we don't have to think, we save energy.　The brain and body are always trying to save energy.　If we save energy, we have more of it, and more energy means we can *function better in the world.　Think about how hard it is to think when we are tired or hungry.　We make more mistakes because our brain is too tired.

In fact, research has shown that the brain is trying to save energy all the time.　In an experiment at Simon Fraser University in Canada, ③scientists wanted to test how good the brain was at saving energy.　They asked nine volunteers to walk on a *treadmill.　The volunteers naturally tried to save as much energy as possible.　Then the scientists made it more difficult.　They added weight at the knees.　As a result, the volunteers' original pace was not the most *efficient anymore.　They began to walk differently to save energy.　The brain was saving energy in real time.

So, it is good that the brain is lazy because it saves energy.　Sadly though, that's not the whole story. Sometimes lazy thinking can cause us problems.

For one, lazy thinkers usually believe things without any *proof.　This means that they may accept that something is true even when it isn't.　For example, let's say you meet someone new.　They tell you, "I'm an honest person," and you believe them.　But in reality, they lie to people, even their friends. Your lazy brain accepts that they are telling the truth.　④You believe they are a good person because that was the (　　　) thought.

Lazy thinkers can also make bad decisions.　One research study showed that people [Y] lazy brains have made terrible decisions with money.　This is because they didn't think too much about what they were doing; instead, they made quick decisions based on their feelings.　They lost a lot of money.　This is often because people [Y] lazy brains are too confident.　They think they know everything when they don't.

So, how can people fight lazy thinking?　Luckily, there is a way.　Humans also have another kind of thinking.　This is【call】"hard thinking," but it takes a lot more energy.　Hard thinking is slower. It's the thinking that we use when we solve a difficult problem, like [B].　It's the kind of thinking that we use when we make more difficult decisions, like when we decide on the job we want or where to live.

When we use hard thinking, our bodies aren't happy because we have to use a lot more energy.

This is why students get so tired after studying for a test. It's also why long conversations make people want to have a cup of coffee. They need the caffeine because they feel ⑤[あ. have い. don't う. like え. any お. they か. energy]. They're not using their lazy brain anymore.

The problem is that many of us don't use hard thinking enough, and that is what causes problems. So, the advice from scientists【be】to fight it. In other words, don't just accept everything you hear as true. Question it and ask yourself if it really makes sense or not. Don't be too confident about what you know because your first thoughts might be wrong, as they come from your lazy brain. Also, don't forget to take the stairs next time!

注：*complex 複雑な　*function 機能する　*treadmill ランニングマシン
*efficient 効率的な　*proof 証拠

1．本文中の【call】，【be】を文脈に合うように直しなさい。ただし，語数は1語のままとする。

2．本文中の X に入る最も適切な語を1つ選び，記号で答えなさい。

あ．to　い．before　う．from　え．of

3．本文中の A ， B に入る最も適切な組み合わせを1つ選び，記号で答えなさい。

あ．A：1+2　B：3+7　い．A：1+1　B：17×24

う．A：183+778　B：4÷2　え．A：167+286　B：45×98

4．下線部① two different ways が指すものとして最も適切なものを1つ選び，記号で答えなさい。

あ．lazy brain and the body

い．using elevators and stairs

う．lazy thinking and hard thinking

え．making decisions and saving energy

5．下線部② So, why does the brain like lazy decisions? の答えとして最も適切なものを1つ選び，記号で答えなさい。

あ．人によって脳の大きさが異なるから。

い．脳はとても単純な構造をしているから。

う．脳は少しでも余力を残そうとするから。

え．学校や仕事に行くと脳が疲れてしまうから。

6．下線部③ scientists wanted to test how good the brain was at saving energy の意味として最も適切なものを1つ選び，記号で答えなさい。

あ．科学者たちは，脳がいかにうまくエネルギーを節約できるのかを検証したかった。

い．科学者たちは，脳がどの程度良質なエネルギーを溜め込めるのかを検証したかった。

う．科学者たちは，どのようなエネルギーが脳に良い影響を与えるのかを検証したかった。

え．科学者たちは，どのくらいの量のエネルギーが脳の活性化に必要なのかを検証したかった。

7．下線部④ You believe they are a good person because that was the (　　) thought. の空所に入る最も適切なものを1つ選び，記号で答えなさい。

あ．easiest　い．hardest

う．most important　え．most interesting

8．本文中の Y に入る最も適切な語を1つ選び，記号で答えなさい。

あ．about　い．with　う．after　え．at

9．下線部⑤[あ. have い. don't う. like え. any お. they か. energy]を意味が通るように並べ替えたとき，[　]内で**2番目**と**5番目**にくる語を記号で答えなさい。

10．本文中で用いられる “lazy” の意味として最も適切なものを１つ選び，記号で答えなさい。

あ．feeling scared　　　　　い．having no money

う．making a big effort　　　え．doing as little as possible

11．本文の内容と一致するものを１つ選び，記号で答えなさい。

あ．カナダのサイモンフレーザー大学では，被験者がひざに重りをつけて歩く実験が行われた。

い．初めて話す相手に対しても，脳は相手が嘘つきかどうかをいつでも見抜くことができる。

う．どこに住むかを決めるのはとても大変なことなので，なるべく短時間で決定するのが良い。

え．科学者たちは，私たちの多くが周囲の意見を信用していないことが問題だと考えている。

VI　友達とかかわるうえであなたが大事にしていることは何ですか。以下の英語に続けて書きなさい。さらに，それに対する理由や説明を，15語以上の英語で書きなさい。複数の文を書いても良い。なお，ピリオド，コンマなどの符号は語数に含めない。

(1)　When I'm with my friends, I try to ＿＿＿＿＿＿＿＿＿＿.

（語数制限なし）

(2)　15語以上の英語

【数　学】 (30分) 〈満点：60点〉

〈注意〉 1．答の $\sqrt{\quad}$ の中はできるだけ簡単にしなさい。

2．円周率は π を用いなさい。

(1) $\dfrac{3}{128}x^2y^5 \div \left(-\dfrac{3}{2}x^2y\right)^3 \times \left(-\dfrac{8x^2}{y}\right)^2$ を計算しなさい。

(2) $\sqrt{27}(\sqrt{3}+\sqrt{2})-\sqrt{18}(\sqrt{2}-\sqrt{3})+\dfrac{24}{\sqrt{6}}$ を計算しなさい。

(3) $2x(y-3)^2-4x(3-y)-16x$ を因数分解しなさい。

(4) 連立方程式 $\begin{cases} \dfrac{x+y}{4}-\dfrac{x-3y}{3}=-1 \\ 2x-y=-5 \end{cases}$ を解きなさい。

(5) 2次方程式 $(x+4)(x-4)-4x+25=(2x-1)^2-(x+3)(x-2)$ を解きなさい。

(6) 1個のさいころを2回投げるとき，1回目，2回目に出た目の数をそれぞれ x，y とする。このとき，$x+y \leqq xy$ となる確率を求めなさい。

(7) 図1のように2つの円が2点D，Eで交わっている。CD＝DE，∠ABC＝100°，∠DFE＝50°であるとき，∠x の大きさを求めなさい。ただし，3点A，E，FならびにC，D，Fはそれぞれ一直線上にあるものとします。

図1

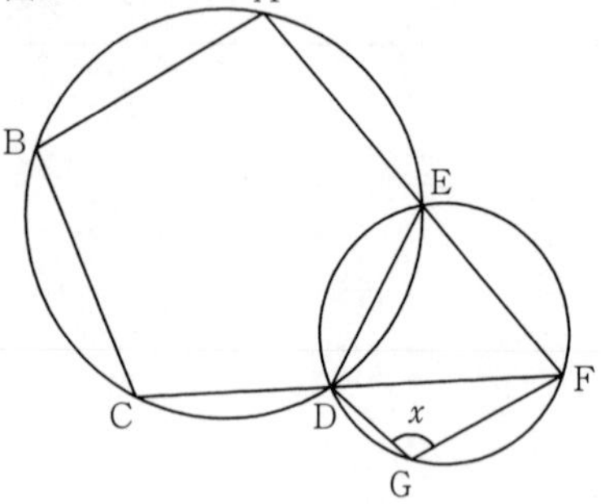

図2

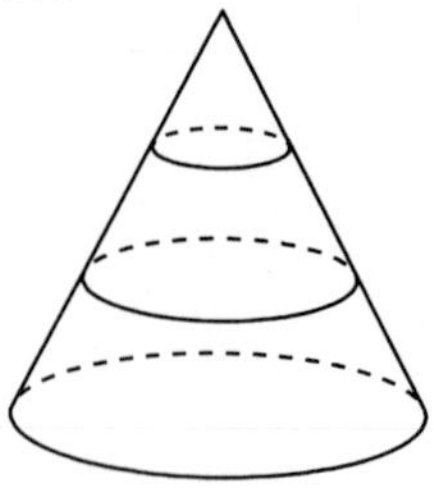

(8) 図2のように，円錐《すい》を高さが3等分されるように底面に平行な平面で切り，3つの立体に分けた。真ん中の立体の体積が 812π のとき，1番下の立体の体積を求めなさい。

(9) 図3のように，半径5の円P，Qは互いに接している。また，直線 l は，この2つの円に接し，円Rは，2つの円P，Qと直線 l に接している。このとき，円Rの半径を求めなさい。

図3

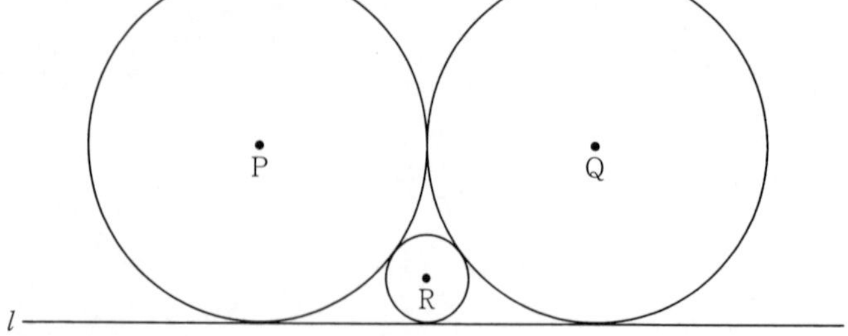

(10) 図4のように，関数 $y=ax^2$ のグラフと直線 l は，2点A，Bで交わり，A，Bの x 座標はそれぞれ -2，4である。また，関数 $y=ax^2$ において，x の値が -2 から4まで増加するとき，変化の割合は1である。

図4

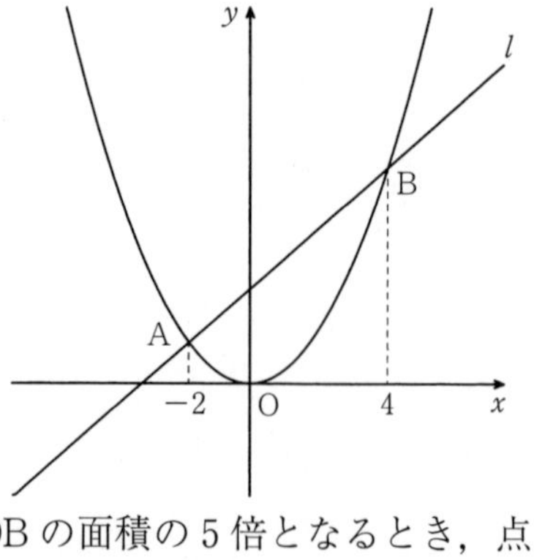

(ア) a の値を求めなさい。

(イ) 直線 l の式を求めなさい。

(ウ) 関数 $y=ax^2$ のグラフ上に点Pをとり，△ABPの面積が△AOBの面積の5倍となるとき，点Pの座標を求めなさい。ただし，点Pの x 座標は正とする。

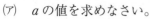

ひとが空を見上げるまでは意識されない星々のように、そこに存在しているのにもかかわらず、意識されないし知られてもいないのです。

【出典】　永田　希『再読だけが創造的な読書術である』
（筑摩書房、二〇二三年）一一二～一一四ページ

二〇二四年度 中央大学附属高等学校（推薦）

【小論文】（六〇分）

【問】 傍線部「よく目を凝らすように意識を向けるからこそ、解像度があがり、それまでは意識されなかった細部がクローズアップされて、またさらに細かく深く理解する可能性がひらけていくことになります」とありますが、どういうことですか。本文の内容を踏まえて説明してください。また、筆者の主張に対するあなたの考えを述べてください。なお、字数は六〇〇字とします。

読書に限らず、現代に生きるわたしたちはえてして「新しいもの」をはじめとする刺激の強いものを求めがちです。しかしそれは環境に促されてそうしてしまっているだけかもしれません。自分は何を大事にしているのか、それを大事にしたい自分は何なのか、こういった問いをおろそかにしたまま強い刺激だけを追い求めていけば、行き着く先はバーンアウトに他ならないでしょう。

「己を知れば百戦あやうからず」という『孫子』の有名な一節があります。『孫子』は兵法書、つまり軍隊の運用のための指南書です。自分を取り巻く環境を知り、その環境のなかで自分は自分をどう運用しているのか、それが「己を知る」ということです。日々刻々と変化し続けるさまざまな要素が構成する「環境」というネットワークのなかに、また日々刻々と変化している要素の組み合わせとしての「自分」を見い出す。環境というネットワークと、自分というネットワーク、この二層のネットワークを動的に捉えるにはどうしたらいいのでしょうか。

自分を取り巻く環境を捉えるということは、自分の生活を構成しているさまざまな要素が互いにどのような関係を持っているのかを知ることです。自分をとりまく社会がどうなっているのか。なぜ、どのようにそのような社会になっているのか。あるいは、自分の生きている世界がどのような物理に支えられているのか。そういったことを知ることには、わかりやすく意味があります。

また自分が何をどのように考え、どのような空想をしているのかを知ること、あるいは自分の身体がどのようになっているのかを知ること、つまり自分を構成する要素と、それらの要素がどう組み合わされているのかを知ることは、自分を知ることです。

「環境」と「自分」は二つの層として捉えることができますが、さまざまな局面で接してもいます。何かを食べるとき、その食材はもしかしたら遠いどこか海外の産地で収穫されたもので、長い流通経路にのって届けられ、誰かの手で調理されたものかもしれません。そしてその産地での農業のあり方、流通網の仕組み、調理法それぞれにきっと歴史があります。そしてその食べ物を食べるとき、味覚が感じられ、栄養が摂取されます。そのときどきの体調によって、その経験は都度、異なったものとして経験されるでしょう。たったいま口にしたその食べ物について、文化的な背景を意識するかどうか（郷土料理やクリスマスケーキ、おせち、エスニック料理）、単に空腹を満たすだけで何も考えていないのか、何をいつどのように食べるのかという単純な行為だけでも、さまざまな要素の組み合わせになっています。

環境も自分も、それと意識しなければ分割されていない大きなひと塊の何かでしかありません。よく目を凝らすように意識を向けるからこそ、解像度があがり、それまでは意識されなかった細部がクローズアップされて、またさらに細かく深く理解する可能性がひらけていくことになります。読書は、環境や自分についての解像度をあげるのに役立ちます。

環境や自分じしんを構成している諸要素と、それらの諸要素が互いに関係し合って構成されるネットワークは、それと意識されていない状態でも、つまりそれを知らない状態でも、存在してはいます。

2024年度／中央大学附属高等学校(推薦)

英語解答

Ⅰ 1 え　2 え　3 え　4 い
5 う　6 い　7 う　8 え
9 あ　10 あ

Ⅱ 1 better　2 never　3 drawn
4 mind　5 It

Ⅲ 1 since　2 wrong〔up〕
3 How　4 other　5 of

Ⅳ ［1］ え　［2］ う

Ⅴ 1 【call】 called 【be】 is
2 え　3 い　4 う　5 う
6 あ　7 あ　8 い
9 2番目…お　5番目…え　10 え
11 あ

Ⅵ (1) (例) listen to what they are saying
(2) (例) If I'm looking at my smartphone while my friend is speaking, it's just like saying "I'm not interested in your story." (21語)

Ⅰ〔適語(句)選択・語形変化〕

1．speak to ～「～に話しかける」の受け身形は be spoken to by …「…によって話しかけられる」となる。このように動詞句の受け身形は，過去分詞の後ろにその動詞句を構成する語(句)をそのままの順で置き，その後に「～によって」の by を置く。　「私は通りで知らない人に話しかけられた」

2．a (little) bit は「少し，ちょっと」の意味で形容詞，副詞の比較級を修飾できる。　「もう少し多くの情報をくれませんか」

3．「公園に行った」と「サッカーする」を結ぶのは，「～するために」という‘目的’を表す副詞的用法の to不定詞。　「子どもたちはサッカーをするために公園に行った」

4．grew colder という比較表現に着目する。接続詞 as は‘grow〔get, become〕＋比較級’とともに使われると「～につれて」という意味を表す。　「山を登るにつれて空気が冷たくなった」

5．前に出た‘数えられる名詞’(ここでは a book)の代わりとなり，不特定のものを指すのは one。なお，it は特定のものを受けるのでここでは不可。　「飛行機で読む本が欲しいんだ。1冊貸してくれるかい？」

6．2文目の意味から判断する。cannot〔can't〕で，「～はずがない」という意味を表せる。　「君の話は本当のはずがない。信じられないよ」

7．‘want＋人＋to ～’「〈人〉に～してほしい」の形。　「君のために私にスーパーマーケットで買ってきてほしい物が何かありますか」

8．the toys「おもちゃ」は‘物’なので関係代名詞に who は使えない。また，「子どもの頃」という過去の内容を述べた部分なので，play も過去形にする。　「これらは私が子どものときに遊んだおもちゃだ」

9．How about ～ing？「～するのはどうですか，～しませんか」と，go ～ing「(スポーツや気晴らしなどを)しに行く」を組み合わせた形である。　「明日海に泳ぎに行くのはどうですか」

10．‘make＋目的語＋形容詞’「～を…(の状態)にする」の形。選択肢の中で make の主語となれるのは what だけ。　「エリコは楽しくなさそうだ。何が彼女をそれほど悲しくさせたのだろう」

Ⅱ〔書き換え―適語補充〕

1．「私の英語は彼女のほど良くはない」→「彼女の英語は私のより良い」　‘not as〔so〕～ as …’は「…ほど～ない」という意味。下の文は主語が変わっていることに注意して比較級で表す。　Her English is better than mine.

2．「これは私の初めての日本訪問だ」→「私は前に日本に行ったことがない」　「初めて」だということは，それまで‘経験’がないということ。have/has never been to ～で「～に行ったことがない」という意味(現在完了の‘経験’用法)。　I've never been to Japan before.

3．「私の父は絵を描いた。それは美しかった」→「私の父によって描かれた絵は美しかった」　The picture drawn by my father は過去分詞で始まる語句が前の名詞を修飾する‘名詞＋過去分詞＋語句’の形(過去分詞の形容詞的用法)。　draw－drew－drawn　The picture drawn by my father was beautiful.

4．「彼女は1年間フランスで学ぼうと決心した」→「彼女は決心した。彼女はフランスで1年間学ぶつもりだった」　make up ～'s mind で「決心する」という意味。　She made up her mind.

5．「昨夜は激しい雨が降った」　「雨が降る」には，rain を名詞として使う We have rain と，rain を動詞として使う It rains の2つの表し方がある。この it は‘天候’を表す文の主語となる用法。過去の内容なので過去形にすること。　It rained heavily last night.

Ⅲ〔対話文完成―適語補充〕

1．Ａ：リサはどれくらいピアノを弾いているの？／Ｂ：彼女は4歳のときからピアノを弾いているよ。∥since she was four years old で「4歳から」となる。since は通例，現在完了形とともに用いられると‘since＋過去の一時点’の形で「～以来(ずっと)」という意味を表す。　She has played the piano since she was four years old.

2．Ａ：どうしたの？　大丈夫？／Ｂ：すごく具合が悪くて。／Ａ：それは気の毒に。医者に診てもらった方がいいよ。∥What's wrong？や What's up？は，「どうしたの？」と，相手を気遣う表現。

3．Ａ：沖縄旅行はどうだった？／Ｂ：えっと，暑かったけど，ビーチは本当によかったよ。∥相手が旅行の感想を答えている。How was ～？は「～はどうでしたか」と‘感想’を尋ねる表現。　How was your trip to Okinawa？

4．Ａ：サトウさんには何人の子どもがいらっしゃるの？／Ｂ：娘さんが2人だよ。1人は大阪，もう1人は東京に住んでる。∥2つ〔2人〕のうちの「1つ〔1人〕」を one と表した場合，「もう1つ〔もう1人〕」は the other と表す。　One lives in Osaka, and the other lives in Tokyo.

5．Ａ：ああ，困ったな，車の鍵が見つからない。たぶんなくしたんだ。／Ｂ：本当？　それはうっかりしていたね。∥‘It is ～ of … to ―’「―するとは…は～だ」の構文。‘～’の部分に careless「不注意な」，kind「親切な」などの‘人の性質’を表す形容詞がくる場合には‘for …’ではなく‘of …’となる。なお，本問では you の後に to lose them が省略されている。　It was careless of you.

Ⅳ〔長文読解―内容一致―説明文〕

［1］≪全訳≫トミー・ジョンはアメリカの野球界で最も愛された選手の1人だ。1974年，腕のけがの

後，彼は左腕の靱帯《じんたい》を取り換える手術を受けた最初の選手となった。彼はそれを，右手首の健康なものと取り換えたのだ。手術後，さらに164試合に勝ったが，それは科学の助けで彼がパフォーマンスを改善する以前に彼が挙げた勝利数を上回るものだ。彼の「超人的な腕」は１シーズンに少なくとも20勝を挙げる助けとなった。彼のキャリアは野球史で最も長いキャリアの１つで，46歳で引退し，大衆からスポーツのヒーローと見なされている。それ以来，多くのメジャーリーグの投手が同じ手術を受けている。

＜解説＞「本文は主に(　　)についてのものだ」―え.「トミー・ジョンが左腕の手術後どのようにしてスポーツのヒーローになったか」　第２文以降，文章の大部分で，トミー・ジョンの手術やその後の業績が具体的に説明されている。これらの内容は，トミー・ジョンがa sporting hero「スポーツのヒーロー」と見なされるようになったいきさつを述べたものだといえる。

[２]≪全訳≫❶食品チェーン店のホールフーズは最近，欠点のある食品を売り始めた。彼らはその商品を「個性のある農産物」と呼んでいる。彼らはまた，一部の店舗で見た目の悪い農産物の販売を始めるとも言った。彼らは，見た目の悪い農産物の販売と配送を行うカリフォルニアの企業，インパーフェクト・プロデュースと協働している。ホールフーズは，欠点のある商品をより低価格で販売する計画を立てている。❷「人々が食品ロスを気にかけていることがわかりましたし，彼らはちょっと見た目が違った食品を食べることについて心が広いのです」と，インパーフェクト・プロデュースの社長，ベン・サイモンは言う。彼は，他店が買おうとしない果物や野菜のための卸売業者を見つけるため，自ら農家とともに働いている。❸ジョーダン・フィゲイレドは食品ロス反対の活動家で，ソーシャルメディアに見た目の悪い農作物のおもしろい写真を投稿している。彼は，もっと多くの店が完璧ではない商品を売ることを望んでいる。「私たちはとても多くの食べられる食品を捨てているのです」と彼は言う。「人々はこれがどれほど重要なことかを理解する必要があります」

＜解説＞「本文は(　　)について語っている」―う.「ホールフーズがどのようにして欠点のある食品を売り始めたか」　冒頭でホールフーズが欠点のある食品を売り始めたと述べ，第２段落では協業する会社の取り組みが，第３段落では欠点のある食品を食べることの必要性が，いずれも食品ロスとの関連で述べられている。本文全体では欠点のある食品が話題となっているが，これはホールフーズがそれらを売るようになった経緯に深く関わっている。

V〔長文読解総合―説明文〕

≪全訳≫❶もしあなたが不精な人でも心配しなくてもよい――脳のせいにできるかもしれないのだ。ともかく，それは研究が示唆していることだ。❷不精であるとは，単に階段ではなくエレベーターを使うという意味ではない。それはまた，考えて決定するやり方が「不精」なのだということをも意味しうる。では，それについて私たちは何ができるのだろうか。どうしたら脳をより不精でなくすることができるのだろうか。❸なぜ脳が怠けたいのかを理解するためには，どのように脳がはたらくのかを理解しなくてはならない。脳は非常に複雑で，２つの異なる方法で思考する。１つ目の方法は不精なやり方で，それは良い種類の不精だ。それは，１＋１のたし算をするときに私たちが使っている思考である。学校や仕事へ車で行くときに使っているのと同じ不精な思考だ。それをどうやってやるかを考える必要はない――ただそうするのみだ。科学者たちによると，私たちは毎日何千回もこうした不精な考え方をする。❹では，脳はなぜ不精な決定を好むのか。物事をすばやくやったり考える必要がなかったりするとき，私たちはエネルギーを節約するのだ。脳と体は常にエネルギーを節約しようとしている。エネルギーを節約すれば，私たちにはより多くのエネルギーがあることになり，より多くのエネルギーは私たちが世界でよりよく機能できるということを意味している。疲れているときやおなかがすいているときに考えることがどれほど大変か，考えてみるといい。脳があまりに疲れているため，より多くの間違いを犯してしまう。❺実際，研究は脳がいつでもエネルギーを節約しようとしていることを示してきた。カナダのサイモンフレーザー大学での実験で，科学者たちは，脳がいかにうまくエネルギーを節約できるのかを検証したかった。彼らは9名のボランティアにランニングマシンの上を歩くように頼んだ。ボランティアたちは当然，できるだけエネルギーを節約しようとした。それから，科学者たちはその難易度を上げた。膝に重りを追加したのだ。結果として，ボランティアたちのもともとのペースはもはや最も効率的なものではなくなった。彼らはエネルギーを節約するために違う歩き方をし始めた。脳は即座にエネルギーを節約していたのだ。❻つまり，エネルギーを節約しているのだから，脳が不精なのは良いことである。だが残念なことに，それが話の全てではない。不精な思考は私たちに問題を引き起こすこともある。❼一例として，不精な考え方をする人はたいてい何の証拠もないことを信じてしまう。このことは，何かが本当ではないときでさえ，それが本当だと受け入れてしまうかもしれないということを意味している。例えば，誰か初めて話す人に会うとしよう。その人はあなたに「私は正直者です」と言い，あなたはその人を信じてしまう。しかし現実には，その人は人々に，友人たちにさえうそをつく。あなたの不精な脳はその人が本当のことを話していると受け入れてしまうのだ。あなたはその人がいい人だと信じる，というのもそれが最も容易な考えだからだ。❽不精な考え方をする人は誤った決定もしかねない。ある研究は，不精な脳の持ち主がお金に関してひどい決定をしてきたことを示している。これは，彼らが自分のやっていることについてしっかり考えなかったからで，それどころか，彼らは感覚に基づいてさっさと決めてしまった。彼らは多額のお金を失った。こうしたことがよくあるのは，不精な脳の持ち主が自信過剰であるからだ。彼らは，実際にはそうではないときに，自分は何でも知っていると思っているのだ。❾それでは，人はどうやって不精な考え方と闘えばよいのか。幸運にも，方法はある。人にはもう1種類の考え方があるのだ。これは「真剣な思考」と呼ばれるが，ずっと多くのエネルギーを要する。真剣な思考にはより時間がかかる。それは，17×24のような難しい問題を解くときに使う思考だ。やりたい仕事や住む場所を決めるときのような，より難しい決定をするときに使う種類の思考だ。❿真剣な思考を使うときにはずっと多くのエネルギーを使わなくてはならないので，私たちの体は幸せな状態ではない。試験勉強の後で学生たちがとても疲れるのはこういうわけだ。長い会話が人に1杯のコーヒーを飲みたいと思わせるのもまた，こういうわけだ。彼らがカフェインを必要とするのは，エネルギーがないように感じるからだ。彼らはもはや不精な脳を使ってはいないのだ。⓫問題は私たちの多くが真剣な思考を十分には使っていないことで，それが問題を引き起こす。そこで，科学者たちからのアドバイスは，それと闘うことだ。言い換えると，聞いたこと全てを本当だとただ受け入れてはいけない。それに疑問を持ち，それが本当に筋が通っているのかどうかを自分自身に問うことだ。自分の知っていることにあまり自信を持ちすぎてはいけない，というのも，最初の思考は不精な脳から出てきていて，間違っているかもしれないからだ。また，次は階段を使うことを忘れてはいけない。

1 ＜語形変化＞【call】‘call＋A＋B’「AをBと呼ぶ」の受け身の形‘A＋be動詞＋過去分詞＋B’「AはBと呼ばれる」の形。　【be】このbe動詞は，文の述語動詞で，これに対応する主語はthe

advice from scientists。advice は‘数えられない名詞’で単数扱いとなり，いつの時代にも当てはまる一般的な事実を表す内容なので現在形にする。

２＜適語選択＞instead of ～「～ではなく，～の代わりに」

３＜適語選択＞A．lazy thinking「不精な思考」について書かれている部分。２文後に「それをどうやってやるかを考える必要はない」とある。　B．a difficult problem「難しい問題」の具体例が入る。直前の like は「～のような」の意味の前置詞。

４＜語句解釈＞two different ways のうち，The first way「１つ目の方法」は，直後で lazy way「不精なやり方」が挙げられている。もう１つは，第９段落第３文に another kind of thinking「もう１種類の考え方」とあり，直後で hard thinking「真剣な思考」と説明されている。

５＜文脈把握＞続く３文が，下線部②の問いかけに対する答えになっている。エネルギーを節約して余力を残しておくためである。

６＜英文和訳＞この文は be good at ～ing「～するのが得意だ」の good が how「どのくらい」と結びついて前に出た形で，‘疑問詞＋主語＋動詞...’の間接疑問の形になっている。save energy は「エネルギーを節約する」という意味。

７＜適語(句)選択＞下線部中の You は lazy thinkers「不精な考え方をする人」に当たり，they はその前で述べた友人にさえうそをつくような人物を指し，この文は，lazy thinkers「不精な考え方をする人」の特徴を述べた文である。深く考えずに信じる方が楽なので，不精な考え方をする人はうそをつくような人物でも信じてしまうということである。

８＜適語選択＞people with lazy brains で「不精な脳を持つ人々」となる。この with は‘所有・所持’を表し「～を持つ，～がある」という意味。

９＜整序結合＞直前の feel と語群の like を手がかりに，‘feel like＋主語＋動詞...’「(まるで)～のように感じる」の形をつくればよい。　... because they feel like they don’t have any energy.

10＜単語の意味＞第３～６段落で，脳が lazy なのは save energy「エネルギーを節約する」ためであることが繰り返し説明されている。エネルギーを節約するということは，え．「できるだけ少ししかしない」ということ。　lazy「不精な，怠惰な」　as ～ as possible「できるだけ～」

11＜内容真偽＞あ…○　第５段落第２～６文に一致する。　い…×　第７段落第３～７文参照。不精な思考をする人は，初めて会う人にうそをつかれても信じてしまう。　う…×　第９段落最終文参照。どこに住むかは hard thinking「真剣な思考」を要することで，時間がかかる。　え…×　第11段落第１文参照。問題は私たちの多くが真剣な思考を十分使っていないこと。

Ⅵ〔条件作文〕

(1) I try to「私は～しようとしている」に続けて，友人とともにいるときに心がけていることを書けばよい。　(別解例) think about their thoughts and feelings

(2) (1)で書いた内容についてその理由や説明を15語以上でできるだけ具体的に書く。　(別解例) I always want to be on their side and give a hand if they need it. (16語)

2024年度／中央大学附属高等学校（推薦）

数学解答

(1)　$-\dfrac{4}{9}$　(2)　$3+10\sqrt{6}$　(3)　$2x(y-5)(y+1)$　(4)　$x=-3,\ y=-1$

(5)　$x=\dfrac{1\pm\sqrt{17}}{4}$　(6)　$\dfrac{25}{36}$　(7)　$110°$

(8)　2204π　(9)　$\dfrac{5}{4}$

(10)　(ア)　$\dfrac{1}{2}$　(イ)　$y=x+4$　(ウ)　(8, 32)

〔独立小問集合題〕

(1)＜式の計算＞与式 $=\dfrac{3x^2y^5}{128}\div\left(-\dfrac{27x^6y^3}{8}\right)\times\dfrac{64x^4}{y^2}=-\dfrac{3x^2y^5}{128}\times\dfrac{8}{27x^6y^3}\times\dfrac{64x^4}{y^2}=-\dfrac{4}{9}$

(2)＜数の計算＞与式 $=3\sqrt{3}(\sqrt{3}+\sqrt{2})-3\sqrt{2}(\sqrt{2}-\sqrt{3})+\dfrac{24\times\sqrt{6}}{\sqrt{6}\times\sqrt{6}}=3\sqrt{3}\times\sqrt{3}+3\sqrt{3}\times\sqrt{2}-3\sqrt{2}\times\sqrt{2}-3\sqrt{2}\times(-\sqrt{3})+\dfrac{24\sqrt{6}}{6}=9+3\sqrt{6}-6+3\sqrt{6}+4\sqrt{6}=3+10\sqrt{6}$

(3)＜式の計算―因数分解＞与式 $=2x\{(y-3)^2-2(3-y)-8\}=2x\{(y-3)^2+2(y-3)-8\}$ と変形して，$y-3=A$ とおくと，与式 $=2x(A^2+2A-8)=2x(A-2)(A+4)$ となる。A をもとに戻して，与式 $=2x(y-3-2)(y-3+4)=2x(y-5)(y+1)$ である。

(4)＜連立方程式＞$\dfrac{x+y}{4}-\dfrac{x-3y}{3}=-1$……①，$2x-y=-5$……②とする。①×12より，$3(x+y)-4(x-3y)=-12$，$3x+3y-4x+12y=-12$，$-x+15y=-12$……①′　②＋①′×2より，$-y+30y=-5+(-24)$，$29y=-29$　$\therefore y=-1$　これを②に代入して，$2x-(-1)=-5$，$2x=-6$　$\therefore x=-3$

(5)＜二次方程式＞$x^2-16-4x+25=4x^2-4x+1-x^2-x+6$，$2x^2-x-2=0$ となる。よって，解の公式より，$x=\dfrac{-(-1)\pm\sqrt{(-1)^2-4\times2\times(-2)}}{2\times2}=\dfrac{1\pm\sqrt{17}}{4}$ である。

(6)＜確率―さいころ＞x，y はともに1～6の整数だから，x と y の組は全部で $6\times6=36$（通り）ある。$x+y\leqq xy$ より，$xy-x-y\geqq0$，$xy-x-y+1\geqq1$，$(x-1)(y-1)\geqq1$ となる。これが成り立つのは x，y がともに2以上のときであり，$5\times5=25$（通り）ある。よって，求める確率は $\dfrac{25}{36}$ となる。

(7)＜平面図形―角度＞右図1で，5本の線分AC，AD，BD，CE，EGを引く。△ABCで，∠BAC＋∠BCA＝180°－∠ABC＝180°－100°＝80°であり，円周角の定理より，∠BAC＝∠BDC，∠BCA＝∠BDAだから，∠ADC＝∠BDC＋∠BDA＝∠BAC＋∠BCA＝80°である。よって，△ADFで，内角と外角の関係より，∠DAF＝∠ADC－∠DFE＝80°－50°＝30°となる。これより，∠DCE＝∠DAF＝30°で，CD＝DEより，△CDEは二等辺三角形だから，∠DEC＝DCE＝30°である。したがって，△CDEで∠EDF＝∠DEC＋∠DCE＝30°＋30°＝60°より，∠EGF＝60°である。また，∠EGD＝∠EFD＝50°だから，∠x＝∠EGD＋∠EGF＝50°＋60°＝110°となる。

図1

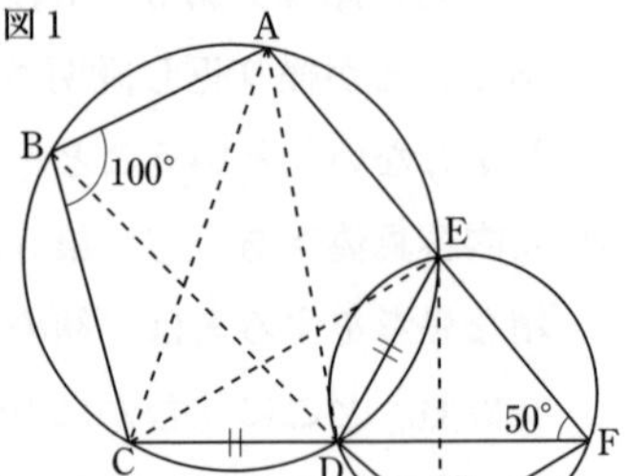

(8)＜空間図形―体積＞図の立体で，一番上の円錐と，一番上の円錐と真ん中の立体を合わせた円錐，平面で切る前の円錐は相似で，相似比は1：2：3となる。これより，これらの円錐の体積比は $1^3：2^3：3^3=1：8：27$ となるから，3つの立体の体積比は，〔一番上の立体〕：〔真ん中の立体〕：〔一番下の立体〕＝1：(8－1)：(27－8)＝1：7：19である。よって，一番下の立体の体積は，$812\pi\times\dfrac{19}{7}=2204\pi$ となる。

(9)＜平面図形—長さ＞右図2で，3つの円P，Q，Rと直線lとの接点をそれぞれA, B, Cとし，円Pと円Qの接点をDとすると，PA⊥l, QB⊥l, RC⊥lとなり，点Dは直線PQ上にあり，四角形PABQは長方形である。また，△RPQはRP＝RQの二等辺三角形で，DP＝DQより，点Dは辺PQの中点だから，RD⊥PQとなる。これとPQ∥l, RC⊥lより，点Rは直線CD上にある。円Rの半径をxとする。△DPRで，PR＝5＋xと表され，CD＝AP＝5より，DR＝CD－RC＝5－xと表せるから，三平方の定理$PR^2=DR^2+DP^2$より，$(5+x)^2=(5-x)^2+5^2$が成り立つ。これを解くと，$25+10x+x^2=25-10x+x^2+25$より，$20x=25$，$x=\frac{5}{4}$となる。したがって，円Rの半径は$\frac{5}{4}$である。

図2

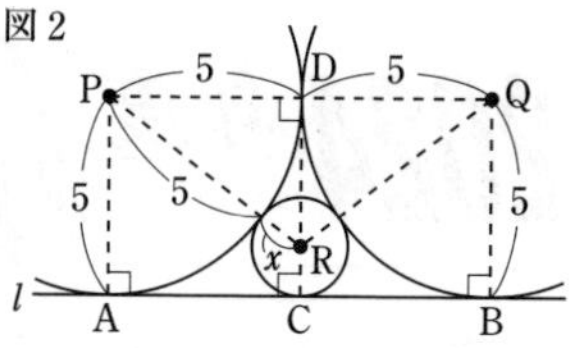

(10)＜関数—比例定数，直線の式，座標＞(ア)右図3の関数$y=ax^2$で，$x=-2$のとき$y=a\times(-2)^2=4a$，$x=4$のとき$y=a\times4^2=16a$だから，xの値が-2から4まで増加するとき，変化の割合は$\frac{16a-4a}{4-(-2)}=\frac{12a}{6}=2a$となる。よって，変化の割合が1であることより，$2a=1$が成り立ち，$a=\frac{1}{2}$となる。　(イ)図3で，$x=-2$，4はそれぞれ2点A，Bの$x$座標だから，変化の割合1は直線$l$の傾きである。よって，直線$l$の式は$y=x+b$とおける。また，(ア)より，$a=\frac{1}{2}$だから，放物線の式は$y=\frac{1}{2}x^2$で，$x=4$のとき$y=\frac{1}{2}\times4^2=8$よりB(4，8)である。したがって，直線$y=x+b$が点Bを通ることから，$8=4+b$，$b=4$より，直線$l$の式は$y=x+4$である。

図3

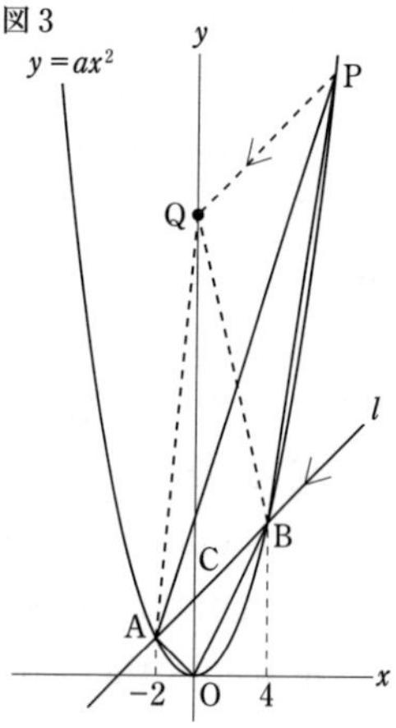

(ウ)図3で，点Pを通り直線lに平行な直線とy軸との交点をQとすると，△ABP＝△ABQとなる。よって，△ABP＝5△AOBのとき，△ABQ＝5△AOBである。直線lとy軸の交点をCとすると，OC：QC＝△AOB：△ABQ＝△AOB：5△AOB＝1：5となり，QC＝5OCである。(イ)で，直線lの切片が4よりC(0，4)だから，CQ＝5×4＝20となり，OQ＝4＋20＝24より，Q(0，24)である。これと直線lの傾きは1だから，直線PQの式は$y=x+24$であり，この直線と放物線$y=\frac{1}{2}x^2$との交点がPである。2式からyを消去して，$\frac{1}{2}x^2=x+24$より，$x^2-2x-48=0$，$(x+6)(x-8)=0$，$x=-6$，8となり，点Pのx座標は正だから，$x=8$である。したがって，$y=8+24=32$だから，P(8，32)である。

2024年度　中央大学附属高等学校

【英　語】（60分）〈満点：100点〉

I　リスニング問題　〈編集部注：放送文は未公表につき掲載してありません。〉

（Part 1）　これから放送される対話を聞いて，それに続く質問に対する最も適切な答えを1つずつ選び，記号で答えなさい。対話と質問は1度しか放送されません。

1．あ．Go horse riding.　い．Visit her parent's farm.
　う．Visit her grandparents.　え．Ask her father to join her.

2．あ．27 dollars.　い．30 dollars.　う．33 dollars.　え．36 dollars.

3．あ．A purple belt.　い．A brown belt.
　う．A white belt.　え．A black belt.

4．あ．By bus.　い．By taxi.　う．On foot.　え．By train.

5．あ．Italian food.　い．Japanese food.　う．French food.　え．Chinese food.

6．あ．Today.　い．Thursday.　う．Friday.　え．Saturday.

（Part 2）　これから放送される英語を聞いて，以下の質問に対する最も適切な答えを1つずつ選び，記号で答えなさい。英語は1度しか放送されません。

7．What is one thing the speaker says to the chorus club members?
　あ．He thinks they were amazing, but they have played better before.
　い．He wants them to practice a lot harder.
　う．He believes they can win a prize at the finals.
　え．He can't wait to watch their performance in London next year.

8．What will the listeners do first?
　あ．Play sports on the beach.　い．Eat some fish and chips.
　う．Do some shopping.　え．Enjoy afternoon tea in a café.

9．Why were Steve and Jane disappointed last Sunday?
　あ．The park was closed.
　い．The weather was not good.
　う．The coffee shop was closed.
　え．They were too busy.

10．What is one thing we learn about Tom?
　あ．He scored two goals in the final.
　い．He is the captain of the soccer team.
　う．He is the coach of the soccer team.
　え．He will buy everyone dinner to celebrate.

II　次の英文を読んで，設問に答えなさい。

I pushed my cart like a zombie.　After a long day working at a job that I didn't like, my day ended with a message from my boss telling me that he didn't need me anymore.　No reason was given—just "goodbye."　All I wanted to do was go to bed and cry.　However, as the mother of a family of six, I knew that I needed to go home and prepare dinner.　I *wiped the tears from my eyes and went to the supermarket.

I walked around trying to find some nice food for us ①[eat]. My cart had potatoes, carrots, and other food for a curry to make for my family when I returned home. I found some meat that looked good. As I picked it up, I saw something yellow under the meat. It was an *envelope that said, "Open me." So, I did. Inside, I found a small piece of paper with the words : "Everything is going to be okay. Just continue to be a good person. Keep strong, and you will be fine."

I began to cry. Somehow, the world was helping me after such a terrible day. I ran to the customer-service station with the note. "Did you write this ?" I asked, showing them the piece of paper. The man behind the counter looked at me *blankly.

"Sorry, I have no idea what that is. Is there anything I can help you with ? Only, we are closing soon," he said.

"Do you have an envelope and a piece of paper ?" I asked in hopes of returning the *favor.

"No, sorry," he said, so I paid for my shopping and went home.

Waking up the next morning, I thought the letter was a dream. Then I went to my computer, and there it was—that bright yellow envelope. It did happen. The note was right. Everything was going to be okay. I was *inspired by the letter.

Quickly, I went on social media to share the story. People were ②[move], and comments of "I'm going to do that" filled my heart. I ran to the store to buy some envelopes and note cards. I wrote out a hundred *inspirational notes and told anyone who would listen that April was now national "make-a-stranger's-day" month. A woman on a mission, it felt good to think that I could help others. If only one of one hundred cards helped even one person, then it was worth doing.

Everywhere I went for the next month—stores, restaurants, parks—I left a note. I wanted to create the same positive energy for others. I once went to a restaurant and noticed I forgot my notes, so I asked the waitress for a pen and piece of paper. While I was there, I left a message in the bathroom. A few weeks later, when I went back to the restaurant, I found a note from a stranger saying, "Thank you."

I began speaking to my friends daily asking them, "Did you make a stranger's day ?" The answer was usually "yes," and they happily told me about where they left a note, or how they paid for the coffee of the person behind them in line.

Within a few weeks, I started getting letters and comments from friends of friends who found "make-a-stranger's-day" notes, not just in my area, but all over the country. My heart was filled with joy as I listened to all the stories. I didn't start the kindness, but I was confident that I inspired others.

The month of April ended, and we all went back to our normal lives—now hopefully with a little more kindness toward each other. From time to time, I would still leave notes for strangers, but not as many as I did during that first month.

One day, my phone rang.

"Hi, Jodi. My name is Nancy," the voice said.

"Hi, Nancy," I answered, confused.

"I'm the woman who wrote that note in the store. I hope you don't mind my calling you. I got your number from my friend," her voice continued. She told me the color of the envelope, where it was and the message she wrote. It really was the person who left me the envelope ! "I just had a feeling that someone needed some help that day," she finished. I started to cry as I thanked her for her kindness and told her how much it affected me. "I heard you wrote many envelopes yourself," she said.

"I just tried to copy your wonderful message and help others with the same idea," I said. "Personally, I can't wait until next April for 'make-a-stranger's-day' month. Let me know how I can help," she said. I put down my phone and smiled. I finally met the stranger who lifted me up when I was down. I was so happy we became friends.

Last Saturday, my daughter told me something interesting about her day. I was busy at home, so I sent my daughter to get a bag of rice. At the supermarket, the gentleman in front of her paid for it. "You didn't have to do that," she said, and she showed him that she had [③].

"Ah, it's nothing. Make a stranger's day, right ?" he said as he walked away.

Then, my daughter used the money I gave her to buy the milk for the lady behind her. The woman looked confused. "You're welcome," my daughter said to her. "Just be sure that you take the time to make a stranger's day in the future." When I heard this story from my daughter, I was so proud. It seems that kindness is spreading.

注：＊wipe　拭く　＊envelope　封筒　＊blankly　ぼんやりと　＊favor　親切な行為
＊inspire　激励する，発奮させる　＊inspirational　心に響く

1．本文中の①[eat]，②[move]を文脈に合うように直しなさい。ただし，1語とは限らない。

2．本文中の[③]に入る1語を本文中から抜き出しなさい。

3．以下の各英文に関して，本文の内容に合うように，[　]に入る最も適切なものを1つずつ選び，記号で答えなさい。

＊The writer went to a supermarket because [1].
あ．her husband told her to go there to get a part-time job
い．she decided to change her job and start working there
う．she recently started working there as a part-time worker
え．she needed to buy some food to prepare a meal for her family

＊When the writer picked up some meat, she found [2] under it.
あ．some carrots　い．some spices　う．an envelope　え．a notebook

＊At the customer-service station, the man behind the counter [3].
あ．asked the writer to leave because he didn't want her to work there anymore
い．said he didn't know anything about the message, and the shop was closing soon
う．told the writer to go to a nearby store to get some envelopes and paper
え．told the writer that many people were talking about the envelopes

＊The next morning, the writer [4].
あ．realized that everything that happened the day before was just a dream
い．realized that she forgot to buy some envelopes and note cards
う．told her children about the envelope and the note
え．saw the envelope she found the day before near her computer

＊Later that morning, the writer [5].
あ．tried to find the person who left the envelope she found at the supermarket
い．searched on the internet to find some similar stories like hers
う．shared her story online about the things that happened the day before
え．bought a lot of envelopes and note cards from an online shop

＊After buying some envelopes and note cards, the writer [6].

あ. wrote kind words on them and started leaving them everywhere she went
い. asked her friends to send her more envelopes and note cards
う. asked her friends to find the person who left the envelope she found at the store
え. told her friends that August was now the national “make-a-stranger's-day” month

＊The writer left a note in the bathroom at a restaurant, and a few weeks later [7].
あ. a stranger called to say “thank you” to her
い. a waitress at the restaurant thanked her
う. one of her close friends found it and sent her an e-mail
え. she found a “thank you” note in the same restaurant

＊After the writer started to leave messages around town, she received [8].
あ. her friends' special “make-a-stranger's-day” cards
い. “make-a-stranger's-day” cards from many people she never met before
う. letters and comments about the “make-a-stranger's-day” cards found in many places
え. letters and comments from strangers who asked her to leave more cards

＊A woman named Nancy [9].
あ. was the writer's friend when they were very young
い. was a stranger who was unhappy because she couldn't find the writer's note
う. thanked the writer because she was happy to receive one of the writer's cards
え. wrote the card that inspired the writer to start the “make-a-stranger's-day” movement

＊When the writer's daughter went to get some rice, [10].
あ. a man in front of her paid for it, so she bought the milk for the woman behind her
い. the lady in the shop told her that she found one of the “make-a-stranger's-day” cards
う. she bought some milk instead, and gave the rice to the woman behind her
え. the woman behind her asked her not to buy the milk

[Ⅲ] 次の英文を読んで，設問に答えなさい。

The world is full (①) all kinds of data. In schools, for example, student grades are *recorded and turned into data. One student may score a 60 on a math test, another a 70, and someone else a 65. But just having those scores isn't very useful. Other information such as the *average score or how difficult the test was is useful. Many people are interested in that kind of information. Collecting a lot of data and making it helpful is called ②<u>statistics</u>.

The first step in statistics is collecting data. [A] Take a simple receipt, for example. When you buy something at a store, both you and the store get a receipt. Usually, people throw it away. But if you own the store, those receipts are like gold. They have very important data that can help your store make more money. By organizing each receipt and seeing what products people buy, you can find pairs of products that are often bought together. For example, in a convenience store, the most common pair of products bought together was fried chicken and beer. Look at the table below. It shows that there is an 80% chance that they are bought together. This is twice as high as the chance of people buying fried chicken and a snack. Surprisingly, tea and fried chicken were never bought together. This is what statistics is all about. If you are the store owner, ③<u>this information</u> is really important. You can make plans to sell more fried chicken and beer, such as placing them closer to each other in the store or giving discounts when they are bought together. Another idea is to put up a poster of a famous actor holding both products.

	Fried chicken	(a)	(b)	(c)
Fried chicken		80%	40%	0 %
(a)	80%		40%	0 %
(b)	40%	40%		0 %
(c)	0 %	0 %	0 %	

The Percentage of Pairs of Products Which Were Bought Together at a Convenience Store

Here's another interesting example. In 1994, there was a sudden increase in foreign fish called *lake trout in Yellowstone Lake in the United States. This caused the number of other fish that were there to decrease. It was a big problem. To solve it, they needed to find out the lake trout population. However, counting each fish is almost impossible. So, they used a technique common in statistics. They caught some lake trout, marked them by cutting their *fins, and put them back into the lake. After some time, they caught more and checked the *proportion of marked ones. This gave an idea of the total lake trout population. For example, if they marked and released 10 lake trout and then found one marked lake trout among the next 10 they caught, it showed that around 10% of the lake trout were "marked." This meant there were around (④) lake trout in the lake. [B]

Some information is best understood when it can be seen, like through a graph. Look at the graph showing the number of deaths per 100,000 Japanese men based on age. A quick look shows peaks at both ends of the graph. A peak on the graph tells us a higher number of deaths at *certain ages. Interestingly, at the left end of the graph, you can see a large decrease in childhood deaths. Also, the peak on the (⑤) over the years. In the oldest data from 1947, the later peak is around 70 years old. By 2015, the peak has moved to the group of people 85 and over. Also, the shape of the line has changed : the data from 1947 has a kind of smooth line after 10 years old while the data from 2015 has a sharper shape. From this information, it's clear that society has changed. Before we could say "people die at different ages," but now we can say "(⑥)."

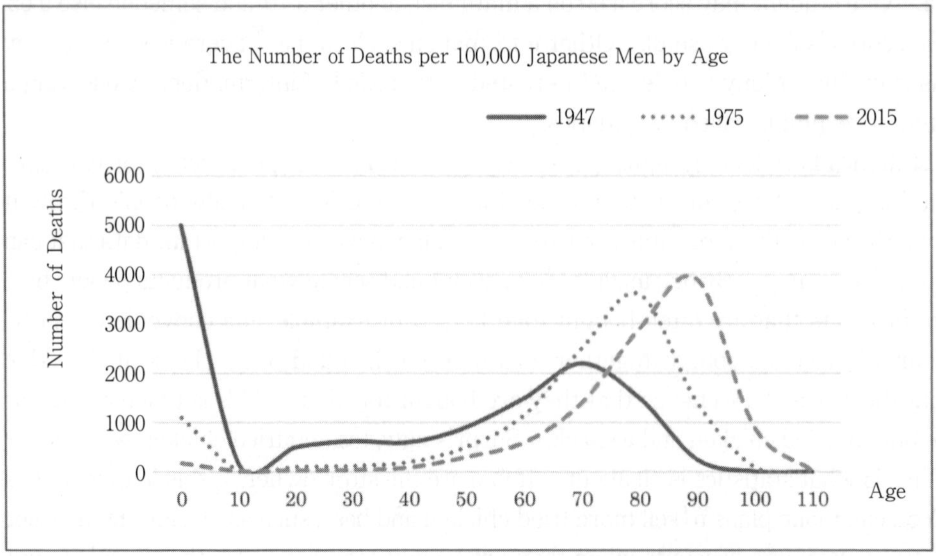

As explained above, statistics can be very useful. It can be a magic tool that makes our lives much easier and more convenient. However, we should be careful how we use statistics because if the data is not collected in the correct way, it can lead to incorrect results. ⑦"Garbage in, garbage out" is a famous saying in statistics. [C]

注：＊record　～を記録する　＊average score　平均点　＊lake trout　レイクトラウト(魚の名前)
＊fin　魚のひれ　＊proportion　割合　＊certain　特定の

1．空欄(①)に入る最も適切なものを選び，記号で答えなさい。
あ．in　い．by　う．with　え．of

2．下線部② statistics の意味として，最も適切なものを本文から推測して選び，記号で答えなさい。
あ．計算　い．統計　う．成績　え．経営

3．空欄[A]～[C]に入る最も適切なものを１つずつ選び，記号で答えなさい。ただし，記号はそれぞれ１度しか使えない。
あ．When we use statistics, we should check the data was collected in the correct way.
い．This data can be in places that you often don't notice.
う．By using statistics in this way, you can easily get the information you want with little effort.

4．表の空欄(ａ)～(ｃ)に入る商品の組み合わせとして最も適切なものを選び，記号で答えなさい。
あ．ａ：ビール　ｂ：スナック　ｃ：お茶　い．ａ：お茶　ｂ：スナック　ｃ：ビール
う．ａ：スナック　ｂ：ビール　ｃ：お茶　え．ａ：ビール　ｂ：お茶　ｃ：スナック

5．下線部③ this information の活用例として本文で**述べられていない**ものを１つ選び，記号で答えなさい。
あ．一緒に販売したい２つの商品を持つ俳優のポスターを掲示する。
い．一緒に販売したい２つの商品の売り場を近くに配置する。
う．一緒に販売したい２つの商品の売り場を拡張する。
え．一緒に販売したい２つの商品をセットで割引する。

6．空欄(④)に入る数字として最も適切なものを選び，記号で答えなさい。
あ．10　い．100　う．1,000　え．10,000

7．空欄(⑤)に入る最も適切なものを選び，記号で答えなさい。
あ．right has moved higher　い．right has not moved much
う．left has moved higher　え．left has not moved much

8．空欄(⑥)に入る最も適切なものを選び，記号で答えなさい。
あ．less people live longer lives　い．people die at younger ages
う．people die at various ages　え．more people live longer lives

9．下線部⑦ "Garbage in, garbage out" の意味として最も適切なものを選び，記号で答えなさい。
あ．室内のゴミは室内のゴミ箱に捨て，室外のゴミは室外のゴミ箱に捨てる。
い．一見意味のないようなデータからでも，役に立つ情報が得られることがある。
う．収集方法に問題があるデータから得られる情報は，正しいとは言えない。
え．莫大な量のデータを分析して正しい情報を得るには，非常に時間がかかる。

10．本文および図表の内容と一致するものを１つ選び，記号で答えなさい。
あ．学校での生徒の成績は個人情報なので，非常に慎重に扱わなければならない。
い．家計簿をつける際に必要なので，レシートは捨てずに持っておいた方がよい。
う．レイクトラウトの数が分かれば，元から住む他の魚の数も計算することができる。
え．1947年のグラフは，他と比べて幅広い年代の男性が亡くなっていることを表している。

Ⅳ　次の(　)に入る最も適切な語(句)を１つずつ選び，記号で答えなさい。

1．He (　　) for Osaka on vacation this coming Saturday.
あ．has left　い．is leaving　う．leave　え．left

2．She was running late, so she was (　　) there by her father.
あ．drive　い．driving　う．drove　え．driven

3．I was listening to some music (　　) I was doing my homework.
あ．while　い．during　う．which　え．that

4．A：How (　　) is your school from here ?
B：It's about 2 kilometers.
あ．large　い．often　う．far　え．long

5．It is very hot, so I would like to have (　　　).
あ．cold drink to something　い．cold something to drink
う．something cold to drink　え．to drink cold something

Ⅴ　次の各組の文がほぼ同じ意味になるように(　)に最も適切な語を入れたとき，(＊)に入る語を答えなさい。

1．Time is the most important thing of all.
(＊) is (　　) important than time.

2．If you don't hurry, you won't catch the bus.
Hurry up, (＊) you will miss the bus.

3．Can I borrow your textbook, please ?
Will you please (＊) (　　) your textbook ?

4．She wanted to buy the video game, but she didn't have enough money.
The video game was (＊) expensive for her (　　) buy.

5．He left the room quietly.
He went out of the room (＊) (　　) a noise.

6．Would you like to come with us ?
Would you like to (＊) us ?

Ⅵ　(　)内の あ．～か．を並べかえ，意味の通る英文を完成させなさい。ただし，解答はそれぞれの [a]，[b] に入る記号のみ答えなさい。

1．I (______ [a] ______ ______ [b] ______).
(あ．am　い．forward　う．with her　え．working　お．to　か．looking)

2．He is (______ [a] ______ ______ [b] ______).
(あ．everyone　い．is　う．known　え．an actor　お．to　か．who)

3．Please (______ [a] ______ ______ ______ [b]) me.
(あ．father　い．your　う．say　え．for　お．to　か．hello)

4．The population of (______ [a] ______ ______ ______ [b]) of Japan.
(あ．is　い．than　う．much　え．that　お．smaller　か．Australia)

5．Can you imagine (______ [a] ______ ______ ______ [b]) ?
(あ．the next　い．what　う．like　え．will　お．year　か．be)

Ⅶ　あなたが高校生になった時，日々の生活の中で，何が一番大事になると考えますか。以下の英文が完成するように，最初の下線部に最も大事だと考えること・ものを１つ挙げ，さらになぜそう考えるのか，その理由と具体的な説明を書きなさい。

＊最初の下線部の語数は問わないが，理由と説明については40～50語の英語で答え，**解答用紙のマス目ごとに１単語ずつ記入**すること。なお，ピリオド，コンマなどの符号は語数に含めない。

I think __________ will be the most important thing for me when I become a high school student. This is because . . .

40～50語

I can't wait to start in April.

【数　学】 （60分）〈満点：100点〉

〈注意〉 1．答の$\sqrt{}$の中はできるだけ簡単にしなさい。

2．円周率はπを用いなさい。

1 次の問いに答えなさい。

(1) $\left(\dfrac{9y^2}{2x^3}\right)^2\times\left\{-\left(-\dfrac{3}{2}x^2y\right)^2\right\}^3\div\left(-\dfrac{9}{4}xy^2\right)^5$ を計算しなさい。

(2) $\dfrac{2\sqrt{3}+6\sqrt{2}}{\sqrt{6}}-\dfrac{4+2\sqrt{2}+\sqrt{6}}{\sqrt{2}}-\dfrac{3-2\sqrt{3}}{\sqrt{3}}$ を計算しなさい。

(3) $7a^2x^3y^3-42a^2x^2y^4+56a^2xy^5$ を因数分解しなさい。

(4) 連立方程式 $\begin{cases}\dfrac{2}{3}(x+1)-\dfrac{1}{2}(y+3)=\dfrac{1}{6}\\(2x+3):(y+1)=3:1\end{cases}$ を解きなさい。

(5) 2次方程式 $3(x+1)^2=2(x+1)(x-6)-(x+1)(x-1)$ を解きなさい。

(6) 右の図の円Oにおいて，$\angle x$ の大きさを求めなさい。

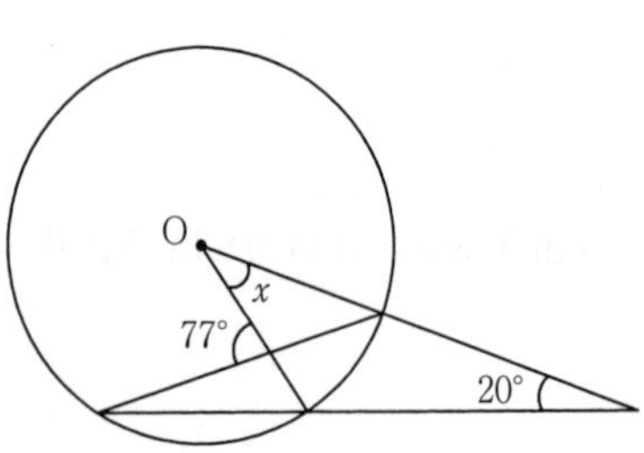

(7) 1963^{1963} を10で割った余りを求めなさい。

(8) 関数 $y=\dfrac{24}{x}$ のグラフ上に点A，Bがあり，x 座標はそれぞれ12，-4 である。原点をOとするとき，△OABと△PABの面積が等しくなるように点Pを関数 $y=\dfrac{24}{x}$ のグラフ上にとる。このとき，点Pの座標を求めなさい。ただし，点Pの x 座標は -4 より小さいものとする。

2 $X=abc$ とするとき，次の問いに答えなさい。ただし，a，b，c はすべて正の整数で，$a<b<c$ であるとする。

(1) $X=54$ となる a，b，c の組み合わせは何通りあるか求めなさい。

(2) a，b，c の組み合わせが2通りとなる3桁の整数 X のうち，最小のものを求めなさい。

3 ある中学校の3年A組，B組，C組の生徒に対して，一年間で読んだ本の冊数を調査した。生徒数はどのクラスも40名である。下の表はA組の生徒の回答結果であり，この度数分布表の最頻値は70冊であった。

A組の回答結果

冊数(冊)	度数(人)
0以上～20未満	2
20～40	x
40～60	12
60～80	y
80～100	4
計	40

(1) A組の生徒が読んだ本の冊数の平均値が最小となる x，y を求めなさい。

(2) (1)で求めた x，y の組を，実際のA組の回答結果として扱う。A組のデータを箱ひげ図に表したものが次の①～⑤のいずれかであるとき，A組の箱ひげ図として最も適切なものを選びなさい。

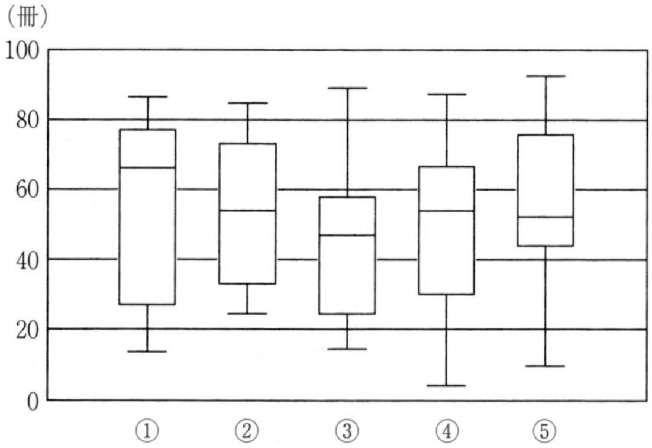

(3) 右の箱ひげ図は，B組，C組のデータを表したものである。(ア)〜(ウ)の文章について，正しい場合には「○」，誤っている場合には「×」をかきなさい。

(ア) 3つのクラスを比較すると，中央値付近にデータが集まっているクラスほど，データの範囲は小さい。

(イ) C組で本を20冊以上40冊未満読んだ生徒は，最大で9人いる。

(ウ) A組のうち少なくとも25%の生徒は，B組のどの生徒よりも多くの本を読んでいる。

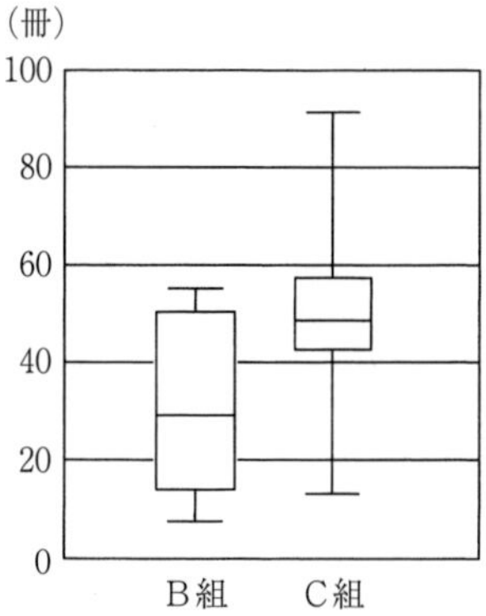

4 四角錐《すい》A-BCDEは，AB＝AC＝AD＝AE＝6，底面が1辺$3\sqrt{2}$の正方形であり，すべての頂点が点Oを中心とする球面上にある。

(1) 四角錐A-BCDEの体積を求めなさい。

(2) △ABCの面積を求めなさい。

(3) 点Oから△ABCに下ろした垂線の長さを求めなさい。

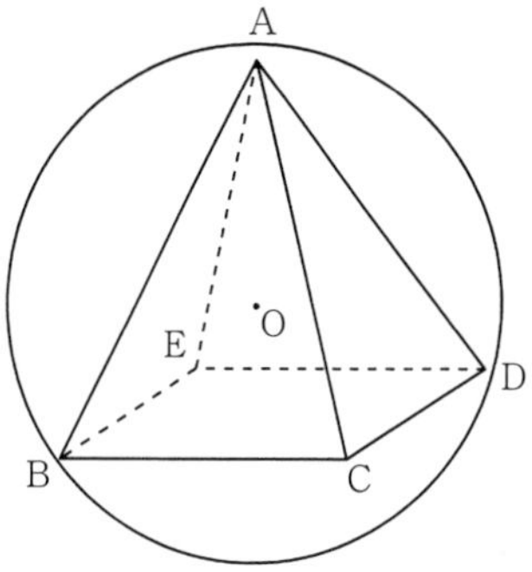

5 図のように，関数$y=x^2$のグラフと直線lの交点をA，B，関数$y=x^2$のグラフと直線mの交点をC，D，直線l，mの交点をE(0, 2)とする。AE：EB＝1：3のとき，次の問いに答えなさい。

(1) 直線lの式を求めなさい。

(2) △AECと△DEBの面積比が2：1のとき，

(ア) 点Dのx座標を求めなさい。

(イ) 直線mの式を求めなさい。

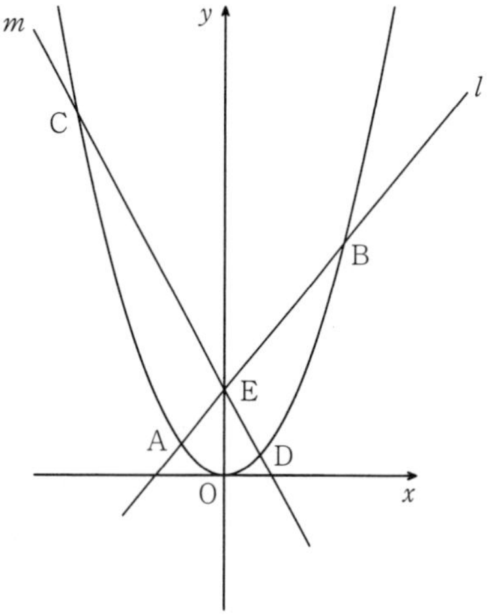

ロナウイルス以降の時代を描いていると言えるのはなにより
この物語が、なにげない日常のむこうにあるかけがえのなさ
に目を向けているからにほかなりません。

【出典】

[一] 鷲田清一『想像のレッスン』（ちくま文庫、二〇一九年）一八頁〜二一頁、一五七頁〜一六三頁　※ただし、問題作成の都合上、一部省略したところがある。

[二] 滝口悠生「恐竜」、『文藝《ぶんげい》』（河出書房新社、二〇二三年秋号）三八九頁〜三九六頁

部屋で遊んでいたなどというももちゃんのお父さんの言葉は、あまりにも見え透いた嘘だと感じられます。

大人というのは、子どもがおこなうことに対し、たとえそれが本人にとって切実なものであっても、[c]にしか捉えないようなところがあるのかもしれません。でも、子どものほうは[d]を過ごしているはずなのです。このときのふいちゃんがそうであったように。

(イ) 子どもなりの大切な時間
(ロ) はてしない宇宙の広がり
(ハ) 才能豊かな子どもの発想
(ニ) 単なる子どもの気まぐれ
(ホ) 自分を言いくるめようとするもの
(ヘ) この世界に生きているという実感
(ト) 大事な存在をいたわるニュアンス
(チ) たくさんの勉強によって得たもの

問11 傍線⑬「さっさと保育室に向かって歩いていった」とありますが、これに関する次の説明文を読んで、(1)~(4)について適当なものを選び、それぞれ符号で答えなさい。

この物語は、ふたりの子どもが保育室に入るまでを描いたものです。その意味では、ある一日の日常的な風景を切り取ったものだと言えます。しかし、その日常的な風景こそがゆたかな世界を彩っているのです。たとえば、ももちゃんは最近「本当に」という言葉をよく使います。そのときの「タメを利かせた芝居がかった言い方」は、ふいちゃんにも見られるものです。ももちゃんの父はこのとき、娘たちによる「本当に」という言い方のむこうに、(1)[(イ) あらゆるものをお互いに受け渡すような　(ロ) お互いに励まし合って学んでいくような　(ハ) 流行りのものをお互いに見せ合うような]保育園内の交流を見ています。

あるいは、ふいちゃんの父は、娘が自分に向けた「長生きしてね」という言葉のむこうに、(2)[(ニ) 自分自身が父親に抱いていた気持ち　(ホ) 父親が育児をする人に向けた気持ち　(ヘ) 妻が自分の父親を思いやった気持ち]と同じものを見ます。

このときの娘の言葉はなにげないものかもしれませんが、ふいちゃんの父は、この言葉をかけられたときのことを「結構忘れがたい瞬間だった」と振り返っています。その背後には、自分の父親とのあいだにあった「確執や幾度かの衝突」、その後の「雪解け」といった経験も含まれているでしょう。

さて、道路に寝たまま動こうとしないふいちゃんは空の向こうになにを見ているのでしょうか。ふいちゃんは一見すると保育園に行きたくなくて駄々《だだ》をこねているようにも見えますが、その実、(3)[(ト) 大人に対して反抗する姿勢を示しているのです　(チ) 空を見続ける理由をしっかり持っているのです　(リ) なにも考えず感情のままに行動しているのです]。

その後、遅番だった保育士のゆみさんに声をかけられると、ふいちゃんはすっと園内に入っていきます。こうして子どもたちが保育園に引き渡されるまでの物語はあっさりと閉じられます。

この物語は、おそらく時間にしたら一~二時間ほどのなにげない日常の一幕です。しかし、その言動のひとつひとつには、(4)[(ヌ) 子どもにしか解けない重大な謎が隠されています　(ル) さまざまな人の記憶や感情が折り重なっています　(ヲ) 日常のなかに潜む幻想的な世界が描かれています]。

新型コロナウイルスは人々のなにげない日常を奪ってしまいましたが、それは一方で、日常におけるかけがえのなさを気づかせるきっかけになりえるでしょう。この物語が新型コ

ももちゃんの父とふいちゃんの父は、この場面において、[a]を通して互いに共感を表明しています。そこにはもちろん、同じ道を辿ってきたという[b]もあったでしょう。他方、ももちゃんの父は、この過剰な共感について、子どもが生まれてからここまで[c]を控えていたことへの反動もあっただろう、と振り返っています。だとすれば、ももちゃんの父とふいちゃんの父におけるこのときの盛り上がりには、[d]に対する晴れやかな気持ちも混じっていたのかもしれません。

(イ) 感染症対策が緩和されてきたこと
(ロ) 家族や保育園に対する愚痴や不満
(ハ) 仕事以外の個人的な趣味や楽しみ
(ニ) はじめての子育てに関する苦労話
(ホ) 子どもらが秘めている無限の可能性
(ヘ) 他者との気の置けない語らいや交流
(ト) 家族にも話せないような悩みの相談
(チ) 同じ年頃の子を持つ親同士の仲間意識

問8 傍線⑦「自分」、⑧「娘」、⑨「父親」、⑩「このひと」は、それぞれ誰を指していますか。適当なものを次の中から選び、(イ)～(ヘ)の符号で答えなさい。

(イ) ももちゃん
(ロ) ももちゃんの父
(ハ) ももちゃんの祖父
(ニ) ふいちゃん
(ホ) ふいちゃんの父
(ヘ) ふいちゃんの祖父

問9 傍線⑪「たしかに二億年前に地球上に現れてやがて絶滅した、なんてそんな話をどう説明したらいいのか本当のところはわからない」とありますが、どういうことですか。最も適当なものを次の中から選び、(イ)～(ホ)の符号で答えなさい。

(イ) 恐竜が絶滅したのはあまりにも昔の出来事であり、まだ二年しか生きていない娘にそのことを実感してもらう術はなかなか見つからない、ということ。
(ロ) 絶滅したときの恐竜の気持ちを表現できない以上、恐竜はすでに絶滅してしまったという事実を娘に伝えても納得してもらえないだろう、ということ。
(ハ) 恐竜が絶滅した理由についていちおう説明することはできるが、その説明は難しすぎて二歳の娘に理解できるものとはとうてい思えない、ということ。
(ニ) 高い空を見上げながら恐竜の名前を唱え続けている娘を見ていたら、本当にこの広い宇宙のどこかの星に恐竜が住んでいる気がしてきた、ということ。
(ホ) 恐竜はすでに絶滅したなんてどこかで聞きかじってきた説明は、いままさに恐竜の存在を感じている娘に対して説得力を持たないだろう、ということ。

問10 傍線⑫「今日は一日ここでこうしている、ここで恐竜を見ている、とふいちゃんは思った」とありますが、これに関する次の説明文の空欄a～dに当てはまるものを後の選択肢からそれぞれ選び、(イ)～(チ)の符号で答えなさい。

ふいちゃんは空を見上げながら恐竜に長生きしてほしいと語りますが、この「長生きしてほしい」という言葉は、ふいちゃん一家が実家を訪ねたときに、ふいちゃんが耳にした「長生きしてね」という言葉から来ていると言えます。実家の父を訪ねるこの場面を振り返ったとき、ふいちゃんのこの言葉には[a]が含まれている、と考えることができるでしょう。さて、そんなふいちゃんからしたら、親たちによる恐竜はもういないという言葉は、いかにも[b]に思えます。ましてや、恐竜たちが二歳組の

はまるものを後の選択肢からそれぞれ選び、(イ)～(チ)の符号で答えなさい。

> 　ここまで読み進めて、「この物語、ちょっと読みにくいな……」と思った人がいるかもしれません。人間関係やストーリーがそれほど複雑というわけでもないのに、なぜそのように感じるのでしょうか。少し考えてみましょう。
>
> 　この物語は、冒頭からももちゃんの父の［ a ］が語られるかたちで進んでいきます。しかし、ふいに挿《はさ》まれる「そうなんですよね、とふいちゃんのお父さんは言った」という一節は、ももちゃんの父がこのとき、実はふいちゃんの父と［ b ］をしていたことをあきらかにします。あるいは別の場面では、目のまえで起きたことを語っていたはずのももちゃんの父が、いつのまにかコロナ禍の三年間の経験について［ c ］を始めている、なんてこともあります。さらに、ももちゃんの父の［ d ］から見たもの・聞いたものが語られていると思いきや、それが唐突にふいちゃんの父のものに切り替わっている、ということもあります。このように、この物語に対しては、いつ／誰が／どのように語っているか、といったことが曖昧にされている、という特徴が指摘できます。この物語に読みにくさがあるとすれば、それは以上のような特徴に起因するのでしょう。
>
> 　しかし、よく考えてみれば、わたしたちの日常生活において、急になにかを思い出したり、話しながら話題がどんどん逸《そ》れていったり、ということは頻繁に起こっています。だとすれば、この物語はむしろ、そんなわたしたちのありようを精確に反映しているとも言えるのです。

(イ) 回想　(ロ) 会話　(ハ) 視点
(ニ) 時間　(ホ) 創作　(ヘ) 対立
(ト) 多様　(チ) 内心

問5 傍線⑤「彼らの三年間の見えない苦労と努力がネガのように一瞬反転してその光景に現れた気がした」とありますが、どういうことですか。最も適当なものを次の中から選び、(イ)～(ホ)の符号で答えなさい。

(イ) 保育士がマスクを外す光景は、これまでマスクの着用を強いられてきた彼らの苦労が、一瞬のうちに努力の成果として認められたことを示すようであった、ということ。

(ロ) マスクを外した保育士の顔に、これまで表情を隠したまま子どもと接しなければならなかった彼らの困難と、そのなかでおこなってきた工夫を見出《みいだ》した、ということ。

(ハ) マスクを外した保育士の顔を見たとき、彼らが続けてきた苦労と努力が一瞬にして否定されてしまったように感じ、彼らの顔を見続けるのがつらかった、ということ。

(ニ) 保育士がマスクを外すことには抵抗感もあったが、マスクを着けたときの彼らの試行錯誤を想像したら、抵抗感を覚えること自体が失礼だと気がついた、ということ。

(ホ) マスクを外した保育士の顔がいつも思い描いていた顔と違ったため、彼らに一瞬だけ否定的な感情を抱いたものの、そのような感情はすぐになくなった、ということ。

問6 空欄A～Dに当てはまる言葉を次の中からそれぞれ選び、(イ)～(ニ)の符号で答えなさい。

(イ) マスクの下にあるはずと思い込んでいた顔たち
(ロ) はじめは戸惑った誰彼の素顔
(ハ) 目に見えるひとの顔
(ニ) マスクを外した顔

問7 傍線⑥「その日のふたりの話はやけに盛り上がって、あとから思い返すとちょっと過剰なほどに互いに共感を表明し、日頃の奮闘を称《たた》え合った」とありますが、これに関する次の説明文の空欄a～dに当てはまるものを後の選択肢からそれぞれ選び、(イ)～(チ)の符号で答えなさい。

いるいる。いたよ。
トリケラトプス。
トリケラトプスもいた、二歳組の部屋に来てた。
アンキロサウルス。
いたいた。二歳組の部屋で遊んでた。だから行ってみなよ。

ももちゃんのお父さんがいい加減なことばかり言ってくるが、保育園には恐竜はいない。保育園に恐竜がいたら大変なことだ。そんなこともわからないのか。そんなこともわからないと思っているのか。空の向こうにいるのが、やっと見えたところだ。いまここから動いたら見えなくなりそうだから。⑫今日は一日ここでこうしている、ここで恐竜を見ている、とふいちゃんは思った。

しかし、今日は遅番だったらしい保育士のゆみさんが通勤してきて、ふいちゃんおはよう、一緒に行こう、と声をかけるとふいちゃんはさっきまでの膠着《こうちゃく》状態が嘘のようにすっと立ち上がってお父さんを顧みることもなく玄関から園内に入っていき、⑬さっさと保育室に向かって歩いていった。ふいちゃんのお父さんはももちゃんの父親に、すいませんじゃあまた、と会釈をするとふいちゃんを追いかけて玄関に向かった。

問1　傍線①「今日は上々の部類」とありますが、どういうことですか。最も適当なものを次の中から選び、(イ)～(ホ)の符号で答えなさい。

(イ)　冷静さを失って暴れまわっている娘だが、ほかの友達に危害を加えるほどではない、ということ。
(ロ)　普段は内気な性格だと言われている娘が、今日は友達が遊んでいる輪に入っていった、ということ。
(ハ)　今日の娘は、父親の言うことこそ無視するが、保育士の言うことには素直に従っている、ということ。
(ニ)　娘はぐるぐるまわっているが、それでも普段に比べたら今日の振る舞いはまだいいほうだ、ということ。
(ホ)　いつも機嫌の悪い娘だが、今日は上等な海苔巻きを手にしているので、なかなか機嫌が良い、ということ。

問2　傍線②「ここで怒ってさらに機嫌をこじらせたり泣き出したりしても事態は好転しない」とありますが、どういうことですか。最も適当なものを次の中から選び、(イ)～(ホ)の符号で答えなさい。

(イ)　親の考えを一方的にぶつけてしまえば、ふいちゃんの気持ちが蔑《ないがし》ろにされてしまう、ということ。
(ロ)　ふいちゃんの気分が害されてしまえば、保育園への引き渡しはますます難しくなる、ということ。
(ハ)　ふいちゃんに不信感を持たれてしまうと、いっそう今後の子育てに苦労してしまう、ということ。
(ニ)　ふいちゃんの機嫌が悪くなってしまったら、預かってくれる保育園に迷惑がかかる、ということ。
(ホ)　保育園に行くことを無理強いしてしまっては、結局ふいちゃんのためにはならない、ということ。

問3　傍線③「ただ気持ちいいだけじゃなく、ありがたい気持ちになるのだ」とありますが、なぜですか。最も適当なものを次の中から選び、(イ)～(ホ)の符号で答えなさい。

(イ)　虫さされや気温の心配のない五月は、子どもを持つ親にとって実際に負担が軽くなる時期だから。
(ロ)　自然とのふれあいを第一に思う父親は、五月を子どもが屋外で遊べる貴重な季節だと考えたから。
(ハ)　五月生まれの子どもを持ったことにより、毎年屋外で誕生日のお祝いができるようになったから。
(ニ)　五月の気候が他の季節に代えがたいように、子どもの存在をかけがえのないものだと感じたから。
(ホ)　実際に子どもを育てる立場になったことで、ゆたかな自然に対して感謝できるようになったから。

問4　傍線④「そうなんですよね、とふいちゃんのお父さんは言った」とありますが、これに関する次の説明文の空欄a～dに当て

い。たぶん一年くらい前、娘たちが一歳組にあがって、同じ組の子どもが一気に増えた頃だが、ももちゃんの父親は子どもを預け入れたあと、あとから登園してくる子どもや保育室の外を通りかかる子どもと遊び続けてしまい、なかなか帰らないので保育園からやんわり注意を受けているのも見たことがあった。感染症対策がいまより厳しく、送迎時の滞在時間もできるだけ短くするように言われていたし、体面上は子どもを預けたあとは就業時間になるわけなので、保育園でのんびりしていてはまずいわけだ。

　今朝の娘は保育園まではいつもと変わらず来たのだが、恐竜を見たいと言うのに、恐竜はいない、と応えたのが失敗だった。同じやりとりはこれまでにも繰り返されたことがあり娘は恐竜が大昔に絶滅した話を聞くと、恐竜はいる！　と主張してときに激怒し、ときに泣《な》き喚《わめ》き、今日の場合は道路に寝そべって登園拒否の姿勢をとったのだった。いつからこんなに恐竜が好きになったのかもうよく思い出せないが、日に日に娘が口にする恐竜の名前は増え、どこで覚えてくるのか親の自分も聞いたことがないような名前もあり、適当に言っているのかと思って調べてみるとちゃんと実在する名前で、図鑑を見てはいっけんどれがどれだか見分けのつかないようなものも、ちゃんと見分けて精確に名前を言い当てる。最近ではすごいねえと褒めるのを通り越し、その入れ込み具合と極端な知識がちょっと怖く感じることさえあった。

　ゆっくり流れていく薄い小さな雲や、ときどき横切る鳥や飛行機はもちろん、ずっと見続けていれば空の奥の奥、夜にならないと見えないはずの星の影さえも青空のなかに見えてくる。薄い青色の向こうに夜空みたいな暗い広がりがあるのがわかって、あのどこかになにかがいる。お化けもいる。宇宙もいる。そしてたぶん恐竜たちもいる。本に載っている恐竜の名前と形を次々に覚えたのに、本当の恐竜は未《いま》だ見ることができない。恐竜はいない、とお父さんもお母さんも言うのだった。あれは大昔の生き物だと言うが、あんなに大きい生き物がどうしていなくなるのか。ふいちゃんにはそれが信じられない。なにか本当ではないことを教えられている気がした。本のなかにはこんなにもたくさんの恐竜がいて、平気そうにしているのに、恐竜がどこにもいないというのはなにかがおかしい。いないわけじゃなく、電車や車で簡単に見に行けるような場所にはいないというだけで、どこか遠くにいるってことなんじゃないか、とふいちゃんはさっき思った。だったらそう教えてくれればいいのに、連れて行けとせがまれたら困るから、どこにもいないなんて言う。ふいちゃんはまだ知らないことはたくさんあるが、数少ない知っていることのひとつは、どこにもいないものなんてない、ということだ。恐竜でも、人間でも、誰でも、必ずどこかにはいる。そんなの当たり前のことじゃないか。恐竜がいないなんて嘘《うそ》はあまりにその場しのぎの詭弁《きべん》である、とふいちゃんは思っていた。たとえば、と道路に寝転んでみる。遠くて行けないならその遠さを地面から離して空に向けたらいい。考えてみれば空だって、そこにあるようでどこにあるのかよくわからないもので、しかし空がないなんていうひとはいない。夜になると空の奥から暗い方の空がじわりじわりとせり出てきて、星の輝く夜空になる。あれもまた恐竜の類かもしれないし、あの暗い宇宙というらしい夜の空の一角の広がりのどこかに恐竜たちがうようようよ草を喰《は》んだり、襲ったり襲われたりしながら暮らしている。あ、イグアノドンだ。晴れた空に目を凝らせばそれが見えるかと思ったら、やっぱりちょっと見える。あ、プテラノドンも見えた。宇宙も、恐竜のいる星もずっと見ているとだんだん見えてくる。いるいる、ティラノサウルスもいるし、ブラキオサウルスも、ステゴサウルスもいる、本当にいる。本当に見える。恐竜に長生きしてほしい。

　空高くを見つめ続けながら恐竜の名前を唱えはじめた娘の横にしゃがみこんで、ふいちゃんのお父さんは、⑪たしかに二億年前に地球上に現れてやがて絶滅した、なんてそんな話をどう説明したらいいのか本当のところはわからない、と思った。

　イグアノドン。

話題は日々の育児の苦労話になって、そこで概《おおむ》ねふたりが同じような理念と対処法を心中に掲げていることがわかったときのその骨子である。

それまでは送り迎えのときに顔を合わせて当たり障りのない世間話をする程度の間柄で、立ち入った話をする機会なんかなかったからか、⑥その日のふたりの話はやけに盛り上がって、あとから思い返すとちょっと過剰なほどに互いに共感を表明し、日頃の奮闘を称《たた》え合った。細かい部分は我が家の状況に沿う言い方になってしまっているだろうが俺たちは、ともちゃんの父親はあえて一人称複数形に俺を選び、俺たちは語らい、共感したんだ、と言いたい。

先のような理念を掲げつつも、実際そんな思い通りにいかないから妥協と失敗の連続だ、という実情と歯痒《はがゆ》さの吐露もまた、強いシンパシーとともに共有された。まわりをなんとなく観察していても、自分たちの考えがそう周囲と大きく異なることはないような気がする。どの家庭でもきっと同じようなことを考えては、理想と現実のギャップに悩んでいる。でも重要なのは理念の特異性ではなく、それが俺たちのもとで、ふいちゃんのお父さんとももちゃんの父親のもとで共有され、共感されたことだ、とももちゃんの父親は念を押す。

ももちゃんとふいちゃんは○歳組からずっと一緒だったから、親たちには同じ道を辿《たど》ってきて、そして辿っていくような仲間意識がなんとなく醸成されていたし、どちらも第一子で親にとってははじめての育児だったことも共通していた。ももちゃんもふいちゃんも生まれたときからずっと感染症対策のなかを生きてきたから、保育園の保護者間の交流も自《おの》ずと遠慮がちなものになっていて、あの日の砂場の脇で生じたふたりの雑談のなかの静かな高ぶりにはその反動もきっとあった。保育園に限らず、他者と日常的で卑近な話を気軽にするような機会はずっと抑制されてきたのだが、気軽な雑談じゃないと話題に上がらない大事な話題というのがたぶんあって、育児において日々積み重ねられる経験値や試行錯誤なんかもそういう類の話なのかもしれない。

ふいちゃんは依然として道路上で仰向けになって空に目を向け、真剣な顔つきを崩さずにいた。ふいちゃんのお父さんは、ときどき、ふいー、とその名を呼びながら、さっき娘に長生きしてねと言われた話は実は少し詳細を端折《はしょ》っていて、とももちゃんの父親にもう少し細かい説明をしようか迷っていた。長生きしてね、という娘の言葉について、どこでそんな物言いを覚えたんだろう、とまるでよくある育児の話のように語ってしまったけれど、実はあれを言われた前日に神奈川の⑦自分の実家を家族で訪れ、そこで最近少し体調を崩していた自分の父に向かって妻が、長生きしてくださいね、と言ったその言葉を⑧娘は覚えていたんだと思う。ちゃんと意味がわかっているかは怪しいが、大事なひとをいたわるニュアンスはきっと感じ取っていて、それを父親である自分に向けてくれたのだと思う。それは結構忘れがたい瞬間だったから、いたずらな改変ではないにしろ、背景の事実を捨象して話してしまったことは、娘に対するちょっとした罪悪感を生じさせた。しかしその背景を話しはじめるなら、話は自分と⑨父親のあいだにかつてあった確執や幾度かの衝突と雪解けを経て現在の、良好とまではいかないがときどき孫の顔を見せに行ける程度の関係性に至った経緯を話す必要が生じるかもしれず、それは煩雑だった。

感染症の心配がもう少し薄れたらももちゃんのお父さんを一度飲みにでも誘いたい、とふいちゃんのお父さんは思うが、子どもを妻に任せて父親同士が飲みに出るのは実務的にも心理的にもまだなかなかハードルが高く、それが実現したのはこの何年もあとのことだった。送迎の頻度や服装なんかを見ると、自分も相手も基本的に在宅で仕事をしているように見受けられるが、自分たちは互いがどういう仕事をしているひとなのかいまはまだ全然知らなかった。

ともあれ⑩このひとはだいぶ子どもが好きで、いまも自分の子の預け入れは済んだのにここにとどまって一緒に路上に寝ている娘を見下ろしている。子どもだけでなく、保育園が好きなのかもしれな

を見たとき、⑤彼らの三年間の見えない苦労と努力がネガのように一瞬反転してその光景に現れた気がした。それは彼らの苦労と努力であると同時に、彼らが娘たちのことを大切に思いやってくれた確かな時間の表れでもあった、とももちゃんの父親は思った。あの瞬間のことは、その是非がたとえいかなるものであったにせよ、忘れることはないだろう。

[A]は隠れているものと現れているものとでは現れているものの方が強く、二年間思い描き続けたマスクの下の顔たちは、記憶のうえでもほんのひと月足らずであっさり[B]に書き換えられていき、[C]にも慣れつつあった。そして[D]は徐々に思い出せなくなった。誰のものだかよくわからない顔たちが、誰のものだかわからないまま思い出されなくなる。さようなら。

さまざまな対策の有効性について自分たちが証明することはできないのだし、それぞれに得た情報を信じたり疑ったり精査したりして判断するほかないからその判断の有り様は家族構成や仕事やその他いろいろの事情に応じて少しずつ違うものになる。だからそのことをカジュアルに話題に挙げるのはまだなんとなく避ける向きがあった。それでも同じ年頃の子どもを持つ親や家族というのは、感染症の流行がはじまって広がりつつある時期に、母体とその胎内にいる子どもたちをできる限りその危険から遠ざけたい、しかしどうすればいいのかよくわからない、という同じ恐れを共有したひとたちだった。ふいちゃんの両親もきっとあのさなか、自分たちと同じように見えないウイルスを恐れながら過ごしていたのだと思うと、ももちゃんの父親はいつかその不安をみんなで労《ねぎら》い合いたいとも思う。

長生きしましょう、とふいちゃんのお父さんに言うと、ふいちゃんのお父さんは、ははは、と笑って、ももちゃんのお父さんも、と言った。お互いに長生きしましょう。そして寝転び続けているふいちゃんにまた視線を落として、ふいー、と言った。

ふいちゃん、ももちゃんもう部屋にいるよ、とももちゃんの父親はふいちゃんに声をかけた。日が違えばふいちゃんとももちゃんが、というかふいちゃんの父親と自分が逆の状況のこともあるからこういう場合は全力で助け合いたくなる。ももちゃんもいるし、そうすけくんもいたし、たもっちゃんもいたし、ちーちゃんもいたし、とももちゃんの父親はさっき二歳組の部屋で見た娘の友達たちの顔を思い出しながら、名前を挙げていった。こうたろうくんもいたし、りんちゃんときんちゃんもいたし、あとはえーっと、と指を折りながら十二名いる同じ組の子どもたちのうち、ふいちゃん以外の子の名前を全員呼び上げて、あとあかりさんもみずきさんもいた、と保育士の名前も付け加えた。

ふいちゃんは微動だにしない。

朝起きてから登園まで、つまり親元に娘がいるあいだに多少の行き違いや滞りや衝突がないなんてことはまずなく、それらをいかに未然に防ぎ、生じた問題についてはそれ以上こじらせぬような穏便な解消に努めることで、トラブルを最小程度に抑えたい。とはいえ単にトラブルが少なければいいわけではなく、どんなに順調にことが進んでも園の引き渡しの際に機嫌が悪ければ意味がない。最終段階である保育室への入室、そして保育士さんへの引き渡しに最高の状態で入っていけるよう、あえてわがままやぐずりを泳がせて登園時間から逆算したタイミングまで機嫌をとるのを待つこともある。こちらの思い通りに動いてくれればなんでもいいわけでもなく、物で釣ったりするのは麻薬みたいなもので、使い過ぎると結局それでなくては動いてくれなくなる。これはとりうる選択肢の幅を自ら狭めてしまうようなもので、それは子どもにとっても気の毒だし親の方もあとあと苦労することになると思うから、動かぬ娘をお菓子で誘導したりスマホの動画を見せたりするのはよほどどうしようもないときだけにしたい。というのは、いつだったか休みの日に公園でふいちゃんを連れたお父さんと出くわし、娘とふいちゃんが砂場で一緒に遊びはじめたのでその脇であれこれ話しているうちに自然と

眠いよ、とかいろんな言葉を強調しまくっている。ちょっとタメを利かせた芝居がかった言い方は、たぶん保育園で覚えたんだろう。昨日は公園でふいちゃんが娘と同じ言い方で、本当に恐竜、と言っているのを聞いた。だから園で流行《はや》っているのかもしれない。娘のがふいちゃんにうつったのかふいちゃんのが娘にうつったのかわからないし、あるいは誰か別の子がどこかで聞いたか、家族の口癖を真似《まね》たりしたものかもしれない。園の玄関の掲示板には園内で感染性の胃腸炎とヘルパンギーナ、手足口病が軽く流行中で、それぞれの発症人数が報知されていたが、幼児が集まって日々を過ごす保育園ではウイルスだけでなく語彙や語法や発音も経路のわからないまま伝わっていく。言葉以外にも、ちょっとした仕草とか友達に対する立ち居振る舞いとか、あらゆるものが受け渡され、学ばれ、そして試行されている。

④そうなんですよね、とふいちゃんのお父さんは言った。ふいもこのあいだ夕方一緒に歩いてたら唐突に、お父さん長生きしてね、って言い出して。どこまで意味がわかって言ってるのかわからないんですけど、そんな物言いいつ覚えたんだろうって思ったんです、と話すふいちゃんのお父さんのマスクがずれて、見慣れない口元が露《あら》わになった。

園では職員や保護者の登降園時のマスク着用は四月から任意に切り替わり、五月の連休明け頃にはマスクを外す保護者もだいぶ増えてきた。花粉症シーズンが終わって気温が上がってきたこともあるだろうし、四月からひと月ほどで特に大きな状況の変化がなかったことも影響していたと思う。自分はといえば、園内では口元にあてていたマスクを玄関から外へ出てあごまでずらしたところだった。ともあれ、この二年間マスクを着けた顔しか見てこなかったひとの素顔というか文字通りの全貌をこうして不意に目にすると、勝手に思い描いていた顔と全然違って驚いてしまうことがある。ほとんど毎日のように顔を合わせていたのに急に別人になったみたいで、しかし別人のはずはなく、こちらが長いこと勝手に別人のような顔を思い描いていただけだ。しかしその顔はどこからきた誰の顔だったのか。

おとなだってそんな具合なんだから、生まれてからこっち家の外では大半のひとがマスクをしている世界で過ごし続けてきた娘やふいちゃんにとって、この春急速に顔面が露わなひとが増えつつある状況はどのように受け止められているのか、ちょっと想像がつかない。

園の保育士さんたちも、着用が任意の方針に切り替わると同時にマスクを外して仕事にあたるひとが多かった。そのことを思うと、ちょっと胸がつまるような、涙が出そうな感じになる、とももちゃんの父親は思った。言語での意思疎通がままならないこともある保育の現場では、意思疎通やスキンシップにおいて表情や声に負うところも平時から大きいはずで、マスクで顔の半分が覆われた状態での保育の仕事はきっと相当な苦労があった。自分が娘を見る限り、保育士さんたちがマスクを外したことへの驚きや反応はほとんど見られなかったが、これはマスク着用でも不足のないよう彼らが娘に接していたからなんだろうとももちゃんの父親は考えていた。具体的な技術は素人にはわからないが、たとえばアイコンタクトの仕方や声量や声質の工夫、身振りなどを使って口元が隠れていることを補うための工夫が、制限の多いなかでも日々行われていたのではないか。娘は、この春、保育園で担任のあかりさんやみずきさんが、ももちゃん、と自分の名を呼んでくれるその口元をどんなふうに見ていたのだろうか。

娘の反応の薄さの反面、ももちゃんの父親は方針変更の期日の朝、保育士さんたちが素顔で園内にいるのを見たとき、いたく感動してしまったのだった。マスク着用の科学的な是非は自分には判断できない。あとになって任意に切り替えたのは時期尚早だったとわかる可能性だってあるのかもしれないが、そのときの感動はそういう是非とは関係がない、とももちゃんの父親は言う。光差す朝の園内で、ずっと隠れたままだった保育士さんたちの顔が露わになっているの

わりながら、海苔《のり》巻きだー、と言う遊びをはじめたので、父親は娘がぐるぐるまわっているあいだに身の回りの品を各所に収めて、出席カードを担任保育士のあかりさんに渡した。娘は保育室にいたもうひとりの担任のみずきさんにぐるぐる遊びを危ないからと止められつつも、そのまま友達たちが遊んでいる輪に入っていき、ももちゃんじゃあね、と父親が声をかけてももう振り向かなかった。哀《かな》しいが泣いて離れたがらないよりはこれでいい。保育室のドア横のガラスに張り付くようにして廊下を見ていたそうすけくんが真剣な表情で、新幹線、と言いながら手を伸ばしタッチを求めてきたので父親もこれに、新幹線、と応えてタッチを返して保育室をあとにし、玄関でサンダルを履いて外に出るとふいちゃんが園の前の道路に仰《あお》向《む》けで寝ていた。

　ふいちゃんおはよう、と声をかけたがふいちゃんはこちらを向かず上を向いたままで、横に立っていたふいちゃんのお父さんとも挨拶を交わし、寝てますね、と言うと、寝てるんですよ、とお父さんは言った。

　ふいー、と寝転ぶふいちゃんに声をかけるお父さんは、その呼び声にさまざまな感情を込める。ふいちゃんのお父さんの額には少し汗が浮かんでいた。ふいー、ともう一度繰り返す。マスクで口元が隠れたふいちゃんのお父さんの顔を見ながらももちゃんの父親は、と内心で自称して、その呼び声に込められたすべての思いがわかる気がする、と続けた。いつまでも付き合っているわけにいかない焦りや苛立《いらだ》ちももちろんあるが、②ここで怒ってさらに機嫌をこじらせたり泣き出したりしても事態は好転しない。だから責め立てるような響きは慎重に排されてあくまで穏やかに、お父さんは困っているんだよということが伝わるように、そして娘に理解と行動を求めるべく、頼むというよりは願うように呼びかける。ふいー、とお父さんがまた繰り返す。

　白線が引かれた路側帯に仰向けに寝ているふいちゃんは、しかしそんなお父さんの声にまったく応える様子がなかった。寝ているといっても眠っているわけでも眠そうなわけでもなく、むしろふいちゃんの丸い大きな目はしっかりと開かれ、長いまつ毛も普段よりぴんと張っているように見えた。ふいちゃんの目玉は動くことなく、まっすぐ空を見ていた。

　よく晴れて日差しは強めだが、少し風もあって気持ちのいい天気だった。五月は子どもがいたっていなくたって気持ちのいい季節だったけれど、子どもが生まれて一緒に生活するようになると、子連れで屋外で過ごす時間がそれまでよりも長くなり、すると父親たちの五月の気持ちよさについての実感もまたちょっと変化した。③ただ気持ちいいだけじゃなく、ありがたい気持ちになるのだ。

　春先はまだ朝晩に冬の名残の冷え込みがあるが、五月になると夕方になっても寒さをあまり気にしないでいい日が増える。日中の気温の上昇も穏やかで、なにより藪《やぶ》や植え込みの近くにいても蚊がいないから、いまの時期は子どもを外で遊ばせるのにあれこれ心配が少なくて助かるのだった。六月に入ると気温も徐々に上がってきて雨も増えるし蚊も出てくる。子どもと一緒に公園にいると体温が高く汗っぽい子どもの体は蚊の恰好《かっこう》の餌食で、親は寄ってくる蚊を追い払ったり叩《たた》き潰《つぶ》したりに忙しくなり、そもそも虫の多そうなところで遊ばせにくくなる。子どもだけでなく親の方も子連れで外にいる大半の時間は子どもの近くで遊び相手をしたり見守ったりしている時間だから、寒い日は寒いし、暑い日は暑いし、知らぬ間にあちこち虫にも刺される。でも五月はただ外にいるだけで、ただ立っているだけでも気持ちいい。そんな気持ちいい季節の晴れた朝だ。道路に寝転ぶのだって気持ちいいだろう。ふいちゃんは五月生まれで先週が誕生日だった。娘と同じ二歳組で、二歳組といってもその年度の誕生日で三歳になる年だからふいちゃんももう三歳になったわけだ。

　こんな気持ちいい季節に毎年誕生日を祝えるなんて、本当に素晴らしいことだ。本当に、と内心で繰り返すこの、本当に、は娘が最近覚えた言い方で、本当にすごいよ、とか、本当に甘いよ、本当に

していく必要がある、ということ。

(ホ) 高齢者が人口の多くを占めるようになった現代においては、かれらの個別のニーズに応えられる体制を確立し、いつまでもゆとりのある生活を送ることができるような「超高齢化社会」を実現すべきである、ということ。

問11 傍線⑩「そしてそれはそのまま、じぶんのなかの『弱い』声を聞き漏らしてしまうことでもある」とありますが、これに関する次の説明文の空欄a～dに当てはまるものを後の選択肢からそれぞれ選び、(イ)～(チ)の符号で答えなさい。

筆者は冒頭で「わたしたちにいま何が見えているのだろう」と問うていた。一時期流行った「見えちゃっている」という言葉は、［ a ］のなかでその人の生が編まれていく、という側面を無視した、自分の人生を安易な図式のなかでしか捉えないものだと指摘している。まさに「見えているのに見ていないもの」がそこにある、ということだろう。〈老い〉に関する語りについても同様のことが言え、高齢者を養われるべき受動的な存在としてのみ捉え、あくまで「問題」として考えてしまいがちである。この社会に、何かを作り出す［ b ］が広がっているからこそそのことと言えそうだ。

そこで見過ごされてきた、［ c ］こそ、これからの社会にあっては必要だ、と筆者は強調している。これは「福祉の達成」を目指すための基本的な考え方であり、ひいては［ d ］にもつながっていく。このような、「見えているのに見ていないものを見えるようにする」さまざまな作業が求められている、と主張するのだ。

この文章が発表されてから約二〇年が経過しているが、当時に比べより一層「超高齢化社会」が進行している現在、わたしたちには何が見えているだろう。意識的に眼をこらし、耳をすませる必要性を、この文章は教えてくれる。

(イ) 他者からの働きかけに動じない
(ロ) 予測不可能な出来事との出会い
(ハ) 生活問題を複雑化させる不要な対策
(ニ) 誰もが豊かに安定して過ごせる社会
(ホ) 人々が自分自身のありように向き合うこと
(ヘ) 高齢者と生活を共有している人の本音
(ト) 高齢者一人ひとりの存在を尊重する姿勢
(チ) 能力の有無によって人を測る価値基準

二

次の文章を読んで、以下の設問に答えなさい。

娘の登園時間は午前九時で、園ではいちばん遅い方の時間帯になる。だから娘を引き渡しに保育室に入ると、同じ二歳組の子どもたちはだいたいみんな揃《そろ》っていて、ももちゃんだ、ももちゃんのパパだ、とか言いながら近寄ってきたり、それに応えて返事をしたり挨拶をしたりしながら父親は手提げから娘の着替えやマグカップ、食事用の口拭きタオルなどを取り出して所定の位置にセットしていく。娘には空になった手提げを渡して、ロッカーにしまってくれるよう頼むと娘は与えられたその任務に張り切って取り組み、その間父親の方も準備がスムーズに進められる。もっともそう毎日うまくいくわけでない。父親としてはそういう算段で臨むけれども、思い通りことが進む日の方が少ない。そもそもそれは保育室にたどり着いた時点で娘が泣いたりぐずったりしていないことが前提で、保育室の前で娘の気がのらなければまずはあの手この手でなだめたり、説得したり、場合によったら追いかけてつかまえて無理やり引きずってくることになったり、逆にこちらが引っ張り回されたりどつかれたりしながら準備をすることになり、程度は日によって違うがむしろそういう日の方が多い。

①今日は上々の部類で、娘は保育室に入るとその場でぐるぐるま

⑥「契機」

(イ) 良い結果をおさめようとして、物事を実行に移すには最適な時期。

(ロ) 何か出来事が予想もできないときに起こってしまう、不測の事態。

(ハ) 根拠や要因として物事の本質に関わり、欠くことのできない要素。

(ニ) ある効果を生じさせる目的で、当事者間で取り交わされる約束事。

⑧「格律」

(イ) みんながそれに従うことを求められる、行為の基準。

(ロ) 人の生き方を端的な言葉で言い表した、古人の言葉。

(ハ) 社会秩序を守るために定められた、罰則を伴う法典。

(ニ) 礼儀作法にかなっている、模範にすべき人間の態度。

問8 空欄Eに当てはまる語を、これより前の本文中から**漢字3文字**で抜き出し、解答欄に記しなさい。

問9 傍線⑦「それは、『作る』世代の声とははっきり異質な声であるにちがいない」とありますが、これに関する次の説明文を読んで、(1)〜(4)について適当なものを選び、それぞれ符号で答えなさい。

ここで筆者が言う「作る」世代には、(1)［(イ) 芸術を理解する心や創造性が備わっている (ロ) 社会の決まりに抗《あらが》う自由が与えられている (ハ) 多くの時間や開けた未来が用意されている］人々であるという意味が含まれている。一方で、〈老い〉を迎えるということは(2)［(ニ) 養われる者であるという自覚をもつことにもなる (ホ) どこかで死というものを意識せざるをえなくなる (ヘ) 孤独のなかで自分の人生を振りかえることでもある］、と筆者は述べている。現在〈老い〉が「問題」とされる際には、(3)［(ト)「する」ことにこそ価値が認められるという観点 (チ)「作る」ことだけが重要ではないのだという観点 (リ)「老いる」ことによって悟りが開けるという観点］が前提となってしまっている。しかし、実際に〈老い〉てゆく人々は、こうした単純な図式のなかにのみ存在しているわけではない。自分に残された時間がわずかだと感じた〈老い〉ゆく人の、(4)［(ヌ) 自分の思いを何度も書き直し作りあげた言葉 (ル) 人生における後悔とともにつぶやかれる言葉 (ヲ) その満ち足りた気持ちを伝えようとする言葉］に向き合う必要がある、と筆者は指摘している。

問10 傍線⑨「そういう視線を脱臼《だっきゅう》させるような違和の声、そのひとつひとつが聞こえるようになるかどうかに、『超高齢化社会』の行く末は懸かっている」とありますが、どういうことですか。次の中から最も適当なものを選び、(イ)〜(ホ)の符号で答えなさい。

(イ) 現在、人生のピークを過ぎていることを理由に高齢者たちは敬遠されているが、「超高齢化社会」になると俗世間のしがらみとは無縁な立場から発せられる高齢者の言葉に大きな価値が生まれることになる、ということ。

(ロ) 本来ならば社会に貢献する役割を担うべき高齢者が、そのチャンスを得られないまま亡くなっていくので、「超高齢化社会」においてはかれらが生産の場に復帰できるような環境作りをしなければならない、ということ。

(ハ) 生産主義によって発展してきた市場経済は深刻な行き詰まりを見せており、これからの「超高齢化社会」では高齢者たちの有する豊富な経験や知恵に学ぶことで、再び経済を活性化していかなくてはならない、ということ。

(ニ) 有用なものを生み出す能力のみを重視する社会は、高齢者を否定的なイメージで捉える傾向にあるが、「超高齢化社会」を迎えるにあたっては、そうした価値観を相対化する思考を獲得

る、ということ。

(ハ) 自分の想像する将来の社会の姿に固執するあまり、自分自身の幸福を追求しようと思いもしない、極めて禁欲的な態度である、ということ。

(ニ) 生活を共にしている人々が、自分に対してどのような期待や願望を抱いているのかを考えようともしない、冷淡な態度である、ということ。

(ホ) 平凡な人生だけを思い描いているようでいて、実際は他人の生活を自分の将来のために利用しようという、傲慢《ごうまん》な態度である、ということ。

問5 傍線③「いま〈老い〉について考えるとき、どうして話がすぐに、少子高齢化社会だの、介護保険だの、痴呆《ちほう》ケアだのといったふうに、『問題』に行ってしまうのだろう」とありますが、これに関する次の説明文の空欄a～dに当てはまるものを後の選択肢からそれぞれ選び、(イ)～(リ)の符号で答えなさい。

> 筆者はここで、〈老い〉については老いる人自身を[a]とする視点から考えられるべきだ、と主張している。世間では、人が老いるということは「問題」として認識されており、そのことこそが問題であるというのだ。〈老い〉とは誰もが[b]する自然なものであり、その過程は人によってさまざまである。だが、〈老い〉が問題として捉えられる際には、年齢という[c]的基準によって区切られた集団としてしか、老いる人は扱われない。このような認識が広く浸透するのは、〈老い〉の問題が当事者の存在を[d]して語られるためである、と筆者は指摘している。

(イ) 軽視　(ロ) 主体　(ハ) 客観
(ニ) 経験　(ホ) 老害　(ヘ) 人工
(ト) 驚嘆　(チ) 尊重　(リ) 主観

問6 傍線④「〈老い〉の異様さの経験が老いゆくひと自身によって語られることは存外少ない」とありますが、筆者がこのように考える理由として最も適当なものを次の中から選び、(イ)～(ホ)の符号で答えなさい。

(イ) 老いて〈死〉を前にした者が、自分の人生を書き残しておきたいと強く希望したとしてもその望みをかなえる機会はすぐに失われていってしまうから。

(ロ) 実際にはそれまで苦難の連続であっても、〈死〉を迎えるにあたり満足すべき人生だったと高齢者の多くが自分に言い聞かせるようになっていくから。

(ハ) 自分の体験した〈老い〉について当事者が語りたいと思っても、現状においてその内容を忠実に再現することができるメディアは非常に限られているから。

(ニ) 〈老い〉を体験すると物事の認識や判断の基準があいまいになるため、自分の体験が他者と比べて違っているとは思わず、あえて語ろうとしなくなるから。

(ホ) 老いる前に想定していたものとは異なる〈老い〉を体験した際には、その当事者が自分の状況を表現する適切な言葉を見出《みいだ》すことも難しくなってしまうから。

問7 傍線⑤「浸潤」・⑥「契機」・⑧「格律」のここでの意味として、最も適当なものをそれぞれ選び、(イ)～(ニ)の符号で答えなさい。

⑤「浸潤」

(イ) ある物事が円滑に運ばれるよう、仲立ちとなってはたらきかけること。

(ロ) ある要素が次第にしみこみ、気づかぬうちに徐々に広がっていくこと。

(ハ) ある領域に押し入って、当事者の意に沿わないような行動を取ること。

(ニ) ある一部分に、他の性質とは異質なものが混じって存在していること。

やがて静かにとどろきはじめるだろう。

わたしたちの社会は、何をしたか、何を生み出してきたかでそのひとを測る生産主義や、何ができるか、どんな専門的技能があるかでひとを測る資格主義が、ひとつの⑧格律として支配している社会である。それが要求してくる条件を満たすことがなければ、だれもが容赦《ようしゃ》なく「不要」の烙印《らくいん》を押されてしまう。老残、老醜、老廃、疲弊、減衰、萎縮、衰弱、下降、弛緩《しかん》というふうに、〈老い〉が下り坂というイメージで思い描かれることになるのも、そうした生産主義や資格主義の視線のなかでである。あるいはまた、高齢者が（子どもとともに）「養われる」べき受動的な存在とみなされることになるのも、やはりそうした視線のなかでである。

⑨そういう視線を脱臼《だっきゅう》させるような違和の声、そのひとつひとつが聞こえるようになるかどうかに、「超高齢化社会」の行く末は懸かっている。なぜか。「福祉の達成」ということが人類社会のめざすところであると言うのなら、いかなるひとであれそのひとの存在をまずは肯定するというところから、その理念は出立しなければならないはずだからである。何もできなくても、ただそこにいるだけでいいと、他者に向かって言い切れるかどうか、あるいは、まだ何もできない子どもとともに、だんだんいろんなことができなくなる高齢者に向かっても、何もできなくていい、ただそこにいるだけでいいと、言い切れるかどうか。そこに「福祉」の理念は懸かっているからである。そういう地点から、いまの〈老い〉の問題を考えなければ、その一つ一つが特異な〈老い〉の声を、ひとはついに聞きそびれてしまうだろう。⑩そしてそれはそのまま、じぶんのなかの「弱い」声を聞き漏らしてしまうことでもある。

問1 二重傍線ⓐ〜ⓔのカタカナを漢字に改めなさい（楷書で、丁寧に書くこと）。

ⓐ マドギワ　ⓑ ソウシツ　ⓒ カセぎ
ⓓ ツムぐ　ⓔ モウトウ

問2 傍線①「テレビ報道じたいがひとつの世間話になっている」とありますが、どういうことですか。次の中から最も適当なものを選び、(イ)〜(ホ)の符号で答えなさい。

(イ) テレビでの報道は世間に対して大きな影響を与えるものであるが、報道する側はその力を利用し、視聴者をあおりたてることを繰り返してしまっている、ということ。

(ロ) テレビ報道は視聴者にとってわかりやすく提供されるが、その内容は報道する側の都合によって選択され、その場だけの話題として使い捨てられている、ということ。

(ハ) テレビにおける報道は以前に比べ視聴者の反応を気にする傾向にあり、難解な内容をもつ国際問題について過度に単純化して報道するようになっている、ということ。

(ニ) テレビにおいて報道されたことを視聴者は事実と思いがちだが、その内容は報道する側によってねじ曲げられており、そこに客観的事実など存在しない、ということ。

(ホ) テレビ報道にとって視聴者の存在は欠かせないものであるが、視聴者の意見が報道内容に反映されるようになり、報道する側の主体性が失われてしまった、ということ。

問3 空欄A〜Dに当てはまる語を次の中から選び、それぞれ(イ)〜(チ)の符号で答えなさい。

(イ) きわめて　(ロ) かつて　(ハ) なぜ　(ニ) たぶん
(ホ) かならず　(ヘ) いくら　(ト) さて　(チ) たまに

問4 傍線②「この感想にはどこか不遜なところがある」とありますが、どういうことですか。次の中から最も適当なものを選び、(イ)〜(ホ)の符号で答えなさい。

(イ) 他者との関係が自分の人生にさまざまな影響を与えるという可能性を、最初からまるで想定しない、自己中心的な態度である、ということ。

(ロ) 自分の将来に対して悲観的な予想を示すだけに留《とど》まって、現実社会が抱える問題に向き合おうとしない、消極的な態度であ

ぼ同じことがいえるようにおもう。現代の〈老い〉の語りのなかでかき消されているもの、それはそれぞれの〈老い〉が懐深くはらむ偶然性と特異性とへのまなざしである。

③いま〈老い〉について考えるとき、どうして話がすぐに、少子高齢化社会だの、介護保険だの、痴呆《ちほう》ケアだのといったふうに、「問題」に行ってしまうのだろう。〈老い〉はなによりも「問題」だと言わんばかりに。

　ほんとうならわざわざ言うまでもないことであるはずなのだが、〈老い〉とは、ひとにとって自然的な過程である。夭逝《ようせい》するひとをのぞいて、だれもがいつかは〈老い〉を迎える。〈死〉の前に、である。そして〈死〉もまた、ひとの自然的な過程である。〈死〉はだれにもいつか訪れる。が、そのいつかはだれにもわからない。〈老い〉は、その意味で、からだの衰えを自覚する時期であるとともに、みずからの〈死〉への待機の時期でもある。じぶんが待機中であることが、じわりじわり意識されるようになるのが、〈老い〉というものである。なのに、〈老い〉をひとりひとりがどのように迎えるかが問われるよりも先に、〈老い〉が匿名の集団、つまりは特定の年齢層の存在様態として、まずは「問題」としてしか問題にならないのは、いったいどういうわけか。

　答えははっきりしている。先に見た、養うものと養われる者という関係が家族のなかに設定されているのとおなじで、〈老い〉がそれをじぶんのこととして迎える側からではなく、老いゆくひとを「世話」する側からばかり語りだされているからである。〈老い〉はそれを未《いま》だ迎えていないひとからすれば「問題」であるのかもしれないが、老いゆくひとそのひとからすれば「問題」でもなんでもなく、ひとつの自然過程であるはずである。〈老い〉は、それを介護する側からすれば、まず「問題」として立ち現れる、ただそれだけのことである。

　が、しかし、〈老い〉は老いゆくひとそのひとからも語られるべきものであるはずだ。たしかに老いゆくひとたちもみずからの〈老い〉について語る。たとえば雑誌が〈老い〉の特集を組むとき、さまざまな〈老い〉のかたちが老いゆくひとによって語りだされる。しかもたいていは、充足した言葉で。だが、④〈老い〉の異様さの経験が老いゆくひと自身によって語られることは存外少ない。

　なぜか。〈老い〉は〈老い〉について語るその意識をも⑤浸潤してくるものだからだ。〈老い〉について語る語り方のなかにも〈老い〉はしのびよる。そしてその〈老い〉は、〈老い〉を迎える前の、つまりは「引退」以前の精神の構えを裏切るものという性格をつよく帯びている。

　何かを作品のようにして作る、そういう構えとは反対に、消える、亡くなるという⑥契機が〈老い〉には否定しようもなく組み込まれているからだ。したがって、みずからの〈老い〉について語ったり書いたりするにあたっても、それがほんとうに〈老い〉にふれているときには、物語にする、文章にするというのとは違った語りなり文なりになるはずだ。もちろん、生は時間とともに単純になって、やがて消えゆくという、きれいな物語をここで思い描いているわけではない。最期とおもうがゆえにますます想いはつのり、関係は屈折し、こじれてゆく。引き返すということが絶対に不可能なのがひとの生だ。その、引き返しの不可能ななかに、そのひととの［E］は現われる。だれかとの関係の抜き差しならなさが高じれば高じるほど、そこにそのひとの［E］が否定しようのないものになってくる。

　ぼそぼそ、あるいはぽつりぽつり漏れてくる、そういう声が聴きたい。そういう声が漏れてくる場所から、ひとの生について考えてみたい。

⑦それは、「作る」世代の声とははっきり異質な声であるにちがいない。「あれもできなかった、これもできなかった」、「こんな何の役にも立たないわたしでもまだここにいていいのか」……。はじめはそうしたネガティヴな調子で語りだされるほかないのだが、それはしかし、「作る」「する」にのめり込んだ声とは異質な声として

ていて、人生のパターンがその終わり方までぜんぶ見えている、もう新しい生き方なんてない、といった想《おも》いがつのってきたのだろう。何をしても結局は変わらないという無力な想いが。けれどもほんとうにぜんぶ「見えちゃって」いたのか。むしろ、見えているのに見ることができない、その焦燥《しょうそう》にじりじりしての言葉だったのではないのか。

だれもが、よほど眼をこらさないことには、意識的に視界をこじ開けるということをしないでは、世界が見えるようにはならない、そんな見えにくい時代に入って、ずいぶん時間が経《た》ったような気がする。

*

「見えちゃっている」という、一頃若いひとのあいだでよく口にされた言葉への、わたしのなかの抵抗感についてはすでに述べた。この抵抗感はおそらく歳《とし》をとればとるほど強くなるのではないかとおもう。だからしつこいようだが、もういちど、感想を述べておく。

学校を卒業して、会社に入って、何のためかよくわからなくなるくらい忙《せわ》しなく働いて、五十くらいでⓐマドギワに追いやられ、やがて「慎《つつ》ましやかな」年金生活に入る。結婚して、ひとりで子どもを育て、疲れ果てて神経がささくれだし、友だちとすこしばかり遊んでもどこかⓑソウシツ感につきまとわれているうち、肌のみずみずしさも失ってやがて「おばあちゃん」になる。ちょっと突っ張って、アートとかバンドとかやっても、うまくいったところでせいぜい一発止まり、あとは定職のない身で日々の小銭ⓒカセぎに右往左往するばかり……。そう、何もかも見えちゃっているという、なんとも力のない物言いだ。

たしかにそうだ、と口をそろえたくなる。見かけからすれば、たぶん多くのひとはそういう人生を送ることになるのだろう。まわりを見わたせば、たしかにそんなふうに見えないこともない。が、②この感想にはどこか不遜なところがある。

不遜？　思い描く「未来」があまりに定型的だと言いたいのではない。多くのひとは定型に沿って一生をⓓツムぐ。そのことが不遜だという気はⓔモウトウない。この言葉に決定的に欠けているものがある。それを不遜と言いたいのだ。

この言葉に欠けているもの、それは、おもいもよらず見舞われること、そのことを視野に入れていないということである。たとえば重い病気に罹《かか》る、おもいもよらぬ事故に遭う、大切なひとを突然失う……といった、おもいがけなく見舞われる「不幸」を、この言葉は勘定に入れていない。だれかと出逢《であ》って、人生の向きがくるっと変わってしまうということも予想していない。要するに、偶然というものをすべて脱落させたところで、人生を語っているということである。

ひとの人生というものは、みずからの出生からはじまって、つねにだれかとの偶然の出逢いのなかで、特定の他者との押したり引いたりという関係とそのほどきようのないもつれのなかで編まれてゆく。だれも、この家、この地域で育ちたい、こんな先生に習いたい、こんなひとと結婚したい、こんな会社に入りたい……とおもって生まれてきたわけではない。約《つづ》めて言えば、こうだ。ひとはひとりでは生きてゆけない、食べることも眠ることも、ときに見えない他人の助けを借りてでなければできない、〈わたし〉の生は他のだれかとの関係につねに組み込まれている、だからその「だれ」を外して〈わたし〉の生は語れない、だから〈わたし〉の生は〈わたし〉のもののようであってほんとうは〈わたし〉のものではない。〈わたし〉の生が他の何にも代えられない特異性をもっているとすればそれは〈わたし〉がかかわる他者のそれに、というか他者のそれとのかかわりあいに由来する、ということである。

要するに、「見えちゃっている」というあの言葉には、〈わたし〉の生を編む偶然の出逢いとそれに由来する存在の特異性への想像が欠けている。ひとの生は、まっすぐな一本線ではなく、異なる出逢いの断続というかたちでしかイメージできないはずのものである。

さて、〈老い〉の語りについてなのだが、その語りについてもほ

二〇二四年度
中央大学附属高等学校

【国　語】（六〇分）〈満点：一〇〇点〉

一　次の文章を読んで、以下の設問に答えなさい。

「みえてはいるが誰れもみていないものをみえるようにするのが、詩だ」。

　これは、詩人の長田弘《おさだひろし》が一九七三年に『アウシュビッツへの旅』のなかに書きつけた言葉だ。これは同時に哲学の定義でもあると、わたしはおもう。哲学という言葉が硬ければ、じぶんが生きているその時代を考えることの定義と言ってもよい。そういえば、観念論の代名詞のようにいわれるあのヘーゲルも『法の哲学』のなかにこんな文章を書きつけていた。

「だれでももともとその時代の息子であるが、哲学もまた、その時代を思想のうちにとらえたものである」、と。

　わたしたちにいま何が見えているのだろう。見えているのに見ていないものとは何か。見えているのに見ていないものを見えるようにするとはどういうことなのか。

　いま、わたしたちの視野はどんなふうになっているのだろう。時代の何を見ているのか、何が見えているのか。

　時代の事実というものをわたしたちは新聞やテレビ報道で知る。イラクのこと、北朝鮮のこと、米国のこと、そして永田町のこと。そして世間話の種にする。ときに泡を吹かせて。だが、それを目撃したひとはだれもいない。ましてやそれと同じときに起こっている別の出来事はほとんど知らない。たとえばこの同じ時代（二〇〇三年時点）に米国で起こっているイラク攻撃反対運動の大きなうねりについて。それを見て見ぬふりをする評論家も交えて、①テレビ報道じたいがひとつの世間話になっている。政治は、世間話を織り重ねるというかたちでしかわたしたちの日常に届かない。そしてそれは話題として消費され、ほとぼりが冷めるとすぐに忘れられる。

　世間話をひとしきりしたあと、われにかえる。腹の虫養いにバナナを一本、口にする。このバナナはどこ産かとふとおもうこともないではない。が、思いはそこで止まる。値段のことはおもっても、［A］こんなに安いのか、だれがそれを決めているのか、だれがどこでどのようにして栽培しているのかは、［B］だれも知らない。知ろうとしない。バナナはどういう存在としてわたしたちの社会に届けられているのか、それを見えるバナナのなかに見ようとするひとは少ない。

　フィリピンのミンダナオ島から日本へのこのありふれた食物の経路をたどるなかで、米国を本拠とする多国籍企業の利権、［C］栽培しても借金漬けから逃れられない農園労働力の搾取の構造、さらにはフィリピンの戦後社会の展開や日本国家のアジア植民の歴史にまで推理を進め、東アジアをめぐる現代史の一側面を描ききった仕事が［D］あった。鶴見良行の『バナナと日本人』（岩波新書）だ。が、この、自分の視野を世界へと向けてこじ開ける仕事は十分に受け継がれていない。それどころか、視野はますます縮こまってきている。

　生老病死、つまり生きものとしてのじぶんの基本的なかたちもまた見えにくくなっている。出産の情景、死後の遺体処理をつぶさに見たことがわたしにはない。からだの不具合の診断・治療は医療機関に、父の介護は施設に頼ってきた。魚をじぶんでうまくさばくことができない。排泄物《はいせつぶつ》の処理過程についても知らない。そういえば、他人のうんこをみたことがない子どもが増えているとも耳にする。わたしたちは自分の身体さえよくは知らない、まかなえない、と言わざるをえなくなっている。

　わたしたちはいつのまにこんなに無力になってしまったのだろう。いつのまにこんなに視力が落ちてしまったのだろう。

　一時期、若いひとたちのあいだで、「見えちゃってる」「なんかもう済んだ感じ」といった言葉が流行《はや》ったことがある。大人たちを見

2024年度／中央大学附属高等学校

英語解答

Ⅰ 1　あ　2　う　3　い　4　い
5　う　6　え　7　う　8　い
9　う　10　い

Ⅱ 1　①　to eat　②　moved
2　money
3　1…え　2…う　3…い　4…え
5…う　6…あ　7…え　8…う
9…え　10…あ

Ⅲ 1　え　2　い
3　A…い　B…う　C…あ　4　あ
5　う　6　い　7　あ　8　え
9　う　10　え

Ⅳ 1　い　2　え　3　あ　4　う
5　う

Ⅴ 1　Nothing　2　or　3　lend
4　too　5　without　6　join

Ⅵ 1　a…か　b…え
2　a…か　b…お
3　a…か　b…え
4　a…あ　b…え
5　a…あ　b…う

Ⅶ （例）making good friends／I'll be very busy with my studies and club activities. When I'm too busy, the stress will have a negative impact on my school life. However, friends will help me keep a positive mindset. I'm sure making good friends will make my school life better.（45語）

Ⅰ〔放送問題〕放送文未公表

Ⅱ〔長文読解総合―物語〕

≪全訳≫❶私はまるでゾンビのようにカートを押した。好きでもない仕事をした長い１日の後，私のその日はもう私を必要としていないと告げる上司からのメッセージで終わった。理由はなかった――ただ「さようなら」とあっただけだ。私がしたいのは，ベッドに行って泣くことだけだった。しかし，６人家族の母親として，帰宅して夕食の用意をする必要があることはわかっていた。私は涙を拭いてスーパーマーケットに行った。❷私たちが食べるのにいい食べ物を見つけようとして私は歩き回った。カートには，家に帰ったら家族のためにつくるカレー用のジャガイモやニンジン，その他の食べ物が入っていた。私はおいしそうな肉を見つけた。それを持ち上げると，肉の下に何か黄色い物があるのが見えた。それは封筒で，「開けてください」と書いてあった。そこで，私はそうした。中に私が見つけたのは小さな紙切れで，こんな言葉が書いてあった。「全部うまくいきますよ。あなたはただそのまま，いい人でいてください。強くい続けなさい，そうすればあなたは大丈夫」❸私は泣き出した。どうしてか，世界はこんなひどい１日の後で私を助けてくれているのだった。私はそのメモを持ってお客様サービス窓口へ走った。「これはあなたが書いたんですか？」　私はその紙切れを彼らに見せながら尋ねた。カウンターの後ろの男性は私をぼんやりと見た。❹「申し訳ありません，それが何かはわかりません。何か私でお役に立てることはありますか？　ただ，もうすぐ閉店となります」と彼は言った。❺「封筒と紙はありますか？」　私は親切な行為のお返しがしたくて尋ねた。❻「いいえ，すみません」と彼が言ったので，私は買い物の代金を支払って帰宅した。❼翌朝目が覚めたとき，あの手紙は夢だったのではと思った。それから自分のコンピューターの所に行くと，それはそこにあった――あの明るい黄色の封筒が。それは本当に起こったのだ。メモは正しかった。全部うまくいくだろう。私はその手紙に激励された。❽私は，すぐにソーシャルメディアを立ち上げてこの話をシェアした。人々は感動し，「私もそうします」というコメントは私の心を満たした。私は店に走り，封筒とメッセージカードを買った。私は心に響くメモを100枚書き上げ，聞いてくれる人になら誰にでも，４月は今や国家の「知らない人を幸せにする日」月間だと話した。使命を持った女性として，他の人の役に立てると思うことは気分が良かった。100枚のカードのうちたった１枚でも１人の人を助けられるのなら，それをする価値はあった。❾次の月に行ったあらゆる場所――店，レストラン，公園――で，私はメモを残した。他の人たちにも同じ前向きなエネルギーを生み出したかった。一度，レストランに行ってメモを忘れたことに気づいたので，ウェイトレスにペンと紙を頼んだ。そこにいる間，私はトイレにメッセージを残した。数週間後，そのレストランにまた行くと，「ありがとう」と書かれた知らない人からのメモを見つけた。❿私は毎日友人たちに声をかけ，「知らない人を幸せにした？」と尋ねるようになった。答えはたいてい「イエス」で，彼らはうれしそうに自分がどこにメモを残したかとか，列で自分の後ろに並んでいた人のコーヒー代をどうやって支払ってあげたかを教えてくれた。⓫数週間のうちに，私は「知らない人を幸せにする日」のメモを見つけた友達の友達から，手紙やコメントを受け取るようになり，それは私の住む地域だけでなく国中から届いた。どの話を聞いても，私の心は喜びで満たされた。私がその親切を始めたのではないが，他の人たちを激励していることに私は自信を持った。⓬４月が終わり，私たちは皆いつもの暮らし――今，お互いに対して前よりも少しだけ優しさのある暮らしだといいのだが――に戻った。ときどき，私はまだ知らない人にメモを残したが，あの最初の月にしていたほど多くはなかった。⓭ある日，電話が鳴った。⓮「こんにちは，ジョディ。私の名前はナンシーです」とその声は言った。⓯「こんにちは，ナンシー」と私は戸惑いながら答えた。⓰「私があの店のメモを書いた女性です。あなたにお電話したことで気を悪くされなければいいんだけど。あなたの番号は友達から聞きました」と彼女の声は続いた。彼女は私に封筒の色，それがあった場所，自分が書いたメッセージを話した。それは本当に私に封筒を残した人だった！　「あの日，誰かが何か手助けを必要としているという感じがしたの」と彼女は結んだ。私は彼女の親切に感謝して泣き出し，それが私にどれほど影響を与えたかを話した。「あなたもたくさんの封筒を書いたそうね」と彼女は言った。⓱「私はただあなたのすばらしいメッセージをまねして，同じ考えで他の人たちを助けようとしただけなんです」と私は言った。「個人的には，来年の４月まで『知らない人を幸せにする』月間を待てないの。どうしたら力になれるか教えてちょうだい」と彼女は言った。私は電話を置いてほほ笑んだ。私はとうとう，落ち込んでいたときに気持ちを上向かせてくれた知らない人に出会ったのだ。友達になれてとてもうれしかった。⓲この前の土曜日，娘が自分の１日についておもしろいことを私に話してくれた。私は家で忙しかったので，娘にお米を１袋買いに行かせた。スーパーマーケットで，彼女の前の紳士がそれを支払ってくれた。「そんなことをしてくださらなくてよかったのに」と彼女は言い，お金は持っていることを彼に示した。⓳「ああ，何でもないことだよ。知らない人を幸せにする日でしょ？」と彼は立ち去りながら言った。⓴その後，娘は私が彼女に渡したお金を使って，自分の後ろの女性に牛乳を買ってあげた。その女性は戸惑っているように見えた。「どういたしまして」と娘は彼女に言った。「いつかきっと，知らない人を幸せにする時間を取ってくださいね」　娘からこの話を聞いたとき，私はとても誇らしかった。親切は広がりつつあるようだ。

1 ＜語形変化＞① 'for＋人＋to …'「～が…するための，～が…するような」の形。これはto不定詞の形容詞的用法で 'for＋人' はto不定詞の意味上の主語である。　② be moved で「心を動かされる，感動する」といった意味を表せる。人々はジョディの話に感動し，「私もそうします」というコメントを残したのである。

2＜適語補充＞ジョディの娘は，お米の代金を支払ってくれた紳士に「そんなことをしてくださらなくてよかったのに」と言った。その言葉を裏づけるため，彼女は自分がお金を持っていることを示したのである。money「お金」は第20段落第1文にある。

3＜内容一致＞1．「筆者は(　　)のでスーパーマーケットに行った」─え．「家族の食事を用意するために食べ物を買う必要があった」　第1段落最後から2文目～第2段落第1文参照。本文中のdinnerが，ここではa mealに言い換えられている。　2．「筆者が肉を持ち上げたとき，彼女はその下に(　　)を見つけた」─う．「封筒」　第2段落第3～5文参照。　3．「お客様サービス窓口で，カウンターの後ろの男性は(　　)」─い．「メッセージについては何も知らないし，店はもうすぐ閉まると言った」　第4段落第1，3文参照。I have no ideaで「知らない」を表せる。　4．「翌朝，筆者は(　　)」─え．「前日見つけた封筒が自分のコンピューターのそばにあるのを見た」　第7段落第1，2文参照。　5．「その朝，その後で筆者は(　　)」─う．「前日起きたことについての話をオンラインでシェアした」　第8段落第1文参照。　6．「封筒とメッセージカードを買った後，筆者は(　　)」─あ．「それらに優しい言葉を書き，行く場所全てに残すようになった」　第8段落第3文～第9段落第1文参照。見知らぬ人を幸福にするため，励ましの言葉を書いたメモをあちこちに置くようになった様子が描かれている。　7．「筆者はレストランのトイレにメモを残し，数週間後(　　)」─え．「同じレストランで『ありがとう』と書かれたメモを見つけた」　第9段落第3～最終文参照。　8．「町中にメッセージを残すようになった後，筆者は(　　)を受け取った」─う．「多くの場所で見つかった『知らない人を幸せにする日』のカードについての手紙やコメント」　第11段落第1文参照。　9．「ナンシーという名の女性が(　　)」─え．「筆者が『知らない人を幸せにする日』運動を始めるきっかけとなったカードを書いた」　第14段落および第16段落第1文参照。筆者は「あの店のメモ」を読んで，「知らない人を幸せにする日」運動に取り組むようになった。　10．「筆者の娘がお米を買いに行ったとき，(　　)」─あ．「彼女の前の男性がその支払いをしてくれたので，彼女は自分の後ろの女性のために牛乳を買った」　第18段落第2，3文および第20段落第1文参照。

Ⅲ〔長文読解総合─説明文〕

≪全訳≫❶世界はあらゆる種類のデータで満ちている。例えば学校では，生徒の成績が記録されてデータ化される。ある生徒は数学のテストで60点，別の生徒は70点，別の誰かは65点を取るかもしれない。しかし，これらの点数をただ持っているだけではそれほど役に立たない。平均点や，そのテストがどれほど難しかったかといった他の情報が役に立つ。多くの人はそういった類の情報に関心がある。多くのデータを集めてそれを有用化することは，統計と呼ばれる。❷統計の第一歩はデータ収集だ。A このデータが気づかない場所にあることも多い。例えば，何の変哲もないレシートを取り上げよう。店で何かを買うと，あなたと店の両方がレシートを得る。たいてい，人々はそれを捨ててしまう。しかし，もしあなたが店を所有していたら，それらのレシートは金のようなものだ。それらには，あなたの店がもっとお金を稼ぐ助けとなりうるとても重要なデータが載っている。各レシートをまとめ，人々がどの商品を買っているかを調べることで，よく一緒に買われている商品の組み合わせがわかる。例えば，あるコンビニエンスストアで最もよく一緒に買われる商品の組み合わせは，フライドチキンとビールだった。下の表を見てみよう。表は，それらが一緒に買われる可能性が80％あることを示している。これは，人々がフライドチキンとスナックを買う可能性の2倍高い。驚くことに，お茶とフライドチキンが一緒に買われたことは一度もなかった。これが統計というものだ。もしあなたが店のオーナーだったら，この情報は本当に重要だ。店内でそれぞれをより近くに置くとか，それらを一緒に買うと割引があるとかといったように，もっと多くのフライドチキンとビールを売る計画を立てることができる。もう１つのアイデアは，２つの商品を持つ有名俳優のポスターを掲示することだ。／(表)あるコンビニエンスストアで一緒に買われた商品の組み合わせの割合❸もう１つ興味深い例がある。1994年，アメリカのイエローストーン湖で，レイクトラウトと呼ばれる外来魚が急増した。これにより，そこにいた他の魚の数が減少した。それは大きな問題だった。それを解決するためには，レイクトラウトの個体数を知る必要があった。しかし，１匹１匹の魚を数えるのはほぼ不可能だ。そこで，統計では一般的なテクニックが用いられた。レイクトラウトを何匹か捕まえ，ひれに切れ込みを入れて印をつけ，湖に戻した。しばらくしてからもう数匹を捕まえ，印のついた個体数の割合を確認した。これで，レイクトラウトの総数が推測できた。例えば，もし10匹のレイクトラウトに印をつけて放し，その後捕まえた次の10匹の中に１匹の印のついたレイクトラウトを見つけたら，それはレイクトラウトの約10%に「印がつけられた」ことを示した。このことは，湖に約100匹のレイクトラウトがいることを意味した。B このような方法で統計を利用することにより，ほとんど苦労せず欲しい情報を簡単に手に入れられる。❹一部の情報は，例えばグラフを使って見られるようにすると最もよく理解される。年齢別の日本人男性10万人当たりの死亡数を示すグラフを見てみよう。ぱっと見るだけでグラフの両端に山があることがわかる。グラフの山を見ると，特定の年齢で死亡数がより多いとわかる。興味深いことに，グラフの左端から，小児期の死亡数が大きく減ったことがわかる。また，⑤右の山は年を追って高くなっている。最も古い1947年のデータでは，後ろの山は70歳前後だ。2015年までに，その山は85歳以上のグループへと移った。また，線の形も変化した。1947年のデータでは10歳以降はいわばなだらかな線になっているが，一方で2015年のデータはより鋭い形をしている。この情報から，社会が変化したことは明らかだ。以前は「人々はさまざまな年齢で亡くなる」といえたが，今では「⑥より多くの人々がより長い人生を生きている」といえる。／(表)年齢別の日本人男性10万人当たりの死亡数❺上で説明されたとおり，統計はとても役に立ちうる。それは私たちの生活をずっと楽で便利にする魔法の道具になりうる。しかし，私たちは統計の使い方に慎重であるべきで，それはもしデータが正しい方法で集められていなかった場合，誤った結果につながりかねないからだ。「ごみを入れたらごみが出てくる」は統計の有名な格言だ。C 統計を利用するとき，私たちはデータが正しい方法で集められたことを確認するべきである。

１＜適語選択＞be full of ～「～で満ちている」

２＜単語の意味＞下線部②を含む文は‘*A*＋be動詞＋called *B*’「*A* は *B* と呼ばれる」の形。この文の意味から，statistics が「多くのデータを集めてそれを有用化すること」であるとわかる。また，第２，３段落の具体例から statistics が何かを読み取ることもできる。

３＜適文選択＞Ａ．続く部分の a simple receipt「何の変哲もないレシート」が，気づかないようなところに重要なデータがあることの例となっている。　Ｂ．第３段落では，たくさんあるもの全てを調べなくても，一部のデータを集めることで全体を推測できることが具体的に説明されている。う．は，この内容をまとめている。　Ｃ．空所を含む段落は，正しい方法でデータを集めることの重要性を述べた内容であり，あ．も同様の内容になっている。

４＜要旨把握＞第２段落後半参照。本文中にもある「80%」はフライドチキンとともにビールが買われる可能性で，これがフライドチキンとスナックが一緒に買われる可能性の２倍なのだから，フライドチキンとスナックが一緒に買われる可能性は40%となる。フライドチキンとお茶が一緒に買われたことはないのだから，その可能性は０%である。

5＜文脈把握＞続く２文で，this information「この情報」の活用例が挙げられている。う.の「２つの商品の売り場を拡張する」という例は挙げられていない。

6＜適語選択＞空欄を含む文の主語の This がその前の文の内容を示しており，ここから読み取れる。印をつけたレイクトラウト10匹中１匹が次の捕獲で確認された場合に，レイクトラウト全体の10％に「印がつけられた」ことを示すということは，印をつけた個体数10が全体の10％に当たるということなので，レイクトラウトの全体数は10÷0.1＝10×10＝100となる。

7＜適語句選択＞続く２文が空欄を含む文の内容を具体的に説明しており，ここでは高齢の人たちの方の山，つまり右側の山が話題になっている。この山は，年を追うごとに高くなっている。

8＜適文選択＞グラフから，年を追うごとに死亡数のピークが高齢化していることや，60歳代までの死亡数が減っていることが読み取れる。ここから，今では長生きをする人が増えたということができる。

9＜語句解釈＞「ごみを入れたらごみが出てくる」という格言は，その前の文の if 以下の内容をたとえている。つまり，正しい方法で集められなかったデータ(＝ゴミ)を入れても，正しい情報は得られない(＝ごみが出てくる)ということである。

10＜内容真偽＞あ…×　このような記述はない。　い…×　このような記述はない。　う…×　このような記述はない。　え…○　グラフより，1947年は０～10歳と20～60歳代半ばまでで他の２つの年よりも死亡数が多く，幅広い世代で男性の死亡数が多かったといえる。また，このことを第４段落最終文では「さまざまな年齢で亡くなる」と表現している。

Ⅳ〔適語(句)選択・語形変化〕

1．this coming Saturday「今週の土曜日」のような近い未来の予定は，現在進行形を使って表すことができる。　「彼は今週の土曜日に休暇で大阪へ出発する」

2．直前の was と，後ろにある by から，「～によって…された」という受け身形(‘be動詞＋過去分詞’)の文だとわかる。この drive は「～を車で運ぶ」という意味。　drive－drove－driven　「彼女は遅れていたので，父親にそこまで車で送ってもらった」

3．「音楽を聴いていた」と「宿題をやっていた」という２つの文を結ぶのは接続詞 while「～する間」。なお，during も「～の間」の意味だが，これは前置詞なので後ろには名詞(句)がくる。「宿題をやっている間，私は音楽を聴いていた」

4．Bが「約２キロメートル」と‘距離’を答えている。‘距離’を尋ねる疑問詞は How far「(距離が)どのくらい」。　Ａ：君の学校はここからどれくらい？／Ｂ：約２キロメートルだよ。

5．something や anything のような -thing の形の語を形容詞と to不定詞で修飾する場合は，‘-thing＋形容詞＋to不定詞’の語順になる。　「とても暑いので，何か冷たい物を飲みたい」

Ⅴ〔書き換え―適語補充〕

1．「時間は全ての中で最も大切なものだ」→「時間ほど大切なものは何もない」　‘Nothing＋動詞＋比較級＋than ～’で「～ほど…なものはない」という，最上級の意味を表せる。　Nothing is more important than time.

2．「もし急がなければ，君はバスに間に合わないだろう」→「急ぎなさい，さもないとバスに乗り遅れるよ」　‘命令文, or ～’「…しなさい，さもないと～」　Hurry up, or you will miss the bus.

3．「君の教科書を借りてもいいですか」→「君の教科書を貸してくれませんか」　Will you (please) ～？「～してくれませんか」という‘依頼’を表す文なので，lend「～を貸す」を使って書き換える。 ‘lend＋人＋物’「〈人〉に〈物〉を貸す」 Will you please lend me your textbook?

4．「彼女はテレビゲームを買いたかったが，お金を十分に持っていなかった」→「そのテレビゲームは彼女が買うには高すぎた」 ‘too ～ for — to …’「—が…するには～すぎる，～すぎて—は…できない」 The video game was too expensive for her to buy.

5．「彼は静かに部屋から去った」→「彼は音をたてずに部屋を出た」 without ～ing「～せずに，～しないで」 make a noise「音をたてる」 He went out of the room without making a noise.

6．「私たちと一緒に来ませんか」→「私たちに加わりませんか」 このjoinは「～に加わる，～とともにする」という意味。 Would you like to join us?

Ⅵ〔整序結合〕

1．look forward to ～ingで「～するのを楽しみにする」。ここでは現在進行形(is/am/are ～ing)になる。最後にwith her「彼女と一緒に」を置く。 I am looking forward to working with her.「私は彼女と一緒に働くことを楽しみにしている」

2．He is known toと続けるとうまくまとまらないので，He is an actorとして，残りはwhoを主格の関係代名詞として用いて，an actorを先行詞とする関係代名詞節にする。 be known to ～「～に知られている」 He is an actor who is known to everyone.「彼は皆に知られている俳優だ」

3．say hello to ～で「～によろしくと伝える」という意味。最後にfor me「私の代わりに」を置く。 Please say hello to your father for me.「君のお父さんによろしくお伝えください」

4．「オーストラリアの人口は日本の人口よりずっと少ない」という文になると判断できる。「～より少ない」はsmaller than ～で，この前に「ずっと」の意味で比較級を強調するmuchを置いて「～よりもずっと少ない」とする。最後はthat of Japanとなるが，このthatはthe populationという名詞の繰り返しを避けるために用いられている。 The population of Australia is much smaller than that of Japan.「オーストラリアの人口は日本の人口よりもずっと少ない」

5．語群にwhatがあるので，imagineの目的語が‘疑問詞＋主語＋動詞...’の語順の間接疑問になると推測できる。語群から「来年はどのようになるか」という意味になるようにまとめる。‘what＋be動詞＋主語＋like?’「～はどのようなものか」が間接疑問になった形である。 Can you imagine what the next year will be like?「来年がどのようなものになるか想像できますか」

Ⅶ〔テーマ作文〕

「私は高校生になったとき，(　　)が自分にとって最も大切なものになるだろうと思う。その理由は(　　)。4月に始めるのが待ちきれない」 高校生活において大切になると思うものを1つ挙げ，その理由を説明する。「待ちきれない」という結びにうまくつながるように注意する。 (別解例) time／(This is because) I have a lot of things I want to do in high school, but time is limited. So, I don't want to waste my precious time. I'm going to make the best use of time to lead a fulfilling high school life.(42語)

数学解答

1 (1) $4x$　(2) $-\sqrt{2}$
(3) $7a^2xy^3(x-2y)(x-4y)$
(4) $x=3,\ y=2$
(5) $x=-1,\ -7$　(6) $38°$
(7) 7　(8) $(-4\sqrt{3},\ -2\sqrt{3})$

2 (1) 4通り　(2) 116

3 (1) $x=9,\ y=13$　(2) ④
(3) (ア)…×　(イ)…○　(ウ)…○

4 (1) $18\sqrt{3}$　(2) $\dfrac{9\sqrt{7}}{2}$
(3) $\dfrac{2\sqrt{21}}{7}$

5 (1) $y=\dfrac{2\sqrt{6}}{3}x+2$
(2) (ア) $\dfrac{\sqrt{3}}{3}$　(イ) $y=-\dfrac{5\sqrt{3}}{3}x+2$

1〔独立小問集合題〕

(1)<式の計算>与式 $=\dfrac{9^2y^4}{4x^6}\times\left(-\dfrac{9x^4y^2}{4}\right)^3\div\left(-\dfrac{9^5x^5y^{10}}{4^5}\right)=\dfrac{9^2y^4}{4x^6}\times\left(-\dfrac{9^3x^{12}y^6}{4^3}\right)\times\left(-\dfrac{4^5}{9^5x^5y^{10}}\right)=\dfrac{9^2y^4\times9^3x^{12}y^6\times4^5}{4x^6\times4^3\times9^5x^5y^{10}}=4x$

(2)<数の計算>与式 $=\dfrac{2\sqrt{3}}{\sqrt{6}}+\dfrac{6\sqrt{2}}{\sqrt{6}}-\left(\dfrac{4}{\sqrt{2}}+\dfrac{2\sqrt{2}}{\sqrt{2}}+\dfrac{\sqrt{6}}{\sqrt{2}}\right)-\left(\dfrac{3}{\sqrt{3}}-\dfrac{2\sqrt{3}}{\sqrt{3}}\right)=\dfrac{2\sqrt{3}\times\sqrt{6}}{\sqrt{6}\times\sqrt{6}}+\dfrac{6\sqrt{2}\times\sqrt{6}}{\sqrt{6}\times\sqrt{6}}-\left(\dfrac{4\times\sqrt{2}}{\sqrt{2}\times\sqrt{2}}+2+\sqrt{\dfrac{6}{2}}\right)-\left(\dfrac{3\times\sqrt{3}}{\sqrt{3}\times\sqrt{3}}-2\right)=\dfrac{2\times3\sqrt{2}}{6}+\dfrac{6\times2\sqrt{3}}{6}-\left(\dfrac{4\sqrt{2}}{2}+2+\sqrt{3}\right)-\left(\dfrac{3\sqrt{3}}{3}-2\right)=\sqrt{2}+2\sqrt{3}-(2\sqrt{2}+2+\sqrt{3})-(\sqrt{3}-2)=\sqrt{2}+2\sqrt{3}-2\sqrt{2}-2-\sqrt{3}-\sqrt{3}+2=-\sqrt{2}$

(3)<式の計算—因数分解>与式 $=7a^2xy^3(x^2-6xy+8y^2)=7a^2xy^3(x-2y)(x-4y)$

(4)<連立方程式> $\dfrac{2}{3}(x+1)-\dfrac{1}{2}(y+3)=\dfrac{1}{6}$……①，$(2x+3):(y+1)=3:1$……②とする。①×6より，$4(x+1)-3(y+3)=1$，$4x+4-3y-9=1$，$4x-3y=6$……①′　②より，$(2x+3)\times1=(y+1)\times3$，$2x+3=3y+3$，$2x-3y=0$……②′　①′－②′より，$4x-2x=6-0$，$2x=6$　∴ $x=3$　これを②′に代入して，$6-3y=0$，$-3y=-6$　∴ $y=2$

(5)<二次方程式> $3(x^2+2x+1)=2(x^2-5x-6)-(x^2-1)$，$3x^2+6x+3=2x^2-10x-12-x^2+1$，$2x^2+16x+14=0$，$x^2+8x+7=0$，$(x+1)(x+7)=0$　∴ $x=-1,\ -7$
≪別解≫ $x+1=A$ とおくと，$3A^2=2A(x-6)-A(x-1)$，$3A^2-2A(x-6)+A(x-1)=0$，$A\{3A-2(x-6)+(x-1)\}=0$ となる。A をもとに戻して，$(x+1)\{3(x+1)-2(x-6)+(x-1)\}=0$，$(x+1)(3x+3-2x+12+x-1)=0$，$(x+1)(2x+14)=0$，$2(x+1)(x+7)=0$　∴ $x=-1,\ -7$

(6)<平面図形—角度>右図1のように，点A～Eを定める。$\overset{\frown}{AB}$ に対する円周角と中心角の関係より，$\angle ACB=\dfrac{1}{2}\angle AOB=\dfrac{1}{2}\angle x$ であり，△BCDで内角と外角の関係より，$\angle OBC=\angle ACB+\angle CDB=\dfrac{1}{2}\angle x+20°$ となる。よって，△OBEで内角と外角の関係より，$\angle BOE+\angle OBC=\angle OEC$ だから，$\angle x+\left(\dfrac{1}{2}\angle x+20°\right)=77°$ が成り立ち，これを解くと，$\dfrac{3}{2}\angle x=57°$，$\angle x=38°$ となる。

図1

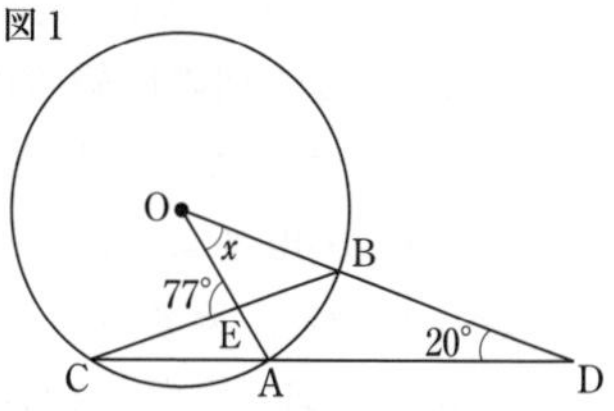

(7)<数の性質>正の整数を10でわった余りはその整数の一の位の数と等しいから，1963^{1963} を10でわった余りは 1963^{1963} の一の位の数と等しい。1963^{1963} の一の位の数は，3^{1963} の一の位の数と同じなので，3^{1963} の一の位の数を求めればよい。$3^1=3$，$3^2=9$，$3^3=27$，$3^4=81$，$3^5=3^4\times3=81\times3=243$

だから，一の位の数は3，9，7，1，3，9，7，1，3，……となり，(3，9，7，1)の4つの数がこの順に繰り返す。よって，$1963\div4=490$ あまり3より，3^{1963} の一の位の数は，4つの数のうちの3番目の7となる。

(8)＜関数—座標＞2点A，Bは双曲線 $y=\dfrac{24}{x}$ 上にあり，x 座標がそれぞれ12，-4 だから，$y=\dfrac{24}{12}=2$，$y=\dfrac{24}{-4}=-6$ より，A(12，2)，B(-4，-6)である。△OAB＝△PABより，△OABと△PABはABを底辺と見たときの高さが等しいから，OP∥ABとなる。また，点Pの x 座標は -4 より小さいから，点Pの位置は，右図2のように，点Bの左側にある。直線ABの傾きは，$\dfrac{2-(-6)}{12-(-4)}=\dfrac{1}{2}$ だから，直線OPの傾きも $\dfrac{1}{2}$ であり，その式は $y=\dfrac{1}{2}x$ である。これと双曲線 $y=\dfrac{24}{x}$ との交点が点Pなので，2式から y を消去して，$\dfrac{1}{2}x=\dfrac{24}{x}$ より，$x^2=48$，$x=\pm4\sqrt{3}$ となる。$x<-4$ だから，$x=-4\sqrt{3}$ である。よって，$y=\dfrac{1}{2}\times(-4\sqrt{3})=-2\sqrt{3}$ より，P($-4\sqrt{3}$，$-2\sqrt{3}$)である。

図2

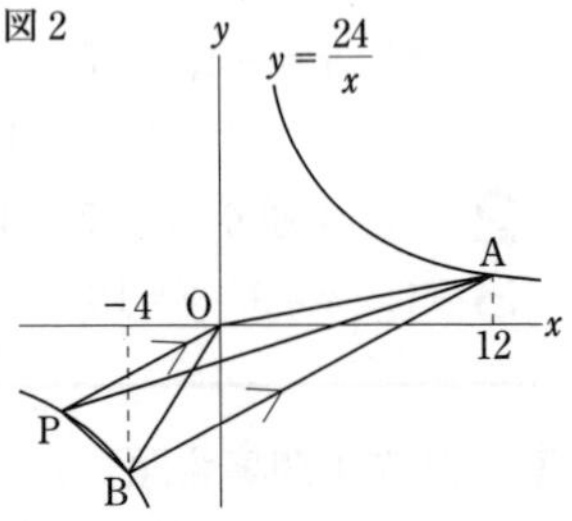

2〔数と式—数の性質〕

≪基本方針の決定≫(2)　X を素因数分解したときの素因数の数によって場合分けして考える。

(1)＜約数の組合せ＞54を素因数分解すると，$54=2\times3^3$ となるから，54以外の約数は，1，2，3，$2\times3=6$，$3^2=9$，$2\times3^2=18$，$3^3=27$ となるから，$X=54$ のとき，a，b，c の組合せは，(a，b，c)＝(1，2，27)，(1，3，18)，(1，6，9)，(2，3，9)の4通りある。

(2)＜約数の組合せ＞まず，X を素因数分解したとき，1つの素因数 l の積となる場合，a，b，c の組合せが2通りとなるのは，$X=l^5$ のときで，a，b，c の組合せは，(a，b，c)＝(1，l，l^4)，(1，l^2，l^3)となる。このとき，3けたの整数 X のうち，最小のものは，$X=3^5=243$ である。次に，X を素因数分解したとき，2つの素因数 l，m の積となる場合，a，b，c の組合せが2通りとなるのは，$X=l^2m$ のときで，a，b，c の組は，(1，l，lm)，(1，l^2，m)の2通りとなる，このとき，3けたの整数 X のうち，最小のものは，$l=2$，$m=29$ で，$X=2^2\times29=116$ である。さらに，X を素因数分解したとき，3つ以上の素因数の積となる場合，a，b，c の組合せは3通り以上となるので，適さない。以上より，求める最小のものは116である。

3〔データの活用—度数分布表，箱ひげ図〕

(1)＜度数＞A組の生徒が読んだ本の冊数の平均値が最小となるのは，度数分布表の度数 y が最小になるときである。A組の度数分布表の最頻値が70冊であったことから，各階級の度数のうち，60冊以上80冊未満の階級の度数が最大なので，y は，40冊以上60冊未満の階級の度数12より大きい。よって，読んだ本の冊数の平均値が最小となるのは，$y=13$ の場合である。したがって，クラスの生徒数が40名より，$2+x+12+13+4=40$ が成り立ち，これを解いて，$x=9$ となる。このとき，$x<y$ だから，適する。

(2)＜箱ひげ図＞まず，最小値は0冊以上20冊未満，最大値は80冊以上100冊以下である。次に，クラスの人数が40人だから，$40\div2=20$，$20\div2=10$ より，冊数の少ない方から10番目と11番目の平均が第1四分位数，20番目と21番目の平均が第2四分位数(中央値)，30番目と31番目の平均が第3四分位数となる。$x=9$，$y=13$ のとき，20冊未満は2人，40冊未満は $2+9=11$(人)だから，10番目と11番目はいずれも20冊以上40冊未満であり，第1四分位数は20冊以上40冊未満となる。また，60冊未満は $11+12=23$(人)だから，20番目と21番目はいずれも40冊以上60冊未満であり，第2四分位数は40冊以上60冊未満で，80冊未満は23＋13＝36(人)だから，30番目と31番目はいずれも60冊以上80冊未満であり，第3四分位数は60冊以上80冊未満となる。以上より，最も適切な箱ひげ図は④である。

(3)＜正誤問題＞(ア)…×。B組とC組を比較すると，C組の方が箱の部分の縦幅が小さいので，中央値付近にデータが集まっている。しかし，データの範囲，すなわち最大値と最小値の差はC組の方が大きいから，中央値付近にデータが集まっているクラスほど，データの範囲が小さいとはいえない。　(イ)…○。C組において，第1四分位数は40冊より大きいので，11番目の冊数は40冊より多いが，10番目の冊数は40冊より少ない場合が考えられる。また，最小値は20冊未満であるが，少ない方から2番目の冊数は20冊以上の場合が考えられる。よって，20冊以上40冊未満の生徒数が最大となるのは，2番目から10番目の冊数が20冊以上40冊未満の場合だから，最大の人数は$10-2+1=9$(人)となる。　(ウ)…○。(2)の④の箱ひげ図より，A組の第3四分位数は60冊より大きく，これはB組の最大値より大きい。よって，A組では，本を60冊以上読んだ生徒は10人以上，つまり，$\frac{10}{40}\times100=25$(%)以上いる。

4〔空間図形―四角錐〕

≪基本方針の決定≫(3)　求める垂線の長さは，三角錐O-ABCの底面を△ABCと見たときの高さになる。

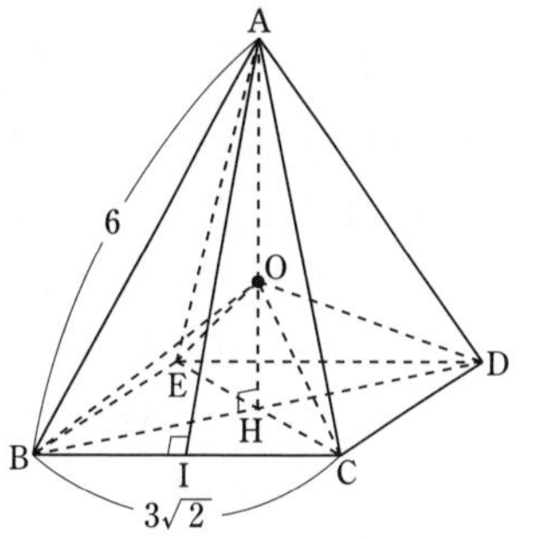

(1)＜体積＞右図で，底面BCDEが正方形で，AB＝AC＝AD＝AEより，四角錐A-BCDEは正四角錐だから，図形の対称性より，線分BDと線分CEの交点をHとすると，AH⊥〔正方形BCDE〕となる。△BCHは直角二等辺三角形だから，$\mathrm{BH}=\frac{1}{\sqrt{2}}\mathrm{BC}=\frac{1}{\sqrt{2}}\times3\sqrt{2}=3$である。よって，△ABHで三平方の定理より，$\mathrm{AH}=\sqrt{\mathrm{AB}^2-\mathrm{BH}^2}=\sqrt{6^2-3^2}=\sqrt{27}=3\sqrt{3}$となるから，〔四角錐A-BCDE〕$=\frac{1}{3}\times$〔正方形BCDE〕$\times\mathrm{AH}=\frac{1}{3}\times(3\sqrt{2}\times3\sqrt{2})\times3\sqrt{3}=18\sqrt{3}$である。

(2)＜面積＞右上図で，△ABCは，AB＝ACの二等辺三角形だから，頂点Aから底辺BCに垂線AIを引くと，点Iは底辺BCの中点となり，$\mathrm{BI}=\frac{1}{2}\mathrm{BC}=\frac{1}{2}\times3\sqrt{2}=\frac{3\sqrt{2}}{2}$である。よって，△ABIで三平方の定理より，$\mathrm{AI}=\sqrt{\mathrm{AB}^2-\mathrm{BI}^2}=\sqrt{6^2-\left(\frac{3\sqrt{2}}{2}\right)^2}=\sqrt{\frac{63}{2}}=\frac{3\sqrt{14}}{2}$となるから，$\triangle\mathrm{ABC}=\frac{1}{2}\times\mathrm{BC}\times\mathrm{AI}=\frac{1}{2}\times3\sqrt{2}\times\frac{3\sqrt{14}}{2}=\frac{9\sqrt{7}}{2}$である。

(3)＜長さ＞点Oと点B，C，D，Eをそれぞれ結ぶと，四角錐A-BCDEは，四角錐O-BCDEと4つの三角錐O-ABC，O-ACD，O-ADE，O-AEBに分けられる。点Oから△ABCに下ろした垂線の長さは，三角錐O-ABCの底面を△ABCと見たときの高さであり，これをhとすると，〔三角錐O-ABC〕$=\frac{1}{3}\times\triangle\mathrm{ABC}\times h$となる。四角錐A-BCDEの5つの頂点A，B，C，D，Eは全て点Oを中心とする球面上にあるから，OA＝OB＝OC＝OD＝OEである。これより，三角錐O-ABC，O-ACD，O-ADE，O-AEBの体積は等しいから，三角錐O-ABCの体積は，四角錐A-BCDEの体積から四角錐O-BCDEの体積をひいて4でわることで求められる。△OBHで，$\mathrm{OH}=x$とおくと，$\mathrm{OB}=\mathrm{OA}=\mathrm{AH}-\mathrm{OH}=3\sqrt{3}-x$となり，BH＝3だから，三平方の定理$\mathrm{OH}^2+\mathrm{BH}^2=\mathrm{OB}^2$より，$x^2+3^2=(3\sqrt{3}-x)^2$が成り立つ。これを解くと，$x^2+9=27-6\sqrt{3}x+x^2$，$6\sqrt{3}x=18$，$x=\sqrt{3}$となる。よって，〔四角

錐O-BCDE〕$=\frac{1}{3}\times$〔正方形BCDE〕$\times$OH$=\frac{1}{3}\times(3\sqrt{2}\times3\sqrt{2})\times\sqrt{3}=6\sqrt{3}$ だから，〔三角錐O-ABC〕$=(18\sqrt{3}-6\sqrt{3})\div4=3\sqrt{3}$ である。したがって，三角錐O-ABCの体積について，$\frac{1}{3}\times\frac{9\sqrt{7}}{2}\times h=3\sqrt{3}$ が成り立つから，これを解くと，$h=\frac{2\sqrt{21}}{7}$ となる。

5 〔関数―関数 $y=ax^2$ と一次関数のグラフ〕

≪基本方針の決定≫(1) AE：EB＝1：3だから，点Bの x 座標の絶対値は点Aの x 座標の絶対値の3倍である。 (2) AE：EB＝1：3より，△DEB＝3△ADEである。

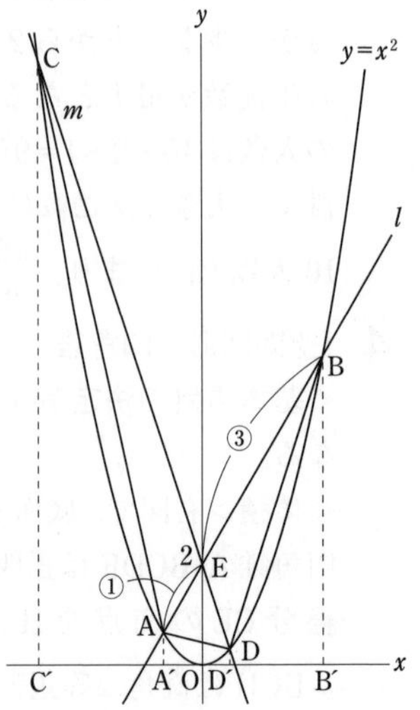

(1)<直線の式>右図で，点A，Bから x 軸にそれぞれ垂線AA′，BB′を引くと，AA′∥BB′より，A′O：OB′＝AE：EB＝1：3となる。よって，A′O$=t$ とおくと，点A，Bの x 座標はそれぞれ $-t$，$3t$ と表せ，点A，Bは放物線 $y=x^2$ 上にあるから，A$(-t,\ t^2)$，B$(3t,\ 9t^2)$ となり，直線 l の傾きは $\frac{9t^2-t^2}{3t-(-t)}=\frac{8t^2}{4t}=2t$ と表せる。よって，直線 l の切片が2より，その式を $y=2tx+2$ とおくと，A$(-t,\ t^2)$ を通るので，$t^2=2t\times(-t)+2$，$t^2=-2t^2+2$，$t^2=\frac{2}{3}$，$t=\pm\frac{\sqrt{6}}{3}$ となり，$t>0$ より，$t=\frac{\sqrt{6}}{3}$ となる。したがって，直線 l は傾きが $2t=2\times\frac{\sqrt{6}}{3}=\frac{2\sqrt{6}}{3}$ だから，その式は $y=\frac{2\sqrt{6}}{3}x+2$ である。

(2)<x 座標，直線の式>(ア)右図の△ADEと△DEBの底辺をそれぞれAE，EBと見ると高さが等しいから，△ADE：△DEB＝AE：EB＝1：3であり，△DEB＝3△ADEとなる。△AEC：△DEB＝2：1だから，△AEC＝2△DEB＝2×3△ADE＝6△ADEである。よって，△AEC：△ADE＝6△ADE：△ADE＝6：1であり，△AECと△ADEは底辺をそれぞれCE，EDと見ると高さが等しいから，CE：ED＝△AEC：△ADE＝6：1となる。よって，2点C，Dから x 軸にそれぞれ垂線CC′，DD′を引くと，C′O：OD′＝CE：ED＝6：1となるので，OD′$=u$ とおくと，点Dの x 座標は u，点Cの x 座標は $-6u$ と表せる。2点D，Cはどちらも放物線 $y=x^2$ 上にあるので，D$(u,\ u^2)$，C$(-6u,\ 36u^2)$ より，直線 m の傾きは $\frac{u^2-36u^2}{u-(-6u)}=\frac{-35u^2}{7u}=-5u$ となる。したがって，直線 m の切片が2より，その式を $y=-5ux+2$ とおくと，D$(u,\ u^2)$ を通るので，$u^2=-5u\times u+2$，$u^2=-5u^2+2$，$u^2=\frac{1}{3}$，$u=\pm\frac{\sqrt{3}}{3}$ となる。$u>0$ より，$u=\frac{\sqrt{3}}{3}$ だから，点Dの x 座標は $\frac{\sqrt{3}}{3}$ である。 (イ)(ア)より，直線 m は傾きが，$-5u=-5\times\frac{\sqrt{3}}{3}=-\frac{5\sqrt{3}}{3}$ だから，その式は $y=-\frac{5\sqrt{3}}{3}x+2$ である。

2024年度／中央大学附属高等学校

国語解答

一
問1　ⓐ　窓際　ⓑ　喪失　ⓒ　稼
　　ⓓ　紡　ⓔ　毛頭
問2　(ロ)
問3　A…(ハ)　B…(ニ)　C…(ヘ)　D…(ロ)
問4　(イ)
問5　a…(ロ)　b…(ニ)　c…(ハ)　d…(イ)
問6　(ホ)
問7　⑤…(ロ)　⑥…(ハ)　⑧…(イ)
問8　特異性
問9　(1)…(ハ)　(2)…(ホ)　(3)…(ト)　(4)…(ル)
問10　(ニ)
問11　a…(ロ)　b…(チ)　c…(ト)　d…(ホ)

二
問1　(ニ)　　問2　(ロ)　　問3　(イ)
問4　a…(チ)　b…(ロ)　c…(イ)　d…(ハ)
問5　(ロ)
問6　A…(ハ)　B…(ニ)　C…(ロ)　D…(イ)
問7　a…(ニ)　b…(チ)　c…(ヘ)　d…(イ)
問8　⑦…(ホ)　⑧…(ニ)　⑨…(ヘ)　⑩…(ロ)
問9　(ホ)
問10　a…(ト)　b…(ホ)　c…(ニ)　d…(イ)
問11　(1)…(イ)　(2)…(ヘ)　(3)…(チ)　(4)…(ル)

一〔論説文の読解―社会学的分野―現代社会〕出典：鷲田清一『想像のレッスン』。

≪本文の概要≫自分が生きている時代を考えることは，その時代の中で見えているのに見ていないものを見ようとすることである。しかし今，私たちの視野は，ますます縮こまってきている。また，生き物としての自分の基本的な形も，見えにくくなっている。若い人たちの間で一時期はやった「見えちゃっている」という言葉は，思いもよらず見舞われることを視野に入れていない。〈わたし〉の生は，他の誰かとの関係に常に組み込まれているものなのに，「見えちゃっている」には，生を編む偶然の出会いとそれに由来する存在の特異性への想像が欠けている。〈老い〉についての語りも，〈老い〉がはらむ偶然性と特異性へのまなざしが欠けている。〈老い〉が「問題」として語られるのは，老いゆく人を世話する側からばかり語られるからである。老いゆく人自身からも〈老い〉は語られるが，〈老い〉の異様さの経験が語られることは少ない。〈老い〉には，消えるという契機が組み込まれている。だから〈老い〉の語りは，「作る」世代の声とは異質な声であるに違いない。私たちの社会は，生産主義や資格主義が評価軸となっているが，子どもや高齢者に「何もできなくていい，ただそこにいるだけでいい」と言いきれるかどうかに，福祉の理念が懸かっている。そういう地点から〈老い〉の問題を考えなければ，人は，それぞれが特異な〈老い〉の声を聞きそびれるだけでなく，自分の中の「弱い」声を聞き漏らすことにもなる。

問1＜漢字＞ⓐ「窓際」は，建物や乗り物の窓のそば。転じて，職場などで主力からはずれること。　ⓑ「喪失」は，何かをなくすこと。　ⓒ音読みは「稼業」などの「カ」。　ⓓ音読みは「紡績」などの「ボウ」。　ⓔ「毛頭」は，後ろに打ち消しを伴って，少しも～ない，という意味。

問2＜文章内容＞テレビ報道は，「同じときに起こっている別の出来事」について「見て見ぬふりをする評論家」も交えて，ある側面だけを伝えている。その点で，テレビ報道は，私たちが新聞やテレビ報道などを基にして行う「世間話」と同じである。また，テレビ報道の内容は，「話題として消費され，ほとぼりが冷めるとすぐに忘れられる」ものでもある。

問3＜表現＞A，B．人は，バナナの「値段のこと」は思っても，どうして「こんなに安いのか」などは考えないので(…Ａ)，誰が栽培しているのかなどは，恐らく「だれも知らない」し，「知ろうとしない」のである(…Ｂ)。　Ｃ．ミンダナオ島には，どれほどバナナを「栽培して」も借金から解放されない「農園労働力の搾取の構造」がある。　Ｄ．「東アジアをめぐる現代史の一側面を描ききった仕事」が，昔あった。

問４＜文章内容＞「不遜」は，思い上がっていて，他者に対してへりくだる気持ちがないこと。「人生のパターンがその終わり方までぜんぶ見えている，もう新しい生き方なんてない」といった感想には，「だれかと出逢って，人生の向きがくるっと変わってしまう」ような，「おもいもよらず見舞われること」が視野に入っておらず，「不遜」なのである。

問５＜文章内容＞ａ．〈老い〉が，それを「じぶんのこととして迎える側」である「老いゆくひと」自身から語られていない点が，問題なのである。　ｂ．「だれもがいつかは〈老い〉を迎える」のであり，〈老い〉は，「ひとにとって自然的な過程」なのである。　ｃ．〈老い〉は，「ひとりひとりがどのように迎えるか」ではなく，「特定の年齢層の存在様態」という誰が見てもわかる事柄として扱われるのである。　ｄ．〈老い〉は，「老いゆくひとを『世話』する側」からばかり語られ，「じぶんのこととして迎える側」の語りはなおざりにされているのである。

問６＜文章内容＞〈老い〉について語る語り方の中にも「〈老い〉はしのびよる」のである。そしてその〈老い〉は，「〈老い〉を迎える前の，つまりは『引退』以前の精神の構えを裏切るものという性格」を持っているため，実際に〈老い〉を体験すると，その〈老い〉についての語りは，今までとは「違った語りなり文なりに」なると考えられる。

問７＜語句＞⑤「浸潤」は，液体が少しずつ染み込むように，ある事柄が広がっていくこと。　⑥「契機」は，それを欠くと物事が存在できないような要素のこと。　⑧「格律」は，世間で広く認められた行為の規準のこと。

問８＜文章内容＞「引き返すということが絶対に不可能」である「ひとの生」の中に，その人の「他の何にも代えられない」面が出てくるのである(…前)。そして，「だれかとの関係の抜き差しならなさ」が高じるほど，その他者とは異なっている面が，浮き彫りになってくる(…後)。

問９＜文章内容＞⑴「作る」世代とは，「消える，亡くなるという契機」が組み込まれ，「下り坂というイメージ」で思い描かれがちな「老いゆくひと」とは「反対」の世代である。　⑵〈老い〉は，「みずからの〈死〉への待機の時期」であり，「じぶんが待機中であることが，じわりじわり意識されるようになる」ことである。　⑶〈老い〉を「下り坂というイメージ」で思い描き，「問題」ととらえがちなのは，「作る」「する」を重視する「生産主義や資格主義の視線」の中で，〈老い〉が語られるからである。　⑷「老いゆくひとたち」の声は，「あれもできなかった，これもできなかった」といった「ネガティヴな調子」で語り出されるのだが，そのぼそぼそと漏れる声から「ひとの生」について考える必要がある。

問10＜文章内容＞「生産主義や資格主義の視線」の中では，〈老い〉は「問題」ととらえられがちである。しかし，人類社会が目指す「福祉の達成」のためには，「だんだんいろんなことができなくなる高齢者」に対しても，「何もできなくていい，ただそこにいるだけでいい」と，まずは「肯定する」ところから始め，考え方を変えていく必要がある。

問11＜主題＞ａ．「見えちゃっている」という言葉は，「おもいもよらず見舞われること」を「視野に入れていない」のである。　b．「生産主義や資格主義」による世の中では，高齢者は「『養われる』べき受動的な存在」と見なされるのである。　c．「高齢者に向かっても，何もできなくていい，ただそこにいるだけでいい」と言いきれるかどうかに「『福祉』の理念は懸かって」おり，そうした姿勢が「福祉の達成」のために必要である。　d．「じぶんのなかの『弱い』声を聞き漏らしてしまう」ようにならないためにも，「いかなるひとであれそのひとの存在をまずは肯定する」ところから，「福祉」の理念を出立させなければならない。

二〔小説の読解〕出典：滝口悠生『恐竜』（「文藝」2023年秋号掲載）。

問１＜文章内容＞保育室に入った娘は，「ぐるぐるまわりながら，海苔巻きだー，と言う遊びをはじめた」が，その状況は「あの手この手でなだめたり，説得したり，場合によったら追いかけてつかまえて無理やり引きずってくることになったり，逆にこちらが引っ張り回されたりどつかれたりしながら準備をする」という日と比べると，ずいぶんよい状況なのである。

問２＜文章内容＞ふいちゃんのお父さんは，ふいちゃんを保育園に預けようとしていたが，ふいちゃんは「園の前の道路に仰向けで寝て」いた。ふいちゃんがもっと気分を「こじらせ」ると，ふいちゃんを預けるのがさらに困難になるため，ふいちゃんのお父さんは，責め立てるようなことはせず，「あくまで穏やかに」父親が困っているのが伝わるように，ふいちゃんに呼びかけた。

問３＜文章内容＞五月は，「夕方になっても寒さをあまり気にしないでいい日が増える」だけでなく，「藪や植え込みの近くにいても蚊がいない」から，親は「子どもを外で遊ばせるのにあれこれ心配が少なくて助かる」時期なのである。

問４＜表現＞a．保育園に来て，声をかけても振り向かずに友達たちと遊ぶももちゃんを見て，「哀しいが泣いて離れたがらないよりはこれでいい」といった，ももちゃんの父親の心の内が語られている。　b．ふいちゃんのお父さんの「そうなんですよね」という言葉は，ももちゃんの父親の発言を受けた言い方である。　c．ももちゃんの父親は，園の保育士さんたちが，マスクの着用が「任意の方針に切り替わると同時にマスクを外して仕事にあたるひとが多かった」ことにふれて，コロナ禍に見舞われた三年間を振り返っている。　d．ふいちゃんに声をかけるふいちゃんのお父さんの様子に対し，「その呼び声に込められたすべての思いがわかる気がする」と，ももちゃんの父親の目線から語られる一方，その後の「いつまでも付き合っているわけにいかない焦りや～願うように呼びかける」では，ふいちゃんのお父さんの目線から語られている。

問５＜文章内容＞ももちゃんの父親は，マスク着用が任意の方針に切り替わると同時にマスクを外して仕事にあたる保育士を見て，「マスクで顔の半分が覆われた状態での保育の仕事はきっと相当な苦労があった」だろうと感じ，「いたく感動してしまった」のである。

問６＜文章内容＞コロナ禍が明けていく過程では，マスクをしていて「隠れている」顔と，マスクを外して「現れている」顔の二種類が，目で見ている顔としてあるが（…Ａ），「隠れているものと現れているもの」とでは，「現れているもの」の方が印象が強く，隠れているために思い描いていた「マスクの下の顔」は，「あっさり」と実際の顔に書き換えられていくのである（…Ｂ）。そして，実際の顔に慣れていくと（…Ｃ），マスクをしていたときの想像上の「誰のものだかよくわからない顔」は，そのまま思い出されなくなったのである（…Ｄ）。

問７＜心情＞a．父親たちは「日々の育児の苦労話」を通して，「概ねふたりが同じような理念と対処法を心中に掲げている」ことを知り，共感した。　b．「ももちゃんとふいちゃんは0歳組からずっと一緒だった」ため，父親たちの間では「同じ道を辿ってきて，そして辿っていくような仲間意識」が「醸成されて」いた。　c．ももちゃんの父親は，感染症対策の中で，「保育園の保護者間の交流も自ずと遠慮がちなもの」になっており，ふいちゃんのお父さんとの雑談の中での「静かな高ぶり」は，その「反動」もきっとあったと思った。　d．感染症対策のために「他者と日常的で卑近な話を気軽にするような機会はずっと抑制されてきた」が，ようやくそれが和らいで「気軽な雑談」ができたのである。

問8＜文章内容＞⑦ふいちゃんのお父さんは，ふいちゃんに「長生きしてね」と言われたのは自身の実家を家族で訪れたときのことが関係していると思った。　⑧ふいちゃんのお父さんは，妻が自分の父に言った言葉を，娘のふいちゃんが覚えていたのだろうと考えた。　⑨ふいちゃんのお父さんは，自分とふいちゃんの祖父である自分の父親との間にあった「確執や幾度かの衝突と雪解け」を経て，現在はふいちゃんの顔を見せに行けるほどの関係性ができていた。　⑩ももちゃんの父親は，ももちゃんを保育園に引き渡した後も保育園に「とどまって」いて，路上に寝ているふいちゃんと関わっていた。

問9＜心情＞「いるいる，ティラノサウルスもいるし，ブラキオサウルスも，ステゴサウルスもいる，本当にいる。本当に見える」と感じていて，「恐竜に長生きしてほしい」と思っているふいちゃんに対し，ふいちゃんのお父さんは，恐竜が現れてやがて絶滅したとされる事実について，どう説明したらよいか「本当のところはわからない」と感じているのである。

問10＜文章内容＞a．ふいちゃんの「長生きしてね」という言葉について，ふいちゃんのお父さんは，「大事なひとをいたわるニュアンスはきっと感じ取っていて，それを父親である自分に向けてくれた」と考えていた。　b．ふいちゃんは，父親や母親に「恐竜はいない」と言われて，「なにか本当ではないことを教えられている気」がした。　c．ももちゃんの父親は，ふいちゃんの恐竜への思いを気分によるものととらえているのか，恐竜が二歳組の部屋にいたと「いい加減なこと」を言って，ふいちゃんをなだめていた。　d．ふいちゃんは，道路に寝そべる中で，「考えてみれば空だって，そこにあるようでどこにあるのかよくわからないもので，しかし空がないなんていうひとはいない」といった貴重な発見をしながら自分の時間を過ごしていた。

問11＜文章内容＞⑴ももちゃんの父親は，保育園では，「言葉以外にも，ちょっとした仕草とか友達に対する立ち居振る舞いとか，あらゆるものが受け渡され，学ばれ，そして試行されている」と感じていた。　⑵ふいちゃんのお父さんは，自分の父親に，妻が「長生きしてくださいね」と言ったのをふいちゃんが覚えて，「大事なひとをいたわるニュアンス」を感じ取って，それを「父親である自分に向けてくれた」と考えた。　⑶ふいちゃんは，空を見て，「考えてみれば空だって，そこにあるようでどこにあるのかよくわからないもので，しかし空がないなんていうひとはいない」と考えており，単に寝そべっているわけではないのである。　⑷子どもたちを保育園に預けるまでの何げない日常の中に，ももちゃんの父親，ふいちゃんのお父さんそれぞれの心の内や，「空」についてのふいちゃんの考えなど，さまざまな人の思いが表現されている。

2023年度 中央大学附属高等学校（推薦）

【英　語】（30分）〈満点：60点〉

I　次の（　）に入る最も適切な語(句)を１つずつ選び，記号で答えなさい。

1．When (　　　　) to Australia ?
あ．Tom went　い．did Tom go　う．has Tom gone　え．has Tom been

2．I don't think I can finish the job (　　) a few days.
あ．on　い．at　う．in　え．during

3．(　　) students could answer the question. It was too difficult.
あ．Many　い．Little　う．Every　え．Few

4．I ride a bicycle every day, even when it's cold in winter. I need a new (　　) of gloves.
あ．piece　い．loaf　う．pair　え．sheet

5．You see the elderly man jogging over there. Do you know how (　　　　) ?
あ．old he is　い．old is he　う．is he old　え．he is old

6．(　　) a good English essay takes a lot of practice.
あ．Write　い．Writing　う．You write　え．If you write

7．Tell him (　　　　) too much coffee before going to bed.
あ．not to drink　い．to drink not　う．not drinking　え．drinking not

8．When you are young, you should read (　　　　) as you can.
あ．many books　い．many as books　う．as books many　え．as many books

9．I'm going out. If Tom (　　), please tell him that I'll be back soon.
あ．calls　い．will call　う．called　え．is calling

10．I had a lot of things to do this morning, (　　) I forgot to mail this letter.
あ．though　い．after　う．so　え．when

II　次の各組の文がほぼ同じ意味になるように，（　）に最も適切な語を入れたとき，（＊）に入る語を答えなさい。

1．Look at the photo taken by Paul.
Look at the photo (　　) Paul (＊).

2．I'd like to have one more glass of juice, please.
I'd like (＊) glass of juice, please.

3．My grandfather usually doesn't wear glasses to read books.
My grandfather usually reads books (　　)(＊) glasses.

4．Shall I open the window ?
Do you want (　　)(＊) open the window ?

5．She hasn't written to me for a long time.
I haven't (＊)(　　) her for a long time.

Ⅲ　次の対話が完成するように，(　)に最も適切な語を入れたとき，(＊)に入る語を答えなさい。

1．A：(　　) French (＊) by a native French teacher at your school ?
　　B：Yes.　We have two native teachers from Paris.　Their classes are popular.

2．A：Excuse me, (＊) (　　) I get to Ueno Station from here ?
　　B：Take the Yamanote Line going towards Tokyo Station.　It's five stops from here.

3．A：Dad, I have soccer practice tomorrow morning, so I have to get up much (＊) (　　) usual.
　　B：Well, you should stop playing video games and go to bed soon.

4．A：Do you know how (　　) (＊) Mr. Tanaka speaks ?
　　B：I know it's at least three.　He speaks Japanese, Chinese, and English, right ?

5．A：How long are you staying in Tokyo ?
　　B：For about a month.　I will be here (＊) Saturday next week.

Ⅳ　次の２つの英文を読み，それぞれの問いの□にあてはまる最も適切なものを１つずつ選び，記号で答えなさい。

［1］　One day in September 1999, Joan Murray was skydiving.　Skydivers jump out of airplanes with two parachutes on and fall towards the ground before opening their parachutes.　Unfortunately, Joan's main parachute did not open.　She was falling very fast towards the ground.　To help keep skydivers safe they have one more parachute.　They call it a spare.　Joan's spare parachute did open but it broke after a few seconds.　She hit the ground very hard and almost died.　Her heart stopped beating.　However, Joan had landed in a *mound of *fire ants.　Fire ants give painful burning *stings.　Amazingly, it was these stings which saved Joan's life.　The stings started her heart beating again.　Three years later, Joan jumped out of an airplane again.　This time her parachute opened correctly and she landed on the ground safely.

注：*mound　山　　*fire ant　ヒアリ　　*sting　とげ

The paragraph is about □.

あ．why skydivers should always have a spare parachute
い．how Joan Murray survived her skydiving accident
う．what fire ants do when people's hearts stop beating
え．how Joan Murray became a popular skydiver after her accident

［2］　Across the United States, National Cook A Sweet Potato Day celebrates a *root vegetable that has a lot of flavor and an interesting history, too.　The sweet potato is loved and eaten every day by millions of people across the nation.　Either Central America or South America is thought to be the origin of sweet potatoes.　In Central America, sweet potatoes were introduced at least 5,000 years ago.　The sweet potato is an excellent source of vitamin A.　It supports good vision, the *immune system, and bone growth.　So, how will you celebrate Sweet Potato Day ?　The best way is to plant sweet potatoes in your garden.　They are very easy to grow.　Plant them in late spring to early summer.　It takes 90 to 120 days for sweet potatoes to be ready for harvest after planting.

注：*root vegetable　根菜　　*immune　免疫

According to the paragraph, you can celebrate Sweet Potato Day by □.

あ．studying the history of Central America
い．cooking and eating a lot of sweet potatoes

う．learning about vitamins and your health

え．growing sweet potatoes in your garden

V 次の英文を読み，あとの問いに答えなさい。

"Sir, I don't think I can do this.　My family has a trip planned for Christmas."

Lily could hear that her mom, Susan, was *urging the caller [A] the phone.

"Are you sure you can't wait just a couple more days ?　No ?　Fine, I will come and pick him [B]."

Lily walked into the kitchen and found her mother with her head in her hands.

"[(a)]" Lily asked.

"Sweetie, I need to go and save a *stray dog from a farm.　①[あ．found　い．is　う．him　え．to　お．who　か．the farmer　き．ready　く．take] him to the *pound.　He says he can't wait until after Christmas."

"Oh no, we can't let that happen.　When are we going ?"　Lily loved helping her mom when she was saving animals.

"Well, it will mean we wouldn't be able to go to Grandma's house.　So, are you sure about this ?"

"[(b)]" Lily said.　She ran up to her mom and held her tight.

"I am proud that my mom has an animal rescue and I love【be】your partner."

Two years ago, Lily's mom started an animal rescue for stray *Labrador Retrievers.　In truth, they saved all kinds of animals, but they really loved them.

Lily and her mom put a box, a blanket, and some *Milk-Bones in the back of the car.　The farmer had told Susan that this dog was very thin and hungry.

The trip took about an hour and by the time Lily and her mom arrived at the farm, ②it was (　　) outside, and very (　　).　This was not the kind of night any animal should stay outside alone.

"Lily, I will go first.　I don't see any lights on, so I want to make sure it's safe."

"③Not a chance."　Lily insisted, "I am going too."

So the pair walked to the front door and knocked and knocked, but there was no answer.

Then Lily saw a piece of paper between the *crevices of the door.　She carefully pulled it [C] and handed it to her mom.　The note simply said, "We're in the backyard."

"Oh my goodness,"

Susan said, "What is going on ?"

"A rescue !"　Lily said with a smile.

Lily and Susan carefully made their way towards the backyard.　All of a sudden, out of the darkness, they heard a loud sound coming straight at them.　④Susan put her body in front of Lily's, [　　　　].

However, they felt at ease when they saw the dog.　It was a beautiful black Labrador Retriever.　The dog seemed to be smiling.　He stopped and sat down in front of them.　He was as friendly as they come, with big ears and a long tongue.

"[(c)]" Lily said as she began to *pet him from head to toe.

"Yes, he is.　He is just skin and bones.　Poor guy."

"[(d)]" Lily shouted.　"That can be his name.　⑤Let's call him Bones !"

Susan laughed as she said, "Of course we can, Dear, of course we can."

They put Bones in the car and went back home. He was quite the gentleman in the car and ate nearly all of his Milk-Bones.

As they arrived back at home, Bones really started *wagging his tail as he knew he was safe.

Later that night, Lily and her mom made a bed for Bones. He jumped right up and 【fall】 asleep. Lily put the last few Milk-Bones by his side.

"Mom, this is what Christmas is all about, helping and giving to others. And we helped Bones."

"Yes we did, Lily. This has turned out to be a wonderful Christmas Eve."

The next morning was Christmas. Lily jumped from her bed and ran downstairs to look for their new family member sleeping in his new home.

She looked on his bed, but he wasn't there. She decided to go into the kitchen as all dogs love the kitchen. But he wasn't there either. Lily was beginning to get worried.

Finally, Lily went into the office. In the office, there was their Christmas tree. And Bones was sitting beside the tree with the last few Milk-Bones by his side.

Lily knew this Christmas would be one to remember. ⑥She learned that giving is far better than (r　　). And she learned this from a very special stray dog named Bones.

注：*urge　強く言う　*stray dog　野良犬　*pound　収容所
*Labrador Retriever　ラブラドール・レトリーバー(犬の一種)
*Milk-Bone　ミルクボーン(犬用ビスケットの商品名)　*crevice　細い割れ目
*pet　優しくなでる　*wag　(尾を)振る

1．本文中の【be】，【fall】を文脈に合うように直しなさい。ただし，語数は1語のままとする。

2．本文中の A ～ C に入る最も適切な語を1つずつ選び，記号で答えなさい。ただし，同じ記号は一度しか使えない。

あ．out　い．to　う．on　え．of　お．after　か．up

3．本文中の (a) ～ (d) に入る最も適切な表現を1つずつ選び，記号で答えなさい。ただし，同じ記号は一度しか使えない。

あ．Oh mom, he is so skinny.　い．Of course!

う．That's it!　え．What's wrong, mom?

4．下線部①［あ．found　い．is　う．him　え．to　お．who　か．the farmer　き．ready　く．take］を意味が通るように並べ替えたとき，**2番目**と**8番目**にくる語を記号で答えなさい。ただし，先頭にくる語も小文字になっている。

5．下線部② it was (　　) outside, and very (　　) の空所それぞれに入る最も適切な組み合わせを1つ選び，記号で答えなさい。

あ．bright—cold　い．bright—warm　う．dark—cold　え．dark—warm

6．下線部③ Not a chance. が意味するものとして最も適切なものを1つ選び，記号で答えなさい。

あ．「そうはいかないわ」　い．「いい考えね」

う．「偶然じゃないわ」　え．「きっと平気よ」

7．下線部④ Susan put her body in front of Lily's, 　　　　. の空所に入る最も適切なものを1つ選び，記号で答えなさい。

あ．because Lily said she was cold

い．as the dog could be dangerous

う．as she was trying to give some Milk-Bones to the dog

え．because she couldn't hear the sound clearly

8．下線部⑤ Let's call him Bones! と述べた理由として最も適切なものを１つ選び，記号で答えなさい。

あ．Lily は飼いたい犬の名前を前から決めていたから。

い．Lily は犬用の骨を車に積んできていたから。

う．その犬は Milk-Bone が大好きだったから。

え．その犬はとても痩せていたから。

9．下線部⑥ She learned that giving is far better than (r　　). の空所に入る最も適切な語を頭文字を参考に書きなさい。

10．本文の内容と一致するものを１つ選び，記号で答えなさい。

あ．２年前から Susan は野良犬の救助を専門として活動していた。

い．依頼主の庭で見つけた犬は，見るからに危険そうだった。

う．Bones を連れて家に帰るとき，車の中で Bones はとてもおとなしかった。

え．救助の翌朝，Lily が起きると Bones はキッチンにいた。

VI　12歳の自分に手紙を送れるとしたら，どんなアドバイスをしますか。以下の英語に続けて書きなさい。さらに，それに対する理由や説明を，**15語以上**の英語で書きなさい。複数の文を書いても良い。なお，ピリオド，コンマなどの符号は語数に含めない。

(1) I would write a letter to the "12-year-old me" and tell myself ______________________.

（語数制限なし）

(2) 15語以上の英語

【数　学】 (30分) 〈満点：60点〉

(注意)　1．答の $\sqrt{\quad}$ の中はできるだけ簡単にしなさい。

2．円周率は π を用いなさい。

(1)　$\dfrac{1}{(8x^4y)^2}\div\left(-\dfrac{1}{2x^2y}\right)^3\times(-4x)^2$ を計算しなさい。

(2)　$\sqrt{32}-\sqrt{3}(\sqrt{6}-2)-\dfrac{6}{\sqrt{3}}$ を計算しなさい。

(3)　$(a-b)x^2+4b-4a$ を因数分解しなさい。

(4)　連立方程式 $\begin{cases}29x+31y=157\\31x+29y=143\end{cases}$ を解きなさい。

(5)　2次方程式 $(2x+1)(2x-1)-3(x+1)^2+9=0$ を解きなさい。

(6)　2つの関数 $y=3x^2$ と $y=ax+4$ について，x の変域がともに $-2\leqq x\leqq 1$ のとき，y の変域が一致するような定数 a の値を求めなさい。

(7)　8個の文字 a，a，b，b，b，c，c，c から，3個の文字を選んで1列に並べるとき，並べ方は何通りあるか求めなさい。

(8)　図において，$\angle\text{ABD}=17^\circ$，$\overset{\frown}{\text{CD}}=3\overset{\frown}{\text{AD}}$，BDが円Oの直径であるとき，$\angle x$ の大きさを求めなさい。

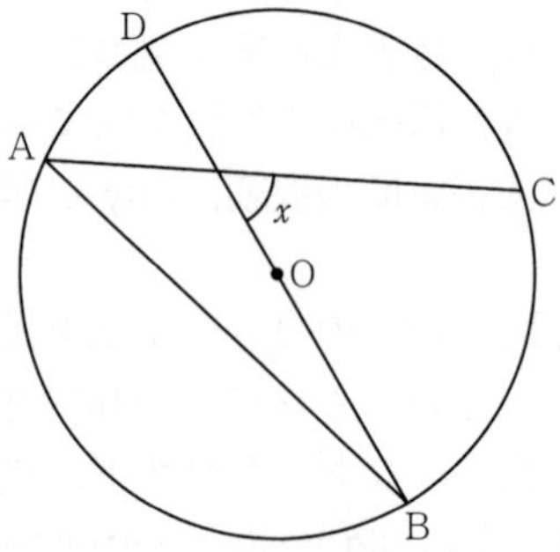

(9)　図において，AD∥BC，$\angle\text{B}=90^\circ$，$\text{AB}=\sqrt{3}$，BC＝3，DA＝DCであるとき，次の問いに答えなさい。

(ア)　四角形ABCDの面積を求めなさい。

(イ)　四角形ABCDを直線ABを軸として1回転させてできる立体の体積を求めなさい。

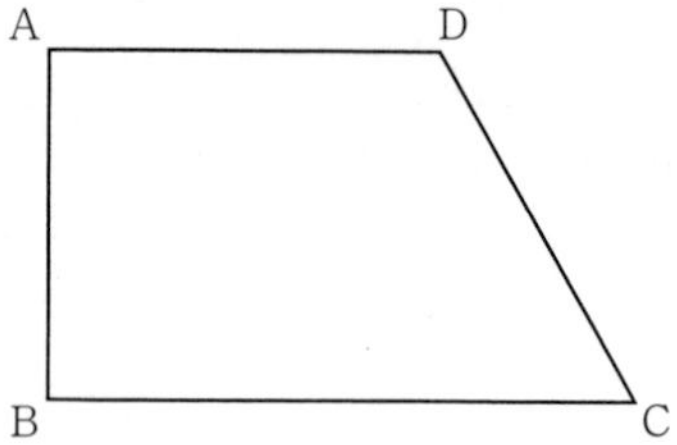

(10)　放物線 $y=\dfrac{1}{3}x^2$ と直線 $y=-\dfrac{1}{3}x+2$ の交点を x 座標が小さい順にA，Bとし，点Bにおける直線ABの垂線と放物線の交点のうちBと異なる点をCとする。

(ア)　2点A，Bの座標をそれぞれ求めなさい。

(イ)　点Cの座標を求めなさい。

(ウ)　△ABCと△AOBの面積比を最も簡単な整数の比で表しなさい。

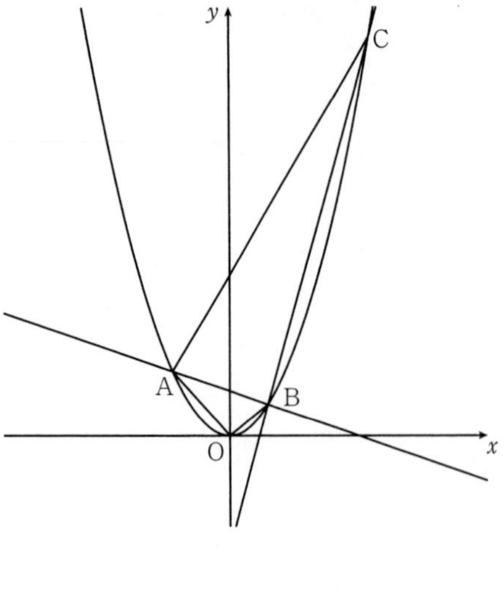

していても、出来上がる文章は「いじめる側」に近くなるのだ。
どうしてこんなことが起きるのか。たぶん、「言葉がないこと」が関係している。
「人を励ます言葉」というと、どんなフレーズを思いつくだろうか。
ワークショップで出てくる不動のトップ3は「がんばれ」「負けるな」「大丈夫」。他にもいろいろ出るけど、この三つの地位が揺らぐことはない。
でも、よくよく考えると、「がんばれ」と「負けるな」は、人を叱りつける時にも使う。「叱咤激励《しったげきれい》」という四字熟語があるように、日本語では「叱咤」と「激励」はコインの表裏の関係にある。
一方、「大丈夫」というのも、最近では「no thank you」の意味で使われることが多い。「コーヒーもう一杯飲みますか?」「あ、大丈夫です～」といった感じだ。
ぼくらが「励まし表現」の代表格だと思っている言葉は、時と場合によっては、「人を叱る言葉」や「人と距離をとる言葉」に姿を変える。どうやら日本語には、「どんな文脈にあてはめても、『人を励ます』という意味だけを持つ言葉」というのは存在しないらしい。
ワークショップでも、「いじめられる側」に同情する主旨で書きはじめられた文章が、後半に進むにつれて「こんな奴に負けないでがんばれ」という論調になっていくパターンが多い。
これは裏返すと、「自分を強く持て」ということなんだけど、受け取り方によっては、「いじめられるのはあなたが弱いからいけない」というメッセージにもなる。
「弱いからいけない」――実はこれ、課題小説の中で「いじめる側」が言ってる理屈と、ほとんど同じなのだ。
いまから振り返ってみれば、東日本大震災というのは、普段ぼくらが使っている「励まし言葉」ではまったく対応できない事態だったのだろう。
ひたすら堪え忍ぶ被災者に「がんばれ」は相応《ふさわ》しくない(もう限界までがんばっていた)。「負けるな」というのも変だ(被災に「勝ち負け」は関係ない)。「大丈夫だよ」もおかしい(実際「大丈夫」ではなかった人たちがたくさんいた)。
そうこうしているうちに、どこからともなく「ひとりじゃない」というフレーズが出回るようになった。被災者を孤立させず、連帯しようという思いを込めた新しい「励まし言葉」だったと思う。
でも、これも使い方次第では「苦しいのはあなただけじゃない(だからガマンしましょう)」という意味になりえてしまう。
多くの人に向けられた言葉は、どうしても編み目が粗くなる。一口に「被災者」といっても、実際にそこにいるのはさまざまな事情を抱えた一人ひとりの人間だ。だから、ひとつの言葉が全員の心にぴったりと当てはまるなんてことがあるはずない。「その言葉は今の心情にそぐわない」という人がいれば、そのたびに言葉を探すことが必要だ。
もちろん、震災は言葉だけでなんとかなる問題じゃない。だからといって、言葉は二の次でいいわけでもない。
さっきのワークショップで気づいてほしいのは、「どんな場面でも人を励ませる便利な言葉なんてない」ということ。そんな「ドラえもんの秘密道具」みたいな言葉は存在しない。
でも、不思議なもので、ぼくたちは普段から「誰かの言葉に励まされる経験」をしている。やっぱり「言葉が人を励ます」ことは確かにあるのだ。
だから、「言葉は無力だ」と絶望することはない。言葉を信じて、「言葉探し」を続けたらいい。

【出典】 荒井裕樹『まとまらない言葉を生きる』
(柏書房、二〇二一年)三二～三七ページより

二〇二三年度　中央大学附属高等学校（推薦）

【小論文】（六〇分）

【問】　傍線部「『励まし言葉』という問題」とありますが、どういうことですか。本文の内容を踏まえて説明してください。
また、筆者の主張に対するあなたの考えを述べてください。
なお、字数は六〇〇字とします。

人を励ます言葉って何だろう。そもそも、言葉で人を励ますことはできるのか。なんてことを考え出したのは、二〇一一年の東日本大震災がきっかけだった。

あの頃、テレビや新聞では連日、東北地方の深刻な状況が報じられていた。大津波の圧倒的な威力。人間のコントロールを超えて暴走した原子力発電所。身も心も傷つき疲れ果てた人たち。画面に写る被災地の様子は、文字通り筆舌に尽くし難いものだった。

言葉というものはなんて無力なんだろう。いや、言葉を仕事にしているにもかかわらず、こうした災害に対して何も言えないでいる自分は、なんて卑小な存在なんだろう。そうした猛烈な無力感に囚《とら》われた。

それでも、せめて言葉について考えることは諦めたくなかった。だから、とにかくぼくは目を凝らし、耳を澄ませた。

こうした非常時には、どんな言葉が飛び交うのか。非常時という極限状況は、ぼくらの言葉にどんな影響を及ぼすのか。そうした問題を確かめておきたくて、日々、目に映る文字、耳に入る声を必死にかき集めていた。

そこでぼくが気になったのが、「励まし言葉」という問題だった。

震災直後、テレビのコメンテーターも、公共のCMも、いろいろと手探りで「励まし言葉」を模索していた気がする。

きっと、あの時、多くの人が「被災者の力になりたい」「励ましたい」と願ったことだろう。でも、「がんばれ」なんてありきたりな言葉は、被災者に対して失礼な気がする。励ましたいけど、傷つけたくない。そんな葛藤からだろうか、みんな慎重に、あるいは怖々と、言葉を選んでいたように思う。

あれからずっと、モヤモヤと考え続けてわかったのは、どうやらぼくらが使う日本語には「純粋に人を励ます言葉」というものが存在しないらしい、ということだった。

『ヘヴン』という小説がある。川上《かわかみ》未映子《みえこ》さんが書いた名長編で、中学生の壮絶な「いじめ」がテーマになっている。

この作品の中に、加害者と被害者が一対一で話し合う場面がある。いじめられている主人公が、ばったり出会った加害者グループの一人を捕まえて、勇気を振りしぼって話しかけるという場面だ。主人公は震える声で問いかける。どうして君たちは、ぼくに対して、こんなひどいことができるんだ、と。

ネタバレになるから詳しくは書かないけれど、結論から言うと、主人公は加害者の男子生徒にコテンパンに言い負かされる。その言い負かされ具合があまりにも圧倒的で、読んでいて悲しくなったり、腹が立ったり、とにかく感情がぶれにぶれて、正直、読むのがしんどい場面だ。

実は、ぼくは授業や講演の中で、ときどきこの小説を採り上げてワークショップを開く。そして参加者に短い作文を書いてもらう。テーマは「いじめられている子を励ます」というものだ。

すると多くの参加者は、「いじめられる側」に同情し、「いじめる側」を許せないと怒る。本当にメラメラと怒りの炎が見えるくらいにヒートアップする人もいる。

でも、提出された作文を読むと、だいたい六割から七割近くの人は、「いじめる側」の肩を持つ（この比率はぼくの経験値によるもの）。正確に言うと、理屈としては「いじめる側」が言っていることに近い文章を書いてくる。心情的には「いじめられる側」に同情

2023年度／中央大学附属高等学校（推薦）

英語解答

Ⅰ 1 い　2 う　3 え　4 う
5 あ　6 い　7 あ　8 え
9 あ　10 う

Ⅱ 1 took　2 another
3 wearing　4 to　5 heard

Ⅲ 1 taught　2 how　3 earlier
4 languages　5 until〔till〕

Ⅳ ［1］ い　［2］ え

Ⅴ 1 【be】 being 【fall】 fell
2 A…う　B…か　C…あ
3 (a)…え　(b)…い　(c)…あ　(d)…う
4 2番目…お　8番目…く　5 う
6 あ　7 い　8 え
9 receiving　10 う

Ⅵ (1) (例) to read as many books as you can
(2) (例) Reading books is a lot of fun. Also, you can learn a lot of things from books. Reading books helps you understand yourself and the world around you. (28語)

Ⅰ〔適語(句)選択〕

1．一般に，疑問詞 when で始まる疑問文と現在完了形は一緒に使えない。過去形の疑問文にする。「トムはいつオーストラリアへ行きましたか」

2．in には「(今から)～後に」という意味がある。　「私はその仕事を2，3日では終えられないと思う」

3．難しすぎたのだから，「答えられた生徒はほとんどいなかった」とする。student のような‘数えられる名詞’について，「ほとんどない」を表すのは few。　「その質問に答えられた生徒はほとんどいなかった。それは難しすぎた」

4．gloves「手袋」のように2つで一組のものを数える場合は a pair of ～「一組の～」を用いて a pair of gloves「手袋1つ」などと表す。　「私は冬の寒いときでさえも毎日自転車に乗る。新しい手袋が必要だ」

5．間接疑問文。間接疑問は‘疑問詞＋主語＋動詞’の語順。how は直後に形容詞(＋名詞)をとり‘how＋形容詞(＋名詞)’「どれほど～」で1つの疑問詞となる。　「向こうでジョギングをしている年配の男性が見えますね。彼が何歳か知っていますか」

6．述語動詞は takes なので，(　) a good English essay までが主語になる。主語になれるのは動名詞(～ing)の Writing。　「優れた英語の作文を書くことは，たくさんの練習を必要とする」

7．‘tell＋人＋not to ～’で「〈人〉に～しないように言う」。このように to不定詞を否定する場合は，to の前に not を置く。　「寝る前にコーヒーを飲みすぎないように彼に言いなさい」

8．‘as ～ as you can’「できるだけ～」の形。‘as ～ as …’の形で‘数’に関して述べる場合は‘as many＋複数名詞＋as ～’という形になる。　「若いときはできるだけ多くの本を読むべきだ」

9．‘条件’や‘時’を表す副詞節の中では，未来のことでも現在時制で表す。　「私は出かけます。もしトムが電話してきたら，すぐに戻ると伝えてください」

10．前後の内容を自然につなぐ接続詞を選ぶ。この so「だから」の前後は‘理由’→‘結果’の関係になる。 「今朝はするべきことがたくさんあったので，この手紙を出すのを忘れた」

Ⅱ〔書き換え―適語補充〕

1．「ポールによって撮られた写真を見なさい」→「ポールが撮った写真を見なさい」 目的格の関係代名詞を使って書き換える。 take－took－taken Look at the photo that〔which〕Paul took.

2．「ジュースをもう1杯飲みたいのですが」 one more ～「もう1つの～」≒ another ～ I'd like another glass of juice, please.

3．「祖父はふだん本を読むのに眼鏡をかけない」→「祖父はふだん眼鏡をかけずに本を読む」 without ～ingで「～せずに，～しないで」。 My grandfather usually reads books without wearing glasses.

4．「窓を開けましょうか」 Shall I ～？は「～しましょうか」と‘申し出’を表す表現。これは，Do you want me to ～？でほぼ同じ意味を表せる。 Do you want me to open the window?

5．「彼女は長い間私に手紙を書いていない」→「私は長い間彼女から便りをもらっていない」 hear from ～で「～から便りがある」という意味。 hear－heard－heard I haven't heard from her for a long time.

Ⅲ〔対話文完成―適語補充〕

1．A：君の学校ではフランス語はネイティブのフランス人教師によって教えられているの？／B：うん。パリ出身の2人のネイティブの先生がいるんだ。彼らの授業は人気があるよ。∥by a native French teacherという語句から，「フランス語は教えられていますか」という受け身の疑問文にする。 teach－taught－taught Is French taught by a native French teacher at your school?

2．A：すみません，ここから上野駅まではどのように行けばいいですか。／B：東京駅に向かう山手線に乗ってください。ここから5つ目の駅です。∥Bの答えから，Aは行き方を尋ねているとわかる。 ..., how can I get to Ueno Station from here?

3．A：パパ，明日の朝はサッカーの練習があるから，いつもよりずっと早く起きなきゃいけないんだ。／B：じゃあ，テレビゲームをやめてすぐに寝た方がいいぞ。∥前後の内容から「いつもよりずっと早起きしなければならない」という文になるとわかる。「いつもより」はthan usualで表せる。空所直前のmuchは「ずっと」の意味で比較級を強調する用法。 ..., so I have to get up much earlier than usual.

4．A：タナカさんがいくつの言語を話すか知ってる？／B：少なくとも3つは知ってるよ。彼は日本語，中国語，英語を話すよね？∥Bの返答から，タナカさんが話す言語の数を尋ねる文にする。 Do you know how many languages Mr. Tanaka speaks?

5．A：君は東京にどれくらい滞在しているの？／B：約1か月だよ。ここには来週の土曜日までいるんだ。∥I will beに続くので，今後の予定を述べていると考えられる。「私はここにいる」と「来週の土曜日」を自然につなぐのは「～まで(ずっと)」の意味を表すuntil〔till〕。 I will be here until〔till〕Saturday next week.

Ⅳ〔長文読解―内容一致―説明文〕

［1］≪全訳≫1999年9月のある日，ジョアン・マレーはスカイダイビングをしていた。スカイダイバーは2つのパラシュートを装着して飛行機から飛び出し，パラシュートを開くまで地面に向かって落

ちていく。不運にも，ジョアンのメインパラシュートは開かなかった。彼女は猛スピードで地面に向かって落下していた。スカイダイバーの安全のため，彼らはもう1つパラシュートをつけている。彼らはそれを予備と呼ぶ。ジョアンの予備のパラシュートはちゃんと開いたが，数秒後に壊れた。彼女は地面に激突し，死にかけた。彼女の心臓は動きを止めた。しかし，ジョアンはヒアリの塚に落ちていた。ヒアリは痛く焼けるように刺してくる。驚くことに，ジョアンの命を救ったのはこの刺すことだった。刺されたことで彼女の心臓は再び動き始めた。3年後，ジョアンはまた飛行機から飛び出した。今回は彼女のパラシュートは正確に開き，彼女は地面に無事に着地した。

＜解説＞「この文章は(　　)についてのものだ」―い．「ジョアン・マレーがどのようにしてスカイダイビングの事故を生き延びたか」　survive「～を生き延びる」

[2]≪全訳≫アメリカ合衆国中で，全国サツマイモ調理の日が，風味豊かで興味深い歴史もある根菜を祝っている。サツマイモは，国中で毎日何百万人もの人によって愛され食べられている。中米あるいは南米のどちらかがサツマイモの原産地だと考えられている。中米では，サツマイモは少なくとも5000年前にもたらされた。サツマイモは優れたビタミンA源だ。それはよい視力や免疫システムや骨の成長を支える。では，どのようにサツマイモの日を祝うだろうか。最高の祝い方は，サツマイモを庭に植えることだ。とても育ちやすい。春の終わりか夏の初めに植えるといい。サツマイモが収穫できる状態になるには，植えた後，90～120日かかる。

＜解説＞「この文章によると，(　　)によってサツマイモの日を祝うことができる」―え．「庭でサツマイモを育てること」　第7，8文参照。ここでのplantは「～を植える」の意味の動詞。

V〔長文読解総合―物語〕

≪全訳≫❶「これはできないと思います。家族にはクリスマスのために計画された旅行がありますので」❷リリーには，母親のスーザンが電話をかけてきた人に強く言っているのが聞こえた。❸「本当にあとほんの数日も待てないのですか？　待てない？　わかりました，引き取りに行きましょう」❹リリーはキッチンに行き，母親が両手で頭を抱えているのを見た。❺「(a)どうしたの，ママ？」とリリーは尋ねた。❻「あのね，農場から野良犬を助けに行く必要があるのよ。①その犬を見つけた農家の人は，犬を収容所に連れていこうとしているの。クリスマスの後まで待てないと言っているのよ」❼「だめよ，そんなことをさせちゃいけないわ。いつ行くの？」　リリーは母親が動物を救っているときに彼女を手伝うのが大好きだった。❽「それはおばあちゃんの家に行けなくなるということよ。このことはわかっているの？」❾「(b)もちろん！」とリリーは言った。彼女は母親に駆け寄ってしっかりと抱きついた。❿「私はママが動物救護をしていることが誇らしいし，ママのパートナーでいることが大好きなの」⓫2年前，リリーの母親は野良のラブラドール・レトリーバーのために動物救護を始めた。実際には，彼女たちはあらゆる種類の動物を助けていたが，ラブラドール・レトリーバーを本当に愛していた。⓬リリーと母親は，箱，毛布，それにミルクボーンをいくつか車の後ろに積んだ。農家の人はスーザンに，この犬はとても痩せておなかをすかせていると話していた。⓭移動には1時間ほどかかり，リリーと母親が農場に着いたときには外は暗く，とても寒かった。これはどんな動物であれ，1頭で外にいるべき種類の夜ではなかった。⓮「リリー，私が先に行くわ。明かりが全く見えないから，安全かどうか確認したいの」⓯「③そうはいかないわ」とリリーは言い張った。「私も行く」⓰そこで2人は玄関のドアまで歩き，何度もノックしたが，返事はなかった。⓱そのとき，ドアの細い割れ目に挟まった紙切れがリリーの目にとまった。彼女は注意深くそれを引き抜いて母親に渡した。紙にはただ「裏庭にいます」とあった。**18**「えっ」**19**スーザンは言った。「どういうことなの？」**20**「救護よ！」とリリーは笑顔で言った。**21**リリーとスーザンは裏庭まで慎重に進んでいった。突然，暗がりから，大きな音が彼女たちにまっすぐ向かってくるのが聞こえた。④犬が危険かもしれなかったので，スーザンはリリーの体の前に自分の体を入れた。**22**だが，犬を見たとき，彼女たちは安心した。きれいな黒いラブラドール・レトリーバーだった。犬はほほ笑んでいるように見えた。彼は立ち止まって彼女たちの前に座った。大きな耳と長い舌を持ち，このうえなく人懐っこかった。**23**「(c)ねえママ，この子すごく痩せているわ」　リリーは彼を頭からつま先まで優しくなで始めながら言った。**24**「そうね。骨と皮だけね。かわいそうに」**25**「(d)それよ！」とリリーは叫んだ。「それをこの子の名前にすればいい。ボーンズと呼ぼうよ！」**26**スーザンは「もちろんそうすればいいわ，リリー，もちろんそうすればいい」と言いながら笑った。**27**彼女たちはボーンズを車に乗せ，家に戻った。彼は車の中ではなかなかの紳士で，ミルクボーンをほぼ全部食べた。**28**家に帰り着くと，ボーンズは自分が安全だと知って頻繁に尾を振り始めた。**29**その夜遅く，リリーと母親はボーンズのために寝床をつくった。彼は飛び乗って眠りについた。リリーは最後に残った数個のミルクボーンを彼の横に置いた。**30**「ママ，クリスマスってこういうことよね，誰かを助けて，与えて。私たちはボーンズを助けたのよね」**31**「そうね，リリー。すてきなクリスマスイブになったわね」**32**翌朝はクリスマスだった。リリーはベッドから飛び出して，階下へ走り，新しい家で眠っている新しい家族の一員を探した。**33**彼の寝床を見たが，そこにはいなかった。犬はみんなキッチンが大好きなので，彼女はキッチンへ行くことにした。だが彼はそこにもいなかった。リリーは心配になってきた。**34**最後にリリーは事務室に行った。事務室にはクリスマスツリーがあった。そしてボーンズは最後の数個のミルクボーンをそばに置いてツリーの横に座っていた。**35**リリーには，このクリスマスが記憶に残るものになるとわかっていた。彼女は，与えることは受け取ることよりもはるかにいいと知った。そして彼女はこのことを，ボーンズと名づけられたとても特別な野良犬から学んだのだった。

1 ＜語形変化＞【be】動詞 love の目的語になるので，「～こと」という意味を表す動名詞(～ing)にする。「1語」という指定があるので to be は不可。　【fall】and で結ばれている動詞 jumped に合わせて過去形にする。　fall－fell－fallen

2 ＜適語選択＞A．on the phone「電話で」　B．pick ～ up「～を車で迎えに行く」　C．pull ～ out「～を引き抜く」

3 ＜適文選択＞(a)台所で頭を抱えていた母親にリリーがかけた言葉である。　What's wrong?「どうしたの？」　(b)野良犬を引き取りに行くと祖母の家に行けなくなるが，それでもいいのかと母親にきかれたリリーの返答。この後のリリーの言動から，リリーは母親の活動を誇りに思っていることがわかるので，母親が野良犬を引き取りに行くことに賛成しているのである。　(c)次の段落で母親が Yes, he is. と言っていることに着目し，is の後に省略されている語を考える。リリーの he is so skinny. を受けて，母親は Yes, he is (skinny). と言ったのである。　(d)ここでの That's it! は「それだ！」という意味。母親が言った bones という言葉に対し，リリーはそれが名前にちょうどいいと思ってこう言ったのである。

4 ＜整序結合＞語群より，主語は the farmer に決まる。また，be ready to ～ で「～する準備ができて，まさに～しようとして」という意味を表せるので，is ready to take というまとまりができ，これが文末のhim to the poundにつながる(‘take＋人など＋to＋場所’「〈人など〉を〈場所〉に連れていく」)。犬を見つけたのはthe farmerと考えられるので，残りはwhoを主格の関係代名詞として使ってwho found himとまとめてthe farmerの後ろに置く。 The farmer who found him is ready to take him to the pound.

5＜適語選択＞直後の文参照。動物が1頭で外にいるべきではない夜はどんな夜か考える。

6＜語句解釈＞危険かもしれない場所に1人で行こうとする母親に対してリリーが言った言葉。直後で「私も行く」と言い張っていることから，母親1人では行かせないと考えていることがわかる。 Not a chance.は「(その見込みはない→)だめだ，無理だ」という意味。

7＜適語句選択＞文前半のSusan put her body in front of Lily's「スーザンは自分の体をリリーの体の前に出した」は，野良犬を引き取りに来たとき，暗闇から突然大きな音が聞こえたときに母親がリリーを守るためにとった行動だと考えられる。よって，その理由となる内容を選ぶ。

8＜文脈把握＞リリーは母親がその犬のことをHe is just skin and bones.と言ったのを聞いて，Bonesをその名前にしようと決めたのである。

9＜適語補充＞giving「与えること」と何を比較しているかを考える。比較の対象として適切なのは，「与えること」の対となる「受け取ること」。 receive「～を受け取る」

10＜内容真偽＞あ…× 第11段落第2文参照。犬だけではない。 い…× 第22段落参照。ほほ笑んで見えるほど人懐っこい犬だった。 う…○ 第27段落の内容に一致する。 え…× 第33，34段落参照。キッチンではなく事務室にいた。

Ⅵ〔条件作文〕

(1)... and tell myselfに続く部分なので，‘tell＋人＋to ～’「〈人〉に～するように言う」，または‘tell＋人＋not to ～’「〈人〉に～しないように言う」の形にして，「私は12歳の自分に手紙を書いて，自分自身に(　　)する〔しない〕ように言う」という文にするとよい。 (別解例) not to spend too much time on your smartphone

(2)(1)で書いた内容についてその理由や説明を15語以上でできるだけ具体的に書く。 (別解例) Using your smartphone too much is not good for your eyes. It could even damage your health. So, you should play outside or read books instead. (26語)

2023年度／中央大学附属高等学校（推薦）

数学解答

(1)　$-2y$　(2)　$\sqrt{2}$

(3)　$(a-b)(x+2)(x-2)$

(4)　$x=-1$，$y=6$　(5)　$x=1$，5

(6)　-4　(7)　26通り　(8)　56°

(9)　(ア)　$\frac{5\sqrt{3}}{2}$　(イ)　$\frac{19\sqrt{3}}{3}\pi$

(10)　(ア)　A$(-3,\ 3)$，B$\left(2,\ \frac{4}{3}\right)$

(イ)　$\left(7,\ \frac{49}{3}\right)$　(ウ)　25：3

〔独立小問集合題〕

(1)＜式の計算＞与式$=\frac{1}{64x^8y^2}\div\left(-\frac{1}{8x^6y^3}\right)\times16x^2=\frac{1}{64x^8y^2}\times(-8x^6y^3)\times16x^2=-\frac{1\times8x^6y^3\times16x^2}{64x^8y^2}=-2y$

(2)＜数の計算＞与式$=\sqrt{4^2\times2}-\sqrt{3\times6}+2\sqrt{3}-\frac{6\times\sqrt{3}}{\sqrt{3}\times\sqrt{3}}=4\sqrt{2}-\sqrt{3^2\times2}+2\sqrt{3}-\frac{6\sqrt{3}}{3}=4\sqrt{2}$ $-3\sqrt{2}+2\sqrt{3}-2\sqrt{3}=\sqrt{2}$

(3)＜式の計算―因数分解＞与式$=(a-b)x^2-4a+4b=(a-b)x^2-4(a-b)$として，$a-b=M$とおくと，与式$=Mx^2-4M=M(x^2-4)=M(x^2-2^2)=M(x+2)(x-2)=(a-b)(x+2)(x-2)$となる。

(4)＜連立方程式＞$29x+31y=157$……①，$31x+29y=143$……②とする。①＋②より，$(29x+31y)+(31x+29y)=157+143$，$60x+60y=300$，$x+y=5$……③　②－③×29より，$31x-29x=143-145$，$2x=-2$　$\therefore x=-1$　これを③に代入して，$-1+y=5$　$\therefore y=6$

(5)＜二次方程式＞$4x^2-1-3(x^2+2x+1)+9=0$より，$4x^2-1-3x^2-6x-3+9=0$，$x^2-6x+5=0$，$(x-1)(x-5)=0$　$\therefore x=1$，5

(6)＜関数―傾き＞関数$y=3x^2$で，xの変域が$-2\leqq x\leqq1$より，xの絶対値が最大の$x=-2$のとき，yの値は最大で$y=3\times(-2)^2=12$となり，xの絶対値が最小の$x=0$のとき，yの値は最小で$y=0$となる。よって，yの変域は$0\leqq y\leqq12$である。また，関数$y=ax+4$は，xの変域が$-2\leqq x\leqq1$のときのyの変域が一致し，$0\leqq y\leqq12$となるので，$a>0$とすると，$x=-2$のとき$y=0$，$x=1$のとき$y=12$となる。$x=-2$，$y=0$を代入すると，$0=a\times(-2)+4$，$2a=4$，$a=2$となり，$x=1$，$y=12$を代入すると，$12=a\times1+4$，$a=8$となる。aが異なる値になるので，適さない。$a<0$とすると，$x=-2$のとき$y=12$，$x=1$のとき$y=0$となる。$x=-2$，$y=12$を代入すると，$12=a\times(-2)+4$，$2a=-8$，$a=-4$となり，$x=1$，$y=0$を代入すると，$0=a\times1+4$，$a=-4$となる。$a<0$で，同じ値になるので，適する。したがって，$a=-4$である。

(7)＜場合の数＞並べ方は，1文字目がaのとき，aab，aac，aba，abb，abc，aca，acb，accの8通りある。1文字目がbのとき，baa，bab，bac，bba，bbb，bbc，bca，bcb，bccの9通りある。1文字目がcのときも同様に9通りある。以上より，並べ方は，$8+9+9=26$(通り)ある。

(8)＜平面図形―角度＞右図1で，線分ACと線分BDの交点をPとし，点Bと点C，点Cと点Dを結ぶ。$\overset{\frown}{AD}$に対する円周角だから，∠ACD＝∠ABD＝17°である。線分BDは円Oの直径より，∠BCD＝90°だから，∠PCB＝90°－17°＝73°となる。また，$\overset{\frown}{CD}=3\overset{\frown}{AD}$より，∠PBC＝3∠ABD＝3×17°＝51°である。よって，△PBCで，$\angle x$＝180°－73°－51°＝56°である。

図1

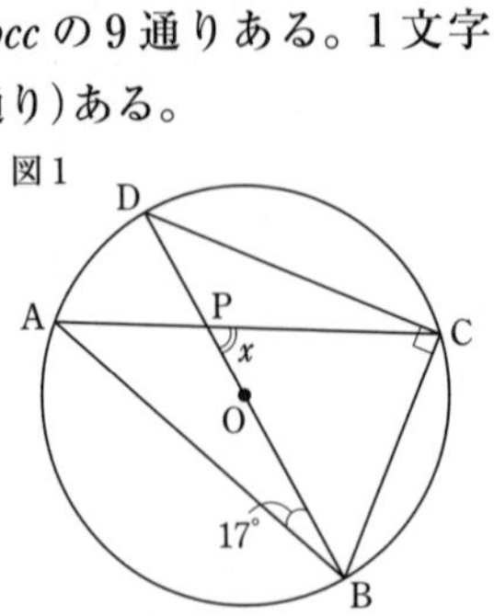

(9)＜平面図形，空間図形―面積，体積＞(ア)次ページの図2で，点Dから辺BCに垂線DHを引くと，AD∥BC，∠ABC＝90°だから，四角形ABHDは長方形となり，DH＝AB＝$\sqrt{3}$となる。また，DA＝DC＝xとすると，BH＝DA＝xより，HC＝$3-x$となる。よって，△DHCで三平方の定理より，DH^2＋HC^2＝DC^{2}だから，$(\sqrt{3})^2+(3-x)^2=x^2$が成り立つ。これを解くと，3

$+9-6x+x^2=x^2$ より，$6x=12$，$x=2$ となるので，$\mathrm{DA}=2$ である。したがって，台形ABCDの面積は $\frac{1}{2}\times(2+3)\times\sqrt{3}=\frac{5\sqrt{3}}{2}$ である。

図2

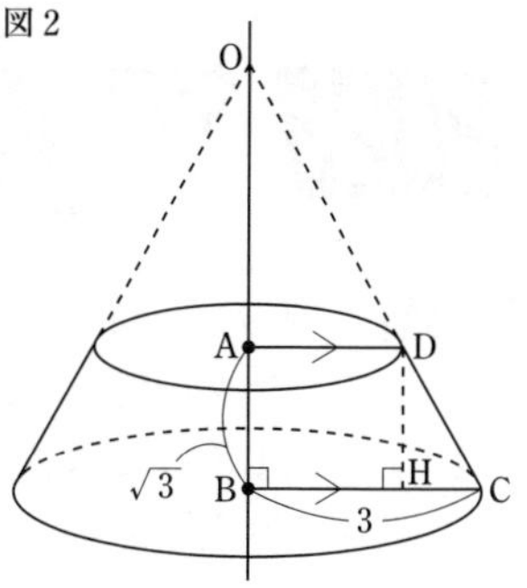

(イ)図2で，2直線AB，CDの交点をOとする。四角形ABCDを直線ABを軸として1回転させてできる立体は，底面の円の半径が $\mathrm{BC}=3$，高さがOBの円錐から，底面の円の半径が $\mathrm{AD}=2$，高さがOAの円錐を除いたものとなる。(ア)より，$\mathrm{HC}=3-x=3-2=1$，$\mathrm{DC}=x=2$ だから，△DHCは3辺の比が $\mathrm{HC}:\mathrm{DC}:\mathrm{DH}=1:2:\sqrt{3}$ の直角三角形であり，$\angle\mathrm{DCH}=60^\circ$ である。よって，△OBCも3辺の比が $1:2:\sqrt{3}$ の直角三角形だから，$\mathrm{OB}=\sqrt{3}\mathrm{BC}=\sqrt{3}\times3=3\sqrt{3}$ となり，$\mathrm{OA}=3\sqrt{3}-\sqrt{3}=2\sqrt{3}$ である。したがって，求める体積は，$\frac{1}{3}\times\pi\times3^2\times3\sqrt{3}-\frac{1}{3}\times\pi\times2^2\times2\sqrt{3}=\frac{19\sqrt{3}}{3}\pi$ である。

図3

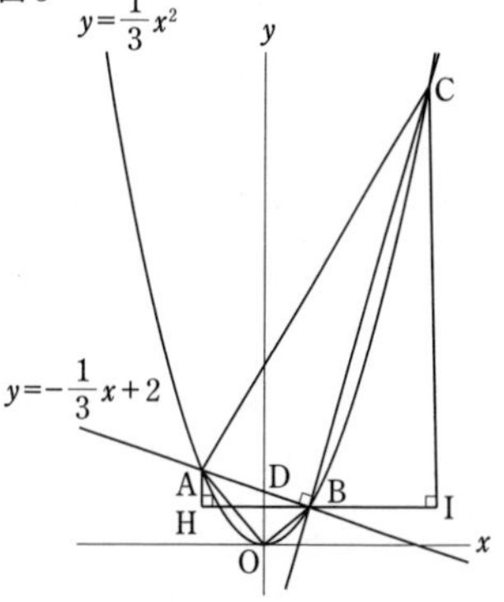

(10)<関数—座標，面積比>(ア)右図3で，2点A，Bは放物線 $y=\frac{1}{3}x^2$ と直線 $y=-\frac{1}{3}x+2$ の交点だから，$\frac{1}{3}x^2=-\frac{1}{3}x+2$ より，$x^2+x-6=0$，$(x+3)(x-2)=0$　$\therefore x=-3,\ 2$　よって，2点A，Bの x 座標はそれぞれ -3，2となる。$y=\frac{1}{3}\times(-3)^2=3$，$y=\frac{1}{3}\times2^2=\frac{4}{3}$ だから，$\mathrm{A}(-3,\ 3)$，$\mathrm{B}\left(2,\ \frac{4}{3}\right)$ である。　(イ)図3で，点Bを通り x 軸に平行な直線と，点A，点Cを通り y 軸に平行な直線の交点をそれぞれH，Iとする。$\angle\mathrm{ABC}=90^\circ$ より，$\angle\mathrm{ABH}=180^\circ-90^\circ-\angle\mathrm{CBI}=90^\circ-\angle\mathrm{CBI}$ であり，△BICで，$\angle\mathrm{BCI}=180^\circ-90^\circ-\angle\mathrm{CBI}=90^\circ-\angle\mathrm{CBI}$ だから，$\angle\mathrm{ABH}=\angle\mathrm{BCI}$ である。また，$\angle\mathrm{AHB}=\angle\mathrm{BIC}=90^\circ$ だから，△AHB∽△BICとなり，$\mathrm{AH}:\mathrm{HB}=\mathrm{BI}:\mathrm{IC}$ である。直線ABの傾きが $-\frac{1}{3}$ より，$\mathrm{AH}:\mathrm{HB}=1:3$ だから，$\mathrm{BI}:\mathrm{IC}=1:3$ であり，$\frac{\mathrm{IC}}{\mathrm{BI}}=\frac{3}{1}=3$ となる。よって，直線BCの傾きは3である。その式を $y=3x+b$ とおくと，$\mathrm{B}\left(2,\ \frac{4}{3}\right)$ を通るから，$\frac{4}{3}=3\times2+b$，$b=-\frac{14}{3}$ となり，直線BCの式は $y=3x-\frac{14}{3}$ となる。点Cは放物線 $y=\frac{1}{3}x^2$ と直線 $y=3x-\frac{14}{3}$ の交点だから，$\frac{1}{3}x^2=3x-\frac{14}{3}$ より，$x^2-9x+14=0$，$(x-2)(x-7)=0$　$\therefore x=2,\ 7$　したがって，点Cの x 座標は7であり，$y=\frac{1}{3}\times7^2=\frac{49}{3}$ だから，$\mathrm{C}\left(7,\ \frac{49}{3}\right)$ である。　(ウ)図3で，(ア)，(イ)より，$\mathrm{A}(-3,\ 3)$，$\mathrm{B}\left(2,\ \frac{4}{3}\right)$，$\mathrm{C}\left(7,\ \frac{49}{3}\right)$ だから，$\mathrm{HB}=2-(-3)=5$，$\mathrm{BI}=7-2=5$，$\mathrm{HI}=7-(-3)=10$，$\mathrm{AH}=3-\frac{4}{3}=\frac{5}{3}$，$\mathrm{CI}=\frac{49}{3}-\frac{4}{3}=15$ である。よって，〔台形AHIC〕$=\frac{1}{2}\times\left(\frac{5}{3}+15\right)\times10=\frac{250}{3}$，$\triangle\mathrm{AHB}=\frac{1}{2}\times5\times\frac{5}{3}=\frac{25}{6}$，$\triangle\mathrm{BIC}=\frac{1}{2}\times5\times15=\frac{75}{2}$ となるから，△ABC＝〔台形AHIC〕$-\triangle\mathrm{AHB}-\triangle\mathrm{BIC}=\frac{250}{3}-\frac{25}{6}-\frac{75}{2}=\frac{125}{3}$ である。また，直線ABと y 軸の交点をDとすると，直線ABの式が $y=-\frac{1}{3}x+2$ より，$\mathrm{D}(0,\ 2)$ であり，$\mathrm{OD}=2$ である。ODを底辺と見ると，△AODの高さは3，△BODの高さは2となり，$\triangle\mathrm{AOB}=\triangle\mathrm{AOD}+\triangle\mathrm{BOD}=\frac{1}{2}\times2\times3+\frac{1}{2}\times2\times2=5$ となる。以上より，$\triangle\mathrm{ABC}:\triangle\mathrm{AOB}=\frac{125}{3}:5=25:3$ である。

2023年度 中央大学附属高等学校

【英　語】 (60分) 〈満点：100点〉

I　リスニング問題　〈編集部注：放送文は未公表につき掲載してありません。〉

(Part 1) これから放送される対話を聞いて，それに続く質問に対する最も適切な答えを1つずつ選び，記号で答えなさい。対話と質問は1度しか放送されません。

1. あ. Telephone a different store.　い. Go to ABC Sports Store.
   う. Order two basketballs.　え. Ask how much a basketball is.
2. あ. By taxi.　い. On a bus.　う. On foot.　え. By subway.
3. あ. Pay 25 dollars.　い. Use a big boat.　う. Find a place to rest.　え. Rent a canoe.
4. あ. She lost her phone.　い. She couldn't find the book she needed.
   う. She borrowed a wrong book.　え. She had a wrong number.
5. あ. Find a place to visit tomorrow.　い. Ask her parents about tomorrow.
   う. Visit a strawberry farm.　え. Call her uncle.
6. あ. He got married there ten years ago.　い. He found a job at a jewelry store.
   う. He bought a present for his wife.　え. He went to the tourist information center.

(Part 2) これから放送される英語を聞いて，以下の質問に対する最も適切な答えを1つずつ選び，記号で答えなさい。英語は1度しか放送されません。

7. What is one thing we learn about Tom?
   あ. He is a better actor than Melissa.　い. He wrote a play.
   う. He took an acting class.　え. He wants to be in a play.
8. What is one thing the speaker says to the bandmembers?
   あ. There will be another concert tomorrow.
   い. The concert was successful.
   う. Tomorrow's practice will be canceled.
   え. He forgot about the music festival next month.
9. Why were Rob and Kate disappointed last Sunday?
   あ. They could not get movie tickets.　い. They did not like the movie.
   う. They could not find a café.　え. They didn't have time to talk.
10. What will the listeners do next?
    あ. Have lunch at a pub.　い. Go to Stratford.
    う. Tour around Oxford.　え. Walk along the river.

II　次の英文を読んで，設問に答えなさい。

The night was dark. And the house was dark. Dark—and silent. The two men ran toward it quietly. One had a suitcase and the other had a lot of keys in hand. They reached the porch. They waited—listening.

Silence. Perfect silence. "Let me try those keys. We've got to get in!"

Ten—twenty—thirty seconds. With one of the keys one of the men opened the door. Silently, the two men entered the house, closed the door behind them, locked it.

"Let's have a look at this place." "Careful, Hasty!" "Oh, there is not anybody awake!" They looked around the room with a flashlight.

It was a large room. A living room. The furniture—chairs, tables, couches—was covered by sheets. Dust lay like a light snow over everything.

The man who held the flashlight spoke first. "Well, Blackie," he said, "We're in luck. The house is empty."

"Yeah. Gone for the summer, I guess. We better make sure, though." They looked around every room very carefully without making a noise. There was no doubt about it. The family was away.

Hasty Hogan and Blackie Burns were lucky *except for one thing. They were running away from the police. A thousand-mile trip east by car. They broke into a bank and succeeded in stealing a lot of money. But, when Blackie was driving the car, he accidentally ran over a policeman.

There was a chase, of course. A wild crazy chase. And when a bullet damaged the gasoline tank and the car broke down, they had to leave the car behind. But luck or no luck, here they were. Alone, and without a car, in a strange new town. But safe and sound—with the suitcase.

In the suitcase, there was nearly three hundred thousand dollars!

"Listen," said Mr. Hogan. "We have to get a car. Quick, too. And we cannot steal one. It's too dangerous. I don't want to draw the attention of the police. We have to buy one. That means that we have to wait until the stores open. That will be about 8 o'clock in this town."

"But what are we going to do with that?" Mr. Burns pointed to the suitcase.

"Leave it right here. Sure! Why not? It's much safer here than with us—until we get a car." They carried it down to the *basement. After this, just before *dawn, they left the house silently.

"Say, Blackie," Mr. Hogan said as they walked down the street, "The name of the gentleman we are visiting is Mr. Samuel W. Rogers."

"How do you know?"

"Saw it on some of the library books. He's surely got a lot of books. Looks like a wonderful library."

The automobile salesrooms opened at 8 o'clock. Shortly before nine, Mr. Hogan and Mr. Burns had a car. A nice little car. Very quiet and speedy.

A short distance from the house, they stopped the car. Mr. Hogan got out and walked toward the house. He had just to go around to the rear, he thought, and let himself in.

Fifty *yards from the house he stopped. To their surprise, the front door was open. The family was back!

Well, what bad luck. And what could they do? Break into the basement that night, and pick up the suitcase? No—too dangerous. Mr. Hogan would have to think of something.

"Leave it to me, kid." He told Mr. Burns. "You drive the car. I've got an idea. Let's find a telephone. Quick."

Ten minutes later, Mr. Hogan was looking up a telephone book. Yes, there it was—Samuel W. Rogers, Plainview 6329. A moment later he was talking to the surprised Mr. Rogers.

"Hello," he began, "Is this Mr. Rogers—Mr. Samuel Rogers?"

"Yes, this is Mr. Rogers."

Mr. Hogan cleared his throat. "Mr. Rogers," he said—and his tone was sharp, official, impressive—"this is the Police Headquarters. I am Simpson. *Sergeant Simpson, of the *detective division."

"Yes, yes !" said Mr. Rogers.

"The Chief — the Chief of Police, you know," — here Mr. Hogan lowered his voice a little — "has ordered me to get in touch with you. He's sending me out with one of our men to see you."

"Am I in trouble of some kind ?" asked Mr. Rogers.

"No, no, no. Nothing like that. But I have something of great importance to talk to you about."

"Very well," came the voice of Mr. Rogers. "I'll wait for you."

"And, Mr. Rogers," Mr. Hogan said, "please keep quiet about this. Don't say anything to anybody. You'll understand why when I see you."

On the way back to the house, Mr. Hogan explained his idea to Mr. Burns.

Within ten minutes "Sergeant Simpson" and "Detective Johnson" were speaking with the surprised Mr. Rogers. Mr. Rogers was a small man. He was also nervous.

Mr. Hogan told the whole story. Somewhat changed. Very much changed. And Mr. Rogers was surprised, but also pleased.

He followed Mr. Hogan to the basement. And together they discovered the suitcase. Took it to the living room, opened it. All the money was there — safe.

Mr. Hogan closed the suitcase.

"And now, Mr. Rogers," he announced, in his best official manner, "Johnson and I must run along. The Chief wants a report — quick. We have to catch the rest of the robbers. I'll keep in touch with you."

He picked up the suitcase and rose. Mr. Burns also rose. Mr. Rogers rose, too. They walked to the door. Mr. Rogers opened it. "Come in boys," he said. And in walked three men. Large men. Strong men. Men in police uniform who without fear, looked carefully at Mr. Hasty Hogan and Mr. Blackie Burns.

"What does this mean, Mr. Rogers ?" asked Mr. Hogan.

"It's quite simple." said Mr. Rogers. "It just happens that I am the Chief of Police !"

注：*except for　～を除けば　*basement　地下室　*dawn　夜明け

*yard 《単位》1ヤード＝91.44センチメートル　*Sergeant　巡査部長

*detective division　刑事課

本文の内容に合うように，[　　]に最もよくあてはまるものを１つずつ選び，記号で答えなさい。

*The two men entered the house quietly because [1].

あ．they had to look around the house with a flashlight

い．they wanted to surprise their children with a sudden visit

う．they were not able to enter the house using the front door

え．they did not want anyone in the house to wake up

*The two men thought that there was no one home because [2].

あ．all the doors and windows were locked

い．the sheets on the furniture were all covered with dust

う．there were no chairs, tables, and couches

え．they heard the family was planning to go on a trip

*The two men were running away from the police because [3].

あ．they damaged the gasoline tank and broke their car

い．they stole a car and drove away

う. they stole money from the bank
え. they had to wait until the stores opened

* The two men gave up their car because [4].
あ. they came across the family while driving
い. they got lost in an unfamiliar town
う. something was wrong with it
え. they needed to buy a smaller and quicker one

* The two men decided to buy a car because [5].
あ. they needed a place to hide the suitcase
い. the police would soon notice the stolen car
う. they thought the stores would open at about 8 o'clock
え. they couldn't find a car in front of the house

* Mr. Hogan knew the name of the house owner because [6].
あ. he noticed the name on the porch of the house
い. Mr. Rogers was an old friend of Mr. Hogan's
う. he noticed the name on some of the books in the house
え. Mr. Rogers was a famous writer

* When the two men got back to the house, they were surprised because [7].
あ. someone broke into the house and stole the suitcase
い. the car they bought was very quiet and speedy
う. they had to go around to the rear to enter the house
え. Mr. Rogers and his family returned

* When Mr. Hogan called Mr. Rogers by telephone, [8].
あ. he said he was the detective from the police department
い. he told Mr. Rogers to get in touch with the Chief of Police
う. he said Mr. Rogers was involved in some kind of trouble
え. he told Mr. Burns to drive a car to find a telephone

* Mr. Hogan asked Mr. Rogers not to tell anybody about the phone call from him because [9].
あ. he was afraid that Mr. Rogers would know he was lying
い. he wanted to tell Mr. Rogers that the Chief of Police would visit the house soon
う. the Chief of Police ordered him to keep it a secret
え. he wanted the Chief of Police to explain the situation later

* After Mr. Hogan told the story, Mr. Rogers was surprised, but also pleased because [10].
あ. he was a small and nervous man
い. the suitcase was in the basement
う. he knew the two men were not police officers
え. he found all the money was in the suitcase

* Mr. Hogan closed the suitcase and said, "Johnson and I must run along." because [11].
あ. he wanted to keep in touch with Mr. Rogers
い. he had to give a report to the Chief of Police
う. he had to catch the rest of the robbers

え．he wanted to escape from the house as soon as possible

*When Mr. Hogan and Mr. Burns were about to leave, [12] outside the front door.

あ．the Chief of Police was waiting

い．the real police officers were waiting

う．Sergeant Simpson and Detective Johnson were waiting

え．the family that owned the house was waiting

Ⅲ　次の英文を読んで，設問に答えなさい。

In the present age, with more and more people around the world living in large cities, it has become more and more important to think about and improve city environments. To do this, a number of companies have begun to produce reports which *rank the world's cities on how *eco-friendly they are.

The most well-known of these reports is the Green City Index created by The Economist Intelligence Unit. The Green City Index judges cities on eight different *factors : how clean the air is, water use, CO_2 *emissions, how energy is used, land use, transportation, waste recycling and environmental laws. Each city is ranked *according to their scores in each of these areas. Let's look at some of the latest results.

In Europe, the top five greenest cities are Copenhagen, Stockholm, Oslo, Vienna, and Amsterdam, while Berlin is eighth, Paris 10th and London 11th. What makes them special ? One thing they all share is excellent public transportation systems. In Copenhagen, the capital city of Denmark, (①). Therefore, people can easily get to a station on foot. Another factor is that they strongly encourage the use of bicycles. This reduces air pollution and CO_2 emissions. In Sweden's capital Stockholm, over two-thirds of people walk or cycle to work. In Copenhagen, they have increased the number of bicycle users from one-third in 2009 to one-half in 2015 by building a nine-kilometer cycle *path known as the Green Path through the center of the city. These must be clearly marked because drivers are not allowed to drive or park on those paths. This is important because a cyclist (②) move into the road to go around a parked car. The city also has 150 parking areas for bikes. A third factor is how the cities control their energy needs. Through many new projects, the buildings of Copenhagen and Berlin, the capital of Germany, use 40 percent (③) energy than the world average. Another interesting point is in Norway's capital Oslo. It gets most of its electricity from *renewable sources like water and the sun. A final factor is (④). Over half of the land space in Vienna, the capital of Austria, is made up of green areas while in London it is just under 40 percent. This compares, for example, to just 3 percent in Tokyo.

Outside of Europe, the most eco-friendly cities in each *continent are San Francisco in North America, the Brazilian city of Curitiba in Latin America, Cape Town in Africa, and Singapore in Asia. Singapore ranks highly in all the eight factors in the Green City Index. It has spent a lot of money on public transportation. [A] Japan too ranks quite well on the Index, with Tokyo and Osaka both on the "above average" list. It does well in most of the factors in the Green City Index, but *scores less well in (⑤) because there are not enough green areas and parks.

(⑥) all the countries studied in the report, China is perhaps the most interesting. This is because of the large number of people that live in large cities. China has around 160 cities with a population of over 1 million people, far more than any other country ; and this number is set to rise to over 220 by 2025. [B] In 2013, for example, it was found that only 1 percent of people who live in Chinese cities could *breathe safe air. [C] But one step that China is taking is creating “eco-cities,” like the one in Copenhagen.

注：*rank　～を順位づける　*eco-friendly　環境にやさしい　*factor　要因　*emission　排出
*according to　～に従って　*path　道　*renewable source　再生可能資源
*continent　大陸　*score　評価される　*breathe　～を吸う

1．空欄(①)に入る最も適切なものを選び，記号で答えなさい。
あ．there are not many trains or buses in the city
い．more companies are trying to create eco-friendly cars
う．people usually walk instead of using trains or buses
え．almost everyone lives near either a train or bus station

2．空欄(②)に入る最も適切なものを選び，記号で答えなさい。
あ．shouldn’t　　い．didn’t need to
う．will be able to　　え．had better

3．空欄(③)にあてはまる１語を答えなさい。

4．空欄(④)に入る最も適切なものを選び，記号で答えなさい。
あ．what people think about green areas
い．what governments use green areas for
う．how large green areas are in cities
え．how much money cities spend on the environment

5．空欄[A]～[C]に入る最も適切なものを１つずつ選び，記号で答えなさい。
あ．The environmental problems many of these cities face are well-known.
い．Solving these problems will take a lot of time and money.
う．It also controls the number of cars that can be driven in the city.

6．空欄(⑤)に入る最も適切なものを選び，記号で答えなさい。
あ．water use　　い．waste recycling　　う．land use　　え．public transportation

7．空欄(⑥)に入る最も適切なものを選び，記号で答えなさい。
あ．In　　い．Of
う．With　　え．From

8．本文の内容と一致するものを**2つ**選び，記号で答えなさい。
【編集部注…問題不成立とみなされ全員正解となった(詳細は解説を参照)。】
あ．「環境に対する意識」は，The Green City Index の指標の１つである。
い．「環境にやさしい都市」に共通することは，公共交通機関が充実していることである。
う．ストックホルムでは，通勤に電車やバスを利用する人が半数を占める。
え．コペンハーゲンの車道は，自動車より自転車が優先される。
お．再生可能エネルギーを利用している国はあるが，そこから多くのエネルギーを得ることはまだ難しい。
か．日本の環境への取り組みは，The Green City Index の観点から世界の国々と比較すると良くない。
き．中国は，人口増加による大気汚染が深刻だが，「環境にやさしい街づくり」に取り組んでいる。

IV　英語の授業でおこなうプレゼンテーションの内容について，グループの４人で話し合っています。４人の会話を読み，設問に答えなさい。

Yuki : So, last week we decided to do our presentation on "reading," right ? Now I think we need to decide on what to research. Do you have any ideas ?

Taro : Actually, I've already started researching.

Yuki : Seriously ? That's great. What did you find ?

Taro : Well . . . I was particularly interested to see how much Japanese people read compared to other countries. I found some nice data. Look at Graph 1. It shows the percentage of people in each country who read books every day or almost every day. From this data, we can see that people in China read the most. However, only 20% of Japanese people read every day or almost every day and only Korea and Belgium are below Japan of the 10 countries that were in the research. Therefore, it could be said that Japanese people read fewer books than they do in other countries.

Yuki : It's a bit surprising. I thought reading would be more popular in Japan. It's interesting data. How about you, Eri ? Did you find any good research ?

Eri : Yeah, I looked into Japanese students' book reading *habits. A researcher asked students in each grade how long they usually read books each day. Graph 2 shows the percentage of students who answered, "I have no time to read books."

Yuki : That sounds interesting. Can I take a look ? Oh, it shows the percentage of students who don't read books (1).

Eri : Yeah. When students enter high school, the percentage of students who don't read books increases a lot. The biggest difference is between the third-year junior high school students and the first-year high school students.

Yuki : Let me see. Oh, it's (2). Why do you think this happens ?

Eri : Well, there is some research that asked high school students (3) at high school. Many students said that they didn't have enough time to read because they had many things to do. In addition, the researcher found that they spent more time watching movies or videos on YouTube. These were the most common reasons that stopped them from reading.

Yuki : I see. The change of environment seems to have a big effect on their reading habits. In any case, the graph shows us that students who read at an early age don't necessarily continue to read as they get older. ④[あ. something　い. schools or parents　う. do　え. need to　お. to　か. special　き. encourage] students to read books.

Mio : When I was in elementary school, we were given time to read our favorite books in the morning.

Yuki : Yeah, that sounds like an effective way to help children enjoy reading. It would be good if we could introduce some programs like that in the last part of our presentation. Mio, did you find anything else about reading ?

Mio : I did. I researched some of the advantages of reading. I've found plenty of great research that shows reading develops our creativity and imagination. Also, we can increase our vocabulary. However, the one I was most interested in was that reading increases your concentration. To follow where a writer is going, you need to pay close attention to the words you're reading and their meaning. ⑤This process is good for the brain and improves your ability to focus.

Yuki : Sounds interesting. We can also introduce some other good points of reading. I think we have enough things to talk about in our presentation. Now we just need to think about the structure of our presentation.

注：＊habit 習慣

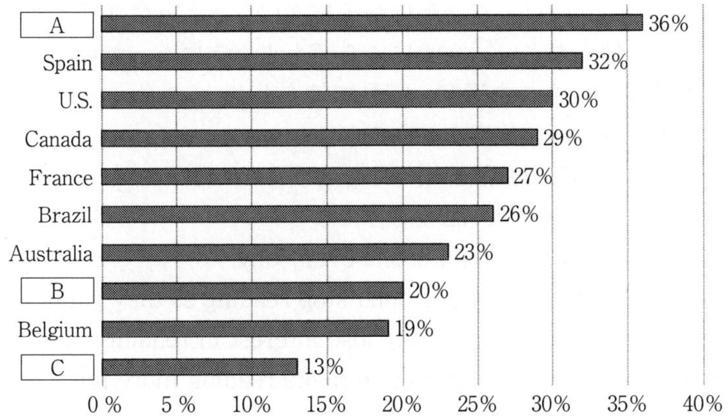

Graph 1 : The Percentage of People Who Read Books Every Day or Almost Every Day
(参考：読書頻度に関するグローバル調査，2016，GfK ジャパン)

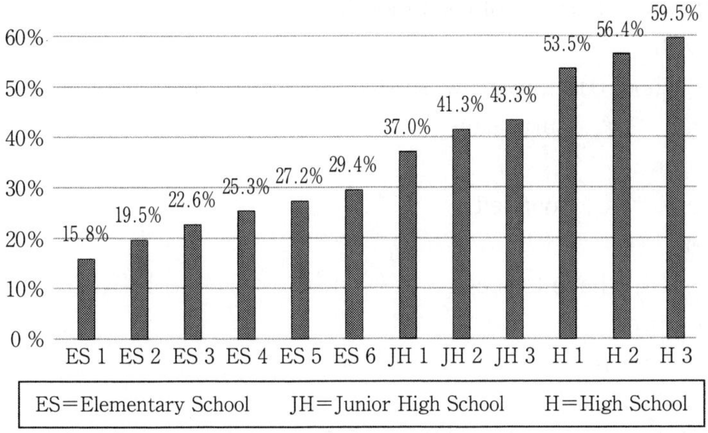

Graph 2 : The Percentage of Students Who Have No Time to Read in Their Daily Lives
(参考：子どもの生活と学びに関する親子調査 Wave 1～4，2015-2019，ベネッセ教育総合研究所)

1．グラフ1の A ～ C に当てはまる国名の組み合わせとして最も適切なものを選び，記号で答えなさい。

あ．A：Japan　B：China　C：Korea
い．A：Japan　B：Korea　C：China
う．A：China　B：Japan　C：Korea
え．A：China　B：Korea　C：Japan
お．A：Korea　B：Japan　C：China
か．A：Korea　B：China　C：Japan

2．空欄（1）に入る最も適切なものを選び，記号で答えなさい。

あ．doesn't change so much　　い．is increasing these days
う．falls slightly as the years go by　　え．increases gradually as they get older

3．空欄（2）に入る最も適切なものを選び，記号で答えなさい。

あ．10.2%　　い．43.3%　　う．46.5%　　え．53.5%

4．空欄(3)に入る最も適切なものを選び，記号で答えなさい。

あ．why they liked reading books　　い．why they didn't read as much

う．what they usually did　　え．what they became interested in

5．下線部④[あ．something　い．schools or parents　う．do　え．need to　お．to　か．special　き．encourage] students to read books. を文脈に合う英文になるように並べかえ，**[　]内で4番目と6番目**にくるものを記号で答えなさい。文頭にくる語も小文字になっている。

6．下線部⑤ This process の内容として最も適切なものを選び，記号で答えなさい。

あ．集中力を保つこと。　　い．単語や意味に注意を払うこと。

う．物語を面白いと思うこと。　　え．読書を通して知識を増やすこと。

7．会話文およびグラフの内容と一致するものを1つ選び，記号で答えなさい。

あ．59.5% of third-year high school students said they read books every day.

い．Students who are in the habit of reading from an early age don't stop reading as they get older.

う．High school students spend more time watching TV, so they lose interest in reading books.

え．The four group members want to introduce some programs to make reading more fun.

V　次の(　)に入る最も適切な語(句)を1つずつ選び，記号で答えなさい。

1．There's a farmer's market (　　) the first Tuesday of each month.

あ．at　　い．on　　う．in　　え．with

2．Yumi is going to visit Okinawa on a school trip tomorrow, so she's very (　　).

あ．excited　　い．enjoyed　　う．fun　　え．surprising

3．The story (　　) very strange.

あ．thought　　い．heard　　う．seen　　え．sounded

4．I will ask her as soon as I (　　) her.

あ．see　　い．saw　　う．will see　　え．have to see

5．We like the meat (　　) sell at that store.

あ．that　　い．which　　う．they　　え．to

VI　次の各組の文がほぼ同じ意味になるように(　)に最も適切な語を入れたとき，(＊)に入る語を答えなさい。

1．The students don't know the teacher's age.
The students don't know (　　)(＊) the teacher is.

2．You don't need to finish this homework by tomorrow.
It's not (＊) for you (　　) finish this homework by tomorrow.

3．I wasn't able to catch the last train.
I (＊) the last train.

4．My mother can cook miso soup.
My mother knows (＊)(　　) cook miso soup.

5．Cathy drew all the pictures in this room.　They are really beautiful.
All the pictures in this room (　　)(＊) Cathy are really beautiful.

6．Keiko kindly showed me the way to the station.
Keiko was kind (＊)(　　) show me the way to the station.

Ⅶ　(　)内の あ．～か．を並べかえ，意味の通る英文を完成させなさい。ただし，解答はそれぞれの［a］，［b］に入る記号のみ答えなさい。文頭にくる語も小文字になっている。

1．(＿＿ ［a］ ＿＿ ＿＿ ［b］ ＿＿) delicious that it's hard to decide what to buy.
(あ．at　い．so　う．the shop　え．the cakes　お．are　か．sold)

2．"Do (＿＿ ＿＿ ［a］ ＿＿ ［b］ ＿＿) Japan ?" ― "Yes. He leaves next Saturday."
(あ．will　い．know　う．when　え．leave　お．you　か．Sam)

3．"Do you think it (＿＿ ＿＿ ［a］ ＿＿ ＿＿ ［b］) ?" ― "Yes, of course."
(あ．keep　い．clean　う．to　え．the earth　お．is　か．important)

4．"Can you recommend a book about Chinese history ?"
― "(［a］ ＿＿ ＿＿ ［b］ ＿＿ ＿＿) about it."
(あ．this book　い．you　う．a good　え．give　お．idea　か．will)

5．"I think family (＿＿ ［a］ ＿＿ ＿＿ ［b］ ＿＿)." ― "I agree."
(あ．important　い．is　う．than　え．more　お．else　か．anything)

Ⅷ　あなたが考える「日本が世界に誇れるもの(日本についてあなたが一番好きなもの)」は何ですか。1つ具体的な例を挙げ，その理由を書きなさい。

＊**25語以上**の英語で答えること。なお，ピリオド，コンマなどの符号は語数に含めない。

【数　学】（60分）〈満点：100点〉

〈注意〉　1．答の$\sqrt{\quad}$の中はできるだけ簡単にしなさい。

2．円周率はπを用いなさい。

1　次の問いに答えなさい。

(1)　$-48x^3yz^2\div\left(-\dfrac{4}{3}xy^2\right)^2\times\left(-\dfrac{1}{2}xyz^2\right)^3$ を計算しなさい。

(2)　$(\sqrt{5}+\sqrt{3})^2-\sqrt{2}(\sqrt{10}+\sqrt{6})(\sqrt{5}-\sqrt{3})+(\sqrt{5}-\sqrt{3})^2$ を計算しなさい。

(3)　$a^2b^2-2abd-c^2+d^2$ を因数分解しなさい。

(4)　2次方程式 $(3x+2)(2x-3)+x-2=2(x+1)^2$ を解きなさい。

(5)　関数 $y=3x^2$ において，x の変域が $a\leqq x\leqq 2a+11$ のとき，y の変域が $0\leqq y\leqq 48$ となるような定数 a の値をすべて求めなさい。

(6)　6つのデータ15，a，20，b，11，24がある。平均値が17，中央値が16.5のとき，a，b の値を求めなさい。ただし，$a<b$ とする。

(7)　次の図において，$\mathrm{AC}=2\sqrt{3}+2$，$\angle\mathrm{B}=45°$，$\angle\mathrm{C}=15°$ であるとき，△ABCの面積を求めなさい。

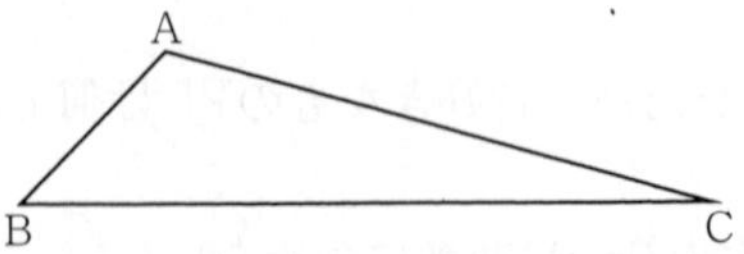

(8)　次の図において，点Oは円の中心，BO＝CD，$\angle\mathrm{ABC}=51°$ であるとき，$\angle x$ の大きさを求めなさい。

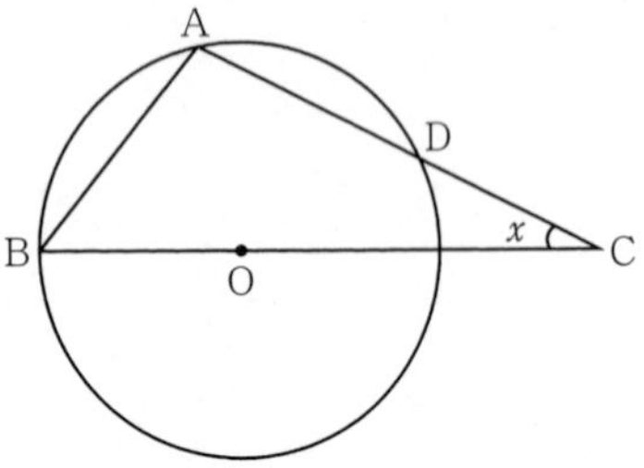

2　体積の等しい円柱と球がある。円柱の底面の半径を r，高さを h とし，球の半径を R とする。

(1)　h を r，R を用いて表しなさい。

(2)　$R=3r$ のとき，円柱の表面積と球の表面積の比を最も簡単な整数の比で表しなさい。

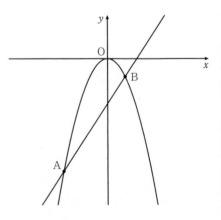

3　図のように，放物線 $y=ax^2$ と直線 $y=bx-5$ は2点A，Bで交わり，A，Bの x 座標はそれぞれ -5，2である。

(1)　a，b の値を求めなさい。

(2)　放物線上に点Cをとる。△ACBの面積が105となるとき，点Cの座標をすべて求めなさい。

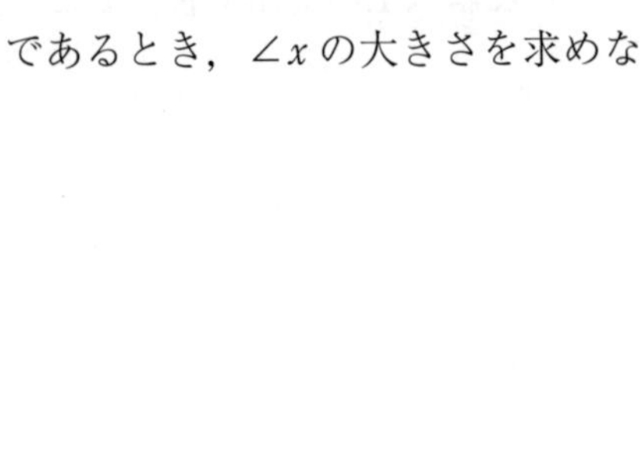

4　自然数 n に対して，$n!=n\times(n-1)\times(n-2)\times\cdots\cdots\times3\times2\times1$，また，正の偶数 m に対して，$m!!=m\times(m-2)\times(m-4)\times\cdots\cdots\times6\times4\times2$ と定める。

＜例＞　$6!=6\times5\times4\times3\times2\times1$，$6!!=6\times4\times2$

(1)　10! は 3 で最大何回割り切れるか求めなさい。

(2)　k を自然数とするとき，$(2k)!!$ を $k!$ を用いて表しなさい。

(3)　100!! は 3 で最大何回割り切れるか求めなさい。

5　0 でない定数 m に対して，$M=\dfrac{6m}{m^2+1}+\dfrac{m^2+1}{m}-5$ とおく。

(1)　$t=m+\dfrac{1}{m}$ とおくとき，M を t を用いて表しなさい。

(2)　$M=0$ を満たす m の値をすべて求めなさい。

を書きなさい。

問10　――⑨「ストーリーを作る者として、ブレイクする者として、わたしたちはとても強力な存在なのです」とありますが、これに関する次の説明文を読んで、(1)～(6)について、適当なものをそれぞれ選び、符号で答えなさい。

　この社会にはさまざまなストーリーがあります。そのさまざまなストーリーのうち、まず筆者は主流メディアによって作られるストーリーについて批判的に言及します。というのも筆者によれば、主流メディアというのは、おなじみのストーリーを拠《よ》りどころにしているため、(1)｛(イ)　社会に対する人々の興味を失わせてしまう傾向　(ロ)　すでに定着している偏見をさらに強化する傾向　(ハ)　世間に知られている事実ばかりを報道する傾向｝を持つからです。

　加えて、筆者が指摘するところによれば、主流メディアが報じるこれらのストーリーはしばしば、(2)｛(ニ)　公正な社会に対して大規模な変化をもたらします　(ホ)　あえて多数派を失望させるようなことを言います　(ヘ)　特定の人に対する不当な抑圧をともなっています｝。

　一方、このような主流メディアによるものとは異なるストーリーも存在します。それは言うなれば、(3)｛(ト)　社会の周縁に追いやられたストーリー　(チ)　データの断片を寄せ集めたストーリー　(リ)　権威ある人々に認められたストーリー｝といったものです。

　筆者によれば、このような見過ごされがちなストーリーは、だからこそ(4)｛(ヌ)　主流メディアの足りない部分を補完するもの　(ル)　主流メディアの後継となる無視できないもの　(ヲ)　主流メディアのストーリーに対抗しうるもの｝として重要なのです。

　筆者がジャーナリストを「とても強力な存在」だと考えるのは、筆者がジャーナリストに対して、ストーリーを「作る者」「ブレイクする者」というふたつの側面を見出《みいだ》しているからです。つまりジャーナリストとは、ストーリーを「作る者」、すなわち、(5)｛(ワ)　この社会における制度や体制を作り上げる存在　(カ)　この社会に生きる少数者の声を掘り起こす存在　(ヨ)　この社会の事件をいち早く世の中に伝える存在｝であると同時に、ストーリーを「ブレイクする者」すなわち、(6)｛(タ)　この社会における支配的な考えを解体する存在　(レ)　この社会の成り立ちにまつわる謎を解読する存在　(ソ)　この社会の人々が抱く苦悩そのものを解消する存在｝にもなりうるのです。

　筆者にとって「ブレイク・ザ・ストーリー」という言葉は、そのような「奥深い響き」を持ったものなのです。

【出典】

一　黒井千次「昼の星」(『枝の家』文藝春秋、二〇二一年所収)一四〇頁～一五〇頁

二　レベッカ・ソルニット、渡辺由佳里[訳]『それを、真の名で呼ぶならば』(岩波書店、二〇二〇年)一九五頁～二〇五頁

か伝えようとするとき、その人が何を価値あるものとして考えているかということには、すでにその人の［ b ］が含まれていると言えます。
　このように考えると、現状に対してつとめて「客観的」であろうとすること自体、主流メディアの報道に対する［ c ］を示すことにつながりかねません。だからこそ筆者は、ストーリーをブレイクすることの重要性を説くのです。だとすれば、ジャーナリストに求められるのは、公正な社会の実現に向けた［ d ］なのだと言えるかもしれません。

(イ) 実質的な賛意　(ロ) 主体的な関係　(ハ) 政治的な判断
(ニ) 積極的な介入　(ホ) 中立的な立場　(ヘ) 挑発的な態度

問6 ――⑥「物書きの仕事は、ほかの誰かが建てた家の窓から外を眺めることではなく、外に出て家の枠組に疑問を投げかけることです」とありますが、どういうことですか。次の中から最も適当なものを選び、(イ)～(ホ)の符号で答えなさい。
(イ) 物書きは、既存の物の見方にしたがうのではなく、その見方の裏側に何が存在するのかということにこそ注目すべきだ、ということ。
(ロ) 物書きは、身近な問題ばかり取り上げるのではなく、自分が生きてきた世界の外側にある問題にこそ目を向けるべきだ、ということ。
(ハ) 物書きは、誰かが見つけてきた情報に頼るだけではなく、いまだ誰も知らない事実を発見することにこそ注力すべきだ、ということ。
(ニ) 物書きは、主流メディアが流す情報を鵜《う》呑《の》みにするのではなく、その情報をめぐる真偽の確認にこそ力を費やすべきだ、ということ。
(ホ) 物書きは、あらかじめ他の誰かに用意された問題をただ解くのではなく、自分自身が設定した課題にこそ答えるべきだ、ということ。

問7 ――⑦「歴史を知る必要があるのです」とありますが、ここでの「歴史を知る」に**当てはまらないもの**はどれですか。次の中から最も適当なものを選び、(イ)～(ホ)の符号で答えなさい。
(イ) ある事件に対して、そういった事件がどのくらいの頻度で起こっているのかを知ること。
(ロ) ある事件に対して、その裏で誰が苦しんでいて誰が得しているのかということを知ること。
(ハ) ある事件が起こったとき、それがどのような手順でおこなわれたのかという詳細を知ること。
(ニ) ある事件に対して、それがどのようなかたちで人々の認識の型に押し込まれるのかを知ること。
(ホ) ある事件が起こったとき、かつてそういった事件がどのように正当化されてきたのかを知ること。

問8 ――⑧「主流メディアには、それほど右翼あるいは左翼のバイアスがあるわけではなく、現状維持のバイアスがあるのだと思います」とありますが、どういうことですか。次の中から最も適当なものを選び、(イ)～(ホ)の符号で答えなさい。
(イ) 主流メディアは政権交代には興味がなく、もっぱら現在の政治体制の維持を望んでいる可能性がある、ということ。
(ロ) 主流メディアは政治的偏向があるというよりも、大きな変化を受け入れない傾向があるのではないか、ということ。
(ハ) 主流メディアには政治的な意見こそ見られないものの、自らの権威を高めようとする態度が見られる、ということ。
(ニ) 主流メディアが政治に対して無関心なのは、単に自分たちの社会的な立場を守りたいからではないか、ということ。
(ホ) 主流メディアが政治的に中立の姿勢を示そうとするのは、未来に対する期待が低いことの現れだろう、ということ。

問9 [A]には共通する漢字1字が入ります。当てはまる漢字1字

筆者からすれば、異なる三つの水準の被害をもたらしたカトリーナは、第一の「災害」に見られるような［ c ］災害としての側面と同じかそれ以上に、第二・第三の「災害」に見られるような［ d ］的な災害という側面が看過できないのです。

(イ) 医療　(ロ) 偶然　(ハ) 経済　(ニ) 自然　(ホ) 失策
(ヘ) 人為　(ト) 必然　(チ) 貧困　(リ) 報道　(ヌ) 劣悪

問2　——②「恐ろしい犯罪」とありますが、どういうことですか。次の中から最も適当なものを選び、(イ)～(ホ)の符号で答えなさい。

(イ) 明確な動機を持っていないのに犯罪に手を染めている、ということ。
(ロ) きわめて狡猾《こうかつ》な手口を用いて暴力的な行為を働いている、ということ。
(ハ) 同じ街に住む市民でありながら互いに犯罪を容認している、ということ。
(ニ) 被害者であるはずの人がさらに弱い立場の人を傷つけている、ということ。
(ホ) 社会的に強い立場の者が弱い者に対して犯罪をおこなっている、ということ。

問3　——③「公式バージョンのストーリーを裏返したり、ひっくり返したりして、実際にブレイクしたのだ」とありますが、どういうことですか。次の中から最も適当なものを選び、(イ)～(ホ)の符号で答えなさい。

(イ) 政府が示す方針に異論を唱えて反政府運動をおこなった、ということ。
(ロ) 主流メディアが報じていることの事実誤認を明らかにした、ということ。
(ハ) 実際に起きた出来事を物語仕立てにしてわかりやすく伝えた、ということ。
(ニ) メディアが流す根拠の乏しい情報の裏取りをおこない補足した、ということ。
(ホ) あまり報じられる機会のない災害時の行動について記事を書いた、ということ。

問4　——④「共同作業」とありますが、どういうことですか。次の中から最も適当なものを選び、(イ)～(ホ)の符号で答えなさい。

(イ) ストーリーをブレイクするためには、個人の力ばかりに頼るのではなく、主流メディアとうまく連携を取ることが大事である、ということ。
(ロ) 新しいストーリーの浸透には、その出来事を体験した当事者のみならず、周囲に伝えていこうとする第三者の力も重要である、ということ。
(ハ) ストーリーをブレイクするにあたっては、その物語や神話を築き上げてきた先人たちに対する畏敬の気持ちを抱くべきである、ということ。
(ニ) 新しいストーリーの形成には、メディアによる報道や伝達以上に、さまざまな人々による集団的な想像力の働きが求められる、ということ。
(ホ) 新しいストーリーを無視した人たちも、そのストーリーを見聞きしていたという点で、ストーリーのブレイクに携わっている、ということ。

問5　——⑤「客観的になることはできませんが、公正であることはできます」とありますが、このことに関する次の説明文の［ a ］～［ d ］にそれぞれ該当する語句を(イ)～(ヘ)の中から選び、符号で答えなさい。

ベン・バグディキアンというジャーナリストの「客観的になることはできませんが、公正であることはできます」という言葉の背後にあるのは、［ a ］などというものは存在しない、という認識です。例えば、ジャーナリストが何

は名前もわからぬ者の方が多かった」 (リ) 「星塚の姿は見えなかった」}ことや、(5){(ヌ) 「去年まではこんな会ではなかった」 (ル) 「一年前の様子がうまく呼び起せない」 (ヲ) 「二時間ほどの会が終って御開きとなった」}ことを踏まえると、実際に靴を履いてみるその時まで、重也が事態に気がつけないのも致し方なかったと考えられる。このあと、「ただ黒い靴だけが舗石の上を軽々と遠ざかって行く」ような錯覚に襲われたのも、(6){(ワ) 自分の身体感覚を制御できなくなりつつあること (カ) 履き違えた当人が自分のすぐ側にいたということ (ヨ) 意志だけでは乗り越えられない壁が存在すること}、を証し立てている。

それでも最後、口の中で「俺ではないよ。俺が間違えたのではないよ。」と重也が繰り返し訴えたのは、(7){(タ) 自分自身に起きている異変をどうしても自分のものとして受け入れがたい (レ) 妻の幾子が予言した通りに自分の病が進行していることをもはや疑えない (ソ) 先ほど耳にした級友と同じような満天の星が見えるようになってきている}からであって、それゆえに、「輪島が脇で何か言っていたが、その言葉は重也の耳に届かなかった」のである。重也はここでも「ひと繋りの世界との切れ目」に出会っていると言える。

(B) [(2)] に入る適当な語句を本文中から10字以内で見出し、解答欄に記しなさい。

二

次の文章は、未来のジャーナリストに向けたスピーチをもとに書かれたものです。文章を読んで、以下の設問に答えなさい。

〔編集部注：課題文は著作権上の問題により掲載しておりません。作品の該当箇所につきましては次の書籍を参考にしてください〕

・レベッカ・ソルニット著／渡辺由佳里訳『それを、真の名で呼ぶならば』〈岩波書店　二〇二〇年一月二八日第一刷発行〉一九五頁最終行～二〇五頁最終行

【注】

＊ハリケーン…二〇〇五年八月末にアメリカ南東部を直撃した、ハリケーン・カトリーナ。

＊ボルチモア…二〇一五年四月、刃物を持っていた黒人青年が警察から受けた暴行で死亡した。この出来事を受けて抗議デモが拡大、ボルチモアで激しい衝突が起きた。

問1 ――①「二〇〇五年、ニューオリンズは三重の災害に遭いました」とありますが、このことに関する次の説明文の [a] ～ [d] にそれぞれ該当する語を(イ)～(ヌ)の中から選び、符号で答えなさい。

筆者は、「カトリーナ」と名付けられたハリケーンがニューオリンズに「三重の災害」をもたらした、ということを指摘しています。「三重の災害」とはどのようなものでしょうか。

第一の「災害」として、多くの建物が吹き飛ばされたり市の大部分が水没したりといった、ハリケーンそのものがもたらした被害が挙げられます。また第二の「災害」として、インフラの不備をはじめとする政府・自治体による長年の [a] がもたらした被害も挙げられます。さらに第三の「災害」としては、決まりきったイメージに頼った [b] がもたらした被害があります。

り、不測の事態を繰り返さないよう何とかしなければと思案している。

(ロ)　妻が自分を気遣ってくれていることは理解しながらも、自分の脳の状態に不安を覚えてしまう現状を認めたくはないと思っている。

(ハ)　妻の言葉に自分へのさげすみの響きがあることで傷つき、この場から逃げ出してしまいたいほど悔しく、いきどおりを感じている。

(ニ)　妻の小言は毎度のことだとあきらめつつも、長く夫婦を続けてきていてもわかりあえないことはあるのだと自分をなぐさめている。

(ホ)　妻が言うことに一理あることは認めているが、今日だけはどうしても小学校時代の友人との約束を優先すべきなのだと思っている。

問10　――⑩「益々居心地の悪さが募って来る」とありますが、その理由を説明したものとして最も適当なものを次の中から選び、(イ)～(ホ)の符号で答えなさい。

(イ)　自分にとって落ち着くことのできる仲間に囲まれることで老齢の不安から解き放たれたいと思っていたのに、妻が心配していた通りの展開となってしまうことに、苛立ちと後悔を感じざるを得なかったから。

(ロ)　かつての同級生たちの近況報告が、近い将来の自分の姿と重ねられることによって、小学校時代を共に過ごすことを通じて自分たちが築いてきたはずの美しい思い出が一方的な形で汚されているように感じたから。

(ハ)　旧友と思い出話を交わすことで自身が抱える身体への不安を少しでも紛らわせようと期待していたのに、結局、年を重ねていくことで実感される苦労ばかりを聞かされて、年齢には到底、抗《あらが》えないように感じたから。

(ニ)　ただでさえ、現在親交を結んでいない人々と同時に居合わせるのは神経を使うのに、飛び交う会話のひとつひとつに救いがなく、お互いが重ねてきた年月の価値を、自分たちの手で損なっているように思えたから。

(ホ)　青春時代の美しい時間を束の間思い出すことを通じて、この世に生まれてきたことを喜びたいと思って馳《は》せ参じたはずなのに、その時間の美しさが色あせてしまったことを突きつけられているような気がしたから。

問11　――⑪「靴が違う」について次の設問に答えなさい。

(A)　この時の重也の思いや考えはどのようなものであったと考えられますか。次の説明文の(1)と(3)～(7)より適当なものを選び、それぞれ(イ)～(ソ)の符号で答えなさい。

　輪島に呼び止められ、皆より一足遅れて部屋を出た重也だったが、履いた靴が自分のものではなかった。重也はすぐさま、悲鳴に似た声をあげて慌てて靴を脱いでいる。

　ここで、重也の今日の服装に改めて注目してみよう。今日の重也は、(1){(イ)　級友との久しぶりの再会に備えた正装で身なりを調えていた　(ロ)　機能性と保湿性を兼ね備えたいつもと同じ普段着を着ていた　(ハ)　礼装とまではいかないが決して軽装ではない格好をしていた}ようである。

　とすれば、最近新調したらしい「黒い靴」もそれに見合った代物であった可能性が高い。少なくともそれは、「　(2)　」ではなかっただろう。つまり重也は、足を通す前にそれが自分の靴ではないことに気づけたはずなのである。ここまで重也は、自分に降り注いだ災厄はすべて、(3){(ニ)　自分とは直接関係のないできごとの連鎖　(ホ)　加齢による抗えない運動する能力の低下　(ヘ)　脳梗塞の前兆とおぼしき初期症状の数々}、として認識しようとしていた。

　しかし、あらためて振り返ってみれば、(4){(ト)　「例年顔を揃える男達はほぼ見憶えがあった」　(チ)　「数人いる女性達

えなかった。しかしそれよりも、自分の記憶があやふやになっていくに従って、妻の幾子に余計な心配と苦労をかけてしまうことに罪悪感を覚えた。

(ロ) 幾子の指摘は、重也の身に覚えがないことの方が多かった。しかしそれよりも、それらの出来事に口をはさまずに黙っていた妻の態度を重也は恐ろしく思い、身体がほてっていっそう息苦しくなるのを感じた。

(ハ) 幾子の指摘によって、重也は自分では抑えられない病の進行に気づき不安を覚えた。しかしそれよりも、夫の病の進行を知りつつ、そばでじっと見つめていただけの妻の態度に不信感を抱き、恐ろしく感じた。

(ニ) 幾子の指摘は、重也が何度も聞かされていることばかりだった。しかしそれよりも、すでに終わったはずのことを、今になって持ち出して自分を責め続ける妻の態度に怒りを覚え、身体が熱くなるのを感じた。

(ホ) 幾子の指摘のひとつひとつについて、重也はその時のことをまざまざと思い出した。しかしそれよりも、今度こそ次に取り返しのつかないことが起こり、自分自身が終わりを迎えてしまいそうな予感を覚えた。

問7 ――⑦「こういう日があるんだ」とありますが、この時の重也の気持ちとして最も適当なものを次の中から選び、(イ)~(ホ)の符号で答えなさい。

(イ) 小学校の同級生たちと会う約束がある日に、たまたま歯医者の予約が重なってしまったので、これからはカレンダーに自分の予定を書き込んでおこうと反省している。

(ロ) どこで記憶が狂ったか、歯医者の診察券の裏面に間違いなく今日の日付が記入してある事実に今さらながら驚きつつ、世話役の大浜が来られないことを心配している。

(ハ) 災難というのは重ねてやってくるものなので、今回のようなことが起こるのはやむを得ず、嵐が過ぎ去るのを待つようにひたすら我慢するしかないのだと思っている。

(ニ) カレンダーの数字が自分の思惑とは別に動き回っているかのような錯覚にとらわれ、自分の記憶の頼りなさをふがいなく思いつつ、得体のしれない不安を感じている。

(ホ) 今日が小学校の同級生たちと集う予定の金曜日であることを、他人からの指摘を受けるまで気づかないという事態に、何となく当事者としての意識を持てないでいる。

問8 ――⑧「いつになく慰める響きの声が妻から寄せられるのに触れると俄かに重也は反撥を覚えた」とありますが、この時の幾子と重也の気持ちとして最も適当なものを次の中から選び、(イ)~(ホ)の符号で答えなさい。

(イ) 幾子は、家の中での物忘れにとどまらず、よその人にも影響が出てしまうことを心配しているが、重也はこの状況はあくまで偶発的なもので、妻の心配をよけいなお世話だと思っている。

(ロ) 幾子は、歯医者の予約というものが取りづらいことは自明であり、すぐ別の日にとはいかないことを知っているが、重也は予約の変更に柔軟に対応してもらえるものと高をくくっている。

(ハ) 幾子は、かなり前からもの覚えが悪かった夫を心配して声をかけ続けてきたが、重也は自分の記憶違いは何か気にかけるほどの大事ではなく、妻の声に憐《あわれ》みを感じ取っていらだっている。

(ニ) 幾子は、夫の今日の予定を把握しきれていなかったことを反省しているが、重也は自分の用事が同じ日に並立してしまった状況を抜け出す方法が何かないか探さなければとあせっている。

(ホ) 幾子は、夫が古い友人に会う機会などめったにないので送り出してあげたいが、重也はどちらも気乗りしない用件なのでこうなってしまったのは自分の認識不足だったと思い返している。

問9 ――⑨「妻の言葉をやり過ごすようにして彼はドアを押した」とありますが、この時の重也の気持ちとして最も適当なものを次の中から選び、(イ)~(ホ)の符号で答えなさい。

(イ) 妻が言う通り自分の様子が普段と違っていることは確かであ

(ニ) 相手の承知不承知にかかわらず無理矢理にすること。
(ホ) 思い切りがつかなくて行動に移れず、しようかしまいか迷うこと。
(ヘ) 圧倒されてひるむこと。しりごみすること。

問3 [A]～[C]に当てはまる語の組み合わせとして適当なものを選び、(イ)～(ヘ)の符号で答えなさい。

(イ) A＝ひっそりと　B＝ありありと　C＝のろのろと
(ロ) A＝ありありと　B＝ひっそりと　C＝のろのろと
(ハ) A＝のろのろと　B＝ありありと　C＝ひっそりと
(ニ) A＝ひっそりと　B＝のろのろと　C＝ありありと
(ホ) A＝ありありと　B＝のろのろと　C＝ひっそりと
(ヘ) A＝のろのろと　B＝ひっそりと　C＝ありありと

問4 ――②「ひと繋りの世界の切れ目との出会い」について次の設問に答えなさい。

(A) この時の重也の思いや考えはどのようなものであったと考えられますか。次の説明文の(1)(2)(4)より適当なものを選び、それぞれ(イ)～(リ)の符号で答えなさい。

> 飲み物が入ったコップを落としてしまうこと自体は、(1){(イ) 事前に予測できる範囲のこと　(ロ) 自分で統制できないできごと　(ハ) 誰にとってもありふれたこと}であって、各段、気にするようなことでもない。
> しかし現在の重也はある予感を持ってこの事態を受け止めている。「食卓での失敗の瞬間」が、(2){(ニ) 過去から呼び戻されたかのように見えるとき　(ホ) 他者の視点から見ているかのように映るとき　(ヘ) 自らの死を予見したかのように思われるとき}、「突然時が停止」し、そこから「何か巨大なもの」が「ゆっくり動き出そうとする気配」が感じられる。それは、「[(3)]」に似ていて、(4){(ト) 確かな手応えのある世界が世界ごと失われていくように　(チ) 老いた事実を今すぐに受け入れなければならないように　(リ) 天動説がくつがえされて地動説へと認識が変わるように}重也には感じられたのである。

(B) [(3)]には「ひと繋りの世界の切れ目との出会い」と同様の意味を示す表現が入ります。適当な語句を――②より前の部分から21字(句読点を含みます)で見出し、始めの5字を記しなさい。

問5 ――④「変ですよ」とありますが、この時、幾子は何を心配しているのですか。次の中から最も適当なものを選び、(イ)～(ホ)の符号で答えなさい。

(イ) 指が滑って物を落としてしまうのが今日だけに限ったことではない重也は、注意力が散漫になっているのではないか、ということ。
(ロ) 昨夜、戸締りをお願いしたはずの玄関の鍵が開いたままだったことに、果たして重也は気づいていないのではないか、ということ。
(ハ) 別のことをしているうちに、その前に取り組んでいたことがなおざりになる重也に、何か心配事でもあるのではないか、ということ。
(ニ) ここのところあまりにも物忘れの激しい重也の身体の中で、本人でも気づきようのない病が進行しているのではないか、ということ。
(ホ) 以前の重也からは想像もつかないほど、性格や人格が変わってしまっていることに本人が気づいていないのではないか、ということ。

問6 ――⑤「立て続けに幾子の指摘が始まった」とありますが、この指摘を重也はどのように受け止めましたか。次の中から最も適当なものを選び、(イ)～(ホ)の符号で答えなさい。

(イ) 幾子の指摘は重也には驚きの連続で、自分のことのように思

間が集っていた。中腰で会費を集めていた輪島が重也を見ると手招きして自分の横を指差した。畳に敷かれた座布団に尻をつけると重也は室内を見廻した。例年顔を揃える男達《たち》はほぼ見憶《おぼ》えがあったが、数人いる女性達は名前もわからぬ者の方が多かった。星塚の姿は見えなかった。

形どおりの乾杯と、老人ホームで暮す卒業時の担任の先生の様子、この一年の級友の消息などが輪島から告げられ、ついで出席者が順に近況を報告し始めると、重也は次第に気持ちの冷めていくのを覚えた。小学校の運動場を思わせる伸びやかな温《ぬく》もりに身を浸すつもりで出かけて来たにもかかわらず、妻を亡くした一人暮しの話や抱えている病気の苦労などを聞くうちに⑩益々《ますます》居心地の悪さが募って来る。去年まではこんな会ではなかった筈だと思うのに、その一年前の様子がうまく呼び起せない。クラスで駆けっこの一番早かった級友が軽い脳梗塞を起し、頭の検査をしたと告げた時だけ重也は低いテーブルに身を乗り出した。小さな異常がみつかった他にも満天の星の如く点々が脳に散らばっていたという。その星というのは何だい、と重也は思わず聞き糺《ただ》した。どうも血栓みたいだよ。そっちの方はでも年齢相応のものらしくてね、と六年間を通じてリレー選手だった男が医学の知識にはあまり自信なさそうに答えた。

二時間ほどの会が終って御開《おひら》きとなった時、畳の上に長く坐っていたためにすぐには伸ばせぬ足と腰を労《いたわ》りながらようやく立ち上《あが》った重也は輪島に呼び止められた。入院した大浜のことで君には知らせておきたいことがある、と言われた彼は皆より一足遅れて部屋を出た。狭い＊濡れ縁《えん》の形をした踏み板の下に二足の靴が残っていた。一方は紐《ひも》のついた重そうな黒靴で、輪島が躊躇《ためら》いもなく足を入れた。もう一方の軽そうな＊スリップオンを突掛け、輪島から渡された靴《くつ》篦《べら》で踵《かかと》を滑り込ませた時、異様な窮屈さに足が締めつけられた。

「⑪靴が違う」

悲鳴に似た声が重也の咽喉から洩れた。

「間違えたのかな、先に出た誰かが」

輪島の言葉が長閑《のどか》な風のように吹き過ぎる。

「靴が違うよ」

慌てて脱いだ靴を重也は気味悪い生き物でも見下すように眺めやった。自分の足に快く馴染《なじ》んだ黒靴が新宿の街を勝手に歩いて行くような気がした。履く足は見えず、ただ黒い靴だけが舗石の上を軽々と遠ざかって行く――。

俺ではないよ。俺が間違えたのではないよ。重也は口の中で幾子に繰り返し訴えた。輪島が脇で何か言っていたが、その言葉は重也の耳に届かなかった。

【注】

＊暗剣殺…最凶の方角。転じて、会っては都合の悪い人がいる方向、災難に遭う方向のこと。

＊オープンシャツ…ネクタイを結ばない襟元があいた開放的なシャツ。開襟シャツ。

＊アスコットタイ…結んだ時にスカーフのように見える、幅の広いネクタイ。

＊濡れ縁…雨戸の外に張り出した縁側。

＊スリップオン…ひもや留め具がなく、着脱の容易な靴。スリッポン。

問1 ――ⓐ～ⓔのカタカナを漢字に改めなさい（楷書で、丁寧に書くこと）。

ⓐ アツデ　ⓑ ユルめて　ⓒ ヒナン
ⓓ フキン　ⓔ ツヤ

問2 ――①「有無をいわせぬ」③「たじろいだ」⑥「鷹揚に」とありますが、⑴「有無をいわせず」⑵「たじろぐ」⑶「鷹揚」とはどういうことですか。次の中から適当なものを選び、それぞれ(イ)～(ヘ)の符号で答えなさい。

(イ) 人を見下《みくだ》したようなえらそうな態度を取ること。
(ロ) 後先を考えずに度を超えておこなうこと。
(ハ) ゆったりと振る舞うこと。余裕があって目先の小事にこだわらないこと。

動《じろ》ぎしたようだった。

「今日は二時から歯医者さんではなかった？」

不意に足許を掬《すく》われた。日付と曜日が目紛《めまぐる》しく駆け廻って重也を混乱に突き落した。

「金曜日……あれは今週の金曜だったか？」

狼狽《うろた》えてサイドボードの引き出しから取り出した診察券の裏面に記入されている予約日は間違いなく今日の日付だった。どこで記憶が狂ったかわからなかったが、カレンダーの数字が勝手に動き出して共食いを始めたかのようだった。

⑦こういう日があるんだ、と重也は他人事めいた感じで自分の窮状を眺めやった。厄日とか＊暗剣殺とか、二度あることは、といった言葉が遠い空を火花を散らして飛び交った。

「困ったわね」

⑧いつになく慰める響きの声が妻から寄せられるのに触れると俄《にわ》かに重也は反撥《はんぱつ》を覚えた。

「困りはしないさ。予約をキャンセルして別の日をとればいい」

「歯医者さんより小学校の同窓会を優先するんですね」

「輪島君に行くと言ったばかりだもの。今特に痛んでいる歯があるわけでもなし」

気がついていたならあの時そばから言ってくれればよかったものを、と不満が湧くのを重也は押し殺した。幾子が黙ってこちらの過ちを見守っていたのかもしれぬ、という疑いが頭を掠《かす》めたからだった。

歯科医院に電話して今日の予約を取り消すと、三週間先の午後に来るように告げられた。来週にでも行けばいいかと気軽に考えていた重也は治療の間のあくことに不安を覚えたが、幾子には黙っていた。知られれば、今度は逆に直ちに文句を言われそうな恐れがあった。歯の治療を犠牲にしたために、輪島に念を押された集りが逃すことの出来ぬ貴重な機会として俄かに重みを増すようだった。

そんな気分が出かける重也に珍しくネクタイを締めさせた。スーツを着ることまでは考えなかったが、＊オープンシャツの襟元に＊アスコットタイを巻くような気楽な身形《みなり》を遠ざけた。前々回のレストランで大浜の手助けをして世話を焼いていた、遂《つい》に姓の変ることのなかった星塚《ほしづか》のツヤのある銀髪と、濃紺の丈長いワンピース姿が頭の奥に見え隠れしてもいた。

下駄箱《げたばこ》から取り出した黒い靴《くつ》はまだ新しさを失ってはいなかったが、適度に履き馴らされて快く足を迎え入れた。

「良かったよな、この靴は」

玄関でコートの襟を立てながら、妻の反応を窺《うかが》うように重也は軽く足踏みしてみせた。

「それだって、買うまでがあれやこれや言って大変だったくせに」

「大変だった結果、良い靴に出会えたのだから満足しているよ」

「歩くのは靴ではなくて足ですよ。躓いたり、転んだりしないように気をつけなくては」

「大丈夫、靴が良いから」

重也はもう一度足踏みを繰り返してからドアのノブに手をかけた。

「朝から今日は少しおかしかったの、気がついているんですか」

幾子の声が改まったようだった。

「同じだよ、いつもと」

⑨妻の言葉をやり過ごすようにして彼はドアを押した。

「本当に頭の検査をしましょうよ。私が病院の手配はするから」

背にかかる幾子の声が日頃と違って湿っているように感じられた。わかった、と大きく頷《うなず》いて重也は玄関を出た。相手の言葉を受け入れたというのではなく、とりあえず声を返したつもりだった。信号のない所を走って渡ったりしないでよ、という忠告が閉りかけたドアの隙間から尚《なお》も追って来る。振り向かずに片手を上げて彼は道に踏み出した。背後にドアの鍵をかけるひっそりした音が起ったようだった。それが家の溜息《ためいき》のように耳に届いた。

重也が新宿の店についたのは定刻少し前だった。表通りから少しはいったビルの三階にある和食の店の個室には、既に十人ほどの仲

「昨夜、寝る前に戸締りを見てくれたのでしょう?」
「全部確かめた」
「玄関の鍵が閉めてなかった」
え、と声をあげたまま重也は息を飲んだ。最後に戸締りを確かめるのは彼の習慣である筈《はず》だが、昨夜の玄関で自分がどんなことをしたかの記憶がない。急に不安を覚えて彼はセーターの裾をぐいと引いた。首が締めつけられ呼吸の詰まる感じがしたからだ。
それから⑤立て続けに幾子の指摘が始まった。散歩の折に頼んだ買物の何が抜けていたか。ポストに投函《とうかん》すると受け合った葉書がコートのポケットによれよれの形ではいっていた。洗濯機に入れたシャツからはクリーニングの伝票が紙の塊として出て来たし、公衆電話のボックスに置き忘れた手帳は親切なおじいさんが電話で知らせてくれた……。
覚えていることより、心当りもないことの方が多かった。その都度幾子がそれらの失敗に文句を言わず、何かを待つかのごとく息をひそめていたらしいことの方が気味悪かった。身体が熱くなり、咽喉《のど》の窮屈な感じが高まった。
「だから脳が詰まっているのか」
重也は無意識のうちに椅子を立っていた。
「そうでなければいいけど、心配しているのよ」
「どこもかも詰まっているのかもしれんな」
吐き捨てるように言って彼はテーブルを離れた。食事が終ったのか、まだ途中であったのかもはっきりしなくなっていた。その場を逃れる如く寝室にはいると毟《むし》り取る勢いで着ているものを脱ぎ捨てた。半袖の肌着一枚になった時、V形の胸の刳《く》りが背にまわり、ラベルのついた後ろ側が咽喉仏の下を締めているのを発見した。前後を間違えて着た肌着が食卓の失策の遠因であったに違いない、と思った重也は慌てて肌着を脱ぐと生温かなそれを被り直した。室内の寒気の身を包むのが感じられ、彼は大きく肩を震わせた。
居間に電話の鳴る音が聞えた。幾子の長話が始まるのかとの予想に反し、短い応対の後に重也を呼ぶ声が届いた。残りの衣服を慌てて身に着けた彼は、一度首を廻《まわ》して肌着の襟が具合よく納まっているのを確かめてから⑥鷹揚《おうよう》に居間に踏み込んだ。
重ちゃん、と受話器の奥から馴《な》れ馴《な》れしい口調で呼びかけて来たのは小学校の同級生である輪島《わじま》の高い声だった。世話役の大浜《おおはま》が急に入院してしまったので自分が代りを押しつけられたが、今日、大丈夫だろうね、と問いかける言葉に重也は驚いた。
「今日? 来週の金曜日ではなかった?」
「しっかりしてよ。九日の金曜日。今日ですよ」
「次の週だとばかり思ってた」
身体の芯からすっと金曜日の中身の抜け落ちていくような心許《こころもと》なさを覚えた。
「やっぱり電話してよかった。重ちゃんまでそうなんだものな」
「勘違いしていた。ごめん。でも大丈夫、行きますよ」
「去年と同じ新宿の店ね。十五人位は集《あつ》まるから」
「大浜君はどうしたの?」
「倒れたりしたわけではないらしいけど、急いで何かの検査をしなければならなくなって。重ちゃんも気をつけてよ」
仇名《あだな》で呼び合った記憶はあっても、名前をちゃんづけで口にした覚えのない重也には輪島のわざとらしい親しげな口調が疎ましかった。
電話を切って振り向くと、ソファーの端に幾子が膝を揃《そろ》えて坐っている。
「一週間、間違えていた」
間の悪さを噛《か》み締《し》めるようにして彼は呟《つぶや》いた。幾子はガラス戸から外に目をやったまま何も応えない。
「来週だとばかり思っていた。でも一時に新宿だから、昼頃に出れば間に合うよ。電話をもらってたすかった」
壁の時計をちらと見上げ、出かけるまでのゆとりある時間を彼は味わうかのように頭の中にゆっくり遊ばせた。幾子が椅子の上で身《み》

二〇二三年度 中央大学附属高等学校

【国　語】〈六〇分〉〈満点：一〇〇点〉

一　次の文章を読んで、以下の設問に答えなさい。

あ、と思った時には遅かった。世界の上下が逆転し、地球が裏返しになる感じだった。ⓐアツデのコーヒーカップがテーブルの端で弾んでからフローリングの床に転がった。その前に濃い茶色の液体は宙に拡《ひろ》がって食卓に降り、重也《しげや》のズボンの前にかかった。コール天の布地は直ちに熱さを肌に伝えはしなかったが、ズボン下を通して尿を洩《も》らした時のような濡《ぬ》れた温かさを腿《もも》の辺りに生み出した。

「どうしたの。早くズボンをお脱ぎなさい」

思わず立ち上がった重也に幾子《いくこ》の声が飛んだ。

「指が滑った。ズボンも焦茶だから染みにはならんよ」

ベルトをⓑユルめて覗《のぞ》き込む目にズボン下の白さが映った。その上に二、三箇所、茶色のぼやけた形が浮き出している。

「この前から二度目でしょう。少しおかしいわよ」

ⓒヒナンする声の終りの方が妙に暗く翳《かげ》っているのに重也は苛立《いらだ》った。

「ただ指が滑っただけだ。重いカップにコーヒーを注ぎ過ぎた」

幾子の差し出す濡れた膳ⓓフキンで形だけズボンの前を拭《ぬぐ》った重也はまた食卓につこうとした。

「穿《は》き替えていらっしゃい。代りのズボンがあるでしょ」

①有無をいわせぬ妻の言葉に彼は渋々寝室に足を向けた。ダイニングとは違う[A]沈んだ冷たい空気が、食卓での失敗の瞬間をどこかから眺めるように甦《よみがえ》らせた。指から丸みのあるカップの取手が滑り抜けた時、次にはとんでもないことの起るのがはっきりわかった。それは恐れでも後悔でも驚きでもなく、②ひと繋《つなが》りの世界の切れ目との出会いだった。突然時が停止し、そこから何か巨大なもののゆっくり動き出そうとする気配が伝わった。こんなふうにして道路で車にぶつかり、プラットフォームから線路に落ち、道の窪《くぼ》みに躓《つまず》いて足の骨を折ったりするのだろう、という予感が[B]身に迫った。どの際にも、その一瞬前には地球がめくり返されるらしかった。それで終りになるのだ、と考えながら重也は寒い部屋で[C]ウールのズボンに穿き替えた。足許《あしもと》に蹲《うずくま》るコール天のズボンを見下《みおろ》すと、コーヒーをぶちまけた自分が何かを諦めたかのようにそこにしゃがみ込んでいるのが感じられた。

「これは、どうするんだ」

脱いだズボンを手に提げたまま、重也はつとめて平静な声で廊下から幾子に訊《たず》ねた。

「うちで洗ってもいいけれど、ⓔツヤがなくなるからクリーニングに出しますよ」

意外に穏やかな声に拍子抜けした重也は廊下の隅にズボンを落して食卓に坐《すわ》り直した。零《こぼ》れたコーヒーは綺麗《きれい》に拭い去られ、食器の位置も変ってテーブルは何事もなかったかのように整えられている。ただ長年使っていた大振りのモーニングカップだけは見当らない。

「あれは割れたかね」

カップの落ちた床の辺りをさりげなく目で探りながら彼は幾子に確かめた。

「一度、ちゃんと調べた方がいいと思うんですよ」

肩でひとつ息をついた幾子の言葉に重也は③たじろいだ。

「何を調べるんだ」

「だから、脳のＣＴを撮ってもらうんですよ」

「血管が詰まっている？」

「そうでなければいいですけど、このところ貴方《あなた》おかしいでしょ」

「年のせいで動きが少し鈍くはなったろうが、血管や神経がどうこういうほどのことはない」

「いいえ。自分で気がつかないだけで、④変ですよ」

「健全な老化だと思うがね」

2023年度／中央大学附属高等学校

英語解答

Ⅰ 1 あ　2 う　3 え　4 あ
5 い　6 う　7 え　8 い
9 え　10 あ

Ⅱ 1 え　2 い　3 う　4 う
5 い　6 う　7 え　8 あ
9 あ　10 う　11 え　12 い

Ⅲ 1 え　2 あ　3 less
4 う　5 A…う　B…あ　C…い
6 う　7 い　8 問題不備

Ⅳ 1 う　2 え　3 あ　4 い
5 4番目…あ　6番目…お　6 い
7 え

Ⅴ 1 い　2 あ　3 え　4 あ
5 う

Ⅵ 1 old　2 necessary
3 missed　4 how　5 by
6 enough

Ⅶ 1 a…か　b…お
2 a…う　b…あ
3 a…う　b…い
4 a…あ　b…い
5 a…え　b…か

Ⅷ (例) I think that we can be proud of our good manners. For example, people around the world were surprised to see Japanese people clean their seats after watching a soccer match in the stadium. I think this is a good example of our good manners. (45語)

Ⅰ 〔放送問題〕放送文未公表

Ⅱ 〔長文読解―内容一致―物語〕

≪全訳≫❶その夜は暗かった。そしてその家は暗かった。暗く，そして静かだった。２人の男はそこに向かって音を立てずに走った。１人はスーツケースを持ち，もう１人は手にたくさんの鍵を持っていた。彼らは玄関に着いた。彼らは待った，耳をそばだてながら。❷静寂。完全な静寂。「この鍵を試させてくれ。入らなくては！」❸10秒，20秒，30秒。鍵の１つで，男たちのうちの１人がドアを開けた。静かに２人の男は家に入り，自分たちの後ろでドアを閉め，鍵をかけた。❹「この場所を見てみよう」「気をつけろ，ヘイスティ！」「ああ，起きている者は誰もいない！」　彼らは懐中電灯を使って部屋を見回した。❺広い部屋だった。居間だ。椅子やテーブル，ソファーといった家具はシーツで覆われていた。ほこりが淡い雪のようにあらゆる物に積もっていた。❻懐中電灯を持った男がまず話した。「よし，ブラッキー」と彼は言った。「俺たちは運がいい。家には誰もいない」❼「そうだな。きっと夏の休暇に出かけたんだろう。だが，確認した方がいい」　彼らは音を立てず，とても注意深く全ての部屋を見て回った。疑う余地はなかった。一家は出かけていた。❽ヘイスティ・ホーガンとブラッキー・バーンズは１つのことを除いて運がよかった。彼らは警察から逃走中だった。車で東に1000マイルの移動だった。銀行に押し入って大金を盗むことに成功していた。しかし，車を運転しているとき，ブラッキーは偶然警察官をひいてしまった。❾当然追跡された。荒れに荒れた追跡だった。そして銃弾がガソリンタンクを損傷して車が壊れたとき，彼らは車を乗り捨てざるをえなかった。しかし，幸か不幸か，彼らはここにいた。２人きりで，車もなく，知らない新しい町に。しかし無事だった，スーツケースとともに。❿スーツケースには30万ドル近く入っていた！⓫「いいか」とホーガン氏が言った。「車を手に入れなくてはならない。しかもすぐにだ。そして盗むことはできない。危険すぎる。警察の注意を引きたくない。買わざるをえない。つまり，店が開くまで待たなくてはいけないということだ。この町では８時くらいだ」**12**「でも，それはどうするんだ？」　バーンズ氏はスーツケースを指さした。**13**「ここに置いていくんだよ。そうだとも！　そうしない理由があるか？　俺たちが持っているよりここの方がずっと安全だ，車を手に入れるまではな」　彼らはそれを地下室へ運んだ。この後，夜明けの直前に，彼らは静かに家を出た。**14**「なあ，ブラッキー」とホーガン氏は通りを歩きながら言った。「俺たちが訪問中の紳士の名前は，サミュエル・W・ロジャース氏だよ」**15**「なんで知っているんだ？」**16**「書斎の本の何冊かで見たんだ。彼は本当にたくさんの本を持っている。すばらしい書斎のようだな」**17**自動車販売店は８時に開いた。９時少し前に，ホーガン氏とバーンズ氏は車を手にしていた。すてきな小さい車だ。とても静かでスピードが出る。**18**家から少し離れた所に，彼らは車を止めた。ホーガン氏が降り，家へと歩いた。とにかく裏口に回って中に入ろう，と彼は思った。**19**家から50ヤードの所で，彼は立ち止まった。驚いたことに，玄関のドアが開いていた。家族が戻っていたのだ！**20**ああ，なんという運の悪さ。そして，彼らに何ができる？　その夜，地下室に押し入ってスーツケースを持ち出す？　いや，危険すぎる。ホーガン氏は何か考えなくてはならないだろう。**21**「俺に任せろ，相棒」　彼はバーンズ氏に言った。「お前は車を運転しろ。俺に考えがある。電話を見つけよう。早く」**22**10分後，ホーガン氏は電話帳を調べていた。よし，あった，サミュエル・W・ロジャース，プレインビュー6329。少しして，彼は驚いた様子のロジャース氏と話していた。**23**「もしもし」と彼は始めた。「ロジャースさん，サミュエル・ロジャースさんですか？」**24**「はい，ロジャースですが」**25**ホーガン氏はせき払いをした。「ロジャースさん」と彼は言った――彼の口調は鋭く，形式ばって堂々とし――「こちらは警察本部です。シンプソンと申します。刑事課のシンプソン巡査部長です」**26**「はい，はい！」とロジャース氏は言った。**27**「署長が，ええ，警察署長ですが」――ここで，ホーガン氏は少々声を低くした――「あなたに連絡するように命じたのです。彼が私を，同僚１人とともにあなたに会いに行くように送り出しています」**28**「私は何かトラブルに巻き込まれているのでしょうか？」とロジャース氏は尋ねた。**29**「いえいえ，違います。そういうことではありません。しかし，あなたにお話ししなくてはならないきわめて重要なことがあります」**30**「よくわかりました」とロジャース氏の声が聞こえた。「お待ちしています」**31**「それから，ロジャースさん」とホーガン氏は言った。「この件については他言無用に願います。誰にも何も言ってはいけません。その理由はお会いしたときにわかります」**32**家に戻る途中，ホーガン氏はバーンズ氏に自分の考えを説明した。**33**10分もたたないうちに，「シンプソン巡査部長」と「ジョンソン刑事」は驚いた表情のロジャース氏と話していた。ロジャース氏は小柄な男性だった。緊張もしていた。**34**ホーガン氏は全てを話した。いくらか変えて。非常に大きく変えて。そしてロジャース氏は驚いたが，喜びもした。**35**彼はホーガン氏について地下室へ行った。そして一緒に彼らはスーツケースを発見した。それを居間に持ってきて開けた。お金は全額そこにあり，無事だった。**36**ホーガン氏はスーツケースを閉じた。**37**「さて，それではロジャースさん」と彼は最大限に形式ばった言い方で告げた。「ジョンソンと私は行かなくてはなりません。署長が報告を，すぐにと望んでいます。我々は強盗の残りを捕まえなくてはなりません。またご連絡します」**38**彼はスーツケースを持って立ち上がった。バーンズ氏も立ち上がった。ロジャース氏も立ち上がった。彼らはドアに向かった。ロジャース氏がそれを開けた。「入りたまえ」と彼は言った。そして３人の男が入ってきた。大男たち。屈強な男たち。警察の制服を着て，恐れずに注意深くヘイスティ・ホーガン氏とブラッキー・バーンズ氏を凝視する男たち。**39**「これはどういうことですか，ロジャースさん？」とホーガン氏が尋ねた。**40**「実に簡単なことだ」とロジャース氏は言った。「私はたまたま警察署長でね！」

＜解説＞１．「２人の男は(　　)ので，静かに家に入った」―え．「家の中の誰にも起きてほしくなかった」　第1～4段落参照。ある夜に2人の泥棒が他人の家に侵入している場面である。　2．「2人の男が家に誰もいないと思ったのは，(　　)からだ」―い．「家具にかかったシーツが全てほこりに覆われていた」　第5，6段落参照。Dust lay like a ... の lay は，lie「〈人などが〉横たわる，〈物が〉ある」の過去形(lie－lay－lain)。　be covered with ～「～で覆われている」　3．「2人の男が警察から逃げていたのは，(　　)からだ」―う．「銀行から金を盗んだ」　第8段落第2，4文参照。　break into ～「～に侵入する」　succeed in ～ing「～することに成功する」　4．「2人の男が車を乗り捨てたのは，(　　)からだ」―う．「車に異常があった」　第9段落第3文参照。break down「故障する」　something is wrong with ～「～はどこか調子が悪い」　5．「2人の男が車を買うことにしたのは，(　　)からだ」―い．「盗難車なら警察がすぐに気づくだろう」　第11段落第2～7文参照。車を盗むと警察の注意を引いてしまうため，買うことにした。　6．「ホーガン氏が家の持ち主の名を知っていたのは，(　　)からだ」―う．「その家にあった何冊かの本に書かれた名前に気づいた」　第14～16段落参照。第16段落の Saw it on ... の it は，第14段落にある The name of the gentleman を指す。　7．「2人の男が家に戻ったとき，(　　)ので，彼らは驚いた」―え．「ロジャース氏と家族が戻っていた」　第19段落参照。　to ～'s surprise「(～が)驚いたことに」　8．「ホーガン氏はロジャース氏に電話をかけたとき，(　　)」―あ．「自分は警察署の刑事だと言った」　第25段落参照。ホーガン氏は刑事課の巡査部長だと名乗った。　police department「警察」　9．「ホーガン氏がロジャース氏に彼からの電話について誰にも言わないように言ったのは，(　　)からだ」―あ．「彼がうそをついていることにロジャース氏が気づくのを恐れた」　他人に話されるとつくり話であることがばれてしまうと考えられる。　10．「ホーガン氏が話をした後，ロジャース氏が驚いただけでなく喜びもしたのは，(　　)からだ」―う．「2人の男が警察官ではないことを知っていた」　第38～40段落参照。ロジャース氏は警察署長だったのだから，「警察署長に命じられて来た」と言うホーガン氏たちが偽者だとすぐにわかったのである。　11．「ホーガン氏がスーツケースを閉めると『ジョンソンと私は行かなくてはなりません』と言ったのは，(　　)からだ」―え．「その家からできるだけ早く逃げたかった」　2人は泥棒だから，金の入ったスーツケースを持ってすぐにでも逃げ出したかったのである。　12．「ホーガン氏とバーンズ氏が去ろうとしたとき，玄関の外で(　　)」―い．「本物の警察官が待っていた」　第38段落後半参照。

Ⅲ〔長文読解総合―説明文〕

≪全訳≫❶今の時代，世界中のますます多くの人が大都市に住んでいるので，都市環境について考え，改善することはますます重要になっている。これをするため，多くの企業は世界の都市がどれほど環境に優しいか順位づける報告書を作成し始めている。❷これらの報告書で最もよく知られているのは，エコノミスト・インテリジェンス・ユニットによってつくられたグリーンシティ・インデックスだ。グリーンシティ・インデックスは，8つの異なる要因に基づいて都市を診断する。大気がどれほどきれいか，水の使用，二酸化炭素排出，エネルギーがどのように使われているか，土地利用，運輸，ごみのリサイクル，環境に関する法律だ。各都市は，これらの分野のそれぞれの点数に従って順位づけされる。最新の結果のいくつかを見てみよう。❸ヨーロッパでは，最も環境に配慮している上位5都市は，コペンハーゲン，ストックホルム，オスロ，ウィーン，アムステルダムで，ベルリンは8位，パリは10位で，ロンドンは11位だ。それらを特別にしているものは何だろうか。それらの都市全てに共通しているのは，優れた公共交通システムだ。デンマークの首都コペンハーゲンでは，①ほぼ全員が駅かバス停の近くに住んでいる。そのため，人々は容易に徒歩で駅まで行ける。もう1つの要因は，それらの都市が自転車の利用を強く勧めていることだ。このことは大気汚染と二酸化炭素排出を減らす。スウェーデンの首都ストックホルムでは，人々の３分の２以上が職場まで歩くか自転車で行く。コペンハーゲンでは，市の中心部を通り，グリーン・パスとして知られる９キロメートルの自転車道をつくることによって，自転車利用者数を2009年の３分の１から2015年には２分の１にまで増やした。車のドライバーはそれらの道に自動車を乗り入れたり止めたりすることが許可されていないため，それらにははっきりと印がつけられていなくてはならない。自転車に乗る人は駐車車両をよけるために道路に出るべきではないため，これは重要だ。その市には，自転車用の150か所の駐輪所もある。３つ目の要因は，都市がいかにエネルギーの需要をコントロールしているかだ。多くの新しいプロジェクトにより，コペンハーゲンやドイツの首都ベルリンの建物は，世界の平均よりも40パーセント少ないエネルギーしか使っていない。もう１つの興味深い点は，ノルウェーの首都オスロにある。その市は，電力の大部分を水や太陽のような再生可能資源から得ている。最後の要因は，④都市の中で緑地がどれほど広いかだ。オーストリアの首都ウィーンの土地の半分以上が緑地からなり，ロンドンではそれは40パーセント弱だ。これは例えば東京のたった３パーセントと対照的だ。❹ヨーロッパ以外では，各大陸で最も環境に優しい都市は北米ではサンフランシスコ，ラテンアメリカではブラジルのクリティバ，アフリカではケープタウン，アジアではシンガポールだ。シンガポールは，グリーンシティ・インデックスの８つの要因の全てで上位にランクされている。その市は公共交通機関に多額のお金を費やしてきた。Aその国はまた，市中で運転できる自動車の台数をコントロールもしている。日本も，そのインデックスでは東京と大阪がともに「平均以上」のリストに載っていて，かなりいい順位にいる。その国は，グリーンシティ・インデックスの要因のほとんどで健闘しているが，緑地や公園が十分にないため，土地利用でより低く評価されている。
❺報告書で研究されている全ての国の中で，おそらく中国が最も興味深い。これは大都市に住んでいる大勢の人々のためだ。中国には人口が100万人を超える都市が160ほどあり，どの国よりもはるかに多い。そして，この数は2025年までに220以上に増えることになっている。Bこれらの都市の多くが直面している環境問題はよく知られている。例えば2013年には，中国の都市に住む人のわずか１パーセントしか安全な空気を吸えていないということが明らかになった。Cこれらの問題を解決するには多くの時間とお金がかかるだろう。しかし中国が講じている１つの対策は，コペンハーゲンにあるような「環境に優しい街」をつくることだ。

１＜適文選択＞直後の Therefore は「それゆえ，したがって」という意味。よって，空所には，人々が容易に駅まで歩いていける‘理由’となる内容が入る。

２＜適語(句)選択＞空所部分は，自転車用の道に車が入らないようにするため，自転車用であることを示すために印をつけることが重要である理由を述べた部分。その理由として適切なのは，自転車に乗る人が，駐車車両をよけるために道路にはみ出るべきではないから。

３＜適語補充＞エネルギーの使用量は少ないほど環境にいいので，この２都市のエネルギー使用量は，世界の平均よりも少ないはずである。energy は‘数えられない名詞’なので，‘量’の少なさを表す little を用いるが，後ろに than があるので比較級にする。　little－less－least

４＜適語句選択＞続く２文で各都市における緑地の割合について述べている。

５＜適文選択＞A．「う」の内容は，前文に続いてシンガポールのインデックスが優れている理由を説明する内容となる。　B．直後の文で，「あ」にある The environmental problems の具体例が示されている。　C．「い」にある these problems は，Bに入る「あ」の The environmental problems を受けている。

6＜適語句選択＞直後の because 以下が land use の評価が低い理由になっている。

7＜適語選択＞‘最上級＋of＋複数名詞’で「〜の中で最も…」。China is ... the most interesting of all the countries ... という文の，of all the countries ... が前に出た形。

8＜内容真偽＞【編集部注…以下学校発表文】

想定される解答は「い」と「き」。ただし，アメリカ大陸のサンフランシスコ，ラテンアメリカのクリティバ，アフリカ大陸のケープタウンについては，「公共交通機関」についての記述が本文中にない。したがって，「公共交通機関が充実していること」が環境に優しい都市に「共通する」とは言いきれず，「い」については本文の内容と一致しない。なお，「き」については本文の内容と一致する。

Ⅳ〔長文読解総合―会話文〕

≪全訳≫❶ユウキ（Y）：それで，先週は「読書」について発表をするって決めたよね？　今度は何を調べるか決める必要があると思う。何か考えはある？❷タロウ（T）：実はもう調べ始めているんだ。❸Y：本当？　それはすごい。何を見つけたんだい？❹T：えっと…，僕は日本人が外国と比べてどれくらい読書をしているか知ることに特に興味があってね。いいデータが見つかったんだ。グラフ１を見て。それはそれぞれの国の毎日，またはほぼ毎日本を読む人の割合を示している。このデータから，中国の人が最も読んでいることがわかる。でも，日本人のわずか20％しか毎日かほぼ毎日読んではいないし，研究にある10か国のうち，日本を下回るのは韓国とベルギーだけだ。だから，日本人は外国でその国の人々が読んでいるよりも少ない本しか読んでいないと言えるんだ。❺Y：それはちょっと驚きだな。読書は日本ではもっと人気があると思っていたよ。興味深いデータだね。君はどう，エリ？　何かいい研究は見つかった？❻エリ（E）：うん，私は日本人生徒の読書習慣を調べたよ。ある研究者が各学年の生徒たちに，毎日たいてい，どれくらいの時間本を読むか尋ねたんだ。グラフ２は，「本を読む時間がない」と答えた生徒の割合を示しているの。❼Y：それはおもしろそうだね。見ていい？　あっ，本を読まない生徒の割合は，年齢が上がるにつれて徐々に増えることを示しているね。❽E：うん。高校入学時に，本を読まない生徒の割合は大きく増えているの。一番大きな差があるのは，中学３年生と高校１年生の間なのよ。❾Y：見せて。へえ，10.2％か。これはどうして起きると思う？❿E：ええと，高校生に，なぜ高校では前ほど読まないのか尋ねた研究があるの。多くの生徒は，するべきことがたくさんあるから，読むのに十分な時間がないって言っているわ。それに，研究者は，彼らがYouTubeで映画や動画を見るのにより多くの時間を使ったことを発見したの。これらは彼らが読書をしなくなった最もよくある理由だったんだ。⓫Y：なるほど。環境の変化は彼らの読書習慣に大きな影響があるようだね。いずれにしても，グラフは，早い年齢で読んでいた生徒たちが年齢が上がっても必ずしも読み続けるわけではないということを示している。④学校や親は，生徒たちが本を読むのを促進するために何か特別なことをする必要があるね。⓬ミオ（M）：小学生のとき，朝に好きな本を読むための時間を与えられていたよ。⓭Y：そうか，それは子どもたちが読書を楽しむのを助ける効果的な方法に思えるね。発表の最後に，そのようなプログラムを紹介できるといいね。ミオ，読書について何か他にわかった？⓮M：わかったよ。読書の利点のいくつかを調べたの。読書が私たちの創造性や想像力を伸ばすことを示すたくさんの優れた研究を見つけたよ。それに，語彙を増やすこともできる。でも，私が一番興味を持ったのは，読書が集中力を高めるということだった。作者が向かっているところについていくためには，読んでいる言葉やその意味にしっかり注意を払う必要がある。このプロセスが脳に良くて，集中力を高めるの。⓯Y：おもしろいね。他にも読書の良い点をいくつか紹介してもいいな。発表で話すことは十分にあると思う。さて，発表の構成について考える必要があるね。

1＜適語選択＞グラフ1は「毎日またはほぼ毎日本を読む人の割合」を示す。第4段落参照。最も読んでいるのは中国，20％しか読んでいないのは日本，日本を下回るのは韓国とベルギーとある。

2＜適語句選択＞グラフ2は，「日常生活の中で読む時間がない生徒の割合」を示す。このグラフからは，学年が上がるにつれて読書しない生徒の割合が増えていることがわかる。

3＜適語選択＞空所を含む文の主語 it は，前の段落でエリが述べた，中学3年生と高校1年生の間の差を指す。

4＜適語句選択＞空所には研究者が高校生に尋ねた内容が入る。直後に，この質問に対して多くの生徒が「するべきことがたくさんあるので読むのに十分な時間がない」と答えたとある。これは，読書時間が前ほど多くないことをきかれた返答となる。選択肢いの as much の後には as before が省略されていると考えられる。

5＜整序結合＞語群の encourage は，‘encourage＋人＋to ～’の形で「〈人〉を～するように励ます，勧める」という意味を表すので，最後に encourage を置いて，文末の students to read books につなげる。残りの語群から need to do，something special というまとまりをつくると，主語は schools or parents に決まる。最後に残った to は‘目的’を表す to不定詞として encourage の前に置く。 Schools or parents need to do something special to encourage students to read books.

6＜指示語＞前に出ている内容で，脳に良く集中力を高めるプロセスと考えられるのは，前文の to pay close attention to the words you're reading and their meaning である。

7＜内容真偽＞あ.「高校3年生の59.5％が，毎日本を読んでいると言った」…×　グラフ2参照。このグラフが示すのは読書する時間がない生徒の割合である。　い.「早い年齢から読む習慣があった生徒は，年齢が上がっても読むのをやめない」…×　第11段落第3文参照。 don't necessarily ～「必ずしも～するわけではない」　う.「高校生はテレビを見ることにより多くの時間を使うので，本を読むことに関心を失う」…×　第10段落第3文参照。テレビではなく，YouTube。　え.「グループのメンバー4人は，読書をより楽しくするプログラムをいくつか紹介したいと思っている」…○　第13段落第1，2文に一致する。

V〔適語(句)選択〕

1．‘on＋曜日’「～曜日に」　「毎月第一火曜日に農産物直売市がある」

2．excited「(人などが)わくわくして」と exciting「(物事などが)わくわくさせる」，surprised「(人などが)驚いて」と surprising「(物事などが)驚かせる」などの‘感情’を表す過去分詞と‘感情に影響を与えること’を表す現在分詞についてはまとめて覚えておくとよい。　「ユミは明日修学旅行で沖縄へ行くのでとてもわくわくしている」

3．‘sound＋形容詞’「～のように聞こえる，思われる」　「その話はとても奇妙に聞こえた」

4．as soon as ～「～するとすぐに」に導かれるような‘時’を表す副詞節の中では，未来のことでも現在時制で表す。　「彼女に会ったらすぐに尋ねてみよう」

5．the meat they sell で「彼らが売っている肉」となる(meat と they の間に目的格の関係代名詞が省略された‘名詞＋主語＋動詞...’の形)。　「私たちはあの店で彼らが売っている肉が好きだ」

VI〔書き換え―適語補充〕

1．「生徒たちは先生の年齢を知らない」→「生徒たちは先生が何歳か知らない」　The students

don't know how old the teacher is.

2.「君は明日までにこの宿題を終える必要はない」→「君にとって明日までにこの宿題を終えることは必要ではない」 'It's ～ for … to —'「…が〔…にとって〕—することは～だ」 It's not necessary for you to finish this homework by tomorrow.

3.「私は終電に間に合うことができなかった」→「私は終電に乗り遅れた」 catch「～に間に合う」⇔ miss「～に乗り遅れる」 I missed the last train.

4.「母はみそ汁をつくることができる」→「母はみそ汁のつくり方を知っている」 how to ～「～の仕方」 My mother knows how to cook miso soup.

5.「キャシーはこの部屋にある全ての絵を描いた。それらは本当に美しい」→「キャシーによって描かれたこの部屋にある絵は全て，本当に美しい」 「～された」の意味を表す過去分詞を用いて書き換える。 All the pictures in this room drawn by Cathy are really beautiful.

6.「ケイコは親切にも私に駅までの道を教えてくれた」→「ケイコは私に駅までの道を教えてくれるほど親切だった」 '形容詞＋enough to ～'「～するほど(十分に)…」 Keiko was kind enough to show me the way to the station.

VII〔整序結合〕

1．文全体で'so ～ that …'「とても～なので…」の文をつくる。主語は「その店で売られているケーキ」と考え，soldを過去分詞として用いてThe cakes sold at the shopとする。 The cakes sold at the shop are so delicious that it's hard to decide what to buy.「その店で売られているケーキはとてもおいしいので，何を買うべきか決めるのが難しい」

2．答えの文と語群から，サムがいつ日本を去るか知っているかを問う文にする。Do you knowの後に'疑問詞＋主語＋動詞...'の語順の間接疑問を続ける。 Do you know when Sam will leave Japan?「あなたはサムがいつ日本を去るか知っていますか」

3．並べ換えるのは，thinkの目的語となるthat節(接続詞のthatは省略されている)。'it is ～ to …'「…することは～だ」の形式主語構文をつくり，'…'に入る部分を'keep＋目的語＋形容詞'「～を…(の状態)に保つ」の形でkeep the earth cleanとまとめる。 Do you think it is important to keep the earth clean?「あなたは地球をきれいに保つことが重要だと思いますか」

4．お勧めの本についてきかれた返答。This bookを主語とし，'give＋人＋物事'「〈人〉に〈物事〉を与える」の形をつくる。 This book will give you a good idea about it.「この本はそれについていい考えをあなたに与えてくれるでしょう」

5．語群にthanとmoreがあるので，比較級の文をつくる。family is more important thanの後，残りはanything elseとする。elseは「他の」という意味。 I think family is more important than anything else.「私は家族は他の何よりも大切だと思う」

VIII〔テーマ作文〕

日本が世界に誇れると思うもの，または日本について一番好きなものについて25語以上で書く。be proud of ～「～を誇りに思う」，あるいはI like ～ (the) best「私は～が一番好きである」などの表現を使って自分の意見を書き，そう思う理由を続ける。 (別解例) I think Japan can be proud of its temples and shrines because they are unique and beautiful, and most of them have a very long history. (26語)

2023年度／中央大学附属高等学校

数学解答

1 (1) $\dfrac{27}{8}x^4z^8$　(2) 12

(3) $(ab+c-d)(ab-c-d)$

(4) $x=\dfrac{2\pm\sqrt{14}}{2}$　(5) $-4,\ -\dfrac{7}{2}$

(6) $a=14,\ b=18$　(7) $3+\sqrt{3}$

(8) $26°$

2 (1) $h=\dfrac{4R^3}{3r^2}$　(2) $37:18$

3 (1) $a=-\dfrac{1}{2},\ b=\dfrac{3}{2}$

(2) $(-10,\ -50),\ \left(7,\ -\dfrac{49}{2}\right)$

4 (1) 4回　(2) $2^k k!$　(3) 22回

5 (1) $M=\dfrac{6}{t}+t-5$　(2) $1,\ \dfrac{3\pm\sqrt{5}}{2}$

1〔独立小問集合題〕

(1)＜式の計算＞与式 $=-48x^3yz^2\div\dfrac{16}{9}x^2y^4\times\left(-\dfrac{1}{8}x^3y^3z^6\right)=-48x^3yz^2\times\dfrac{9}{16x^2y^4}\times\left(-\dfrac{x^3y^3z^6}{8}\right)=\dfrac{48x^3yz^2\times9\times x^3y^3z^6}{16x^2y^4\times8}=\dfrac{27}{8}x^4z^8$

(2)＜数の計算＞与式 $=(\sqrt{5}+\sqrt{3})^2-\sqrt{2}\times\sqrt{2}(\sqrt{5}+\sqrt{3})(\sqrt{5}-\sqrt{3})+(\sqrt{5}-\sqrt{3})^2=(\sqrt{5}+\sqrt{3})^2-2(\sqrt{5}+\sqrt{3})(\sqrt{5}-\sqrt{3})+(\sqrt{5}-\sqrt{3})^2$ として，$\sqrt{5}+\sqrt{3}=A$，$\sqrt{5}-\sqrt{3}=B$ とおくと，与式 $=A^2-2AB+B^2=(A-B)^2$ となる。A，B をもとに戻して，与式 $=\{(\sqrt{5}+\sqrt{3})-(\sqrt{5}-\sqrt{3})\}^2=(\sqrt{5}+\sqrt{3}-\sqrt{5}+\sqrt{3})^2=(2\sqrt{3})^2=12$ である。

(3)＜式の計算―因数分解＞与式 $=a^2b^2-2abd+d^2-c^2=(ab)^2-2\times ab\times d+d^2-c^2=(ab-d)^2-c^2$ と変形して，$ab-d=X$ とおくと，与式 $=X^2-c^2=(X+c)(X-c)$ となる。X をもとに戻して，与式 $=(ab-d+c)(ab-d-c)=(ab+c-d)(ab-c-d)$ である。

(4)＜二次方程式＞$6x^2-9x+4x-6+x-2=2(x^2+2x+1)$，$6x^2-4x-8=2x^2+4x+2$，$4x^2-8x-10=0$，$2x^2-4x-5=0$ となるから，解の公式より，$x=\dfrac{-(-4)\pm\sqrt{(-4)^2-4\times2\times(-5)}}{2\times2}=\dfrac{4\pm\sqrt{56}}{4}=\dfrac{4\pm2\sqrt{14}}{4}=\dfrac{2\pm\sqrt{14}}{2}$ となる。

(5)＜関数―$\boldsymbol{a}$ の値＞関数 $y=3x^2$ は，x の絶対値が最大のとき，y の値は最大となり，x の絶対値が最小のとき，y の値は最小となる。x の変域が $a\leqq x\leqq 2a+11$ のときの y の変域が $0\leqq y\leqq 48$ で，y の最小値は $y=0$ である。$y=0$ となるのは，$x=0$ のときだから，x の変域には $x=0$ が含まれる。これより，$a\leqq0$，$2a+11\geqq0$ である。y の値が最大の $y=48$ となるのは，$x=a$，$x=2a+11$ のときのどちらかである。$x=a$ のとき $y=48$ になるとすると，$48=3a^2$ より，$a^2=16$　$\therefore a=\pm4$　$a\leqq0$ だから，$a=-4$ である。このとき，$2a+11=2\times(-4)+11=3$ より，x の変域は $-4\leqq x\leqq3$ となる。絶対値が最大なのは $x=-4$ だから，適する。$x=2a+11$ のとき $y=48$ になるとすると，$48=3(2a+11)^2$ より，$(2a+11)^2=16$，$2a+11=\pm4$ となり，$2a+11\geqq0$ より，$2a+11=4$，$2a=-7$，$a=-\dfrac{7}{2}$ となる。このとき，x の変域は $-\dfrac{7}{2}\leqq x\leqq4$ となり，絶対値が最大なのは $x=4$ だから，適する。以上より，$a=-4,\ -\dfrac{7}{2}$ である。

(6)＜データの活用―$\boldsymbol{a}$，$\boldsymbol{b}$ の値＞平均値が17なので，6つのデータの合計について，$15+a+20+b+11+24=17\times6$ が成り立ち，$a+b=32$ となる。また，中央値が16.5だから，データの小さい方から3番目と4番目の平均が16.5である。これより，3番目は16.5以下，4番目は16.5以上であり，3番目と4番目の和は $16.5\times2=33$ である。a，b 以外の4つのデータは，小さい順に，11，15，20，24であり，16.5以下，16.5以上が2つずつだから，$a<b$ より，$a\leqq16.5$，$b\geqq16.5$ となる。$15<a\leqq16.5$

とすると，3番目はaとなり，$33-15=18$，$33-16.5=16.5$より，4番目は16.5以上18未満である。a，b以外の4つのデータに16.5以上18未満の値はないので，4番目はbとなるが，$a+b=32$だから，適さない。$a \leqq 15$とすると，3番目は15，4番目は$33-15=18$である。このとき，$b=18$であり，$a+18=32$より，$a=14$となる。これは適するので，$a=14$，$b=18$である。

(7)＜平面図形―面積＞右図1で，点Cから辺BAの延長に垂線CHを引くと，$\triangle ABC=\frac{1}{2}\times AB\times CH$である。$\triangle ABC$で内角と外角の関係より，$\angle CAH=\angle ABC+\angle ACB=45^\circ+15^\circ=60^\circ$だから，$\triangle ACH$は3辺の比が$1:2:\sqrt{3}$の直角三角形であり，$AH=\frac{1}{2}AC=\frac{1}{2}\times(2\sqrt{3}+2)=\sqrt{3}+1$，$CH=\sqrt{3}AH=\sqrt{3}\times(\sqrt{3}+1)=3+\sqrt{3}$となる。また，$\angle HBC=45^\circ$より，$\triangle HBC$は直角二等辺三角形だから，$BH=CH=3+\sqrt{3}$となり，$AB=BH-AH=(3+\sqrt{3})-(\sqrt{3}+1)=2$となる。よって，$\triangle ABC=\frac{1}{2}\times 2\times(3+\sqrt{3})=3+\sqrt{3}$である。

図1

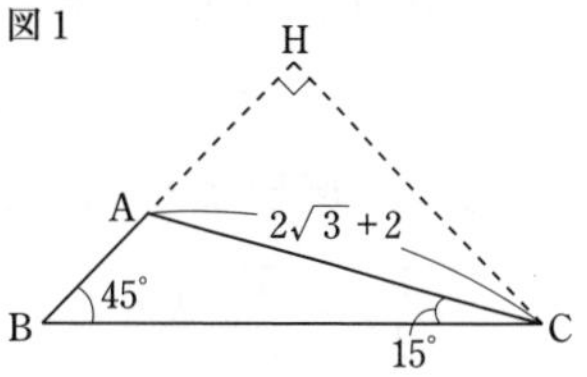

(8)＜平面図形―角度＞右図2で，点Oと2点A，Dをそれぞれ結ぶ。BO＝CDであり，円の半径より，BO＝ODだから，OD＝CDである。よって，$\triangle DOC$は二等辺三角形だから，$\angle DOC=\angle DCO=\angle x$であり，内角と外角の関係から，$\angle ODA=\angle DOC+\angle DCO=\angle x+\angle x=2\angle x$となる。また，$\triangle OAD$，$\triangle OAB$はOA＝OD，OA＝OBの二等辺三角形だから，$\angle OAD=\angle ODA=2\angle x$，$\angle OAB=\angle ABC=51^\circ$となり，$\angle BAC=\angle OAC+\angle OAB=2\angle x+51^\circ$となる。したがって，$\triangle ABC$で，$\angle BAC+\angle ABC+\angle DCO=180^\circ$より，$(2\angle x+51^\circ)+51^\circ+\angle x=180^\circ$が成り立ち，$3\angle x=78^\circ$，$\angle x=26^\circ$となる。

図2

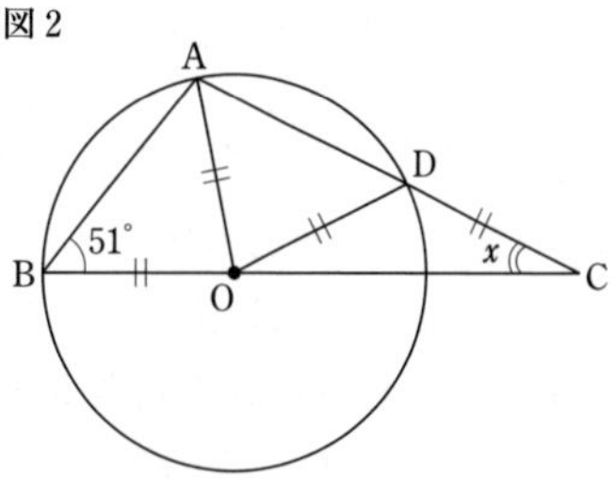

2 〔数と式―文字式の利用〕

(1)＜文字式の利用＞底面の半径がr，高さがhの円柱の体積と，半径がRの球の体積が等しいから，$\pi r^2h=\frac{4}{3}\pi R^3$が成り立つ。両辺を$\pi r^2$でわって，$h=\frac{4R^3}{3r^2}$となる。

(2)＜面積比＞$R=3r$のとき，球の表面積は$4\pi R^2=4\pi\times(3r)^2=36\pi r^2$と表せる。また，円柱の底面積は$\pi r^2$である。(1)より，高さは$h=\frac{4R^3}{3r^2}=\frac{4\times(3r)^3}{3r^2}=36r$となる。底面の周の長さは$2\pi r$なので，側面を展開すると，縦が$36r$，横が$2\pi r$の長方形となり，側面積は$36r\times 2\pi r=72\pi r^2$である。よって，円柱の表面積は$\pi r^2\times 2+72\pi r^2=74\pi r^2$である。したがって，円柱の表面積と球の表面積の比は，$74\pi r^2:36\pi r^2=37:18$となる。

3 〔関数―関数$y=ax^2$と一次関数のグラフ〕

(1)＜比例定数，傾き＞右図で，2点A，Bは放物線$y=ax^2$上にあり，x座標はそれぞれ-5，2だから，$y=a\times(-5)^2=25a$，$y=a\times 2^2=4a$より，$A(-5,\ 25a)$，$B(2,\ 4a)$と表せる。2点A，Bは直線$y=bx-5$上にもあるから，$y=b\times(-5)-5=-5b-5$，$y=b\times 2-5=2b-5$より，$A(-5,\ -5b-5)$，$B(2,\ 2b-5)$とも表せる。よって，それぞれのy座標について，$25a=-5b-5$……①，$4a=2b-5$……②が成り立つ。①より，$25a+5b=-5$，$5a+b=-1$……①′となり，②より，$4a-2b=-5$……②′となる。①′，②′を連立方程式として解くと，①′×2＋②′より，$10a+4a=(-2)+(-5)$，$14a=-7$，$a=-\frac{1}{2}$となり，これを①′に代入して，$-\frac{5}{2}+b=-1$，$b=\frac{3}{2}$となる。

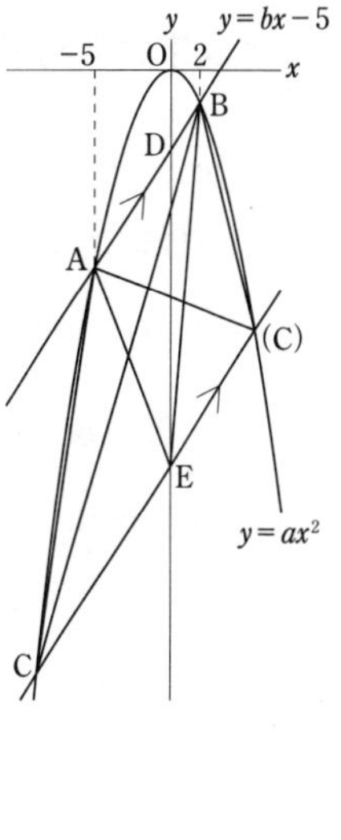

(2)＜座標＞前ページの図で，(1)より，放物線の式は $y=-\frac{1}{2}x^2$，直線ABの式は $y=\frac{3}{2}x-5$ である。直線ABと y 軸の交点をDとすると，直線ABの切片が -5 より，D$(0,\ -5)$である。y 軸上の点Dより下側に，△AEB＝105となるように点Eをとると，△ACB＝105だから，△ACB＝△AEBとなり，AB∥CEである。よって，直線ABの傾きが $\frac{3}{2}$ より，直線CEの傾きも $\frac{3}{2}$ となる。また，E$(0,\ e)$とすると，DE＝$-5-e$ となる。△ADE，△BDEの底辺を辺DEと見ると，高さはそれぞれ点A，点Bの x 座標より，5，2だから，△AEB＝△ADE＋△BDE＝$\frac{1}{2}\times(-5-e)\times5+\frac{1}{2}\times(-5-e)\times2=-\frac{7}{2}e-\frac{35}{2}$ と表せる。したがって，$-\frac{7}{2}e-\frac{35}{2}=105$ が成り立ち，$-\frac{7}{2}e=\frac{245}{2}$，$e=-35$ となるので，直線CEの切片は -35 となり，直線CEの式は $y=\frac{3}{2}x-35$ である。以上より，点Cは放物線 $y=-\frac{1}{2}x^2$ と直線 $y=\frac{3}{2}x-35$ の交点である。2式から y を消去して，$-\frac{1}{2}x^2=\frac{3}{2}x-35$ より，$x^2+3x-70=0$，$(x+10)(x-7)=0$　$\therefore x=-10,\ 7$　点Cの x 座標は -10，7だから，$y=-\frac{1}{2}\times(-10)^2=-50$，$y=-\frac{1}{2}\times7^2=-\frac{49}{2}$ より，点Cの座標は$(-10,\ -50)$，$\left(7,\ -\frac{49}{2}\right)$である。

4 〔数と式―数の性質〕

≪基本方針の決定≫(2)　$(2k)!!=2k\times2(k-1)\times2(k-2)\times\cdots\cdots\times(2\times3)\times(2\times2)\times(2\times1)$ である。

(1)＜3でわり切れる回数＞$10!=10\times9\times8\times7\times6\times5\times4\times3\times2\times1$ であり，3の倍数が $9=3^2$，$6=2\times3$，3より，$10!$ に素因数3は，$2+1+1=4$(個)含まれる。よって，$10!$ は3で最大4回わり切れる。

(2)＜文字式の利用＞$k!=k\times(k-1)\times(k-2)\times\cdots\cdots\times3\times2\times1$ である。また，正の偶数 m に対して，$m!!$ は m 以下の全ての正の偶数の積だから，$(2k)!!=2k\times2(k-1)\times2(k-2)\times\cdots\cdots\times(2\times3)\times(2\times2)\times(2\times1)=2^k\times\{k\times(k-1)\times(k-2)\times\cdots\cdots\times3\times2\times1\}=2^k\times k!=2^kk!$ と表せる。

(3)＜3でわり切れる回数＞(2)より，$100!!=(2\times50)!!=2^{50}\times50!$ となる。2^{50} の中に素因数3は含まれないので，$50!$ に含まれる素因数3の個数を考える。$50!=50\times49\times48\times\cdots\cdots\times3\times2\times1$ であり，3の倍数は，$50\div3=16$ あまり2より，16個ある。このうち，$3^2=9$ の倍数は9，18，27，36，45の5個，$3^3=27$ の倍数は27の1個ある。よって，16個の3の倍数のうち，素因数3を1個含むものが $16-5=11$(個)，2個含むものが $5-1=4$(個)，3個含むものが1個あるから，$50!$ に含まれる素因数3の個数は $1\times11+2\times4+3\times1=22$(個)となり，$100!!=2^{50}\times50!$ に含まれる素因数3の個数は22個である。したがって，$100!!$ は3で最大22回わり切れる。

5 〔数と式〕

(1)＜文字式の利用＞$m+\frac{1}{m}=\frac{m^2+1}{m}$ より，$t=\frac{m^2+1}{m}$ であり，$\frac{1}{t}=\frac{m}{m^2+1}$ となる。よって，$\frac{6m}{m^2+1}+\frac{m^2+1}{m}-5=6\times\frac{m}{m^2+1}+\frac{m^2+1}{m}-5=6\times\frac{1}{t}+t-5=\frac{6}{t}+t-5$ となるので，$M=\frac{6}{t}+t-5$ と表せる。

(2)＜方程式＞(1)より，$M=0$ のとき，$0=\frac{6}{t}+t-5$ となる。両辺に t をかけて，$0=6+t^2-5t$，$t^2-5t+6=0$，$(t-2)(t-3)=0$ より，$t=2,\ 3$ である。$t=2$ のとき，$2=\frac{m^2+1}{m}$ より，$2m=m^2+1$，$m^2-2m+1=0$，$(m-1)^2=0$ となり，$m=1$ である。$t=3$ のとき，$3=\frac{m^2+1}{m}$ より，$3m=m^2+1$，$m^2-3m+1=0$ となり，$m=\frac{-(-3)\pm\sqrt{(-3)^2-4\times1\times1}}{2\times1}=\frac{3\pm\sqrt{5}}{2}$ である。よって，$m=1,\ \frac{3\pm\sqrt{5}}{2}$ である。

国語解答

一 問1 ⓐ 厚手 ⓑ 緩
ⓒ 非難〔批難〕 ⓓ 布巾〔拭巾〕
ⓔ 艶
問2 (1)…(ニ) (2)…(ヘ) (3)…(ハ)
問3 (イ)
問4 (A) (1)…(ハ) (2)…(ホ) (4)…(ト)
(B) 世界の上下
問5 (ニ) 問6 (ロ) 問7 (ホ)
問8 (イ) 問9 (ロ) 問10 (ハ)
問11 (A) (1)…(ハ) (3)…(ニ) (4)…(チ)
(5)…(ル) (6)…(ワ) (7)…(タ)
(B) (軽そうな)スリップオン

二 問1 a…(ホ) b…(リ) c…(ニ) d…(ヘ)
問2 (ホ) 問3 (ロ) 問4 (ロ)
問5 a…(ホ) b…(ハ) c…(イ) d…(ニ)
問6 (イ) 問7 (ハ) 問8 (ロ)
問9 速
問10 (1)…(ロ) (2)…(ヘ) (3)…(ト) (4)…(ヲ)
(5)…(カ) (6)…(タ)

一〔小説の読解〕出典；黒井千次『二人暮し』(『枝の家』所収)。

問1＜漢字＞ⓐ紙や布などに厚みがあること。　ⓑ音読みは「緩和」などの「カン」。　ⓒ人の欠点や失敗を責めること。　ⓓ拭くための布のこと。　ⓔ物の表面が光の反射で光ること。

問2＜語句＞(1)「有無をいわせず」は，相手の承知不承知に関係なく，無理やりに，という意味。(2)「たじろぐ」は，相手の勢いに圧倒されて，ひるむ，という意味。　(3)「鷹揚」は，小さなことにこだわらずゆったりとしていること。

問3＜表現＞A．幾子のいるダイニングとは違って，誰もいない寝室は，静かで「沈んだ冷たい空気」が漂っていた。　B．重也は，今日コーヒーカップを取り落としたように，いずれ道路で車にぶつかったり，線路に落ちたり，道でつまずいて骨折したりするのだろう，とはっきりと感じた。　C．重也は，今後のことを考えて暗い気持ちで，ゆっくりとズボンを履きかえた。

問4＜文章内容＞飲み物が入ったコップを落としてしまうこと自体は，誰もがする可能性のあることであり，特に気にするようなことではない((1)…(ハ))。しかし，重也は，コーヒーカップを落としたことを寝室で「どこかから眺めるように」思い出したとき，「何か巨大なもののゆっくり動き出そうとする気配」を感じたことも思い出した((2)…(ホ))。コーヒーカップを落とした瞬間は，重也にとって，「世界の上下が逆転し，地球が裏返しになる感じ」であった(…(B))。重也はこれからも，こんなふうに車にぶつかり，線路に落ち，足の骨を折るのだろうと不吉に感じている。そのたびに，「地球がめくり返される」かのように，自分の「ひと繋りの世界」が途切れて終わりになるのだ，と重也は感じたのである((4)…(ト))。

問5＜心情＞幾子は重也に，「一度，ちゃんと調べた方がいい」と言い，「脳のＣＴを撮ってもらう」ことを提案した。幾子は，重也の物忘れがひどいことも，コーヒーカップを落としたことも，脳の病気のせいではないかと考えたのである。

問6＜心情＞立て続けに幾子が指摘した重也のミスは，重也自身は「覚えていることより，心当りもないこと」の方が多かった。しかし，自分が数多くのミスをしたということよりも，幾子が脳の病気という可能性を考えて，重也に文句を言わずに様子を見ていたのかと思うと，重也は，幾子の態度を気味悪く思い，身体が熱くなり息が苦しいような気持ちになったのである。

問7＜心情＞今日が同窓会の日であり，歯医者の予約の日であることを，どちらも重也は他の人に指摘されるまで思い出さなかった。しかし，重也は，「こういう日があるんだ」と「他人事めいた感じ」で考えており，自分の物忘れがひどくなっているとは考えていなかったのである。

問８＜心情＞戸締まりや買い物を忘れることとは違い，同窓会や歯医者の予約の日時を忘れることは，他の人に迷惑をかけることになるので，幾子は心配した。しかし，重也は，「こういう日があるんだ」と考えており，幾子の心配する気持ちを，素直に受け止められないのであった。

問９＜心情＞幾子は，「朝から今日は少しおかしかった」と，重也に注意深く行動するように促した。重也は，「幾子の声が改まったよう」に感じて，幾子が心配していることに気がついていたが，「同じだよ，いつもと」と答えて，何も心配することはないというように，立ち止まることなく，ドアを押し開けたのである。

問10＜文章内容＞重也は，「小学校の運動場を思わせる伸びやかな温もり」に浸ることで，楽しい時間を過ごそうと同窓会に出たのだが，出席者の近況は，「妻を亡くした一人暮しの話や抱えている病気の苦労」話であり，老齢を感じさせられて，重也は居心地悪く感じたのである。

問11＜文章内容＞重也は，スーツは着ていないものの，ネクタイを締めており，「気楽な身形」ではないため((1)…(ハ))，重也が履いてきた靴は，「軽そうなスリップオン」ではなく，ネクタイ姿に合うものであったと考えられる(…(B))。重也は，コーヒーカップを落としたことも，日付の勘違いも，「他人事めいた感じ」に受け止めていた((3)…(ニ))。同窓会で「数人いる女性達は名前もわからぬ者の方が多かった」という事実や((4)…(チ))，同窓会の「一年前の様子がうまく呼び起せない」ということは((5)…(ル))，重也の記憶力の低下を示しており，黒い靴だけが自分から遠ざかっていくように感じたのは，「適度に履き馴らされて快く足を迎え入れた」と感じていた靴ではないことに，かかとを滑り込ませるまで気づかなかったという，重也の身体感覚の衰えを表している((6)…(ワ))。履く前に靴が違うと気がつかなかったことに，重也は衝撃を受けたが，自分が靴を間違えたわけではなく，自分が病のためにおかしくなっているのではないのだと心の中で幾子に訴えずにはいられなかったのである((7)…(タ))。

二 〔論説文の読解―社会学的分野―マスコミ〕出典；レベッカ・ソルニット／渡辺由佳里訳『それを，真の名で呼ぶならば　危機の時代と言葉の力』。

≪本文の概要≫メディアは，災害が起こると，狂暴化した群衆がレイプや略奪，人殺しをするというステレオタイプのストーリーをでっちあげる。そのストーリーに根拠はなく，実際には体制が下層階級に対して犯罪を行っているのに，そうした犯罪は見過ごされる。ニューオリンズでは，「わたし」や他の記者が，直接体験した人々のストーリーを伝え続けて，ステレオタイプのストーリーを壊すことができた。何を伝える価値があるものとみなすのか，誰の文章を引用するのかということも，政治的な判断である。「わたし」は，主流メディアには，安楽な関係を保とうとし，権威や権力がある者，白人男性を信じるという現状維持のバイアスがあると感じる。このバイアスは，嘘を報じること，文化的な偏見を強めることにつながる。今も，メディアは，気候変動について大局的な視点から報じようとしない。しかし，気候変動は，すでに起こっており，全てを変えている大問題である。ジャーナリストは，気候変動の危機において，可能性や責任を伝えてストーリーをつくることができるのであり，また，気候変動を軽視しているストーリーを壊すことができるのである。

問１＜文章内容＞ハリケーンがニューオリンズにもたらした「三重の災害」の第一はハリケーンそのものがもたらした災害，第二は政府や自治体の「何十年にもわたる劣悪な計画」と「さらに劣悪な実施」による災害(ａ…(ホ))，第三は，生き残ろうとしてもがいている人々を犯罪者のように扱う，お決まりのステレオタイプの筋書きを伝えたメディアによる災害である(ｂ…(リ))。第一の災害は自然がもたらした災害であるが(ｃ…(ニ))，第二・第三の災害は，人が起こした「人為的な大災害」である(ｄ…(ヘ))。

問２＜文章内容＞ニューオリンズで起こっていた「恐ろしい犯罪」とは，「体制が下層階級に対して行なっている犯罪の数々，つまり警察官による殺人や白人の自警団員による犯罪」であった。例えば，武装していない黒人を，背中から警察官が撃ったという犯罪が起こっていたのである。

問３＜文章内容＞公式バージョンのストーリーとは，「生き残ろうとしてもがいている人たちを犯罪者のように」扱う，マスメディアがでっちあげたものである。一方，「わたし」やＡ・Ｃ・トンプソンは，「直接体験した人びと」のストーリーを伝え続けた。その結果，貧しい黒人たちを中傷する，ステレオタイプのストーリーには根拠がないと判明したのである。

問４＜文章内容＞公式バージョンのストーリーを壊すのは，ジャーナリストだけでできることではない。まず，被害者や影響を受ける人々など，ストーリーを直接体験した人々がいて，次に，その人々の話に耳を傾け，ストーリーを伝えるパワーを持つ人々がいてこそ，できることなのである。

問５＜文章内容＞メディアは，「中立的な立場」を取ろうとするが，「中立領域や政治的な無人地帯がある」という考えは，フィクションなのである（ａ…(ホ)）。「何を伝える価値があるものとみなすか」や「誰の文章を引用するのか」ということも，「政治的な判断」だからである（ｂ…(ハ)）。ジャーナリストたちは，「非政治的でいることも，傍観者でいることも」できないのであり，「主体的に」関わる立場なのである。「主体的」に関わらずに，「客観的」であろうとするならば，主流メディアによる現状維持のストーリーを壊すことはできないし，そのストーリーに賛意を示すことになる（ｃ…(イ)）。そこで，ジャーナリストは，主流メディアの「現状維持バイアス」が偏見や不公平を助長しているのではないかと疑い，主流メディアが見過ごしているストーリーを積極的に伝えていく必要がある（ｄ…(ニ)）。

問６＜表現＞「ほかの誰かが建てた家の窓」から外を見ることは，「『一般に女性は』嘘をつく」や男性に対する信頼性などという，パターン化された既存の考え方を疑わずに，劣悪なストーリーを信じることである。「外に出て家の枠組に疑問を投げかけること」とは，パターン化された考え方が正しいのかを疑い，思い込みから離れることである。

問７＜文章内容＞ニュース・ジャーナリズムは，「昨日，何が変わったのか」を伝える。ジャーナリストたちが知る必要があるのは，「その背後にある勢力」や「現状維持で得をする見えない受益者は誰なのか」（(ロ)…○），「どれほどの頻度で起こっているのか」（(イ)…○），「いつもどう正当化されているのか」（(ホ)…○），「人びとがどのように事実の断片を寄せ集めて自分がすでに持っている認識に当てはめるのか」ということである（(ニ)…○）。

問８＜文章内容＞主流メディアが，ブレイクするストーリーを伝えようとしないのは，主流メディアが「右翼あるいは左翼」に偏った主張をしようとしているからではなく，「安楽な関係や信念」を守り，現状を変えたくないという傾向があるからだと「わたし」は考えている。

問９＜文章内容＞気温の上昇により，南極西部の氷床は，数年前の予測よりもはるかに速く，溶けている。海水温の上昇により，サンゴ礁は急速に死滅し，絶滅に向かうスピードは速くなっている。

問10＜要旨＞災害が起こると，主流メディアは，黒人を災害の被害者ではなく悪者に仕立て上げる。このようなステレオタイプのストーリーは，「偏見をそのままにして前進」させるものであり（(1)…(ロ)），貧しい黒人や権力のない人々，白人男性以外の人々を，中傷するものである（(2)…(ヘ)）。貧しい人々や被害を受けた人々のストーリーは，記者が意識的に集めないかぎり，報道されず，社会で認知されないが（(3)…(ト)），直接体験した人々のストーリーは，主流メディアが伝えるステレオタイプのストーリーには根拠がないことを明らかにすることがある（(4)…(ヲ)）。ジャーナリストは，下層階級の人や犯罪被害者の直接体験したストーリーに耳を傾け，「伝えるパワーを持つ人びと」であり（(5)…(カ)），権力者や富裕層に都合のいいストーリーを「ブレイク」することができる強力な存在なのである（(6)…(タ)）。

2023年度 中央大学附属高等学校(帰国生)

【英　語】 (60分) 〈満点：100点〉

(注意)　試験開始30分後にリスニング問題を放送します。

I　次の(　)に入る最も適切なものを１つずつ選び，記号で答えなさい。

1．I (　　　) the movie five times if I see it again.
　あ．see　　い．will see　　う．have seen　　え．will have seen

2．You (　　　) the song before because it is quite famous.
　あ．must hear　　い．must have heard
　う．cannot have heard　　え．hadn't heard

3．The violin is similar to (　　　) I have.
　あ．it　　い．that　　う．the one　　え．a one

4．(　　　) that, I still think we can make this car go faster.
　あ．Having said　　い．To have said　　う．To having said　　え．Having say

5．I was absent from school yesterday.　It was (　　　) I had a headache.
　あ．the reason　　い．because　　う．how　　え．why

6．Frankly speaking, I do not like (　　　) you talk to me.
　あ．way how　　い．way in which　　う．the way　　え．the way which

7．Would you consider (　　　) your plan？
　あ．reschedule　　い．rescheduling
　う．to reschedule　　え．to rescheduling

8．Please set your mobile phone to (　　　) mode when you are near the priority seats.
　あ．silent　　い．silence　　う．mannered　　え．manner's

9．What (　　　) on TV now？
　あ．advertised　　い．is advertising
　う．is being advertising　　え．is being advertised

10．If she had joined the club, she (　　　) the captain now.
　あ．will be　　い．would be
　う．will have been　　え．would have been

II　次の各組の文がほぼ同じ意味になるように，(　)に入る最も適切な語を答えなさい。

1．My uncle never comes to my house without bringing a souvenir from his business trip.
　(　　　) my uncle comes to my house, he brings a souvenir from his business trip.

2．Let me introduce myself.
　(　　　) me to introduce myself.

3．He is different from what he was.
　He is not what he (　　　) to be.

4．Our school provides a good education for the students.
　Our school provides the students (　　　) a good education.

III　次の各文の下線部のうち，文法的に**誤っているもの**を１つずつ選び，記号で答えなさい。

1．You should use[あ] disinfectant alcohol[い] after contacting with[う] elevator[え] buttons.

2．It would[あ] be wise of[い] you to[う] avoid overcrowding[え] trains.

3．The movie was so[あ] scared[い] that I could not watch[う] it until the end[え].

4．The dog[あ] found a bone[い], and picked up it[う] with his teeth[え].

IV　次の２つの英文を読み，質問に対する答えとして最も適切なものを１つずつ選び，記号で答えなさい。

［1］ As we enter 2022, the latest results from the Henley Passport Index show record-breaking levels of travel freedom for top-ranking nations Japan and Singapore, but also the widest recorded global mobility gap since the index's inception 17 years ago. Without taking evolving and temporary Covid-related restrictions into account, passport holders of the two Asian nations can now enter 192 destinations around the world visa-free—166 more than Afghanistan, which sits at the bottom of the index.

According to historical data from the Henley Passport Index, which ranks all the world's passports according to the number of destinations their holders can access without a prior visa, an individual could, on average, visit 57 countries in 2006 without needing to obtain a visa in advance. Today, that number has risen to 107, but this overall increase masks a growing disparity between countries in the global north and those in the global south, with nationals from countries such as Sweden and the US able to visit more than 180 destinations visa-free, while passport holders from Angola, Cameroon, and Laos are able to enter only about 50.

According to the passage, which of the following sentences is most true ?

あ．Japan has been the only country with the most powerful passport for the past 17 years.

い．If you have the least powerful passport, you can only enter 26 countries without a visa.

う．According to the data, a person was able to go to 107 countries if they had a visa in 2006.

え．Angola, Cameroon, and Laos are some examples of countries in the global north.

［2］ A prediction made half a century ago about the future of planet Earth has become a reality, forcing the human race to do something about it. Syukuro Manabe, a Japan-born scientist working at Princeton University, has been named a co-recipient of last year's Nobel Prize in Physics for his pioneering research. His studies, using a supercomputer, showed that global temperatures rise from increased carbon dioxide levels in the atmosphere. Calculating the balance between the solar energy that reaches Earth and the energy released from the planet puts Earth's temperature at minus 18 degrees. This means our survival on Earth is owed to greenhouse gases. On the other hand, any rapid change in the volume of greenhouse gases, which are slightly present in the atmosphere, induces climate change that endangers human beings and other living organisms or life on Earth.

The Royal Swedish Academy of Sciences cited his contribution to the prediction of climate change as a reason for awarding him the Nobel Prize, saying, "His work laid the foundation for the development of current climate models."

According to the passage, which of the following sentences is most true ?

あ. What Syukuro Manabe predicted about 50 years ago has not yet occurred.

い. Although he was born and raised in the US, Syukuro Manabe teaches at a university in Japan now.

う. If it were not for greenhouse gasses, the Earth's temperature would be much lower.

え. Climate change is useful because it makes our lives safer and more comfortable.

V　次の英文を読んで，設問に答えなさい。

When Janette was very little, a famous ballet company came to her town. It was amazing that such a famous ballet company would come to the small town where she lived. Janette's parents took her to see the performance. She was amazed by the grace of the ballet dancers. Their movements were both powerful and gentle. From that day, Janette decided to become a ballet dancer.

"Mommy, do you think I can be a ballet dancer when I grow up ?" Janette asked her mother after the performance.

"Of course you can, sweetie. [(1)]," Janette's mother told her daughter.

"Yay !" Janette said. She was very excited.

"But it takes a lot of hard work and practice to succeed. [(2)], but if that's your dream, you must never give up !" Janette's mother said.

"I won't !" Janette replied.

The very next day, Janette started taking ballet lessons. She was very good at it and loved every minute. She always looked forward to going to her ballet classes.

One day, after class, the dance instructor said to Janette's mother : "Janette has a lot of talent. (1)<u>She could go very far if she keeps with it.</u>"

Janette was very talented. She was the fastest in the class to learn new moves. Her body moved much more gracefully (a) anyone else's. It wasn't long (b) the dance instructor picked her out as the star student of the class. During dance recitals, Janette was always ①<u>[give]</u> a lead role.

As Janette grew older, the local ballet company became interested in her. After one of her recitals, the director of the ballet company came up to her.

"[(3)]. I would love for you to join our company," he said.

Of course, Janette accepted his offer. This was a big step, and Janette hoped that it would lead to bigger things. The director admired her for her talent and always gave her important roles in their performances.

The following year, Janette learned of a new ballet company in New York City that was to be led by a famous ballet director. He was going to audition talented new dancers for his company. This would be Janette's big break and she knew it. She packed her bag with her ballet shoes and dance clothes and took the train to New York City. When it was her turn to perform for the audition, she performed as best as she could. When she finished, she turned to the director. She was excited to hear what he thought about it.

"Hmm . . . [(4)]," he said.

Janette couldn't believe her ears.

"I'm sorry . . . What ?"

"I said, that wasn't good enough," the director said.

With tears in her eyes, Janette ran from the room. She cried all the way home. When she got back to her house, she thought about throwing her ballet shoes away. Then she changed her mind.

"No, I'm not going to let that get me down. I know I'm good enough. I can do it. I'll prove that director wrong someday!" she said to herself.

She returned to the local ballet company and finished school. Then she decided to give New York City another try. She moved there and got a part-time job. In New York City, the ballet scene was very difficult. She continued to go to auditions, but she never got called back. She came very close to ②[quit], but she stayed true to her promise.

After a year of failures, she finally got a part in a professional company. Her role was only as a background dancer. She would have to work her way up from there. At first, Janette was very happy to have a job as a professional dancer. (2)But this turned out to be a hard time for her. She practiced very hard, but she wasn't making any progress. What's more, the senior dancers looked down on her. They would make fun of her and tell her she was no good.

After practice, she would often come home and cry. She had never imagined that dancing could be so difficult. When she thought about giving up, she remembered the day of her first audition. She remembered how bad she had felt after that. She also remembered her promise not to give up.

A few years had passed when Janette finally got a chance. One of the senior dancers got injured. The director asked Janette to take her part. It wasn't a lead part, but she would get to dance a solo for the first time. She danced very well. After that, she started to get better and better parts.

At last, Janette got a leading (3)role in a major show. She put everything she had into it and performed beautifully. As the audience was clapping at the end of the show, tears came to Janette's eyes. It was the most wonderful feeling in the world.

Then, through her tears, Janette saw a familiar face in the crowd. It was the famous director that had rejected her all those years ago. After the show, the director was waiting for her outside the stage door.

"Janette, I have never seen that role performed so well. You have become a great ballet dancer," he said.

Janette was surprised. She didn't know what to say. The director continued:

"I've been following your career ever since you left that audition years ago. You had such talent and grace. But, I could also see that you weren't ready. Things had come too easy to you. And because of that, you were missing the most important thing that a ballet dancer needs. You were missing the will to never give up. I'm glad you were able to find that. I hope you will audition for me in the future."

With that, the director walked away. Janette couldn't find anything to say. (4)Tears came running down her cheeks.

1. [(1)]～[(4)]に入る最も適切なものを1つずつ選び，記号で答えなさい。ただし，記号は1度しか使えない。

あ. That was nice, but you aren't ready yet

い. You can be anything you want to be

う. You have a lot of skill and talent

え. It won't be easy

2．下線部(1) She could go very far if she keeps with it. が意味する内容として最も適切なものを1つ選び，記号で答えなさい。
あ．バレエを続けるならば，遠方で上級者向けのレッスンを受けることもできる。
い．このままいけば，将来非常に有望なバレエダンサーになり得る。
う．調子の良いときは，足をとても高く上げたままの姿勢を長時間保つことができる。
え．一緒にレッスンを受ける仲間の中で，かなり早く振り付けを覚えられる。

3．(a)，(b)に入る最も適切な語を答えなさい。

4．①[give]，②[quit]を文脈に合うように直しなさい。ただし，語数は1語のままとする。

5．下線部(2) But this turned out to be a hard time for her. とあるが，その内容として本文で述べられているものを1つ選び，記号で答えなさい。
あ．経済的に苦しく，新しいバレエシューズを買うこともできなかった。
い．怪我をしてしまったことで，せっかくつかみかけた主役の座を逃した。
う．バレエ団の監督が厳しく，練習についていくことができなかった。
え．先輩のダンサーたちから見下され，踊りが下手だと言われた。

6．下線部(3) role と同じ意味で使われている語を本文中から抜き出し，答えなさい。

7．下線部(4) Tears came running down her cheeks. とあるが，この時の Janette の心情として考えられるものを1つ選び，記号で答えなさい。
あ．努力が報われ目標に近づくことができた喜び
い．最高の踊りを見せることができなかった悔しさ
う．自分をつらい目に遭わせてきた監督への怒り
え．思いがけず実力以上の評価を得たことへの驚き

8．本文の内容と一致するものを3つ選び，記号で答えなさい。
あ．バレエダンサーを目指す幼い Janette を，両親は町に来たバレエ団の公演へ連れて行った。
い．Janette はレッスンに通い始めてすぐに，バレエの才能を開花させた。
う．Janette は地元のバレエ団に所属することが，さらなるステップアップにつながると期待した。
え．地元のバレエ団で，Janette は監督からあまり高い評価を得ることができなかった。
お．ニューヨークでの初めてのオーディションで失敗をし，Janette は一度バレエを止めた。
か．再びニューヨークへ戻った Janette は，働きながらオーディションを受け続けた。
き．Janette がニューヨークのプロのバレエ団で初めて役をもらうまでに，3年かかった。
く．ニューヨークのバレエ団では，Janette は主役まで上りつめることはできなかった。
け．Janette は，たしかな技術こそバレエダンサーにとって最も大切なものであると学んだ。

＜リスニング・ライティング問題＞ 〈編集部注：放送文は未公表につき掲載してありません。〉

VI　これから英語による講義を聞き，Part A の質問に答えなさい。英語と質問は2回ずつ読まれます。Part B では，講義の内容に関連するテーマについて，あなたの意見を書きなさい。Part B については，具体的な指示がありますので，よく読んでから解答してください。

Part A

1．あ．Students have already had several sessions before this lecture.
い．Students will all stay together in the same accommodation.
う．Students will take twenty lessons a week at the language school.
え．Students will have extra language lessons during the weekend.

2．あ．It was part of his university course.

い．He stopped by while traveling around the world.

う．He stayed there for several months.

え．It was his first trip to a foreign country.

3．あ．Pedro's family rented a big restaurant for his sister's birthday party.

い．The huge decoration broke because it was blown off the tree by a strong wind.

う．The speaker found that the decoration was made of an empty colorful box.

え．The speaker learned that the custom was also used on other occasions.

4．あ．He decided to visit more countries to learn about different cultures.

い．He explored birthday customs in different cultures.

う．He learned that some countries had the same customs for birthday celebrations.

え．He was invited to many birthday parties by students from various countries.

5．あ．You may be able to enjoy the British way of celebrating birthdays during the trip.

い．Try to travel to as many countries as possible while you are young.

う．Look at similarities as well as differences between other cultures and your own.

え．You will get good grades in English if you study hard at the language school.

Part B　あなたは海外の人に，どのような日本の文化や習慣を紹介したいと思いますか。紹介したいと思うものを**1つ**挙げ，そのように考える**具体的な理由2つ**とともに，100語程度の英語で述べなさい。

【数　学】（60分）〈満点：100点〉

（注意）　1．答の $\sqrt{\quad}$ の中はできるだけ簡単にしなさい。

　　　　　2．円周率は π を用いなさい。

1　次の問いに答えなさい。

(1)　$\left(\dfrac{2}{3\sqrt{3}}xy^2\right)^3 \div \left\{-\left(-\dfrac{2y}{\sqrt{6}\,x}\right)^2\right\}^3 \div \left(\dfrac{x}{\sqrt{3}}\right)^5$ を計算しなさい。

(2)　$(\sqrt{3}+\sqrt{2}+1)(\sqrt{3}-\sqrt{2}-1)-\dfrac{1}{1-\sqrt{2}}$ を計算しなさい。

(3)　$a(2b-1)^2-a(1-2b)$ を因数分解しなさい。

(4)　連立方程式 $\begin{cases} \dfrac{1}{x+y}-x=2 \\ \dfrac{1}{x+y}+y=4 \end{cases}$ を解きなさい。

(5)　2次方程式 $3(x+4)^2=2(x-3)(x+9)-(x+10)(x-10)$ を解きなさい。

(6)　放物線 $y=x^2$ 上に点 $\mathrm{A}(-2,\ 4)$，点 $\mathrm{P}(t,\ t^2)$ がある。原点をOとするとき，$\angle\mathrm{OAP}=90^\circ$ となるような t の値を求めなさい。

(7)　下の図の $\angle x$ の大きさを求めなさい。ただし，円周上の点は円周を8等分した点とする。

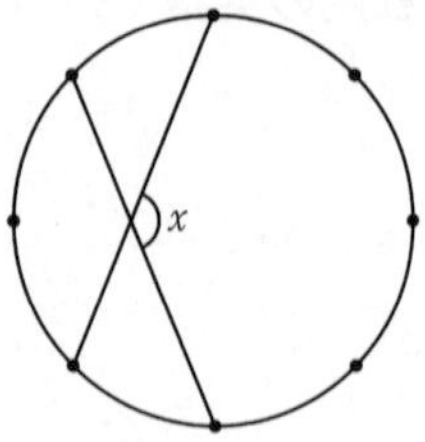

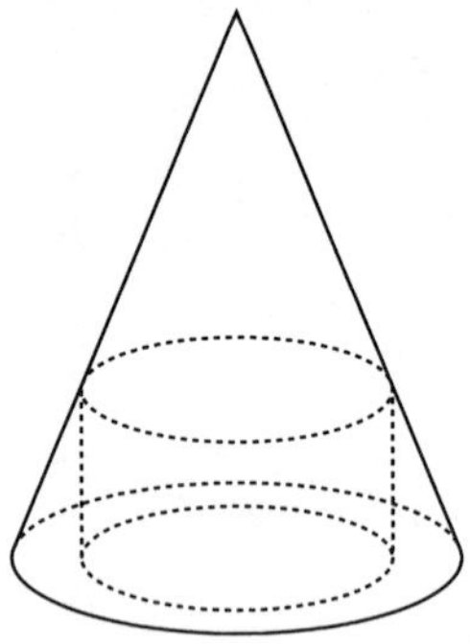

(8)　右の図のように，底面の半径が1，母線の長さが $\sqrt{5}$ の円錐に円柱が内接している。円柱の底面の半径と高さが等しいとき，円柱の体積を求めなさい。ただし，円周率は π とする。

(9)　図のように，曲線 $y=\dfrac{60}{x}\ (x>0)$，直線 $y=2x-6$，2点 $\mathrm{A}(-2,\ 6)$，$\mathrm{B}(-2,\ -2)$ がある。また，点Cを直線 $y=2x-6$ 上に，点Dを曲線 $y=\dfrac{60}{x}\ (x>0)$ 上にとる。

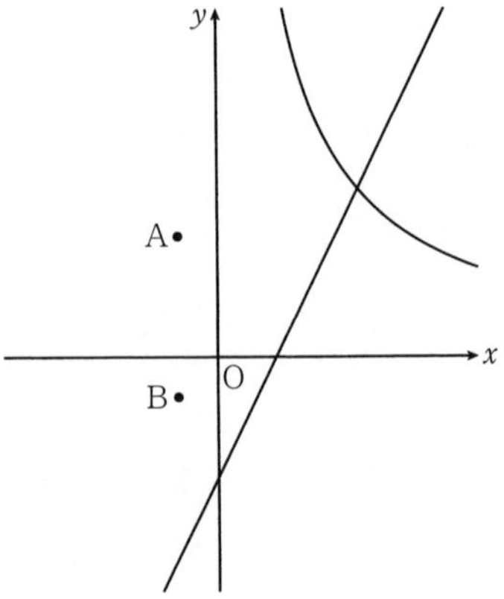

(ア)　4点A，B，C，Dを頂点とする四角形が平行四辺形となるとき，点Cの座標をすべて求めなさい。ただし，点Cの x 座標は正とする。

(イ)　原点Oを通る直線 l が，平行四辺形ABCDの面積を2等分するとき，直線 l の式を求めなさい。ただし，点Cの y 座標は点Dの y 座標より小さいものとする。

(10)　自然数 n と $m \leqq n$ を満たす自然数 m に対して，n より小さい $(m-1)$ 個の自然数 $n-1$，$n-2$，……，$n-(m-1)$ と，n より大きい $(m-1)$ 個の自然数 $n+1$，$n+2$，……，$n+(m-1)$ および自然数 n をすべてかけたものを＜n，m＞と定める。

＜n，m＞$=\{n+(m-1)\}\times\cdots\times(n+1)\times n\times(n-1)\times\cdots\times\{n-(m-1)\}$

(ア)　＜5，3＞を求めなさい。

(イ)　＜n，2＞$=168n$ を満たす自然数 n を求めなさい。

(ウ)　$n \geqq 2$ とするとき，次の $\boxed{}$ にあてはまる n の式を求めなさい。

$\langle n+2,\ n\rangle + \langle n+1,\ n\rangle = (\boxed{}) \times \langle n+1,\ n-1\rangle$

2　以下の文章を読み，$\boxed{\text{ア}}$ ～ $\boxed{\text{サ}}$ にあてはまる数または式を求めなさい。ただし，$\boxed{\text{イ}}$ については，展開しなくてもよい。

数学科の Math 先生と生徒の太郎くんが n 次方程式の解の公式について話をしている。

Math：2 次方程式 $ax^2+bx+c=0$ の解の公式は知っていますよね？

太　郎：もちろん！　$x=\dfrac{-b\pm\sqrt{b^2-4ac}}{2a}$ です！

Math：その通りです。

太　郎：公式なので頑張って暗記しました。

Math：それでは，1 次方程式 $ax+b=0$ の解の公式は知っていますか？

太　郎：1 次方程式の解の公式⁉　解の公式は 2 次方程式だけしか知りません…。公式なんて使わなくても式変形すれば解けるので。

Math：あえて公式として表現すると，1 次方程式 $ax+b=0$ の解の公式は $x=-\dfrac{b}{a}$ となります。左辺の b を移項してから両辺を a で割れば得られますよね。2 次方程式についても，式変形により解の公式が得られます。

太　郎：2 次方程式の段階で公式を導くのは難しかったので，3 次方程式や 4 次方程式の解の公式を導くのは大変な作業のような気がします。

Math：その通りです。ちなみに，3 次方程式と 4 次方程式については解の公式が存在しますが，5 次以上の方程式については解の公式は存在しません。

太　郎：5 次以上だと存在しないのですか。存在しないことが証明されているなんて…数学のマジカルパワーには圧倒されます。気を失いそう…。

Math：しっかりしてください。気を取り直して，3 次方程式と 4 次方程式については解の公式が存在する，つまり式変形により解けるので，まずは 4 次方程式の解の公式に挑戦しませんか？

太　郎：3 次ではなく 4 次なのですね！　難しい方がやる気が出ます‼　ぜひ教えて下さい。

Math：それでは 4 次方程式 $ax^4+bx^3+cx^2+dx+e=0$ を式変形により解いてみましょう。

まずは両辺を a で割り，$x^4+px^3+qx^2+rx+s=0$…①の形にします。

ここで，p，q，r，s については $p=\dfrac{b}{a}$ のように置き換えています（q，r，s についても同様，以下省略）。

次に，$x=y-\dfrac{1}{4}p$ とおいて，①に代入します。

太　郎：なぜ $x=y-\dfrac{1}{4}p$ とおくのでしょうか？

Math：この置き換えにより①の y^3 の項を消去することができるのです。次の展開式を確認して下さい。

$$x^4=\left(y-\frac{1}{4}p\right)^4=y^4-py^3+\frac{3}{8}p^2y^2-\frac{1}{16}p^3y+\frac{1}{256}p^4$$

$$x^3=\left(y-\frac{1}{4}p\right)^3=y^3-\frac{3}{4}py^2+\frac{3}{16}p^2y-\frac{1}{64}p^3$$

太　郎：なるほど。これらを①に代入すると…確かに y^3 の項が消えますね。

Math：この置き換えにより得られる4次方程式を$y^4+ky^2+ly+m=0$とし，さらに移項して$y^4=-ky^2-ly-m$を得ます。続けて，この式の両辺に$2ny^2+n^2$を加え，次のように左辺は因数分解し，右辺はyについて整理します。

$$y^4+2ny^2+n^2=-ky^2-ly-m+2ny^2+n^2$$

$$(\boxed{\text{ア}})^2=(2n-k)y^2-ly+n^2-m \quad \cdots②$$

太　郎：左辺が2乗の形になったので，右辺も2乗の形になれば$A^2=B^2$となるので解けそうですね！

Math：鋭いですね。これから行う式変形の肝となるアイデアです。②の右辺に注目しましょう。

yの2次方程式$(2n-k)y^2-ly+n^2-m=0\cdots③$を解の公式を用いて解くと，

$y=\dfrac{l\pm\sqrt{\boxed{\text{イ}}}}{2(2n-k)}$となりますが，特に$\boxed{\text{イ}}=0\cdots④$のとき③はただ1つの解をもつので，次のように因数分解できます。

※イについては，展開しなくてもよい

$$(2n-k)y^2-ly+n^2-m=(\alpha y+\beta)^2$$

太　郎：なるほど。解の公式の「ルートの中身」が0のとき2乗の形に因数分解できるのですね。

Math：ちなみに，2次方程式$ax^2+bx+c=0$に対して，b^2-4ac(解の公式の「ルートの中身」)を「判別式」といいます。

太　郎：(判別式)$=0$となるnの値を求めることがポイントなんですね。

Math：その通りです。④はnの3次方程式ですから，解の公式等により解くことができます。

それではいよいよ最終局面です。④を満たすnの値を②に代入し，次のように式変形を行います。

$$(\boxed{\text{ア}})^2=(\alpha y+\beta)^2$$

$$(\boxed{\text{ア}})^2-(\alpha y+\beta)^2=0$$

$$(\boxed{\text{ア}}+\alpha y+\beta)(\boxed{\text{ア}}-\alpha y-\beta)=0 \quad \cdots⑤$$

⑤より，2つの2次方程式$\boxed{\text{ア}}+\alpha y+\beta=0$，$\boxed{\text{ア}}-\alpha y-\beta=0$が得られますね。

太　郎：2次方程式は簡単に解けます！　2次方程式が2つ得られるので，それぞれ解けば4つの解が得られます！

Math：流れは理解できたようですね。それでは，4次方程式$x^4+4x^3-12x^2-29x+6=0$を解いてみましょう。

太　郎：$x=y-\boxed{\text{ウ}}$とおいて代入すると…$y^4-18y^2+3y+20=0$となります。

Math：その通りです。

太　郎：続けて，移項して両辺に$2ny^2+n^2$を加えればいいので

$$y^4+2ny^2+n^2=18y^2-3y-20+2ny^2+n^2$$

$$(\boxed{\text{ア}})^2=(2n+18)y^2-3y+n^2-20 \quad \cdots⑥$$

となります。

Math：その調子ですよ。次は⑥の右辺について，(判別式)$=0$となるnの値を求めればよいのですが，3次方程式が関わってくるので少し手助けします。(判別式)$=0$となるnの値を1つ求めると$n=-\dfrac{9}{2}$です。これを⑥に代入して下さい。

太　郎：代入すると…ホントだ！　右辺も2乗の形になりました！　あとは移項して因数分解すれば解けそうです！

ちょっと時間を下さい……できました！　因数分解すると

$(y^2+\boxed{\text{エ}}\,y-\boxed{\text{オ}})(y^2-\boxed{\text{カ}}\,y-\boxed{\text{キ}})=0$

となります。

Math：あとは２次方程式を２つ解けばいいので簡単ですね。

太　郎：yの値を求めてから$x=y-\boxed{\text{ウ}}$に代入すればいいので，

$x=-\boxed{\text{ク}}$，$\boxed{\text{ケ}}$，$\dfrac{-\boxed{\text{コ}}\pm\sqrt{\boxed{\text{サ}}}}{2}$ です！

Math：お疲れ様でした。残るは３次方程式の解の公式ですね。

太　郎：４次方程式の解の公式をマスターした私には簡単過ぎるかもしれません。

Math：ふふふ。十分難しいので覚悟して下さい。

太　郎：え⁇　そうなんですか!!?　聞いてないよー!!!

＜学びは続く＞

しかし、たとえ会社のトップから「義理チョコをやめるように」とお達しが出たとしても、それは無視され、この国はその〝ビタースイートな伝統〟を守り続けていくのだろう。

問1　この文章を一〇〇字程度で要約しなさい。

問2　この文章を読んであなたが考えたことを、四〇〇字程度で書きなさい。

【出典】　クーリエ・ジャポン編『海外メディアは見た　不思議の国ニッポン』（講談社現代新書、二〇二二年二月）五〇～五四ページ

るお返しをしなければならない。お返しのチョコレートの相場は、もらったチョコレートの値段のおよそ倍というのがしきたりらしい。

この巧みな「演出」には、感心させられると同時に、そら恐ろしい気持ちにもさせられる。やむを得ず義理チョコを買い、それに上乗せしてお返しせざるを得ない——そこには、日本の会社員特有の集団心理が読み取れる。

職場の暗黙のルールから外れることへの不安と、全員に何がしかの物を買うことで公平な人間と思われたいという承認欲求だ。

以前、筆者の女友だちのひとりが、慌てふためいた体験を話してくれたことがある。

ある年のバレンタインデー前日の2月13日。彼女は女性の同僚たちと「厳粛な協定」を結んだ。「明日はチョコなんて配らない。手ぶらで出社しよう」と。

ところが、翌朝、会社へ行くと、仲間のひとりが鮮やかな裏切りを見せていた。そのせいで、ほかの者たちは慌てて近くの店まで買い出しに走ったという。

義理チョコはくだらない慣習で、カネもかかり面倒くさい。にもかかわらず、「みんなと同じ」でないことへの恐怖から、長年やめられずにいるのだ。

この「横並び」から外れることへの恐怖心は、まさに日本のホワイトカラーの生産性を長年停滞に陥れてきたのと同じメカニズムである。だが、いまこそ、そんな慣習を捨てる絶好の機会かもしれない。

18年2月1日、ゴディバの日本法人は「日本経済新聞」(企業の管理職に広く読まれていることから選ばれた)に画期的な全面広告「日本は、義理チョコをやめよう。」を掲載。義理チョコに心を縛られるのは終わりにしようと呼びかけた。

ゴディバジャパンのジェローム・シュシャン社長の署名入りで掲載された広告のメッセージは次のようなものだ。

「バレンタインデーが幸運にも週末と重なる年には、日本中の企業にホッと安堵感《あんどかん》が広がります。もちろん、大切な人にはぜひチョコレートを贈ってもらいたいけれど、いまの時代にもう義理チョコはいらないでしょう。

バレンタインデーは、社内の人間関係を円滑にするために何か特別なことをしなくては、なんて考えさせられる日ではありません。だから男性の皆さん、とりわけ会社のトップの方々、女性たちを義理チョコの義務から解放してあげてください」

ゴディバははっきりとは述べていないが、義理チョコの落とす影は、日本の職場を覆う、もっと深い闇の一部にすぎない。

仲間からの同調圧力や因習がはびこるのは、なにも日本のホワイトカラーの職場に限られた話ではない。だが、毎年悩みの種となる義理チョコを見ていると、それがいかに根深くて変えることが難しいかを痛感させられる。

義理チョコは、口には出されないが、みんながそうしなければならないと感じている「しがらみ」のひとつだ。そうしたしがらみは、最悪の場合、妊娠中や幼い子供を抱えた女性社員に対する職場のいじめ「マタニティ・ハラスメント」や、過労死の原因となる。

たとえば、残業体質を改めるためのアイディアがあっても、変化に抵抗するよう刷り込まれた職場の慣習に阻まれて、結局は実現しない。

２０１７年、経済産業省は「プレミアムフライデー」を制定して、毎月最終週の金曜日の仕事を午後3時に終わらせようとした。この計画が発表されるやいなや、さまざまな企業や業界団体が免除を願い出ようと列をなした。

だが、そんな必要などなかったのだ。義理チョコの背景にあるのと同じ義務感と不安から、プレミアムフライデーに対する賛同は得られなかったのだから。

ゴディバの意見表明は、あくまでマーケティングの一環として自社の利益にかなったものであるが、日本の義理チョコ文化に一石を投じたとも言える。

二〇二三年度 中央大学附属高等学校（帰国生）

【国語】（六〇分）〈満点：一〇〇点〉

一 以下の設問に答えなさい。

問1 次の①～⑮について、――部のカタカナをそれぞれ漢字に直しなさい。また、⑯～⑳について、――部の漢字の読み方をひらがなで書きなさい。

① タクエツした才能を披露する。
② 仕事をウけ負う。
③ キフクに富んだ道を歩く。
④ 特殊な成分をチュウシュツする。
⑤ 昼食を食べソコねる。
⑥ フキュウの名作として知られる。
⑦ 治療をホドコす。
⑧ ジュンタクな資金がある。
⑨ 従業員をヤトう。
⑩ ヒレイを詫《わ》びる。
⑪ 課題がサンセキしている。
⑫ カンダカい声を発する。
⑬ 食事のコンダテを確認する。
⑭ 神社のケイダイを散歩する。
⑮ 業務をイタクする。
⑯ 信用を失墜させる。
⑰ 大人の失敗を嘲る。
⑱ 綱領をまとめる。
⑲ 控室で暫時待機する。
⑳ 卸し価格で購入する。

問2 次の①～⑤の慣用句について、□に当てはまる語を(ア)～(カ)の中から選び、それぞれ記号で答えなさい。また、その意味として適当なものを(キ)～(シ)の中から選び、それぞれ記号で答えなさい。

慣用句
① □を焦がす
② □をかける
③ □をあかす
④ □を割る
⑤ □を持つ

語 (ア) 足　(イ) 鼻　(ウ) 身
　(エ) 肩　(オ) 目　(カ) 腹

意味
(キ) 出し抜くことで優位に立っていた者を驚かせること。
(ク) 特別にかわいがったり、世話をしたりすること。
(ケ) 隠すことなく、本心を打ち明けること。
(コ) 誰かに恋心を抱き、思い悩むこと。
(サ) 逃げた者の行く先が判明すること。
(シ) どちらか一方の味方をすること。

二 次の文章を読んで、以下の設問に答えなさい。

安倍晋三首相から企業のトップに至るまで、最近の日本では「働き方改革」が声高に叫ばれ、さまざまな取り組みが提唱されているが、どれもこれも期待を裏切る結果に終わっている。いまや、ベルギーのチョコレートメーカーが頼みの綱なのかもしれない。

日本の企業文化に変革をもたらすべく、チョコレートメーカーのゴディバが矛先を向けたのはバレンタインデーだった。厳密に言うと、この国の職場で長年続いている「義理チョコ」の慣習だ。

日本の働く女性たちは、毎年2月14日になると、チョコレートを買って同僚の男性社員に(たいてい作り笑いを浮かべながら)公平に配らなくてはならない、という〝義務〟を感じている。そして、チョコレートをもらった男性たちはひと月後に、その〝厚意〟に対す

2023年度／中央大学附属高等学校（帰国生）

英語解答

Ⅰ 1 え　2 い　3 う　4 あ
5 い　6 う　7 い　8 あ
9 え　10 い

Ⅱ 1 Whenever　2 Allow
3 used　4 with

Ⅲ 1 う　2 え　3 い　4 う

Ⅳ ［1］ い　［2］ う

Ⅴ 1 (1)…い　(2)…え　(3)…う　(4)…あ
2 い　3 a than　b before
4 ① given　② quitting
5 え　6 part　7 あ
8 い，う，か

Ⅵ Part A　放送文未公表

Part B

（例）I would like to introduce origami to people from other countries. Origami is the Japanese art of paper folding, which is a fun and educational activity. Origami can be a low-cost and beginner-friendly way to have fun. You just need to prepare a sheet of paper, and it is not difficult to create a simple object like a flower by folding the paper several times. Origami can also be educational because it helps to develop problem-solving skills and concentration. The folding process of creating a complex object like a paper flower bouquet requires you to make a careful design using geometry and move your fingers skillfully.（106語）

数学解答

1 (1) $-3x^4$　(2) $1-\sqrt{2}$

(3) $2ab(2b-1)$

(4) $x=-\dfrac{3}{2}$，$y=\dfrac{7}{2}$

(5) $x=-3\pm2\sqrt{2}$　(6) $\dfrac{5}{2}$

(7) 135°　(8) $\dfrac{8}{27}\pi$

(9) (ア) (5，4)，(10，14)　(イ) $y=\dfrac{10}{3}x$

(10) (ア) 2520　(イ) 13　(ウ) $4n^2+6n$

2 ア…y^2+n　イ…$l^2-4(2n-k)(n^2-m)$
ウ…1　エ…3　オ…5　カ…3
キ…4　ク…2　ケ…3　コ…5
サ…29

国語解答

一 問1 ① 卓越 ② 請 ③ 起伏

④ 抽出 ⑤ 損 ⑥ 不朽

⑦ 施 ⑧ 潤沢 ⑨ 雇

⑩ 非礼 ⑪ 山積 ⑫ 甲高

⑬ 献立 ⑭ 境内 ⑮ 委託

⑯ しっつい ⑰ あざけ

⑱ こうりょう ⑲ ざんじ

⑳ おろ

問2 ①…(ウ)・(コ) ②…(オ)・(ク)

③…(イ)・(キ) ④…(カ)・(ケ)

⑤…(エ)・(シ)

二 問1 (例)義理チョコに見られる「しがらみ」は，日本の職場を覆う深い闇の一部である。「みんなと同じ」でないことへの恐怖心は，日本の生産性を停滞に陥れてきたが，この同調圧力や因習は，根深くて変えることが難しい。(98字)

問2 (省略)

2022年度 中央大学附属高等学校（推薦）

【英　語】（30分）〈満点：60点〉

I　次の(　)に入る最も適切なものを1つずつ選び，記号で答えなさい。

1．Tom (　　) a better way to solve the problem.
　あ．suggested　い．suggested about　う．suggested for　え．suggested on
2．According to the astronauts, the earth (　　) from space is really beautiful.
　あ．see　い．seeing　う．sees　え．seen
3．(　　) we tried our best, we lost the game.
　あ．Although　い．However　う．If　え．Unless
4．The teacher gave each student a (　　) of paper to write a report on.
　あ．bit　い．sheet　う．slice　え．group
5．Jane kept looking (　　) her house key.　She lost it last night.
　あ．about　い．after　う．for　え．on
6．I overslept, so I had (　　) time to go shopping to buy a present for my father.
　あ．a few　い．a little　う．few　え．little
7．I don't like the color of this T-shirt.　Could you show me (　　)?
　あ．another　い．one　う．other　え．it
8．It was very careless (　　) you to make such a mistake.
　あ．at　い．of　う．for　え．to
9．The man asked me (　　　　).
　あ．which would student run the fastest
　い．which would run the fastest student
　う．which the fastest student would run
　え．which student would run the fastest
10．Aki went to the beach with her family (　　) the summer holidays.
　あ．at　い．on　う．during　え．while

II　次の各組の文がほぼ同じ意味になるように，(　)に最も適切な語を入れたとき，(＊)に入る語を答えなさい。

1．Miki speaks English well.
　Miki (　　) a good (　＊　) of English.
2．How is the weather in Okinawa today?
　(　　) is the weather (　＊　) in Okinawa today?
3．Alaska is the largest state in the United States.
　(　　)(　＊　) state in the United States is as large as Alaska.
4．Taro said to his mother, "Could you drive me to the station, please?"
　Taro (　＊　) his mother (　　) drive him to the station.
5．Mary sent Jim a Christmas card.
　A Christmas card was (　　)(　＊　) Jim by Mary.

III　次の対話が完成するように，(　)に最も適切な語を入れたとき，(＊)に入る語を答えなさい。

1．A：(　　)(　＊　) is the station from here?
　　B：I think it's about a kilometer from here.

2．A：I(　　)(　＊　) been to Hokkaido before, so I'm really looking forward to my first visit there next spring.
　　B：Oh, really?　My grandparents live there, so I go there almost every summer.

3．A：I have no idea (　　)(　＊　) give my mother on Mother's day.
　　B：Some red carnations would make a good present, but I think a handkerchief would also be nice.

4．A：I(　＊　)(　　) eat out at night before COVID-19, but now I cook dinner at home every day.
　　B：Wow!　With over a year of practice, you must be a good cook now!

5．A：Naoko can not (　　) play the piano really well (　＊　) also the violin.
　　B：Really?　It must be great to be able to play two different instruments.

IV　次の２つの英文を読み，[　　]にあてはまる最も適切なものを１つずつ選び，記号で答えなさい。

[1]　One of the first solo drum performances in front of an audience was an accident.　In the early 1900s, a famous actress, Anna Held, was in a play.　At the start of each performance, when the curtain began to rise, the drummer in the theater played a drumroll.　One day, however, the curtain did not rise.　So, the drummer gave the signal again.　Still the curtain stayed down.　After a few more rolls of the drum, the drummer started a long drum solo.　Finally, the curtain went up. Surprisingly, the drummer's solo was a hit with the audience and it became a regular part of the show.

The paragraph is about [　　　　].

あ．why a famous actress did not appear on time
い．how an accident started a new type of performance
う．who the most wonderful drummer in the world was
え．when Anna Held became popular on stage as a famous musician

[2]　If you think the feminist movement began in recent years, you're wrong.　As early as 1776, Abigail Adams, the wife of the second US President, John Adams, began fighting for women's rights. Abigail thought that it was unfair that men had unlimited power over their wives.　She also felt that women had no voice in government.　She even sent her husband, the president, a formal list of women's honest thoughts and opinions, and told him that if he didn't listen to them, they would stand up for themselves and fight against the government.　He told her that it was impossible, and wouldn't support her.　However, Abigail's hard work was possibly the first step toward equal rights in the US.

The paragraph is about how [　　　　].

あ．President John Adams supported women's rights in 1776
い．the US Government supported women's rights in 1776
う．Abigail Adams fought for women's rights
え．Abigail Adams received a lot of support from men and women in the US

V　次の英文を読み，あとの問いに答えなさい。

A group of researchers in Europe have started a 3-year project to collect information about the important smells of Europe, from the 1500s to the early 1900s. One part of the project will be (1)[try] to create the *scents of long ago.

The project is called "Odeuropa," and ①it includes scientists and experts from a wide range of areas, including history, art, language, *chemistry, and computer technology. The European Union has given Odeuropa $3.3 million to spend over the next three years to help them research smells and try to bring them back.

The people behind the project believe that smell is an important part of history, but ②one that we often forget. Through pictures, photos, videos, and audio recordings we have records of how things looked and sounded. But we don't have records of how they smelled.

And yet smell is an important sense. As the project's website says, "Much more so than any other sense, our sense of smell is linked directly to our feelings and our memories."

The project isn't just collecting information about pleasant scents. They also want to collect strong or bad smells as well. This includes smells such as *incense or spices, but also things like burning *coal or *animal droppings.

At different times in history, different smells have been more common. Long ago, the smell of *tobacco was unknown in Europe. Then it became common. In the 1800s, coal smoke was everywhere. These days, it's more common to smell other kinds of air pollution.

For ③[あ. and　い. half　う. year　え. the　お. a　か. first], the project will focus on collecting information about European smells going back to the 1500s. The group plans to create digital versions of historical books in seven different languages. They will also *scan old paintings.

The scanned information will be used to train an AI system to look for anything to do with smells. Once the system is trained, ④it should be able to collect information on the smells of many different types of things.

This information will become part of an online database which will show [　⑤　] over time. This database will include information on the places and events (2)[connect] with the smells, and the stories behind them.

The final part of the project is even more difficult. The team will work with scientists to ⑥[あ. aren't　い. to　う. that　え. smells　お. around　か. create　き. anymore　く. try].

The team hopes to produce about 120 different scents. Odeuropa will then give the smells [　X　] museums across Europe.

One of the project's goals is to help museums do a better job of using smells in their *exhibits. Using smells is also a way for museums to help include people who have lost other senses, such as sight or hearing.

Members of the Odeuropa team point out that the coronavirus has reminded many people [　Y　] the importance of smell. One sign that a person may have the coronavirus is the loss of taste and smell. Once people lose a sense, ⑦they finally realize how much they (　　) it.

注：*scent　香り　*chemistry　化学　*incense　香《こう》　*coal　石炭
*animal droppings　動物のふん　*tobacco　タバコ　*scan　スキャナで読み込む

＊exhibit　展示品

1．本文中の(1)[try]，(2)[connect]を文脈に合うように直しなさい。ただし，語数は1語のままとする。

2．下線部① it includes scientists and experts from a wide range of areas が意味するものとして最も適切なものを1つ選び，記号で答えなさい。

あ．このプロジェクトに対しては，多くの研究者たちが反対している

い．このプロジェクトには，世界の多くの地域から専門家たちが参加している

う．このプロジェクトに参加できるのは，限られた分野の学者のみである

え．このプロジェクトには，様々な分野の科学者や専門家が関わっている

3．下線部② one that we often forget が意味するものとして最も適切なものを選び，記号で答えなさい。

あ．人間には共通して忘れてしまうものが一つだけある

い．かつて嗅いだにおいをよく忘れてしまう

う．においが歴史上重要な意味を持つことを忘れてしまう

え．開発に携わる研究者たちのことをよく忘れてしまう

4．下線部③[あ．and　い．half　う．year　え．the　お．a　か．first]を意味が通るように並べ替えたとき，**2番目**と**6番目**にくる語を記号で答えなさい。

5．下線部④ it が具体的に指しているものを本文から**3語**で抜き出しなさい。

6．空欄 ⑤ に入る最も適切なものを選び，記号で答えなさい。

あ．how the number of different bad smells has increased

い．how clean the air was in the 1800s

う．how AI systems are not as important as before

え．how the collection of smells around us has changed

7．下線部⑥[あ．aren't　い．to　う．that　え．smells　お．around　か．create　き．anymore　く．try]を「もはや存在しないにおいを作り出そうとする」という意味になるように並べ替えたとき，**3番目**と**6番目**にくる語を記号で答えなさい。

8．本文中の X ， Y に入る最も適切な語を1つずつ選び，記号で答えなさい。

あ．out　い．to　う．at

え．of　お．from　か．for

9．下線部⑦ they finally realize how much they (　　) it の(　)内に入る最も適切なものを選び，記号で答えなさい。

あ．feel　い．hate

う．miss　え．learn

10．本文の内容と一致するものを**2つ**選び，記号で答えなさい。

あ．Odeuropa の研究では，古代ヨーロッパにおけるにおいが対象とされている。

い．欧州連合は，Odeuropa の研究に対して年間換算で110万ドルに値する資金を拠出した。

う．Odeuropa によると，人類の嗅覚は，五感の中で最も感情や記憶に直結している。

え．Odeuropa の研究では，人類が好むにおいの収集のみを行った。

お．研究の結果，大気汚染の原因は時代によって違いがなかったことがわかった。

か．ヨーロッパの博物館では，視覚や聴覚に障がいを持つ人々のために，120種類ものにおいがすでに活用されている。

VI　学校の授業をオンラインで受けることの利点を，以下の英語に続けて書きなさい。さらに，それに対する理由や説明を**15語以上**の英語で書きなさい。複数の文を書いても良い。なお，ピリオド，コンマなどの符号は語数に含めない。

1．The advantage of taking lessons online is that ______________________________.

（語数制限なし）

2．| 15語以上の英語 |

【数　学】 (30分) 〈満点：60点〉

(注意)　1．答の $\sqrt{}$ の中はできるだけ簡単にしなさい。

　　　　2．円周率は π を用いなさい。

(1)　$(a^2b^3)^2\times(-2a^2)\div\left(-\dfrac{1}{2}ab\right)^3$ を計算しなさい。

(2)　$\left(\dfrac{\sqrt{6}-\sqrt{2}}{2}\right)^2-\left(\dfrac{\sqrt{6}+\sqrt{2}}{2}\right)^2+(\sqrt{3}+1)(\sqrt{3}-2)$ を計算しなさい。

(3)　$3abd+6bcd-9ab-18bc$ を因数分解しなさい。

(4)　連立方程式 $\begin{cases}\dfrac{4x+y}{3}-\dfrac{3x-5y}{4}=-3\\(x-2y+1):(3x-y+3)=2:3\end{cases}$ を解きなさい。

(5)　x についての2次方程式 $x^2-ax-2a^2=0$ の解の1つが $x=2$ であるとき，定数 a の値をすべて求めなさい。

(6)　3つのサイコロA，B，Cを同時に投げるとき，目の和が5以上となる確率を求めなさい。

(7)　半径の差が1，表面積の和が 34π である2つの球がある。この2つの球の体積の和を求めなさい。

(8)　図のように，平行四辺形を頂点が辺と重なるように折り返したとき，$\angle x$ の大きさを求めなさい。

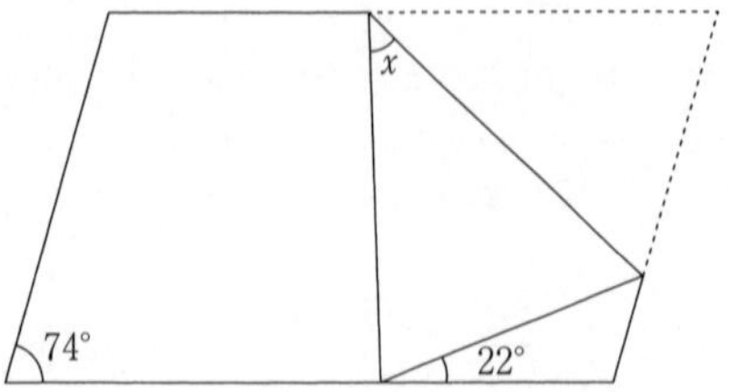

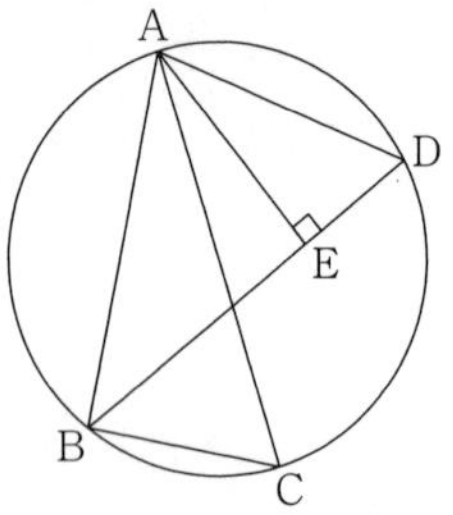

(9)　図において，ACは円の直径であり，AC＝8，AD＝6，AE＝5である。

　(ア)　ABの長さを求めなさい。

　(イ)　BEの長さを求めなさい。

(10)　関数 $y=ax^2$ のグラフと直線 l が2点A，Bで交わり，関数 $y=bx^2$ のグラフと直線 l が2点C，Dで交わっている。点Aの x 座標が3，点Bの座標が $(-1,\ 1)$，△OADの面積を x 軸が2等分しているとき，次の問いに答えなさい。ただし，$a>0$，$b<0$ とする。

　(ア)　a の値を求めなさい。

　(イ)　直線 l の式を求めなさい。

　(ウ)　b の値を求めなさい。

　(エ)　点Cの座標を求めなさい。

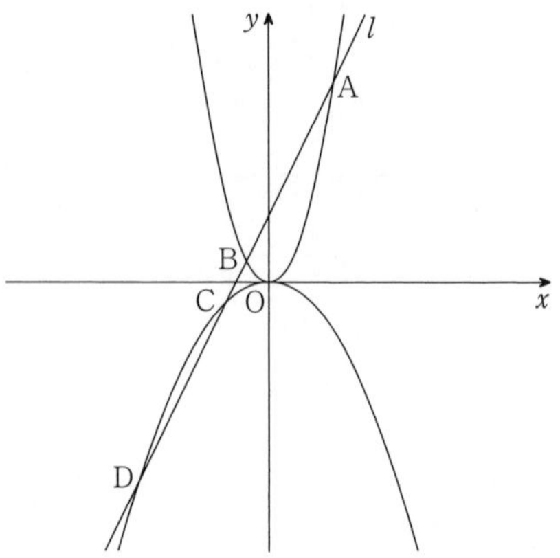

教育、性愛、スポーツ、看取《みと》りなど、人生の重要な局面で、私たちが出会うことになる人間関係です。そこで経験する人間関係、つまりさわり方／ふれ方は、その人の幸福感にダイレクトに影響を与えるでしょう。

【出典】　伊藤亜紗『手の倫理』（講談社、二〇二〇年）より

るということの場合には抜け落ちて、ここでは内－外、自－他、受動－能動、一言でいってさわるものとさわられるものの区別がはっきりしてくるのである。

「ふれる」が相互的であるのに対し、「さわる」は一方的である。ひとことで言えば、これが坂部の主張です。

　言い換えれば、「ふれる」は人間的なかかわり、「さわる」は物的なかかわり、ということになるでしょう。そこにいのちをいつくしむような人間的なかかわりがある場合には、それは「ふれる」であり、おのずと「ふれ合い」に通じていきます。逆に、物としての特徴や性質を確認したり、味わったりするときには、そこには相互性は生まれず、ただの「さわる」にとどまります。

　重要なのは、相手が人間だからといって、必ずしもかかわりが人間的であるとは限らない、ということです。坂部があげている痴漢の例のように、相手の同意がないにもかかわらず、つまり相手を物として扱って、ただ自分の欲望を満足させるために一方的に行為におよぶのは、「さわる」であると言わなければなりません。傷口に「さわる」のが痛そうなのは、それが一方的で、さわられる側の心情を無視しているように感じられるからです。そこには「ふれる」のような相互性、つまり相手の痛みをおもんぱかるような配慮はありません。

　もっとも、人間の体を「さわる」こと、つまり物のように扱うことが、必ずしも「悪」とも限りません。たとえば医師が患者の体を触診する場合。お腹《なか》の張り具合を調べたり、しこりの状態を確認したりする場合には、「さわる」と言うほうが自然です。触診は、医師の専門的な知識を前提とした触覚です。ある意味で、医師は患者の体を科学の対象として見ている。この態度表明が「さわる」であると考えられます。

　同じように、相手が人間でないからといって、必ずしもかかわりが非人間的であるとは限りません。物であったとしても、それが一点物のうつわで、作り手に思いを馳《は》せながら、あるいは壊れないように気をつけながら、いつくしむようにかかわるのは「ふれる」です。では「外の空気にふれる」はどうでしょう。対象が気体である場合には、ふれようとするこちらの意志だけでなく、実際に流れ込んでくるという気体側のアプローチが必要です。この出会いの相互性が「ふれる」という言葉の使用を引き寄せていると考えられます。

　人間を物のように「さわる」こともできるし、物に人間のように「ふれる」こともできる。このことが示しているのは、「ふれる」は容易に「さわる」に転じうるし、逆に「さわる」のつもりだったものが「ふれる」になることもある、ということです。

　相手が人間である場合には、この違いは非常に大きな意味を持ちます。たとえば、障害や病気とともに生きる人、あるいはお年寄りの体にかかわるとき。冒頭に出した傷に「ふれる」はよいが「さわる」は痛い、という例は、より一般的な言い方をすれば「ケアとは何か」という問題に直結します。

　ケアの場面で、「ふれて」ほしいときに「さわら」れたら、勝手に自分の領域に入られたような暴力性を感じるでしょう。逆に触診のように「さわる」が想定される場面で過剰に「ふれる」が入ってきたら、その感情的な湿度のようなものに不快感を覚えるかもしれません。ケアの場面において、「ふれる」と「さわる」を混同することは、相手に大きな苦痛を与えることになりかねないのです。

　あらためて気づかされるのは、私たちがいかに、接触面のほんのわずかな力加減、波打ち、リズム等のうちに、相手の自分に対する「態度」を読み取っているか、ということです。相手は自分のことをどう思っているのか。あるいは、どうしようとしているのか。「さわる」「ふれる」はあくまで入り口であって、そこから「つかむ」「なでる」「ひっぱる」「もちあげる」など、さまざまな接触的動作に移行することもあるでしょう。こうしたことすべてをひっくるめて、接触面には「人間関係」があります。

　この接触面の人間関係は、ケアの場面はもちろんのこと、子育て、

二〇二二年度 中央大学附属高等学校（推薦）

【小論文】（六〇分）

【問】　傍線部「傷に『ふれる』はよいが『さわる』は痛い」とありますが、これについて筆者はどう考えていますか。説明してください。また、《例》に掲げたような、「ふれる」－「さわる」と同様の類語一組を挙げ、その二語についてのあなたの考察を述べてください。字数は、全体で五〇〇～六〇〇字とします。

なお、適当な類語が見出《みいだ》せない場合には、《例》にあるものを用いてもかまいません。

《例》「あける」－「ひらく」　「つかむ」－「にぎる」
「こわい」－「おそろしい」　「風景」－「光景」

日本語には、触覚に関する二つの動詞があります。

①さわる
②ふれる

英語にするとどちらも「touch」ですが、それぞれ微妙にニュアンスが異なっています。

たとえば、怪我《けが》をした場面を考えてみましょう。傷口に「さわる」というと、何だか痛そうな感じがします。さわってほしくなくて、思わず患部を引っ込めたくなる。

では、「ふれる」だとどうでしょうか。傷口に「ふれる」というと、状態をみたり、薬をつけたり、さすったり、そっと手当てをしてもらえそうなイメージを持ちます。痛いかもしれないけど、ちょっと我慢してみようかなという気になる。

虫や動物を前にした場合はどうでしょうか。「怖くてさわれない」とは言いますが、「怖くてふれられない」とは言いません。物に対する触覚も同じです。スライムや布地の質感を確かめてほしいとき、私たちは「さわってごらん」と言うのであって、「ふれてごらん」とは言いません。

不可解なのは、気体の場合です。部屋の中の目に見えない空気を、「さわる」ことは基本的にできません。ところが窓をあけて空気を入れ替えると、冷たい外の空気に「ふれる」ことはできるのです。

抽象的な触覚もあります。会議などで特定の話題に言及することは「ふれる」ですが、すべてを話すわけではない場合には、「さわりだけ」になります。あるいは怒りの感情はどうでしょう。「逆鱗《げきりん》にふれる」というと怒りを爆発させるイメージがありますが、「神経にさわる」というと必ずしも怒りを外に出さず、イライラと腹立たしく思っている状態を指します。

つまり私たちは、「さわる」と「ふれる」という二つの触覚に関する動詞を、状況に応じて、無意識に使い分けているのです。もちろん曖昧な部分もたくさんあります。「さわる」と「ふれる」の両方が使える場合もあるでしょう。けれども、そこに私たちは微妙な意味の違いを感じとっている。同じ触覚なのに、いくつかの種類があるのです。

哲学の立場からこの違いに注目したのが、坂部恵《さかべめぐみ》です。坂部は、その違いをこんなふうに論じています。

愛する人の体にふれることと、単にたとえば電車のなかで痴漢が見ず知らずの異性の体にさわることとは、いうまでもなく同じ位相における体験ないし行動ではない。

一言でいえば、ふれるという体験にある相互嵌入《かんにゅう》の契機、ふれることは直ちにふれ合うことに通じるという相互性の契機、あるいはまたふれるということが、いわば自己を超えてあふれ出て、他者のいのちにふれ合い、参入するという契機が、さわ

2022年度／中央大学附属高等学校（推薦）

英語解答

Ⅰ 1 あ　2 え　3 あ　4 い
5 う　6 え　7 あ　8 い
9 え　10 う

Ⅱ 1 speaker　2 like　3 other
4 asked　5 to

Ⅲ 1 far　2 never　3 to
4 used〔would〕　5 but

Ⅳ ［1］ い　［2］ う

Ⅴ 1 ⑴ trying　⑵ connected
2 え　3 い
4 ２番目…か　６番目…い
5 an AI system　6 え
7 ３番目…か　６番目…あ
8 X…い　Y…え　9 う
10 い，う

Ⅵ 1 (例)we don’t have to go to school to attend classes
2 (例)We’ll have less risk of infection if we don’t take trains or buses to school. (15語)

Ⅰ〔適語(句)選択・語形変化〕

1．suggest「～を提案する」は他動詞なので前置詞は不要。　「トムはその問題を解決するよりよい方法を提案した」

2．文の主語は，the earth（　）from space。「宇宙から見られる地球」という意味になればよい。「～される〔た〕」という受け身の意味を表すのは過去分詞。　see－saw－seen　according to ～「～によれば」　「宇宙飛行士たちによると，宇宙から見(られ)る地球は本当に美しい」

3．「ベストを尽くした」と「試合に負けた」は‘逆接’の関係。　although「～だけれども」　unless「～でないかぎり」　「私たちはベストを尽くしたが，試合には負けた」

4．「紙」の意味のpaperは‘数えられない名詞’。数えるときは，a sheet〔piece〕of paper, two sheets〔pieces〕of paperのように数える。　「先生は生徒に，レポートを書くための紙を１枚ずつ渡した」

5．look for ～「～を探す」　「ジェーンは家のカギを探し続けた。昨夜なくしたのだ」

6．time「時間」は‘数えられない名詞’。‘数えられない名詞’について「ほとんどない」を表すlittleが適切。a littleは「(量が)少しの」の意味で「ある」ことに主眼が置かれる。　「寝坊したので，父へのプレゼントを買いに行く時間がほとんどなかった」

7．今見ているものとは違う「別のもの」を要求している場面である。　another「別のもの」　「このＴシャツの色が好みではありません。別のを見せていただけますか」

8．‘It is ～ of … to ―’「―するとは…は～だ」の構文。このように‘～’の部分に‘人の性質’を表す形容詞がくる場合には‘for …’ではなく‘of …’となる。　「そんな間違いをするなんて，君はとても不注意だった」

9．‘疑問詞＋主語＋動詞...’の語順の間接疑問。whichは直後に名詞をとることができ‘which＋名詞’「どの～」の形で１つの疑問詞となる。　「その男性は私に，どの生徒が一番速く走るだろうかと尋ねた」

10．duringは「～の間に」という意味の前置詞。whileも「～する間に」の意味を表すが，接続詞なので，後ろには‘主語＋動詞...’の文が続く。　「アキは夏休み中に家族とビーチへ行った」

Ⅱ〔書き換え―適語補充〕

1．「ミキは英語を上手に話す」→「ミキは英語の上手な話し手だ」

2．「今日の沖縄の天気はどうですか」　How is ～? ≒ What is ～ like?

3．「アラスカはアメリカ合衆国で最も大きな州だ」→「アメリカ合衆国の他のどの州もアラスカほど大きくはない」　'No other＋単数名詞＋is as ～ as …'「どんな―も…ほど～ない」

4．「タロウは母親に『駅まで車で送ってくれない？』と言った」→「タロウは母親に駅まで車で送ってくれるように頼んだ」　'ask＋人＋to ～'「〈人〉に～するように頼む」

5．「メアリーはジムにクリスマスカードを送った」→「クリスマスカードがメアリーによってジムに送られた」　下は'send ～ to …'「～を…に送る」の受け身形。

Ⅲ〔対話文完成―適語補充〕

1．A：ここから駅まではどれくらいですか？／B：ここからは1キロメートルくらいだと思います。

// Bが「1キロメートルくらい」と答えているので，'距離'を尋ねる文にする。

2．A：私は北海道へ行ったことがないから，次の春に初めて行くのが本当に楽しみ。／B：えっ，本当？　祖父母がそこに住んでいるから，私はほぼ毎年夏にそこへ行くよ。// have never been to ～「～へ行ったことがない」　look forward to ～「～を楽しみに待つ」

3．A：母の日に母に何をあげたらいいかわからないよ。／B：カーネーションはいいプレゼントになるけど，ハンカチもいいと思うよ。// Bが「カーネーション」「ハンカチ」と具体的なものを提案しているので，「何をあげるべきか」とする。'疑問詞＋to不定詞'の形。この形は疑問詞に応じて「何を〔いつ，どこで，どのように〕～すべきか」という意味を表す。

4．A：新型コロナの前にはよく夜に外食していたけど，今では毎日家で夕食をつくってるよ。／B：へえ！　1年以上の練習で，今では料理が上手になっているに違いないね！// butの前後で「新型コロナの前」と「現在」を対比している。used to ～「(以前は)よく～したものだ」は'過去の習慣'を表す。同じく'過去の習慣'を表すwouldを用いてwould oftenとしても可。

5．A：ナオコはピアノが本当に上手に弾けるだけじゃなく，バイオリンも弾けるんだよ。／B：本当？　2つの違う楽器が弾けるなんてすばらしいだろうね。// 'not only ～ but also …'「～だけでなく…も」

Ⅳ〔長文読解―要旨把握―説明文〕

［1］≪全訳≫観客の前で行われた最初のドラムのソロ演奏の1つは，アクシデントだった。1900年代初頭，有名な女優のアンナ・ヘルドが舞台に出ていた。毎回の公演の初め，幕が上がり始めるときに，劇場のドラム奏者がドラムロールを演奏していた。しかしある日，幕が上がらなかった。そこで，ドラム奏者はまた合図を送った。それでも幕は下りたままだった。もう数回ドラムロールを演奏した後，ドラム奏者は長いドラムのソロを始めた。とうとう幕が上がった。驚いたことに，ドラム奏者のソロは観客に受け，それはショーの一部になった。

<解説>「この段落は(　　)についてのものだ」―い．「あるアクシデントが，どのようにして新しいタイプのパフォーマンスを始まらせたか」　舞台の幕が上がらず，ドラムの演奏でつなぐというアクシデントによって，ドラムのソロ演奏という新しいパフォーマンスが始まった。

［2］≪全訳≫もしフェミニスト運動が近年始まったと思っているなら，あなたは間違っている。早くも1776年に，アメリカ合衆国第2代大統領ジョン・アダムズの妻であるアビゲイル・アダムズは女性の権利のために闘い始めた。アビゲイルは，男性が妻に対して無制限の力を持っているのは不公平だと考えた。彼女はまた，女性は政治において発言権がないと感じていた。彼女は，夫である大統領に

女性の忌憚ない考えと意見の正式なリストを送り，女性の声を聞かなければ彼女たちは自らのために立ち上がり政府と闘うだろうと告げさえした。彼は彼女にそんなことは不可能だと言い，支えようとしなかった。しかし，アビゲイルの熱心なはたらきは，おそらくアメリカ合衆国内での平等な権利に向けての第1歩だっただろう。

＜解説＞「この段落はいかに(　　)ということについてのものだ」―う．「アビゲイル・アダムズが女性の権利のために闘ったか」

V〔長文読解総合―説明文〕

≪全訳≫❶ヨーロッパの研究者のグループが，1500年代から1900年代初期までのヨーロッパの重要なにおいに関する情報を収集する3年がかりのプロジェクトを始めた。このプロジェクトの一部は，ずっと昔の香りをつくり出そうと試みることになっている。❷プロジェクトは「Odeuropa」と呼ばれ，歴史，芸術，言語，化学，コンピュータ・テクノロジーを含む幅広い分野の科学者や専門家が関わっている。欧州連合はOdeuropaに対し，彼らがにおいを研究し，よみがえらせようとしているのを支援するため，今後3年間にわたって使えるように330万ドルを提供している。❸プロジェクトに関わる人々は，においは歴史の重要な一部分だが，私たちがよく忘れてしまうものだと考えている。絵や写真，映像や音声の記録によって，私たちは物がどのように見え，聞こえていたかという記録を持っている。しかし，それらがどのようなにおいがしたかという記録はない。❹それでも，においは重要な感覚だ。プロジェクトのウェブサイトにあるように，「他のどの感覚がそうであるよりもずっと，嗅覚は私たちの感情や記憶に直接的に結びつけられている」のだ。❺プロジェクトは，単にいい香りの情報を収集しているだけではない。強烈なにおいや悪臭もまた収集したいと思っている。これには，お香やスパイスのようなにおいだけでなく，燃える石炭や動物のふんのようなものも含まれる。❻歴史の中で，時代が違えばにおいも違うのがより一般的だった。ずっと昔，タバコのにおいはヨーロッパでは知られていなかった。その後それは一般的になった。1800年代には，石炭のにおいがどこにでもあった。最近は，他の種類の大気汚染のにおいをかぐ方がより一般的だ。❼③最初の1年半の間，プロジェクトは1500年代までさかのぼってヨーロッパのにおいの情報を収集することに焦点を当てることになっている。グループは，歴史書のデジタル版を7種類の言語でつくろうと計画している。また，古い絵画をスキャナで読み込むこともする予定だ。❽読み込まれた情報は，においと関係のあるどんなことでも探すようにAIシステムを訓練するために使われる予定だ。システムがいったん訓練されれば，さまざまなタイプの物のにおいの情報を収集できるようになるだろう。❾この情報は，時とともに⑤私たちの周りのにおいの集まりがどのように変化してきたかを示すオンライン・データベースの一部となる。このデータベースには，それらのにおいと関係する場所や出来事の情報や，その背後にある出来事も含まれる。❿プロジェクトの最終的な部分はもっと難しい。チームは科学者とともに，もはや存在しないにおいを作り出そうとするために取り組むことになっている。⓫チームは約120種類の香りを生み出したいと望んでいる。Odeuropaはそれからそのにおいをヨーロッパ中の博物館に提供するつもりだ。⓬プロジェクトの目標の1つは，博物館が展示品ににおいを使う仕事をよりよくできるようにすることだ。においを使うことは，博物館が，視覚や聴覚のような他の感覚を失ってしまった人々にも来てもらうのに役立つ方法でもある。⓭Odeuropaのチームのメンバーは，コロナウイルスが多くの人ににおいの重要性を思い出させてきたと指摘する。人がコロナウイルスを持っているかもしれないという1つの兆候は，味覚と嗅覚の喪失だ。人はいったん(こうした)感覚を1つでも失うと，それがなくてはならないものだということにようやく気づくものだ。

1＜語形変化＞(1)直前にbe動詞があるので，進行形か受け身が考えられるが，文の意味から進行形にする。will be ～ingの未来進行形で，ここでは「～することになっている」という‘確定的な未来の予定’を表す。　(2)「においと関連づけられた場所や出来事」という意味になればよい。受け身の意味を表すのは過去分詞。

2＜英文解釈＞主語のitは，Odeuropaというプロジェクトのこと。include(s)は「～を含む」という意味。a wide range of ～は「さまざまな～」。area(s)はこの後のhistory以下で具体例が列挙されていることから「分野」の意味だとわかる。

3＜語句解釈＞このoneは繰り返しを避けるために，前に出ている‘数えられる名詞’の代わりとなる代名詞。ここではa partの代わりとして用いられている。smell is ... one(＝a part) that we often forget「においは…私たちがよく忘れてしまうものだ」という文である。

4＜整序結合＞文頭にFor，語群にyearがあるので，‘期間’を表す語句をつくる。まずFor the first year「最初の1年」とまとめ，この後にand a half「と半年」を続ける。　For the first year and a half, ...

5＜指示語＞主語itは，いったん訓練されればにおいの情報収集ができるようになるものであることから，このitは，前の節にあるthe system，すなわち前の文にあるan AI systemを指しているとわかる。

6＜適文選択＞データベースに収集されたにおいが何を示すのかを考える。直後のover time「時とともに」に着目すれば，においは時代に応じて違うのだから(第6段落第1文)，さまざまなにおいを集めれば，においの時代ごとの変化がわかるようになると考えられる。

7＜整序結合＞「作り出そうとする」はtry to create。「もはや存在しないにおい」は，thatを関係代名詞として使って，smells that aren't around anymoreとする。　not ～ anymore「もはや～ない」　... try to create smells that aren't around anymore.

8＜適語選択＞X．‘give ～ to …’「～を…に与える」　Y．‘remind＋人＋of …’「〈人〉に…を思い出させる」

9＜適語選択＞味覚や嗅覚をなくしたらどう感じるかを考える。　miss ～「～がなくて困る〔不自由する〕，～がなくて寂しく思う」

10＜内容真偽＞あ…×　第1段落第1文参照。対象となるのはfrom the 1500s to the early 1900sのにおい。　い…○　第2段落最終文参照。3年間で330万ドルなので，年間換算では110万ドル。う…○　第4段落第2文に一致する。　え…×　第5段落第2文参照。strong or bad smellsも収集する。　お…×　第6段落参照。大気汚染の原因は，時代によって変わっていった。か…×　第11，12段落参照。120種類のにおいをつくり出して博物館に提供し，視覚や聴覚を失った人々のために役立てるのは，今後のこと。

Ⅵ〔条件作文〕

1．オンライン授業の利点を書く。通学する必要がないことや，静かな自宅でより集中できることなどが挙げられる。（別解例）we can concentrate more on studying

2．1で挙げた利点の理由などを指定の15語以上の英語で書く。（別解例）As there are no other students at home, it is much quieter and more relaxing than the classroom. (18語)

2022年度／中央大学附属高等学校（推薦）

数学解答

(1)　$16a^3b^3$　(2)　$1-3\sqrt{3}$

(3)　$3b(a+2c)(d-3)$

(4)　$x=3$，$y=-3$　(5)　$a=1$，-2

(6)　$\dfrac{53}{54}$　(7)　$\dfrac{76}{3}\pi$　(8)　$42°$

(9)　(ア)　$\dfrac{20}{3}$　(イ)　$\dfrac{5\sqrt{7}}{3}$

(10)　(ア)　1　(イ)　$y=2x+3$　(ウ)　$-\dfrac{1}{4}$

　(エ)　$(-2,\ -1)$

〔独立小問集合題〕

(1)＜式の計算＞与式$=a^4b^6\times(-2a^2)\div\left(-\dfrac{a^3b^3}{8}\right)=a^4b^6\times(-2a^2)\times\left(-\dfrac{8}{a^3b^3}\right)=\dfrac{a^4b^6\times2a^2\times8}{a^3b^3}=16a^3b^3$

(2)＜数の計算＞$\dfrac{\sqrt{6}-\sqrt{2}}{2}=A$，$\dfrac{\sqrt{6}+\sqrt{2}}{2}=B$とすると，$\left(\dfrac{\sqrt{6}-\sqrt{2}}{2}\right)^2-\left(\dfrac{\sqrt{6}+\sqrt{2}}{2}\right)^2=A^2-B^2=(A+B)(A-B)$と因数分解できる。$A+B=\dfrac{\sqrt{6}-\sqrt{2}}{2}+\dfrac{\sqrt{6}+\sqrt{2}}{2}=\dfrac{2\sqrt{6}}{2}=\sqrt{6}$，$A-B=\dfrac{\sqrt{6}-\sqrt{2}}{2}-\dfrac{\sqrt{6}+\sqrt{2}}{2}=-\dfrac{2\sqrt{2}}{2}=-\sqrt{2}$だから，与式$=\sqrt{6}\times(-\sqrt{2})+(\sqrt{3})^2-\sqrt{3}-2=-2\sqrt{3}+3-\sqrt{3}-2=1-3\sqrt{3}$である。

(3)＜式の計算—因数分解＞与式$=3bd(a+2c)-9b(a+2c)$と変形して，$a+2c=M$とすると，与式$=3bdM-9bM=3bM(d-3)$となる。Mをもとに戻して，与式$=3b(a+2c)(d-3)$である。

(4)＜連立方程式＞$\dfrac{4x+y}{3}-\dfrac{3x-5y}{4}=-3$……①，$(x-2y+1):(3x-y+3)=2:3$……②とする。①×12より，$4(4x+y)-3(3x-5y)=-36$，$16x+4y-9x+15y=-36$，$7x+19y=-36$……①′　②より，$2(3x-y+3)=3(x-2y+1)$，$6x-2y+6=3x-6y+3$，$6x-2y-3x+6y=3-6$，$3x+4y=-3$……②′　①′×3−②′×7より，$57y-28y=-108+21$，$29y=-87$　∴$y=-3$　これを②′に代入して，$3x+4\times(-3)=-3$，$3x-12=-3$，$3x=9$　∴$x=3$

(5)＜二次方程式—解の利用＞$x^2-ax-2a^2=0$の解の1つが$x=2$だから，これを代入して，$2^2-a\times2-2a^2=0$が成り立つ。よって，$4-2a-2a^2=0$，$a^2+a-2=0$，$(a-1)(a+2)=0$　∴$a=1$，-2

(6)＜確率—サイコロ＞3つのサイコロA，B，Cを同時に投げるとき，Aの目の出方は6通りあり，それぞれについてB，Cの目の出方も6通りあるから，目の出方は全部で$6\times6\times6=216$(通り)ある。このうち，目の和が5未満となる目の出方は，(A，B，C)=(1，1，1)，(1，1，2)，(1，2，1)，(2，1，1)の4通りあるから，目の和が5以上となる目の出方は$216-4=212$(通り)ある。よって，求める確率は$\dfrac{212}{216}=\dfrac{53}{54}$である。

(7)＜空間図形—体積＞2つの球の半径の差が1だから，小さい球の半径をrとすると，大きい球の半径は$r+1$と表せ，2つの球の表面積はそれぞれ$4\pi r^2$，$4\pi(r+1)^2$となる。よって，2つの球の表面積の和が34πであるとき，$4\pi r^2+4\pi(r+1)^2=34\pi$が成り立つ。両辺を$2\pi$でわって解くと，$2r^2+2(r+1)^2=17$，$2r^2+2(r^2+2r+1)=17$，$2r^2+2r^2+4r+2=17$，$4r^2+4r-15=0$，解の公式を利用すると，$x=\dfrac{-4\pm\sqrt{4^2-4\times4\times(-15)}}{2\times4}=\dfrac{-4\pm\sqrt{256}}{8}=\dfrac{-4\pm16}{8}=\dfrac{-1\pm4}{2}$より，$x=\dfrac{-1+4}{2}=\dfrac{3}{2}$，$x=\dfrac{-1-4}{2}=-\dfrac{5}{2}$となる。$r>0$だから，$r=\dfrac{3}{2}$である。よって，$r+1=\dfrac{5}{2}$より，2つの球の半径はそれぞれ$\dfrac{3}{2}$，$\dfrac{5}{2}$だから，体積の和は$\dfrac{4}{3}\pi\times\left(\dfrac{3}{2}\right)^3+\dfrac{4}{3}\pi\times\left(\dfrac{5}{2}\right)^3=\dfrac{9}{2}\pi+\dfrac{125}{6}\pi=\dfrac{76}{3}\pi$である。

(8)<平面図形—角度>右図のように，点A～点Gを定める。平行四辺形の向かい合う角は等しいから，∠ADC＝∠ABC＝74°であり，△GEFは△DEFをEFを折り目として折り返した図形だから，∠EGF＝∠ADC＝74°，∠DEF＝∠GEF＝∠xである。よって，∠EGC＝∠EGF＋∠CGF＝74°＋22°＝96°となる。AD∥BCより，錯角は等しいから，∠AEG＝∠EGC＝96°となり，∠GED＝180°－∠AEG＝180°－96°＝84°である。したがって，$\angle x=\frac{1}{2}\angle \mathrm{GED}=\frac{1}{2}\times 84^\circ=42^\circ$である。

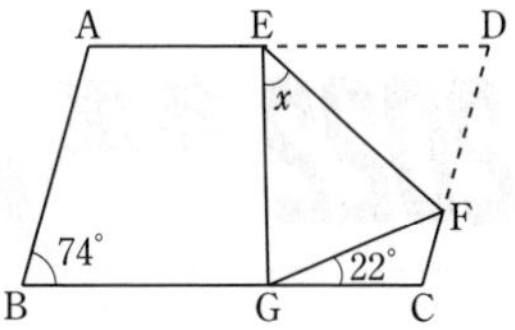

(9)<平面図形—長さ>(ア)右図で，線分ACは円の直径だから，∠ABC＝90°より，∠ABC＝∠AED＝90°である。また，$\overset{\frown}{\mathrm{AB}}$に対する円周角だから，∠ACB＝∠ADEである。よって，2組の角がそれぞれ等しいから，△ABC∽△AEDとなり，AB：AE＝AC：ADだから，AB：5＝8：6より，AB×6＝5×8，$\mathrm{AB}=\frac{20}{3}$である。　(イ)右図の△ABEで三平方の定理より，$\mathrm{BE}=\sqrt{\mathrm{AB}^2-\mathrm{AE}^2}=\sqrt{\left(\frac{20}{3}\right)^2-5^2}=\sqrt{\frac{175}{9}}=\frac{5\sqrt{7}}{3}$である。

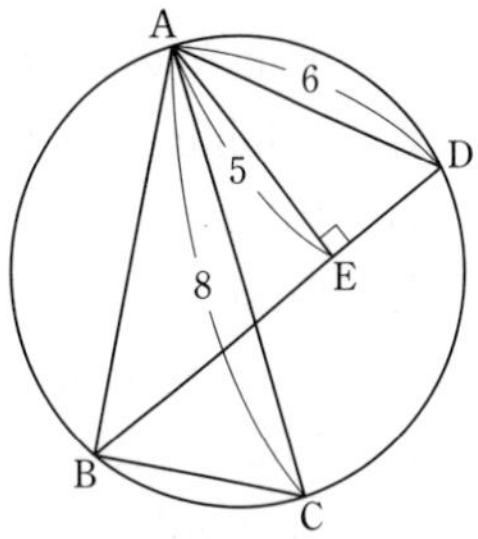

(10)<関数—比例定数，直線の式，座標>(ア)右図で，B(－1，1)は関数$y=ax^2$のグラフ上の点だから，$1=a\times(-1)^2$より，$a=1$となる。

(イ)右図で，(ア)より，点Aは関数$y=x^2$のグラフ上の点で，x座標は3だから，$y=3^2=9$より，A(3，9)である。これとB(－1，1)より，直線lの傾きは$\frac{9-1}{3-(-1)}=2$である。よって，直線lの式は$y=2x+c$と表せ，A(3，9)を通るから，$9=2\times3+c$より，$c=3$となる。したがって，直線lの式は$y=2x+3$である。　(ウ)右図で，点Oと2点A，Dをそれぞれ結び，直線lとx軸の交点を点Mとすると，x軸が△OADの面積を2等分しているから，△AMO＝△DMOであり，辺OMを底辺としたときの△AMOと△DMOの高さは等しい。(イ)より，点Aのy座標は9だから，それぞれの三角形の高さは9であり，点Dのy座標は－9である。点Dは直線l上の点だから，$-9=2x+3$より，$x=-6$となり，D(－6，－9)である。点Dは関数$y=bx^2$のグラフ上の点だから，$-9=b\times(-6)^2$が成り立ち，$b=-\frac{1}{4}$となる。　(エ)右図で，点Cは関数$y=-\frac{1}{4}x^2$のグラフと直線$y=2x+3$の交点だから，2式からyを消去して，$-\frac{1}{4}x^2=2x+3$より，$-x^2=8x+12$，$x^2+8x+12=0$，$(x+2)(x+6)=0$　$\therefore x=-2,\ -6$　よって，点Cのx座標は－2であり，$y=-\frac{1}{4}\times(-2)^2=-1$だから，C(－2，－1)である。

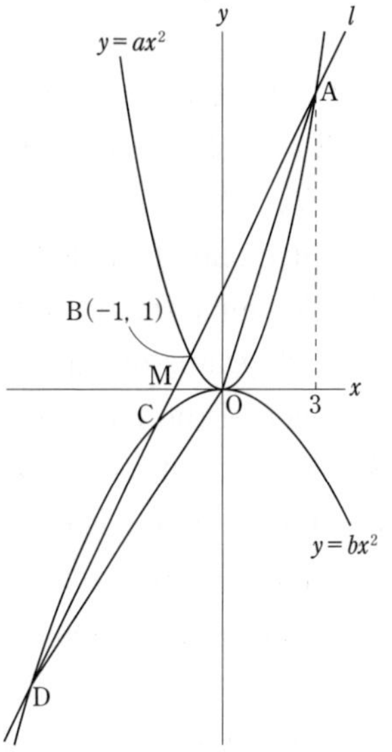

2022年度 中央大学附属高等学校

【英　語】（60分）〈満点：100点〉

I　リスニング問題　〈編集部注：放送文は未公表につき掲載してありません。〉

（Part 1）　これから放送される英語の短い対話を聞いて，それに続く質問に対する最も適切な答えを1つずつ選び，記号で答えなさい。対話と質問は2回ずつ放送されます。

1．あ．This Wednesday　い．This Thursday　う．This Friday　え．This Saturday

2．あ．4 dollars　い．5 dollars　う．10 dollars　え．20 dollars

3．あ．10:15　い．10:25　う．10:35　え．10:45

4．あ．First　い．Second　う．Third　え．Fourth

5．あ．A video game　い．A soccer uniform　う．Some clothes　え．Some money

6．あ．That's great.　I'll call again later.
　い．Certainly.　I'll come in later on today.
　う．Sorry, but that's not what I ordered.
　え．No, thanks.　It's fine.

（Part 2）　これから放送される英語を聞き，その内容に関する質問に対する最も適切な答えを1つずつ選び，記号で答えなさい。英語は2回放送されます。

7．Which one of the following do you **NOT** need to make pancakes?
　あ．300 milliliters of milk　い．120 grams of plain flour
　う．120 grams of sugar　え．Two eggs

8．Which of the following sentences is **NOT** true?
　あ．More than 50 million pancakes are made in the UK on Pancake Day.
　い．Pancake Day is on a different day each year.
　う．The biggest ever pancake was over 15 meters wide.
　え．Pancakes are easy to make.

II　次の英文を読んで，設問に答えなさい。

My daughter and I pushed the heavy cart up and down the *aisles of the crowded store.　Suddenly, she picked up a game, and without asking, threw it in the cart.　"Is that for you?" I asked.

"No, it's for my friend," she answered.　I was proud of her.　She didn't have any brothers or sisters so I worried she might be *selfish, but instead she was a very kind and giving person.

My daughter always talked a lot, but on the drive home she was unusually quiet.　Finally, she said, "Mommy, if Santa brings all the gifts, why are we buying them?"

"That's a good question," I said as I quickly tried to think of an answer.

Before I could say anything else, she *yelled, "I know why.　We're Santa's helpers!"

I laughed as I said, "You took the words right out of my mouth.　Yes, we're Santa's helpers."

A few days later, she came home from school upset.　When I asked her why, she said, "Mommy, there's a girl in my class who's not very kind to me and my friends.　We talk to her anyway, and when we asked her what she wanted for Christmas, she started crying.　She said she wasn't getting anything because her mother is very sick and her father doesn't have the money to pay for anything, not even food."

I calmed her down as I tried to tell her that the holiday season can be a very hard time for some people, but this little girl and her family would be all right because Santa has special helpers who always help people who really need it.

A few days before school closed for Christmas vacation, my daughter wanted this little girl to come over to make holiday cookies. I told her that of course she could. When she came, I was happy to see the two girls getting along well and having so much fun. When we gave her new friend a box full of cookies to take home for her family, she was delighted. She told us she would give them to her mother for Christmas.

Later that evening, my daughter wanted some wrapping paper and ribbons to wrap the gifts she got for her friends. I gave her a roll, but ten minutes later she came back and asked for more. I told her to use anything she needed. However, when she came back again, I thought it was a little strange and asked why she was using so much paper. She said, "Because I want the gifts to look pretty," and quickly ran back into her room.

On the last day of school, I had to leave for work extra early, so I called her best friend's mother. Luckily, she could pick up my daughter as she had a lot of gifts and cupcakes to take for the class Christmas party. I never actually saw her leave the house.

Then, on Christmas Eve, I was wrapping gifts and noticed a few of them were gone. I looked high and low and couldn't find them. Finally, I woke my daughter. I asked her where the presents were. She said, "Mommy, I wrapped them and gave them to my friend."

I yelled. "All of them ?"

She said, "Mommy, you said we were Santa's helpers !"

I said, "Yes we are, but I didn't say you could give those gifts away."

She started crying and said, "But you told me to use anything I needed."

She continued, "Mommy, my friend said . . ."

I *interrupted her and shouted, "Don't take anything out of this house without asking me !"

My daughter began crying. I told her to go back to sleep, walked out of the room, and *slammed the door behind me.

I was so angry. I sat in the living room to see what presents were gone. A pair of bedroom slippers, a nightgown, a housecoat, her father's expensive *cologne, toys, games, hats and gloves were all gone.

Early Christmas morning, I answered the phone to a woman crying. She introduced herself and thanked me over and over again for the beautiful gifts. She said they were the only presents they received for Christmas. She told me that she was sick and was in and out of the hospital, and they didn't have any money to buy anything for the kids, not even a Christmas tree. She told me how happy the kids were with their toys, games, hats, gloves and cookies. She told me how much she needed the slippers, nightgown and housecoat, and how much her husband loved the cologne.

I was sad. I had tears in my eyes, so I told her I would call her back later. I told my daughter about the phone call, and then we looked for our old tree and ornaments, packed some food, and took everything over to her friend's house. The mother and I prepared the family a quick dinner as the kids played and her husband set up the tree. I'll never forget their smiling faces.

Before my daughter and I left to go to my parents' house, we ate, played games and sang Christmas carols with them. We had the best time ever. It was the beginning of a wonderful friendship.

That was a long time ago, but I think that was one of the best Christmases we ever had. It changed our lives and showed us how lucky we really were. That year a tradition was started, and from then on, we have made sure to give or do something special for people who need help at Christmastime.

My daughter and her friend are now grown women, and our families have kept up the tradition of spending Christmas together. I'll always be very proud of my daughter, and thankful for her kindness that year. From her we learned the true meaning of helping and giving, and we became Santa's very special helpers for life.

注：*aisle　通路　　*selfish　わがままな　　*yell　叫ぶ

*interrupt　さえぎる　　*slam　バタンと閉める　　*cologne　香水

本文の内容に合うように，[　] に最もよくあてはまるものを１つずつ選び，記号で答えなさい。

* At the store, [1].

あ．it was so crowded that the writer couldn't get the items she wanted

い．the writer didn't think it was OK to get a game for her daughter's friend

う．the writer's daughter put the game in the cart because she wanted to give it to her friend

え．the cart was so heavy because it was full of toys and games for the writer's children

* The writer's daughter was unusually quiet in the car because [2].

あ．she wanted to ask her mother an important question

い．she was tired after buying a lot of things at the crowded store

う．she couldn't buy the things she wanted at the store

え．she knew her mother didn't want to be one of Santa's helpers

* One day, the writer's daughter was upset when she came home from school because [3].

あ．some of her friends' families didn't have enough money to buy food

い．she was told that one of her classmates was very sick

う．she had a fight with one of her friends at school

え．one of her classmates wasn't going to get anything for Christmas

* A few days before Christmas vacation, the writer's daughter [4].

あ．invited her friend to her house and they made cookies together

い．went to her friend's house and they ate cookies together

う．bought a box full of cookies and gave it to her friend

え．enjoyed making a lot of cookies with her mother

* When the writer's daughter asked for some wrapping paper and ribbons, [5].

あ．she thought she would look pretty with them in her hair

い．her mother thought there would be no problem with that

う．she thought her friends would help wrap the gifts with her

え．her mother thought it was strange and told her she couldn't have any

* On Christmas Eve, [6].

あ．the writer woke her daughter and found the gifts in her room

い．the writer's daughter didn't know where the gifts were

う．the writer's daughter was still wrapping the gifts

え．the writer noticed some gifts were not there

* The writer was so angry on Christmas Eve because her daughter [7].

あ. slammed the door behind her
い. started crying and wouldn't go to bed
う. gave the gifts to her friend without asking her
え. said they were Santa's helpers

＊When the writer answered the phone, a woman was crying because [8].
あ. she was very sick and in a lot of pain
い. she was so happy with the gifts she received for Christmas
う. she couldn't pay the writer enough money for the things she received
え. she couldn't even get a Christmas tree on Christmas Eve

＊After the phone call with the woman, [9].
あ. the woman's family came over, and the two families spent Christmastime together at the writer's house
い. the writer and her daughter visited the writer's parents' house and they sang Christmas carols
う. the writer and her daughter had a party at the woman's house and everyone there helped to cook dinner
え. the writer and her daughter visited the woman's house with the things she needed for Christmas

＊After Christmas day that year, [10].
あ. the two families started a wonderful friendship and still spend Christmas together
い. the writer could see how lucky she was and got a new job helping poor people
う. the writer and her daughter began doing something special for Santa
え. the two families didn't spend another Christmas together

＊The writer learned from her daughter [11].
あ. the importance of showing kindness to Santa
い. the importance of saving children around the world
う. the importance of helping and giving
え. the importance of giving a lot of gifts to children

Ⅲ　次の英文を読んで，設問に答えなさい。

Are you tired of always feeling sleepy? Is it difficult for you to stay awake in class? Do you ＊struggle to get out of bed for school in the morning? If the answer was yes to any of these questions, you are not alone. Many teenagers feel that they are always tired. Did you know that humans spend about one-third of their life ①asleep? Sleep is necessary for our health. Most people think of sleep as a time of rest, but a lot of important activity occurs in the brain and body during sleep. Actually, a new study showed that our body repairs the DNA in our ＊nerves while we are sleeping. [A]

Sleep is important because it is the only part of the day that your body gets to rest and repair itself. It gives you energy to do tasks and can also make you more ＊alert. (②) enough sleep you may have problems with thinking, concentrating, memory, reaction times and how you feel. This can lead you to having difficulty in school.

Teens need more sleep because their bodies and minds are growing quickly. [B] A recent study discovered that most teenagers only get about 6.5-7.5 hours' sleep a night. However, to be at your best, you need between 8 and 10 hours of sleep every day. While you may not always be able to get this much, it's important to try and get as much as you can.

There are many reasons for not getting enough sleep. Even though you probably have a very busy life, you still need "③downtime" to relax, *unwind and spend time with friends. This usually happens *at the expense of sleeping. [C]

However, there are some things you can do to improve your sleep *routine. A good place to start is to try to go to bed at about the same time every night. It also helps to keep your room cool, dark, and quiet. It's also important to use your bed only for sleeping in. Try to *avoid doing homework, using a smartphone or tablet, or playing video games while in bed. Limiting your ④screen time before bed is a great *habit to develop. This is because being *exposed to the screen's light wakes you up, so it's more difficult to (⑤) asleep.

Another great way to improve your sleep routine is to make your lifestyle as healthy as (⑥). Many teenagers love to exercise, but you need to try and avoid very hard exercise in the evening. Sleep specialists often recommend avoiding exercise within a few hours of bedtime. This is because exercise raises your body temperature and can stop you from sleeping.

Diet also plays a key role in our sleep. Doctors recommend we avoid drinks that have a lot of *caffeine. Drinks such as coffee, tea, or energy drinks will keep you awake. Having a light snack (such as a glass of milk) before bed is much better for you.

The teenage brain wants to go to bed late and sleep late the following morning but this is usually hard to *manage. You may be able to adjust your body clock, but it takes time. The fact is that a good night's sleep is really important for us if we want to feel happy and enjoy our lives. The one thing we can all probably agree on is there's (⑦) than a good night's sleep.

注：*struggle　(～しようと)もがく　*nerve　神経　*alert　機敏な　*unwind　くつろぐ
*at the expense of ～　～を犠牲にして　*routine　決まってすること，日課　*avoid ～　～を避ける
*habit　習慣　*(be) exposed to ～　～にさらされた　*caffeine　カフェイン
*manage　うまくやっていく

1．下線部① asleep の反対語となる1語を，本文中から抜き出し答えなさい。

2．空欄(②)に入る最も適切なものを選び，記号で答えなさい。

あ．From　い．By　う．With　え．Without

3．下線部③ downtime，④ screen time の内容として最も適切なものを1つずつ選び，記号で答えなさい。

あ．眠りが一番深くなる時間
い．映画館で映画を見る時間
う．電子機器の画面を見ている時間
え．学校で友人と会話を楽しむ時間
お．電子機器の使用を制限された時間
か．心身を休め，ゆったりと過ごす時間

4．空欄(⑤)，(⑥)にあてはまる1語をそれぞれ答えなさい。

5．空欄(⑦)に入る最も適切なものを選び，記号で答えなさい。

あ．something good　い．anything better
う．everything better　え．nothing better

6．空欄 [A] ～ [C] に入る最も適切なものを1つずつ選び，記号で答えなさい。

あ．However, scientific research shows that many teens do not get enough sleep.

い．Many teens also like to relax by themselves after their parents have gone to bed.

う．The quality of the time we spend asleep greatly influences the quality of the time we are awake.

7．本文の内容と一致するものを**2つ**選び，記号で答えなさい。

あ．睡眠は身体を休めるだけでなく，神経内のDNAを修復するなど，体内に重要な働きをもたらすことが分かっている。

い．最近の研究により，若者は毎日最低でも6時間半から7時間半の睡眠をとることが必要であることが分かっている。

う．毎晩決まった時間に寝ること，ベッドを眠る目的以外に使わないことは，よい睡眠のために効果的である。

え．寝る前に激しい運動をすると，体温が上がることにより，よい睡眠が得られる。

お．無理な減量や，寝る前のカフェイン摂取は，よい睡眠をとるために避けるべきである。

か．十代の若者たちは，脳の作用により，早く寝て，翌朝遅くまで寝ていたいと思っている。

Ⅳ　次のAkikoと両親の会話を読み，設問に答えなさい。

Akiko : Mom, can I use the kitchen this afternoon?

Mother : Sure. What are you going to make?

Akiko : I'm going to make some chocolate cakes for Valentine's Day. I want to give them to my friends.

Father : Sounds nice. Do you know that in Europe, a man gives flowers, especially red roses, to a woman he likes on Valentine's Day?

Akiko : Really? Interesting!

Father : Yeah, one of my friends works for *Tokyo Customs at Narita Airport. Actually, he said Japan imports the most flowers in March.

Mother : Really? I guess we do have many ceremonies and need a lot of flowers in March.

Akiko : I wonder what kinds of flowers Japan imports the most.

Father : Let's see. There is a good website that my friend gave me. [(1)] this website, 56% of all *carnations, 18% of roses and 16% of *chrysanthemums in Japan are imported. Can you guess the top two countries which *export cut flowers to Japan?

Akiko : Sorry, I have no idea.

Father : The top two countries are Columbia and Malaysia. They make up 44.6% of the total number of imports. Columbia makes up 22.4% and Malaysia is only 0.2% less. Look at these graphs. Each graph shows the percentage of the countries that export each item to Japan, such as carnations, chrysanthemums and roses. About 70% of imported carnations are from Columbia, and about 60% of imported chrysanthemums are from Malaysia.

Akiko : Vietnam is in the top five on all three graphs. We can find China in the graphs for chrysanthemums and carnations but not in the one for roses.

Mother : As for roses, I was surprised that about half of all the imported roses are from Kenya. I can't imagine that roses are (2)[grow] in Africa!

Father : Well, the top three countries that export roses to Japan are Kenya, Ecuador and Columbia. Roses are (2)[grow] in *highlands that are between 1000m to 2000m high in the countries around the *equator. The farms are rich in sunlight and have a steady temperature. The daily temperature is 20 degrees and it doesn't change much throughout the year. These conditions are perfect for making good roses. What is more, it takes only three days to *transport the roses from the farm in Kenya to an airport in Japan.

Akiko : That's amazing. The roses travel all the way from Kenya. Sounds interesting! Dad, [(3)] enjoy a European style Valentine's Day this year? I'm sure Mom would be happy if you gave her a bouquet of red roses!

Father : That's a nice idea.

Mother : Yes, we should try it!

注：＊Tokyo Customs 東京税関　＊carnation カーネーション　＊chrysanthemum 菊
＊export 輸出する　＊highland 高原　＊equator 赤道　＊transport 輸送する

Flower Exports to Japan, *by Origin

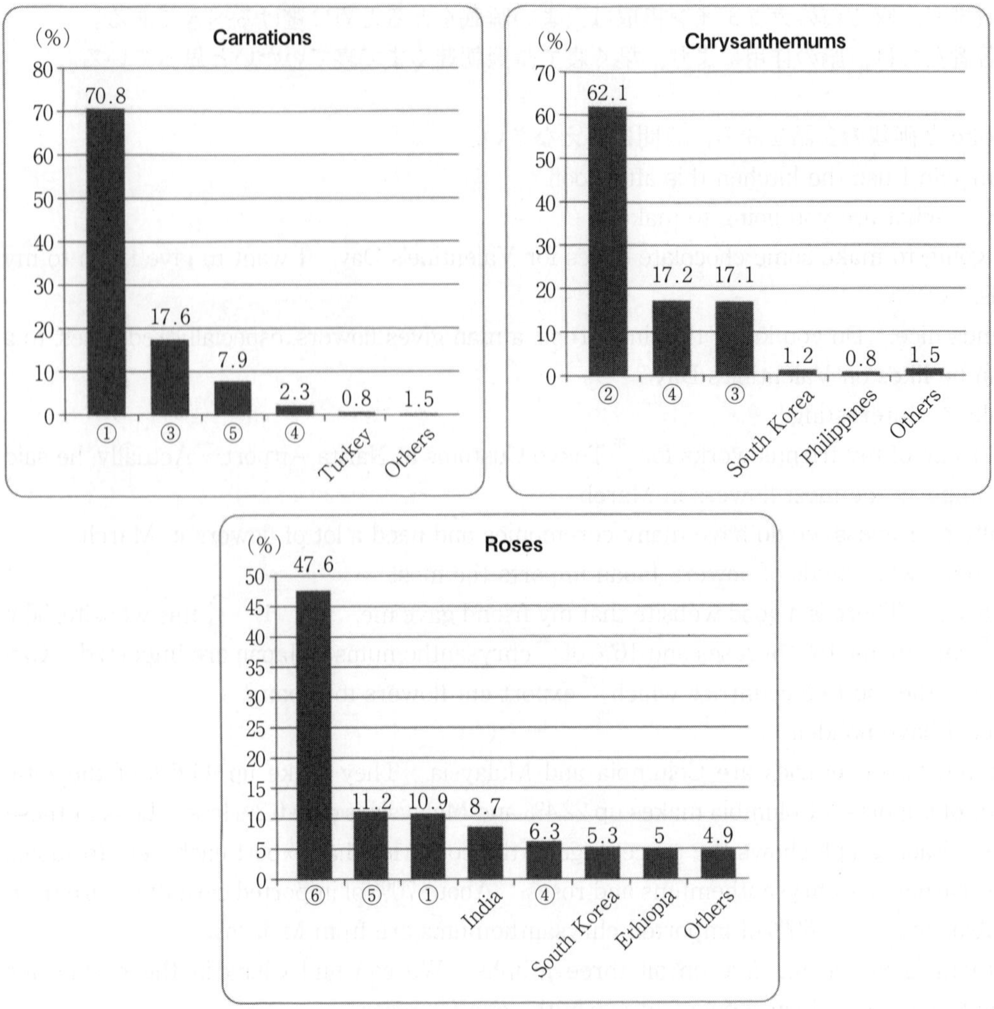

（出典：東京税関2016年）
注：＊by origin 原産国ごとの

1．空欄[(1)]に入る最も適切なものを選び，記号で答えなさい。
あ．Because of　い．To begin with　う．According to　え．Thanks to

2．下線部(2)[grow]を適切な形に直しなさい。

3．空欄[(3)]に入る最も適切なものを1つ選び，記号で答えなさい。

あ．why don't we　　い．how about　　う．let's　　え．I wonder if

4．グラフ中の①～⑥にあてはまる国名を１つずつ選び，記号で答えなさい。

あ．China　　い．Columbia　　う．Ecuador　　え．Kenya　　お．Malaysia　　か．Vietnam

5．会話文の内容と一致するものを１つ選び，記号で答えなさい。

あ．Japan imports the most flowers in February.

い．22.2% of Japan's imported flowers were from Malaysia.

う．The best place to grow roses is far from the equator.

え．It takes three days to transport roses from the farm to the airport in Kenya.

V　次の(　)に入る最も適切な語(句)を１つずつ選び，記号で答えなさい。

1．This is the road (　　) leads to the city museum.

あ．who　　い．whose　　う．which　　え．what

2．I lost my watch yesterday.　I have to buy a new (　　).

あ．models　　い．thing　　う．ones　　え．one

3．At that restaurant, some people were eating and (　　) were just chatting at their tables.

あ．the other　　い．others　　う．another　　え．everybody

4．The mother was very busy, so she asked her daughter (　　) with the cooking.

あ．to help her　　い．for helping her　　う．for help her　　え．to helping her

5．There was a big noise from the next room.　It (　　) everyone in my class.

あ．was surprised　　い．was a surprise　　う．surprised　　え．surprising

6．These pictures were (　　) my uncle.

あ．gave to me by　　い．given to me by　　う．gave for me by　　え．given for me by

7．When I went to school in Australia, I (　　) a lot of students there.

あ．had friends for　　い．made a friend to

う．had a good time　　え．made friends with

8．The two boys (　　) against each other.　They made peace.

あ．stopped fighting　　い．stopped to fight

う．started fighting　　え．started to fight

9．My mother said to my grandmother, "It's getting cold these days, so (　　)."

あ．talk to yourself　　い．make yourself at home

う．take care of yourself　　え．help yourself to anything

10．"Mom, my friend and I are going to practice baseball in the park tomorrow.　What (　　)?"

あ．is going to be the weather　　い．will be the weather

う．will the weather be　　え．will the weather be like

VI　次の各組の文がほぼ同じ意味になるように(　)に最も適切な語を入れたとき，(＊)に入る語を答えなさい。

1．She became very famous from this TV program.
This TV program (＊) (　　) very famous.

2．My sister is a good cook.
My sister is good (＊) (　　).

3．I'm very busy, so I can't go shopping with you.

I'm (＊) busy (　　) go shopping with you.

4．Your question was more difficult than hers.
Her question was (＊) than (　　).

5．Yumi can swim the fastest in our class.
Yumi is the (　　)(＊) in our class.

Ⅶ　(　)内の あ．～か．を並べかえ，意味の通る英文を完成させなさい。ただし，解答はそれぞれの [a]，[b] に入る記号のみ答えなさい。なお，文頭にくるべき語も小文字になっている。

1．Your friends are coming soon. Clean (____ ____ [a] ____ [b] ____).
(あ．as　い．as you　う．your　え．can　お．quickly　か．room)

2．Tom (____ ____ [a] ____ [b] ____), so he couldn't buy anything.
(あ．all　い．had　う．that　え．he　お．spent　か．the money)

3．I want to go to the city museum. Would you (____ ____ [a] ____ [b] ____)?
(あ．tell　い．can　う．me　え．get there　お．how　か．I)

4．"(____ ____ [a] ____ [b] ____) Koganei park ?" ― "Three times."
(あ．been　い．your children　う．to　え．many times　お．how　か．have)

5．My mother won the first prize in the contest, and the ([a] ____ ____ [b] ____ ____) bike.
(あ．a　い．she　う．red　え．gift　お．was　か．got)

Ⅷ　あなたは，何をして過ごす時間が好きですか。1つ例を挙げて英語で書きなさい。さらに，その理由を**15語以上**の英語で書きなさい。なお，ピリオド，コンマなどの符号は語数に含めない。

I ________________________.　(この英文は語数に含めない)

15語以上

【数　学】（60分）〈満点：100点〉

〈注意〉　1．答の $\sqrt{\quad}$ の中はできるだけ簡単にしなさい。

　　　　　2．円周率は π を用いなさい。

1　次の問いに答えなさい。

(1)　$\left(-\dfrac{\sqrt{3}}{2}a^4b^3\right)^2 \div \left(-\dfrac{2a}{1.5b^2}\right)^3 \div \left(-\dfrac{3ab^3}{4}\right)^4$ を計算しなさい。

(2)　$(\sqrt{5}+\sqrt{10}+\sqrt{15})(1+\sqrt{2}-\sqrt{3})$ を計算しなさい。

(3)　$ab^3c^2-2ab^2c+ab$ を因数分解しなさい。

(4)　連立方程式 $\dfrac{x-y+14}{3}=\dfrac{2x+3y-1}{4}=\dfrac{3x+2y+11}{6}$ を解きなさい。

(5)　2次方程式 $(2x-3)^2+4(2x-3)-45=0$ を解きなさい。

(6)　$\sqrt{\dfrac{n^2+297}{n^2+1}}$ が整数となるような整数 n をすべて求めなさい。

(7)　粘土でできた表面積が 16π である球を体積の等しい8つの小球に分割するとき，8つの小球の表面積の和を求めなさい。

(8)　右の図において，線分BDは円の直径であり，AB＝ACであるとき，$\angle x$ の大きさを求めなさい。

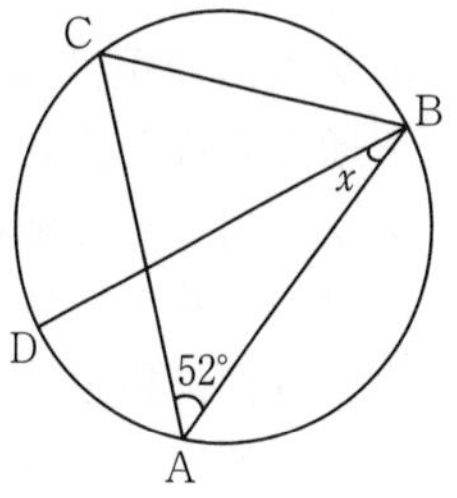

(9)　次の図のような，辺の長さが1である正方形を底面とし，高さが4の正四角柱ABCD-EFGHがある。点Pは頂点Aを出発して正四角柱のすべての側面を通るように進み頂点Eまで動く。点Pが辺DHの中点を経由して最短経路で移動するとき，点Pの描く線の長さを求めなさい。

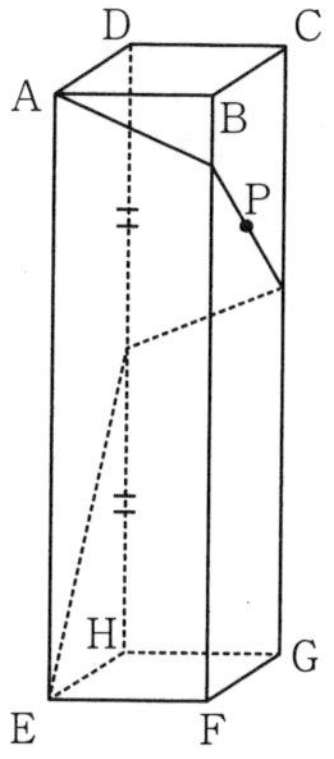

2　1辺の長さが10cmである立方体ABCD-EFGHの辺上を秒速1cmで動く2点P，Qがある。2点P，Qは同時に頂点Aを出発し，点Pは頂点Bを経由して，点Qは頂点Dを経由して，それぞれ最短距離で頂点Cに向かう。出発から x 秒後に，3点P，Q，Fを通る平面でこの立方体を切って2つの立体に分けたときの表面積の差を $y\,\mathrm{cm}^2$ とするとき，次の問いに答えなさい。ただし，$0<x<20$ とする。

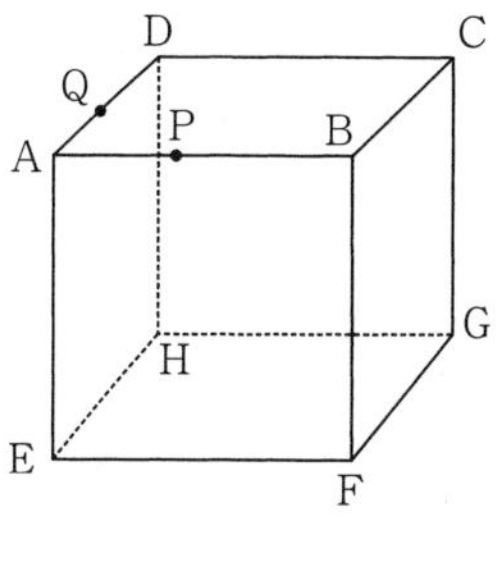

(1)　$10 \leqq x < 20$ のとき，四角形PFGCの面積を x の式で表しなさい。

(2)　$0 < x \leqq 10$ のとき，y を x の式で表しなさい。

(3)　$y=76$ となる x の値を求めなさい。

3　1から k までの整数が書かれたカードを小さい順に並べ，隣り合う2枚のカードを次々と交換し，できるだけ少ない回数で大きい順になるまで並べかえるのに必要な交換の回数を $n(k)$ とする。ただし，1回に交換できるのは，隣り合う2枚1組のカードのみとする。

〈例〉　$n(2)=1$

[1][2] → [2][1]

$n(3)=3$

[1][2][3] → [1][3][2] → [3][1][2] → [3][2][1]

(1)　$n(4)$，$n(5)$ をそれぞれ求めなさい。

(2)　$n(k+1)$ を $n(k)$ と k の式で表しなさい。

(3)　$k=10$ のとき，カードを何回か交換したら [1][2][3][4][5][10][6][7][8][9] となりました。あと何回の交換で大きい順に並べかえることができますか。

4　図のように，2点A，Bは関数 $y=ax^2$ のグラフ上にあり，四角形OABCがひし形となるように点Cをとる。また，対角線ACとOBの交点Mの座標は(1，1)である。さらに，点Mを通る直線と，辺AB，辺OC，関数 $y=ax^2$ のグラフの交点を順にP，Q，Rとするとき，次の問いに答えなさい。ただし，a の値は正，Rの x 座標は負とする。

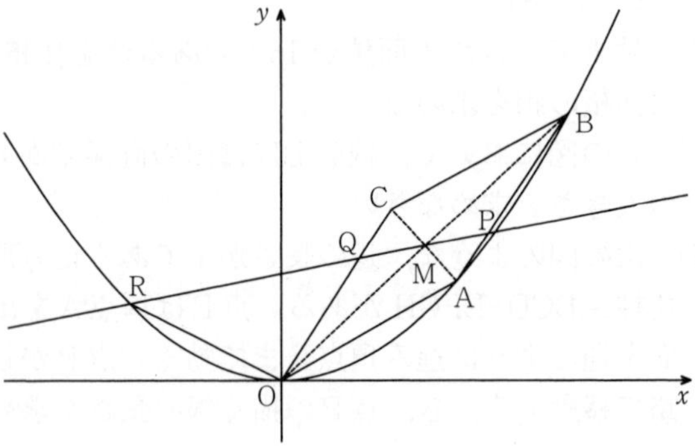

(1)　a の値を求めなさい。

(2)　2点A，Cの座標をそれぞれ求めなさい。

(3)　四角形OAPRの面積とひし形OABCの面積が等しいとき，△OQRの面積を求めなさい。

によって国民の信頼を失ってしまったが、そのようなメディアに対する信頼を取り戻すことは戦後における緊急の課題である。

【出典】

一　冥王まさ子『天馬空を行く』（河出文庫文藝コレクション、一九九六年）二一〇～二一七ページ。

二　丸山眞男「『現実』主義の陥穽」（『増補版　現代政治の思想と行動』未來社、一九六四年）一七二～一八二ページ。ただし、改変・省略した箇所がある。

(ハ)　現代政治の情勢に対して客観的な分析を試みようとする知識人でも、一般の人々と大差のない認識しか持っていないことは、ごくありふれた事例である、ということ。

(ニ)　思想や歴史の専門家として研究をしている知識人が、専門外の分野である政治に手をのばして失敗することは、知識人が自ら学問を裏切る行為である、ということ。

(ホ)　学識をより深めることを目指すべき知識人は、過去の苦い経験があるからといって、それにとらわれて自らの学問の歩みをとめてしまってはならないのである、ということ。

問8　――⑤「私たちはそういう人たちの議論に誠実さを認めることはできません」とありますが、どういうことですか。次の中から最も適当なものを選び、(イ)～(ホ)の符号で答えなさい。

(イ)　学者や政治家は、国民がくだす決定が重要だと主張する前に、メディアを通して国民に提示されている不公正な「現実」を批判し、改善しようとする努力をしていく必要がある、ということ。

(ロ)　学者や政治家は、「現実」を目の前にした時の国民の意見は常に揺れ動くものであることを認識しないまま、世論の重要性をいたずらに強調する無責任な態度をとりがちである、ということ。

(ハ)　学者や政治家が、国民に冷静な判断を求めるのならば、自国の優勢のみを伝える戦争報道のあり方を、ありのままの「現実」の戦況を伝える公平なものに改めなければならない、ということ。

(ニ)　学者や政治家が、メディアにおいて政治的な問題ばかりを大きくとりあげるのは、国民にとっての「現実」の多くの部分を結果として無視してしまう、不公平な振る舞いである、ということ。

(ホ)　学者や政治家の、国民の意志を尊重するという主張は公平な態度のあらわれのようだが、そう主張する者は、自分自身も国民の一員であるという「現実」を受け入れてはいない、ということ。

問9　本文の内容と合致するものを、次の選択肢より**2つ選び**、(イ)～(ト)の符号で答えなさい。

(イ)　知識人は、不公正な社会のあり方を分析し批判する理論を持っているのだから、言論の力によって一般の国民を望ましい方向へ先導することによって、いまあるものとは異なる新しい世論をつくり出していく責任を有しているといえる。

(ロ)　どのような時代にあっても、その時その時の「現実」には様々な動向が矛盾しながら同時に存在しているのであって、「現実」のあらゆる側面を公平な形で人々の前に明らかにしていくといった作業は、実際のところ不可能に近いのである。

(ハ)　過去の積み重ねによって形成されていく「現実」を、人々の意志によって「非現実」なものとすることは不可能だが、終戦という大きな歴史的転換点においては、「現実」が「非現実」的なものとなってしまうことが実際に起こったのだった。

(ニ)　日本社会において「現実」とは、日々新たに変化していくものとしてではなく、過去にできあがった既成事実としてとらえられがちであるが、そのような「現実」観は、かつての日本において戦争へと突き進む流れが加速する一つの要因となった。

(ホ)　戦時下の国民は、一部の指導者層にとっての「現実」をそのまま受け入れざるをえなかったが、戦争が終わったことによって、国民自らが自由な発想を持ち、それを実現することができる新たな民主主義的「現実」があらわれることとなった。

(ヘ)　再軍備問題のような社会的課題に対して国民が適切な判断をくだすためには、国民の判断の材料となる情報を伝えるメディアに偏りがないのはもちろんのこと、そのようなメディアの公正なあり方を支える法制度がととのっていることも必要となる。

(ト)　戦前から終戦にいたる日本において、新聞やラジオなどは軍部の意向をそのまま伝えるきわめて一面的な報道を続けたこと

のだった　(ハ)　戦争に向かう道だけが「現実的」とされた}。しかし、現在の視点からすれば、当時「非現実的」とされたものが、「現実的」な選択だったとも考えられる。この例に見られるように、(2){(ニ)　ある特定の方向性が重視されて、「現実的」という判断がくだされがちである　(ホ)　「現実的」という判断は、一人一人の見方によって大きく異なるものである　(ヘ)　どんな専門家にとっても、「現実的」という判断は本来ありえないものである}。

　しかし、社会的現実とは本来(3){(ト)　その時どきの世論の動向によって左右される　(チ)　多種多様な要素が折り重なって形づくられる　(リ)　その実態の把握ができないほど流動的である}という事実を忘れてはならない。このことをふまえれば、「現実を直視せよ」といった言葉を発する者は、実は、(4){(ヌ)　自分にとって都合のいい「現実」を選び取っているにすぎない　(ル)　「現実」の行方を案じる思いをそのまま表しているにすぎない　(ヲ)　自分にとって望ましい「現実」の姿を明確に思い描けていない}ことがわかるだろう。

問3　[A]・[E]に当てはまる表現として、適当なものを下の中から選び、それぞれ(イ)～(ホ)の符号で答えなさい。

A　(イ)　寝耳に水　(ロ)　豚に真珠　(ハ)　鶴の一声　(ニ)　他山の石　(ホ)　知らぬが仏

E　(イ)　あごで人をつかってきた　(ロ)　うだつがあがらなかった　(ハ)　火中の栗《くり》をひろってきた　(ニ)　大風呂敷をひろげてきた　(ホ)　長いものにまかれてきた

問4　[B]～[D]に当てはまる語を次の中から選び、それぞれ(イ)～(ヘ)の符号で答えなさい。

(イ)　まるで　(ロ)　決して　(ハ)　さらに　(ニ)　いまだ　(ホ)　むろん　(ヘ)　いかに

問5　――③「『現実』という赤い靴をはかされた国民は自分で自分を制御できないままに死への舞踏を続けるほかなくなります」とありますが、これに関する次の説明文の[a]～[c]に当てはまる語句を、指示された文字数にしたがって本文中から抜きだし、解答欄に記しなさい。

> 日本の人々の傾向として、[a（4字）]による判断こそが、「現実的」な選択だと無批判に考えがちである。しかし、そのような一方的な「現実」観にとらわれてしまうと、[b（9字）]が不可能になってしまい、人々の生活は[a]の思うままとなってしまうだろう。ちょうど、見栄えの良い赤い靴をはいたことで終わりのない舞踏を踊り続けざるをえなかったアンデルセンの童話の少女のように。アジア・太平洋戦争への道すじは、その一つの例であるといえる。だからこそ私たちは、その「現実」観を克服し、[b]によって自分たちの真の現実をつかみとり、[c（5字）]をより豊かなものとしてつくり上げていかなければならない。

問6　[F]の(イ)～(ニ)の各文を、意味が通るように並べかえて、その符号を解答欄の指示にしたがって答えなさい。

問7　――④「再度知識人がこの過ちを犯したら、それはもはや茶番でしかありません」とありますが、どういうことですか。次の中から最も適当なものを選び、(イ)～(ホ)の符号で答えなさい。

(イ)　高度な専門的知識を持つ知識人が、近い過去に起こった出来事を無意識のうちに反復してしまうことは、これまでにも何度も起こってきた事実である、ということ。

(ロ)　学問研究を専門にしているはずの知識人が、歴史的経験に学ぶことなく同じ間違いを繰り返すことは、知識人という名に値しない愚かな振る舞いである、ということ。

た条件の有無や程度については看過し、もしくは無関心のまま、手放しに国民の判断を云々《うんぬん》するなら――もし現在のように新聞・ラジオのニュース・ソースが甚だしく一方的であり、また異なる意見が決して紙面や解説で公平な取り扱いをうけず、ソ連や中国の悪口は言い放題であるのに対して、アメリカの批判や軍事基地の問題はおっかなびっくりでしか述べられないという状況――一言にしていえば言論のフェア・プレーによる争いを阻んでいる諸条件――に対して何ら闘うことなしに、ただ世論や国民の判断をかつぎ出して来るならば、⑤私たちはそういう人たちの議論に誠実さを認めることはできません。それらの人は何千万の国民の生死に関係する問題に対しても一段高い所に立って傍観者的姿勢をくずさず、むしろそうしたとりすましたジェスチュアのうちに叡智《えいち》を誇ろうとする偽《にせ》賢人か、さもなければ、現在のマス・コミュニケーションにおいて上のようなフェア・プレーの地盤が欠如していることを百も承知で、逆にそれを利用して目的を達成しようという底意を持った政治屋か、恐らくそのどちらかでしょう。

「講和論議」…敗戦後、米国の占領下におかれた日本は、一九五一年に調印されたサンフランシスコ講和条約によって主権を回復した。しかし、ソ連や中国など社会主義国家との間には講和条約は締結されなかったため、「単独講和」と称された。当時、すべての交戦国と講和条約を締結すべきだとする「全面講和」論も盛んだった。

「再軍備問題」…朝鮮戦争（一九五〇～一九五三年休戦）に出動した在日米軍の空白を埋めるため、GHQ最高司令官マッカーサーの指示に基づき、現在の自衛隊の前身である警察予備隊が編成された。当初より日本国憲法第九条との矛盾が指摘され、社会的に大きな問題となった。

「平和問題談話会」…全面講和や軍事基地反対を訴え、戦後日本の平和運動に大きな影響を与えた知識人団体。筆者の丸山真男はその活動の中心を担った。

「プラスティック」…ここでは「可塑的」の意味。加熱によって容易に成形できるところからいう。

「中国共産党の勝利」…日本の敗戦後、中国では蔣介石《しょうかいせき》の国民政府と中国共産党との間に内戦が起こる。農民の支持を得た共産党はこの内戦に勝利し、一九四九年に中華人民共和国を樹立した。

「マッカーサーの罷免」…朝鮮戦争勃発後、マッカーサーは米国を中心とする国連軍司令官に任命される。しかし、強硬策を主張したマッカーサーはトルーマン大統領と対立、一九五一年四月に罷免された。

問1 ――①「それは容易に諦観に転化します」とありますが、どういうことですか。次の中から最も適当なものを選び、(イ)～(ホ)の符号で答えなさい。

(イ) 「現実」を改善することは、多くの人々が同じ目標に向かって努力しないかぎり不可能であると考えるようになる、ということ。

(ロ) 「現実」は過去によって規定されるので、これまでに犯した過ちを反省し続けなければならないと考えるようになる、ということ。

(ハ) 「現実」はすでに存在しているのだから、自らの働きかけによって変化させることなどできないと考えるようになる、ということ。

(ニ) 「現実」とは誰も無視できないものであるため、いたずらに混乱を及ぼす言動をとるべきではないと考えるようになる、ということ。

(ホ) 「現実」とは常に移り変わるものであるから、いま直面している事柄だけを問題視しても意味はないと考えるようになる、ということ。

問2 ――②「現実の一次元性」とありますが、これに関する次の説明文の(1)～(4)について適当なものを選び、それぞれ符号で答えなさい。

戦前の日本社会にあっては (1) (イ)「現実的」な選択が「反国家的」とされた　(ロ) 戦争は「非現実的」な想像上のも

判断をできるだけ総合的にするために忘れてならないことと思います。

（中略）

私たちの言論界に横行している「現実」観も、ちょっと吟味してみればこのようにきわめて特殊の意味と色彩をもったものであることがわかります。こうした現実観の構造が無批判的に維持されている限り、それは過去においてと同じく将来においても私たち国民の自発的な思考と行動の前に立ちふさがり、それを押しつぶす契機としてしか作用しないでしょう。そうしてあのアンデルセンの童話の少女のように③「現実」という赤い靴をはかされた国民は自分で自分を制御できないままに死への舞踏を続けるほかなくなります。私たちは観念論という非難にたじろがず、なによりもこうした特殊の「現実」観に真っ向から挑戦しようではありませんか。そうして既成事実へのこれ以上の屈服を拒絶しようではありませんか。そうした「拒絶」がたとえ一つ一つはどんなにささやかでも、それだけ私たちの選択する現実をより推進し、より有力にするのです。これを信じない者は人間の歴史を信じない者です。

（中略）

これに関連して私はとくに知識人特有の弱点に言及しないわけにいきません。それは何かといえば、知識人の場合はなまじ理論をもっているだけに、しばしば自己の意図にそわない「現実」の進展に対しても、いつの間にかこれを合理化し正当化する理屈をこしらえあげて良心を満足させてしまうということです。

F

(イ) ところが本来気の弱い知識人はやがてこの緊張に堪えきれずに、そのギャップを、自分の側からの歩み寄りによって埋めて行こうとします。

(ロ) その限りで自分の立場と既成事実との間の緊張関係は存続しています。

(ハ) 既成事実への屈服が屈服として意識されている間はまだいいのです。

(ニ) そこにお手のものの思想や学問が動員されてくるのです。

しかも人間の果てしない自己欺瞞《ぎまん》の力によって、この実質的な屈服はもはや決して屈服として受けとられず、自分の本来の立場の「発展」と考えられることで、スムーズに昨日の自己と接続されるわけです。かつての自由主義的ないし進歩的知識人の少なからずはこうして日中戦争を、大政翼賛会を、大東亜共栄圏を、太平洋戦争を合理化して行きました。一度は悲劇といえましょう。しかし④再度知識人がこの過ちを犯したら、それはもはや茶番でしかありません。

（中略）

それからもう一つ、学者や政治家の間には、再軍備の是非は結局国民自身が決めるべき問題であるという――それ自体まことにもっともな――議論を煙幕として自分の態度表明を韜晦《とうかい》しようという兆しがはやくも見えております。もっともそこにもまたいろいろニュアンスがあって、実際は自分の内心の立場はきまっているのだが、現在それを表明するのは具合が悪いので、もう少し「世論」がそちらの方に動いて来るのを待とう――あるいはもっと積極的には「世論」をその方へ操作誘導して行ってから後にしよう、という戦術派もあれば、また形勢を観望して大勢のきまる方に就こうという文字通りの日和見《ひよりみ》派もあるでしょう。しかしながら、いうまでもなく国民がこの問題に対して公平な裁断を下しうるためには最小限度次のような条件が満たされていなければなりません。第一は通信・報道のソースが偏らないこと、第二に異なった意見が国民の前に――一部インテリの前にだけでなく――公平に紹介されること、第三に以上の条件の成立を阻みもしくは阻むおそれのある法令の存在しないこと、以上です。ですから再軍備問題を国民の判断に委ねよと主張する人が、いやしくも真摯な動機からそれをいうのなら、彼は必ずや同時に右のような条件を国内に最大限に成り立たせることを声を大にして要求すべき道徳的義務を感ずるはずです。もし彼がそうし

元性とでもいいましょうか。いうまでもなく社会的現実はきわめて錯雑し矛盾したさまざまの動向によって立体的に構成されていますが、そうした現実の多元的構造はいわゆる「現実を直視せよ」とか「現実的地盤に立て」とかいって叱咤《しった》する場合にはたいてい簡単に無視されて、現実の一つの側面だけが強調されるのです。再び前の例に戻れば、当時、自由主義や民主主義を唱え、英米との協調を説き、反戦運動を起こす、等々の動向は一様に「非現実的」の烙印《らくいん》を押され、ついで反国家的と断ぜられました。いいかえればファッショ化に沿う方向だけが「現実的」と見られ、いささかもそれに逆らう方向は非現実的と考えられたわけです。しかしいうまでもなく当時の世界はいたるところにおいてファッショ化の方向と民主主義の動向とが相抗争していました。それは枢軸国対民主主義国といった国際関係についてだけでなく、各々の国内においても程度の差こそあれ、そうした矛盾した動向があったわけです。ファッショ化への動きだけが「現実」で、しからざるものは「非現実」という根拠は毫《ごう》もないのであって、もしそうでなければ一九四五年の世界史的転換も、あの天気晴朗なる日に忽然《こつぜん》「枢軸」的現実が消え去って「民主主義」的現実がポッカリ浮かび出たというふうな奇妙な説明に陥らざるをえません。また事実、戦時中のように新聞・ラジオなどのマス・コミュニケーションの機関が多面的な現実のなかから一つの面だけを唯一の「現実」であるかのように報道し続けている場合には、国民は目隠しされた馬車馬のように一すじの「現実」しか視界に入って来ませんから、そうした局面のあらわな転換が全くの「突然変異」に映ずるのも無理はないでしょう。戦後にしても、＊中国共産党の勝利や＊マッカーサーの罷免など、いずれも私たち日本国民にとっては［　A　］だったわけですが、実はそうした事件に導く「現実」は前々から徐々に形成されていたのであって、ただ日本の新聞やラジオが故意か怠慢かでそれを充分に報道しなかったただけのことです。戦後、米ソの対立が日を追うて激化してきたことは、［　B　］子どもにもわかる「現実」にちがいありませんが、同時に他の諸国はもとより当の米ソの責任ある当局者が何とかして破局を回避しようとさまざまの努力をしているのも「現実」ですし、［　C　］世界の至るところで反戦平和の運動が——その中に様々の動向を含みながら——ますます高まって来ていることも否定できない「現実」ではありませんか。「現実的たれ」というのはこうした矛盾錯雑した現実のどれを指していうのでしょうか。実はそういうとき、ひとはすでに現実のうちのある面を望ましいと考え、他の面を望ましくないと考える価値判断に立って「現実」の一面を選択しているのです。講和問題にしろ、再軍備問題にしろ、それは［　D　］現実論と非現実論の争いではなく、実はそうした選択をめぐる争いにほかなりません。

（中略）

そう考えてくると自《おの》ずからわが国民の「現実」観を形成する第三の契機に行き当たらざるをえません。すなわち、その時々の支配権力が選択する方向が、すぐれて「現実的」と考えられ、これに対する反対派の選択する方向は容易に「観念的」「非現実的」というレッテルを貼られがちだということです。さきに挙げた戦前戦後の例をまた繰り返すまでもなくこのことは明らかでしょう。われわれの間に根強く巣くっている事大主義と権威主義がここに遺憾なく露呈されています。むろんこうした考え方も第二の場合と同様、それを成り立たせる実質的な地盤があるわけで、権力に対する民衆のコントロールの程度が弱ければ当然、権力者はその望む方向に——少なくもある時点までは——どんどん国家を引っぱっていけるので、実際問題としても支配者の選択が他の動向を圧倒して唯一の「現実」にまで自らを高めうる可能性が大きいといわねばなりません。古典的な民主政の変質は世界的に政治権力に対する民衆の統制力を弱化する傾向を示しているので、上のような考え方もそれだけ普遍的となっているともいえますが、なんといっても昔から［　E　］私たちの国のような場合には、とくに支配層的現実すなわち現実一般と見なされやすい素地が多いといえましょう。この点も私たちの

てしまう龍夫という存在を認めている　(ハ)　龍夫とこれ以上生活を共にしていくことができないと諦めがついている｝。そのため、アメリカ滞在をめぐる龍夫とのやりとりで生じた感情は和らぎ、(2)｛(ニ)　子どもに対するように、龍夫に慈愛の眼差《まなざ》しを送るのだ　(ホ)　子どものような龍夫の振る舞いをも受け止められるのだ　(ヘ)　子どもたちに冗談を言い、場を明るくしようとするのだ｝。それは言い換えれば、弓子がここで、(3)｛(ト)　家庭で割り当てられる母の役目を、自ら引き受けたことを意味する　(チ)　自らの運命を諦め、母の役割に徹する覚悟を決めたことを意味する　(リ)　仕事を得て自活する帰国後の未来に、思いを馳《は》せたことを意味する｝。一方、龍夫はそんな弓子にゆったりと笑う。子どもも反応したこの場の様子を見て、龍夫の「気持ちがふっきれた」と思う弓子の様子からは、(4)｛(ヌ)　弓子がすでに龍夫への愛情を失っており、心の内では龍夫を侮っていること　(ル)　弓子がこれまでとは異なる形で龍夫へ接することができるようになったこと　(ヲ)　弓子は龍夫との夫婦関係を継続することで息子たちの母であろうとすること｝が読み取れるのである。

二　次の文章は、第二次世界大戦が終結した一九四五年から、七年が経過した一九五二年(昭和二七年)に書かれたものです。これを読んで、以下の設問に答えなさい。

＊講和論議の際も今度の＊再軍備問題のときも＊平和問題談話会のような考え方に対していちばん頻繁に向けられる非難は、「現実的でない」という言葉です。私はどうしてもこの際、私たち日本人が通常に現実とか非現実とかいう場合の「現実」というのはどういう構造をもっているかということをよくつきとめておく必要があると思うのです。私の考えではそこにはほぼ三つの特徴が指摘出来るのではないかと思います。

第一には、現実の所与性ということです。現実とは本来一面において与えられたものであると同時に、他面で日々造られていくものなのですが、普通「現実」というときはもっぱら前の契機だけが前面に出て現実の＊プラスティックな面は無視されます。いいかえれば現実とはこの国では端的に既成事実と等置されます。現実的たれということは、既成事実に屈服せよということにほかなりません。現実が所与性と過去性においてだけ捉えられるとき、①それは容易に諦観に転化します。「現実だから仕方がない」というふうに、現実はいつも、「仕方のない」過去なのです。私はかつてこうした思考様式がいかに広く戦前戦時の指導者層に食い入り、それがいよいよ日本の「現実」をのっぴきならない泥沼に追いこんだかを分析したことがありますが、他方においてファシズムに対する抵抗力を内側から崩していったのもまさにこうした「現実」観ではなかったでしょうか。「国体」という現実、軍部という現実、統帥権という現実、満州国という現実、国際連盟脱退という現実、日中戦争という現実、日独伊《にちどくい》軍事同盟という現実、大政翼賛会という現実――そうして最後には太平洋戦争という現実、それらが一つ一つ動きのとれない所与性として私たちの観念にのしかかり、私たちの自由なイマジネーションと行動を圧殺していったのはついこの間のことです。いな、そういえば戦後の民主化自体が「敗戦の現実」の上にのみやむなく肯定されたにすぎません。戦後まもなく「ニューズウィーク」に、日本人にとって民主主義とは、"It can't be helped" democracy だという皮肉な記事が載っていたことを覚えています。「仕方なしデモクラシー」なればこそ、その仕方なくさせている圧力が減れば、いわば「自動」的に逆コースに向かうのでしょう。そうして仕方なし戦争放棄から今度は仕方なし再軍備へ――ああ一体どこまで行ったら既成事実への屈服という私たちの無窮動《ペルペトウーム・モビーレ》は終止符に来るのでしょうか。

さて、日本人の「現実」観を構成する第二の特徴は②現実の一次

ここで龍夫は、「中心のない世界」という［ c ］を主要な関心事として提示している。一方、これまで家計のやりくりを担ってきた弓子は、欧州旅行をとおして為替レートという不安定な指標でモノやコトの価値を把握することに慣れていったのだろう。そのため、龍夫が頭を悩ませる問題を、自分にとって身近な「為替レート」に置き換えることで、龍夫の［ d ］しているのだ。

(イ) 価値を具体化　(ロ) 抽象的な問題　(ハ) 絶対的な基準
(ニ) 相対的な価値　(ホ) 主張を相対化　(ヘ) 通貨単位に換算

問9　［E］～［H］に当てはまる会話文を次の中から選び、それぞれ(イ)～(ホ)の符号で答えなさい。

(イ) もちろんぼく一人でいいんだよ、これ以上きみに迷惑かけられないし
(ロ) そのときはそんなつもりは全然なかったからさ、きみに話す気もなかったんだよ
(ハ) きみが言っていたとおり、ぼくもアメリカに長くいても仕方ないと思っているよ
(ニ) あたしはこれ以上あんな何もできないところで中途半端な暮らしをするのはまっぴらですよ
(ホ) それじゃ、かなり前からその話はあったわけね。どうしてもっと早くいってくれなかったのよ

問10　――⑦「そこを全速力で駆け抜けて、地平線までたどり着きたい」とありますが、どういうことですか。これに関する次の説明文の(1)～(4)について適当なものを選び、それぞれ符号で答えなさい。

十一年のあいだ、弓子は龍夫と夫婦として共に生きてきたはずだったが、いま弓子は、(1)｛(イ) 龍夫は自己中心的な性格であり、父親としては慕われていなかった　(ロ) 龍夫は己の道を行く人であり、家族の一員としての自覚がなかった　(ハ) 龍夫には生まれもった運命があり、周囲はそれに振り回されていた｝と思う。さらに弓子は、(2)｛(ニ) 龍夫の人生を支え続けてきたにもかかわらず、結局自分は捨てられる運命にあると気づく　(ホ) 龍夫の人生に伴走してきたようで、結局同じ道を歩んでいたわけではなかったことに気づく　(ヘ) 龍夫もその人生を一人で生きる他なく、結局自分はその手助けしかできない存在なのだと気づく｝。

いま自身の運命を生きようと思う弓子の前には、道もない「荒原」が「はてしなくひろがる」が、この表現からは、(3)｛(ト) 自身の運命を開拓しようとする弓子の期待と喜びが入り混じる思い　(チ) 自身の運命に子どもたちを巻き込んだことの罪悪感と緊張した思い　(リ) 自身の運命がたどり着く先が見えない弓子の不安と寂寞《せきばく》とした思い｝が読み取れる。

一方で、「全速力で駆け抜けて、地平線までたどり着きたい」との表現からは、(4)｛(ヌ) 現状を抜け出して、自身の運命を生きていこうとする弓子のエネルギー　(ル) 弓子が、子どもたちと新たな家庭をつくりだすために描いた未来予想図　(ヲ) 自身の荒涼とした心を耕しながら、子どもたちと生み出す穏やかな生活｝が読み取れるのである。

問11　――⑧「龍夫は鷹揚《おうよう》に笑っている。気持ちがふっきれた証拠だ」とありますが、これに関する次の説明文の(1)～(4)について適当なものを選び、それぞれ符号で答えなさい。

弓子は、龍夫を大蛇になぞらえて、子どもたちに「呑《の》み込まれないように」と注意する。ここでの弓子は、(1)｛(イ) 自分の手で未来を切り拓《ひら》いて自身の力で生きていく覚悟をすでに決めている　(ロ) 家族を無意識のうちに崩壊にまで導い

一方で、(4){(ヌ) 互いに役割を押しつけ合って苦しくなる　(ル) 各々の役割を無視して勝手に生きている　(ヲ) 自身の役割を理解することすらできない}、と考えていたのだ。

問5 ――③「無情な鉄鎖」とありますが、何が「無情」なのですか。次の中から最も適当なものを選び、(イ)～(ホ)の符号で答えなさい。

(イ) 子どもたちは普段から衛兵と仲が良いのに、無機質な鉄鎖の設置で衛兵との間に距離が生まれてしまうこと。

(ロ) 大げさな鉄鎖の設置が子どもたちと衛兵の間を引き裂き、衛兵が子どもたちの見世物になってしまったこと。

(ハ) 豪華絢爛《ごうかけんらん》な鉄鎖により荘厳な宮殿らしさが演出され、普段着の子どもたちが立ち入りにくくなっていること。

(ニ) 野放図な子どもたちを頑丈な鉄鎖で遠ざけることで、国家の安全を担う衛兵の威厳を保とうとしていること。

(ホ) 子どもたちは衛兵に興味津々だが、冷たく重々しい鉄鎖に阻まれ衛兵に手の届くところまでは行けないこと。

問6 ――④「胸の中を小さな稲妻が走る」とありますが、どういうことですか。次の中から最も適当なものを選び、(イ)～(ホ)の符号で答えなさい。

(イ) 自分のことを龍夫が遠回しに責めていると感づいて、緊張しつつも反撃の機会を窺《うかが》っているということ。

(ロ) 龍夫に軽はずみな冗談を言って傷つけてしまったかもしれないと思い、ひどく後悔しているということ。

(ハ) 自分たち一家に何らかの良くない変化が起こるのかもしれないと感じて、不安を覚えているということ。

(ニ) 龍夫が夫としての威厳を見せるために怒り出すのではないかと思って、恐ろしく感じているということ。

(ホ) 自分たち一家が予期せぬ悲劇に見舞われると確信し、平静を装いつつ内心では混乱しているということ。

問7 ――⑤「どっちもリアルでしかも同時にその両方を生きることはできない」とありますが、どういうことですか。次の中から最も適当なものを選び、(イ)～(ホ)の符号で答えなさい。

(イ) 日本にいると日本との関係の中でしか外国を捉えられず、外国にいると日本を中心とする捉え方を相対化できるが、どちらをも現実として同時に体験することはできないということ。

(ロ) 日本にいると日本文学の良さを外国に伝える使命を感じ、外国にいるとまだまだ日本文学は評価されていないのだと感じるが、この二つの感覚が同時に成り立つことはないということ。

(ハ) 日本では外国から見た日本文学を論じれば外国屋と言われ、外国で日本文学を論じると世界が狭いと言われるが、これらは同時に成立し得ない都合の良い指摘にすぎないということ。

(ニ) 日本では島国という地形の影響で日本中心の考え方に囚《とら》われ、外国にいると自分は井《い》の中《なか》の蛙《かわず》にすぎないと反省するが、これらの考え方に折り合いをつけることはできないということ。

(ホ) 日本では文学の問題を人生の主要な問題として扱い、外国では文学の問題を趣味の問題として尊重するが、どちらの態度や方法も観念的すぎて、世界の実相を捉えきれないということ。

問8 ――⑥「為替レートみたいだ」とありますが、どういうことですか。次の説明文の［a］～［d］に当てはまるものを後の選択肢から選び、それぞれ(イ)～(ヘ)の符号で答えなさい。

私たちは、日本にいる時は、日本の通貨「円」によって商品やサービスの価値を把握し、外国にいる時は、その国で目にする値段を自分が慣れている［a］して、商品やサービスの価値を把握していると思っている。しかし、「為替」という仕組みにおいては、各国のお金の価値は、換算する通貨と為替レートの影響によって絶え間なく動き続けることになる。つまり、通貨は価値を測るための［b］にはなり得ない。

弓子は手を伸ばして、頭の上に垂れかかっている枝から葉を数枚むしり取り、空にむかって投げた。はらはらと落ちてくる葉を追って走り、その一枚を顔で受けとめた。

サーペンタイン池のほとりに来ると、弓子はもうけろけろとしてサンダルを脱ぎ、白いパンタロンの裾をたくし上げた。子どもたちに誘いかけ、三人並んで水辺に座って、池にそろそろ足を入れる。水は思ったよりつめたい。

「すごく深いかもしれないんだから、足をちょっと浸けるだけよ。それから、池の主に引きずり込まれないように気をつけて」

「池の主、いるの」と獏がまさかと思いながら興味にかられて訊《き》く。

「この池はサーペンタインっていうんだよ。蛇のことよ。大蛇。大蛇が池の主なんだぞお」

「大蛇、見てみたい」と羚がいう。

「大蛇なら一匹お前たちのうしろにいるから見てごらん」と弓子は巳年《みどし》生まれの龍夫を指さしていう。「気をつけないと蛙《かえる》みたいに呑《の》み込《こ》まれちゃうよ」

⑧龍夫は鷹揚《おうよう》に笑っている。気持ちがふっきれた証拠だ。

問1 ═══ⓐ～ⓔのカタカナを漢字に改めなさい（楷書で、ていねいに書くこと）。

ⓐ フンスイ　ⓑ キゲン　ⓒ ナグリ
ⓓ ソウゼツ　ⓔ ホガらか

問2 ——①「獏と羚が両手で空を掻《か》きながら走ってくる」とありますが、二人の様子の説明として最も適当なものを次の中から選び、(イ)～(ホ)の符号で答えなさい。

(イ) 何とかして父母の関心を自分たちに向けたいと思う兄弟が、仲良さげに歩く父母の邪魔をしている様子。
(ロ) 父母の同情を買いたいあまりに、喧嘩《けんか》の被害者は自分だと兄弟がそれぞれ必死にアピールしている様子。
(ハ) 兄弟でふざけ合っていた先ほどまでの興奮が冷めないまま、はしゃぎながら父母を追いかけている様子。
(ニ) 父母の歩みがあまりに速いので、置いていかれるとの不安から兄弟が懸命に父母を追いかけている様子。
(ホ) 先ほどの喧嘩で負傷した足をかばいながら、滑稽に振る舞うことで父母を楽しませようとしている様子。

問3 [A]～[D]に当てはまる語を次の中から選び、それぞれ(イ)～(ヘ)の符号で答えなさい。

(イ) とみに　(ロ) うっかり　(ハ) ばっさりと
(ニ) ごてごてと　(ホ) しみじみと　(ヘ) ひょっこり

問4 ——②「家庭は諸悪の温床だ」とありますが、これに関する次の説明文の(1)～(4)について適当なものを選び、それぞれ符号で答えなさい。

弓子は(1)
(イ) 父親に肩車をしてもらって楽しげな様子の羚に、兄を気遣えない自分勝手な性格を見る
(ロ) 獏が自分からは父母に甘えないでいる様子に、幼かった獏のたくましい成長ぶりを見る
(ハ) 息子である獏が弓子の手を払いのけない様子に、日常では感じがたい家族らしさを見る
。なぜなら、その様子は「聖家族」に例えられるような姿でありながら、一方でそれは、(2)
(ニ) 自分たち家族が家という環境から離れているゆえに生まれるのだ
(ホ) 自分たち家族が互いを気遣う度量があるからこそ生起するものだ
(ヘ) 自分たち家族が仲の良い家庭を求め続けているから実現するのだ
と弓子はわかっているからだ。

普段の「家庭」での彼らは、いまヨーロッパの地で美しく寄り添っているような「家族」ではないと弓子は考える。そもそも弓子は、「家庭」における「家族」とは、(3)
(ト) 各々の役割を担えない不甲斐《ふがい》なさを互いに許し合うが
(チ) それぞれ課せられた役割を演じることを求められるが
(リ) 必要とされる役割などなかったかのように振る舞うが
、

棄すれば、価値というものがまったく測れなくなってしまう。通貨が通貨を相対化し合い、不断に動きつづける価値の世界。ぶつかり合ういくつもの価格体系の波頭でもみくちゃにされてしまい、弓子は今は従順に要求額を支払うだけだ。

「でも、あなたはどこへ行こうとちゃんと自分を中心に置いて考えている人ですよ。天動説の地球みたいにでんと構えている人だ」

あるいは地動説の太陽のように。でも太陽系は銀河系のはじっこにあって、その銀河系は宇宙のはじっこにあって、宇宙は宇宙で動きつづけ、無限でありながら拡大していることになっている。そんな宇宙になぜ中心とか隅とかの概念があてはまるのか、弓子にはとんと理解できないが、ともかく龍夫は複雑に動くことによって関係が変わってしまう、中心のない世界に一人曝《さら》されているらしい。これから何を考え出すのだろう。

「弓さん、ぼく、もうちょっとアメリカにいちゃ駄目かな。あと半年ぐらい」

「何だ、そういうことだったの、話って。もっと抽象的なことかと思った。それならそんな深刻そうな顔で気をもたせることはなかったじゃない」

「いやね、きみに怒られやしないかと思って、いい出しにくかったんだよ」

そういわれると、弓子は怒りたくなってくる。

「日本の大学はどうするのよ」

「その方はどうせ学年なかばだから留学延期届を出せばすむんだよ。もともと一年半いてもいいことになっているんだ」

「お金がないじゃないの」

「ニューヘイヴンにもっといたければあと半年分の金を出してくれるって、主任がいっているんだよ」

「　E　」

「　F　。でもこの頃《ごろ》考えが変わってきてね、こんなからっぽの頭で日本に帰るわけには行かない、もう少しアメリカにいれば何かつかめるんじゃないか、という気がしてきたんだ」

「　G　」

「　H　。それに今度は教えるんじゃないから、金が出るといってもわずかだしな」

龍夫はやはり地動説の太陽なのだ。輝く中心なのだ。弓子を含めた周囲の人は龍夫を中心に回っている。いつもそうだ。自分は動かなくても、周囲が動いてちゃんとお膳立てするようになっている。どこまで幸運な人なのだろう、と弓子は龍夫が妬ましい。そして、不調のときは弓子をどこまでも巻き込むが、好調になると弓子を置いて一人で先に進んでしまう。ついて行けなければ、それは弓子が悪いのだ。十一年一緒に暮らしたって、運命というものは共有できない。運命は個人的なものなのだ。きっと龍夫にはそれなりの天命があって、それを果たすべく生まれついているのだろう。龍夫が必死でそれを追求するのなら、弓子は弓子の運命を一人で生きなければならない。ふいに駆け出したくなった。草も生えない荒原が眼《め》の前にはてしなくひろがる。⑦そこを全速力で駆け抜けて、地平線までたどり着きたい。

サーペンタイン池が見えてきた。ここでヴァージニア・ウルフが入水《じゅすい》自殺したという人もいる。本当はウーズ川に身を投げたのだ。たそがれの中で水面は色もなく鈍く光っている。ニューヘイヴンにあと半年も閉じこめられるなら、わたしはきっと死に場所を探してうろつくだろう。泳げないからウルフみたいに水にとび込むのはいやだ。落下恐怖症だからイースト・ロックからとび降りるのもいやだ。首を吊《つ》るのは息苦しいし、自動車事故を起こすのは運転が下手だと思われるからいやだ。やっぱり死ぬのはいやだ。わたしはまだ十分生きていない、運命に抗《あらが》ってでも生きのびてみせる。

「いいわよ、あたしは子どもを連れて先に日本に帰る。獏の学校のこともあるんだし」

「そうするか。きみも早く仕事を探した方がいいからな」

「あたしのことなんかどうでもいいでしょ、大きなお世話よ」

る。心構えはしておかねば。だが、たった今、家族は美しく寄り添っている。

　公園の東端から西端まで延びる細長い池に沿ってぶらぶら歩いて行くと、　C　バッキンガム宮殿の前に出た。

「あ、兵隊さんだ」と叫ぶなり、羚は父親の背をするすると滑り降りて、宮殿前の広場を駆け抜けて行った。

　くすぐっても身じろぎ一つしないという衛兵の前には③無情な鉄鎖が張ってあって、くすぐりたくても近寄れない。両脚を八の字に開いて番所を背に立っている衛兵を、子どもたちは飽きもせず胸の高さの鉄鎖を揺すりながらみつめている。大学のような殺伐とした建物に、ライオンやら何やらの装飾を　D　ほどこした黒い鉄の門が宮殿らしい華やかさをわずかに添えている。

　宮殿の正面から横に回るとまた公園があり、誘われるようにその中に入って西の方に歩く。公園を横切って広い通りに出ると、その向こうにまた緑がどこまでとも知れずつづいている。

「あれがハイド・パークだよ、行ってみるか」と龍夫がいう。「でかい公園だぞ」

　歩くよりほかにすることがないのだから、日が暮れるまで歩こう。どうせ歩くなら街より公園の方が気疲れしなくていい。子どもたちも自由に走り回れるのだし。

「弓さん、ちょっと話があるんだけどさ」とだしぬけに龍夫がいった。

「なに、愛人がいるから別れてほしいって」と弓子は茶化《ちゃか》すが、④胸の中を小さな稲妻が走る。

「それはきみがいつもいいたがっているセリフだろ。いいから聴いてくれる?」

「はい、聴きますよ」と答えながら、弓子は龍夫が何をいい出すのか不安になる。新しい考えがひらめいたのだろうか。

「日本にいたときはアメリカも含めて西洋がはっきり外部に見えていたんだけどさ、これは当然のことなんだけどね、アメリカにいると逆に日本が外部というか世界の周縁に見えてきちゃうだろ。そういう反転、つまり自分のいる場所をずらすと内部と外部が入れ替わってしまうことなんだけど、それが自分の中でどうしようもなく起こるんだよね」

「メヴィウスの輪みたいなものか」

「うん、まあそうだ。地と図の反転といってもいいんだけどね。ということは⑤どっちもリアルでしかも同時にその両方を生きることはできないってことなんだよ。これは外国に出てみないと実感できないんだな。日本では日本との関係の図式でしか外国を捉えられなかったけれど、アメリカで日本文学を教えながらいろいろ考えていたら、日本がものすごく卑小で非現実的に見えてきたんだよ。世界はこっちだ、おれはあんな井の中で何をいい気になっていたんだろうっていやになってくるんだ」

「ところが日本に帰ればまた日本がリアルになって、外国は日本から見た外国、日本に入ってくる外国でしかない、日本にいるんだから日本で問題であるようなことをやらなくちゃただの外国屋になってしまう、ということなんでしょ?」

「そう。日本にいるとどうしても日本中心でしかものが考えられなくなる。日本はやっぱり島国なんだよな。かといって、アメリカが世界の中心だというわけではない。ヨーロッパももちろん中心なんかじゃないし、何かこう」と龍夫はマージャンの牌《パイ》をかきまぜるように両手を動かす。「世界が捉えどころなく動いていてね。外国にいると自分も含めた世界が絶えず動いていて、中心なんてものはないんだってことが手に取るようにわかるんだ」

　⑥為替レートみたいだ、といおうとしたが、下らん、おれがいいたいのはそんなことじゃない、と龍夫に痛罵されそうな気がして、弓子は類比を一人で楽しむ。二、三日毎《ごと》に、お札や硬貨の種類や単位を覚える暇もなく、つぎの国に移動するたびに、その国の通貨をなじんだドルに換算して、これは高いあれは安いと一喜一憂していたが、ドルの価値だって日々変わるのだ。もしドル本位の考えを放

二〇二二年度

中央大学附属高等学校

【国語】〈六〇分〉〈満点：一〇〇点〉

一 次の文章を読んで、以下の設問に答えなさい。

> 一九七六年の夏、アメリカの大学で教鞭《きょうべん》をとる龍夫《たつお》はその任務を終え、さしあたってしなければならないことがなくなった。妻の弓子は、日本に帰国する前にヨーロッパ周遊旅行をしたいと提案した。かくして、龍夫と弓子は、就学前の息子である貘《ばく》と羚《れい》を連れてヨーロッパを旅行することになった。以下は、四人のロンドン滞在中の場面である。

聖ジェームズ公園。葉の多い枝を重たげに垂らした大木が発散する活力素を肺の底まで吸い込むと、弓子はたちまち生気をとり戻した。夏だというのに早くも落ちこぼれた葉が茶色に乾いて、芝生の上につもっている。木々の向こうでⓐフンスイが白い花火のようなしぶきを上げている。木《こ》洩《も》れ陽《び》が芝生の上に小さな丸い光を泉に投げ込まれた硬貨のようにきらきらと落としている。

「どうしてこの光が丸いのか知ってる、貘？」と弓子が訊《き》く。

「知ってる」と貘が答える。

「どうしてなの、お兄さん」と羚が訊く。

貘はめずらしくⓑキゲンよく、重なり合う葉の隙間が針穴写真機のように働くのだ、と説明するが、羚にはちんぷんかんぷんだ。よく聞きもせずとんちんかんな質問ばかりするので、貘はすぐに、「馬鹿だな、お前は」と怒鳴り出し、ついでにこぶしで羚の頭をⓒナグりにかかる。こぶしが頭に触れもしないうちに、羚は、「あ、痛い」と大げさにわめいて、兄につかみかかって行く。つぎの瞬間、芝生はⓓソウゼツな決闘の場に変わった。

「ここならいいよね」と弓子と龍夫は笑って見ている。

「ずっと大人しかったんだから」

兄弟喧嘩《げんか》がここ数日［A］減っていることに弓子は気づいた。とっくみ合いはまもなく仔犬《こいぬ》のじゃれ合いになり、羚がⓔホガらかな笑い声を上げた。

「歩こうよ」と龍夫が弓子を促し、二人で先に歩き出すと、しばらくしてはるか後方から、「お父さん、お母さん、待ってえ」と叫ぶ声がして、①貘と羚が両手で空を掻《か》きながら走ってくる。

「ああ、疲れた」と羚が息をはあはあさせる。

「お父さんがおんぶしてやろうか」と龍夫がしゃがんで背中を差し出すと、羚は勢いよくとびついたついでに肩車をせがむ。龍夫は羚を肩に乗せ、兎《うさぎ》とびで鍛えた脚で造作なく立ち上がる。羚は父親の頭に顎を乗せ、『家なき子』の猿将軍のように威張りくさって、ちょっと広くなった世界を睥睨《へいげい》する。弓子は貘の傍《そば》に寄って、手を取り軽く握る。貘は払いのけもせず、黙ってされるがままになっている。聖家族、という言葉がふと浮かんだ。家を離れて漂っているとき、親子は家庭の埃《ほこり》を払い落して、家族そのものに上昇する。②家庭は諸悪の温床だ。似たり寄ったりの幸福な家庭を築くために、親は子に子であることを強制し、子は親に親であることを強制する。それぞれが自分に合わない役割をふり当てられ、それぞれが借り着の暴君になって、お互いの首を締め上げる。親兄弟への恨みや憎しみを暖めながら、それを孵化《ふか》させることを諦めて、つぎの世代の家庭にそっとパスするだけで一生を終える。人類史というものがもしそういう世代交替のメカニズムにすぎないなら、どこかで［B］その連鎖を断ち切ってしまう方がましだ。ゴルディアスのもつれた結び目のように。健全な家庭のみせかけの下で、一つ一つの魂がそれぞれの業にあえいでいるのだ。その業を雄々しく生きなくて、人生は何だろう。ギリシャ悲劇はそういう業がぶつかり合う家族の悲劇だ。そこには崇高な率直さが表れている。貘や羚を見ていると、弓子はこの家族がそういう悲劇をはらんでいるように思えてならない。その種子は龍夫の中にもあり、弓子自身の中にもあ

英語解答

I 1 え　2 う　3 い　4 う
5 え　6 い　7 う　8 あ

II 1 う　2 あ　3 え　4 あ
5 い　6 え　7 う　8 い
9 え　10 あ　11 う

III 1 awake　2 え
3 ③…か ④…う
4 ⑤ fall ⑥ possible　5 え
6 A…う B…あ C…い
7 あ，う

IV 1 う　2 grown　3 あ
4 ①…い ②…お ③…あ ④…か
⑤…う ⑥…え
5 い

V 1 う　2 え　3 い　4 あ
5 う　6 い　7 え　8 あ
9 う　10 え

VI 1 made　2 at　3 too
4 easier　5 swimmer

VII 1 a…あ b…い
2 a…か b…え
3 a…お b…い
4 a…か b…あ
5 a…え b…お

VIII (例)(I) like spending time reading books. Once I start reading a book, it is difficult to stop it, because books take me to a different world.

I〔放送問題〕放送文未公表

II〔長文読解─内容一致─物語〕

≪全訳≫❶娘と私は，重いカートを押して混雑した店内の通路を行ったり来たりした。突然，彼女はゲームを取り上げ，(私に)尋ねもしないでカートに放り込んだ。「自分用？」と私は尋ねた。❷「ううん，友達用」と彼女は答えた。私は彼女を誇らしく思った。彼女には兄弟姉妹がいないのでわがままかもしれないと心配していたが，それどころかとても優しくて思いやりのある子だった。❸娘はいつもよくしゃべるのだが，家に帰るドライブ中，いつになく静かだった。とうとう彼女は言った。「ママ，サンタさんがプレゼントを全部持ってきてくれるなら，どうして私たちが買っているの？」❹「いい質問ね」と私は急いで答えを思いつこうとしながら言った。❺私が何か他のことが言える前に，彼女は大きな声で言った。「私，わかるよ。私たちはサンタさんの助手なんだ！」❻私は笑いながら言った。「ママもまさにそう言おうとしていたの。そう，私たちはサンタさんの助手なのよ」❼数日後，彼女は学校からとても取り乱した様子で帰ってきた。理由を尋ねると彼女は言った。「ママ，クラスに私や私の友達にあまり優しくない女子がいるの。それでも話はするんだけど，私たちがその子にクリスマスには何が欲しいかきいたら，泣き出したの。お母さんがとても具合が悪くて，お父さんには何にも，食べ物にさえ払うお金もないから，その子は何ももらえないって言ったの」❽私は，(クリスマスの)ホリデーシーズンが一部の人々にとってとても厳しい時期にもなるけれど，サンタさんにはいつでも本当に助けを必要としている人たちを助ける特別な助手たちがいるから，(お友達の)少女と家族は大丈夫よと伝えようとして彼女を落ち着かせた。❾クリスマス休暇のために学校が終わる数日前，娘はこの少女をうちに呼んでホリデーのクッキーをつくりたいと言った。もちろんいいわよと私は言った。彼女が来たとき，2人の少女が仲良くしてとても楽しんでいるのを見て，私はうれしかった。私たちが娘の新しい友達に，家族のために持って帰るように箱いっぱいのクッキーをあげたとき，少女はとても喜んだ。クリスマスにお母さんにあげるわ，と彼女は私たちに言った。❿その夜，娘は友人たちのために買ったプレゼントを包むための包装紙とリボンが欲しいと言った。私は一巻き渡したが，10分後彼女は戻ってきて，もっとちょうだいと言った。必要なものは何でも使いなさいと私は彼女に言った。しかし，彼女がまた戻ってきたとき，私はちょっと変だと思い，なぜそんなに大量の紙を使っているのか尋ねた。彼女は「だってプレゼントがかわいく見えるようにしたいんだもん」と言い，急いで部屋に走って戻った。**11**終業式の日，私はいつもより早く出勤しなくてはならなかったので，彼女の親友の母親に電話した。運よく，彼女に娘を車で連れていってもらうことができた。娘にはクラスのクリスマスパーティーに持っていくプレゼントやカップケーキがたくさんあった。彼女が家を出るところを，私は実際には全く見なかった。**12**そしてクリスマスイブのこと，私がプレゼントを包んでいると，いくつかがなくなっているのに気がついた。くまなく探したが，見つけられなかった。とうとう，私は娘を起こした。プレゼントはどこにあるの，と私は彼女に尋ねた。彼女は言った。「ママ，私が包んで友達にあげちゃった」**13**私は叫んだ。「あれを全部？」**14**彼女は言った。「ママ，私たちはサンタさんの助手だって言ってたじゃない！」**15**私は言った。「そのとおりよ，でもあのプレゼントをあげてしまっていいとは言ってないわ」**16**彼女は泣き出してこう言った。「でもママは必要なものは何でも使いなさいって言ったじゃない」**17**彼女は続けた。「ママ，友達が言ったんだけど…」**18**私は彼女をさえぎって大きな声で言った。「このうちから何も，私にきかずに持ち出さないで！」**19**娘は泣き出した。私は彼女にまた寝なさいと言い，（娘の）部屋を出て，後ろのドアをバタンと閉めた。**20**私はとても腹を立てていた。居間に座って，どのプレゼントがなくなっているか確認した。寝室のスリッパ，ナイトガウン，部屋着，彼女の父親の高価な香水，おもちゃ，ゲーム，帽子と手袋が全てなくなっていた。**21**クリスマスの早朝，私は泣いている女性からの電話に出た。彼女は自己紹介をし，何度も何度も私にすばらしい贈り物の礼を言った。それらは彼女たちがクリスマスに受け取った唯一のプレゼントだと彼女は言った。彼女は病気で入退院を繰り返しており，夫婦には子どもたちに何かを，クリスマスツリーさえ，買ってやるお金が全くないと言った。彼女は，子どもたちがおもちゃやゲーム，帽子や手袋，クッキーをもらってどれほど喜んでいるかを話した。自分がどれほどスリッパやナイトガウンや部屋着を必要としているか，夫がどれほど香水を気に入っているかを話した。**22**私は悲しかった。目に涙が浮かんできたので，後でかけ直しますと彼女に言った。娘に電話のことを話し，それから私たちは古いツリーと飾りを探し，食べ物を詰め，全てを彼女の友達の家まで持っていった。その子の母親と私は，子どもたちが遊び，彼女の夫がツリーを設置している間に，家族のためにさっとディナーを用意した。私は彼らの笑顔を決して忘れないだろう。**23**娘と私が私の両親の家へ向かう前に，私たちは彼らと一緒に食べ，ゲームをし，クリスマスキャロルを歌った。それまでで最高のときを過ごした。すばらしい友情の始まりだった。**24**ずっと昔のことだが，それはこれまで過ごしてきた中で最高のクリスマスの１つだったと思う。それは私たちの暮らしを変え，私たちが本当にどれほど恵まれているかを私たちに教えてくれた。その年に１つの慣習が始まり，それ以降，私たちはクリスマスの時期に助けを必要としている人々のために何か特別なものを贈ったり何か特別なことをしたりするようにしている。**25**娘とその友達は今では大人の女性となり，私たち（２つ）の家族はクリスマスを一緒に過ごすという慣習を守り続けている。私はいつでも娘をとても誇りに思うだろうし，あの年の彼女の優しさに感謝するだろう。彼女から私たちは助けることや与えることの本当の意味を学び，生涯，サンタさんの本当に特別な助手になったのだ。

<解説>１．「店で，（　　）」―う．「筆者の娘は，友達にあげたかったので，ゲームをカートに入れた」　第１段落第２文～第２段落第１文参照。　２．「筆者の娘が車中でいつになく静かだったのは，（　　）からだ」―あ．「母親に重要な質問をしたかった」　第３段落参照。幼い娘にとって，この質問は重要だった。　３．「ある日，筆者の娘が学校から帰宅したとき取り乱していたのは，（　　）からだ」―え．「クラスメイトの１人がクリスマスに何ももらえないことになっていた」　第７段落参照。　４．「クリスマス休暇の数日前，筆者の娘は（　　）」―あ．「友達を家に誘い，一緒

にクッキーをつくった」　第9段落第1～3文参照。　5.「筆者の娘が包装紙とリボンをちょうだいと言ったとき，(　　)」—い.「母親は何も問題はないと思った」　第10段落第2，3文参照。母親は，この時点ではまだ何もおかしいと思わなかった。　6.「クリスマスイブに，(　　)」—え.「筆者はいくつかのプレゼントがないことに気づいた」　第12段落第1文参照。be gone で「なくなる」という意味を表す。　7.「筆者がクリスマスイブにとても腹を立てたのは，娘が(　　)からだ」—う.「彼女にききもしないで，プレゼントを友達にあげてしまった」　第12～20段落参照。8.「筆者が電話に出てみると，女性が泣いていた。(　　)からだ」—い.「クリスマスに受け取ったプレゼントがとてもうれしかった」　第21段落参照。　9.「女性との電話の後，(　　)」—え.「筆者と娘は，その女性がクリスマスに必要としている物を持って彼女の家を訪問した」　第22段落第3文参照。選択肢の the things she needed for Christmas とは，本文中の old tree and ornaments や some food のこと。　10.「その年のクリスマスの日以来，(　　)」—あ.「その2つの家族はすばらしい友情をスタートさせ，今でもクリスマスを一緒に過ごしている」　第23段落最終文および第25段落第1文参照。　11.「筆者は娘から(　　)を学んだ」—う.「助けることや与えることの大切さ」　第25段落最終文参照。

Ⅲ〔長文読解総合—説明文〕

≪全訳≫❶いつも眠くてうんざりしている？　授業中目を覚ましたままでいることは難しい？　朝，学校へ行くためにベッドから出るのにもがいている？　これらの質問のどれかへの答えが「はい」なら，あなたは1人ではない。多くの10代が，いつも疲れていると感じている。人間は人生の約3分の1を眠って過ごすと知っていただろうか。睡眠は私たちの健康に必要だ。大部分の人は睡眠を休息時間だと思っているが，睡眠中は多くの重要な活動が脳内や体内で起きている。実際，新しい研究は，私たちが寝ている間に身体は神経の中にあるDNAを修復していることを示した。A私たちが眠って過ごす時間の質は，私たちが起きている時間の質に大いに影響するのだ。❷睡眠は，それが1日の中で唯一，身体が休息して自己修復をする時間であるため，重要だ。それはあなたに作業をする活力を与えるし，あなたをより機敏にすることもできる。十分な睡眠がなければ，思考，集中，記憶，反応時間，感じ方に問題が起きるかもしれない。このことは，学校で困難を抱えることにつながりかねない。❸10代は，心身が急速に成長しているため，より睡眠が必要だ。Bしかし，科学的な研究は，多くの10代が十分な睡眠をとっていないことを示している。最近の研究は，大部分の10代が一晩に約6.5～7.5時間の睡眠しかとっていないことを発見した。しかし，最良の状態でいるためには，毎日8～10時間の睡眠が必要だ。いつもこんなに眠れるわけではないとしても，できるだけ多く眠るように心がけることが重要だ。❹十分な睡眠が得られない理由はたくさんある。おそらくはとても多忙な生活をしているとしても，あなたにはリラックスし，くつろぎ，友人たちと時間を過ごす息抜きの時間が必要だ。これは普通，睡眠を犠牲にして起きる。C多くの10代は，親が就寝した後に自分たちだけでくつろぐことも好きだ。❺しかし，睡眠の習慣を改善するためにできることがいくつかある。その手始めとしてよいのは，毎晩ほぼ同じ時刻に就寝しようとすることだ。部屋を涼しく，暗く，静かに保つことも助けになる。ベッドを眠るためだけに使うことも重要だ。ベッドにいるときは，宿題をしたり，スマートフォンやタブレットを使ったり，ビデオゲームをしたりするのを避けるようにすること。寝る前に画面を見る時間を制限することは，身につけるべきすばらしい習慣だ。画面のライトにさらされることはあなたを覚醒させてしまい，そのため眠りに落ちるのがより難しくなるからだ。❻睡眠習慣を改善するもう1つのすばらしい方法は，生活様式をできるだけ健康的にすることだ。多くの10代は運動することが好きだが，夜はとても激しい運動は避けるようにする必要がある。睡眠の専門家たちはよく，就寝時刻の数時間前は運動を避けるように推奨している。運動が体温を上げてしまい，眠ることを阻止しうるからだ。❼食事もまた，睡眠においてカギとなる役割を果たす。医師は，大量のカフェインを含む飲み物を避けることを推奨している。コーヒー，紅茶，エナジードリンクのような飲み物は，あなたを覚醒させたままにするだろう。就寝前に軽食(コップ１杯の牛乳など)をとることは，あなたにとって(それより)ずっといいことだ。❽10代の脳は夜更かしして翌朝遅くまで寝ていたいと思うものだが，これは普通うまくやっていくのが難しい。体内時計を調整することはできるだろうが，時間がかかる。事実は，もし幸せな気持ちで生活を楽しみたいと思うなら，夜間の十分な睡眠は私たちにとって本当に重要だということだ。私たちがおそらく皆同意できるであろう１つのことは，夜間の十分な睡眠よりいいものは何もないということだ。

1＜単語の関連知識＞asleep「眠って(いる)」⇔ awake「目が覚めて」

2＜適語選択＞(　) enough sleep の結果として「思考，集中，記憶，反応時間，感じ方に問題が起きるかもしれない」という文脈を読み取る。　without「～がなければ」

3＜単語の意味＞③直後の to relax, unwind and spend time with friends は，「～するための」の意味で downtime にかかる to不定詞の形容詞的用法である。　④前後にある using a smartphone or tablet, or playing video games や being exposed to the screen's light といった内容から判断できる。

4＜適語補充＞⑤ fall asleep「眠りに落ちる」　⑥ as ～ as possible「できるだけ～」

5＜適語句選択＞十分な睡眠の重要性を述べてきた文章のまとめの部分である。　there's nothing better than ～「～よりよいものはない」

6＜適文選択＞A．睡眠の重要性という問題を提起している最初の段落のまとめとなる部分である。　B．あ. の However に着目。直前の内容と‘逆接’の関係が成り立つ。　C．い. の also に着目。い. の内容は，直前で述べられている睡眠を犠牲にする一例になっている。

7＜内容真偽＞あ…○　第１段落終わりから３，２文目に一致する。　い…×　第３段落第３，４文参照。　う…○　第５段落第２，４文に一致する。　え…×　第６段落第２～４文参照。　お…×　減量については言及がない。第７段落第１文の Diet は「食事」のことで，減量のことではない。　か…×　第８段落第１文参照。

Ⅳ〔長文読解総合―会話文〕

≪全訳≫❶アキコ(A)：ママ，午後にキッチンを使ってもいい？❷母親(M)：もちろん。何をつくるの？❸A：バレンタインデー用にチョコレートケーキをつくるんだ。友達にあげたいの。❹父親(F)：いいね。ヨーロッパではバレンタインデーに男性が好きな女性に花，特に赤いバラを贈ることを知ってる？❺A：本当？　おもしろいね！❻F：そうだね，友人の１人が成田空港の東京税関で働いているんだ。実のところ，日本は３月に一番たくさん花を輸入すると彼が言っていたよ。❼M：本当？　実際３月には多くの式典があって，花がたくさん必要なんでしょうね。❽A：日本はどんな花を一番たくさん輸入しているのかな。❾F：見てみよう。友達が教えてくれたいいウェブサイトがある。このウェブサイトによると，日本の全てのカーネーションの56％，バラの18％，キクの16％が輸入されたものだ。日本に切り花を輸出しているトップ２の国はどこだと思う？❿A：ごめん，わからない。⓫F：トップ２の国は，コロンビアとマレーシアだ。この２つの国で全輸入数の44.6％を占めている。コロンビアは22.4％を占め，マレーシアは0.2％少ないだけだ。これらのグラフを見てごらん。それぞれのグラフはカーネーション，キク，バラといった各品目を日本に輸出している国の割合を示している。輸入されるカーネーションの約70％はコロンビアからで，輸入されるキクの約60％はマレーシアからだ。⓬A：ベトナムは３つのグラフ全てでトップ５に入っているね。中国はキクとカーネーションのグラフには見つけられるけど，バラのにはない。⓭M：バラについては，輸入される全てのバラの約半分がケニアからだということに驚いたわ。バラがアフリカで栽培されているなんて想像できない！⓮F：いいかい，バラを日本に輸出しているトップ3の国は，ケニア，エクアドル，コロンビアだ。バラは，赤道周辺の国々の標高1000メートルから2000メートルの高原で栽培されている。農場は日照に恵まれ，気温が一定している。1日の気温は20度で，1年を通してあまり変わらない。これらの条件は，いいバラをつくるのに最適だ。さらに，ケニアの農場から日本の空港までバラを輸送するのは3日間しかかからない。15 A：すごいね。バラははるばるケニアからやってくるんだ。おもしろいね！　パパ，今年はヨーロッパ流のバレンタインデーを楽しむのはどう？　パパがママに赤いバラの花束をあげたら，ママはきっと喜ぶよ。16 F：いい考えだね。17 M：そうね，やってみましょう！

1＜適語句選択＞according to ～「～によると」　to begin with「まず第一に」　thanks to ～「～のおかげで」

2＜語形変化＞どちらも「バラは栽培される」という意味になればよいので‘be動詞＋過去分詞’の受け身にする。　grow－grew－grown

3＜適語(句)選択＞アキコはヨーロッパ流のバレンタインデーを提案していると考えられる。直後の動詞が原形なので‘why don't we＋動詞の原形…?’「～するのはどうですか，～しませんか」とする。how about ～？も同じ意味を表すが，後ろに名詞か動名詞(～ing)が続くのでここでは不可。文末に‘?’があるので，let's も不可。

4＜グラフの読み取り＞第11段落終わりの2文より，カーネーションのグラフで70.8％を占める①がコロンビア，キクのグラフで62.1％を占める②がマレーシア。第12段落第2文より，キクとカーネーションのグラフにはあるが，バラのグラフにはない③が中国。第12段落第1文より，3つのグラフ全てでトップ5に入っている④がベトナム。第14段落第1文より，⑤がエクアドルで⑥がケニアになる。

5＜内容真偽＞あ.「日本は，2月に一番たくさんの花を輸入する」…×　第6段落第2文参照。3月である。　い.「日本に輸入される花の22.2％はマレーシアからだ」…○　第11段落第2，3文に一致する。　う.「バラを栽培する最もよい場所は，赤道から遠く離れた所だ」…×　第14段落第2～5文参照。　え.「ケニアの農場から空港までバラを輸送するのに3日間かかる」…×　第14段落最終文参照。3日間かかるのは，ケニアの農場から日本の空港まで。

V〔適語(句)選択〕

1．空所以下は road にかかる関係代名詞節。先行詞が road で後ろには動詞が続いているので‘人以外’を先行詞とする主格の関係代名詞として which を選ぶ。　「これは市立博物館へ行く道だ」

2．a new (　) で「新しい時計」という意味になればよい。この one は前に出た‘数えられる名詞’の代用となる代名詞。前に a があるので ones は不可。　「昨日腕時計をなくした。新しいのを買わなくてはならない」

3．‘some ～, others …’「～する人もいれば，…する人もいる」の形。　「そのレストランでは，食べている人もいたし，テーブルでただおしゃべりをしている人もいた」

4．‘ask＋人＋to不定詞’「〈人〉に～するように頼む」と‘help＋人＋with ～’「〈人〉の～を手伝う」が合わさった形。　「母親はとても忙しかったので，料理を手伝うように娘に頼んだ」

5．主語は It(＝a big noise) なので，「それは～を驚かせた」とする。　surprise「～を驚かせる」「隣の部屋から大きな音がした。それはクラスの皆を驚かせた」

6．‘give＋物＋to＋人’「〈人〉に〈物〉を与える」の‘物’を主語にして受け身にした形。　give－gave－given　「これらの写真はおじによって私に与えられた」

7．make friends with ～「～と友達になる」　「オーストラリアの学校に行ったとき，私はそこの多くの学生と友達になった」

8．stop ～ing「～するのをやめる」の形。‘stop＋to不定詞’は「～するために立ち止まる」 make peace「和解する」 「2人の少年は互いにけんかをするのをやめた。彼らは仲直りした」

9．take care of yourself「お体をお大事に」 make yourself at home「くつろいでください」 help yourself to ～「～をご自由に食べて〔飲んで〕ください」 「母は祖母に言った。『最近寒くなってきたから体に気をつけてね』」

10．‘What＋be動詞＋主語＋like？’「～はどのようなもの〔様子〕か」の未来形。 「ママ，友達と僕は明日，公園で野球の練習をするんだ。天気はどうなるかな」

Ⅵ〔書き換え―適語補充〕

1．「彼女はこのテレビ番組からとても有名になった」→「このテレビ番組が彼女をとても有名にした」 ‘make＋目的語＋形容詞’「～を…(の状態)にする」

2．「私の姉[妹]は料理が上手だ」 be good at ～ing「～するのが上手〔得意〕だ」

3．「私はとても忙しい，だから君と買い物に行けない」→「私はとても忙しくて，君と買い物に行けない」 ‘too ～ to …’「とても～なので…できない」

4．「君の質問は彼女のよりも難しかった」→「彼女の質問は君のより易しかった」

5．「ユミは私たちのクラスで一番速く泳げる」→「ユミは私たちのクラスで一番速い泳ぎ手だ」

Ⅶ〔整序結合〕

1．Cleanの目的語としてyour roomを続ける。残りは‘as ～ as … can’「(…が)できるだけ～」の形をつくる。 Your friends are coming soon. Clean your room as quickly as you can. 「もうすぐあなたの友人たちが来る。できるだけ早く部屋を掃除しなさい」

2．so「だから」以下の内容から，「トムはお金を全部使ってしまった」という内容にする。spent the moneyとした後，thatを目的格の関係代名詞として使い，that he hadとまとめる。 Tom spent all the money that he had, so he couldn't buy anything.「トムは持っていたお金を全部使ってしまったので，何も買うことができなかった」

3．前文から，道(どうすればそこへ行けるか)を尋ねる文をつくる。‘tell＋人＋物事’「〈人〉に〈物事〉を教える」の‘物事’の部分を‘疑問詞＋主語＋動詞...’の間接疑問にする。 I want to go to the city museum. Would you tell me how I can get there？「市立博物館へ行きたいです。どうすればそこへ行けるか教えてくださいますか」

4．Three times.「3回です」という返答があるので，‘回数’を尋ねる文にする。How many timesで始め，残りは現在完了形の疑問文を続ければよい。 have been to ～「～に行ったことがある」 How many times have your children been to Koganei park？「あなたのお子さんたちは小金井公園に何回行ったことがありますか」

5．賞の賞品に関する内容だと考えられる。the gift was a red bikeという骨組みをつくり，残りはshe gotとまとめてgiftを後ろから修飾する。 My mother won the first prize in the contest, and the gift she got was a red bike.「母はコンテストで優勝し，彼女が受け取った贈り物は赤い自転車だった」

Ⅷ〔テーマ作文〕

まず，何をして過ごす時間が好きかを書く。「～して時間を過ごすのが好きだ」はI like spending time (on) ～ingで表せる。シンプルにI like ～ingとしてもよいだろう。それに続けて，その理由を指定の15語以上で書く。 (別解例)(I) like spending time playing sports, especially ball games, such as baseball and soccer. Playing ball games is so much fun to me and also helps me make a lot of friends.

数学解答

1 (1) $-a$　(2) $2\sqrt{10}$
(3) $ab(bc-1)^2$
(4) $x=-3,\ y=5$
(5) $x=-3,\ 4$　(6) ± 6
(7) 32π　(8) $26°$　(9) $\sqrt{13}+\sqrt{5}$

2 (1) $150-5x\text{cm}^2$
(2) $y=-x^2-20x+300$
(3) $x=8,\ 12$

3 (1) $n(4)=6,\ n(5)=10$
(2) $n(k)+k$　(3) 41回

4 (1) $\frac{1}{2}$
(2) $\mathrm{A}(-1+\sqrt{5},\ 3-\sqrt{5})$, $\mathrm{C}(3-\sqrt{5},\ -1+\sqrt{5})$
(3) $2\sqrt{5}-4$

1 〔独立小問集合題〕

(1)＜式の計算＞$1.5b^2=\frac{3}{2}b^2=\frac{3b^2}{2}$だから，$-\frac{2a}{1.5b^2}=-2a\div\frac{3b^2}{2}=-2a\times\frac{2}{3b^2}=-\frac{4a}{3b^2}$であり，与式$=\left(-\frac{\sqrt{3}}{2}a^4b^3\right)^2\div\left(-\frac{4a}{3b^2}\right)^3\div\left(-\frac{3ab^3}{4}\right)^4=\frac{3}{4}a^8b^6\div\left(-\frac{64a^3}{27b^6}\right)\div\frac{81a^4b^{12}}{256}=-\frac{3a^8b^6\times 27b^6\times 256}{4\times 64a^3\times 81a^4b^{12}}=-a$となる。

(2)＜数の計算＞与式$=\sqrt{5}+\sqrt{10}-\sqrt{15}+\sqrt{10}+\sqrt{20}-\sqrt{30}+\sqrt{15}+\sqrt{30}-\sqrt{45}=\sqrt{5}+2\sqrt{10}+2\sqrt{5}-3\sqrt{5}=2\sqrt{10}$

(3)＜式の計算—因数分解＞与式$=ab(b^2c^2-2bc+1)=ab(bc-1)^2$

(4)＜連立方程式＞$\frac{x-y+14}{3}=\frac{2x+3y-1}{4}$……①，$\frac{2x+3y-1}{4}=\frac{3x+2y+11}{6}$……②とする。①×12より，$4(x-y+14)=3(2x+3y-1)$，$-2x-13y=-59$，$2x+13y=59$……①′　②×12より，$3(2x+3y-1)=2(3x+2y+11)$，$6x+9y-3=6x+4y+22$，$5y=25$　$\therefore y=5$　これを①′に代入して，$2x+65=59$，$2x=-6$　$\therefore x=-3$

(5)＜二次方程式＞$2x-3=A$とすると，$A^2+4A-45=0$，$(A+9)(A-5)=0$，$A=-9,\ 5$となる。よって，$2x-3=-9$より，$x=-3$，$2x-3=5$より，$x=4$である。

(6)＜数の性質＞$\frac{n^2+297}{n^2+1}=\frac{n^2+1+296}{n^2+1}=\frac{n^2+1}{n^2+1}+\frac{296}{n^2+1}=1+\frac{2^3\times 37}{n^2+1}$より，$\sqrt{\frac{n^2+297}{n^2+1}}$が整数となるとき，$\frac{2^3\times 37}{n^2+1}$は整数である。$\frac{2^3\times 37}{n^2+1}$は，$n^2+1=1,\ 2,\ 2^2,\ 2^3,\ 37,\ 2\times 37,\ 2^2\times 37,\ 2^3\times 37$のとき整数となるが，$n$は整数だから，$n^2+1=1,\ 2,\ 37$が考えられる。$\sqrt{\frac{n^2+297}{n^2+1}}$の値は，$n^2+1=1$のとき，$\sqrt{1+296}=\sqrt{297}=3\sqrt{33}$，$n^2+1=2$のとき，$\sqrt{1+148}=\sqrt{149}$，$n^2+1=37$のとき，$\sqrt{1+8}=\sqrt{9}=3$となる。よって，$n^2+1=37$であり，$n^2=36$，$n=\pm 6$となる。

(7)＜空間図形—面積＞表面積が16πである球の半径をrとすると，$4\pi r^2=16\pi$より，$r^2=4$，$r=\pm 2$となり，$r>0$だから，$r=2$である。よって，この球の体積は$\frac{4}{3}\pi\times 2^3=\frac{32}{3}\pi$となるから，8つの小球に分けるとき，1つの小球の体積は$\frac{32}{3}\pi\div 8=\frac{4}{3}\pi$となる。この小球の半径を$R$とすると，$\frac{4}{3}\pi R^3=\frac{4}{3}\pi$となり，$R^3=1$より，$R=1$である。よって，8つの小球の表面積の和は$4\pi\times 1^2\times 8=32\pi$である。

図1

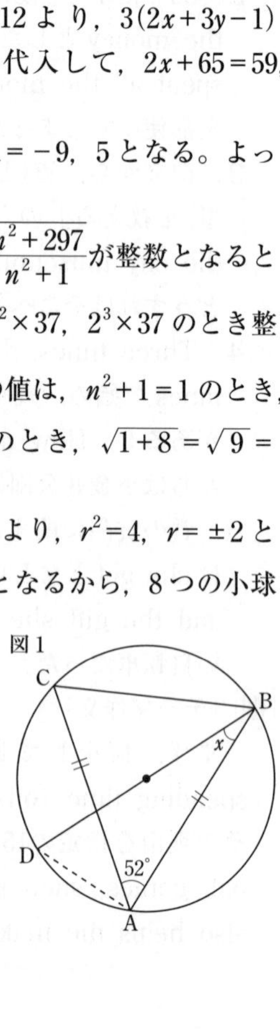

(8)＜平面図形—角度＞右図1で，2点A，Dを結ぶ。AB＝ACより，△ABCは頂角が∠CAB＝52°の二等辺三角形だから，∠ABC＝∠ACB＝(180°－52°)÷2＝64°である。線分BDは円の直径だから，∠BAD＝90°であり，

$\angle CAD = 90^\circ - 52^\circ = 38^\circ$となる。よって，$\overset{\frown}{CD}$に対する円周角より，$\angle CBD = \angle CAD = 38^\circ$となるから，$\angle x = 64^\circ - 38^\circ = 26^\circ$である。

(9)＜空間図形—長さ＞辺DHの中点をMとし，正四角柱ABCD-EFGHの4つの側面を右図2のように展開する。点Pが頂点Aを出発して，点Mを経由して頂点Eまで，最短経路で移動するとき，点Pは線分AM，線分ME′上を移動する。$AD = 1 \times 3 = 3$，$DM = \frac{1}{2}AE = \frac{1}{2} \times 4 = 2$だから，△ADMで三平方の定理より，$AM = \sqrt{AD^2 + DM^2} = \sqrt{3^2 + 2^2} = \sqrt{13}$である。また，$MH = DM = 2$，$HE' = 1$より，△MHE′で$ME' = \sqrt{MH^2 + HE'^2} = \sqrt{2^2 + 1^2} = \sqrt{5}$となる。よって，求める長さは$\sqrt{13} + \sqrt{5}$である。

図2

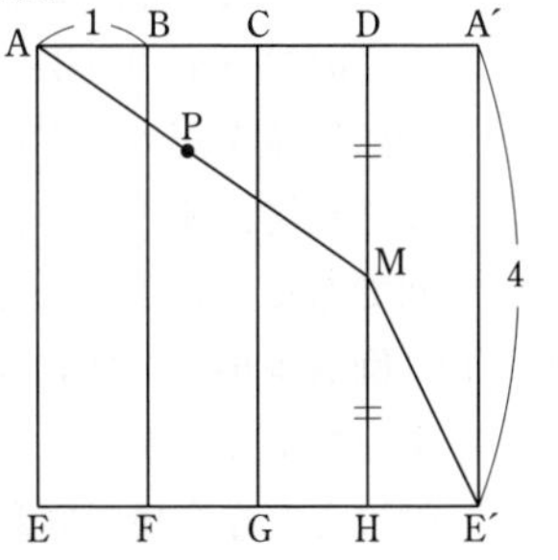

2 〔関数—図形の移動と関数〕

(1)＜面積＞2点P，Qはともに秒速1cmで動くから，$10 \leqq x < 20$のとき，右図1のように，点Pは辺BC上にある。$AB + BP = 1 \times x = x$だから，$PC = AB + BC - x = 10 + 10 - x = 20 - x$である。よって，〔四角形PFGC〕$= \frac{1}{2} \times (PC + FG) \times CG = \frac{1}{2}\{(20 - x) + 10\} \times 10 = 150 - 5x$(cm^2)と表される。

図1

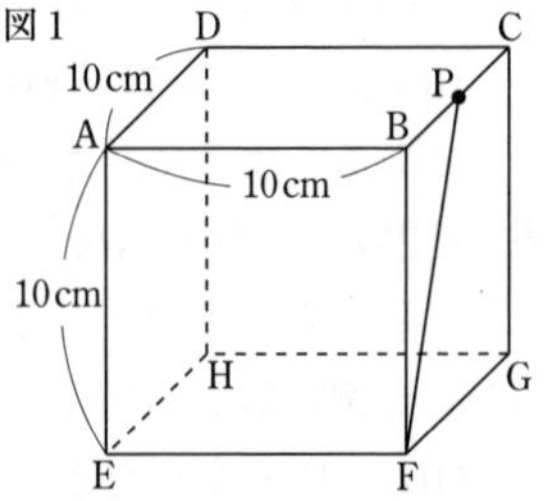

(2)＜面積＞$0 < x \leqq 10$のとき，右下図2のように，点Pは辺AB上，点Qは辺AD上にある。$AP = AQ = 1 \times x = x$だから，図形の対称性より，3点P，Q，Fを通る平面は頂点Hを通り，切断面は図2の台形PQHFとなる。2つに分けられた立体の表面積のうち，共有する台形PQHFの部分は同じであり，△EFH＝△GHFだから，$y =$(△PFB＋〔正方形BFGC〕＋〔正方形CGHD〕＋△QHD＋〔五角形PBCDQ〕)－(△APQ＋〔台形AEFP〕＋〔台形AEHQ〕)となる。$PB = QD = 10 - x$より，△PFB＝△QHD$= \frac{1}{2} \times (10 - x) \times 10 = 50 - 5x$，〔正方形BFGC〕＝〔正方形CGHD〕$= 10^2 = 100$，△APQ$= \frac{1}{2} \times x \times x = \frac{1}{2}x^2$より，〔五角形PBCDQ〕＝〔正方形ABCD〕－△APQ$= 100 - \frac{1}{2}x^2$である。また，〔台形AEFP〕＝〔台形AEHQ〕$= \frac{1}{2} \times (x + 10) \times 10 = 5x + 50$だから，$y = \left(50 - 5x + 100 + 100 + 50 - 5x + 100 - \frac{1}{2}x^2\right) - \left(\frac{1}{2}x^2 + 5x + 50 + 5x + 50\right) = -x^2 - 20x + 300$と表される。

図2

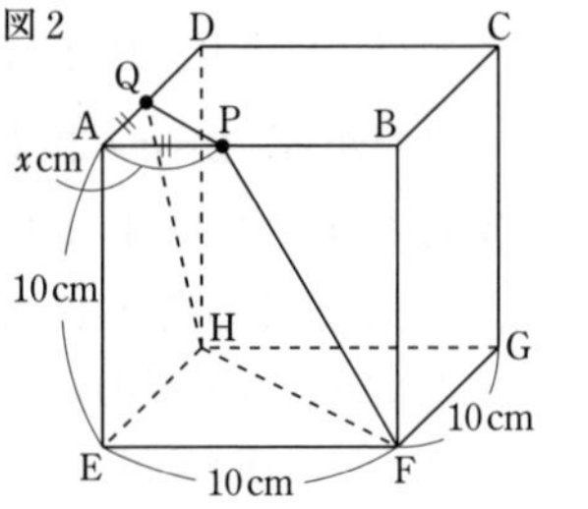

(3)＜xの値＞$0 < x \leqq 10$のとき，(2)より，$76 = -x^2 - 20x + 300$となり，$x^2 + 20x - 224 = 0$，$(x - 8)(x + 28) = 0$　$\therefore x = 8, -28$　$0 < x \leqq 10$より，$x = 8$が適する。このとき，2点P，Qは右図3のP_1，Q_1の位置にある。さらに，$10 < x \leqq 20$のとき，$P_2B = P_1B$，$Q_2D = Q_1D$となる位置に2点P，Qが移動すると，〔立体AP_1Q_1EFH〕≡〔立体CP_2Q_2GFH〕となるから，$y = 76$となる。$BP_1 = 10 - 8 = 2$より，$AB + P_2B = 10 + 2 = 12$だから，$x = 12$のときも$y = 76$となる。よって，求めるxの値は，$x = 8, 12$である。

図3

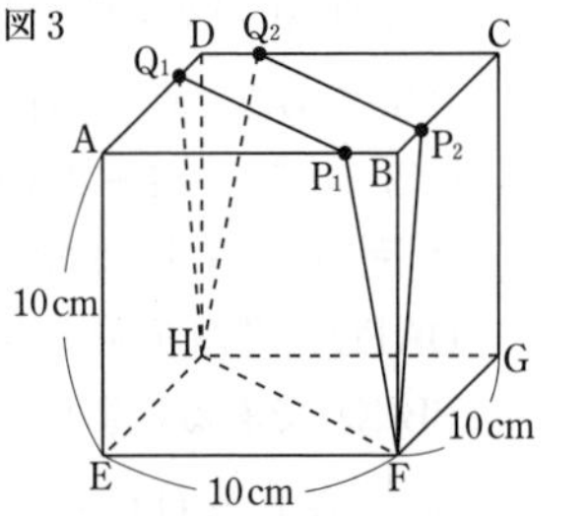

3 〔特殊・新傾向問題—規則性〕

(1)＜回数＞まず，$n(4)$を求める。[1][2][3][4]の順に並んだカードのうち，[1]，[2]，[3]の3枚を大きい順にするのには，$n(3)=3$ より，3回かかる。このとき，4枚のカードは[3][2][1][4]の順に並んでいるので，[4]が左端になるように並べかえるのに必要な交換の回数を求める。[4]が左端になるには，[1]と[4]を交換し，[2]と[4]を交換し，[3]と[4]を交換すればよいから，交換の回数は3回である。よって，$n(4)=n(3)+3=3+3=6$ である。次に，$n(5)$ を求める。$n(4)$ と同様に考えると，[1][2][3][4][5]の順に並んだカードの[1][2][3][4]を[4][3][2][1]に並べかえるのに，$n(4)=6$ より，6回かかる。この後，[5]を左端に並べるのに，[1]と[5]，[2]と[5]，[3]と[5]，[4]と[5]を交換すればよいから，交換の回数は4回である。したがって，$n(5)=n(4)+4=6+4=10$ である。

(2)＜回数＞小さい順に並んだ $k+1$ 枚のカードのうち，左端から k 番目までに並ぶ k 枚のカードを大きい順に並べかえるのに必要な交換の回数は $n(k)$ である。また，右端のカードを左端に移動させるのに必要な交換の回数は k 回である。よって，$n(k+1)=n(k)+k$ と表せる。

(3)＜回数＞問題の状態から[10]のカードを左端に移動するのに5回の交換が必要である。このとき，残りの9枚のカードは小さい順に並んでいるから，$n(9)$ を求めればよい。(2)より，$n(6)=n(5)+5=10+5=15$，$n(7)=n(6)+6=15+6=21$，$n(8)=n(7)+7=21+7=28$，$n(9)=n(8)+8=28+8=36$ である。よって，求める交換の回数は，$5+n(9)=5+36=41$(回)である。

4〔関数—関数 $y=ax^2$ と一次関数のグラフ〕

≪基本方針の決定≫(3)　ひし形は対角線の交点を通る直線で2等分される。

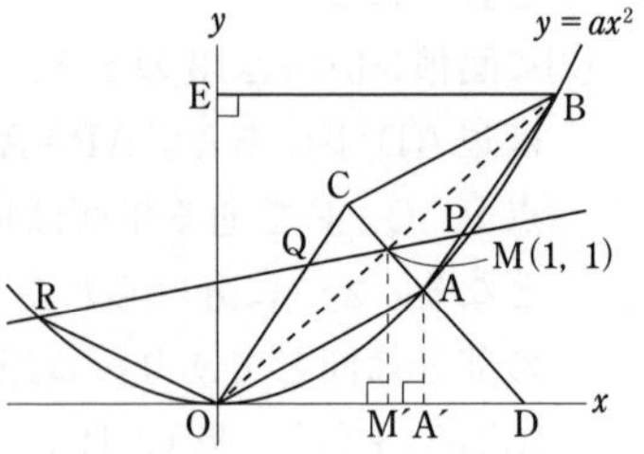

(1)＜比例定数＞右図で，四角形OABCはひし形で，点Mは対角線OB，ACの交点だから，点Mは対角線OBの中点である。よって，M(1，1)より，B(2，2)である。点Bは関数 $y=ax^2$ のグラフ上の点だから，$2=a\times2^2$ より，$a=\frac{1}{2}$ となる。

(2)＜座標＞M(1，1)より，直線OBの傾きは1であり，直線OBと x 軸のつくる角は45°である。右図で，直線ACと x 軸の交点をDとする。ひし形の対角線は直角に交わるから，∠OMD＝90°となり，∠MDO＝45°である。よって，直線ACの傾きは－1となるから，直線ACの式を $y=-x+b$ とすると，M(1，1)を通るから，$1=-1+b$ より，$b=2$ となり，直線ACの式は $y=-x+2$ である。したがって，点Aは放物線 $y=\frac{1}{2}x^2$ と直線 $y=-x+2$ の交点である。2式から y を消去して，$\frac{1}{2}x^2=-x+2$，$x^2+2x-4=0$，$x=\frac{-2\pm\sqrt{2^2-4\times1\times(-4)}}{2\times1}=\frac{-2\pm\sqrt{20}}{2}=\frac{-2\pm2\sqrt{5}}{2}=-1\pm\sqrt{5}$ となり，点Aの x 座標は正だから，$x=-1+\sqrt{5}$ である。これより，点Aの y 座標は，$y=-(-1+\sqrt{5})+2=3-\sqrt{5}$ となり，A$(-1+\sqrt{5}，3-\sqrt{5})$である。次に，点Cの x 座標を m とすると，対角線ACの中点Mの x 座標が1であることより，$\frac{m+(-1+\sqrt{5})}{2}=1$ が成り立ち，$m-1+\sqrt{5}=2$，$m=3-\sqrt{5}$ である。点Cは直線 $y=-x+2$ 上の点だから，y 座標は，$y=-(3-\sqrt{5})+2=-1+\sqrt{5}$ となり，C$(3-\sqrt{5}，-1+\sqrt{5})$である。

(3)＜面積＞右上図で，〔四角形OAPR〕＝〔四角形OAPQ〕＋△OQR，〔ひし形OABC〕＝〔四角形OAPQ〕＋〔四角形PBCQ〕だから，〔四角形OAPR〕＝〔ひし形OABC〕のとき，△OQR＝〔四角形PBCQ〕である。また，点Mを通る直線はひし形OABCの面積を2等分するから，〔四角形PBCQ〕$=\frac{1}{2}$〔ひし形OABC〕であり，ひし形OABCにおいて，△OAM≡△BAM≡△BCM≡△OCMより，〔ひし形OABC〕＝4△OAMだから，〔四角形PBCQ〕$=\frac{1}{2}\times4$△OAM＝2△OAMとなる。さらに，△OAMと△ODMの底辺をそれぞれMA，MDと見ると，高さが等しいから，△OAM$=\frac{\mathrm{MA}}{\mathrm{MD}}\times$

△ODMである。△ODMは直角二等辺三角形だから，点Mからx軸に垂線MM′を引くと，DM′＝MM′＝1となり，D(2，0)である。よって，△ODM＝$\frac{1}{2}\times2\times1=1$である。次に，点Aから$x$軸に垂線AA′を引くと，3点M，A，Dの$x$座標はそれぞれ1，$-1+\sqrt{5}$，2より，MA：MD＝M′A′：M′D＝$(-1+\sqrt{5}-1)$：$(2-1)$＝$(-2+\sqrt{5})$：1だから，$\frac{\text{MA}}{\text{MD}}=-2+\sqrt{5}$となる。したがって，△OAM＝$(-2+\sqrt{5})\times1=-2+\sqrt{5}$となるから，△OQR＝$2\times(-2+\sqrt{5})=2\sqrt{5}-4$である。

国語解答

一 問1　ⓐ 噴水　ⓑ 機嫌　ⓒ 殴
　　　　ⓓ 壮絶　ⓔ 朗
問2　(ハ)
問3　A…(イ)　B…(ハ)　C…(ヘ)　D…(ニ)
問4　(1)…(ハ)　(2)…(ニ)　(3)…(チ)　(4)…(ヌ)
問5　(ホ)　　問6　(ハ)　　問7　(イ)
問8　a…(ヘ)　b…(ハ)　c…(ロ)　d…(ホ)
問9　E…(ホ)　F…(ロ)　G…(ニ)　H…(イ)
問10　(1)…(ハ)　(2)…(ホ)　(3)…(リ)　(4)…(ヌ)
問11　(1)…(イ)　(2)…(ヘ)　(3)…(ト)　(4)…(ル)

二 問1　(ハ)
問2　(1)…(ハ)　(2)…(ニ)　(3)…(チ)　(4)…(ヌ)
問3　A…(イ)　E…(ホ)
問4　B…(ホ)　C…(ハ)　D…(ロ)
問5　a　支配権力〔指導者層〕
　　　b　自発的な思考と行動
　　　c　人間の歴史
問6　(ハ)→(ロ)→(イ)→(ニ)
問7　(ロ)　　問8　(イ)　　問9　(ニ)，(ヘ)

一〔小説の読解〕出典；冥王まさ子『天馬空を行く』。

問１＜漢字＞ⓐ水の噴き出る装置のこと。　ⓑ表情や態度に表れる気分の良し悪し。　ⓒ音読みは「殴打」などの「オウ」。　ⓓ勇ましく激しい様子。　ⓔ音読みは「明朗」などの「ロウ」。

問２＜文章内容＞家族旅行という非日常の中で開放的な気分になり，じゃれ合っていた兄弟は，その興奮が冷めやらないまま，はしゃいで，泳ぐようなしぐさで両親のもとに駆けてきた。

問３＜表現＞A．兄弟喧嘩は急に減っていた。　B．恨みや憎しみの連鎖を思いきって取り除く方がよい。　C．ぶらぶら歩くと，思いがけずバッキンガム宮殿の前に出た。　D．宮殿の門は，度を越えて飾りが施されていた。

問４＜文章内容＞家族旅行という非日常の中で，羚は父親に肩車され，獏は母親と手をつないで歩くという，いかにも円満な家族像に，弓子は，「聖家族，という言葉がふと浮かんだ」((1)…(ハ))。だがそれは，旅行中で「家庭の埃を払い落して，家族そのものに上昇」しているがゆえの姿だと，弓子にはわかっていた((2)…(ニ))。家族とは，「親は子に子であることを強制し，子は親に親であることを強制する」が((3)…(チ))，一方で「それぞれが自分に合わない役割をふり当てられ，それぞれが借り着の暴君になって，お互いの首を締め上げる」ものだと弓子は考えていた((4)…(ヌ))。

問５＜文章内容＞子どもたちはバッキンガム宮殿の衛兵に関心を持ち，「飽きもせず胸の高さの鉄鎖を揺すりながらみつめている」が，子どもたちの興味に反して，鉄鎖が衛兵との距離を隔て，子どもたちは衛兵に手も触れられないでいた。

問６＜心情＞弓子は，「ちょっと話があるんだけどさ」という突然の龍夫の言葉に，茶化した返事をしてみせながらも，これからの家庭生活に関して，「龍夫が何をいい出すのか不安に」なった。

問７＜文章内容＞龍夫は，日本にいると「日本との関係の図式でしか外国を捉えられ」ないが，日本から出ると「日本が外部というか世界の周縁に見えて」きてしまうことが，「自分の中でどうしようもなく起こる」と感じていた。

問８＜文章内容＞弓子は，国を移動するたびに「その国の通貨をなじんだドルに換算し」て「一喜一憂していた」が(a…(ヘ))，「もしドル本位の考えを放棄」して，「為替」という仕組みの中で考えるとすれば，各国の通貨の価値は為替レートの影響で相対的に変わるので，通貨は，価値を測るための他に比較するものの存在しない基準にはならない(b…(ハ))。龍夫は，日本と外国の両方に住んだ経験から，自分が「複雑に動くことによって関係が変わってしまう，中心のない世界に一人曝されている」ように感じているらしく，龍夫の問題は為替レートのような具体的な問題ではなく「もっと抽象的なこと」であるが(c…(ロ))，弓子は，自分にとって理解しやすい為替レートに置き換えることによって，龍夫の言っていることが特別なものではないととらえたのである(d…(ホ))。

問９＜文脈＞「ニューヘイヴンにもっといたければあと半年分の金を出してくれるって，主任がいっているんだよ」という龍夫の言葉を受けて，弓子が，それではかなり前からアメリカ滞在を延長する話はあったのに，なぜもっと早く言ってくれなかったのかと責めると(E…(ホ))，龍夫は，滞在費の話が出たときは，自分には滞在延長の意志はなく，弓子に話す気もなかったと言い訳した(F…(ロ))。弓子が，自分はこれ以上中途半端な暮らしをするのは嫌だと言うと(G…(ニ))，龍夫は，滞在費の支給額も少なくなるので，ニューヘイヴンに残るのは自分だけで，これ以上弓子には迷惑を掛けないと答えた(H…(イ))。

問10＜表現＞弓子には，龍夫は「それなりの天命があって，それを果たすべく生まれついている」と思われて，「弓子を含めた周囲の人は龍夫を中心に回っている」ように龍夫に振り回されてきた((1)…(ハ))。弓子は，龍夫と「十一年一緒に暮らしたって，運命というものは共有でき」ず，「運命は個人的なものなのだ」ということに気づいた((2)…(ホ))。「弓子の運命を一人で生きなければならない」弓子は，自分の運命の先行きが見えず，不安を感じた((3)…(リ))。それでも，弓子は，誰とも共有できない自分の運命を全力で生き抜こうとする覚悟を持った((4)…(ヌ))。

問11＜文章内容＞龍夫を「大蛇」にたとえた弓子は，「気をつけないと蛙みたいに呑み込まれちゃうよ」と子どもたちを戒めると同時に，自分も龍夫という「大蛇」に巻き込まれないようにと言い聞かせ，自分の運命を生き抜いていこうと覚悟し((1)…(イ))，「大蛇なら一匹お前たちのうしろにいるから見てごらん」と子どもたちに冗談を言って場を和ませた((2)…(ヘ))。弓子は，家庭の中で「自分に合わない役割をふり当てられ」ると考えていたが，「あたしは子どもを連れて先に日本に帰る。獏の学校のこともあるんだし」と，自ら子どもたちの母親の役を引き受ける((3)…(ト))。弓子が龍夫を大蛇になぞらえたのを聞いても，「鷹揚に笑」う龍夫を，「気持ちがふっきれた」のだなと思う弓子は，今まで運命をともにして一緒に暮らしていると思っていた夫と，これまでとは違う新しい関係で接することができるようになった((4)…(ル))。

二〔論説文の読解―政治・経済学的分野―社会〕出典；丸山眞男「『現実』主義の陥穽《かんせい》」(『増補版　現代政治の思想と行動』所収)。

≪本文の概要≫日本人が通常にいう場合の「現実」には，既成事実だから仕方がないという所与性，一側面だけが強調された一次元性，その時々の支配権力が選択する方向性，という三つの特徴がある。私たちは，この現実観に真っ向から挑戦し，既成事実へのこれ以上の屈服を拒絶し，人間の歴史をより豊かにしていかなければならない。これに関連して，知識人特有の問題がある。知識人は，自己の意図に沿わない現実の進展に対しても，いつの間にかこれを合理化し正当化する理屈をこしらえて良心を満足させてしまう傾向がある。繰り返されてきた戦争の歴史から学ぶことなく，知識人がこの過ちを繰り返すようであってはならない。また，学者や政治家の間には，再軍備の是非は国民自身が決めるべきだという意見があるが，国民がそれを決めるためには，通信，報道のソースが偏らないこと，複数意見の公平な提示，これらの条件の成立を阻む法令の不在という三条件が満たされなければならない。この条件を満たさずに，国民に責任を押しつける議論には，誠実さは認められない。

問１＜文章内容＞「諦観」は，あきらめ，悟って超然とすること。現実はすでに「与えられたもの」とすると，「現実的たれということは，既成事実に屈服せよということ」であり，すなわち，既成事実があるのだから「仕方がない」と，諦めて受け入れるしかないと人々は考えるようになる。

問２＜文章内容＞戦前の日本社会は，「ファッショ化に沿う方向だけが『現実的』と見られ」た((1)…(ハ))。現実的に見よという場合は，「現実の多元的構造」は「無視されて，現実の一つの側面だけが強調される」ものである((2)…(ニ))。しかし，「社会的現実はきわめて錯雑し矛盾したさまざまの動向によって立体的に構成されてい」るという事実を忘れてはならない((3)…(チ))。こう考えると，現実を見よという人は，その人が「望ましいと考え」る「価値判断に立って『現実』の一面を選択している」だけだということがわかる((4)…(ヌ))。

問３＜ことわざ＞Ａ.「寝耳に水」は，思いがけない突然の出来事に驚くこと。　Ｅ.「長いものには巻かれろ」は，権力者や上位者にはとりあえず従っておく方が得策だ，という意味。

問４＜表現＞Ｂ．戦後，米ソ対立が激化してきたことは，当然のこととして，「子どもにもわかる『現実』」である。　Ｃ．米ソの責任者たちが破局を回避するためにさまざまに努力していることも「現実」であり，そのうえ世界中で反戦平和の運動が高まっていることも「現実」である。
Ｄ．講和問題も再軍備問題も，現実論と非現実論の争いなどでは全くない。

問５＜文章内容＞ａ．日本では，「その時々の支配権力が選択する方向が，すぐれて『現実的』と考えられ」がちである。　ｂ.「その時々の支配権力が選択する方向」を「現実的」と考えるといった「現実観の構造が無批判的に維持されている限り」，それは「私たち国民の自発的な思考と行動」を「押しつぶす契機」として作用する。　ｃ．私たちは「その時々の支配権力が選択する方向」を「現実的」と考えるという「『現実』観に真っ向から挑戦」すべきである。こうした挑戦が「私たちの選択する現実をより推進し，より有力にする」ということを信じる者こそ，「人間の歴史」を信じる者である。

問６＜文脈＞知識人たちは，「自己の意図にそわない『現実』の進展に」も，「合理化し正当化する理屈をこしらえあげて良心を満足させてしまう」が，これを「既成事実への屈服」だと意識している間は(…(ハ))，自分の立場と既成事実の間の緊張関係が存続しているからまだよい(…(ロ))。だが，本来気の弱い知識人はやがてこの緊張に堪えきれず，自分の側から歩み寄って二者のギャップを埋めようとし(…(イ))，そこに知識人の得意とする思想や学問を動員してしまううえに(…(ニ))，自己欺瞞の力によって，実質的な屈服が自分の本来の立場の「発展」と考えられてしまうから始末が悪いのである。

問７＜文章内容＞「かつての自由主義的ないし進歩的知識人」は，「自己の意図にそわな」かった戦争という現実を，「自己欺瞞」によって「合理化し正当化して」いった。このことは，一度だけなら，学問が権力に押しつぶされたという「悲劇」ともいえようが，知識人たちが再び同じ過ちを犯して，意に沿わない既成事実を「現実」として受け入れたならば，それは，学問を専門とする知識人とはいえない馬鹿げた振る舞いである。「茶番」は，底の見え透いた馬鹿げた振る舞いのこと。

問８＜文章内容＞国民自身が「再軍備の是非」を決めることができるためには，通信や報道のソースが偏らないこと，異なった意見が国民の前に公平に紹介されること，これらの条件の成立を阻む法令が存在しないこと，という三つの最低条件が満たされなければならないので，「再軍備問題を国民の判断に委ねよと主張する人」は，その人自身が，「ただ世論や国民の判断をかつぎ出して来る」前に，上の三つの最低条件を「国内に最大限に成り立たせることを声を大にして要求すべき」なのである。

問９＜要旨＞「現実とは本来一面において与えられたものであると同時に，他面で日々造られていくもの」だが，「この国では端的に既成事実と等置され」ており，「こうした思考様式」は，「広く戦前戦時の指導者層に食い入り，それがいよいよ日本の『現実』をのっぴきならない泥沼に追いこんだ」のである((ニ)…○)。国民自身が「再軍備の是非」を決めることができるためには，通信や報道のソースが偏らないこと，異なった意見が国民の前に公平に紹介されること，これらの条件の成立を阻む法令が存在しないことの三つの最低条件が満たされている必要がある((ヘ)…○)。

2022年度 中央大学附属高等学校（帰国生）

【英　語】（60分）〈満点：100点〉

（注意）試験開始30分後にリスニング問題を放送します。

I　次の（　）に入る最も適切なものを１つずつ選び，記号で答えなさい。

1．I'm sorry I'm late.　My bike (　　　) down on my way here.
　あ．breaks　い．broke　う．had broken　え．was broken

2．Do you know where Mike is？　I (　　　) for him for an hour.
　あ．wait　い．waiting　う．had waited　え．have been waiting

3．Look at the girl and the dog (　　　) are playing in the river.
　あ．who　い．that　う．whose　え．which

4．Do you remember (　　　) the mountain with me three years ago？
　あ．to climb　い．climbed　う．climbing　え．to have climbed

5．I will (　　　) Los Angeles tomorrow evening.
　あ．arrive　い．reach　う．arrive to　え．reach at

6．Excuse me.　I'd like to buy this shirt, but I want to (　　　　) first.　Where is the fitting room？
　あ．try it on　い．wear one　う．put on it　え．try on it

7．Emma (　　　　) in London.　That's why her English is so good.
　あ．grows up　い．was raised　う．has been raising　え．had been born

8．Texas is (　　　) state in the United States.
　あ．second large　い．second larger　う．second　え．the second largest

9．My teacher told me (　　　) be late again.
　あ．don't　い．no　う．to not　え．never to

10．A：Oh no！　The post office closes in ten minutes, and I need to mail these letters.
　B：If you use my bike, you might be able to (　　　) it in time.
　あ．make　い．show　う．have　え．go

II　次の各組の文がほぼ同じ意味になるように，（　）に最も適切な語を入れなさい。

1．Since we didn't know what to say, we kept quiet during the meeting.
　Not (　　　) what to say, we kept quiet during the meeting.

2．There is no food in the refrigerator now.
　There is (　　　) to eat in the refrigerator now.

3．Sachi has about half as many shoes as her sister.
　Sachi's sister has about (　　　) as many shoes as Sachi.

4．How many books did they sell at this store yesterday？
　How many books were (　　　) at this store yesterday？

5．Kate knows my friend, Toshi.　Toshi knows Kate, too.
　Kate and Toshi know (　　　) other.

Ⅲ　次の各文の下線部のうち，文法的に**誤っているもの**を１つずつ選び，記号で答えなさい。

1．The man（あ） had a piece of cake（い） and two cups of coffees（う） at the coffee shop（え）.

2．During（あ） the lecture, I tried to write down（い） the key points（う） that are made（え）.

3．Would（あ） you mind picking（い） me up（う） to（え） Musashi Koganei Station tomorrow morning ?

Ⅳ　次の２つの英文を読み，質問に対する答えとして最も適切なものを１つずつ選び，記号で答えなさい。

［１］ A lot of money and strategy goes into designing junk food. A lot of effort also goes into designing junk food. The goal is to make it cheap and convenient. And despite the fact that it has very little nutritional value, the goal is to keep you wanting more.

It's typically high in things like salt, sugar and fat. They trigger pleasure centers in our brains, making us feel so good that we want to keep eating more. See, our brains are relatively big. They require a lot of energy to do their thing. So, we have evolved to love high-energy food.

Beyond the super high calorie count, junk food makers have a million ways to try to tempt you to buy their food when it comes to making their products appealing. Like the melt-in-your-mouth quality that tricks us. We think the calories have magically floated away. Or boosting flavor just short of what's called, "sensory specific satiety."

It is a flavor that's so big, it overwhelms your brain and leaves you not wanting anything else to eat. So, despite knowing it's not good for us—eating it is linked with things like obesity, diabetes, heart disease, and even cancer—junk food can be really hard to resist. Food for thought, for sure.

According to the passage, which of the following sentences is most true ?

あ．Since junk food has a lot of nutritional value, it keeps you wanting more.

い．Things like salt and fat trigger pleasure centers in our brains, making us feel great and leave us wanting more.

う．In order to make their products tempting, junk food makers have a few ways to try to tempt you to buy their food.

え．Eating junk food is not linked with things like obesity, diabetes, heart disease and cancer.

［２］ Kamala Harris has made history as the first female, first black and first Asian-American US vice-president. She was sworn in just before Joe Biden took the oath of office to become the 46th US president. Ms. Harris, who is of Indian-Jamaican heritage, initially ran for the Democratic nomination.

But Mr. Biden won the race and chose Ms. Harris as his running mate, describing her as "a fearless fighter for the little guy." Prior to taking the oath at the US Capitol, Ms. Harris paid tribute to the women who she says came before her.

She was born in Oakland, California, to two immigrant parents : an Indian-born mother and Jamaican-born father. She went on to attend Howard University, one of the nation's pre-eminent historically black colleges and universities. She has described her time there as among the most formative experiences of her life. Ms. Harris says she's always been comfortable with her identity and simply describes herself as "an American."

After four years at Howard, Ms. Harris went on to earn her law degree at the University of California, Hastings, and began her career in the Alameda County District Attorney's Office.

She became the district attorney—the top prosecutor—for San Francisco in 2003, before being elected the first female and the first African American to serve as California's attorney general, the top lawyer and law enforcement official in America's most populous state.

According to the passage, which of the following sentences is most true ?

あ. Kamala Harris is the first female, first black, first Asian-American, and the 46th US president.

い. Mr. Biden won the race and chose Ms. Harris as his secretary, describing her as "a fearless fighter for the little guy."

う. Ms. Harris was born in Oakland, California and her mother is an Indian-born immigrant while her father is an American-born Jamaican.

え. Ms. Harris was elected as California's attorney general after she worked as the district attorney for San Francisco.

V 次の英文を読んで，設問に答えなさい。

In the Canadian Arctic, winter used to come early. In November, temperatures dipped below zero. Snow covered the ground and Hudson Bay became covered in solid ice.

Hundreds (a) polar bears lumbered onto the frozen water, making their way out to the open ocean. All winter long, they swam from ice floe to ice floe. They mated. They hunted and fished. There were plenty of seals to eat.

When summer finally came in August, the ice melted. The polar bears swam back to land. The males play-fought. The females watched over their young cubs. As the months passed, polar bears lounged on tundra—still-frozen ground—using little energy. [(1)]

Polar bears are strong, majestic creatures, standing up to nine feet tall and weighing up to 450 kilograms. (1)<u>They are built for the cold.</u> Their snow-white coat is thick, with a double layer of fur. Also, they have a layer of fat just under their skin, keeping them extra warm. For months, polar bears have to live off this fat, gained from winter feedings on the ice. When they're on land, they barely eat.

In early November 2016, the polar bears were still on land as there was no sea ice on Hudson Bay. Weeks passed. [(2)] So the polar bears had to wait longer to return to the sea.

The warmer climate affected the polar bears in many important ways. In the 1980s, Hudson Bay bears were bigger and rounder, more well fed. [(3)] That's because with fewer weeks on ice, their hunting season has become shorter. They have less food. In Hudson Bay, polar bear numbers have dropped. The bears have fewer cubs. And even then, not all cubs survive.

In 2016, the water in Hudson Bay didn't freeze until December 12. [(4)]

Even on ice, however, the polar bears had a tougher time. There was more water between floes. The polar bears were already weakened by long months on land. And yet they had to swim longer distances to get from place to place to hunt.

Observers followed one female who had to swim nine days straight to reach an ice floe.

The Arctic—the polar bears' habitat—is changing. Temperatures have gone up about 3℃ since 1900.

The ice cover (2)<u>is shrinking</u>, too. In 2017, it was 30 percent smaller than it was twenty-five years ago. And each year, the remaining ice cover is melting faster and faster.

The fact is that our entire planet is getting warmer, not just the Arctic. Certain gases in the atmosphere — "greenhouse gases" — hold in heat, keeping it (b) escaping into space. Higher temperatures bring about changes in planet and animal life. In sources of food and water. In rainfall and snowfall, floods and droughts. Habitats around the world are at risk.

It's all part of climate change.

By the end of this century, oceans could be significantly warmer. Underwater habitats could be in even greater danger.

From polar bear habitats in the Arctic to coral reefs in Australia's Great Barrier Reef, climate change is affecting entire regions.

In 2012, we were about a degree away from the critically dangerous rise of 2.0℃. But since then, we've had yearly record-breaking temperatures, and scientists are still figuring out the exact warming for the decade. One thing is certain : If emissions keep increasing, their effects will get much ①[bad].

All over the world, people are already using (3)renewable energy. Some sources generate power with very light emissions — and they'll never be used up ! Plus, renewable energy has become cheaper. It's a growing industry. In 2016, more Americans were employed in solar-energy work than in coal, gas, and oil jobs combined.

In rural areas of Africa, China, and India, solar panels are providing power to villages. Earlier, these areas couldn't connect to electric grids. Now people have refrigerators, lights, and more. It's changed lives.

In Chile, a giant new solar power plant was built in a dry, sunny desert. It can provide electricity for over a million people.

Solar panels are springing up in parking lots across the United States. They're set up as canopies above cars, protecting them from heat, rain, and snow.

Wind power is growing, too. More and more turbines are ②[be] built on farms. They can power one farm or many.

Everywhere, people are driving electric cars that don't burn fuel—or "hybrids" that use a mix of electricity and gas. Any kind of cycling saves energy. So does walking, taking a bus or train, or (4)carpooling with friends. It means fewer vehicles on the road.

How can we save energy at home ? By using special lightbulbs, called LED lights. They use (c) least 75 percent less energy and last twenty-five times longer than regular bulbs. We all know that something as simple as turning off lights when you leave a room can help. As can turning off the faucet while you brush your teeth.

Taking action helps reduce your "carbon footprint"—lowering how much CO_2 you produce. So, what will your impact be on the environment ? Climate change presents a real danger in the immediate future to our planet . . . what will *you* do about it ?

1．(a)，(b)，(c)に入る最も適切な語をそれぞれ答えなさい。

2．①[bad]，②[be]を文脈に合うように直しなさい。ただし，語数は1語のままとする。

3．(1) ～ (4) に入る最も適切なものを1つずつ選び，記号で答えなさい。ただし，記号は1度しか使えない。

あ．By December, there was still barely any ice at all.

い．They waited for cold weather so they could go out to sea again.

う．That was very late.

え．Recently they've been losing weight and becoming weaker.

4．下線部(1) They are built for the cold. の意味として最も適切なものを１つ選び，記号で答えなさい。

あ．シロクマは風邪をひきやすい。

い．シロクマは飢餓に強い。

う．シロクマは免疫力が低い。

え．シロクマは寒さに強い。

5．下線部(2) is shrinking の意味として最も適切なものを１つ選び，記号で答えなさい。

あ．縮んでいる　　い．覆っている　　う．溶けている　　え．固まっている

6．下線部(3) renewable energy の説明として最も適切なものを１つ選び，記号で答えなさい。

あ．従来の方法に比べ，二酸化炭素の排出量を若干削減することができる。

い．有限であるため，大切に使う必要がある。

う．従来の方法に比べ，コストが高くなってきている。

え．将来の成長が見込まれる産業である。

7．下線部(4) carpooling の意味として最も適切なものを１つ選び，記号で答えなさい。

あ．車を複数所有すること。

い．車の相乗りをすること。

う．車をレンタルすること。

え．車をローンで購入すること。

8．本文の内容と一致するものを３つ選び，記号で答えなさい。

あ．陸地で生活をする際，シロクマは冬の間に蓄えていた食料を少しずつ食べて生き延びる。

い．1980年代，ハドソン湾に生息していたシロクマは，今よりも食料を十分にとることができた。

う．北極圏の気温は1900年に比べて３℃ほど上昇しており，氷河も急速に溶けだしている。

え．グレート・バリア・リーフでは海水温が2.0℃上昇し，サンゴ礁に影響を与えている。

お．2016年のアメリカでは，化石燃料産業よりも太陽光産業の雇用のほうが多かった。

か．砂漠地帯に設置されたチリの太陽光発電所では，1000万人分の電力を供給している。

き．カーボンフットプリントの数値が大きければ大きいほど，環境に優しいことを意味する。

く．気候変動は，遠い未来の極めて現実的な問題である。

＜リスニング・ライティング問題＞　〈編集部注：放送文は未公表につき掲載してありません。〉

VI　これから英語による日記を聞き，Part A の質問に答えなさい。英語と質問は２回ずつ読まれます。Part B では，日記の内容に関連するテーマについて，あなたの意見を書きなさい。Part B については，具体的な指示がありますので，よく読んでから解答してください。

Part A　英語の質問を聞き，答えとして最も適切なものを１つずつ選び，記号で答えなさい。

1．あ．Every day　　い．Two hours　　う．Every week　　え．Three months

2．あ．He spends twelve hours every day studying English.

い．He put in a lot of time and effort to prepare for his English presentation.

う．He listens to an English educational radio program once a week.

え．He goes to English conversation classes every day.

3．あ．He is afraid of using English in his daily life.

い．He doesn't read anything written in English at school.

う．He doesn't have any chances to talk with someone in English outside his school.

え．He doesn't have any chances to write in English outside his school.

4．あ．Secretary　　い．Accountant　　う．Salesperson　　え．Civil servant

5．あ．His high ability

い．His future plan

う．His concern about learning

え．His concern about his friends

Part B　あなたが将来に向けて身につけたい知識や技能，あるいはしておきたい経験は何ですか。**具体的な事例を１つ**挙げ，なぜそうしたいのか**理由を２つ**挙げて，100語程度の英語で説明しなさい。

【数　学】 (60分) 〈満点：100点〉

（注意）　1．答の $\sqrt{}$ の中はできるだけ簡単にしなさい。

　　　　　2．円周率は π を用いなさい。

1　次の問いに答えなさい。

(1) $\left(-\dfrac{3}{2}x^2y\right)^3 \div \left(-\dfrac{9}{4}x^2y^3\right)^2 \times \left(\dfrac{y^3}{2x}\right)^3$ を計算しなさい。

(2) $(\sqrt{3}+\sqrt{2}+1)^2-(\sqrt{3}-\sqrt{2}-1)^2$ を計算しなさい。

(3) $(x+y+1)(x+y+2)-12$ を因数分解しなさい。

(4) 連立方程式 $2x-5y-1=5x+10y=-x+y-9$ を解きなさい。

(5) 2次方程式 $x(x+1)+(x+1)(x+2)=2\times2021^2$ を解きなさい。

(6) $\boxed{0}$, $\boxed{1}$, $\boxed{2}$, $\boxed{3}$, $\boxed{4}$ の5枚のカードから3枚を選んで3桁の整数をつくるとき，偶数は何個できるか求めなさい。

(7) 関数 $y=ax+a^2$ について，x の変域が $-1\leqq x\leqq1$ のとき，y の変域が $6\leqq y\leqq b$ であるように定数 a，b の値を定めなさい。ただし，$a<0$ とする。

(8) 底面の半径が6，高さが6の円柱と表面積が等しい球の体積を求めなさい。

(9) 図において，$\angle$BAC$=35°$，$\angle$BOD$=148°$ のとき，$\angle x$ の大きさを求めなさい。ただし，点Oは円の中心とする。

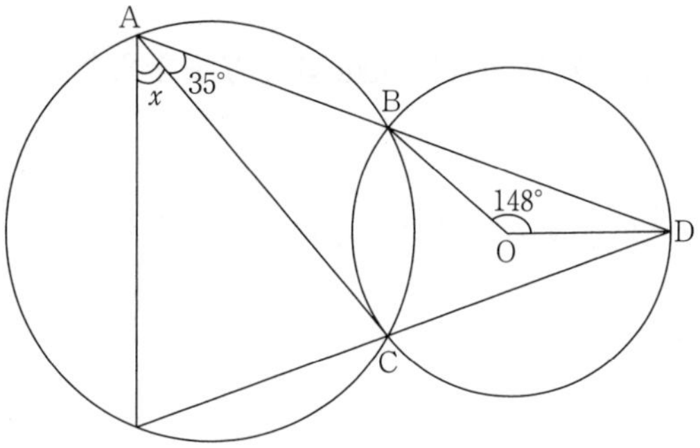

(10) 図のように，外接する2つの円 O_1，O_2 と，それらの接点を中心とする円 O_3 がある。3つの円の半径は等しく，円 O_2 と円 O_3 の交点の1つをAとすると，$AO_1=\sqrt{6}$ である。

(ア) 円の半径を求めなさい。

(イ) 図の斜線部分の面積を求めなさい。

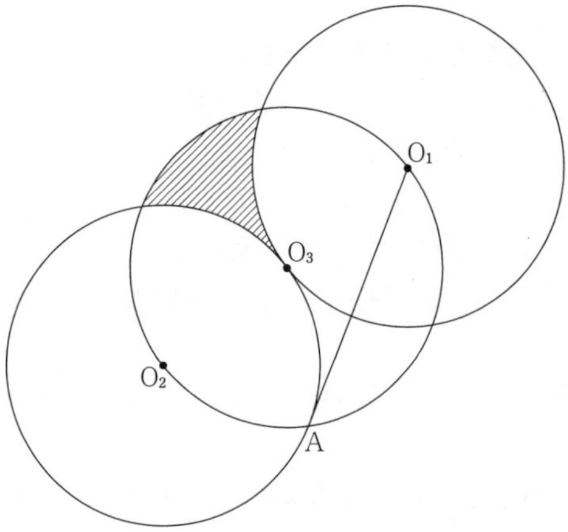

(11) 図のように，2点A(4, 0)，B(0, 4)を通る直線と関数 $y=ax^2$ のグラフの交点をC，Dとし，2点C，Dから x 軸に下ろした垂線と x 軸の交点をそれぞれE，Fとする。台形OECBの面積が6であるとき，次の問いに答えなさい。ただし，$a>0$ とする。

(ア) 点Cの座標を求めなさい。

(イ) 点Dの座標を求めなさい。

(ウ) 点Dを通り，台形ECDFの面積を2等分する直線の式を求めなさい。

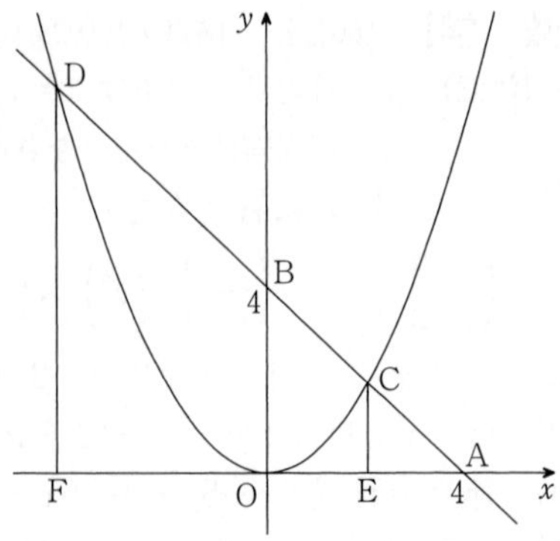

2 以下の文章を読み，下の問いに答えなさい。

数学科のMath先生と生徒の太郎君が円周率について話をしている。

Math：小学校のとき，円周率を「3.14」として問題を解きましたよね。

太　郎：中学校では「3.14」ではなく「π」を用いるようになりました。

Math：$\pi=3.1415\cdots$のように無限に続く小数であることを忘れないようにしましょうね。

太　郎：ところで，円周率ってどうやって求めるんでしょうか。

Math：色々な方法がありますが…そもそも円周率とは何でしょうか？

太　郎：円周と直径の比の値です！

Math：その通りです。今回は正96角形が登場するアルキメデス(Archimedes)の方法を紹介しましょう。

太　郎：なんだか難しそうですが頑張ります。

Math：まず始めに，半径1の円に内接する正6角形 P と外接する正6角形 Q に注目します。P，Q の1辺の長さをそれぞれ求めて下さい。

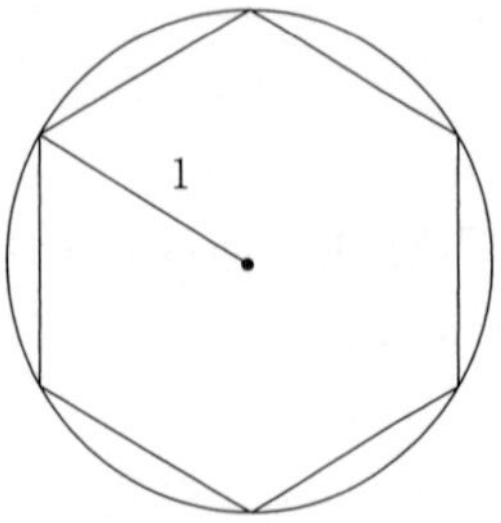

正6角形 P

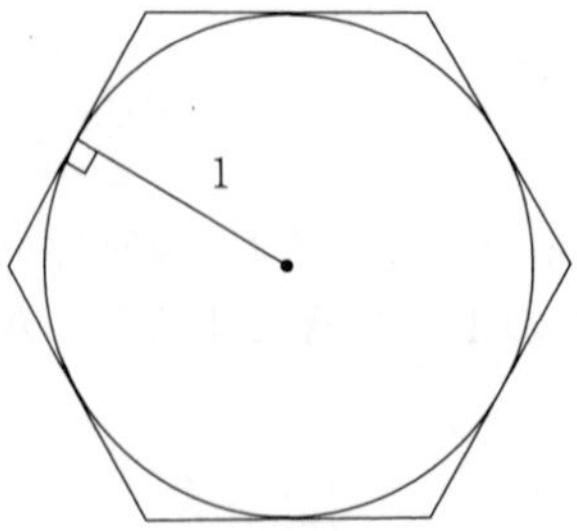

正6角形 Q

太　郎：え〜と，正6角形 P の1辺の長さは [(ア)]，正6角形 Q の1辺の長さは [(イ)] です。

Math：正解です。ここで，周の長さに注目すると(正6角形 P の周)＜円周＜(正6角形 Q の周)ですから，円周率 π は [(ウ)] $<\pi<$ [(エ)] を満たすことが分かります。

太　郎：なるほど。このようにして円周率の整数部分が3であることが分かるのですね。

問1 (ア)〜(エ)を埋めなさい。ただし，(イ)，(エ)に関しては分母を有理化した形で答えること。

Math：次に，少し抽象化して半径1の円に内接する正 n 角形 P_n と外接する正 n 角形 Q_n を考えます。

P_n と Q_n の1辺の長さを順に p_n，q_n としましょう。次のページの図1において，線分ABを P_n の辺とします。つまり，$AB=p_n$ です。

このとき，線分ACは半径1の円に内接する正 $2n$ 角形 P_{2n} の辺となるので $AC=p_{2n}$ ですね。

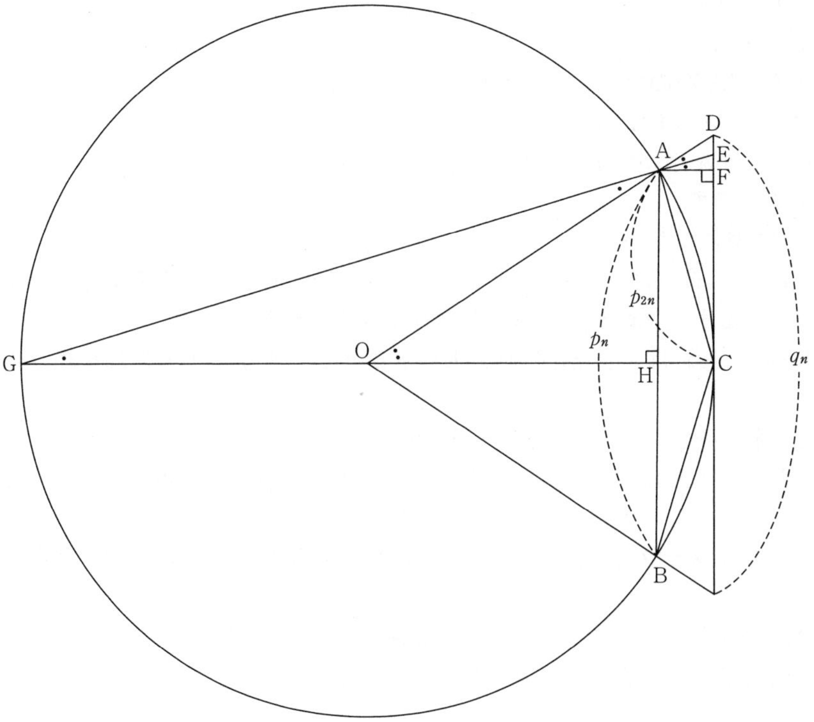

図1

太　郎：線分CDの長さはQ_nの辺の長さの半分なので$\mathrm{CD}=\dfrac{1}{2}q_n$ですね。

Math：その通りです。さらに，少し難しいですが，線分CEは半径1の円に外接する正$2n$角形Q_{2n}の辺となるので$\mathrm{CE}=q_{2n}$となります。

太　郎：(苦戦しつつも)理解できました。

Math：さて，次に角の2等分線に関わる定理を確認します。

太　郎：先生，その定理なら知っています。これですよね。

定理　△ABCにおいて，∠Aの2等分線と辺BCの交点をDとすると

BD：DC＝AB：AC

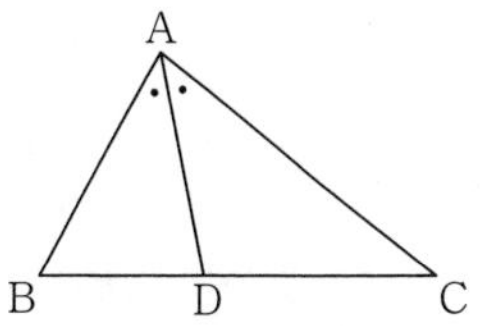

Math：よく勉強していますね。△AFDに注目してこの定理を使ってみましょう。

太　郎：FE＝CE－CF＝CE－AH＝［(オ)］，ED＝CD－CE＝［(カ)］なので，AF：AD＝FE：ED＝［(オ)］：［(カ)］…①となります。

Math：その通りです。また，△AFD∽△OHAなのでAF：AD＝OH：OA，OA＝OCと合わせて

AF：AD＝OH：OC…②

AH∥CDより　OH：OC＝AH：CD＝［(キ)］：［(ク)］…③

①，②，③より　［(オ)］：［(カ)］＝［(キ)］：［(ク)］となりますね。

これをq_{2n}について解いて下さい。

問2　(オ)～(ク)をp_n，q_n，q_{2n}を用いて表しなさい。

太　郎：$q_{2n}=$［　(ケ)　］…④　です。

問3　(ケ)を p_n，q_n を用いて表しなさい。

Math：次に，△ACE∽△FCA なので AC：CE＝FC：CA

FC＝AH と合わせて AC：CE＝AH：AC…⑤

AC＝p_{2n} ですから，⑤を用いて p_{2n} を求めるとどうなりますか？

太　郎：$p_{2n}=$［　(コ)　］…⑥　です。

問4　(コ)を p_n，q_{2n} を用いて表しなさい。

Math：$p_6=$［　(ア)　］，$q_6=$［　(イ)　］ですから，関係式④，⑥で $n=6$ の場合を考えると p_{12}，q_{12} の値を求めることができます。これを繰り返すとどうなりますか⁇

太　郎：p_{12}，q_{12} の値が求められれば p_{24}，q_{24} の値を求めることができます！　これを繰り返すと…なるほど!!

正６角形→正12角形→正24角形→正48角形→正96角形

という流れで，内接する正96角形と外接する正96角形の周の長さを求めることができるのですね！

Math：その通りです。アルキメデスは p_{96} と q_{96} の値を計算して $3.1408<\pi<3.1429$ であることを示したのです。

太　郎：アルキメデスの偉大さを痛感しました。すごいなぁ…。

Math：全く別の方法で円周率を求めることに成功した人もいます。

太　郎：どんな方法なんですか？

Math：今後学習する「微積分法」を用いるんですが，例えば次の等式が成り立ちます。

$$\pi=4\left(1-\frac{1}{3}+\frac{1}{5}-\frac{1}{7}+\frac{1}{9}-\cdots\cdots\right) \quad \cdots⑦$$

$$\pi=6\left\{\frac{1}{\sqrt{3}}-\frac{1}{3}\left(\frac{1}{\sqrt{3}}\right)^3+\boxed{\quad ※ \quad}-\frac{1}{7}\left(\frac{1}{\sqrt{3}}\right)^7+\frac{1}{9}\left(\frac{1}{\sqrt{3}}\right)^9-\cdots\cdots\right\} \quad \cdots⑧$$

ちなみに，最後の「……」は無限に計算が続くことを表しています。

太　郎：こんな等式が成り立つなんて…。

Math：試しに $6\left\{\frac{1}{\sqrt{3}}-\frac{1}{3}\left(\frac{1}{\sqrt{3}}\right)^3+\boxed{\quad ※ \quad}\right\}$ を計算してみて下さい。

ただし，$\sqrt{3}=1.73$ としましょう。

太　郎：$6\left\{\frac{1}{\sqrt{3}}-\frac{1}{3}\left(\frac{1}{\sqrt{3}}\right)^3+\boxed{\quad ※ \quad}\right\}=$［　(サ)　］

確かに円周率に近い値ですね！

問5　［※］に入る数を予想して(サ)を埋めなさい。ただし，分母を有理化してから $\sqrt{3}=1.73$ として計算し，小数第４位を四捨五入して答えること。

Math：項を増やせば増やすほど円周率に近づいていきますよ。ちなみに，近づき方には差があって，等式⑧の方が等式⑦よりも精度が高いんです。

太　郎：数学のマジカルパワーには驚かされてばかりです。本当に面白いなぁ。

Math：ところで，円周率は「超越数」でもあるんですよ。

超越数とは…（学びは続く）

問2　この文章を読んであなたが考えたことを、四〇〇字程度で書きなさい。

【出典】　山崎雅弘「守るべきは自由」（集英社新書編集部 編『「自由」の危機——息苦しさの正体』集英社新書、二〇二一年六月、二七九〜二八三ページ）

部を首相官邸に招いて「懇談会」を開き、中国への武力行使という政府の方針に協力するよう要請しました。これを受けて、新聞もNHKラジオも通信社も「報道の自由」を自ら捨てて、政府の発表をそのまま無批判に報じたり、政府にとって都合の悪い事実を報じずに済ませたりするようになりました。

しかし、日中戦争が勃発してから数ヵ月の間は、首相の懇談会に幹部が招かれなかった雑誌の一部に、政府と軍の方針に疑問を差し挟む内容の記事が掲載されていました。

例えば、論壇誌の一つ「文藝春秋《ぶんげいしゅんじゅう》」一九三七年一〇月号では、評論家の杉山平助が「戦争とヂヤアナリズム（ジャーナリズム）」という記事で、戦時においてジャーナリズムが担うべき役割と「批評の自由」が必要な理由について、率直に意見を表明していました。

「現実においては、指導者の判断力のみが、常に絶対に誤りがないとは保証されがたい。（中略）指導者側に、重大な誤謬《ごびゅう》が犯された時に、ジャーナリズムはこれを批判すべき義務がある。それは国家の大局から見ての義務である。

しかるに、ジャーナリズムの批評の自由を極端に拘束せられると、誤謬は誤謬のままに進行して、重大な結果を招かないとも限らない」

その後、日本がどんな方向へと進んだかは、皆さんご存じの通りです。一九四一年一二月に、日中戦争が太平洋戦争へと拡大した後も、日本には「報道や批評の自由」が事実上ありませんでしたが、それは政府にとっても国民にとっても大きなマイナスでした。

この歴史が示すように、「自由」とは集団全体の利益に反するものではなく、むしろ長期的に見れば、集団全体の安全と安定性を保つために必要なブレーキやバランサーの役割を果たすこともある、重要な「力」です。

ところが、日本ではそうした「力」の認識がこの一〇年で以前よりもさらに軽視され、「言論の自由」や「学問の自由」が少しずつ失われていく状況にも、さほどの危機感を抱かない国民が多数派であるように見えます。

学校で、「自由」の価値やすばらしさ、おかしいと思った時に自分一人であっても「おかしい」と口にする勇気を教える教育をしてこなかったツケが、長い時間をかけて大量に積み重なった結果、「自由」よりも「秩序」を当たり前のように優先順位の上位に置く社会が、強固な形で構築されてしまったようです。

集団全体の「秩序」を優先する思考とは、集団の上位者である政府や上司の言うことに逆らわず、ひたすら従うことを良しとする考え方です。上位者の判断に異を唱えたり、間違いを指摘する行為は、集団全体の「秩序」を乱す悪事と見なされるからです。

社会を見渡してみれば、そのような光景が、あちこちで生じていることがわかると思います。「自由」よりも「秩序」を優先順位の上位に置く流れが加速すると、もう誰にもその流れを止めることはできなくなります。かつての日本がそうであったように。

そんな流れを止められるのは、まだ流れの勢いが弱いうちだけです。

また、「自由」を軽視する社会とは、そこに生きる人や生き方の「多様性」をも軽視する、あるいは認めない社会を意味します。いろんなタイプの人が、いろんな生き方を選択できる社会を目指すというのが、いまの世界の趨勢《すうせい》であるように思いますが、社会や文化に関わる性別（ジェンダー）の問題も含め、日本の社会は「多様性」に不寛容で、それを認めれば「家族の絆《きずな》」などの「秩序」が乱れるという主張もよく見かけます。

失ってからその価値に気づかされるものは、世の中に数多く存在しますが、その中でも特に重要なのは「自由」です。いまを生きる我々は、八〇年前の日本人が知らなかった、国民が「自由」を手放す道の行き着いた先を知っています。

守るべきは「自由」。その行為は、人の生活や人の命を守ることでもあるのです。

問1　この文章を一〇〇字程度で要約しなさい。

二〇二二年度 中央大学附属高等学校（帰国生）

【国語】（六〇分）〈満点：一〇〇点〉

一 以下の設問に答えなさい。

問1 次の①～⑮について、――部のカタカナをそれぞれ漢字に直しなさい。また、⑯～⑳について、――部の漢字の読み方をひらがなで書きなさい。

① ドシャ災害から身を守る。
② 業務にシショウをきたす。
③ 木々をバッサイする。
④ 販売をソクシンする。
⑤ メンエキを高める。
⑥ 安全確認のためジョコウする。
⑦ カイコンの涙を流す。
⑧ 気分がコウヨウする。
⑨ 図書館で本をエツランする。
⑩ 保護者のショウダクを得る。
⑪ 人生のキロに立つ。
⑫ 日本の将来をウレえる。
⑬ 包丁をトぐ。
⑭ 危険がトモナう。
⑮ ホガらかな笑顔。
⑯ 誰の仕業かわからない。
⑰ 個性が埋没する。
⑱ 海外に赴任する。
⑲ 高価な反物を購入する。
⑳ 肩からかばんを提げる。

問2 次の①～⑤の慣用句について、□に当てはまる語を(ア)～(カ)の中から選び、それぞれ記号で答えなさい。また、その意味として適当なものを(キ)～(シ)の中から選び、それぞれ記号で答えなさい。

慣用句
① □を噛む
② □が置けない
③ □のつぶて
④ □もない
⑤ □を食う

語 (ア) 泡　(イ) 気　(ウ) 柿
　(エ) ほぞ　(オ) にべ　(カ) なし

意味 (キ) 後悔すること。
(ク) 油断できないこと。
(ケ) 返事が全くないこと。
(コ) 遠慮する必要がないこと。
(サ) とてもおどろき、あわてること。
(シ) あいそがないこと。そっけないこと。

二 次の文章を読んで、以下の設問に答えなさい。

昭和期の大日本帝国やナチスドイツは、自国民が「言論の自由」や「学問の自由」を持つことを許さず、国家の指導部が正しいと見なした言論や学問だけを、国民に許す方針をとりました。その結果、国全体が間違った方向へと少しずつ進み始めても、それを軌道修正する動きがほとんど生じず、そのまま破滅へと直進していきました。

軌道修正する動きというのは、例えば普通の市民が「我々の国は道を外れているのではないか」という疑問を口にしたり、学者が専門的見地から「このままいまの針路をとれば、やがて国は危機的な事態に陥る可能性がある」と警鐘を鳴らしたりする行為です。

一九三七年七月に日中戦争が始まると、近衛《このえ》首相は当時の政界と財界、そして大手メディア（新聞各紙と通信社、NHKラジオ）の幹

英語解答

Ⅰ 1 い　2 え　3 い　4 う
5 い　6 あ　7 い　8 え
9 え　10 あ

Ⅱ 1 knowing　2 nothing
3 twice　4 sold　5 each

Ⅲ 1 う　2 え　3 え

Ⅳ [1] い　[2] え

Ⅴ 1 a of　b from　c at
2 ① worse　② being
3 (1)…い　(2)…あ　(3)…え　(4)…う
4 え　5 う　6 え　7 い
8 い，う，お

Ⅵ Part A 放送文未公表
Part B
(例)I'd like to study computer science. I am not just interested in theoretical aspects but also in practical skills such as making software applications. I think a software developer will be able to have chances to work abroad and make a lot of money. In the era of information technology, computer programmers are, and will be, in high demand in any country. You can get a work permit easily in foreign countries with software development proficiency. Moreover, many business analysts say tech companies will remain highly profitable because digital transformation is taking place throughout the world. It means that you can expect a higher salary in IT industry. (108語)

数学解答

1 (1) $-\dfrac{y^6}{12x}$　(2) $4\sqrt{3}+4\sqrt{6}$
(3) $(x+y-2)(x+y+5)$
(4) $x=-2,\ y=\dfrac{1}{3}$
(5) $x=2020,\ -2022$　(6) 30個
(7) $a=-3,\ b=12$　(8) 288π
(9) 39°
(10) (ア) $\sqrt{2}$　(イ) $\sqrt{3}-\dfrac{1}{3}\pi$
(11) (ア) (2，2)　(イ) (−4，8)
(ウ) $y=-\dfrac{32}{15}x-\dfrac{8}{15}$

2 問1 (ア)…1　(イ)…$\dfrac{2\sqrt{3}}{3}$　(ウ)…3
(エ)…$2\sqrt{3}$
問2 (オ)…$q_{2n}-\dfrac{1}{2}p_n$　(カ)…$\dfrac{1}{2}q_n-q_{2n}$
(キ)…p_n　(ク)…q_n
問3 $\dfrac{p_nq_n}{p_n+q_n}$　問4 $\dfrac{\sqrt{2p_nq_{2n}}}{2}$
問5 3.152

国語解答

一 問1 ① 土砂 ② 支障 ③ 伐採
④ 促進 ⑤ 免疫 ⑥ 徐行
⑦ 悔恨 ⑧ 高揚 ⑨ 閲覧
⑩ 承諾 ⑪ 岐路 ⑫ 憂
⑬ 研 ⑭ 伴 ⑮ 朗
⑯ しわざ ⑰ まいぼつ
⑱ ふにん ⑲ たんもの
⑳ さ

問2 ①…(エ)・(キ) ②…(イ)・(コ)
③…(カ)・(ケ) ④…(オ)・(シ)
⑤…(ア)・(サ)

二 問1 (例)批評の自由が拘束されると，誤謬が誤謬のままとなり，重大な結果を招くことにもなる。「自由」よりも集団の「秩序」を重視すれば，かつての日本のような失敗をする。「自由」を軽視すれば，多様性も失われる。「自由」を守ることは，人の生活や命を守ることでもある。(124字)

問2 (省略)

2021年度 中央大学附属高等学校（推薦）

【英　語】（30分）〈満点：60点〉

Ⅰ　次の（　）に入る最も適切な語(句)を１つずつ選び，記号で答えなさい。

1．We (　　) our new plan for the school festival for about three hours.
あ．discussed for　い．discussed about　う．discussed on　え．discussed

2．The boy (　　　) is one of my classmates.
あ．to throw a ball　い．throwing a ball　う．thrown a ball　え．throws a ball

3．Oh, I forgot (　　) some milk！ Now I need to go back to the supermarket.
あ．to buy　い．buy　う．buying　え．bought

4．It's so late now！ Call your mother right now, (　　) you will be in big trouble.
あ．so　い．and　う．or　え．that

5．I got a message from Adam while I (　　) in the library.
あ．study　い．have studied　う．am studying　え．was studying

6．A：Have you ever been to Beijing？
B：Yeah, (　　).
あ．two　い．twice　う．second　え．two time

7．I have two sisters. One is older and (　　) is younger.
あ．other　い．another　う．the other　え．the another

8．Yuri showed the pictures of her trip in Seoul (　　) her friends.
あ．at　い．for　う．to　え．on

9．You must check your report (　　) you go to bed. You'll have no time tomorrow morning.
あ．after　い．before　う．though　え．by

10．George and I promised to meet at 12:00 at the station, but he didn't show (　　).
あ．up　い．down　う．on　え．off

Ⅱ　次の各組の文がほぼ同じ意味になるように，（　）に最も適切な語を入れた時，（＊）に入る語を答えなさい。

1．It's really cold today. You can't go out without your coat.
It's really cold today. You have to (　＊　) (　　) your coat before you go out.

2．No other sport in the world is as exciting as soccer.
Soccer is (　＊　) (　　) exciting sport in the world.

3．Would you like to join our dance team？
Do you want to take (　＊　) (　　) our dance team？

4．Please show me the way to use this smart speaker.
Can you show me (　＊　) (　　) use this smart speaker？

Ⅲ　次の対話が完成するように，（　）に入る最も適切な語を答えなさい。

1．A：What (　　) (　　) your bike？ It's broken！
B：Yeah, I had a bad accident.

2．A：(　　)(　　) do you practice the piano ?

B：I practice it every day.

3．A：(　　)(　　) do you like ?

B：I like P.E. the best.

Ⅳ　次の2つの英文を読み，設問の答えとなるものを1つずつ選び，記号で答えなさい。

［1］ A *psychology magazine reported that a hobby is important for people in many ways. Firstly, it helps you to get organized. It can also help you to relax and reduce your stress levels. You can also meet other people with similar interests. You are more interesting when you do more activities. Finally, a hobby can have a positive influence on your brain : the brain grows and works better because you are learning a new skill. You learn faster and it can slow down aging. Hobbies also help your brain to grow and keep it working well. Having a hobby helps your life in many ways !

注：*psychology　心理学

Q：What is this passage about ?

あ．The history of medical magazines in America.

い．The best way to meet friends with the same interests.

う．A medical study of the brain written by doctors.

え．How a hobby influences the mind and the body.

［2］ It is a fact that animals can *warn people of natural disasters. Some animals tried to do so at *Skopje in 1963, on the day of one of the world's worst recorded earthquakes. Zookeepers ran to investigate when lions and tigers were roaring loudly in their cages. Police were surprised when many birds suddenly flew out of town. One family was shocked when their pet *canary tried to fly away and hit its wings against the cage. That morning there was a large earthquake in Skopje, and the earth began to move and shake. Seconds later, the city was severely damaged. After the earthquake, people remembered how strangely the animals behaved. They realized too late that the animals were trying to warn them.

注：*warn　警告する　　*Skopje　旧ユーゴスラビアの都市(現北マケドニア共和国の首都)

*canary　カナリア

Q：Which sentence is true about this passage ?

あ．In Skopje, lions and tigers ran away from the zoo.

い．Birds in Skopje couldn't leave the city because they were scared to fly.

う．A pet canary behaved strangely on the day of the earthquake.

え．Many people in Skopje began to keep pets after the earthquake.

Ⅴ　次の英文を読み，あとの問いに答えなさい。

Katie didn't have a favorite color. She wanted to find her own special color. So, she got a piece of paper and a crayon and asked her family what their favorite colors were.

Katie went into her little brother's bedroom. He was playing with his toys.

"What is your favorite color ?" she asked.

"Blue," he said, as he put his toys down.

"[　　A　　]"

"Blue is the best!" he said. "It's clouds at night and story time, and it tastes like blueberries."

Katie wrote "blue" on her paper and went to the dining room. Her big brother was doing his homework.

Katie asked him, "I want to know your favorite color."

"Red," he replied.

Katie smiled. "Why red?"

"Red is awesome! It's fast like a racecar. [B]"

Katie wrote "red" on her paper and went to the back door. She opened the door and said, "Daddy, what's your favorite color?"

"It's purple."

"Why purple?"

"Purple reminds me of taking a boat out into the ocean during sunset. And it reminds me of catching a big fish."

Katie wrote "purple" on her paper and went to the kitchen.

"Mommy, what's your favorite color?" Katie asked.

"Green," she said.

"Why green?" Katie asked.

"[C] It also smells like fresh peppermint."

Katie wrote "green" on her paper and went to her bedroom. She read her memos out loud, "blue, red, purple, green."

Katie wondered, "Why don't I have a special color like everyone else?"

She spent the day calling friends asking everyone ①<u>the same question.</u>

Katie's piece of paper now had so many colors on it. She had two blues and reds, three purples and greens, more pinks and yellows, and even browns and grays.

Then Katie noticed something. Nobody chose the color orange.

Why wouldn't anyone choose orange, she wondered. Poor orange.

That night Katie was still ②<u>[think]</u> about colors in bed. Then her mother came in.

"Have you ③<u>[find]</u> your special color, Katie?"

"Yes." Katie said. ④<u>"My favorite color is orange."</u>

"Why orange?" her mother asked.

Katie's smile faded. "I picked orange because nobody else did, and I didn't want orange to feel alone," said Katie. "It must be lonely. I want orange to feel special."

"Is that how you feel, Katie? Do you feel like orange?"

⑤<u>Katie became sad.</u> "Mommy, I want to be special. But I'm not."

"Ah, don't you see, Katie . . . you are special."

"I am?" Katie replied.

"Of course you are. Your decision to choose orange shows how kind you are. You have a very big heart. That's something to be proud ⑥(　　　)," her mother said.

Katie smiled and said, "Orange will be my special color," and she wrote down her new favorite color on her paper with a crayon. Then she noticed something interesting. She was using an orange crayon all the time. ⑦<u>That</u> made her happier.

The next afternoon, Katie sat in her favorite chair by the window with all of her new orange items.

Every day, she looked out of that window, looked up into the sky and wanted to be special. But today she wished for something different. Today, Katie wished for orange to feel special. "Nobody wants to be ⑧(　　　)."

And just as she did, Katie noticed ⑨something magical. As she looked out of the window, she noticed the beautiful sunset was orange.

She loved orange. It was special, just like Katie.

1．[A], [B], [C]に入るものを1つずつ選び，記号で答えなさい。ただし，同じものは二度使えない。

あ．It takes me to a special place with trees and nature.

い．Who chose the same color ?

う．It's hot like flames, and it reminds me of strawberries.

え．What is special about it ?

2．下線部① the same question の内容として最も適切なものを選び，記号で答えなさい。

あ．"What's your favorite color ?"

い．"Do you like red or green ?"

う．"Why don't I have a special color ?"

え．"Do you want to know my favorite color ?"

3．下線部②[think]，③[find]を文脈に合った形に直しなさい。

4．下線部④ "My favorite color is orange." について，Katie がこのように答えた理由として最も適切なものを選び，記号で答えなさい。

あ．家族や友人の好きな色を混ぜるとオレンジ色になるから。

い．誰からも選ばれなかったオレンジ色に同情したから。

う．自分の親友が好きな色と同じ色を選んだから。

え．母との会話の中でオレンジ色が好きだと気づいたから。

5．下線部⑤ Katie became sad. について，その理由として最も適切なものを選び，記号で答えなさい。

あ．自分が特別な存在ではないと思ったから。

い．母がオレンジ色を好きではなかったから。

う．誰もオレンジ色を選ばなかったから。

え．家族の中で孤独を感じていたから。

6．下線部⑥(　)に入る最も適切なものを選び，記号で答えなさい。

あ．at　　い．in　　う．of　　え．with

7．下線部⑦ That の内容として最も適切なものを選び，記号で答えなさい。

あ．ようやく自分の好きな色を決めることができたこと。

い．母のことばで自分に自信を持つことができたこと。

う．新品のオレンジ色のものに囲まれながら，大好きな椅子に座ったこと。

え．ずっとオレンジ色のクレヨンでメモしていたこと。

8．下線部⑧(　)に入る最も適切なものを選び，記号で答えなさい。

あ．different　　い．alone　　う．special　　え．interesting

9．下線部⑨ something magical の内容として最も適切なものを選び，記号で答えなさい。

あ．窓から見えた美しい夕焼けが，オレンジ色であったこと。

い．オレンジ色が，実は誰からも好かれている色だったこと。

う．オレンジ色のおかげで，新しい自分になることができたこと。
え．自分とオレンジ色は，似たもの同士だったということ。

10．本文の内容と一致するものを**2つ**選び，記号で答えなさい。
あ．Katie は自分の好きな色を決めるために，様々な色のクレヨンで紙に絵を描いた。
い．Katie が好きな色を聞きに行った時，弟は宿題をしているところだった。
う．Katie の父にとって，紫色は夕暮れ時の海に小船を出すことを連想させる色だった。
え．Katie は，思いやりを持てることが自分の良さの一つであると母から学んだ。
お．好きな色ができた Katie は，オレンジ色のものをたくさん画用紙に描いた。
か．好きな色が決まった後も，Katie は自分が特別な存在になれるよう空に祈り続けた。

VI　あなたは2020年４月の「緊急事態宣言」前後の休校期間に，どのように時間を過ごしましたか。①どこで(どこにいて)，②何をしたか，それぞれ１文の英語で書きなさい。英文は以下の条件に合うように書くこと。

＜条件＞
①　I ________________________________ .　(語数制限なし)
②　I ________________________________ .　(下線部８語以上)

【数　学】（30分）〈満点：60点〉

（注意）　1．答の $\sqrt{}$ の中はできるだけ簡単にしなさい。

2．円周率は π を用いなさい。

(1)　$(-2xy^2)^3 \times \left(-\dfrac{1}{3}x^2\right) \div \left(\dfrac{4}{3}x^2y\right)^2$ を計算しなさい。

(2)　$x=\sqrt{2}-\sqrt{5}$，$y=\sqrt{2}+\sqrt{5}$ のとき，x^2-y^2+2xy の値を求めなさい。

(3)　$ab^2-b-a+1$ を因数分解しなさい。

(4)　連立方程式 $\begin{cases} \dfrac{x}{3}=\dfrac{y-1}{4} \\ 2x-\dfrac{y+1}{2}=3 \end{cases}$ を解きなさい。

(5)　2次方程式 $(x+3)(x-3)=2(x-3)^2-2(x+3)$ を解きなさい。

(6)　$270n$ がある整数の2乗となるような最小の自然数 n を求めなさい。

(7)　関数 $y=2x^2$ について，x の変域が $-2 \leqq x \leqq a$ のとき，y の変域が $0 \leqq y \leqq a^2+6$ となるような定数 a の値をすべて求めなさい。

(8)　6枚のカード 1，2，2，3，3，3 から3枚選んで並べてできる3桁の整数の個数を求めなさい。

(9)　右の図の $\angle x$ の大きさを求めなさい。ただし，点Oは円の中心であり，$\overset{\frown}{AB} : \overset{\frown}{BC} = 5 : 3$ とする。

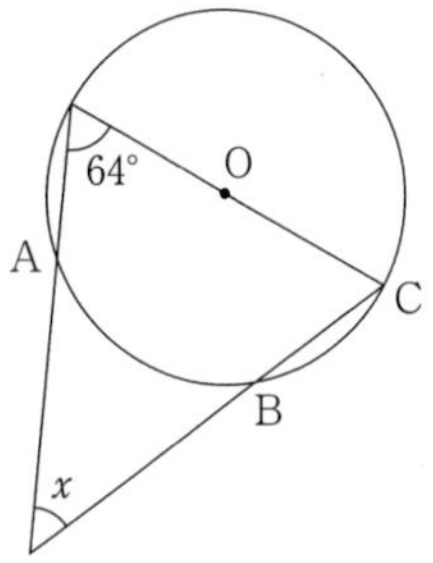

(10)　右の図のような半径4の球を8等分した立体について，次の問いに答えなさい。

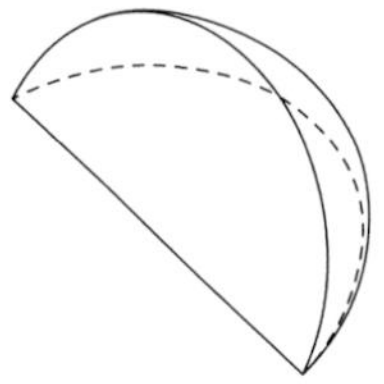

(ア)　この立体の体積を求めなさい。

(イ)　この立体の表面積を求めなさい。

(11)　下の図の四角形ABCDの2つの頂点A，Cは関数 $y=\dfrac{1}{x}$ のグラフ上にあり，各辺は座標軸に平行である。2点A，Cの x 座標が順に a，$a+1$ のとき，次の問いに答えなさい。ただし，a は正の定数とする。

(ア)　$a=2$ のとき，四角形ABCDの周の長さを求めなさい。

(イ)　四角形ABCDの面積が $\dfrac{1}{30}$ であるとき，a の値を求めなさい。

(ウ)　原点を通り，四角形ABCDの面積を二等分する直線の傾きを a を用いて表しなさい。

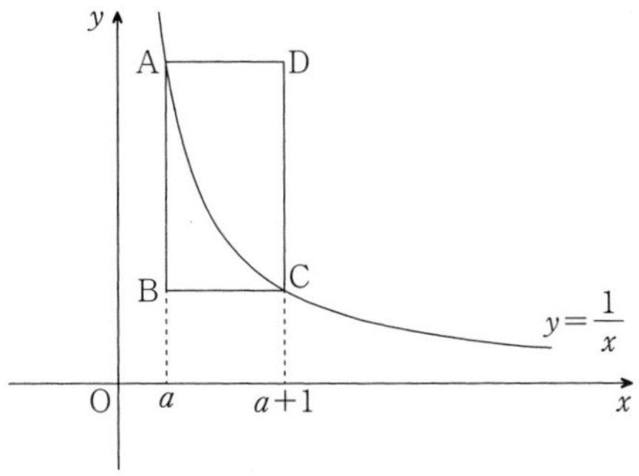

【出典】鷲田清一「時のおもり」
（『中日新聞』二〇二〇年二月一日付朝刊）

二〇二一年度 中央大学附属高等学校（推薦）

【小論文】（六〇分）

【問】 傍線部《ぼうせんぶ》「都市にはいたるところ壁《かべ》がある。」とありますが、どういうことですか。本文の内容をふまえて説明してください。また、「壁」に対する筆者の見解をふまえて、あなたの考えを述べてください。なお、字数は六〇〇字とします。

都市にはいたるところ壁がある。建物は壁で囲われ、内部に入っても空間が壁で仕切られている。大きな会社だと〇〇課の壁。集合住宅だと、まずは各家族を鉄の扉《とびら》で隔《へだ》て、その内部も個室や浴室や寝室《しんしつ》と壁で仕切られている。

壁はその内部でなされる（べき）ことを限定する。つまり壁は機能で空間を仕切り、その機能が効果的に果たせるような仕様にされる。ここで人びとはいわば制服を着て活動している。ということは、期待される機能以外のことをしにくいということでもある。これでは新しい発想やイノベーションなんて起こりっこないと、チャレンジを謳《うた》う企業《きぎょう》は、仕切りのない新しい空間の設計にさまざまに取り組んできた。

以前勤めていた大学で新しい研究・教育センターを開設するにあたって、研究室と事務室の壁を取り払《はら》い、さらに研究室も壁を肩《かた》くらいの高さのパーティションに取り換《か》えたところ、人の流れがずいぶん変わった。ついでに職員の服装まで変化が起きた。そんな憶《おぼ》えもあって、二〇一三年から館長を務める《せんだいメディアテーク》でも、職員の席の一角で、おなじ仕様のデスクで執務《しつむ》している。常勤ではないので、留守中に起こったであろう細々とした問題がみなの様子からそれとなくうかがえる。

伊東豊雄《いとうとよお》さんが設計したこの七階建ての建物には垂直の大きな柱はなく、総ガラスの外壁越《がいへきご》しに眺《なが》めると、多数の細いパイプで斜《なな》めに編まれた建物の支柱がまるで海中でゆらめく巨大《きょだい》な海草のように見える。そして内部はといえば、倉庫や機材運搬《うんぱんよう》用のエレベーター、トイレを除けばほとんど壁がない。事務局にもない。だから執務《しつむ》中も利用者の様子が手にとるようにわかる。逆もまたしかり。スタッフの仕事ぶりも丸見えである。

施設《しせつ》側からすれば、ゾーニングしないと「管理しにくい」という面はある。が、それをしのぐ効果をこの壁の不在はもたらす。たとえば、隣《となり》の活動が聞くともなく聞こえてくる。自由席のテーブルで受験勉強をしている高校生は、一方でカウンターでの騒《さわ》ぎから、大人たちはこんな口調でクレームをつけるんだと驚《おどろ》き、他方では隣の哲学《てつがく》カフェでの議論から、世の中にはこんな問題もあるのだとあらためて知る。りっぱに「社会勉強」をしているのだ。併置《へいち》されたカフェで軽食をとっている人なら、オープンスクエアでやっているワークショップにふと関心をもち、帰りにしばらく立ち見席で耳を傾《かたむ》ける。それが「社会参加」のきっかけになりもする。じぶんの関心の〈外〉にあるものに、思わずふれてしまうということが起こるのだ。

壁は見える壁にかぎらない。社会に「ガラスの天井《てんじょう》」があるように、人にはじぶんで造っている「見えない壁」もある。たとえば電車のなかで化粧《けしょう》やスマホに没頭《ぼっとう》している人は、たぶん「まわりをないことに」している。ないとおもってきたその「まわり」をとっさに感じてしまうこと。「見て見ないふりをする」というのとまさに逆のことだ。

高度化したメディア社会では、新聞やテレビといったマスメディアだけでなく、ツイッターやフェイスブックなどを使う一人ひとりが、メディア（情報媒体《ばいたい》）になりうるし、またそうと気づかずにメディアになってしまっている。その一人ひとりがじぶんが活動している〈場〉を自覚的に開きなおすためには、こういう関心の溢《あふ》れだしの体験が、そしてそれをうながす工夫《くふう》が、不可欠だとおもう。

2021年度／中央大学附属高等学校（推薦）

英語解答

I　1　え　2　い　3　あ　4　う
5　え　6　い　7　う　8　う
9　い　10　あ

II　1　put　2　the　3　part
4　how

III　1　happened to　2　How often
3　What〔Which〕subject

IV　［1］　え　［2］　う

V　1　A…え　B…う　C…あ　2　あ
3　②　thinking　③　found
4　い　5　あ　6　う　7　え
8　い　9　あ　10　う，え

VI　①　stayed (at) home.
②　(例)did my homework and played video games with my family

I〔適語(句)選択・語形変化〕

1．discussは「～について話し合う」という意味の他動詞なので，後ろに直接目的語をとる。「私たちは学園祭の新しい計画を約3時間話し合った」

2．空所には，直前のThe boyを修飾する語句が入る。「ボールを投げている少年」となるように，現在分詞(～ing)の形容詞的用法を使う。　「ボールを投げている少年は私のクラスメートの1人だ」

3．forget to ～「～するのを忘れる」　*cf.* forget ～ing「～したことを忘れる」　「ああ，牛乳を買うのを忘れた！　スーパーマーケットに戻らなくては」

4．‘命令文, or ～’「…しなさい，さもないと～」　*cf.* ‘命令文, and ～’「…しなさい，そうすれば～」　「もうこんなに遅い時間！　すぐにお母さんに電話しなさい，さもないと大変なことになるよ」

5．メッセージを受けとったのは，「勉強をしている間」と考えられるので，進行形を選ぶ。過去の内容なので過去進行形にする。　「図書館で勉強している最中に，私はアダムからメッセージを受け取った」

6．A：北京に行ったことがありますか？／B：はい，2回あります。⁄⁄「1回」はonce,「2回」はtwice〔two times〕。3回以上は通例，three〔four, five, ...〕timesで表す。

7．‘one ～, the other …’「(2人［2つ］のうち)一方は～，もう一方は…」　「私には姉妹が2人いる。1人は(私より)年上〔姉〕で，もう1人は年下〔妹〕だ」

8．‘show＋物＋to＋人’「〈人〉に〈物〉を見せる」　「ユリはソウル旅行の写真を友人たちに見せた」

9．check your reportとgo to bedの時間的順序を考える。レポートをチェックするのは，寝る前なので，beforeを選ぶ。　「寝る前にレポートをチェックしなくてはだめよ。明日の朝は時間がないわよ」

10．show up「現れる」　「ジョージと私は駅で12時に会う約束をしたが，彼は現れなかった」

II〔書き換え―適語補充〕

1．「今日は本当に寒い。コートなしでは外出できない」の第2文を，「外出する前にコートを着なくてはならない」とする。　put on ～「～を着る，身につける」

2．「世界のどんな他のスポーツもサッカーほどわくわくしない」→「サッカーは世界で最もわくわくするスポーツだ」　‘No other＋単数名詞＋is as ～ as …’「どんな―も…ほど～ない」を，最上級を使った文に書き換える。

3．「私たちのダンスチームに入りませんか」　join ～≒take part in ～「～に参加する」

4．「このスマートスピーカーの使い方を教えてください〔くれますか〕」　the way to ～≒how to ～「～する方法」

Ⅲ〔対話文完成―適語補充〕

1．Ａ：君の自転車はどうしたの？　壊れてるよ！／Ｂ：うん，ひどい事故に遭ったんだ。∥Ｂの応答から，Ａは自転車が壊れている理由を尋ねたと考えられる。　What happened to ～?「～はどうしたのですか」

2．Ａ：君はどれくらいピアノを練習しますか？／Ｂ：毎日練習します。∥答えの文でevery dayと答えているので，‘頻度’を尋ねる疑問文(How often ～?)にする。

3．Ａ：君はどの科目が好きですか？／Ｂ：体育が一番好きです。∥Ｂの応答から，Ａは好きな科目を尋ねたのだとわかる。「どの科目」はWhat〔Which〕subjectと表す。

Ⅳ〔長文読解―英問英答―説明文〕

［1］＜主題＞≪全訳≫ある心理学の雑誌が，趣味はいろいろな意味で人にとって重要だと報じた。まず，それはあなたが頭を整理するのに役立つ。それはまた，あなたがリラックスしてストレスのレベルを下げることにも役立つ。あなたは，同じようなことに関心を持つ人々と出会うこともできる。より多くの活動をすると，あなたはよりおもしろい人間になる。最後に，趣味はあなたの脳にいい影響を及ぼしうる。これは，あなたが新しいスキルを学んでいるため，脳が成長してよりよくはたらくということだ。あなたはより速く学び，それは老化を遅らせる。趣味はまた，あなたの脳が成長するのを助け，それをよりよくはたらかせておく。趣味を持つことは，あなたの生活をいろいろな意味で助けるのだ。

＜解説＞「本文は何についてのものか」―え.「趣味がどのように心と体に影響するか」　趣味を持っていれば，人は頭を整理でき(第２文)，リラックスしてストレスは減り(第３文)，脳は成長してよりよくはたらく(第６文)。

［2］＜内容真偽＞≪全訳≫動物が人間に自然災害を警告できるというのは事実だ。1963年，スコピエで記録に残る世界最悪の地震の１つが起きた日に，一部の動物たちがそうしようとした。動物園の飼育係たちは，おりの中でライオンとトラが大きなうなり声を上げげたとき，走って調べに行った。たくさんの鳥が急に町から飛び去ったとき，警察は驚いた。ペットのカナリアが飛び出そうとしてかごに羽を打ちつけたとき，家族は衝撃を受けた。その朝，スコピエでは大地震が起き，地面は動き，揺れ始めた。数秒後，市街は大きな被害を受けた。地震の後，人々は動物たちがどんなに奇妙に振る舞ったかを思い出した。動物たちが彼らに警告しようとしていたのだと気づくのは遅すぎたのだ。

＜解説＞「本文について正しい文はどれか」　あ.「スコピエでライオンとトラが動物園から逃げた」…×　い.「スコピエの鳥は飛ぶのが怖かったので，その街を出ることができなかった」…×　う.「ペットのカナリアは，地震の日に奇妙に振る舞った」…○　第５文参照。ペットのカナリアは地震当日の朝，飛び出そうとして，かごに羽を打ちつけた。　え.「スコピエの多くの人

が，地震の後にペットを飼い始めた」…×

V 〔長文読解総合―物語〕

≪全訳≫[1]ケイティには好きな色がなかった。彼女は，自分だけの特別な色を見つけたかった。そこで，１枚の紙と１本のクレヨンを持って家族に好きな色は何か尋ねた。[2]ケイティは弟の寝室に入っていった。彼はおもちゃで遊んでいた。[3]「何色が好き？」と彼女は尋ねた。[4]「青」と彼はおもちゃを置きながら言った。[5]「$_{\text{A}}$それの何が特別なの？」[6]「青が一番だよ！」と彼は言った。「青は夜のお話の時間に見える雲の色だし，ブルーベリーみたいな味がするもの」[7]ケイティは紙に「青」と書き，ダイニングルームへ行った。兄が宿題をしていた。[8]ケイティは彼に尋ねた。「お兄ちゃんの好きな色を知りたいの」[9]「赤だよ」と彼は答えた。[10]ケイティはにこっとした。「どうして赤？」[11]「赤はすごいぞ！　レーシングカーみたいに速いんだ。$_{\text{B}}$炎みたいに熱いし，僕にイチゴを連想させる」[12]ケイティは紙に「赤」と書き，裏口へ行った。ドアを開けるとこう言った。「パパ，好きな色は何色？」[13]「紫だよ」[14]「どうして紫なの？」[15]「紫は夕暮れどきの海に小舟を出すのを連想させるんだ。そして大きな魚を捕まえることを連想させるね」[16]ケイティは紙に「紫」と書き，台所へ行った。[17]「ママ，好きな色は何？」とケイティは尋ねた。[18]「緑よ」と彼女は答えた。[19]「どうして緑なの？」とケイティは尋ねた。[20]「$_{\text{C}}$それは私を木々や自然のある特別な場所へ連れていってくれるの。それにさわやかなペパーミントみたいな香りがするわ」[21]ケイティは紙に「緑」と書き，自分の寝室へ行った。彼女は，メモを声に出して読んだ。「青，赤，紫，緑」[22]ケイティは不思議に思った。「どうして私にはみんなみたいに特別な色がないんだろう？」[23]その日は１日，友達に電話をかけてみんなに同じ質問を尋ねて過ごした。[24]今やケイティの紙にはとてもたくさんの色(の名)があった。青と赤が２つずつ，紫と緑が３つずつ，ピンクや黄色はさらに多く，茶色や灰色もあった。[25]そのとき，ケイティはあることに気づいた。誰もオレンジ色を選んでいなかったのだ。[26]どうして誰もオレンジを選ぼうとしなかったのかな，と彼女は思った。かわいそうなオレンジ。[27]その夜，ケイティはベッドの中でまだ色について考えていた。すると母親が入ってきた。[28]「あなたの特別な色は見つかったの，ケイティ？」[29]「うん」とケイティは言った。「私の大好きな色はオレンジよ」[30]「どうしてオレンジなの？」と母親は尋ねた。[31]ケイティの笑顔が消えていった。「他に誰もオレンジを選ばなかったから選んだの。それに，オレンジに１人ぼっちだと思ってほしくなかったから」とケイティは言った。「きっとさびしいよ。オレンジには，自分が特別な存在だと感じてほしかったの」[32]「それはあなたの気持ちなの，ケイティ？　あなたもオレンジみたいに思ってるの？」[33]ケイティは悲しくなった。「ママ，私は特別な存在になりたい。でも(実際は)そうじゃない」[34]「ああ，わからないの，ケイティ…あなたは特別な存在よ」[35]「私が？」とケイティは答えた。[36]「もちろんそうよ。オレンジを選ぶというあなたの決断は，あなたがどんなに優しいかを示している。あなたはとても心が広いの。それは誇りに思うべきことよ」と母親は言った。[37]ケイティは笑顔になって「オレンジを私の特別な色にする」と言い，紙にクレヨンで新しい大好きな色を書きとめた。そのとき，彼女はおもしろいことに気づいた。彼女はずっとオレンジ色のクレヨンを使っていたのだ。そのことは彼女をますますうれしい気持ちにさせた。[38]翌日の午後，ケイティは新しいオレンジ色の持ち物を全部そろえ，窓際のお気に入りの椅子に座った。彼女は毎日その窓から外を眺め，空を見上げて，特別な存在になりたいと思っていた。しかし今日は，別のことを望んだ。今日は，オレンジ色が自分を特別な存在だと思ってくれるように祈ったのだ。「誰だって１人ぼっちだと思いたくはないわ」[39]そしてまさにそうしているとき，ケイティは不思議なことに気づいた。窓から外を見ていると，美しい夕焼けがオレンジ色だと気がついたのだ。40彼女はオレンジ色が大好きになった。それは特別な存在だった，ちょうどケイティと同じように。

1＜適文選択＞A．好きな色を「青」と答えた弟が，この後青が好きな理由を挙げている。青が好きな理由を尋ねる「それ(＝青)の何が特別なの？」が適する。　B．前の2文より，赤が好きな理由となるものを選ぶ。flame「炎」と strawberry「イチゴ」は赤を連想させる。　C．緑が好きな理由となるものを選ぶ。tree「木々」や nature「自然」は緑を連想させる。

2＜語句解釈＞「同じ質問」とは，ケイティが家族に尋ねまわった質問 What is〔What's〕 your favorite color？(第3，12，17段落)のこと。第8段落の I want to know your favorite color. も同じ意味。

3＜語形変化＞②前に Katie was があるので，過去進行形で「考えていた」とする。　③前に Have you があるので，'have/has＋過去分詞' の現在完了形にする。　find－found－found

4＜文脈把握＞この後，母親にオレンジを選んだ理由を尋ねられたケイティは，I picked orange because nobody else did(＝picked), and I didn't want orange to feel alone. と答えている。

5＜文脈把握＞sad になった理由は，続く2文で述べられている。I want to be special.　But I'm not. の not の後には，special が省略されている。

6＜適語選択＞be proud of ～で「～を誇りに思う」。この to be proud of は to不定詞の形容詞的用法で前にある something を修飾している。このように to不定詞の形容詞的用法で最後に前置詞が置かれる形は次のように考える。　a house to live in「住む家」←live in a house「家に住む」／a pen to write with「書くペン」←write with a pen「ペンで書く」／paper to write on「書く紙」←write on paper「紙の上に書く」

7＜指示語＞下線部を含む文は 'make＋目的語＋形容詞'「～を…(の状態)にする」の形。彼女をますますうれしい気持ちにさせた「そのこと」とは，話の流れから，前文の内容，つまり自分が無意識のうちにずっとオレンジ色のクレヨンを使っていたことだと判断できる。

8＜適語選択＞第31段落参照。他の誰からも選ばれなかったオレンジ色に同情しているのだから，ケイティは「誰も1人ぼっちになりたくない」と思っているのである。

9＜語句解釈＞something magical の内容は，次の文に書かれている。ケイティ以外に誰からも選ばれなかったオレンジが，実は美しい夕焼けと同じ色だった。

10＜内容真偽＞あ…×　第1段落参照。　い…×　第2段落参照。　う…○　第15段落第1文に一致する。　え…○　第36段落第2～4文に一致する。　have a big heart「寛大な心を持っている」　お…×　このような記述はない。　か…×　第38段落第2～4文参照。

Ⅵ〔条件作文〕

①休校期間中に自分がどこにいたかを書く。自宅にいた場合は，stayed (at) home となる。

②その期間中に何をしたかを書く。　(別解例)read a newspaper every day and took some online lessons

2021年度／中央大学附属高等学校（推薦）

数学解答

(1)　$\frac{3}{2}xy^4$　　(2)　$-4\sqrt{10}-6$

(3)　$(b-1)(ab+a-1)$

(4)　$x=3,\ y=5$　　(5)　$x=7\pm2\sqrt{7}$

(6)　30　　(7)　$\sqrt{2}$，$\sqrt{6}$　　(8)　19個

(9)　50°　　(10)　(ア)　$\frac{32}{3}\pi$　(イ)　24π

(11)　(ア)　$\frac{7}{3}$　(イ)　5　(ウ)　$\frac{1}{a(a+1)}$

〔独立小問集合題〕

(1)＜式の計算＞与式$=(-8x^3y^6)\times\left(-\frac{x^2}{3}\right)\div\frac{16x^4y^2}{9}=\frac{8x^3y^6\times x^2\times 9}{3\times16x^4y^2}=\frac{3}{2}xy^4$

(2)＜式の値＞与式$=(x+y)(x-y)+2xy$と変形する。$x+y=(\sqrt{2}-\sqrt{5})+(\sqrt{2}+\sqrt{5})=2\sqrt{2}$，$x-y=(\sqrt{2}-\sqrt{5})-(\sqrt{2}+\sqrt{5})=-2\sqrt{5}$，$xy=(\sqrt{2}-\sqrt{5})(\sqrt{2}+\sqrt{5})=2-5=-3$より，与式$=2\sqrt{2}\times(-2\sqrt{5})+2\times(-3)=-4\sqrt{10}-6$となる。

(3)＜因数分解＞与式$=(ab^2-a)-b+1=a(b^2-1)-(b-1)=a(b+1)(b-1)-(b-1)$と変形する。$b-1=A$とおくと，与式$=a(b+1)A-A=A\{a(b+1)-1\}=A(ab+a-1)$　Aをもとに戻すと，与式$=(b-1)(ab+a-1)$となる。

(4)＜連立方程式＞$\frac{x}{3}=\frac{y-1}{4}$……①，$2x-\frac{y+1}{2}=3$……②とする。①×12より，$4x=3(y-1)$，$4x-3y=-3$……①′　②×2より，$4x-(y+1)=6$，$4x-y=7$……②′　①′－②′より，$-3y-(-y)=-3-7$，$-2y=-10$　$\therefore y=5$　これを②′に代入して，$4x-5=7$，$4x=12$　$\therefore x=3$

(5)＜二次方程式＞$x^2-9=2(x^2-6x+9)-2x-6$，$x^2-9=2x^2-12x+18-2x-6$，$-x^2+14x-21=0$，$x^2-14x+21=0$　解の公式より，$x=\frac{-(-14)\pm\sqrt{(-14)^2-4\times1\times21}}{2\times1}=\frac{14\pm\sqrt{112}}{2}=\frac{14\pm4\sqrt{7}}{2}=7\pm2\sqrt{7}$となる。

(6)＜数の性質＞$270n=2\times3^3\times5\times n$より，$270n$が整数の2乗となる最小の$n$は，$270n=2^2\times3^4\times5^2$となる$n$である。よって，$n=2\times3\times5$より，$n=30$となる。

(7)＜関数—変域＞関数$y=2x^2$のグラフは上に開いた放物線で，xの変域が$-2\leqq x\leqq a$のとき，yの変域が$0\leqq y\leqq a^2+6$となることより，xの変域には0が含まれ，$a>0$である。また，xの絶対値が大きいほどyの値も大きくなるから，右図1のように，$0<a\leqq2$の場合，$x=-2$のとき$y=a^2+6$となり，右図2のように，$a>2$の場合，$x=a$のとき$y=a^2+6$となる。$0<a\leqq2$の場合，$y=2x^2$に$x=-2$，$y=a^2+6$を代入すると，$a^2+6=2\times(-2)^2$，$a^2+6=8$，$a^2=2$，$a=\pm\sqrt{2}$となり，$0<a\leqq2$より，$a=\sqrt{2}$である。また，$a>2$の場合，$x=a$，$y=a^2+6$を代入すると，$a^2+6=2\times a^2$，$a^2=6$，$a=\pm\sqrt{6}$となり，$a>2$より，$a=\sqrt{6}$である。以上より，求めるaの値は，$a=\sqrt{2}$，$\sqrt{6}$である。

図1

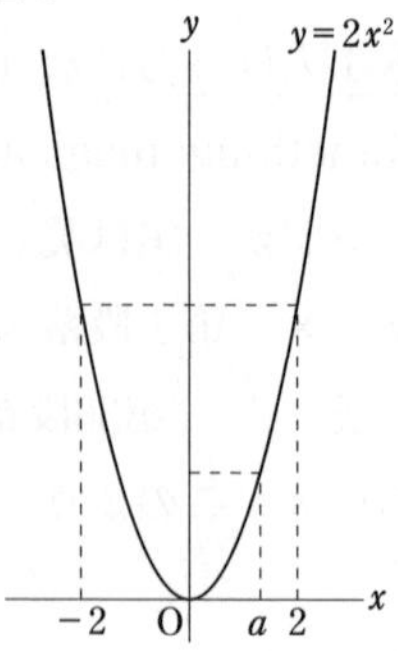

図2

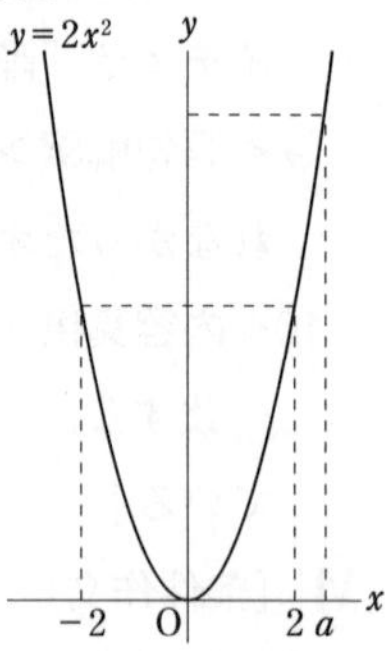

(8)＜場合の数＞6枚のカード①，②，②，③，③，③から3枚選んでできる3けたの整数は，122，123，132，133，212，213，221，223，231，232，233，312，313，321，322，323，331，332，333の19個である。

(9)＜図形―角度＞右図3のように点D，Eをとり，中心Oと点A，Bをそれぞれ結ぶ。まず，$\overset{\frown}{\mathrm{AC}}$に対する円周角と中心角の関係より，$\angle\mathrm{AOC}=2\angle\mathrm{ADC}=2\times64^\circ=128^\circ$である。次に，$\overset{\frown}{\mathrm{AB}}:\overset{\frown}{\mathrm{BC}}=5:3$より，中心角の大きさと弧の長さは比例するから，$\angle\mathrm{AOB}:\angle\mathrm{BOC}=5:3$となり，$\angle\mathrm{BOC}=\frac{3}{5+3}\angle\mathrm{AOC}=\frac{3}{8}\times128^\circ=48^\circ$となる。これより，△OBCはOB＝OCの二等辺三角形だから，$\angle\mathrm{OCB}=\angle\mathrm{OBC}=(180^\circ-\angle\mathrm{BOC})\div2=(180^\circ-48^\circ)\div2=66^\circ$である。よって，△ECDの内角の和より，$\angle x=180^\circ-(\angle\mathrm{ODA}+\angle\mathrm{OCB})=180^\circ-(64^\circ+66^\circ)=50^\circ$である。

図3

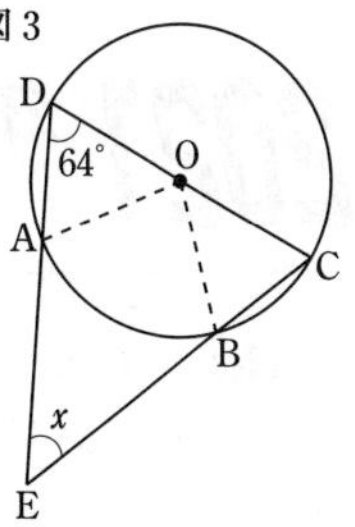

(10)＜図形―体積・表面積＞(ア)右図4のような半径4の球を8等分した立体の体積は，$\frac{1}{8}\times\frac{4}{3}\pi\times4^3=\frac{32}{3}\pi$となる。　(イ)図4で，球面の部分の面積は$\frac{1}{8}\times4\pi\times4^2=8\pi$となる。また，平面の部分は，合わせると半径4の円となるから，$\pi\times4^2=16\pi$である。よって，求める表面積は$8\pi+16\pi=24\pi$となる。

図4

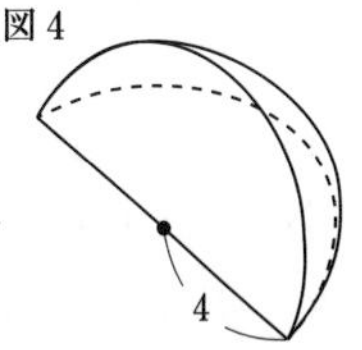

(11)＜関数―長さ，座標，傾き＞(ア)右図5で，点A，Cは関数$y=\frac{1}{x}$のグラフ上の点で，x座標がそれぞれa，$a+1$だから，y座標は$y=\frac{1}{a}$，$y=\frac{1}{a+1}$より，$\mathrm{A}\left(a,\ \frac{1}{a}\right)$，$\mathrm{C}\left(a+1,\ \frac{1}{a+1}\right)$と表される。これと，AB∥〔$y$軸〕，BC∥〔$x$軸〕より，点Bの$x$座標は点Aの$x$座標$a$と，$y$座標は点Cの$y$座標$\frac{1}{a+1}$と等しいから，$\mathrm{B}\left(a,\ \frac{1}{a+1}\right)$と表される。$a=2$のとき，$\mathrm{AB}=\frac{1}{a}-\frac{1}{a+1}=\frac{1}{2}-\frac{1}{3}=\frac{1}{6}$となり，$\mathrm{BC}=a+1-a=1$だから，四角形ABCDの周の長さは$(\mathrm{AB}+\mathrm{BC})\times2=\left(\frac{1}{6}+1\right)\times2=\frac{7}{3}$となる。　(イ)図5の四角形ABCDの面積が$\frac{1}{30}$であるとき，$\mathrm{AB}\times\mathrm{BC}=\frac{1}{30}$より，$\left(\frac{1}{a}-\frac{1}{a+1}\right)\times1=\frac{1}{30}$が成り立つ。これを解くと，$\frac{a+1-a}{a(a+1)}=\frac{1}{30}$，$a(a+1)=30$，$a^2+a-30=0$より，$(a+6)(a-5)=0$，$a=-6$，5となる。よって，$a>0$だから，$a=5$である。　(ウ)図5の四角形ABCDは長方形だから，図形の対称性より，原点を通り四角形ABCDの面積を2等分する直線は，対角線AC，BDの交点，つまり，線分ACの中点を通る。$\mathrm{A}\left(a,\ \frac{1}{a}\right)$，$\mathrm{C}\left(a+1,\ \frac{1}{a+1}\right)$より，ACの中点の$x$座標は$\frac{a+a+1}{2}=\frac{2a+1}{2}$，$y$座標は$\left(\frac{1}{a}+\frac{1}{a+1}\right)\times\frac{1}{2}=\frac{a+1+a}{2a(a+1)}=\frac{2a+1}{2a(a+1)}$となる。よって，求める直線の傾きは，$\frac{2a+1}{2a(a+1)}\div\frac{2a+1}{2}=\frac{1}{a(a+1)}$である。

図5

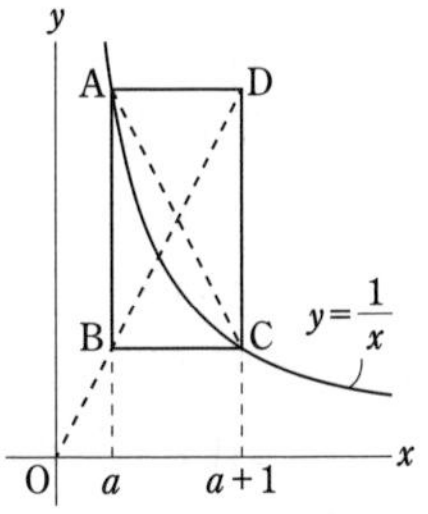

2021年度 中央大学附属高等学校

【英　語】（60分）〈満点：100点〉

I　リスニング問題　〈編集部注：放送文は未公表につき掲載してありません。〉

(Part 1)　これから放送される英語の短い対話を聞いて，それに続く質問に対する最も適切な答えを1つずつ選び，記号で答えなさい。対話と質問は2回ずつ放送されます。

1．あ．Two.　い．Three.　う．Four.　え．Five.

2．あ．3 dollars.　い．5 dollars.　う．8 dollars.　え．12 dollars.

3．あ．Because he had a test.
　い．Because he went to school.
　う．Because he had football practice.
　え．Because he had to prepare for an exam.

4．あ．Thank you.　い．Yes, I'll take it.
　う．Well, let me see.　え．Because it was so hard.

5．あ．10:15　い．10:20　う．10:45　え．11:00

6．あ．At a library.　い．At a bookstore.
　う．At a CD shop.　え．At a city hall.

(Part 2)　これから放送される架空のアニメ作家とその作品についてのレポートを聞き，内容に関する質問に対する最も適切な答えを1つずつ選び，記号で答えなさい。英語は2回放送されます。

7．Which one of the sentences is **NOT true**?
　あ．People in over 100 countries can watch Japanese anime.
　い．Mr. Morita's first TV anime series started in Japan in the 1960s.
　う．Mr. Morita's most famous work is known as 'Green Boy' in English.
　え．Each episode of 'Morrie' is less than 10 minutes.

8．What did Mr. Morita think was important to teach children?
　あ．To protect nature.　い．To help each other.
　う．How to grow trees in forests.　え．How to have fun in nature.

II　次の英文を読んで，設問に答えなさい。

Jordan Hilkowitz, 11, is a YouTube superstar. However, his popular videos are not about funny cats or dogs. His YouTube channel, Doctor Mad Science, has videos of science experiments. These experiments are easy for people to do by themselves. Children can do them at home. "I like science very much," Jordan says.

When he was younger, Jordan and his *babysitter, Tracy Leparulo, had fun doing science experiments. Actually, it was his babysitter's idea for Jordan to start making science videos because Jordan always had an interest in science. They found science experiments online or in books. However, they thought many of the experiments were too hard to do because there were few step-by-step guides. Therefore, they started coming up with their own ideas and *filming home science projects. A friend of his showed him how to put the videos on YouTube, and the channel quickly became popular. In just over a year, the videos have received more than four million views, enough to bring in $5,000 in cash from advertising, and Jordan was able to buy a new computer.

One of Jordan's most popular videos shows how to make *toothpaste for elephants. Another tells how to create your own cool homemade *volcano. In each video, Jordan introduces the experiment, tells you the things needed to do it, and shows you step-by-step. "Safety is very important," Jordan says. He encourages viewers to wear safety glasses if necessary and tells children to ask an adult for help if they need it.

"Jordan's success is very special," says his mother, Stacey Hilkowitz, "because he has *autism." They found out from the doctor when Jordan was just 18 months old. Autism sometimes has an influence on social skills and speech. Jordan often yelled and got angry for no reason, hit his head on the table and threw his shoes across the room. At the time Stacey said to herself, "Is he going to be able to communicate, go to school, or make friends?" These kinds of thoughts often made her sleepless at night.

In fact, Jordan didn't start talking until he was five years old. When he first started talking, he spoke only in letters: 'C,' for example, as it is the main sound in his long-time babysitter Tracy Leparulo's name.

Jordan and Tracy often surfed the Internet for fun, and by doing that his *vocabulary increased as he began to talk. By making the videos, his speech improved, and he gained more confidence.

In addition to his channel, Jordan, living in Ontario, Canada, now has his own website and a Facebook page. He has started using Twitter, too. He regularly communicates with fans. To find ideas for experiments, Jordan searches the Web. He also gets ideas from fans, particularly from children.

Jordan says he would like to be a scientist when he gets older. For now, he just wants to share his love of science with other children. "I hope kids can learn that science is everywhere," he says.

Jordan's story tells us that technologies, such as social media, give chances to people with autism. Jordan's channel, Doctor Mad Science, has received over 10 million views so far—and he has become a local *celebrity for his scientific knowledge. It is natural that many children are interested in learning from him. People love and respect him because he makes difficult experiments easy for them to understand.

注：*babysitter　ベビーシッター　　*film　撮影する　　*toothpaste　歯みがき粉
　　*volcano　火山　　*autism　自閉症　　*vocabulary　語彙　　*celebrity　有名人

1．本文の内容に合うように，[　]に入る最も適切なものを１つずつ選び，記号で答えなさい。

*Jordan's videos are about [1].

あ．interesting pets　　い．serious illnesses
う．science experiments　　え．how to make a YouTube channel

*[2] advised Jordan to start making science videos.

あ．His friend　　い．His father
う．His mother　　え．His babysitter

*Jordan and Tracy found science experiments [3].

あ．in books or on the television
い．in books or on the Internet
う．in textbooks or on the radio
え．in textbooks or in the newspaper

*[4] taught Jordan how to put videos on YouTube.

あ．One of his friends　　い．His parents
う．His babysitter　　え．His teachers

＊［ 5 ］, the doctor told Jordan's parents that he had autism.
あ．Before the age of two
い．At the time of his birth
う．After entering kindergarten
え．After entering elementary school

＊Jordan's mother could not sleep at night because ［ 6 ］.
あ．she wanted to learn more about autism
い．she was very worried about her son
う．Jordan sometimes had bad dreams
え．Jordan started to do dangerous experiments

＊When Jordan first began talking, he only spoke in letters, and one of them was 'C' because ［ 7 ］.
あ．it was a very easy sound for him to say
い．it is his favorite sound in the world
う．it was his grade on the last science test
え．it is a strong sound in his babysitter's name

＊Jordan and Tracy often surfed the Internet, and, as a result, ［ 8 ］.
あ．he could learn more new words
い．he used his computer all the time at home
う．his mother was worried about his school work
え．his eyesight became worse and he had to wear glasses

＊Jordan tries to find ideas for his experiments from his ［ 9 ］.
あ．parents and babysitter　　い．parents and the Web
う．fans and the Web　　え．fans and his parents

＊Jordan thinks that ［ 10 ］.
あ．children can learn about the importance of education
い．children can learn about science in their daily lives
う．children should not do experiments at home
え．children should do difficult experiments at school

2．本文の内容と一致するものを**2つ**選び，記号で答えなさい。
あ．Jordanは，子どもであっても大人の手を借りずに実験をすることを勧めている。
い．Jordanは幼い頃，しばしば叫んだり，怒ったり，物を投げたりした。
う．JordanはTwitterを使用しているが，Facebookは使っていない。
え．Jordanは大人になったら，医療関係の仕事をしたいと考えている。
お．Jordanの成功の一因は，ソーシャルメディアのような情報技術にある。
か．Jordanは簡単な実験で高度な結果を導き出し，多くの科学者から尊敬を集めている。

Ⅲ　次の英文を読んで，設問に答えなさい。

Nearly a year ago, we were suddenly told that schools would be closed for several weeks. Our daily lives changed a lot. We had to give up a lot of things: meeting up with friends or relatives, celebrating graduation together, and the start of the new school year under the cherry blossoms.

What was the reason for this change? It was a disease caused by a virus. The disease is called COVID-19, named after the type of the virus and the year of its discovery, 2019.

The disease kept spreading all over the world, and we learned how dangerous it was. Everyone was afraid of the unseen enemy. ①(あ. us　い. we would　う. through　え. nobody　お. get　か. could　き. tell　く. when) this.

In order to help people feel safe and have hope, world leaders spoke to their people through the media. One of them was Justin Trudeau, the Prime Minister of Canada.

Let's read a part of one of his speeches. It was made last spring during the Easter holiday, an important time for Christian families to get together.

I know that we will rise to the challenge. Because, as Canadians, we always ②do. There's no question that the coming weeks and months will be hard. This is a fight like most of us have never faced. It will test us all, in our own way.

This disease has already taken too many people from us. If you've lost a loved one, know that we're *mourning with you through this incredibly difficult experience.
This *pandemic has taken much from many families, workers, and businesses across our country. If you're having trouble *making ends meet, know that we're working every day to help you bridge to better times. If you're feeling *isolated or *depressed, know that there are supports for you. Know that you're not alone. And like so many Canadians before us, we will stand together, shoulder to shoulder, *metaphorically, *united and strong.
This is the challenge of our generation. And each and every one of us has a role to play. If you all take this seriously, stay apart from each other right now, stay home as much as possible, and listen to our health experts—we'll get past this sooner, and stronger than ever.
When we come out of this—③and we will come out of this—we will all take pride in how we protected each other and our beloved country.

The Prime Minister gave his message to children, too.

To all the kids at home watching, I want to speak directly to you, as I do every Sunday.

Thank you for everything. We're doing OK. I know it doesn't seem that way, and I know it's a scary time. And I know you want to see your friends. But we're ④counting on you to keep doing your part. To keep staying home, and to keep being there for your moms and dads.

So many of you are ⑤pitching in, helping out, and being heroes right now. We need you to keep staying strong because you're a big part of this, too. And I know you're up for this challenge. Together, we will get through this.

Although each person can only do limited things, this strong message from their national leader surely gave Canadian children the sense that they were an important part of the community.

When people face a big challenge, they feel helpless. In those moments, words can often help us. Have you ever heard the words 'Keep calm and carry on'? It was a phrase produced by the British government in 1939, just when World War Ⅱ was approaching. The British people were afraid of a terrible war against Germany. People were in a panic, and so, the government made posters with that message, to call on people to be calm and continue their lives as usual.

Since then, the expression has been a favorite for the British. They think it reflects the British character and their view of life.

The year after this expression was first introduced, the 14-year-old Princess Elizabeth, now Queen Elizabeth Ⅱ, gave her first radio message from Windsor Castle. She spoke to the children living apart from their families because of the war, just as she and her sister themselves were, and told them to stay strong.

80 years on, in April 2020, she made a video message to encourage the British people, again from the same place. She said, recalling her first speech :

. . . It reminds me of my very first broadcast in 1940, helped by my sister. We, as children, spoke from here at Windsor to children evacuated from their homes and sent away for their own safety. Today, once again, many will feel a painful sense of separation from their loved ones. But now, as then, we know, deep down, that it is the right thing to do.

She thanked front-line health-care workers for their great efforts, and at the end of her message, she showed her strong will by saying this :

*We will succeed—and that success will belong to every one of us. We should take comfort that while we may have more still to *endure, better days will return : we will be with our friends again ; we will be with our families again ; we will meet again.*

It is clear that the powerful words of the 93-year-old Queen gave hope for a brighter future and a sense of unity not only to British people but also to people all around the globe.

注：*mourn　嘆き悲しむ　　*pandemic　(病気の)大流行

*make ends meet　家計をやりくりする　　*isolated　孤立した　　*depressed　落ち込んだ

*metaphorically　比喩的に　　*united　団結した　　*endure　耐える

1．下線部①(あ．us　い．we would　う．through　え．nobody　お．get　か．could　き．tell　く．when) this. が「いつこの状況を乗り越えられるのか，誰にも分らなかった。」という意味になるように並べかえ，**(　)内で3番目と6番目**にくるものを記号で答えなさい。文頭にくる語も小文字になっている。

2．下線部② *do* が指す内容を，本文中の**英語4語**を抜き出して答えなさい。

3．文脈から判断して，下線部③ *and we will come out of this* で，最も強く発音される音を含む語(句)を選び，記号で答えなさい。

あ．we　　い．will　　う．come out　　え．this

4．下線部④に用いられた count on の意味を文脈から推測し，最も適切なものを選び，記号で答えなさい。

あ．指折り数える　　い．じっと我慢する　　う．頼りにする　　え．あきらめる

5．下線部⑤に用いられた pitch in の意味を文脈から推測し，最も適切なものを選び，記号で答えなさい。

あ．非難する　　い．協力する　　う．慎重になる　　え．明るく振る舞う

6．本文の内容に合うように，[　　] に入る最も適切なものを1つずつ選び，記号で答えなさい。

＊COVID-19 is [1].

あ．the 19th disease found in that year
い．a new type of medicine found in 2019
う．the name of a hospital in China
え．the name of a virus-related disease

＊Justin Trudeau gave a speech [2].

あ．to people all over the world hoping for peace
い．to Christian families in order to celebrate the Easter holiday
う．to all Canadian people facing a new type of disease
え．to the Canadian children in hospitals

＊The phrase 'Keep calm and carry on' [3].

あ．is still loved by British people today
い．was for soldiers during wartime
う．was used in a speech by Princess Elizabeth 80 years ago
え．is used by the British government as a slogan to fight against COVID-19

＊Queen Elizabeth Ⅱ [4].

あ．gave a special speech to all of the children around the world in 2020
い．expressed her thanks to the medical staff working on COVID-19
う．gave her video message at Windsor Castle with her sister in 2020
え．had to live apart from all her family members during World War Ⅱ

＊Both the Prime Minister of Canada and Queen Elizabeth Ⅱ [5].

あ．believe that the disease will disappear within a year
い．visited the families of patients of COVID-19 to cheer them up
う．said that they lost many of their loved ones because of COVID-19
え．told their people to stay strong while they cannot meet their friends and families

＊In this passage, the author's main point is that [6].

あ．world leaders should not talk directly to their people so often
い．words have the power to encourage people when they are in trouble
う．the media are the most useful tool to tell people important messages
え．the fight against COVID-19 will end soon thanks to the efforts of medical staff

Ⅳ　ケン(Ken)とリサ(Lisa)は放課後，図書館のコンピュータを使用して，2018年と2019年のそれぞれ1月に発表された各国のインターネットの使用者の利用時間を調べています。2人の会話を読み，設問に答えなさい。

Ken：Wow！ 10 hours！

Lisa：What's that？

Ken：Sorry, I'm just looking at this chart on the Internet.　It's about which country spends the most time on the Internet. Who do you think was top of the list in 2019 ?

Lisa : Maybe Japan ?

Ken : Why do you think it's Japan ?

Lisa : Because we use the Internet a lot.

Ken : Actually, Japanese people spent less than 4 hours a day using the Internet. The Philippines was ranked first. They were second in 2018. Which country do you think was in second place in 2019 ?

Lisa : Um, I'd say the US ?

Ken : No, sorry, actually they were not in the top 10 in either year. Brazil was in second place. They were ranked third in 2018. What country do you think was in third place in 2019 ?

Lisa : Probably India, as they have a large population and are good at IT.

Ken : No. Actually, wow ... they weren't even in the top 10. I'm surprised. Thailand was in third place. Actually, they were first in 2018.

Lisa : Interesting ! Can you show me the data ?

Ken : Sure.

Lisa : Hmm, does 'Worldwide' mean the average amount of time spent using the Internet by all countries ?

Ken : Yeah, that's right.

Lisa : In that case, the 'Worldwide' average [a] in 2019, compared with 2018.

Ken : You're right. If we look at both graphs carefully, Colombia was not in the top 10 list in 2018, but they were ranked fourth the following year.

Lisa : You can say the same thing about the UAE. They were not in the top 10 in 2018, but they were ranked tenth the year after.

Ken : On the other hand, Egypt wasn't even in the chart in 2019, but they were ranked ninth in 2018.

Lisa : Taiwan was not in the 2019 chart, either, yet they spent more than an average of 7 and a half hours online in 2018. I wonder why they stopped using the Internet so much.

Ken : Me, too. I also realized that none of the countries had the [b] rank in both 2018 and 2019.

Lisa : Let me see. That's true. Also, Japan spent about [c] the amount of time as Malaysia in 2018, and spent less than [c] the amount of time as the UAE in 2019.

Ken : I thought Japanese people spent longer using the Internet than the data in this chart shows.

Lisa : Yeah, me too. In addition, the time spent using the Internet per day in 2019 was [d] than it was in 2018. I think that people, particularly students like us, spend more time studying than using the Internet just for fun.

Ken : Oh no ! That means I'm not Japanese !

Lisa : What do you mean ?

Ken : Well, I spend at least 6 hours a day playing games ! ! !

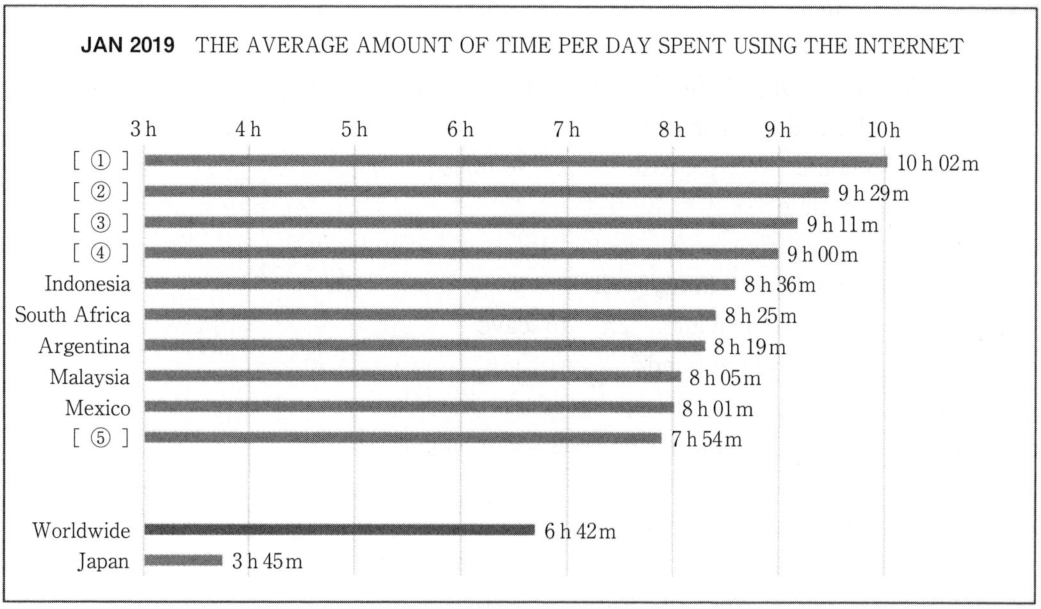

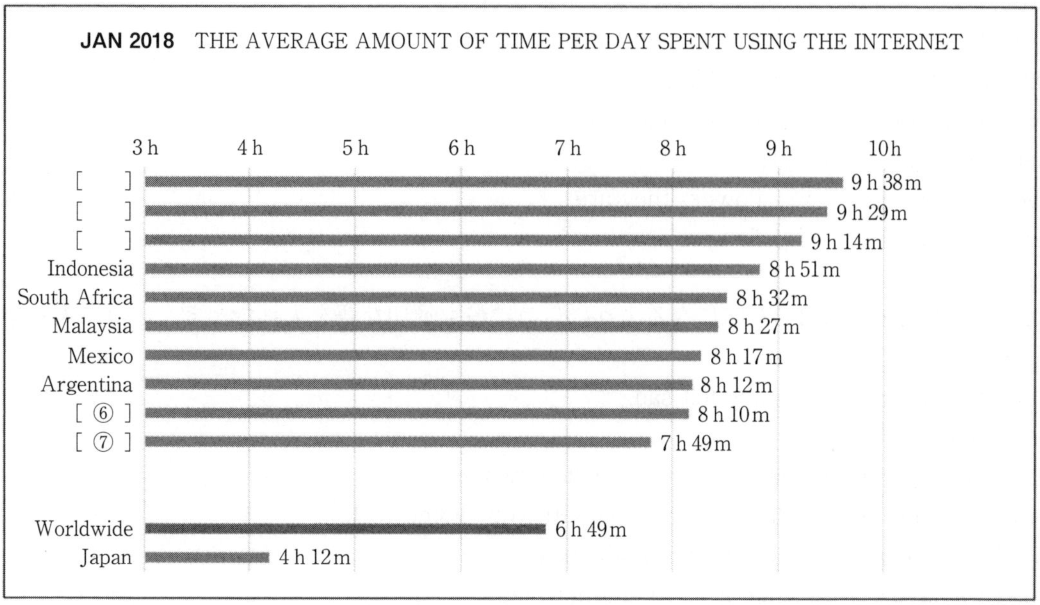

参考資料：GLOBALWEBINDEX

1．グラフの[①]～[⑦]に入る最も適切な国もしくは地域名を1つずつ選び，記号で答えなさい。
あ．Brazil　　い．Colombia　　う．Egypt　　え．the Philippines
お．Taiwan　　か．Thailand　　き．the UAE

2．[a]に入る最も適切なものを選び，記号で答えなさい。
あ．increased a little　　い．increased a lot　　う．decreased a little　　え．decreased a lot

3．[b]に入る最も適切なものを選び，記号で答えなさい。
あ．different　　い．higher　　う．lower　　え．same

4．[c]に共通して入る1語を答えなさい。

5．[d]に入る最も適切なものを選び，記号で答えなさい。

あ．shorter　　い．longer　　う．smaller　　え．larger

V　次の(　)に入る最も適切な語(句)を１つずつ選び，記号で答えなさい。

1．On my way (　　), I had a traffic accident.
　あ．home　　い．to home　　う．house　　え．to house
2．Please (　　) me anytime.
　あ．contact　　い．contact for　　う．contact to　　え．contact with
3．There was little money (　　) in my wallet.
　あ．leave　　い．left　　う．leaving　　え．to leave
4．What language (　　) in Switzerland ?
　あ．is speaking　　い．speaks　　う．spoke　　え．is spoken
5．These shoes are too small for him.　He needs some bigger (　　).
　あ．it　　い．them　　う．one　　え．ones
6．Nancy runs (　　) faster than her classmates.
　あ．very　　い．most　　う．a lot　　え．much more
7．The students will be happy when the tests (　　) over.
　あ．are　　い．will be　　う．were　　え．has been
8．The rabbits (　　) by the students at this school.
　あ．take care of　　い．are taking care
　う．are taken care　　え．are taken care of
9．What beautiful (　　)!
　あ．they are flowers　　い．flowers they are
　う．are they flowers　　え．flowers are they

VI　次の各組の文がほぼ同じ意味になるように(　)に最も適切な語を入れたとき，(＊)に入る語を答えなさい。

1．When she heard the story, she felt sad.
　The story (　＊　) her sad.
2．Melissa is very kind to help you with your homework.
　It is very kind (　＊　) Melissa to help you with your homework.
3．It has been five years since my grandfather died.
　Five years have (　＊　) since my grandfather died.
4．I would like to study abroad after I finish high school.
　I would like to study in a (　＊　) country after I finish high school.
5．This box is too heavy for me to carry.
　This box is so heavy that I (　　) carry (　＊　).

VII　(　)内の あ．～か．を並べかえ，意味の通る英文を完成させなさい。ただし，解答はそれぞれの［ a ］，［ b ］に入る記号のみ答えなさい。

1．母が送ってくれたリンゴはおいしい。
　The (_____ ［ a ］ _____ _____ _____ ［ b ］) delicious.
　(あ．mother　　い．my　　う．apples　　え．are　　お．by　　か．sent)

2．図書館で勉強している人がたくさんいる。

There are (______ [a] [b] ______ ______ ______).

（あ．the　い．people　う．library　え．studying　お．many　か．in）

3．健康に良くないので，煙草は吸わないほうがいい。

You ([a] ______ [b] ______ ______ ______) is not good for your health.

（あ．better　い．it　う．because　え．had　お．smoke　か．not）

4．とても暑いので，冷たい飲み物をいただきたいです。

It is very hot, so I would (______ ______ ______ [a] ______ [b]).

（あ．drink　い．cold　う．have　え．like to　お．to　か．something）

5．その女の子は遊ぶおもちゃをたくさん持っている。

The little girl ([a] ______ ______ [b] ______ ______).

（あ．a lot of　い．with　う．play　え．toys　お．has　か．to）

Ⅷ　あなたは，中学校の卒業式を終えたら，高校に入学するまでの期間をどのように過ごしたいですか。その間にしたいことを１つ挙げ，指定された書き出しに続けて**３語以上**の英語で書きなさい。さらに，その理由を**15語以上**の英語で書きなさい。なお，ピリオド，コンマなどの符号は語数に含めません。

During the spring holiday, I want to ______ ３語以上 ______ .

______ 15語以上 ______

【数　学】（60分）〈満点：100点〉

〈注意〉　1．答の $\sqrt{\quad}$ の中はできるだけ簡単にしなさい。

2．円周率は π を用いなさい。

1　次の問いに答えなさい。

(1)　$12a^5b^2\times\left(-\dfrac{3b}{2a}\right)^3\div\dfrac{3b^4}{4a}\div(-3a)^4$ を計算しなさい。

(2)　$\dfrac{(\sqrt{52}+\sqrt{12})(\sqrt{13}-\sqrt{3})}{\sqrt{50}}-(\sqrt{2}+1)^2$ を計算しなさい。

(3)　$4a^2+b^2-4(ab+1)$ を因数分解しなさい。

(4)　連立方程式 $\begin{cases}\dfrac{2x+1}{3}-\dfrac{3y+1}{2}=1\\ 0.2(0.1x+1)+0.12y=0.4\end{cases}$ を解きなさい。

(5)　2次方程式 $x(x+9)+(2x-1)^2=11$ を解きなさい。

(6)　$\sqrt{60(n+1)(n^2-1)}$ が整数となるような2桁の整数 n をすべて求めなさい。

(7)　2つのサイコロを同時に投げるとき，目の積が6の倍数となる確率を求めなさい。

(8)　3つの半円を組み合わせた右の図において，斜線部分の面積が 10π であるとき，x の値を求めなさい。

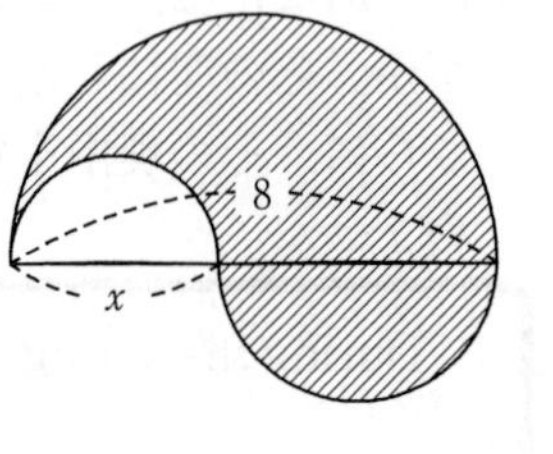

(9)　次の図のように長方形の紙を折り返したとき，$\angle x$ の大きさを求めなさい。

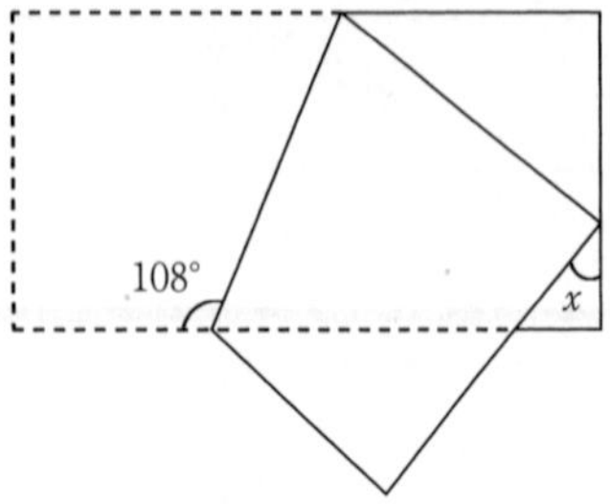

2　次の図のような正方形と扇形を組み合わせた図形を直線 l の周りに1回転させてできる立体について，下の問いに答えなさい。

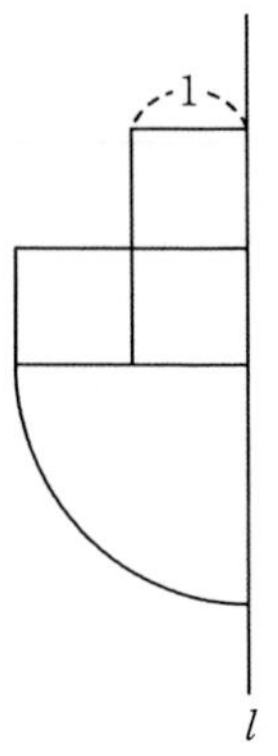

(1)　この立体の体積を求めなさい。

(2)　この立体の表面積を求めなさい。

3　図のように，関数 $y=ax^2$ のグラフ上の点Aと関数 $y=-4x^2$ のグラフ上の点Bに対して，直線 AB と y 軸との交点をCとする。2点A，Cの y 座標が順に4，-8 であり，AB：BC=2：1であるとき，次の問いに答えなさい。ただし，a は正の定数であり，2点A，Bの x 座標はともに正とする。

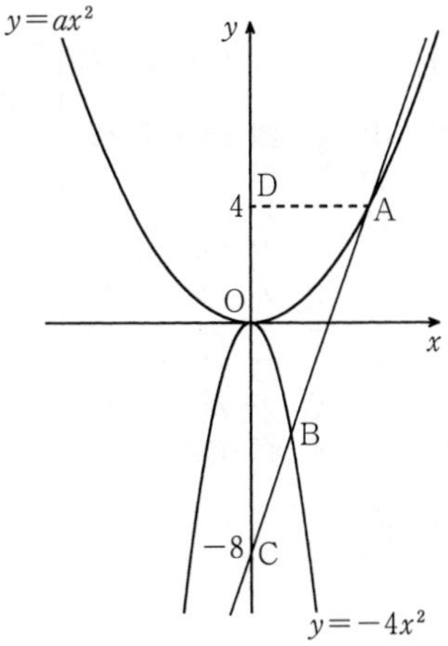

(1)　a の値を求めなさい。

(2)　直線 AB の式を求めなさい。

(3)　D(0, 4)とする。△APC：△ADC=2：1を満たす関数 $y=ax^2$ のグラフ上の点Pの座標をすべて求めなさい。

4　$S=n^4-5n^3-10n^2+35n+49$ について，次の問いに答えなさい。

(1)　$\left(n-\dfrac{7}{n}\right)^2$ を展開しなさい。

(2)　$t=n-\dfrac{7}{n}$ とするとき，$\dfrac{S}{n^2}$ を t の式で表しなさい。

(3)　S を因数分解しなさい。

(4)　$S=-26$ のとき，n の値を求めなさい。ただし，n は自然数とする。

一九六〇年代のいわゆる高度経済成長の時代に生活が変化していく中で、人々《ひとびと》は［a］ばかり追い求めるようになってしまった、と筆者は言います。自動車道路が作られ、乗鞍岳《のりくらだけ》が［b］として開発されたことは、当時の象徴的《しょうちょうてき》な出来事でした。しかし、その道路開発の結果として切り倒《たお》されたハイマツの生態こそ、人間の［c］を照らし出すものであったと、筆者は主張します。しかも、［d］の中を生きるハイマツの特徴《とくちょう》を明らかにしたのは、無残にも切り落とされた木を決して無駄《むだ》にはせず、［e］をおこなった人々の努力の結果でした。

このような行為《こうい》に筆者は、人間性が損《そこ》なわれつつある現在の［f］を見出《みいだ》しています。開発によって破壊《はかい》され消えていく自然や生物は、どのようにして生きてきたのか、またなぜ不要なものとして捨て去られなければならなかったのか。［g］を抱き様々な角度から検証することこそが、欲望を充足《じゅうそく》させようとし続ける人間のありようを見つめなおす行為《こうい》となるのです。

人間中心の開発がもたらした被害《ひがい》を丹念《たんねん》に見て取り、私たちの生き方を考えていくこと。そのような「認識」をおこなっていくことを筆者は［h］と呼んでいるのであり、人間性の回復という困難な道のりには欠かせないものなのです。

(イ) 厳しく過酷《かこく》な条件
(ロ) 綿密な調査と観察
(ハ) 犠牲《ぎせい》に向けた鎮魂歌《ちんこんか》
(ニ) 理想と現実との矛盾《むじゅん》
(ホ) 楽しく安全な観光地
(ヘ) 失われていくものへの愛情
(ト) 歩みを止めない進化の力強さ
(チ) 危機的状況《じょうきょう》からの再生への筋道
(リ) 一時の享楽《きょうらく》を求める浅ましいあり方
(ヌ) 便利さや快適さといった表面的なもの

【出典】

㈠ 中田永一「パン、買ってこい」（『走る？』文春文庫、二〇一七、一一～二五ページ）

㈡ 藤田省三「松に聞け」（『戦後精神の経験Ⅰ――藤田省三小論集』影書房、一九九六年、一～八ページ）

ツの生のあり方とその死の意味を深く考えることにつながっていた、ということ。

問6 [A] にあてはまる語句として、最も適当なものを次の中から選び、記号で答えなさい。

(イ) 汗水《あせみず》を流す　(ロ) 雪崩《なだれ》を打つ　(ハ) 風雪に耐《た》える

(ニ) 肩《かた》で風を切る　(ホ) 血の雨が降る

問7 ――⑥「それらの『隠《かく》された次元』における実質的特徴《とくちょう》は気高い品位をもって私たちの前に立ち現れる」とありますが、これに対する説明として最も適当なものを次の中から選び、記号で答えなさい。

(イ) 外敵からその身を守るため、苦難に耐《た》え続けるハイマツに、先人たちが積み重ねてきた努力と同様の価値を筆者は見出《みいだ》している。

(ロ) その外観からは知ることが難しい、厳しい環境《かんきょう》を耐え抜くハイマツの生き方に、人間の尺度《しゃくど》を超えた崇高《すうこう》さを筆者は感じている。

(ハ) ひるむことなく困難に向かっていたハイマツの姿を、もう目にすることはできないという事実の意味について筆者は問うている。

(ニ) 長い年月をかけて一歩ずつ成長してきたハイマツを、瞬時《しゅんじ》に切り落としてしまったことの理不尽《りふじん》さについて筆者は主張している。

(ホ) 粘《ねば》り強いハイマツの生育を知ることができたのは、伐採《ばっさい》されたことによって調査が可能となった結果であると筆者は認めている。

問8 ――⑦「そのことは極《きわ》めて見易《みやす》い」とありますが、どういうことですか。次の中から最も適当なものを選び、記号で答えなさい。

(イ) 経済が急成長を遂《と》げたことにより、人々《ひとびと》の生活に余裕《よゆう》が生まれたのは否定しがたい事実だ、ということ。

(ロ) あまりにも急速に人々の行動に変化が起こったことによって、環境破壊《はかい》も一気に進行した、ということ。

(ハ) 高度成長が社会の変化をもたらしたことは、種々《しゅじゅ》の調査やデータによって証明されている、ということ。

(ニ) 自動車普及率《ふきゅうりつ》が急上昇したことは、自然を切り拓《ひら》く道路開発の必要性の増大をもたらした、ということ。

(ホ) 数字だけで示される経済指標の伸長《しんちょう》を手放しで喜ぶことは、あまりにも安易な態度である、ということ。

問9 ――⑧「人間の浅薄《せんぱく》な『頭の良さ』がどんなものであるか」とありますが、どういうことですか。次の中から最も適当なものを選び、記号で答えなさい。

(イ) 時代の流れにしたがって人々はほとんど同じ考え方をするようになっているだけではなく、違《ちが》う方向を目指す人やその態度を許容できなくなってしまっている、ということ。

(ロ) 人間は次々と道具や機械を発明して、日常生活の利便性を大《おお》幅《はば》に増大させてきたが、その結果として自分たちが築いてきた伝統や文化を否定することになった、ということ。

(ハ) 人類は進化の過程で様々な技術を発達させてきたが、その技術発展の背後に多くの人々の計り知れない犠牲《ぎせい》があったという事実をすっかり忘れてしまっている、ということ。

(ニ) より便利な環境を作ることを目指して、多くの人々が競《きそ》い合うように努力しているが、どれだけ早くその目的を達成できるかということにとらわれがちである、ということ。

(ホ) 多くの人々が自分たちの求める快適さを実現しようとするあまり、何の疑いも持つことなく、様々な物事とのかかわりを振《ふ》りかえることすらしなくなっている、ということ。

問10 ――⑨「その認識《にんしき》としてのレクイエムのみが辛《かろ》うじて蘇生《そせい》への鍵《かぎ》を包蔵している、というべきであろう」とありますが、これに関する次の説明文の [a] ～ [h] に当てはまる語句を、後からそれぞれ選び、記号で答えなさい。

問1　――①「畏敬《いけい》の念」とありますが、以下の文の a ～ c のそれぞれに該当《がいとう》する語を本文中より**2文字**で抜《ぬ》き出しなさい。

> 「畏敬の念」とは、ある対象に a を抱《いだ》くと同時に、深い b を払《はら》うという、 c 的な思いを指す。

問2　――②「『山』の歴史はかくて終わった」とありますが、どういうことですか。次の中から最も適当なものを選び、記号で答えなさい。

(イ)　多様な面を持つはずの山の性格が、観光のための場所とのみとらえられるようになってしまった、ということ。

(ロ)　人間が安易に近づくことを拒《こば》んできた険しい自然が、ついにその人間の手によって切り拓《ひら》かれた、ということ。

(ハ)　開発により貴重な自然を失った山は、もはや命の恵《めぐ》みをもたらすことができなくなってしまった、ということ。

(ニ)　誰《だれ》もあらがうことができない時代状況《じょうきょう》の変化によって、山の果たす役割も徐々《じょじょ》に変わっていった、ということ。

(ホ)　厳しくも豊かな山の自然と共に歩んできた伝統的社会が、今や存亡の危機に瀕《ひん》してしまっている、ということ。

問3　――③「外界と他者に対する受容器が根本的な損傷を蒙《こうむ》ったのである」とありますが、どういうことですか。次の中から最も適当なものを選び、記号で答えなさい。

(イ)　外の世界に興味を示さずに、自分の殻《から》に閉じこもってしまっている、ということ。

(ロ)　自分とは考えの異なる意見を、受け入れにくくなってしまっている、ということ。

(ハ)　他人との関わりにおいて、過度に傷つきやすくなってしまっている、ということ。

(ニ)　物事をとらえる感覚が、きわめて単純なものとなってしまっている、ということ。

(ホ)　周囲から得られる情報に、向き合おうとしなくなってしまっている、ということ。

問4　――④「『従いつつ逆らう』生き方」とありますが、これとほぼ同じ意味を表している部分を、**同じ段落の中から8文字**で抜《ぬ》き出しなさい。

問5　――⑤「それは一つの葬《とむら》いであった」とありますが、どういうことですか。次の中から最も適当なものを選び、記号で答えなさい。

(イ)　今まで知られていなかったハイマツの生態を明らかにしたことは、伐採《ばっさい》された木を人間の生活の中に活《い》かすことにつながった、ということ。

(ロ)　厳しい環境《かんきょう》に耐《た》え抜《ぬ》くハイマツの特徴《とくちょう》を明らかにすることで、木を伐採する必要はなかったのではないかと疑問を投げかけた、ということ。

(ハ)　丈夫《じょうぶ》であったハイマツも道路開発の結果切り倒《たお》されてしまい、その木の生育の仕方を調べることしかできなくなってしまった、ということ。

(ニ)　調査のためとはいえども伐採された木をまたさらに切り刻むことは、必死で生きてきたハイマツに対し心が痛む行為《こうい》であった、ということ。

(ホ)　開発のため切り倒された木を詳細《しょうさい》に調べることが、ハイマ

に変わっていく}。

そんな「僕」が、パシリという経験の中で感じたことは、「自らの意思」で行動することの大切さである。「僕」のパシリとしての生活は、教師の介入《かいにゅう》というかたちでいったんは終わりを迎《むか》えた。しかし「僕」はトレーニングを重ねた身体に導かれるかのように、パンを買いに行くことになる。「僕」は、(2){(ニ) パシリとしての意思を固くするために走り出す (ホ) 強い意思とともにパシリという行為《こうい》を選び直す (ヘ) 自らの意思を確認《かくにん》するために再びパシリとなる}のだった。

入間から投げられた五百円玉を「僕」が「すぐさま彼《かれ》にむかって投げ返す」という場面からは、「僕」のそのような様子を見て取ることができる。つまり、「僕」はこのとき、(3){(ト) パシリを受け入れていた自分から脱却《だっきゃく》したのだ (チ) パシリをしていた過去をついに克服《こくふく》できたのだ (リ) パシリという行為を経て主体性を獲得《かくとく》したのだ}。

入間の求めるパンを購入するという目的に支えられた「僕」の生活は、それまでの色褪《いろあ》せた光景をゆたかなものにする。自らの意志で「二本の足をうごかして、教室へむかった」「僕」が見る教室の光景は、「うつむいて過ごしていた」ときとは異なるものだったに違《ちが》いない。このように考えると、本作は、(4){(ヌ) パシリの経験を通過した「僕」の成長を描《えが》いた物語 (ル) 「僕」の変化を通してパシリを批判的に描いた物語 (ヲ) 「僕」のパシリの日々を喪失《そうしつ》感とともに描いた物語}と言うことができる。

二

次の文章を読んで、以下の設問に答えなさい。

〔編集部注：課題文は著作権上の問題により掲載しておりません。作品の該当箇所につきましては次の書籍を参考にしてください〕

・藤田省三著『戦後精神の経験Ⅰ　藤田省三小論集』「松に聞け」
〈影書房　一九九六年二月一五日発行〉
一頁後ろから三行目～八頁最終行

のだと自覚している。

(ハ)「僕」は、自分の走っているジョギングコースは、陸上競技に打《う》ち込《こ》んでいた入間がトレーニングのために走っていた道ではないのかと考えている。

(ニ)いち早くパンを届けることを目指す「僕」は、目標のために走《はし》り込《こ》んでいるという点で、陸上競技に励《はげ》んでいたかつての入間と重なると思っている。

(ホ)日々の鍛錬《たんれん》によって走るのが速くなった「僕」は、怪我《けが》をして陸上競技を挫折《ざせつ》してしまった入間と比べても、遜色《そんしょく》のない走りをしている自信がある。

問11　――⑧「やがてあきらめたように担任教師はため息をついて僕は解放される」とありますが、このときの「担任教師」の様子を説明したものとして最も適当なものを次の中から選び、記号で答えなさい。

(イ)「僕」がパシリをしているのか見当もつかなかったが、これ以上「僕」を追及《ついきゅう》するべきではないと判断した。

(ロ)胸中を明かそうとしない「僕」にいらだちながらも、それを悟《さと》られないように「僕」との話を切り上げた。

(ハ)パシリの内実を明らかにしない「僕」に戸惑《とまど》いながらも、落ち着かせるように「僕」との話を終わらせた。

(ニ)パシリを嫌《いや》がっているという「僕」の思いを引き出したがったが、仕方なく「僕」への聴取《ちょうしゅ》を打ち切った。

(ホ)本当のことが言えない「僕」にあきれ果ててしまって、「僕」からパシリの話を聞き出すことを断念した。

問12　――⑨「何日か平穏《へいおん》な昼休みを過ごした後、辛抱《しんぼう》できなくなって体育館裏へむかった」とありますが、このときの「僕」の様子を説明したものとして最も適当なものを次の中から選び、記号で答えなさい。

(イ)「僕」は落ち着いた毎日を送る反面、どこか空虚《くうきょ》さを抱《かか》えており、緊張感《きんちょうかん》がありつつも充実《じゅうじつ》していたパシリの日々《ひび》に未練を残している。

(ロ)「僕」は自由に毎日を過ごしている一方、本当にパシリをしなくていいのか不安に思っており、入間の気持ちを確認《かくにん》しようとしている。

(ハ)「僕」は安心した生活を送っていながらも、入間を注視する教師の目が気になっており、ことあるごとに入間の言動をうかがっている。

(ニ)「僕」の学校生活は静かなものに戻《もど》ったけれど、これまでの刺激《しげき》も失われてしまったので、また不良たちとの親交を深めたがっている。

(ホ)「僕」の毎日はすっかり弛緩《しかん》したものになったが、パンを届ける以外の目標が見つかったため、気持ちを新たに学校生活を送っている。

問13　――⑩「脳が命令を発するまでもなく、まるで足が自由意志を持ったように」とありますが、このときの「僕」の様子を表す語の組み合わせとして最も適当なものを次の中から選び、記号で答えなさい。

(イ)茫然《ぼうぜん》・狼狽《ろうばい》　(ロ)友情・信頼《しんらい》　(ハ)義務・責任
(ニ)忘我《ぼうが》・歓喜《かんき》　(ホ)本能・理性

問14　――⑪「二本の足をうごかして、教室へむかった」とありますが、これに関する次の説明文の(1)～(4)について、適当なものをそれぞれ選び、記号で答えなさい。

以前は教室の隅《すみ》っこで過ごしていた「僕《ぼく》」だが、入間からパシリに指名されたことがきっかけで変化が訪《おとず》れる。「うつむいて」ばかりで、ほとんどの時間を教室で過ごしていただろう「僕」は、(1)(イ)入間の要求に応えながら、人の役に立つことの大切さに気づくようになる　(ロ)購買《こうばい》まで走る日々を通じて、継続《けいぞく》が自分の力を向上させることを実感する　(ハ)苦手だった不良仲間と交流することで、堂々《どうどう》とした態度

受け入れたから。

(ロ) 学生時代にパシリの経験をすることは、今後の人生において役に立つから。

(ハ) パシリの役割を精一杯《せいいっぱい》つとめることで、不良仲間の一員に昇格《しょうかく》できるから。

(ニ) パシリに打《う》ち込むことで、退屈《たいくつ》な学校生活を変えられるかもしれないから。

(ホ) 他人のために行動するというパシリの役目は、自分の性に合っていたから。

問6 [A]～[C]に当てはまる語の組み合わせとして最も適当なものを選び、記号で答えなさい。

(イ) A―意向　B―要求　C―同様

(ロ) A―推測　B―代替《だいたい》　C―交換《こうかん》

(ハ) A―圧力　B―判断　C―互角《ごかく》

(ニ) A―想像　B―換算《かんさん》　C―対等《たいとう》

(ホ) A―打算　B―選択《せんたく》　C―相殺《そうさい》

問7 ――⑤「しかし僕《ぼく》の胸に、ふつふつと闘志《とうし》がわき上がる」とありますが、これに関する次の説明文の[a]～[d]に該当《がいとう》する語を後より選び、記号で答えなさい。

入間のパシリとなった「僕」は、その侮蔑《ぶべつ》的とも言える扱《あつか》いをされる中、奇妙《きみょう》な[a]感を覚え始める。「僕」は、自分の[b]意義を証明するかのように入間の好みのパンを執拗《しつよう》に調査し、そんな自分を気味悪がって追《お》い払《はら》おうとする入間に対しては、必死に食い下がる態度すら見せるようになる。

はたして「僕」は、「焼きたてのパン」を購入《こうにゅう》するという難題を突《つ》きつけられるのだが、「僕」はかえってそのことに「闘志」を燃やすことになる。つまり、パシリとしての「僕」の中に生じた[c]意識が、これまでなかった[d]性を「僕」に与《あた》えているのだ。

(イ) 攻撃《こうげき》　(ロ) 安堵《あんど》　(ハ) 目的　(ニ) 存在　(ホ) 疎外《そがい》

(ヘ) 受動　(ト) 能動　(チ) 使命　(リ) 排他《はいた》　(ヌ) 安定

問8 ――⑥「人生というものはわからない」とありますが、「僕」はなぜそう思ったのですか。次の中から最も適当なものを選び、記号で答えなさい。

(イ) 小中学校時代の「僕」は、自分の可能性に気づきながらもどこか目を背《そむ》けていたから。

(ロ) 小中学校時代の「僕」は、周囲の人に見下されていることに気づいていなかったから。

(ハ) 小中学校時代の「僕」は、他人のことなどみんな気にかけていないと思っていたから。

(ニ) 小中学校時代の「僕」は、劣《おと》った人物という印象を払拭《ふっしょく》するのをあきらめていたから。

(ホ) 小中学校時代の「僕」は、人から馬鹿にされることを運命として受け入れていたから。

問9 [D]～[G]に当てはまる言葉を次の中から選び、記号で答えなさい。

(イ) たとえ　(ロ) もしも　(ハ) なおさら　(ニ) かならずや

(ホ) ついに　(ヘ) むろん　(ト) それでも　(チ) ともすれば

問10 ――⑦「彼《かれ》にとってのうしなわれた光景を、今は僕《ぼく》が見ているのかもしれない」とありますが、このときの「僕」の様子を説明したものとして最も適当なものを次の中から選び、記号で答えなさい。

(イ) 「僕」は、入間のためにジョギングを続けることが、陸上競技をあきらめざるをえなかった入間の雪辱《せつじょく》を果たすことにもつながると信じている。

(ロ) 入間から使いっ走りを申しつけられた「僕」は、怪我《けが》で陸上部を辞《や》めてしまった入間から、かつて彼が抱《いだ》いた夢を託《たく》された

息がみだれて声が出ない。焼きたてのパンをみんなでわけあって食べた。ぱりっとした表面の食感と、熱を保った状態のしっとりした内側のもちもち感に、入間君と不良の先輩《せんぱい》方は満足そうだった。僕は体育館の壁に寄りかかって地面にすわる。

「おい、これ」

入間君が五百円玉を僕にむかって投げてくる。放物線を描《えが》いて飛んできた銀色の硬貨《こうか》をキャッチして、僕はすぐさま彼にむかって投げ返す。

「いらない、ありがとう、入間君」

授業が終わるまでそこにいた。焼きたてパンがすっかり胃の中に消えると、香ばしいにおいは消えて、かわりに体育館裏の地面のにおいがした。チャイムが鳴って、僕は立ち上がる。⑪二本の足をうごかして、教室へむかった。

問1 ＝＝ⓐ～ⓔのカタカナは漢字に改め、漢字はひらがなで読みを記しなさい。

ⓐ 半ば　ⓑ セイゾウ　ⓒ ホウソウ
ⓓ ホケン　ⓔ セイサン

問2 ――①「ともかく僕は購買《こうばい》にむかって走り出した」とありますが、このときの「僕」の様子を説明したものとして最も適当なものを、次の中から選び記号で答えなさい。

(イ) 入間の迫力《はくりょく》に体が縮み上がっているものの、自分の普段《ふだん》の行動を変えなければと思い、勇気を振《ふ》り絞《しぼ》って走っている。

(ロ) 自分が入間に目をつけられる理由は理解できるとはいえ、あまりにも唐突《とうとつ》な申しつけに、少しだけ頭が混乱している。

(ハ) 入間からの命令をいったん受け入れたものの、どこか納得《なっとく》できない思いがあり、不満を抱《かか》えつつ購買に向かっている。

(ニ) なぜ自分が入間に命じられたのだろうと思いつつも、時間を守らなくてはならないという気持ちの方が先立っている。

(ホ) 一方的な命令に従ってはいけないと思いつつ、入間の強い口調に気圧《けお》されて、気づいたときには足が動き出している。

問3 ――②「教室で息を殺すようにしながら暮らしている」とありますが、なぜですか。次の中から最も適当なものを選び、記号で答えなさい。

(イ) 勝手に振《ふ》る舞《ま》う人がいると学校の秩序《ちつじょ》が乱れてしまう、と考えているから。

(ロ) どうせ自分の意見なんて周囲は真剣《しんけん》に聞いてくれない、と考えているから。

(ハ) たいした取《と》り柄《え》もない自分はなるべく目立ちたくない、と考えているから。

(ニ) 誰《だれ》もが周囲を気にして意見が言えない状況《じょうきょう》を不健全だ、と考えているから。

(ホ) 人と異なる行動をすると不良に目を付けられてしまう、と考えているから。

問4 ――③「ねめつけるような視線がむけられた」とありますが、どういうことですか。次の中から最も適当なものを選び、記号で答えなさい。

(イ) まとわりつくような粘《ねば》っこい視線が「僕《ぼく》」にむいた、ということ。

(ロ) にらみつけるような厳しい視線が「僕」に集まった、ということ。

(ハ) 抑《おさ》えつけるような重苦しい視線が「僕」に注がれた、ということ。

(ニ) 食《く》らいつくような必死な視線に「僕」が戸惑《とまど》った、ということ。

(ホ) かぶりつくような好奇《こうき》の視線に「僕」がさらされた、ということ。

問5 ――④「悔《くや》しいとはおもわなかった」とありますが、なぜですか。次の中から最も適当なものを選び、記号で答えなさい。

(イ) 屈辱《くつじょく》であるはずのパシリという行為《こうい》を、自分の役割として

くわえている。彼《かれ》にむかって話しかける。
「今からちょっと、パン、買ってくるけど」
「失《う》せろ」
「僕が買うんだ。僕が自分の分を。だけどもしよかったら、それをわけてあげてもいい。焼きたてのパンをね」
入間君は僕にむかってゼリー飲料のパックを投げつけようとしていたが、話を最後まで聞いて、うごきをとめた。僕は彼に背中を見せて、走り出した。以前から計画していたことを、僕はその日、実行に移したのだ。昼休みがのこり十分ほどしかないというのに。無《む》謀《ぼう》なのはわかっていたけれど。
校門をダッシュで通過する。ランニングシューズのグリップ力は上々《じょうじょう》だ。走るようになって靴《くつ》を買《か》い換《か》えた。軽量タイプのものだからゴムの厚みはそれほどではない。衝撃《しょうげき》の吸収力も期待できない。そのかわり、まるで裸足《はだし》のようだ。
アスファルトの地面を蹴《け》る。曲がり角を、ぎゅん、と曲がった。スタート直後は苦しかった呼吸も、しばらくすると楽になる。筋肉が眠《ねむ》りから覚めた。体が軽くなったような気がする。
前方、横断歩道の信号が赤だ。車が行《い》き交《か》っている。道路沿いに進んで別の横断歩道を渡《わた》るルートに変更《へんこう》した。状況《じょうきょう》に応じて最適な経路を選択《せんたく》する。自転車さえ通れない塀《へい》と塀の隙間《すきま》を通《とお》り抜《ぬ》けてショートカットする。公園の茂《しげ》みをジャンプで飛びこえ、階段を駆《か》け上《あ》がる。
駅前がちかくなってきた。多少の遠回りになったが、通行人のすくない路地を選ぶ。違法《いほう》に駐輪《ちゅうりん》された自転車を飛びこえた。
走る、走る、走る。やがて、パン屋の看板が視界に入った。到《とう》着《ちゃく》して店内に入る。深呼吸すると香《こう》ばしいパンのにおいがした。お昼休み中のOLさんが何人かいた。高校の校舎とは異質の空間だ。放課後にリサーチをかねて店に足をはこんでいたので怖《お》じ気《け》づきはしない。流れるような動作でトレイをつかんで焼きたてのパンを載《の》せる。この時間に焼きあがるパンの種類も頭に入っている。それらを一個ずつ購入《こうにゅう》する。レジでお金を支払《しはら》う間に時間を確認《かくにん》。すでに昼休みがおわろうとしていた。
袋《ふくろ》に入れられた焼きたてパンは、あたたかかった。胸に抱《だ》いてはしると、ほかほかとした熱がつたわってくる。地面を踏《ふ》みしめ、筋肉をふりしぼり、体を前へと押《お》し出《だ》す。前へ、前へ。空気の壁《かべ》に突《とつ》入《にゅう》。空気は風となって肌《はだ》の表面をなでる。前方にあった景色は後方へと過ぎ去り、また新しい景色が僕のむかう先から現れる。訓練のおかげで足がうごいた。⑩脳が命令を発するまでもなく、まるで足が自由意志を持ったように。このままスピードをあげれば空に飛んでいけるかもしれないとさえ感じられるほどに。
パシリの強要はいけないことだ。それはまちがいない。入間君がどのような理由で僕を購買に走らせたのかわからないが。だけど、感謝してもいる。僕にはきっかけがひつようだったのかもしれない。それがなければ、一生、しらなかったかもしれない。反復によって体がスムーズにうごくようになるということを。昨日よりも今日、今日よりも明日、すこしずつ成長できるということを。その機会がだれにでもひとしくあたえられているのだということを。僕は教室でうつむいて過ごさなくても良かったのだということを。体つきや生まれつきの能力なんて些細《ささい》なものだ。それにくらべたら、自らの意思で何かをはじめようと立ち上がり、同じ事をつづけて身につけた力の何と偉大《いだい》なことか。
校門にたどりついたとき、午後の授業がはじまっていた。真面目な生徒だったらもう体育館裏にはいないだろう。しかし入間君は真面目な生徒ではなかった。体育館裏に駆《か》けこみ、靴《くつ》のグリップ力を信じて急停止する。ズザァー、と砂煙《すなけむり》をあげて僕《ぼく》の体は止まった。彼《かれ》らは入間君と、そして不良の先輩方《せんぱいがた》が中腰《ちゅうごし》状態でそこにいた。僕を見ると「おー」と声をあげた。
「これ、パンです……。僕の、ですけどね……。だけど、みなさん、に、わけて、あげても……」

ては、入間君にも情報をもらさなかった。準備が整うまでは、それまで通りに購買《こうばい》でパンを買う。しかし走り込みの成果は確実にあった。
「秋永、パン、買ってこい」
教室で命令を受けて僕《ぼく》は飛び出す。購買でパンを購入《こうにゅう》し、体育館の裏手にむかう。しかし到着《とうちゃく》してもまだ入間君はいなかった。一分後にようやく彼《かれ》は現れる。僕の足が速くなり、ルートの最適化がおこなわれた結果、[G]入間君を追《お》い抜《ぬ》いてしまったのである。
「はえーな」
入間君は言った。黄色にそめた頭をかきながら、いまいましそうに唾《つば》を吐《は》く。
「全盛期《ぜんせいき》の俺《おれ》ほどじゃねえけどな」
クラスメイトの噂話《うわさばなし》によると、彼は中学時代、陸上部だったらしい。県大会にも出場したほどの実力だ。しかし怪我《けが》をして走ることをあきらめ、髪《かみ》の色を染めて不良になった。素行のわるくなった彼の周囲から友人たちは離《はな》れていったという。怪我をしていなかったら今も陸上を続けていたのだろうか。ジョギングの最中に見た、夕日の土手や、遠くの陸橋を行く電車をおもいだしながら、以前は彼も、そういう景色と空の色を見ていたのだろうかとかんがえる。⑦彼にとってのうしなわれた光景を、今は僕が見ているのかもしれない。
「おい、秋永、ちょっとこい」
放課後、廊下《ろうか》で僕を呼び止めたのは、入間君ではなかった。担任教師が手招きしている。職員室で担任教師と話をすることになった。
「最近、おまえがいじめを受けているという話があるんだ」
「いじめはありませんよ、だいじょうぶです」
「正直に言っていいんだぞ。こわがらなくてもいい。入間がおまえに、使いっ走りを強要しているところ、みんなが見てるんだ」
「ちょっとしたお願いをされてるだけです」
「強がりを言うな。秋永、つらいときは、だれかに助けを求めたっていいんだぞ」
「だいじょうぶですから」
教師には僕が、心を開こうとしない生徒に見えただろう。⑧やがてあきらめたように担任教師はため息をついて僕は解放される。しかし僕のしらないところで、この案件は見過ごすことのできないものとして扱《あつか》われていたようだ。

4

昼休みに入間君が僕を素通《すどお》りするようになった。僕は彼を呼び止める。
「あの、パンは……？　パンを買ってこなくても、いいのかい……？」
「うっせえ。もう話しかけてくんな」
舌打ちして入間君はさっさと行ってしまう。その後、耳にした噂《うわさ》によると、教師が入間君に忠告しに行ったらしい。使いっ走りの強要がおこなわれた場合、あるいはそう疑われる行為《こうい》が目撃《もくげき》された場合、厳重に罰《ばっ》すると。
入間君はもうだれかにパシリをやらせるつもりがないようだ。僕《ぼく》はもう購買《こうばい》まで全力疾走《しっそう》するひつようなく、以前とおなじように平《へい》穏《おん》にすごすことができるのだ。グループをつくってお弁当を食べているクラスメイトを横目で見ながら、僕はひとり、机にほおづえをついて昼休みをすごすようになった。
足が落ちつかなかった。パシリの日々《ひび》のせいだ。僕の足はこの時間になると、勝手にうごきだそうとする。⑨何日か平穏な昼休みを過ごした後、辛抱《しんぼう》できなくなって体育館裏へむかった。
時計を確認《かくにん》する。昼休みはのこり十分ほどだ。体育館裏手に入間君と不良の先輩《せんぱい》たちがいた。入間君はゼリー飲料の銀色のパックを

だろうか。
そこで僕は、彼《かれ》がパンをほおばる様子を遠くから観察することにした。パシリをすませた後、帰るふりをして草むらにひそみ、双眼《そうがん》鏡《きょう》をかまえて体育館裏に目をむける。入間君が不良の先輩方《せんぱいがた》と話をしながらパンを開封《かいふう》し、食べ終えるまでの時間を計測し、表情の変化をメモした。パンの好みをしりたかったのだ。菓子パンと総菜パン、どちらを食べるときに表情がやわらかくなるだろう。
「おい秋永、おまえ何してんだ、ぶっ殺すぞ」
しかしある日、草むらにひそんでいるところを入間君に見つかってしまう。
「見てたんだ、入間君を……。つまり、その、パンの好みをしろうと思って……」
しどろもどろになりながら弁解した。理由を説明していると、気持ち悪そうな顔をされる。いつもみたいに、しっしっ、と手で追いはらわれた。
「今回はゆるしてやる。もうどっか行け」
「ちょっと待って！　あの、おしえてほしいんだ！　パンの好みを！　どんなパンを買ってきてほしいのかを！」
地面に膝《ひざ》をついて僕は問いかける。入間君は舌打ちすると、背中をむけて言った。
「パンなら、なんでもいい。だが、そうだな。しいて言うなら、焼きたてにまさるものはない」
焼きたて？　想像もしていない回答だった。しかし言われてみればたしかにその通りだ。焼きたてのパンのおいしさは格別だ。でも、どうしろと言うのだ。購買で売られているパンはどれも作られて時間が経過している。彼はわざと不可能なことを言って僕を絶望させているのにちがいない。くそっ！　くやしくなって拳《こぶし》を地面にたたきつけた。⑤しかし僕の胸に、ふつふつと闘志《とうし》がわき上がる。

3

体がちいさいため小中学校では、からかいの対象になることがおおかった。クラスの中心にいるのはいつも、サッカー部やバスケットボール部や野球部などの運動ができる奴《やつ》らだ。機敏《きびん》にうごくことができて、足のはやい人たちのことを、うらやましいとおもったことはない。彼らは別次元の存在で、自分とは種族が異なるのだ。彼らは僕のことを、自分よりも劣《おと》った人間だと見なしており、言動からそのことが伝わってきたけれど、事実なのだから仕方ないとおもいこんでいた。そんな僕がジョギングをはじめて体力作りをするようになったのだから⑥人生というものはわからない。
学校から帰宅するとトレーニングウェアに着替《きが》えた。夕日で赤色に染まる土手を、くたくたになるまで走った。その時間、犬の散歩をしている人がたくさんいる。遠くの鉄橋を電車が通過する。空が広くて心地《ここち》いい。
ジョギングをはじめたのには理由がある。駅前においしいと評判のパン屋があった。特に焼きたてパンは格別だ。[D] それをパシってくることができれば、[E] 入間君を満足させることだろう。問題は学校から店までの距離《きょり》だ。五分間ではもどってこられない。二十分はひつようだ。自転車をつかってはどうだろう。いや、学校と店の間に急な斜面《しゃめん》があり、階段になっている箇所《かしょ》がある。徒歩移動であれば階段を通過できるが、自転車であれば遠回りしなくてはならない。
走るのが一番いい。行き帰りに二十分かかる距離を、走《はし》り込《こ》みによって、できるだけ短縮するのだ。すこしでも早く、行って、もどってくる。[F] オーバーしてしまう時間は秘策をつかうしかない。午前中最後の授業を、腹痛を装《よそお》って早めに退席するのだ。トイレに行くふりをしながら、そのまま校舎を出て駅前にむかう。
学校帰りに地図をながめながら、校舎から店までの道のりをあるいてみた。どの道を行くのが最短経路だろうか。頭をなやませながら何度も行き来をする。駅前で焼きたてパンを入手する作戦につい

に入間君がいた。おそろしい顔つきの先輩方《せんぱいがた》といっしょに中腰《ちゅうごし》になって喫煙《きつえん》している。おそるおそるちかづくと会話がぴたりとやんで、③ねめつけるような視線がむけられた。みんなまるで人殺しみたいな目だ。

「あのう、これ……」

萎縮《いしゅく》しながらパンと飲み物の入った袋をさしだす。入間君は袋の中を確認《かくにん》すると、つまらなそうにポケットから五百円玉を出して僕《ぼく》にほうりなげた。地面にころがった硬貨《こうか》を回収する。購入代金よりもおおかったので、財布《さいふ》からお釣《つ》りを出そうとしたら入間君が言った。

「いらねえ、もうどっか行け」

しっしっ、と手をうごかす。しかし翌日も、その翌日も、僕は入間君に呼び止められ、パンを買いに行かされることになる。

2

「秋永、パン、買ってこい」

入間君の命令はいつもそれだけだ。購買には、からあげ弁当やシーチキンおにぎりも売っているのに、いつもパンだ。買ってきたものが、パンでありさえすれば、それでいいらしい。クリームパンだったとしても、チョコロネだったとしても、僕は無事に解放された。

奇妙《きみょう》なことだが、④悔《くや》しいとはおもわなかった。むしろここで自分の有用性を見せつけることで、暴力の対象から除外されるのではないかという A がはたらいた。腰巾着《こしぎんちゃく》になることでいじめられないようにする作戦だ。購買まで全力疾走《しっそう》しなくてはならなかったが、それも苦ではなくなった。毎日つづけていたせいだろう。教室から購買までの距離《きょり》を一度も休まず、スピードを落とすことなく、移動できるようになった。僕はそのことにおどろく。運動能力というものは持って生まれたものだとおもいこんでいたのだが、そうではなかったらしい。

廊《ろう》下《か》を駆《か》け抜《ぬ》けて、階段を飛ばし気味におりる。曲がり角をきゅっと曲がり、生徒たちの間をすり抜《ぬ》ける。以前よりも足がスムーズにうごいた。体が軽い。反復することにより走る力というのは向上するのかもしれない。

彼はいつも五百円を放り投げてくる。だからその金額の範囲《はんい》でパンと飲み物を B しなくてはならない。購入代金が五百円よりもおおかったとしても、請求《せいきゅう》はしなかった。おつりを渡《わた》していなかったので、その分と C だろう。

購買《こうばい》のパンと飲み物の金額をすべておぼえてしまった。どの組みあわせで五百円前後になるのかが一瞬《いっしゅん》で判断できる。しかしそれはかんたんなことだ。真にむずかしく、パシリのセンスが問われるのは、「今日はどのパンを買うのが正解なのか?」という命題に他ならない。

パンでありさえすればいい。入間君を見ていると、そうおもえてくる。しかしそれで良いのだろうか。すくなくとも僕《ぼく》だったら、毎日、おなじパンでは飽《あ》きてしまう。

気を利《き》かせて一日ごとに異なる種類のパンを買った。育《そだ》ち盛《ざか》りなので一個で満腹になるということはないはずだ。複数個、購入する。甘《あま》い菓子《かし》パンばかりに偏《かたよ》ることなく、総菜パンばかりに偏ることなく、栄養のバランスも考慮《こうりょ》しながらパシる。

だが、それさえも最適解ではない。僕はリサーチをおこなった。だれが、どんなパンを買って行くのかを研究しはじめる。有用性を見せつけたかった。購買のパンの棚《たな》が見える位置に陣取《じんど》って人々を観察する。やがて意外な事実が判明した。おおくの生徒が、前日とおなじ商品を手に取っていたのだ。一週間、毎日、カレーパンばかりを買っていった生徒もいる。人には人の、好きなパンがある。毎日、いつも、それだけを食べていたいものなのだ。そのことに気付かされる。もしかしたら入間君もおなじように感じているのかもしれない。特定の商品ばかりをいつも買ってきてほしかったりするの

二〇二一年度 中央大学附属高等学校

【国語】（六〇分）〈満点：一〇〇点〉

一 次の文章を読んで、以下の設問に答えなさい。

1

「おい、秋永《あきなが》、ちょっとこい」

昼休みに教室でクラスメイトの入間君《いるまくん》に呼び止められたとき、僕《ぼく》は無抵抗《むていこう》にしたがった。いつかこういう日が来るだろうと予測していた。入間君はいわゆる不良だ。髪《かみ》は黄色に染めている。制服からは煙草《たばこ》の臭《にお》いがする。逆らってはいけない人物だ。

何をされるのかとおびえながら入間君についていく。教室を出るとき、話したこともないクラスメイトたちが、あわれみの視線をちらりとむけてきた。入間君はポケットに両手をつっこんで、だるそうにあるきながら言った。

「おまえちょっとパン買ってこい。なんでもいいからよ。体育館の裏にいっから。五分以内だぞ。おくれたらぶっ殺すからな」

これは、つまり、使いっ走りをやれという意味だろうか。いわゆるパシリ。強者が弱者に対して、ⓐ半ば強制的にお使いをやらせるという類いのパワーハラスメントだ。僕はそれを申しつけられたのだ。

パンは購買《こうばい》で売っている。教室と購買、そして体育館裏の位置関係を頭に描《えが》いてみた。購買だけ離《はな》れた位置にある。だれかをパシらせたくなる気持ちはすこしわかった。

「さっさと行けよグズ」

入間君は虫けらを見るような目で僕を見る。威圧《いあつ》感に身がすくんだ。①ともかく僕は購買にむかって走り出した。五分以内という時間制限を守るには全力疾走《しっそう》しなくてはならなかった。

目をつけられたのは、気弱そうな雰囲気《ふんいき》が原因だろうか。僕は体がちいさい。高校生の集団にまじっていると、まわりは背の高い人たちばかりなので、いつも心細い気持ちになってしまう。何かに秀《ひい》でていれば、自信につながって、堂々《どうどう》としていられるのだろう。だけど僕《ぼく》には、人にほこれるものがない。②教室で息を殺すようにしながら暮らしている。

体育の授業以外で走ったことなんかない。すぐに息があがってしまう。脇腹《わきばら》が痛くなり、廊下《ろうか》の壁《かべ》に手をついてよろめきながら移動する。階段をおりて校舎一階の奥《おく》まった位置にむかう。自販機《じはんき》の並んでいるスペースがあり、そのとなりに購買《こうばい》の入り口がある。ガラス製の引き戸だ。

購買はちいさめのコンビニエンスストアをおもわせる空間だった。棚《たな》に文房具《ぶんぼうぐ》やお菓子《かし》が陳列《ちんれつ》されている。お昼時には弁当やサンドイッチ、おにぎりの類いが山盛り用意された。食堂を利用せず、弁当持参でもない生徒は、ここで昼食を購入《こうにゅう》するのが一般的《いっぱんてき》だ。

入間君はパンを買ってこいと言った。さて、どれを買おう。パン売り場で頭をなやませる。なんでもいいからよ、などと彼《かれ》は言ったが、むしろ商品を限定してほしかった。

購買のパンには二種類あった。ひとつはコンビニエンスストアで売られているような商品。工場でⓑセイゾウされ、透明《とうめい》な袋《ふくろ》でしっかりとパッケージされている。もうひとつは高校の提携《ていけい》している業者がつくったパン。こちらはコッペパンに焼きそばや玉子サラダなどをはさみ、ラップでⓒホウソウがされている。

はたしてどれが正解だろう？ 入間君の顔をおもいだし、コロッケパンを手に取る。ⓓホケンとしてメロンパンも買うことにした。ついでに飲み物もあったほうがいいだろう。買ってこいとは言われていないが念のためだ。

レジでⓔセイサンして体育館裏へとむかう。息も絶え絶えに体育館をぐるりとまわりこむ。普段《ふだん》なら生徒の立ち入らないような場所

2021年度／中央大学附属高等学校

英語解答

I 1 う　2 い　3 え　4 あ
5 え　6 い　7 う　8 あ

II 1 1…う　2…え　3…い　4…あ
5…あ　6…い　7…え　8…あ
9…う　10…い
2 い，お

III 1 3番目…き　6番目…い
2 rise to the challenge
3 い　4 う　5 い
6 1…え　2…う　3…あ　4…い
5…え　6…い

IV 1 ①…え　②…あ　③…か　④…い
⑤…き　⑥…う　⑦…お
2 う　3 え　4 half
5 あ

V 1 あ　2 あ　3 い　4 え
5 え　6 う　7 あ　8 え
9 い

VI 1 made　2 of　3 passed
4 foreign　5 it

VII 1 a…か　b…え
2 a…い　b…え
3 a…え　b…か
4 a…い　b…あ
5 a…お　b…か

VIII (例)(During the spring holiday, I want to) visit my grandparents(.) I haven't seen them for three years and they'll be happy to hear that I passed the entrance exam of my first choice school.

I〔放送問題〕放送文未公表

II〔長文読解総合―説明文〕

≪全訳≫❶ジョーダン・ヒルコウィッツは11歳でユーチューブのスーパースターだ。しかし，彼の人気動画はおもしろいネコやイヌに関するものではない。彼のユーチューブ・チャンネル『ドクター・マッドサイエンス』には科学実験の動画があるのだ。これらの実験は，人々が自分で簡単にできるものだ。子どもたちも家でできる。「僕は科学が大好きです」とジョーダンは言う。❷もっと幼かった頃，ジョーダンとベビーシッターのトレイシー・レパルロは，科学実験をして楽しんでいた。実際，ジョーダンが科学動画をつくり始めるというのはベビーシッターのアイデアだった。というのも，ジョーダンがいつも科学に興味を持っていたからだ。彼らはインターネットや本で科学実験を見つけた。しかし，実験の多くは段階的な手引きがほとんどないため，実際にやってみるのが難しすぎると彼らは感じた。そこで，彼らは自分たち自身のアイデアを考え出して家でできる科学プロジェクトを録画し始めた。彼の友達の１人が動画をユーチューブに上げるやり方を教えてくれ，そのチャンネルはたちまち人気になった。たった１年あまりで動画は400万回以上視聴され，これは広告収入が現金で5000ドルになるほどで，ジョーダンは新しいコンピュータを買うことができた。❸ジョーダンの最も人気のある動画の１つは，ゾウ用の歯磨き粉のつくり方だ。また別の(動画)では，自分だけのかっこいい自家製火山のつくり方を教えてくれる。各動画でジョーダンは実験を紹介し，実験に必要なものを教え，順を追って(実験を)見せてくれる。「安全はとても大事です」とジョーダンは言う。彼は視聴者に，必要なら保護眼鏡をかけるように勧め，子どもたちには必要なら大人に手伝ってくれるように頼んでねと言う。❹「ジョーダンの成功はとても特別なことです」と母親のステイシー・ヒルコウィッツは言う。「というのも，彼は自閉症だからです」　ジョーダンがまだ18か月のとき，彼女たちは医師の診断で知った。自閉症は，ソーシャルスキルや発話能力に影響を及ぼすことがある。ジョーダンは理由もなくよく叫んだり怒ったり，テーブルに頭を打ちつけたり，部屋の向こうに靴を投げたりした。当時，ステイシーは「この子はコミュニケーションを取ったり，学校へ行ったり，友達をつくったりできるようになるのだろうか」と考えていた。このようなことを考えると，しばしば夜眠れなくなった。❺事実，ジョーダンは５歳になるまで話し始めなかった。初めて話し始めたとき，彼は例えば「C」といった文字でしか話さなかった。これは，それが長くベビーシッターであるトレイシー・レパルロの名前の中心的な音だからだ。❻ジョーダンとトレイシーはよくネットサーフィンをして楽しみ，彼が話し始めると，それをすることによって語彙が増えた。動画をつくることで彼の発話能力は向上し，より自信を得ていった。❼カナダのオンタリオ州に住むジョーダンは，チャンネルに加えて，今や自身のホームページとフェイスブックのページを持っている。ツイッターも使い始めた。ファンと定期的に交流している。実験のアイデアを見つけるため，ジョーダンはウェブを検索する。ファン，特に子どもたちのファンからもアイデアを得る。❽ジョーダンは，大きくなったら科学者になりたいと言っている。当面は，科学への愛を他の子どもたちと分かち合いたいと思っている。「小さい子どもたちには，科学はどこにでもあるということを知ってほしいのです」と彼は言う。❾ジョーダンの話は，ソーシャルメディアのような科学技術が自閉症の人々にチャンスを与えてくれるということを私たちに教えてくれる。ジョーダンのチャンネル『ドクター・マッドサイエンス』はこれまでに1000万回以上視聴され，彼はその科学の知識によって地元の有名人になっている。彼から学ぶことに多くの子どもたちが関心を持つのは自然なことだ。人々は，彼が難しい実験を彼らにもわかるように易しくしてくれるので，彼のことが大好きで尊敬している。

１＜内容一致＞１.「ジョーダンの動画は(　　)に関するものだ」―う.「科学実験」　第１段落第３文参照。　２.「(　　)はジョーダンに科学動画をつくり始めるように助言した」―え.「彼のベビーシッター」　第２段落第２文参照。　３.「ジョーダンとトレイシーは(　　)科学実験を見つけた」―い.「本やインターネットで」　第２段落第３文参照。本文中の online が，選択肢では on the Internet と言い換えられている。　４.「(　　)がジョーダンに動画をユーチューブに上げるやり方を教えた」―あ.「友達の１人」　第２段落最後から２文目参照。　５.「(　　)，医師はジョーダンの両親に彼は自閉症だと告げた」―あ.「２歳になる前に」　第４段落第２文参照。18 months old は１歳半。　６.「ジョーダンの母親が夜眠れなかったのは，(　　)からだ」―い.「息子のことがとても心配だった」　第４段落最後の２文参照。made her sleepless は，'make＋目的語＋形容詞'「～を…(の状態)にする」の形。　７.「初めて話し始めたとき，ジョーダンは文字だけで話し，そのうちの１つは『C』だった。なぜなら(　　)からだ」―え.「それがベビーシッターの名前の中の強い音だ」　第５段落最終文参照。　８.「ジョーダンとトレイシーはよくインターネットを検索し，その結果(　　)」―あ.「彼はより多くの新しい言葉を覚えられた」　第６段落第１文参照。　９.「ジョーダンは(　　)から実験のアイデアを見つけようとしている」―う.「ファンとウェブ」　第７段落最後の２文参照。　10.「ジョーダンは(　　)と思っている」―い.「子どもたちは日常生活の中で科学について学べる」　第８段落最終文参照。「科学はどこにでもある」とは，「日常生活の中で科学について学べる」ということ。

２＜内容真偽＞あ…×　第３段落最終文参照。'ask＋人＋for …'「〈人〉に…を求める」　い…○　第４段落第４文に一致する。　う…×　第７段落第１文参照。　え…×　第８段落第１文参照。　お…○　第９段落第１文に一致する。　か…×　第９段落最後の２文参照。ジョーダンを尊敬しているのは，一般の人々と子どもたち。また，高度な結果を導き出しているという記述はない。

Ⅲ〔長文読解総合―説明文〕

≪全訳≫❶1年近く前，私たちは突然学校が数週間閉鎖になると告げられた。私たちの日常生活は大きく変わった。私たちは多くのことを諦めなくてはならなかった。友達や親戚と集まったり，一緒に卒業を祝ったりすること，それに桜の花の下での新しい学年の始まりといったことだ。❷この変化の理由は何だったのか。それはウイルスによって引き起こされる病気だった。その病気は，ウイルスの型と発見された年の2019年にちなんでCOVID-19と呼ばれている。❸その病気は世界中に広がり続け，私たちはそれがどれほど危険なものであるかを知った。誰もが見えない敵を恐れた。いつこの状況を乗り越えられるのか，誰にもわからなかった。❹人々が安心だと感じて希望を持てるように，世界の指導者たちはメディアを通して国民に語りかけた。その1人が，カナダの首相，ジャスティン・トルドーだった。❺彼のスピーチの1つの一部を読んでみよう。それは昨年の春，キリスト教徒の家族が集まる大切な時期のイースターの休暇中に行われたものだ。❻私たちがこの困難に打ち勝つであろうことを私は知っています。なぜなら，カナダ人として，私たちは常にそうしているからです。今後の数週間，数か月間が厳しいものになることに疑問の余地はありません。これは，私たちのほとんどが直面したことのないような闘いです。それは私たち皆を試すもので，私たちなりの対応が迫られるでしょう。❼この病気はすでに，あまりにも多くの人々を私たちから奪ってしまいました。もしあなたが大切な人を失ってしまったのなら，この信じがたいほど困難な体験の間ずっと私たちがあなたとともに嘆き悲しんでいることを知っていてください。❽このパンデミックは，我が国の多くの家族，労働者，そして企業から多くのものを奪っています。もしあなたが暮らしのやりくりに苦労しているのなら，あなたのより良い明日への懸け橋づくりのお手伝いをするために私たちが毎日取り組んでいることをわかってください。もしあなたが孤立し落ち込んだ気持ちでいるのなら，あなたのための支援策があることを知ってください。あなたは1人ではないと知っていてください。そして私たちは，カナダ人の多くの先人たちと同じように，たとえていうなら肩を並べて一致団結し，力強く立ち上がるのです。❾これは現代の難題です。そして，私たち全ての一人ひとりに果たすべき役割があります。もし皆さんがこのことを真剣に受けとめ，今は互いに離れて過ごし，できるだけ自宅にとどまり，医療の専門家の話に耳を傾けるなら，私たちはこれまで以上に速く，そして力強くこの事態を克服するでしょう。❿私たちが今の状況を脱するとき――もちろん脱しますが――私たちは皆，いかにしてお互いを守り，愛する国を守ったかということを誇りに思うでしょう。⓫首相は子どもたちにもメッセージを送った。⓬おうちで見ている子どもたちへ，私は毎週日曜日にしているように，直接君たちに語りかけたいと思います。⓭いろいろありがとう。私たちはうまくやっているよ。そんなふうには見えないことはわかっているし，今が恐ろしいときだということもわかっている。それに，君たちが友達に会いたいと思っていることもわかっている。でも，私たちは君たちが自分の役割を果たし続けてくれるのを頼りにしている。家にいること，そしてお母さんやお父さんのためにそこにい続けることを。⓮君たちの多くが今，協力して，手伝って，ヒーローになっている。君たちにはずっと強い気持ちでいてほしい。君たちもこの(状況の)大きな一部だからだ。そして，君たちがこの難題に前向きに取り組んでくれていることを私は知っている。ともに，これを乗りきってみせよう。⓯一人ひとりは限られたことしかできないが，国の指導者からのこの力強いメッセージは，カナダの子どもたちに自分たちも社会の重要な一部なのだという感覚を確実に与えた。⓰人は大きな難題に直面すると，無力感を抱く。そのようなときは，しばしば言葉が私たちを助けうる。「落ち着いて進み続けなさい」という言葉を聞いたことがあるだろうか。1939年，まさに第2次世界大戦が目前に迫っていたときにイギリス政府によって発せられた言葉だ。イギリスの人々は，ドイツとのひどい戦争を恐れていた。人々がパニックになっていたので，政府は国民に，落ち着いてふだんどおりの暮らしを続けるよう呼びかけるため，このメッセージを載せたポスターをつくった。[17]以来，この言葉はイギリス人のお気に入りとなった。人々はそれがイギリス人の国民性や人生観を反映していると考えているのだ。[18]この言葉が初めて紹介された翌年，14歳のエリザベス王女(現在のエリザベス女王２世)は，ウィンザー城から初めてラジオでのメッセージを送った。王女は，自分や妹のように戦争のために家族から離れて暮らしている子どもたちに語りかけ，強くいてくださいと言った。[19]それから80年後の2020年４月，女王はイギリス国民を力づけるため，また同じ場所からビデオメッセージを送った。彼女は最初のスピーチを思い出しながらこう言った。[20]…それは私に，1940年のまさに初めての放送，妹に助けられた放送を思い出させます。子どもの私たちは，安全のために自宅から疎開させられた子どもたちに，ここウィンザーから語りかけました。今日，またしても，多くの人々が大切な人たちからのつらい別れの気持ちを味わうことになるでしょう。でも今は，あのときと同じように，私たちはそうすることが正しいことだと，心の奥底でわかっているのです。[21]女王は最前線で働く医療従事者たちにその多大な労力について感謝し，メッセージの最後にこう言って，自分の強い意志を示した。[22]私たちは成功します，そしてその成功は私たち一人ひとりのものです。私たちにはまだ耐えなくてはならないことがさらにあるかもしれませんが，より良い日々は戻ってくるという気持ちを持つべきです。私たちは友達とまた一緒になれます。家族とまた一緒に過ごせるようになります。私たちはまた会えるのです。[23]93歳の女王の力強い言葉が，イギリス国民だけでなく世界中の人々に，より明るい未来への希望と連帯感を与えたことは明らかだ。

１＜整序結合＞語群から，「誰にもわからなかった」→「誰も私たちに教えることはできなかった」と読み換え，Nobody could tell usで始める。「～を乗り越える」はget through ～で表せるので，「いつ(私たちが)～を乗り越えられるのか」は，when we would get through ～となる。‘tell＋人＋物事’「〈人〉に〈物事〉を教える」の‘物事’の部分が‘疑問詞＋主語＋動詞…’の間接疑問になった形。 Nobody could tell us when we would get through this.

２＜語句解釈＞この「私たちがしている」ことは，文脈から，直前で述べた「困難に打ち勝つ」ことだと判断できる。このdoは繰り返しを避けるために前に出ている動詞(＋語句)の代わりに使われる代動詞。

３＜文の強勢＞下線部は前の文とほぼ同じであるが，前の文が現在形であるのに対して，下線部にはwillがあることに着目。このwillは「必ず～する」という強い‘意志’を表す用法。よってこのwillが強く発音される。

４＜語句解釈＞トルドー首相は，この難局を乗り越えるために，子どもたちにも「家にいる」という役割を果たすことを期待している，という文脈を読み取る。 count on ～「～を頼りにする」

５＜語句解釈＞下線部のpitching inと並列されているhelping out「手伝う」，being heroes「ヒーローである」から，pitching inも現状を乗りきるのに貢献するような意味だと推測できる。 pitch in「協力する」

６＜内容一致＞１．「COVID-19は(　　)だ」―え．「ウイルス関連の病気の名前」 第２段落第３文参照。 ２．「ジャスティン・トルドーは(　　)スピーチをした」―う．「新型の病気に直面する全てのカナダ国民に」 第６～10段落は，カナダ国民に向けたトルドー首相のスピーチ。第12～14段落は特に子どもたちに向けて行ったスピーチ。 ３．「『落ち着いて進み続けなさい』という言葉は(　　)」―あ.「今日でもイギリス国民に愛されている」　第17段落第1文参照。　4.「エリザベス女王2世は(　　)」―い.「COVID-19に取り組んでいる医療従事者への感謝を表明した」　第21段落参照。　'thank＋人＋for ～'「～のことで〈人〉に感謝する」　5.「カナダの首相もエリザベス女王2世も(　　)」―え.「友達や家族と会えない間も強い気持ちでいてくれるようにと国民に言った」　第8段落最終文，第14段落第2文，および第18段落最終文参照。　6.「この文章で，筆者の主張は(　　)ということだ」―い.「人々が困難な状況にあるとき，言葉には人々を励ます力がある」　第15段落にはトルドー首相のスピーチがカナダの子どもたちに与えた影響が，第23段落にはエリザベス女王2世のメッセージがイギリス国民と世界中の人々に与えた影響が書かれており，第16段落第1，2文には，「(人が大きな難題に直面したとき)しばしば言葉が私たちを助けうる」とある。

Ⅳ〔長文読解総合―対話文〕

≪全訳≫❶ケン(K)：うわっ！　10時間！❷リサ(L)：何それ？❸K：ごめん，インターネットでこのグラフを見ていたんだよ。どの国がインターネットに一番時間を使っているのか，というグラフなんだ。2019年のランキングの1位はどこだと思う？❹L：たぶん日本じゃない？❺K：どうして日本だと思うの？❻L：だって私たち，すごくインターネットを使うもん。❼K：実は，日本人がインターネットの利用にかけたのは1日4時間未満なんだ。1位になったのはフィリピンだよ。2018年は2位だった。2019年に2位だったのはどこの国だと思う？❽L：うーん，アメリカかな。❾K：残念，はずれ。アメリカは実際のところ，どっちの年もトップ10に入らなかった。2位だったのはブラジルだよ。2018年は3位だった。2019年に3位だったのはどの国だと思う？❿L：インドかしら，人口が多いし，ITが得意だし。⓫K：はずれ。実際には，へえ…トップ10にも入らなかったんだ。驚いたな。3位だったのはタイだよ。実は2018年はタイが1位だったんだ。⓬L：おもしろいわね！　データを見せてくれる？⓭K：もちろん。⓮L：へえ，「世界」っていうのは，インターネットを使って過ごした時間の，全ての国の平均という意味なの？⓯K：うん，そうだよ。⓰L：ということは，「世界」の平均は2018年に比べて2019年には少し減ったんだ。⓱K：そうだね。2つのグラフを注意深く見れば，コロンビアは2018年にはトップ10に入っていなかったけど，翌年には4位になった。⓲L：同じことはアラブ首長国連邦にも言えるね。2018年にはトップ10に入っていなかったけど，次の年には10位に入った。⓳K：一方で，エジプトは2019年にはグラフに載ってもいないけど，2018年は9位だった。⓴L：台湾も2019年のグラフにはないけど，2018年には平均7時間半以上をインターネットに費やしていた。どうしてインターネットをそんなに使うのをやめたんだろうね。㉑K：本当だよね。それと気づいたんだけど，2018年と2019年の両方で同じ順位の国はないよね。㉒L：ええっと。本当だ。それに，日本は2018年にはマレーシアの半分くらいの時間を使い，2019年にはアラブ首長国連邦の半分未満の時間しか使わなかった。㉓K：僕は，日本人はこのグラフのデータが示しているより長い時間をインターネットの利用にかけたと思っていたよ。㉔L：そうだね，私もそう。それに，インターネット利用に費やした1日あたりの時間は，2019年には2018年よりも短くなったんだね。日本人，特に私たちみたいな学生は，楽しみのためだけにインターネットを使うのではなくて，勉強により多くの時間をかけているんだと思うな。㉕K：大変だ！　それじゃあ僕は日本人じゃないってことだ！㉖L：どういうこと？㉗K：だって僕は1日最低6時間はゲームをして過ごしているから！

1＜適語選択＞①第7段落第2文参照。　②第9段落第2文参照。　③第11段落第4文参照。　④第17段落第2文参照。　⑤第18段落第2文参照。　⑥第19段落参照。　⑦第20段落第1文参照。

2＜適語句選択＞グラフ参照。2018年と2019年のWorldwideを比較する。「6時間49分」から「6時間42分」になっているので，「少し減った」のである。

3＜適語選択＞2018年と2019年のグラフを比較すると，「同じ」順位の国がないとわかる。

4＜適語補充＞2018年の日本とマレーシアを比較すると，日本は約「半分」。2019年の日本とアラブ首長国連邦を比較すると，日本は「半分」未満である。

5＜適語選択＞前の段落に続いて日本人について話している場面。2018年に比べ，2019年は短くなっている。

Ⅴ〔適語(句)選択・語形変化〕

1．‘on ～'s way to …’で「(～が)…へ向かう途中で」という意味になるが，homeは「家へ」という副詞になるのでtoは不要。　「帰宅する途中，私は交通事故に遭った」

2．contactは「～に連絡する」という意味の他動詞なので，後ろに直接目的語をとる。　「いつでも私に連絡をください」

3．お金が「残されていなかった」という意味になるので，「～される」という受け身の意味を表す過去分詞が適切。過去分詞leftがin my walletという語句を伴って前にある名詞little moneyを修飾する‘名詞＋過去分詞＋語句’の形(過去分詞の形容詞的用法)。　leave－left－left　「私の財布にはお金がほとんど残っていなかった」

4．What languageが主語なので，‘be動詞＋過去分詞’の受け身にする。　speak－spoke－spoken　「スイスでは何語が話されていますか」

5．繰り返しを避けるためにshoesの代わりとして使われる代名詞を選ぶ。前に出た‘数えられる名詞’の代用となり，不特定のものを指すoneの複数形onesが適切。itやthemは前に出た名詞そのもの(特定のもの)を指す。　「この靴は彼には小さすぎる。もっと大きいのが必要だ」

6．「ずっと，はるかに」という意味で比較級を強調するには，a lotやmuch，farを使う。え.はmoreが不要。　「ナンシーはクラスメートたちよりもずっと速く走る」

7．whenのような‘時’を表す接続詞や，ifのような‘条件’を表す接続詞で始まる副詞節の中では，未来のことでも現在形で表す。　「試験が終わったら，学生たちはうれしいだろう」

8．take care of ～「～の世話をする」の受け身形はbe taken care of …となる。このように動詞句の受け身形は，過去分詞の後ろにその動詞句を構成する語(句)をそのままの順で置き，その後に「～によって」のbyを置く。　「この学校ではウサギたちは生徒たちに世話をされている」

9．‘What＋(a/an＋)形容詞＋名詞＋主語＋動詞！’「～はなんて…な―なのだろう！」の形の感嘆文。「それらはなんてきれいな花なのでしょう！」

Ⅵ〔書き換え―適語補充〕

1．「その話を聞いたとき，彼女は悲しい気持ちになった」→「その話は彼女を悲しませた」　‘make＋目的語＋形容詞’「～を…(の状態)にする」の形に書き換える。

2．「君の宿題を手伝ってくれるとは，メリッサはとても親切だ」　上の文のto不定詞は‘判断の根拠’を示す副詞的用法。これを‘It is ～ of … to ―’「―するとは…は～だ」の構文に書き換える。‘…’の前の前置詞がforではなくofとなるこの構文では，‘～’の部分がkind「親切な」のような‘人の性質’を表す形容詞になる。

3．「私の祖父が亡くなってから5年になる」→「私の祖父が亡くなってから5年が過ぎた」　‘It is

〔has been〕＋期間＋since ～' の形は，'期間＋have/has passed since ～' の形に書き換えられる。また，これと同様の意味は，My grandfather has been dead for five years. のように現在完了の'継続'用法でも表せる。

4．「高校を終えた後は海外で勉強したい」　abroad ≒ in a foreign country

5．「この箱は私には重すぎて運べない」→「この箱はとても重いので私は運ぶことができない」　'too ～ for ― to …'「―が…するには～すぎる，～すぎて―は…できない」の文を，'so ～ that＋主語＋cannot …'「とても～なので―は…できない」の構文に書き換える。'so ～ that＋主語＋cannot …' の構文では，carry の後に目的語が必要。

Ⅶ〔整序結合〕

1．主語は The apples「リンゴ」。「母が送ってくれた」は，語群に by と sent があるので sent by my mother とまとめ，The apples を後ろから修飾する形にする（過去分詞の形容詞的用法）。　The apples sent by my mother are delicious.

2．「人がたくさんいる」は，There are many people。「図書館で勉強している」は，語群に studying があるので studying in the library とまとめ，people を後ろから修飾する形にする（現在分詞の形容詞的用法）。　There are many people studying in the library.

3．「～しないほうがいい」は，had better not ～。語順に注意。　You had better not smoke because it is not good for your health.

4．「～をいただきたい」は，I would like to have ～ で表せる。「飲み物」は to 不定詞の形容詞的用法で something to drink と表せるが，「冷たい飲み物」のように形容詞がつく場合，'-thing＋形容詞＋to 不定詞' の語順になり，something cold to drink となる。　..., so I would like to have something cold to drink.

5．「おもちゃをたくさん持っている」は，has a lot of toys。「遊ぶおもちゃ」は to 不定詞の形容詞的用法で表すが，「おもちゃで遊ぶ」は play with toys となるので，「遊ぶおもちゃ」は toys to play with となる。　（類例）a house to live in「住む家」←live in a house「家に住む」　a pen to write with「書くペン」←write with a pen「ペンで書く」　paper to write on「書く紙」←write on paper「紙に書く」　The little girl has a lot of toys to play with.

Ⅷ〔テーマ作文〕

中学校の卒業式が終わってから高校に入学するまでの期間の過ごし方を答えるので，春休みの短期間で行うこととして不自然でない内容にする。「したいこと」を３語以上，「その理由」を15語以上でという指示を守って書く。　（別解例）(During the spring holiday, I want to) read as many books as possible(.)　A new library has just opened in my neighborhood and I'm looking forward to going there.

数学解答

1 (1) $-\dfrac{2b}{3a}$　(2) -3

(3) $(2a-b+2)(2a-b-2)$

(4) $x=4,\ y=1$

(5) $x=-2,\ 1$　(6) 16, 61

(7) $\dfrac{5}{12}$　(8) 3　(9) 36°

2 (1) $\dfrac{31}{3}\pi$　(2) 18π

3 (1) $\dfrac{4}{9}$　(2) $y=4x-8$

(3) $(-3,\ 4),\ (12,\ 64)$

4 (1) $n^2-14+\dfrac{49}{n^2}$　(2) t^2-5t+4

(3) $(n^2-n-7)(n^2-4n-7)$

(4) 5

1〔独立小問集合題〕

(1)＜式の計算＞与式 $=12a^5b^2\times\left(-\dfrac{27b^3}{8a^3}\right)\div\dfrac{3b^4}{4a}\div81a^4=-12a^5b^2\times\dfrac{27b^3}{8a^3}\times\dfrac{4a}{3b^4}\times\dfrac{1}{81a^4}=-\dfrac{2b}{3a}$ となる。

(2)＜平方根の計算＞$(\sqrt{52}+\sqrt{12})(\sqrt{13}-\sqrt{3})=(2\sqrt{13}+2\sqrt{3})(\sqrt{13}-\sqrt{3})=2(\sqrt{13}+\sqrt{3})(\sqrt{13}-\sqrt{3})=2\times(13-3)=20$，$\sqrt{50}=5\sqrt{2}$，$(\sqrt{2}+1)^2=2+2\sqrt{2}+1=3+2\sqrt{2}$ だから，与式 $=\dfrac{20}{5\sqrt{2}}-(3+2\sqrt{2})=\dfrac{20\times\sqrt{2}}{5\sqrt{2}\times\sqrt{2}}-3-2\sqrt{2}=2\sqrt{2}-3-2\sqrt{2}=-3$ となる。

(3)＜因数分解＞与式 $=4a^2+b^2-4ab-4=(4a^2-4ab+b^2)-4=(2a-b)^2-2^2$　$2a-b=M$ とおいて，与式 $=M^2-2^2=(M+2)(M-2)$　M をもとに戻して，与式 $=(2a-b+2)(2a-b-2)$

(4)＜連立方程式＞$\dfrac{2x+1}{3}-\dfrac{3y+1}{2}=1$……①，$0.2(0.1x+1)+0.12y=0.4$……②とする。①×6より，$2(2x+1)-3(3y+1)=6$，$4x+2-9y-3=6$，$4x-9y=7$……①′　②×100より，$2(x+10)+12y=40$，$2x+20+12y=40$，$2x+12y=20$……②′　②′×2−①′より，$24y-(-9y)=40-7$，$33y=33$　$\therefore y=1$　これを①′に代入して，$4x-9\times1=7$，$4x=16$　$\therefore x=4$

(5)＜二次方程式＞$x^2+9x+4x^2-4x+1=11$，$5x^2+5x-10=0$，$x^2+x-2=0$，$(x+2)(x-1)=0$　$\therefore x=-2,\ 1$

(6)＜数の性質―平方根＞$60(n+1)(n^2-1)=2^2\times3\times5\times(n+1)\times(n+1)(n-1)=2^2\times(n+1)^2\times3\times5\times(n-1)$ より，$\sqrt{60(n+1)(n^2-1)}=2(n+1)\sqrt{3\times5\times(n-1)}$ となるから，$\sqrt{60(n+1)(n^2-1)}$ が整数となる2けたの整数 n は，$3\times5\times(n-1)=3^2\times5^2\times p^2$（$p$ は自然数）となる n である。よって，$n-1=3\times5\times p^2$ となり，$p=1$ のとき，$n-1=3\times5\times1^2=15$ より $n=16$，$p=2$ のとき，$n-1=3\times5\times2^2$ より $n=61$，$p=3$ のとき，$n-1=3\times5\times3^2$ より $n=136$ となり，$p\geqq3$ のときは n は2けたの整数にならないから適さない。したがって，$n=16,\ 61$ である。

(7)＜確率―サイコロ＞サイコロの目は1から6までの整数だから，2つのサイコロの出る目の組は，$6\times6=36$ より，全部で36通りあり，どれが起こることも同様に確からしい。このうち，目の積が6の倍数となるのは，目の組合せが，(1, 6)，(2, 3)，(2, 6)，(3, 2)，(3, 4)，(3, 6)，(4, 3)，(4, 6)，(5, 6)，(6, 1)，(6, 2)，(6, 3)，(6, 4)，(6, 5)，(6, 6)の15通りだから，求める確率は $\dfrac{15}{36}=\dfrac{5}{12}$ である。

(8)＜図形―長さ＞斜線部分は，直径が8の半円から直径が x の半円を除いたものと，直径が $8-x$ の半円を合わせたものである。その面積は，$\pi\times\left(\dfrac{8}{2}\right)^2\times\dfrac{1}{2}-\pi\times\left(\dfrac{x}{2}\right)^2\times\dfrac{1}{2}+\pi\times\left(\dfrac{8-x}{2}\right)^2\times\dfrac{1}{2}=8\pi-\dfrac{1}{8}\pi x^2+\dfrac{1}{8}\pi(64-16x+x^2)=8\pi-\dfrac{1}{8}\pi x^2+8\pi-2\pi x+\dfrac{1}{8}\pi x^2=16\pi-2\pi x$ と表せる。よって，この図形の面積について，$16\pi-2\pi x=10\pi$ が成り立つ。これを解くと，$2\pi x=6\pi$ より，$x=3$ となる。

(9)<図形―角度>右図のように，9点A，B，C，D，A′，B′，E，F，Gを定める。折り返した角より，∠FEB′＝∠FEB＝108°だから，∠B′EG＝∠FEB＋∠FEB′－180°＝108°＋108°－180°＝36°となる。また，折り返した角より，∠EB′G＝∠EBA＝90°である。よって，△EB′Gと△A′CGの内角について，∠B′GE＝180°－∠EB′G－∠B′EG＝180°－90°－∠B′EG＝90°－∠B′EG, ∠CGA′＝180°－∠A′CG－∠CA′G＝180°－90°－∠CA′G＝90°－∠CA′Gとなり，対頂角より∠B′GE＝∠CGA′だから，90°－∠B′EG＝90°－∠CA′G, ∠CA′D＝∠B′EGとなり，∠x＝∠CA′G＝∠B′EG＝36°である。

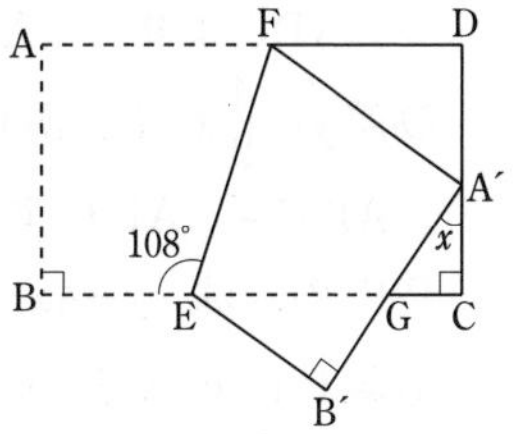

2〔空間図形―回転体〕

(1)<体積>このときできる立体は，右図のように，半径2の半球と底面が半径2の円で高さが1の円柱，底面が半径1の円で高さが1の円柱を合わせたものである。よって，この立体の体積は，$\frac{4}{3}\pi\times2^3\times\frac{1}{2}+\pi\times2^2\times1+\pi\times1^2\times1=\frac{16}{3}\pi+4\pi+\pi=\frac{31}{3}\pi$である。

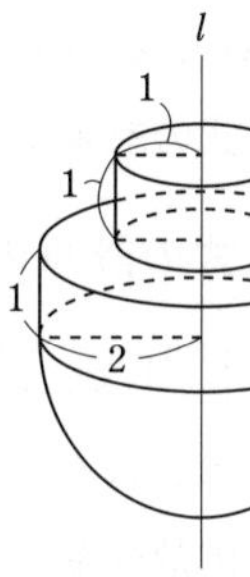

(2)<面積>右図の立体の面は，半径2の球の半分，底面が半径2の円で高さが1の円柱の側面，底面が半径1の円で高さが1の円柱の側面，半径1の円，半径2の円から半径1の円を除いたものでできている。よって，この立体の表面積は，$4\pi\times2^2\times\frac{1}{2}+1\times2\pi\times2+1\times2\pi\times1+\pi\times1^2+(\pi\times2^2-\pi\times1^2)=8\pi+4\pi+2\pi+\pi+4\pi-\pi=18\pi$である。

3〔関数―関数$y=ax^2$と直線〕

≪基本方針の決定≫(1)　AB：BC＝2：1であることから，まず，点Bのy座標を求める。　(3)　放物線$y=\frac{4}{9}x^2$はy軸について線対称だから，点Pの1つはすぐわかる。

図1

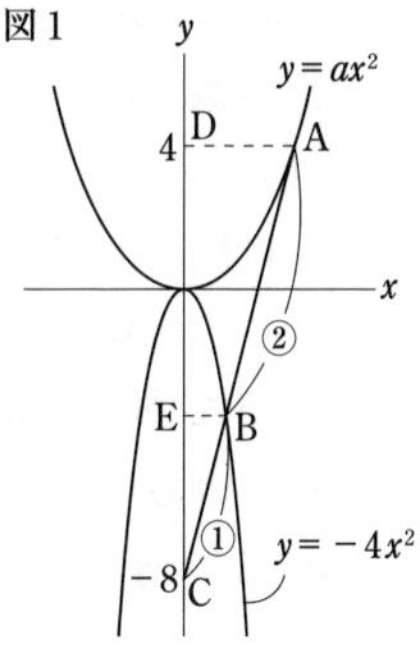

(1)<比例定数―相似>右図1で，2点A，Bからy軸にそれぞれ垂線AD，BEを引く。BE∥ADより，DE：EC＝AB：BC＝2：1で，CD＝4－(－8)＝12だから，CE＝$12\times\frac{1}{2+1}=4$となる。よって，点Eのy座標は，－8＋4＝－4となり，点Bのy座標も－4である。点Bは放物線$y=-4x^2$上にあるから，$y=-4$のとき，$-4=-4x^2$より，$x^2=1$，$x=\pm1$，$x>0$より，$x=1$となり，B(1，－4)である。また，AD∥BEより，△CAD∽△CBEで，相似比は，AC：BC＝(2＋1)：1＝3：1だから，AD＝3BE＝3×1＝3となり，A(3，4)である。放物線$y=ax^2$は点Aを通るから，$4=a\times3^2$より，$a=\frac{4}{9}$である。

図2

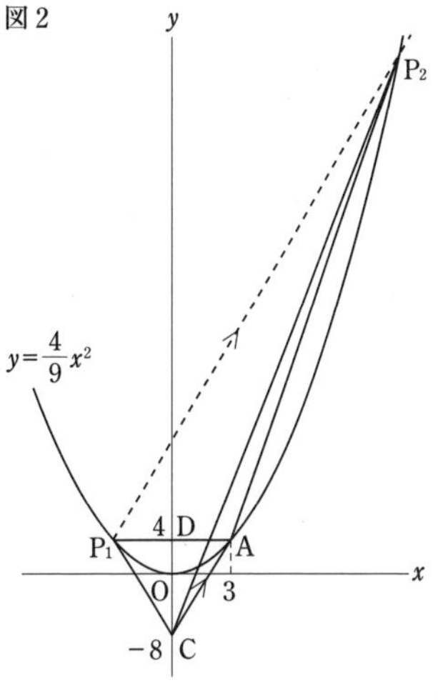

(2)<直線の式>C(0，－8)より，直線ABの切片は－8だから，その式は$y=kx-8$と表される。この直線は点Bを通り，(1)より，B(1，－4)だから，$-4=k\times1-8$より，$k=4$となる。よって，直線ABの式は，$y=4x-8$である。

(3)<点の座標>右図2で，放物線$y=\frac{4}{9}x^2$と直線ADの交点をP_1とする。放物線$y=\frac{4}{9}x^2$はy軸について対称で，直線ADはy軸に垂直だから，2点A，P_1はy軸について対称である。よって，△P_1DC

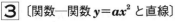

≡△ADC より，$\triangle AP_1C$：△ADC＝2：1となるから，求める点Pの1つは点P_1である。次に，放物線$y=\frac{4}{9}x^2$上にあり，点P_1と異なる点で，△APC：△ADC＝2：1となる点PをP_2とすると，$\triangle AP_2C=\triangle AP_1C$より，$P_2P_1$∥ACとなる。$P_1(-3,\ 4)$で，(2)より直線ACの傾きは4だから，直線$P_2P_1$の式は，$y=4x+b$と表される。これが点$P_1$を通るから，$4=4\times(-3)+b$より，$b=16$となり，直線$P_2P_1$の式は，$y=4x+16$である。これと放物線$y=\frac{4}{9}x^2$との交点が$P_2$である。2式から$y$を消去して，$\frac{4}{9}x^2=4x+16$より，$x^2-9x-36=0$，$(x+3)(x-12)=0$　$\therefore x=-3,\ 12$　これより，点P_2のx座標は12だから，$y=4x+16$で，$x=12$のとき，$y=4\times12+16=64$より，$P_2(12,\ 64)$となる。以上より，点Pの座標は，$(-3,\ 4)$，$(12,\ 64)$である。

4〔数と式―数の性質〕

(1)＜式の計算＞$\left(n-\frac{7}{n}\right)^2=n^2-2\times n\times\frac{7}{n}+\left(\frac{7}{n}\right)^2=n^2-14+\frac{49}{n^2}$

(2)＜式の計算の利用＞$\frac{S}{n^2}=\frac{n^4-5n^3-10n^2+35n+49}{n^2}=n^2-5n-10+\frac{35}{n}+\frac{49}{n^2}=n^2+\frac{49}{n^2}-10-5\left(n-\frac{7}{n}\right)$　(1)で，$t^2=n^2-14+\frac{49}{n^2}$より，$n^2+\frac{49}{n^2}=t^2+14$となる。よって，$\frac{S}{n^2}=t^2+14-10-5t=t^2-5t+4$と表される。

(3)＜因数分解＞(2)より，$S=n^2(t^2-5t+4)=n^2(t-1)(t-4)$　tをもとに戻して，$S=n^2\left(n-\frac{7}{n}-1\right)\left(n-\frac{7}{n}-4\right)=n\left(n-1-\frac{7}{n}\right)\times n\left(n-4-\frac{7}{n}\right)=(n^2-n-7)(n^2-4n-7)$となる。

(4)＜二次方程式の応用＞(3)より，$S=(n^2-n-7)(n^2-4n-7)$と因数分解でき，nは自然数だから，n^2-n-7，n^2-4n-7はともに整数で，$n^2-n-7>n^2-4n-7$である。$S=-26$のとき，n^2-n-7は正の数，n^2-4n-7は負の数である。よって，$(n^2-n-7,\ n^2-4n-7)=(1,\ -26)$，$(2,\ -13)$，$(13,\ -2)$，$(26,\ -1)$の4組が考えられる。$n^2-n-7=1$のとき，$n^2-n-8=0$となり，これを満たす自然数$n$はない。$n^2-n-7=2$のとき，$n^2-n-9=0$となり，これを満たす自然数$n$はない。$n^2-n-7=13$のとき，$n^2-n-20=0$より，$(n+4)(n-5)=0$　$\therefore n=-4,\ 5$　nは自然数だから，$n=5$である。このとき，$n^2-4n-7=5^2-4\times5-7=-2$となり，$n^2-4n-7$も整数になるので，適している。$n^2-n-7=26$のとき，$n^2-n-33=0$となり，これを満たす自然数$n$はない。以上より，$n=5$である。

2021年度／中央大学附属高等学校

国語解答

一 問1 ⓐ なか ⓑ 製造 ⓒ 包装
ⓓ 保険 ⓔ 精算
問2 (ニ) 問3 (ハ) 問4 (ロ)
問5 (イ) 問6 (ホ)
問7 a…(チ) b…(ニ) c…(ハ) d…(ト)
問8 (ニ)
問9 D…(ロ) E…(ニ) F…(ト) G…(ホ)
問10 (ニ) 問11 (ニ) 問12 (イ)
問13 (ニ)
問14 (1)…(ロ) (2)…(ホ) (3)…(リ) (4)…(ヌ)

二 問1 a 恐れ b 敬意 c 両義
問2 (イ) 問3 (ニ)
問4 抵抗を秘めた対応 問5 (ホ)
問6 (ハ) 問7 (ロ) 問8 (ハ)
問9 (ホ)
問10 a…(ヌ) b…(ホ) c…(リ) d…(イ)
e…(ロ) f…(チ) g…(ヘ) h…(ハ)

一 〔小説の読解〕出典；中田永一『パン，買ってこい』（『走る？』所収）。

問1＜漢字＞ⓐかなりの程度，ほとんど。 ⓑ原料を加工して製品をつくること。 ⓒ品物を包むこと。 ⓓ損害に備える保証。 ⓔ計算して過不足などを処理すること。

問2＜文章内容＞「僕」は，入間君から，「強者が弱者に対して，半ば強制的にお使いをやらせるという類いのパワーハラスメント」を申しつけられた。自分の気弱そうな雰囲気が目をつけられた原因だろうかと考えながら，まずは「五分以内という時間制限を守るには全力疾走」しなくてはならないと「僕」の身体は動き出したのである。

問3＜文章内容＞「何かに秀でていれば，自信につながって，堂々としていられるのだろう」が，「僕」には人に誇れるものがなかったのである。そんな自信のなさから，「僕」は，できるだけ目立たぬように毎日を送っていたのである。

問4＜語句＞「ねめつける」は，にらみつける，という意味。体育館裏で喫煙していた生徒たちは，近づいてくる「僕」をにらみつけるように見たのである。

問5＜文章内容＞パンを買いに行かされることを，「僕」は，「むしろここで自分の有用性を見せつけ」て，「腰巾着になることでいじめられないようにする作戦」だと受け入れたのである。

問6＜文章内容＞A．「腰巾着」になれば，「暴力の対象から除外される」かもしれないと，「僕」は損得を考えた。 B．多くのパンの中で入間君が欲しいのはどれだろうと，「僕」は迷いながら選んだ。 C．入間君はお釣りを要求しないので，ときに五百円以上の買い物になったとしても，互いに差し引きすれば帳消しになると「僕」は考えた。

問7＜文章内容＞今日はどのパンを買うのが正解なのか，バランス，栄養，好みに最適なパンをどうやって選択するか，「僕」の中に使命感と闘志が湧いた（…a）。「僕」は，自分の存在の「有用性」を見せつけたくて，パンの購買状況のリサーチや入間君の表情の観察を行った（…b）。「僕」は，ジョギングを始め，計画を立てて走り込みを行った。焼き立てのパンという難題を何としても解決するという目的が「僕」の心に生まれたのである（…c）。「僕」は，クラスの中心にいる足の速い人たちを自分とは別次元の人間だと思い込んでいたが，目標達成のためにおのずから積極的に走り込みを行うようになったのである（…d）。

問8＜文章内容＞小中学校時代，「僕」は，機敏に動くことができる足の速い人たちを，自分とは別次元の人間だと考えていた。彼らが「僕」を自分よりも劣った人間だと見なしても，それは事実なのだからしかたがないと，「僕」は思い込んでいたのである。

問9．D＜表現＞おいしいと評判の焼き立てパンを，仮に走って買ってくることができたら，入間君を満足させることができるだろうと，「僕」は思った。　E＜表現＞焼き立てパンを買ってくることができれば，間違いなく入間君を満足させることができるだろうと，「僕」は思った。　F＜接続語＞走り込みによって時間をできるだけ短縮したにもかかわらずオーバーしてしまう場合は，秘策を用いるしかないと，「僕」は計画を練った。　G＜表現＞足が速くなりルートの最適化が行われた結果，とうとう「僕」は，入間君よりも前に体育館裏に到着するようになった。

問10＜文章内容＞入間君は，中学時代陸上部で県大会にも出場したほどの実力の持ち主だった。今，焼き立てパンを買う目標のためにジョギングをしている自分のように，入間君もけがで走ることを諦めるまで，きっと走り込みの練習を欠かさなかったろうと，「僕」は想像した。

問11＜文章内容＞担任教師は，「僕」が「使いっ走りを強要」されていると助けを求めているはずだと考えていたが，何度も大丈夫だと言う「僕」を，「心を開こうとしない生徒」が強がりを言っているのだと考えて，事情を聴くのを諦めたのである。

問12＜文章内容＞「僕」は，平穏に日々を過ごしていくことに満足できなかった。「僕」は，購買まで全力疾走していた日々，パンの好みをリサーチした日々，ジョギングで足を鍛えた日々，緊張感を持って目標を達成しようとしていた日々を思うと，足が落ち着かなかったのである。

問13＜文章内容＞「地面を踏みしめ，筋肉をふりしぼり，体を前へと押し出す」ことによって，空気は風となって肌の表面をなで，景色が後方へと過ぎ去り，また新しい景色が現れた。「このままスピードをあげれば空に飛んでいけるかもしれない」とさえ，「僕」には感じられたのである。「僕」は，自分が走る快感に，我を忘れるほどの喜びを得たのである。

問14＜要旨＞人に誇れるものがなく，教室で息を殺すようにして過ごしていた「僕」は，入間君の命令で全速力でパンを買いに行く毎日を続けるうち，「反復によって体がスムーズにうごくようになるということ」や「昨日よりも今日，今日よりも明日，すこしずつ成長できるということ」を知った(…(1))。パンを買いに行く必要がなくなっても，「僕」は「自らの意思で」入間君に焼き立てのパンを買いに行くことを決意した(…(2))。「僕」が入間君の投げた五百円玉を投げ返したのは，焼き立てのパンを買いに行ったのが入間君の命令ではなく，「僕」自身が計画していたことを，自分の意思で「実行に移した」からである(…(3))。入間君の命令でパンを買いに行くうちに，「僕」は，「自らの意思で何かをはじめようと立ち上がり，同じ事をつづけて身につけた力の何と偉大なことか」と感じるようになったのである(…(4))。

二〔論説文の読解―社会学的分野―現代文明〕出典；藤田省三「松に聞け」(『戦後精神の経験Ｉ―藤田省三小論集』所収)。

≪本文の概要≫かつて山は，恐れをもって仰がれ，敬意をもって尊ばれる存在であった。墓場であり他界であると同時に社会の保護者であり発生の源泉でもある両義性の不思議さは，私たちの畏敬の念を駆り立てた。その山が，開発によって安全で楽しい一個の施設と化し，人間は，厳しさと優しさの両義的存在に対する感得能力を失った。開発で犠牲になったハイマツは，過酷な自然条件に貫かれながら屈服することなく粘り強く成長していた。斜面をはう低い姿は，高山の風圧と積雪の加重という外的条件への抵抗を秘めた対応の表れだった。一九六三年の乗鞍岳開発は，高度経済成長の所産であり，人々は一斉に便宜を求めその異常な膨張過程に参加した。一時の享楽を求めて乗鞍岳に殺到する一面的な人々の姿は，厳しさと柔らかさの両義性を持つハイマツの姿と対照的なものである。人間の自己中心的な開発の犠牲になったものへの愛を精神的動機として，破壊された自然の姿を検証し認識し直すことが，浅ましい人間からの脱出と回復を可能にする第一歩なのである。

問１＜文章内容＞山は，恐れをもって仰がれ，敬意をもって尊ばれる存在であった。「墓場であり他界であると同時に社会の保護者であり発生の源泉でもある」という「両義」性の持つ不思議さは，私たちに恐怖と尊敬という両方の感情を抱かせたのである。

問２＜文章内容＞「近づくことの困難」な場所であると同時に「私たちの生存を保証してくれる」場所でもあるというように，厳しさと優しさの両義性を持つ存在であった山は，自動車道の開通によって，一個の安全で「『楽しい遊園地』の延長物」と化してしまったのである。

問３＜文章内容＞私たちの中から，両義性を持つ存在に対する感受性は失われた。厳しさは「強権的命令の中」にしか見出せず，優しさは「ひたすら優しいだけの微温性の中」にしか発見できないという「感受性の単元化」が発生しているのである。

問４＜表現＞「厳しく過酷な条件と，その条件に貫かれながら屈服するのではなくて粘り強く成長していく」ハイマツの姿からは，「高山の強い風圧と冬期の厚い積雪の加重という外的条件への抵抗を秘めた対応」が読み取れるのである。

問５＜文章内容＞伐採されたハイマツを一本一本集めて解明されたのは，ハイマツの「辛苦を重ねて生き続けて来たその精進の厳しさ，そしてその柔軟な我慢強さ」であった。「岩山の斜面を百年にわたって匍い続けて来た一つの樹木の生活様式」は，「人間の自己中心的な開発」によって犠牲となった。そのハイマツの実態を「悲惨な屍体の解剖」によって，私たちは認識したのである。

問６＜慣用句＞「風雪に耐える」は，厳しい苦難に耐える，という意味。ハイマツの姿からは，「高山の強い風圧と冬期の厚い積雪の加重という外的条件への抵抗を秘めた対応」が読み取れる。ハイマツは，まさに風雪の中で耐えつつ屈服することなく生きていたのである。

問７＜文章内容＞高くそびえ立つのではなく，はうような姿勢で生き延びてきたハイマツからは，「辛苦を重ねて生き続けて来たその精進の厳しさ，そしてその柔軟な我慢強さ」が感じ取れる。声高な主張ではなく隠された我慢強さに，「私」は，畏敬の念を覚えるのである。

問８＜文章内容＞「一九六三年の乗鞍岳開発は高度成長の所産であった」ことは，産業の急成長や消費活動の急膨張，GNPの上昇などのデータや資料によってはっきりと認識できる。しかし，一斉にその異常な膨張過程に参加していった人々の浅ましさは，見過ごされやすいのである。

問９＜文章内容＞高度経済成長の流れの中で，人々は「一斉に『便宜』を求めてその異常な膨張過程に『参加』」した。「一時の『享楽』を求めて」乗鞍岳に殺到する人々のかたわらにあった「厳しさと軟らかさと，辛苦と素直さと，遅々たる速度と長年の持続」といった両義性を内蔵する存在であるハイマツが認識されなかったように，人々は，外界と他者に対する認識を忘れたのである。

問10＜要旨＞高度経済成長の流れの中で，人々は「一斉に『便宜』を求めてその異常な膨張過程に『参加』」した(…ａ)。乗鞍岳も，自動車道路の開通によって安全で楽しい一個の施設と化してしまったのである(…ｂ)。「一時の『享楽』を求めて」乗鞍岳に殺到する浅ましい人々の姿は，「柔軟な我慢強さ」で生きてきたハイマツの姿と対照的なものであった(…ｃ)。開発で犠牲になったハイマツは，厳しく過酷な自然条件に貫かれながら「屈服するのではなくて粘り強く成長していく」姿勢を示していた(…ｄ)。「高山の強い風圧と冬期の厚い積雪の加重という外的条件への抵抗を秘めた」ハイマツの生き方は，伐採されたハイマツを精密に調査し観察した人々によって明らかにされた(…ｅ)。人間の自己中心的な開発がもたらした破壊という危機の中で，その犠牲になったものをつぶさに見取るという行為こそが，浅ましい人間からの脱出と回復を可能にする第一歩にほかならない(…ｆ)。犠牲となったものへの愛を精神的動機として，破壊されていく自然の姿を検証することが，我々の生き方を見つめ直すことにつながる(…ｇ)。人間の自己中心的な生き方が引き起こした破壊を見つめ直すことが，犠牲者への鎮魂であり，再生への第一歩なのである(…ｈ)。

2021年度　中央大学附属高等学校(帰国生)

【英　語】（60分）〈満点：100点〉

（注意）試験開始30分後にリスニング問題を放送します。

I　次の(　)に入る最も適切なものを１つずつ選び，記号で答えなさい。

1．Sorry, you can't go in there.　They (　　) a test at the moment.
あ．take　い．are taking　う．have taken　え．will take

2．She (　　　　) out of town.　I went to her house several times, but there was no answer.
あ．must be　い．can't be　う．couldn't go　え．should go

3．I found (　　) difficult to believe his story.
あ．this　い．that　う．it　え．which

4．(　　) from the sky, the lake is extremely beautiful.
あ．See　い．Saw　う．Seen　え．Seeing

5．I took his role (　　) his absence.
あ．at　い．for　う．while　え．during

6．(　　　) you are a high school student, you must stop your childish behavior.
あ．Now that　い．As if　う．In case　え．Even though

7．My father does not like (　　　) I clean my room.
あ．how do　い．how to　う．the way　え．in which

8．What she says just doesn't make (　　) to me.
あ．truth　い．meaning　う．importance　え．sense

9．It is said that a foreign company will (　　　　) the Japanese bank.
あ．take off　い．take over　う．take away　え．take out

10．Applicants must have a good (　　) of both written and spoken Japanese.
あ．command　い．view　う．literacy　え．control

II　次の各組の文がほぼ同じ意味になるように，(　)に最も適切な語を入れたとき，(＊)に入る語を答えなさい。

1．My aunt visits my house every time she comes this way.
My aunt (　＊　) comes this way (　　) visiting my house.

2．Why did you turn down his offer ?
(　＊　) made you turn down his offer ?

3．May I sit here ?
Do you (　＊　) if I sit here ?

4．He is not so old as he looks.
He looks (　　)(　＊　) he really is.

5．He treated me like a child.
He treated me (　＊　)(　　) I were a child.

III　次の各文の下線部のうち，文法的に**誤っているもの**を１つずつ選び，記号で答えなさい。

１．My uncle will have been(あ) in the hospital(い) for three weeks(う) on next Friday(え).

２．What(あ) I would like to know is that(い) she really wants to become a lawyer, for she doesn't make any effort(う) at all(え).

３．A friend of mine(あ) has(い) just been admitted to(う) the high school.　I hope her to spend(え) a wonderful time there.

IV　次の２つの英文を読み，質問に対する答えとして最も適切なものを１つずつ選び，記号で答えなさい。

［１］ For thousands of years, people have gazed in wonder at the night sky. Slowly they learned more and more about the twinkling stars and the planets above them. Many dreamed of visiting and exploring the planets, but at that time there was no way of traveling there. Instead, people had to *make do with views seen through poor quality telescopes. The earth is one of nine planets that travel through space around the sun. The moon is our closest neighbor in space, but it is still 384,400 kilometers away. In July 1969, millions of people all over the world turned on their television sets at the same time. They were watching something that had never been seen before—an astronaut climbing out of a spacecraft that had just landed on the moon. It was the first time that anyone from the earth had walked on another world. The astronaut Neil Armstrong stepped onto the dusty surface of the moon. At that moment, he was "farthest away" from home than any other explorer had ever been.

注：*make do with　～で済ます，間に合わせる

Why did many people all over the world turn on their television set at the same time ?

あ．Because they never wanted anyone to succeed in landing on the moon.
い．Because they wanted to see if the moon is the closest planet from the earth.
う．Because the TV program was about the life of the astronaut Neil Armstrong.
え．Because it was the moment that mankind's long-time dream would come true.

［２］ Nowadays, most museums are large public institutions created for the purpose of education. People can learn about specific areas and gain interest in fields such as art, science, and natural history. Experts run these museums and they are well organized. But in the 18th century, there were no large public museums. Instead, museums were owned by individuals who set up their own displays, then asked people to pay a small fee to see them. The first person in America to do this was Charles Willson Peale. He was a painter and inventor. Peale founded a museum in Philadelphia in 1784. He wanted to bring together objects that might help people increase understanding. Natural history displays such as stuffed birds were grouped together to help educate people. "Can the imagination think of anything more interesting than such a museum ?" Peale asked. Other museum owners soon began copying him. By the beginning of the 19th century, almost every major city had such an establishment.

According to the passage, what is true about Charles Willson Peale ?

あ. He founded a museum in Philadelphia and it was run by experts.
い. He was the first person that founded a public museum in Philadelphia.
う. His displays helped people learn about natural history.
え. He built more museums in other big cities in America.

V　次の英文を読んで，設問に答えなさい。

(1)I always loved the movies. It didn't even matter if I went to see them alone. Once the lights faded and the previews began, I kept my eyes on the screen until the credits rolled and the lights came up again. In the movies, (2)nothing seemed impossible; in fact, I liked to pretend that what was happening on-screen was happening in my own life, as well. In (ア) words, I lived my life through the actresses on-screen, I was no longer an ordinary sixteen-year-old girl from a typical suburban neighborhood. I became the star of the cheerleading team who leads her team to victory, or the teenager with no parents who bridges the gap between the races at her high school, or even the young woman who falls in love with a handsome gentleman from the nineteenth century. And I would always live happily ever (イ).

It wasn't the charming characters that I loved most of all, or even the exciting adventures they had. I liked the happy endings, the perfect happy endings. I wanted my life to be like that, happy and wonderful. I wanted to escape the stress of family and friends and school. It was all too much for me to handle. At times I felt like I couldn't breathe! My only escape was going to a movie theater.

(3)I hadn't always been this way. As a young girl I was outgoing and friendly, and even involved in extracurricular activities. High school was different, though. I became quiet and often spent my time alone.

My parents were worried about me. They didn't understand why I was suddenly so sad. They wanted me to call old friends or get more involved with school. They didn't understand what the high-school pressures were like: the pressures to have the perfect body, the perfect grades and the perfect friends. Perfect just wasn't me. My ideal world was impossible for me to achieve. I was average. No more, no less. Average.

After promising my parents a thousand times that I would call one of my old friends, I finally agreed. The only number I knew by heart was Sarah's, so I called her. Sarah herself was pretty close to perfect: straight-A student, class president, off to Yale in the fall, beautiful, sweet, brilliant. We decided to meet for a pizza lunch.

We ate and talked and caught up on old times. She filled in the blanks of her life, and I smiled and told her everything in my life was good.

"[(1)]," I lied.

"[(2)]," she said honestly. "I can't tell you how stressed out I've been lately ..." She explained the pressures she was under, and even told me about some of her own problems related to her future.

I couldn't lie to her.

"[(3)]," I admitted.

I told Sarah everything. I told her how difficult it has been for me the past few years and how much pressure I was under.

"I wish my life was the way it is in the movies," I sighed. "[(4)]," I looked down through my fingers, face in my hands.

"I understand," she said.

I looked up at her, questioning her with my eyes.

She told me that she would often escape her realities by filling her spare moments with TV and movies, dreaming that her life could follow the same simple storylines. She was just like me.

"Then one day," Sarah explained, "I started to think about why I wanted to be like the people in the movies I was watching. What did those characters have that I didn't have ? And then it occurred to me. They had their scripts already (4)write out for them. They weren't real ; they were somebody's idea, somebody's plan. I had ideas. I had plans. I had the ability to write my own script. If I alone had the power to determine the (5)plot of my life movie, then why wouldn't I make it an inspiring one, a movie with a happy ending ?"

She took my hand in hers.

"Cecile," she said, "you are the star of your own movie. Now all you need is your story."

I looked into her eyes and nodded, and then suddenly I began to cry. She was right. No other actress could fill my role. Not one. It was up to me to produce, edit, and direct my life. I decided right then and there that I would write my own script. I would set my own goals from now on, goals that I knew I was capable of achieving. There can be no success without the possibility of failure. The only sure way of failing is by refusing to try.

I looked over at Sarah, my best friend in this new movie about my life.

"Thank you," I said squeezing her hand. As the curtain rose, my film began to take on a wonderful life of its own.

1．下線部(1) I always loved the movies. とあるが，Cecile のお気に入りの映画の見方として最も適切なものを１つ選び，記号で答えなさい。

あ．映画に集中するために，自分一人だけで映画を見る。
い．映画での出来事が自分の実生活で起きていると考える。
う．郊外の映画館ではなく，都会の映画館で映画を見る。
え．あこがれている女優のしぐさを忠実に真似してみる。

2．下線部(2) nothing seemed impossible とほぼ同じ意味を表すように，(　)に入る最も適切な１語を答えなさい。

(　　) seemed possible

3．下線部(3) I hadn't always been this way. の意味として最も適切なものを１つ選び，記号で答えなさい。

あ．私は昔からずっと現実逃避するために映画館に通っていたわけではなかった。
い．私は昔からずっと社交的・友好的ではなかったが，課外活動には参加していた。
う．私は昔からずっと学習面でのプレッシャーに苦しめられていたわけではなかった。
え．私は昔からずっと物静かで引っ込み思案で，課外活動に参加していなかった。

4．下線部(4) write を文脈に合うように直しなさい。ただし，語数は１語のままとする。

5．下線部(5) plot の意味として最も適切なものを１つ選び，記号で答えなさい。

あ．題名　　い．秘密　　う．出演者　　え．あらすじ

6．(ア)と(イ)に入る最も適切な語を１つずつ答えなさい。

7．(1) ～ (4) に入る最も適切なものを１つずつ選び，記号で答えなさい。ただし，記号は１度しか使えない。

あ．I could be better actually
い．It would be so much easier
う．You're lucky
え．Couldn't be better

8．本文の内容と一致するものを３つ選び，記号で答えなさい。
あ．Cecile は想像の中でチアリーディングの監督を演じ，チームを勝利に導いた。
い．Cecile は想像の中で孤児を演じ，高校での人種問題解決に向けて取り組んだ。
う．Cecile は実生活ではハッピーエンドを望んだが，映画では望まなかった。
え．Cecile の両親は Cecile のことを心配し，昔の友達へ連絡して欲しかった。
お．Cecile は Sarah の電話番号しか覚えていなかったので，彼女に電話をかけた。
か．Sarah はとても優秀な生徒だったので，将来に対する不安は感じなかった。
き．Sarah は Cecile と違って，テレビや映画などを見て過ごすことはなかった。
く．Cecile は達成出来そうもない目標をあえて設定し，自分を鼓舞しようとした。
け．Cecile は Sarah と話した後も，失敗を恐れて挑戦することをためらっていた。

9．本文のタイトルとして最も適切なものを１つ選び，記号で答えなさい。
あ．How to Enjoy Movies
い．Star of My Own Movie
う．My Favorite Movie
え．Watching Movies to Escape

＜リスニング・ライティング問題＞〈編集部注：放送文は未公表につき掲載してありません。〉

VI　これから英語による授業を聞き，Part A の問いに答えなさい。英文と質問は２回ずつ読まれます。また，Part B では，授業の内容に関連するあなたの意見を書きなさい。Part B については，具体的な指示がありますので，よく読んでから解答してください。

Part A　英語の質問を聞き，答えとして最も適切なものを１つずつ選び，記号で答えなさい。

1．あ．Reading can help you to become a better person.
い．Reading is necessary if you want to graduate from high school.
う．You will be good at reading if you try hard when you are young.
え．You will become a fun and interesting person if you read many books.

2．あ．They have to read 100 Japanese books every year.
い．They read 100 Japanese books over three years.
う．They can choose books for the assignment to match their reading level.
え．The reading assignment encourages them to read Japanese and English books.

3．あ．There are many reading activities that students can join over a month.
い．The students can learn how inspirational they can be to other people.
う．The purpose of Reading Week is to help them get into the habit of reading.
え．It is very similar to the reading assignment program in Chuo University High School.

4．あ．The school library helps students arrange the Character Parade.
い．In the parade, students can wear the costume of their favorite book characters.
う．In the parade, students walk around interviewing their favorite book writers.
え．It creates a positive change among students as they lack the passion for reading.

5．あ．To introduce a famous American writer and their quote to the class.

い．To discuss both the good and bad points of reading.

う．To compare a reading program in Japan to one in India.

え．To help students change the way they feel about reading.

Part B　あなたは，読書によって何が得られると思いますか。あなたの**意見を１つ**挙げ，なぜそれが読書によって得られることなのか，具体的な**理由を２つ**挙げ，100語程度の英語で述べなさい。

【数　学】（60分）〈満点：100点〉

（注意）　1．答の $\sqrt{\ }$ の中はできるだけ簡単にしなさい。

2．円周率は π を用いなさい。

1　次の問いに答えなさい。

(1)　$-(ab^2c)^2 \div a^2b^3c^4 \times (-2abc^2)^3$ を計算しなさい。

(2)　$\dfrac{(\sqrt{5}+\sqrt{3})^2}{\sqrt{15}} - \dfrac{\sqrt{3}}{\sqrt{5}} - \dfrac{\sqrt{5}}{\sqrt{3}}$ を計算しなさい。

(3)　$(x+2)^2+(x+2)(x-1)-x^2+4$ を因数分解しなさい。

(4)　連立方程式 $\begin{cases} \dfrac{3}{x-1}+\dfrac{4}{y+1}=1 \\ \dfrac{y+1}{x-1}=2 \end{cases}$ を解きなさい。

(5)　2次方程式 $(x+1)(x+2)+3=4(x+5)$ を解きなさい。

(6)　$\dfrac{56}{n^2+n+1}$ が整数となるような整数 n をすべて求めなさい。

(7)　関数 $y=-\dfrac{1}{3}x^2$ について，x の値が3から a まで増加したときの変化の割合が $-\dfrac{5}{2}$ であるとき，a の値を求めなさい。ただし，$a \neq 3$ とする。

(8)　赤玉3個，白玉2個，青玉1個が入っている袋から同時に2個の玉を取り出すとき，それらの色が同じである確率を求めなさい。

(9)　図1の $\angle x$ の大きさを求めなさい。ただし，点Oは円の中心，AB∥CDとする。

図1

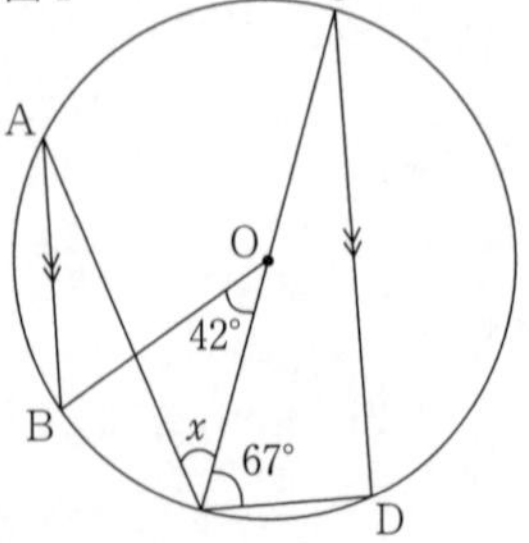

図2

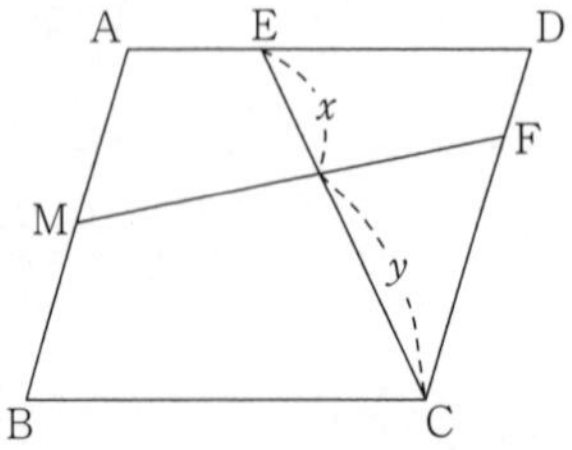

(10)　図2の平行四辺形ABCDにおいて，$x:y$ を最も簡単な整数の比で表しなさい。ただし，AE：ED＝1：2，CF：FD＝3：1，Mは辺ABの中点とする。

(11)　容器に4％の食塩水が400g入っている。この食塩水に次の操作をした。

操作①　容器から x gの食塩水を取り出した後，容器に8％の食塩水を x g加えてよくかき混ぜた

操作②　操作①でできた食塩水から x gを取り出した後，容器に x gの水を加えてよくかき混ぜた

操作②でできた食塩水の濃度は3.51％だった。

(ア)　操作①でできた食塩水に含まれる食塩の質量を x の式で表しなさい。

(イ)　操作②でできた食塩水に含まれる食塩の質量を x の式で表しなさい。

(ウ)　x の値を求めなさい。

2 以下の文章を読み，下の問いに答えなさい。

数学科のMath先生と生徒の太郎君が「極限，無限の和，曲線に囲まれた部分の面積」について話しています。

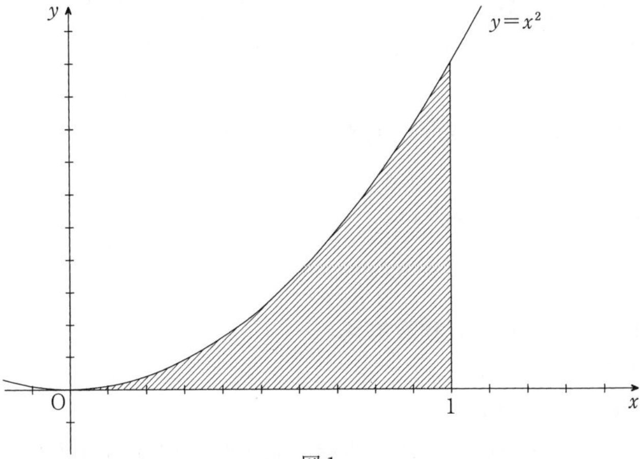

図1

Math：今日は図1の放物線($y=x^2$)と直線(x軸と$x=1$)に囲まれた斜線部分の面積を求めてみよう。その準備として「極限」,「無限の和」というアイデアが必要なんだね。ただ今日の話の内容を厳密に「証明」するのは厳しいので，直観を大切に考えてくださいね。

最初に，アルキメデス(Archimedes，B.C. 287～B.C. 212)が曲線図形に直線で囲まれた図形を内接および外接させ，これらをどんどん曲線図形に近づけていくことにトライしました。

その後，ピエール・ド・フェルマー(Pierre de Fermat，A.D. 1601～A.D. 1665)はアルキメデスの古典的手法をきちんと専門的にまとめ上げました。今日はアルキメデスとフェルマーのアイデアを利用して曲線に囲まれた部分の面積を求めてみましょう。さて太郎君「極限」というイメージはどんな感じかな？

太　郎：「ぎりぎり」のところのイメージがあります。限界とか限度のような感じですか。

Math：そうですね。今はそれで充分です。では次のようなことを考えましょう。

1に$\frac{1}{2}$を加え，次に$\left(\frac{1}{2}\right)^2$を加え，さらに$\left(\frac{1}{2}\right)^3$を加え，$\left(\frac{1}{2}\right)^4$を加え，というように$\frac{1}{2}$の累乗を限りなく加えていったらどうなるでしょう？

$$1+\frac{1}{2}+\left(\frac{1}{2}\right)^2+\left(\frac{1}{2}\right)^3+\left(\frac{1}{2}\right)^4+\cdots \qquad \text{(i)}$$

ここで「…」は限りなく続くという意味です。まさしく限りなく加えなさいということだね。

また，数をある規則で並べたものを「数列(sequence)」，数列を作る一つ一つの数を「項(term)」と言います。

上記(i)のように数列の項を順に和の記号で結んだものを「級数(series)」と言います。特に上記(i)のような累乗の和を「幾何級数(geometric series)」と言います。

太郎君，限りなく加えるといくつくらいになると思う？　直観でいいですよ。

太　郎：えーと，1,000,000くらいかな？

Math：Oh―，すごく大きな数ですね。

太　郎：う～ん，最初は小さいかもしれませんが，「塵《ちり》も積もれば山となる」という諺《ことわざ》がある通りにとても大きな数になると思います！

Math：実は，次のような公式があるんですよ。

公式　$1+r+r^2+r^3+r^4+\cdots=\dfrac{1}{1-r}$　　(ii)

ただし，$-1<r<1$　（rの大事な条件）

太　郎：こんなにシンプルな式で求められるのですね。数学のマジカルパワーには驚かされます。

Math：では太郎君，実際に公式(ii)を用いて級数(i)の和を求めてみましょう。

問1　級数(i)の和を公式(ii)を用いて求めなさい。

Math：あまり大きな数にはなりませんでしたね。この公式は今回重要な役割をしますので，気に留めておいてください。

Math：次に放物線と直線に囲まれた部分の面積を求めてみよう。

Key word は「曲線を直線で近似する」ことなんだよ。

太　郎：曲線を直線で近似する？　そんなことできるの？

Math：もちろんだよ。正確な論証は厳しいけど，太郎君の直観次第さ。

太　郎：先生，僕は直観人間と言われているので大丈夫です。

ワクワクしますね，曲線を直線で近似するアイデアは。

Math：さてこれからは17世紀に活躍したフェルマーが用いた方法で曲線に囲まれた部分の面積を求めてみましょう。

まずは１より小さい正の数p（たとえば$p=0.8$とする）に関して，p，p^2，p^3，p^4，…の位置を下のように図１のx軸上にとってみます。

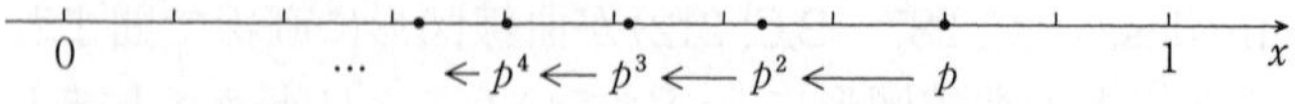

指数kが増加するにしたがい，p^kは減少します。そして０に近づきます。また，右から左へ移動する（$p\to p^2\to p^3\to p^4\to\cdots$）とき，各２点間の距離もだんだん近くなり，そして０に近づきます。

次に，関数$y=x^2$について$x=p$，p^2，p^3，…のときの値を求めます。

$x=p$のとき，$y=p^2$

$x=p^2$のとき，$y=(p^2)^2=p^4$

$x=p^3$のとき，$y=(p^3)^2=p^6$

⋮

これを図示したのが図２です。

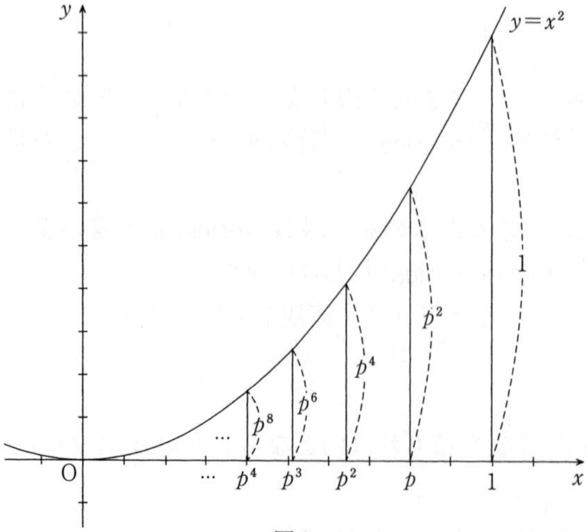

図２

次に，図のように無限に続く「長方形の階段」を作りましょう。
例えば，$p=0.7$，$p=0.8$ として作ったのが，それぞれ図３と図４です。

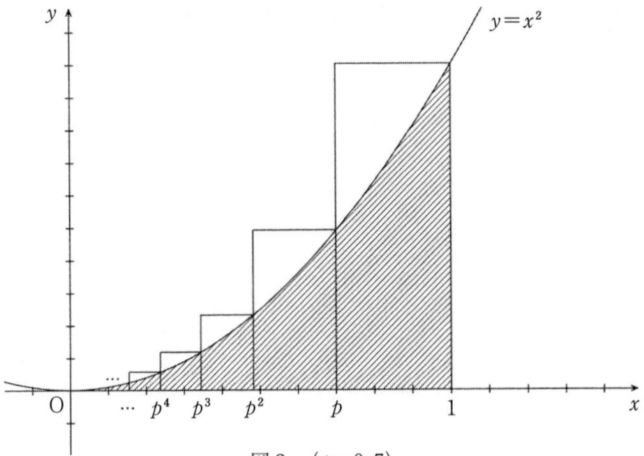

図３　($p=0.7$)

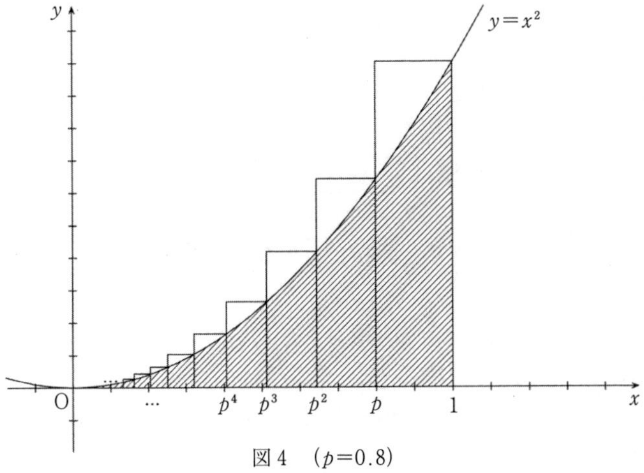

図４　($p=0.8$)

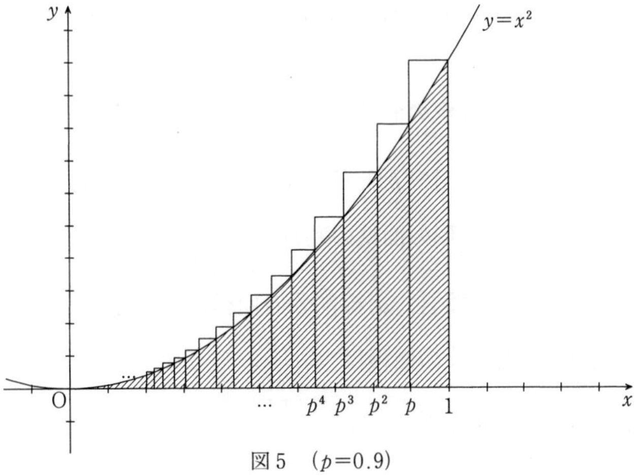

図５　($p=0.9$)

Ｍａｔｈ：太郎君，求めたいのは斜線部分の面積ですよね。図３と図４では，どちらの方が精度が高い(長方形の面積の和が斜線部分の面積に近い)でしょうか。直観で答えてください。

太　郎：どちらも長方形の面積の和の方が斜線部分の面積よりも大きくなっていますが，僕には図４の方が，精度が高いように感じられます。

Ｍａｔｈ：そうですね。ちなみに，$p=0.9$ のときは，図５のようになります。

太　郎：ということは，p が１に近ければ近いほど精度が高くなるのですか？

Ｍａｔｈ：その通り！　太郎君の直観はたいしたものです。p が限りなく１に近い方が精度は高いですね。繰り返しますが，長方形の面積の和が斜線部分の面積に限りなく近くなるのは p が１に限りなく近いときです。

Math：さてさていよいよ終盤に近づきましたよ。今度は一般論で話しますね。

問2　以下の空欄 $\boxed{(1)}$ ～ $\boxed{(10)}$ は p を用いて，$\boxed{(11)}$ は整数で，それぞれ埋めなさい。

Math：同じように，1より小さい勝手な正の数 p を考えて，無限に続く「長方形の階段」を作ります。（図6）

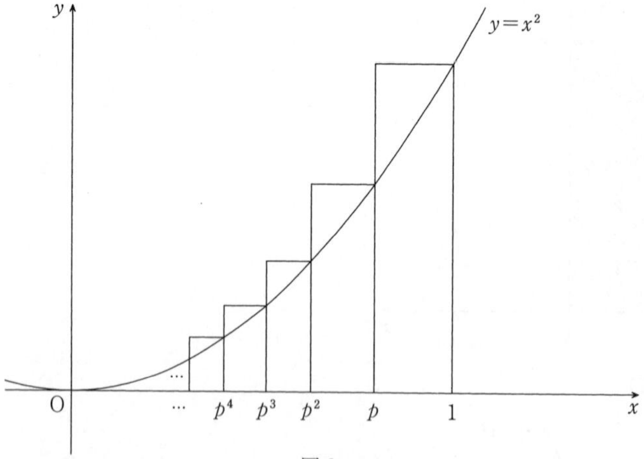

図6

では，図6で作った長方形の面積の和を求めましょう。

まず，一番右の長方形は，

高さが1で，幅が $\boxed{(1)}$ なので，面積は $\boxed{(2)}$ です。

次に，右から2番目の長方形は，

高さが $\boxed{(3)}$ で，幅が $\boxed{(4)}$ なので，面積は $\boxed{(5)}$ です。

次に，右から3番目の長方形は，

高さが $\boxed{(6)}$ で，幅が $\boxed{(7)}$ なので，面積は $\boxed{(8)}$ です。

このことを続けていき，長方形の面積の和を求めると，

（長方形の面積の和）$=(1-p)+p^3(1-p)+p^6(1-p)+p^9(1-p)+\cdots$

$1-p$ は各項に含まれているので，

（長方形の面積の和）$=(1-p)(1+p^3+p^6+p^9+\cdots)$

ここで，$1+p^3+p^6+p^9+\cdots$ を公式(ii)の $r=p^3$ として考えると，

（長方形の面積の和）$=(1-p)\left(\dfrac{1}{\boxed{(9)}}\right)$

さらに，$1-p^3=(1-p)(1+p+p^2)$ と因数分解できるので，

（長方形の面積の和）$=\dfrac{1}{\boxed{(10)}}$

さあ太郎君，斜線部分の面積はどうなるかな。適切な p の値を考えてごらん。

太　郎：斜線部分の面積は $\dfrac{1}{\boxed{(11)}}$ です。

Math：その通り！

の店舗が損壊・略奪の被害にあった。

シュトゥットガルトは市民一人あたりの可処分所得がドイツで最も高い町の一つで、この種の事件が起きたことは一度もなかった。犯罪学者らの間では「コロナ危機は多くの負け組を生んでいる。長期間のロックダウンで自宅にいなくてはならなかったために、多くの市民の間で欲求不満が高まっている」として、コロナ危機による制約が人々を過激な行動に走らせたという見方が有力だ。一見平穏に見える大都市でも、コロナ危機によって市民の欲求不満は臨界に近づいている。シュトゥットガルトの騒擾《そうじょう》は、火薬の詰まった樽《たる》に火の付いたマッチを落とせば、大爆発が起こることを示した。

最悪のシナリオは、右派ポピュリストたちが市民の心の中に蓄積している負のエネルギーを悪用して、支持者を増やすことだ。

二〇一五年の難民危機後に欧州各国で起きた出来事は、右派ポピュリストたちが偽ニュースによるプロパガンダ戦略を駆使すれば、市民の現政権に対する不満や不安を利用して支持率を大きく伸ばしたり、伝統政党や半数近くの有権者の意に反して一国を国際機関から離脱させたりできることを立証した。

いまやパンデミックは、民主主義社会にとって、難民危機以上に危険な土壌をグローバルな規模で育成しつつある。私が現在の状況を二〇一五年よりも危険と考える理由は、パンデミックが中産階級の間にも失業者数を激増させているからだ。二〇二〇年一月までは豊かな生活をしていた人々が、突然無収入者になり生活保護以外の生活の糧がなくなる。難民危機には、これほど重篤な副作用はなかった。

市民の不満の矛先は、グローバル化に対しても向けられる。右派ポピュリストたちは、グローバル化がパンデミックによる経済的な被害を深刻にしたと主張する。多国間の協調体制ではなく「自国ファースト」を標榜《ひょうぼう》する人々にとって、パンデミックはEUや国連などの国際機関を攻撃するための絶好の材料を与える。

たとえば欧州企業は、コロナ危機が起きる以前には、マスクや一部の抗生物質の生産施設を人件費が安い中国に移していた。医療物資や医薬品の自給率よりも収益性を重視したからだ。このためパンデミックの初期に貿易が停滞すると、欧州ではマスクや一部の医薬品が足りなくなった。欧州では、将来こうした事態を防ぐために、市民の安全や健康にとって重要な製品を自国内で生産するべきだという意見が強まっている。

つまりコロナ危機は二一世紀に加速する一方だったグローバル化に、ブレーキをかける。グローバル化が完全に停止することは考えられないが、少なくとも速度はこれまでよりも遅くなるだろう。一部の市民は、こうした動きを見て、右派ポピュリストたちの「グローバル化悪玉論」には一理あると考えるに違いない。

バイエルン州政治教養センターのウルズラ・ミュンヒ教授は「コロナ危機は、グローバル化を批判してきた右派ポピュリストや保護貿易主義者にとって追い風となる。彼らがパンデミックや市民生活の制約を、支持率を伸ばすための道具として悪用する恐れがある」と警告している。

いま世界の国々は、パンデミックによって民主主義体制の強靱《きょうじん》性を試されている。各国は国家エゴだけを追求するのではなく、現在EUが行っているように団結を強めることによって各国経済を安定させ、右派ポピュリストたちの危険な誘惑から市民を守るべきだ。

（熊谷　徹『パンデミックが露わにした「国のかたち」』NHK出版、二〇二〇年八月より。なお、本文には省略した箇所がある。）

問1　この文章を一〇〇字程度で要約しなさい。

問2　この文章を読んであなたが考えたことを、四〇〇字程度で書きなさい。

二〇二一年度 中央大学附属高等学校（帰国生）

【国語】（六〇分）〈満点：一〇〇点〉

一 以下の設問に答えなさい。

問1 次の①～⑮について、――部のカタカナをそれぞれ漢字に直しなさい。また、⑯～⑳について、――部の漢字の読み方をひらがなで書きなさい。

① 流行にビンジョウする。
② ボケツを掘る。
③ 新しい政権をジュリツする。
④ 念仏をトナえる。
⑤ 両親をウヤマう。
⑥ その質問はマトハズれだ。
⑦ ギャッキョウに立ち向かう。
⑧ 成績がテイメイする。
⑨ カンカできない事態に遭遇する。
⑩ メンバーをサッシンする。
⑪ 入場料をメンジョする。
⑫ つまらないジョウダンを言う。
⑬ 困難をコクフクする。
⑭ 責任をテンカする。
⑮ ほうきで落ち葉をハく。
⑯ 自由を束縛する。
⑰ 隆盛を極める。
⑱ 弟を慰める。
⑲ 準備を怠る。
⑳ 現場に赴く。

問2 次の①～⑤の慣用句について、□に当てはまる語を(ア)～(カ)の中から選び、それぞれ記号で答えなさい。また、その意味として適当なものを(キ)～(シ)の中から選び、それぞれ記号で答えなさい。

慣用句
① □が利く
② □が合う
③ □を巻く
④ すずめの□
⑤ □をこまぬく

語
(ア) 手　(イ) 足　(ウ) 舌
(エ) 涙　(オ) 顔　(カ) 馬

意味
(キ) とても感心すること。
(ク) ごくわずかしかないこと。
(ケ) 落ち着いて対処すること。
(コ) 何もせずにただ見ていること。
(サ) お互いの気持ちや考えが一致すること。
(シ) 信用や権力があって相手に無理が言えること。

二 次の文章を読んで、以下の設問に答えなさい。

多くの国々でロックダウンの後遺症のために失業者数が増加し、市民の不安や不満が募っている。ネット上の偽ニュースは、人々の政府に対する不信感を煽《あお》る。ちょうど二〇一五年の難民危機の時と同じように、右派ポピュリスト政党が人々の不満を利用して、支持者を増やそうとする可能性がある。

パンデミックによる損害がこれまで比較的軽微だったドイツすら、一触即発の状態にあることを示す出来事があった。

二〇二〇年六月二〇日の夜に、シュトゥットガルトの商店街で警察官が若者に職務質問を行ったところ、付近にいた若者約五〇〇人が警官たちに襲いかかり、付近の商店のショーウインドウなどを破壊した。この「ミニ暴動」で警察官一九人が負傷したほか、四〇件

2021年度／中央大学附属高等学校(帰国生)

英語解答

I
1 い　2 あ　3 う　4 う
5 え　6 あ　7 う　8 え
9 い　10 あ

II
1 never　2 What　3 mind
4 than　5 as

III
1 え　2 い　3 え

IV
[1] え　[2] う

V
1 い　2 anything〔everything〕
3 あ　4 written　5 え
6 ア other　イ after
7 (1)…え　(2)…う　(3)…あ　(4)…い
8 い, え, お　9 い

VI
Part A　放送文未公表
Part B
(例) I think one benefit of reading books is developing the ability to think. Some books use a rich vocabulary and describe ideas in a well-organized way. From those books we can learn how to think deeply. A sports science book I recently read is a good example. The book taught me medical words such as “adipose” as well as academic words such as “synergy,” to name a few. In addition, it logically explained why some exercises are effective and others not. The words and logics in the book will help me think clearly about improving my sports skills.
(98語)

数学解答

1
(1) $8a^3b^4c^4$　(2) 2
(3) $(x+2)(x+3)$　(4) $x=6,\ y=9$
(5) $x=\dfrac{1\pm\sqrt{61}}{2}$
(6) $-3,\ -1,\ 0,\ 2$　(7) $\dfrac{9}{2}$
(8) $\dfrac{4}{15}$　(9) 44°　(10) 5：9
(11) (ア) $\dfrac{1}{25}x+16$ g　(イ) $-\dfrac{1}{10000}x^2+16$ g　(ウ) 140

2
問1　2
問2　(1)…$1-p$　(2)…$1-p$　(3)…p^2
(4)…$p-p^2$　(5)…$p^3(1-p)$
(6)…p^4　(7)…p^2-p^3
(8)…$p^6(1-p)$　(9)…$1-p^3$
(10)…$1+p+p^2$　(11)…3

国語解答

一 問1 ① 便乗 ② 墓穴 ③ 樹立
④ 唱 ⑤ 敬 ⑥ 的外
⑦ 逆境 ⑧ 低迷 ⑨ 看過
⑩ 刷新 ⑪ 免除 ⑫ 冗談
⑬ 克服 ⑭ 転嫁 ⑮ 掃
⑯ そくばく ⑰ りゅうせい
⑱ なぐさ ⑲ おこた
⑳ おもむ

問2 ①…(オ)・(シ) ②…(カ)・(サ)
③…(ウ)・(キ) ④…(エ)・(ク)
⑤…(ア)・(コ)

二 問1 (例)コロナ危機による市民の不満がグローバル化に対しても向けられ，コロナ危機は，右派ポピュリストに追い風となっている。今こそ，各国は，国家エゴを追求するのではなく，国家間の団結を強めることで経済を安定させ，右派ポピュリストから市民を守るべきである。(121字)

問2 (省略)

2020年度 中央大学附属高等学校(推薦)

【英　語】 (30分) 〈満点：60点〉

I　次の(　)に入る最も適切な語(句)を1つずつ選び，記号で答えなさい。

1．Mike has (　　) CDs than me.
あ．many　い．more　う．much　え．most

2．The watch (　　　) yesterday was very expensive.
あ．I bought　い．which I bought it　う．which bought　え．which bought it

3．This is a picture (　　) by Picasso.
あ．paint　い．was painted　う．painting　え．painted

4．Are you (　　) his opinion ?
あ．in　い．to　う．for　え．with

5．Takuya has decided (　　) abroad.
あ．studying　い．to study　う．studied　え．in studying

6．This problem is easy enough for me (　　).
あ．solve　い．solving　う．to solve　え．to be solved

7．Our teacher (　　) us to bring a dictionary to the next class.
あ．told　い．said　う．spoke　え．made

8．A： How long (　　　) in Koganei ?
B： Since last year.
あ．do you live　い．are you living　う．did you live　え．have you lived

9．Ken learned (　　) to play the piano.
あ．about　い．how　う．but　え．as

10．I was surprised to know (　　　　).
あ．how is that building high　い．how that building high is
う．how high is that building　え．how high that building is

II　次の各組の文がほぼ同じ意味になるように，(　)に最も適切な語を入れた時，(＊)に入る語を答えなさい。

1．I don't sing as well as my sister.
My sister sings (＊) (　　) I.

2．The movie was too difficult for us to understand.
The movie was (＊) difficult (　　) we couldn't understand it.

3．I studied hard for the exam, but I didn't pass.
(＊) (　　) studied hard for the exam, I didn't pass.

4．How about giving her a call ?
(＊) (　　) you give her a call ?

5．The Nile River is longer than any other river in the world.
The Nile River is (　　) (＊) river in the world.

III　次の対話が完成するように，(　)に入る最も適切な語を答えなさい。

1．A：(　　　) you (　　　) been to Australia？
　B：Yes, I have.
2．A：This is a famous novel by Akutagawa Ryunosuke.
　B：(　　　)(　　　) it written？
　A：In 1916.
3．A：You speak English very well.　(　　　)(　　　) you English？
　B：Adam does.　He is from England and his classes are a lot of fun！
4．A：Please give me (　　　)(　　　) drink.
　B：You can drink anything in the fridge.

IV　次の２つの英文を読み，内容を正しく表しているものを１つずつ選び，記号で答えなさい。

［1］　A *laboratory in the Netherlands can now grow meat.　A small piece of meat costs around $12,500 to make, but the price will become cheaper in the future.　One *professor said that the laboratory has some *investors.　They want to start selling this meat in shops in three years.　It will still be expensive, at around 12-14 dollars for a hamburger, but the price will continue to drop.　The professor also believes that in seven years from now, you would be able to buy it in any supermarket or store.　In the future, the *production of this meat will be a lot cheaper than keeping cows, but it is important that it is still good enough to eat.

注：*laboratory　研究所　　*professor　教授　　*investor(s)　投資家　　*production　製造

あ．The laboratory doesn't have enough money to make cheaper and more delicious meat.
い．Everyone will like the meat that the laboratory grows in the future.
う．It is difficult to grow meat in the laboratory.
え．We will see the meat that the laboratory grows in supermarkets in several years time.

［2］　Insects are small animals like ants or bees.　They are very important.　Many animals eat them.　If all of the insects die, many animals will have nothing to eat.　Insects also *pollinate flowers.　Without insects, plants cannot *exist.　Also, people cannot grow *crops without insects.　A new study showed some shocking results.　It says that insects are slowly dying out.　There are 2.5% fewer insects every year.　If this pattern continues, there will be 25% fewer insects in 10 years.　This is a big problem for us.　People do not know why this is happening.　However, most people believe that it is because the planet is getting warmer.　Also, many farmers use *chemicals that kill insects for farming.　That is another big problem for insects, too.

注：*pollinate　～に授粉する　　*exist　存在する　　*crop(s)　農作物　　*chemical(s)　化学薬品

あ．This passage is about how important insects are and why they are dying out.
い．This passage is about how strong insects are and why chemicals are bad for them.
う．This passage is about how insects live and why global warming is bad for them.
え．This passage is about how insects can grow and why they are a big problem for farming.

V 次の英文を読み，あとの問いに答えなさい。

There are over 1,000 deer in Nara Park. Every year, a lot of people visit the park to see their lovely eyes and thick fur.

Deer usually eat grass but they also like to eat blossoms too. In spring, people can see them eating plum or cherry blossoms on the ground.

Tourists are allowed to feed deer with *shika senbei*, ①or sugar-free crackers that are sold in nearby shops. The crackers are a kind of snack for deer and the deer like the crackers very much. If they find tourists with one, they will soon go to ②them.

However, a number of foreign objects such as plastic bags were found in the stomachs of the deer. (A) must be some tourists who give deer other snacks. The problem is that the manners of overseas and Japanese tourists are getting (B).

Deer in the park are protected as a national treasure. The ③issue of environmental damage from plastic waste has now touched even the famous animals in the nation's ancient capital.

On May 12 last year, a female deer, aged 14, died at the deer protection facility in the park. It was only 38 kilograms. A lot of plastic bags and snack wrappers were found in her stomach. All together they were over four kilograms.

A deer's stomach is broken into four parts. If the first part is filled up (C) objects they can't take in, they will not be able to remove them from their bodies.

The group that protects the deer found plastic bags and other garbage in the stomachs of nine deer after they checked 14 deer that died in the park.

After people kept feeding them with snacks from plastic bags, the deer in the park have started taking plastic bags from tourists, thinking they will find food inside. They also eat the snack wrappers which people have thrown away. They do this because they can still smell the food on the wrappers.

The Nara Prefectural Government plans to solve this issue and step up their efforts to tell visitors not to feed deer anything other than the food they recommend. They will ④do this by putting up signs with illustrations.

"⑤(あ. notice い. by う. at え. just お. it's か. to き. looking く. difficult) them, but if you actually touch them, some of them are very, very thin," said a doctor who works with the animals. "In one case, a deer lost more than 10 kilograms."

About 16 million people visit Nara Park every year and the number of tourists is increasing. Officials of the Nara Park Deer Tourist Office often patrol the park, and they have found increasing amounts of food wrappers.

With the growing number of visitors, things such as deer attacking people are increasing. Data from the Nara Park Deer Tourist Office shows that 50 people were injured by deer in 2013. But this number increased over four times to 227 in 2018 and many of them were foreign tourists. From this number, eight suffered serious injuries.

The Nara Prefectural government put up signs in English and Chinese at 25 places in the park. They tell visitors to be careful when they feed the deer with crackers especially ⑥(prepare) for the animals.

1．下線部① or と同じ用法で or が使われている文を1つ選び，記号で答えなさい。

あ．Hurry up, or you'll be late.

い．20% of the students, or one in five live in other prefectures.

う．He left a minute or two ago.

え．You can either stay here or come with us.

2．下線部② them が指すものを文中の単語１語で答えなさい。

3．下線部③ issue とほぼ同じ意味をもつ単語１語を文中から探し，答えなさい。

4．下線部④ do this の内容を述べているものを１つ選び，記号で答えなさい。

あ．来園者に公園内にお菓子を持ち込まないよう伝える

い．来園者に指定の餌以外は与えないよう伝える

う．来園者に餌を食べている鹿に近づかないよう伝える

え．来園者に公園内にビニール袋を持ち込まないよう伝える

5．下線部⑤(あ．notice　い．by　う．at　え．just　お．it's　か．to　き．looking　く．difficult)を並べ替え，**4番目**と**7番目**にくる語を記号で答えなさい。ただし，文頭にくる語も小文字になっています。

6．下線部⑥(prepare)を文脈に合った形に直しなさい。

7．文中の(A)に入る最も適切なものを選び，記号で答えなさい。

あ．You　い．They

う．There　え．Who

8．文中の(B)に入る最も適切なものを選び，記号で答えなさい。

あ．larger　い．more　う．longer　え．worse

9．文中の(C)に入る最も適切なものを選び，記号で答えなさい。

あ．with　い．in　う．for　え．against

10．次の中から，本文の内容と一致するものを**2つ**選び，記号で答えなさい。

あ．死んだメスの鹿が食べたお菓子の量は４キロあった。

い．鹿の保護団体によると，異物を呑みこんで死んだ鹿は全部で14頭だった。

う．鹿は，空のお菓子の袋でも匂いが残っていれば食べてしまう。

え．お菓子の袋を10キロ分食べた鹿もいた。

お．鹿によってケガをした観光客は，2018年には約900人に増えた。

か．観光客は，鹿専用のお菓子をあげる時は気をつけなければならない。

VI　"eSports"についてのMasakiとKumiの会話を読み，あとの問いに答えなさい。

Masaki : "eSports" is simply the short name for electronic sports. Just like football players play football together, eSports players play computer games against each other.

Kumi : [A]

Masaki : Well, around the year 2000, computers became cheaper and the Internet became faster. Therefore, it became much easier for more people to play computer games.

Kumi : I'm surprised that people can get money by winning computer games. [B] in the world?

Masaki : There are about 130 million eSports players in the world. Also, the number of people watching is becoming larger.

Kumi : That's amazing!

Masaki : Yeah, eSports are beginning to be seen in the same way as traditional sports. Some high schools in Japan have an eSports club at their school.

Kumi : Interesting! I'd like to start one at our school, too.

Masaki : Cool! But, I want more students in our school to learn about eSports first.
Let's [C].

Kumi : That's a great idea!

1．[A]に入る文として最も適切なものを選び，記号で答えなさい。

あ．What do people think about eSports?

い．Why are eSports so popular now?

う．Can we get money from eSports?

え．What made computers easier to use?

2．会話の内容に合うように，[B]に**6語**の英語を書きなさい。

3．「学校内でeSportsの認知度を上げるためのアイデア」を考え，[C]に**6語以上**の英語で書きなさい。

【数　学】　(30分)〈満点：60点〉

(注意)　1．答の $\sqrt{\ }$ の中はできるだけ簡単にしなさい。

2．円周率は π を用いなさい。

(1)　$\left(-\dfrac{c}{6a^2b}\right)^3 \div \dfrac{c^4}{24ab^2} \times (-3a^3bc)^2$ を計算しなさい。

(2)　$\left(\dfrac{1}{\sqrt{3}}+2\right)^2-\sqrt{\left(-\dfrac{1}{3}\right)^2}+\dfrac{24}{\sqrt{27}}-\sqrt{8}\times\sqrt{6}$ を計算しなさい。

(3)　連立方程式 $\begin{cases} bx-ay=4 \\ ax+by=3 \end{cases}$ の解が $x=2$，$y=-1$ であるとき，a，b の値を求めなさい。

(4)　$a^2+4ab+4b^2-c^2$ を因数分解しなさい。

(5)　2次方程式 $x(x+1)+(x+1)(x+2)=(x+2)(x+3)$ を解きなさい。

(6)　4つの数字0，1，2，3を用いて3桁の整数をつくるとき，6の倍数は何個できるか求めなさい。ただし，同じ数字を繰り返し用いてよいものとする。

(7)　$\sqrt{\dfrac{360}{n^2+9}}$ が整数となるような自然数 n をすべて求めなさい。

(8)　図1の $\angle x$ の大きさを求めなさい。ただし，ABは円の直径であり，AB∥DC，∠BAE＝43°，∠BDC＝29° である。

図1

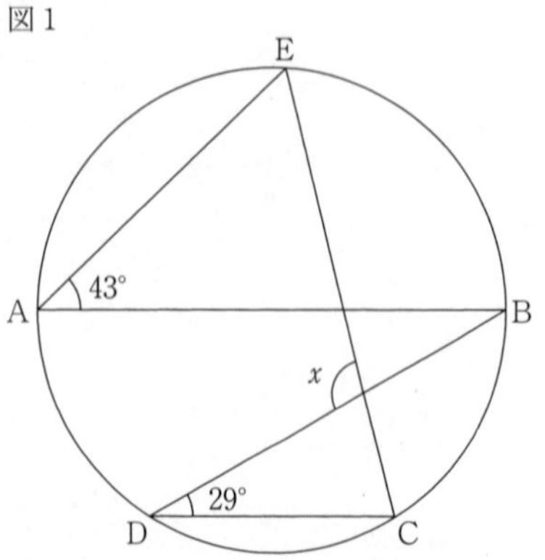

図2

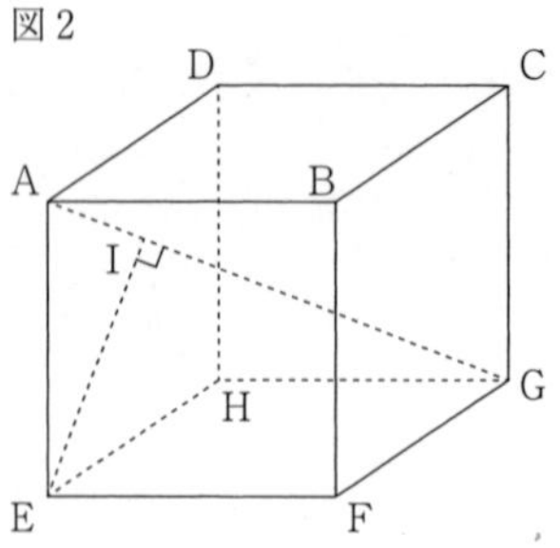

(9)　図2のように，1辺が2の立方体ABCD−EFGHがある。

(ア)　対角線AGの長さを求めなさい。

(イ)　頂点Eから対角線AGに引いた垂線とAGの交点をIとする。このとき，線分EIの長さを求めなさい。

(10)　図3のように，関数 $y=\dfrac{1}{2}x^2$ のグラフ上に3点A，B，Cがある。3点A，B，Cの x 座標が順に，-3，1，2であるとき，次の問いに答えなさい。

(ア)　直線ABの式を求めなさい。

(イ)　点Cを通り，直線ABに平行な直線の式を求めなさい。

(ウ)　△ABCの面積を求めなさい。

図3

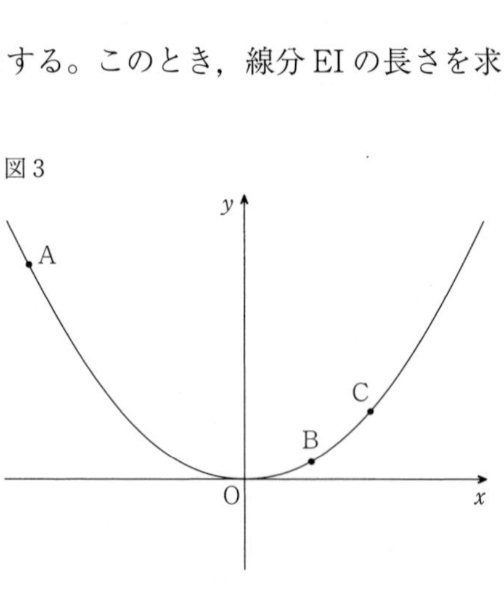

関係を結ぶのかということが、ふくまれているのである。他者との間によい関係をつくりだしていくことが、自分たちの自由の質をも高めていく、とでもいえばよいのであろうか。

　そして自然から離れた私たちが忘れてしまったのは、この感覚のように私には思えてくる。自分がより質の高い自由を獲得するためには、他者とのよい関係をつくり、他者もまた自在に生きることのできる世界を保障していく。つまり、自由は他者との関係に支えられているということを忘れた私たちは、自由を自分の世界のなかだけのことにしてしまったのである。それは自由を主張しても、自在には生きられない私たちをつくりだしてしまった。

【出典】　内山　節『自由論―自然と人間のゆらぎの中で』

（岩波書店、二〇一四年）より。

但し、一部改変した。

二〇二〇年度 中央大学附属高等学校（推薦）

【小論文】（六〇分）

【問】　傍線部「仲間とともに生きるものたちの、自由の守り方」とは、どういうことですか。本文の内容をふまえて説明してください。また、筆者の見解に対するあなたの考えを述べてください。なお、字数は六〇〇字とします。

　鳥たちは、ずいぶん文化的な暮らしをしているものだと感じたのは、私の東京の仕事場に姿をみせるスズメたちと遊んでいたときのことだった。スズメの群れが訪れると、私はベランダで麻の実など少しずつ投げるようにする。まとめてエサを提供するのはスズメたちには不評で、彼らは明らかに投げてくれと言っている。要するにころがっていく実を、走りながら追いかけるのが面白いのである。

　群れのなかに動作のにぶいスズメがいた。すぐに実を見失ってしまって、おたおたしているばかりである。ところが困ることもない。群れのボス格のスズメは、自分が数粒の実を食べ終えると、群れから少し離れて、みんながうまく遊び、うまく食べているか様子をみる。それからまた群れに加わり、すばやく一粒の実を拾うと、勢いがあまったように走りつづけ、少々にぶい仲間の前まで行くと、ころぶのである。本当にバタンとつまずく。そのとき、にぶいスズメの足元に、ポロッとくわえてきた実を落とす。

　それからボス格のスズメは、「あれ、落としちゃった。どこにいったのかな」というようにキョロキョロと見回し、「しょうがない、わからなくなっちゃったから次のを拾おう」というそぶりをみせながら、また群れの前面にでてくるのである。そうすると少々にぶいスズメは、その実を拾いパキパキと食べはじめる。

　群れのなかには、そういった行動をとるボス格のスズメが三、四羽いて、彼らが順番ににぶいスズメの前でつまずくのである。私が感心するのは、「君はにぶいから、ホラ、エサをやろう」という態度を、彼らがけっしてとらないことだ。あくまで、勢いあまって走り、つまずいて紛失するのである。

　そんな様子をみていると、私はスズメの文化水準の高さに敬服してしまう。そしてこれが仲間とともに生きるものたちの、自由の守り方なのかと、考えてしまうのである。

　東京のような都市に暮らす鳥たちは、結構人間に関心をもっていて、どうやったら人間とも良い関係を結べるだろうかと、日々思案しているように私には感じられる。といっても、危険を避けることは、彼らにとっては何より重要だから、大抵は用心深く遠くからみているだけである。

　だからエサがもらえたということよりも、自分の気持ちが通じたと感じたときのほうが、鳥たちは何倍も嬉《うれ》しいらしい。実際私の仕事場に遊びに来る鳥たちは、スズメもキジバトもヒヨドリも、最近ではカラスまでが、実にいろいろな要求を伝えようとするのである。飛んできてクチバシをふく仕草をするときは、何か食べたいという要求である。水盆の水をクチバシでハネ飛ばすときは、水が汚れているから替えてくれという要求である。窓に近づいてじっと部屋の中をながめているときは、中に入りたいから窓を開けろという要求である。

　そうして自分の言いたかったことが伝わったと感じたとき、鳥たちは嬉しそうに羽をひろげたりしてみせる。そうなると私の嫌がることをしてはいけないと思うらしく、他の鳥に用心されているカラスなどは、他の鳥たちが来ているときは遠くでみていて、その鳥たちが帰ると、「もういいよね」というように飛んでくるのである。

　自然の生き物たちは、自分たちが自在に生きていくために、他者との間に、自在に生きることのできる関係をつくりたいと考えている。私にはそうとしか思えない。

　すなわち、自在に生きるということのなかに、他者とどのような

2020年度／中央大学附属高等学校(推薦)

英語解答

I 1 い　2 あ　3 え　4 う
5 い　6 う　7 あ　8 え
9 い　10 え

II 1 better　2 so
3 Though〔Although〕　4 Why
5 longest

III 1 Have, ever　2 When was
3 Who teaches
4 something to

IV ［1］ え　［2］ あ

V 1 い　2 tourists
3 problem　4 い
5 4番目…あ　7番目…き
6 prepared　7 う　8 え
9 あ　10 う，か

VI 1 い
2 How many eSports players are there
3 (例)play one of them ourselves and put it online

I 〔適語(句)選択・語形変化〕

1．than があるので，比較級にする。　many－more－most　「マイクは私よりも多くのCDを持っている」

2．文の述語動詞は was と考えられるので，(　) yesterday は，直前の名詞 The watch を修飾する語句。正しい文になるのは，あ．だけ。The watch I bought yesterday は目的格の関係代名詞が省略された‘名詞＋主語＋動詞...’の形。　「私が昨日買った時計はとても高かった」

3．空所以下は直前の名詞 a picture を修飾する語句。「ピカソによって描かれた絵」という受け身の意味を表す過去分詞 painted が適切。　「これはピカソによって描かれた絵だ」

4．for には「～に賛成して」という意味がある。　「君は彼の意見に賛成ですか」

5．decide to ～「～しようと決心する」　「タクヤは留学しようと決心した」

6．‘形容詞〔副詞〕＋enough for ～ to …’「～が…できるほど〔するほど〕十分―」の形。for ～ は to不定詞の意味上の主語を表す。　「この問題は私が解決できるくらい簡単だ」

7．‘tell＋人＋to ～’「〈人〉に～するように言う」の形。　「先生は私たちに，次の授業には辞書を持ってくるように言った」

8．A：君はどれくらい小金井に住んでいるの？／B：去年からだよ。∥How long で尋ねていることと，B が Since を用いて答えていることから，現在完了時制にする。

9．how to ～「～の仕方」　「ケンはピアノの弾き方を習った」

10．間接疑問は‘疑問詞＋主語＋述語’の語順になる。how は，how long や how far などのように，「どれほど」という‘程度’の意味を表す場合は直後に形容詞〔副詞〕が続くので，how high でひとまとまりとなり，これを1つの疑問詞と見なす。　「私はその建物がどれほど高いかを知って驚いた」

II 〔書き換え―適語補充〕

1．「私は姉〔妹〕ほど上手に歌えない」→「姉〔妹〕は私より上手に歌う」　‘not as ～ as …’「…ほど～ない」の文を比較級を用いて書き換える。「上手に」の比較級は better。　good/well－

better－best

2．「その映画は私たちが理解するには難しすぎた」→「その映画はとても難しかったので，私たちはそれが理解できなかった」　‘too ～ for … to ―’「…が―するには～すぎる，…には～すぎて―できない」の構文を‘so ～ that＋主語＋cannot …’「とても～なので―は…できない」の構文に書き換える。

3．「私は試験に向けて一生懸命勉強したが，合格しなかった」　「*A*だが*B*」は，‘*A*, but *B*’または‘Though〔Although〕*A*, *B*’という形で表せる(‘*A*’‘*B*’にはそれぞれ‘主語＋動詞’を伴う文が入る)。though は「～だけれども」という意味の接続詞。

4．「彼女に電話をしたらどうですか」　How about ～ing？≒ Why don’t you ～？

5．「ナイル川は世界の他のどの川よりも長い」→「ナイル川は世界で最も長い川だ」　‘比較級＋than any other＋単数名詞’「他のどの～よりも…」の文は，最上級の文で書き換えられる。

Ⅲ〔対話文完成―適語補充〕

1．A：オーストラリアに行ったことはありますか？／B：はい，あります。∥答えの文がI have. なので，Have you ever ～？という‘経験’を尋ねる疑問文にする。

2．A：これは芥川龍之介による有名な小説です。／B：それはいつ書かれたのですか？／A：1916年です。∥答えの文から，‘時’を尋ねる疑問文にする。written があるので，受け身の文にする。

3．A：君は英語をとても上手に話しますね。誰が君に英語を教えているのですか？／B：アダムさんです。彼はイングランド出身で，授業はとても楽しいです。∥人名で答えているので，Who で始まる疑問文にする。who は3人称単数扱いなので teaches とするのを忘れないこと。

4．A：何か飲むものをください。／B：冷蔵庫にあるものなら何でも飲んでいいですよ。∥‘something＋to不定詞’で「何か～するもの」という意味を表せる。

Ⅳ〔長文読解―内容真偽―説明文〕

［1］≪全訳≫オランダの研究所では，今や肉を育てることができる。肉の小片をつくるのに1万2500ドルほどかかるが，将来的には値段はより安くなるだろう。ある教授によると，その研究所には何人かの投資家がいるということだ。彼らは3年後にはこの肉を店で売り始めたいと思っている。それはまだ高くてハンバーガー1つ分で12～14ドルほどになるだろうが，値段は下がり続けるだろう。その教授はまた，今から7年後には，それをどのスーパーマーケットや店でも買えるようになるだろうと信じている。将来的に，この肉の製造は牛を飼うことよりもずっと安あがりになるだろうが，それでもそれが食用に適していることが重要である。

＜解説＞あ．「研究所にはより安くておいしい肉をつくるのに十分なお金がない」…×　第3文参照。研究所には投資家が何人かついている。　　い．「将来的には皆，研究所が育てる肉が好きになるだろう」…×　このような記述はない。　　う．「研究所で肉を育てるのは難しい」…×　本文全体を通して，肉の製造はお金がかかるとあるが，難しいとは書かれていない。　　え．「何年か後には，私たちは研究所が育てる肉をスーパーマーケットで見かけるようになるだろう」…○　終わりから2文目参照。

［2］≪全訳≫昆虫とは，アリやミツバチのような小さな生き物だ。それらはとても重要だ。多くの動物がそれらを食べる。もし全ての昆虫が死滅したら，多くの動物には食べるものが何もなくなるだろ

う。昆虫はまた，花に授粉をする。昆虫がいなければ，植物は存在できない。また，昆虫がいなくては，人々は農作物を栽培できない。ある新しい研究が，衝撃的な結果を示した。それによると，昆虫はゆっくり絶滅しつつあるということだ。毎年，昆虫は2.5パーセントずつ減っている。この傾向が続くと，10年で昆虫は25パーセント減る。これは私たちにとって大問題だ。人々はこれがなぜ起きているのかわからない。しかし，ほとんどの人はこれは地球が温暖化しているためだと考えている。また，多くの農家が農業のために昆虫を殺す化学薬品を使っている。これも昆虫にとってのもう１つの大きな問題だ。

＜解説＞あ.「本文は，昆虫がどれほど重要であるかと，なぜそれらが死滅しつつあるのかということについてのものだ」…○　第２文にThey are very important.とあり，第３～７文はその重要性を具体的に述べている。第９文以降は，昆虫が死滅しつつあるという現状と，考えられる原因について述べている。　い.「本文は，昆虫がどれほど強いかと，なぜ化学薬品がそれらにとって悪いかということについてのものだ」…×　昆虫が強いという記述はない。　う.「本文は，昆虫がどのように生きているかと，地球温暖化がなぜそれらにとって悪いかということについてのものだ」…×　地球温暖化が昆虫にとって悪い理由を考察してはいない。　え.「本文は，昆虫がどのように成長しうるかと，なぜそれらが農家にとって大問題なのかについてのものである」…×　昆虫の成長についての記述はない。

V〔長文読解総合―説明文〕

≪全訳≫❶奈良公園には1000頭を超える鹿がいる。毎年，多くの人がそれらのかわいい目やふさふさの毛を見に公園を訪れる。❷鹿は普通，草を食べるが，花を食べるのも好きだ。春には，それらが地面に落ちた梅や桜の花を食べているのを見ることができる。❸観光客は鹿に近くの店で売られている鹿せんべい，すなわち砂糖の入っていないクラッカーを与えてもいいことになっている。せんべいは鹿にとっておやつのようなもので，鹿たちはせんべいが大好きだ。観光客が持っているのを見つけると，鹿たちはすぐ彼らの所へ行く。❹だが，鹿の胃からビニール袋のような異物がたくさん見つかった。鹿に他のおやつを与える観光客たちがいるに違いない。問題は，海外からの，そして日本人の観光客のマナーが悪化していることだ。❺奈良公園の鹿は国の宝として保護されている。プラスチックごみからの環境破壊問題は，今や国の古都にいる名高い動物にまで影響を与えているのだ。❻昨年の５月12日，14歳のメスの鹿が園内の鹿保護施設で死んだ。それは38キロしかなかった。その胃からは大量のビニール袋やお菓子の包装材が見つかった。それらは総計で４キロを超えた。❼鹿の胃は４つに分かれている。最初の部分が消化できないものでいっぱいになると，体からそれらを取り除くことはできない。❽鹿を保護する団体が，園内で死んだ14頭の鹿を調べたところ，９頭の鹿の胃からビニール袋や他のごみが見つかった。❾人々がビニール袋から出したおやつを鹿に与え続けてきた後，園内の鹿は袋の中に食べ物が見つかるだろうと思って観光客からビニール袋を取り上げ始めるようになった。鹿たちはまた，人々が捨てたおやつの包装材をも食べてしまう。鹿たちがこうするのは，包装材にまだ食べ物のにおいをかぎ取れるからだ。❿奈良県はこの問題を解決し，さらに県が推奨する食べ物以外は鹿に与えないように来園者たちに知らせる努力を強化する計画を立てている。県はこれを，イラスト入りの看板を立てることで行う予定だ。⓫「それら(＝鹿)を見るだけで気づくのは難しいですが，実際に触ってみると，何頭かは本当にひどくやせています」と，その動物〔鹿〕を診ている医師は言った。「ある事例では，鹿は10キロ以上やせてしまいました」⓬毎年約1600万人の人々が奈良公園を訪れ，観光客の人数は増加している。奈良公園の奈良の鹿愛護会の職員たちはしばしば園内を見回っており，彼らが発見する食品包装材の量は増えてきている。⓭来園者の人数が増えるにつれて，鹿が人間を襲うというようなことが増えつつある。奈良の鹿愛護会のデータによれば，2013年に50人が鹿によってけがをさせられた。しかしこの数字は2018年には４倍を超える227人に増え，その多くは外国人観光客だった。この数字のうち，８人は重いけがを負った。⓮奈良県は，園内の25か所に英語と中国語の看板を立てた。それらは来園者に，その動物のために特別に用意されたせんべいを鹿に与えるときには注意するように呼びかけている。

1＜用法選択＞下線部の or は「すなわち」という意味で，直前の語句を言い換えるときに使われる。この用法と同じなのは，い．「学生の20パーセント，すなわち５人に１人は他県に住んでいる」。あ．「そうでなければ，さもないと」の意味。「急ぎなさい，さもないと遅れますよ」　う．「または」の意味。「彼は１分か２分前に出発した」　え．「または」の意味。「君はここにいても，または私たちと一緒に来てもいい」

2＜指示語＞them なので前にある複数名詞を探す。前にある複数名詞でここに当てはめて意味が通るのは tourists。この文で使われている代名詞を一つ一つ見ると次のようになる。If they(＝deer) find tourists with one(＝a cracker), they(＝deer) will soon go to them(＝tourists).

3＜語句解釈＞issue は「問題」という意味。第４段落最終文に problem がある。

4＜指示語＞この do this「これをする」は，前に出ている動詞(＋語句)の代わりとなる代動詞。前に出ている内容で，イラスト入りの看板を立てることによって行うと考えられるのは，前の文の to tell 以下の内容である。'tell＋人＋not to ～'「〈人〉に～しないように伝える」 other than ～「～以外の」

5＜整序結合＞この後，「が，実際に触ってみると」とあるので，並べかえる部分は「見るだけで気づくのは難しい」というような意味になると推測できる。'It is ～ to …'「…することは～だ」の形式主語構文で It's difficult to notice とし，残りは just by looking at them とまとめると「見ることによってだけでは」という意味になる。あるいは by just looking at them としてもよい。 It's difficult to notice just by〔by just〕 looking at them, ...

6＜語形変化＞直前の especially 以下は，その前の名詞 crackers を修飾する語句。最後の the animals「その動物」は，ここでは鹿を指す。「鹿のために特別に用意されたせんべい」という意味になると考えられるので，受け身の意味を表す過去分詞 prepared にする(過去分詞の形容詞的用法)。

7＜適語選択＞文脈から，「鹿に他のおやつを与える観光客たちがいるに違いない」という意味になると考えられる。There is/are ～「～がいる〔ある〕」の be動詞の部分に助動詞 must が使われた形。There must be ～で「～がいるに違いない」。

8＜適語選択＞全体の内容から，観光客のマナーは「悪化している」と判断できる。are getting worse は，'get＋形容詞'「～(の状態)になる」の進行形。 bad/ill－worse－worst

9＜適語選択＞be filled up with ～で「～でいっぱいになる」。

10＜内容真偽＞あ…×　第６段落終わりの２文参照。４キロを超えたのはお菓子ではなく，ビニール袋やお菓子の包装材。　い…×　第８段落参照。死んだ14頭のうち，胃から異物が見つかったのは９頭。　う…○　第９段落第２，３文に一致する。　え…×　このような記述はない。
お…×　第13段落第２，３文参照。けがをしたのは227人。　か…○　最終段落最終文に一致する。

Ⅵ〔長文読解総合―対話文〕

≪全訳≫❶マサキ(M)：「eスポーツ」は，エレクトロニック・スポーツをただ省略した名前なんだ。ちょうどサッカー選手たちが一緒にサッカーをするように，eスポーツの選手たちは互いにコンピュータ・ゲームをプレーするんだよ。❷クミ(K)：Aどうして今，eスポーツはこんなに人気があるの？❸M：それはね，2000年頃にコンピュータがより安くなって，インターネットがより速くなったんだ。それで，より大勢の人々にとってコンピュータ・ゲームをすることがずっと易しくなったんだよ。❹K：コンピュータ・ゲームに勝つことでお金が稼げるなんて，びっくりだわ。世界にはB何人のeスポーツ選手がいるの？❺M：世界には約１億3000万人のeスポーツ選手がいるんだ。それに，観客の数も増えつつあるんだよ。❻K：それはすごいわね！❼M：うん，eスポーツは従来のスポーツと同じように見られるようになり始めているんだ。日本の高校でも，学校にeスポーツ部があるところがあるよ。❽K：おもしろいわね！　私も学校で始めたいな。❾M：いいね！　でも，学校のもっと多くの生徒たちにまずeスポーツについて知ってほしいな。C(例)自分たちでその１つをプレーして，配信しようよ。❿K：すごいアイデアね！

１＜適文選択＞この後に続くマサキの返答から，クミは現在のeスポーツの人気の理由を尋ねたのだと判断できる。

２＜適文補充＞この後マサキは，世界のeスポーツ選手の数を答えているので，「世界には何人のeスポーツ選手がいるのか」と尋ねる文にする。

３＜条件作文＞「自分たちで実際にやってそれをネット上に配信する」，「クラスの前でeスポーツについてプレゼンをする」など，「学校内でeスポーツの認知度を上げるためのアイデア」として考えられることを，文頭のLet'sに続く形で６語以上で書く。　(別解例)make a presentation about eSports in front of our class

2020年度／中央大学附属高等学校（推薦）

数学解答

(1)　$-abc$　　(2)　4　　(3)　$a=2$，$b=1$
(4)　$(a+2b+c)(a+2b-c)$
(5)　$x=\frac{1\pm\sqrt{17}}{2}$　　(6)　8個
(7)　1，9　　(8)　105°
(9)　(ア)　$2\sqrt{3}$　(イ)　$\frac{2\sqrt{6}}{3}$
(10)　(ア)　$y=-x+\frac{3}{2}$　(イ)　$y=-x+4$
(ウ)　5

〔独立小問集合題〕

(1)＜式の計算＞与式 $=-\frac{c^3}{216a^6b^3}\div\frac{c^4}{24ab^2}\times9a^6b^2c^2=-\frac{c^3}{216a^6b^3}\times\frac{24ab^2}{c^4}\times9a^6b^2c^2=-\frac{c^3\times24ab^2\times9a^6b^2c^2}{216a^6b^3\times c^4}$ $=-abc$

(2)＜平方根の計算＞与式 $=\frac{1}{3}+\frac{4}{\sqrt{3}}+4-\sqrt{\frac{1}{9}}+\frac{24}{3\sqrt{3}}-\sqrt{48}=\frac{1}{3}+\frac{4}{\sqrt{3}}+4-\frac{1}{3}+\frac{8}{\sqrt{3}}-4\sqrt{3}=4+\frac{12}{\sqrt{3}}-4\sqrt{3}=4+\frac{12\times\sqrt{3}}{\sqrt{3}\times\sqrt{3}}-4\sqrt{3}=4+\frac{12\sqrt{3}}{3}-4\sqrt{3}=4+4\sqrt{3}-4\sqrt{3}=4$

(3)＜連立方程式の応用＞$bx-ay=4$……①，$ax+by=3$……②とする。①，②の連立方程式の解が $x=2$，$y=-1$ だから，①に代入すると，$b\times2-a\times(-1)=4$，$a+2b=4$……③となり，②に代入すると，$a\times2+b\times(-1)=3$，$2a-b=3$……④となる。③，④を連立方程式として解くと，③＋④×2より，$a+4a=4+6$，$5a=10$，$a=2$ となり，これを④に代入して，$4-b=3$，$b=1$ となる。

(4)＜因数分解＞与式 $=(a+2b)^2-c^2$ として，$a+2b=A$ とおくと，与式 $=A^2-c^2=(A+c)(A-c)$ となる。A をもとに戻して，与式 $=(a+2b+c)(a+2b-c)$ である。

(5)＜二次方程式＞$x^2+x+x^2+3x+2=x^2+5x+6$，$x^2-x-4=0$ となるので，二次方程式の解の公式より，$x=\frac{-(-1)\pm\sqrt{(-1)^2-4\times1\times(-4)}}{2\times1}=\frac{1\pm\sqrt{17}}{2}$ である。

(6)＜場合の数＞0，1，2，3でできる3けたの整数が6の倍数になるとき，6の倍数は2の倍数でもあるから，一の位の数は0か2である。また，6の倍数は3の倍数でもあるから，各位の数の和が3の倍数になる。このようになる3けたの整数は，一の位の数が0のとき，120，210，300，330の4個ある。一の位の数が2のとき，102，132，222，312の4個ある。以上より，6の倍数は8個できる。

(7)＜数の性質＞$\sqrt{\frac{360}{n^2+9}}$ が整数となるのは，$\frac{360}{n^2+9}$ が整数の2乗になるときである。n が自然数だから，$\sqrt{\frac{360}{n^2+9}}=\sqrt{\frac{2^3\times3^2\times5}{n^2+9}}$ より，考えられる $\frac{360}{n^2+9}$ の値は，$2^2\times3^2$，3^2，2^2，1である。これより，n^2+9 の値は，2×5，$2^3\times5$，$2\times3^2\times5$，$2^3\times3^2\times5$ である。$n^2+9=2\times5$ のとき，$n^2=1$ より，$n=\pm1$ となり，n は自然数だから，$n=1$ である。$n^2+9=2^3\times5$ のとき，$n^2=31$ より，n は自然数にならない。$n^2+9=2\times3^2\times5$ のとき，$n^2=81$ より，$n=\pm9$ となり，$n=9$ である。$n^2+9=2^3\times3^2\times5$ のとき，$n^2=351$ より，n は自然数にならない。以上より，$n=1$，9である。

(8)＜図形―角度＞右図1のように，点Fを定め，点Bと点Eを結ぶ。△BEFで内角と外角の関係から，$\angle x=\angle\mathrm{BEF}+\angle\mathrm{EBF}$ である。$\overset{\frown}{\mathrm{BC}}$ に対する円周角より，$\angle\mathrm{BEF}=\angle\mathrm{BDC}=29^\circ$ となる。また，線分ABが円の直径より，$\angle\mathrm{AEB}=90^\circ$ だから，△ABEで，$\angle\mathrm{ABE}=180^\circ-90^\circ-43^\circ=47^\circ$ である。AB∥DCより錯角は等しいので，$\angle\mathrm{ABF}=\angle\mathrm{BDC}=29^\circ$ である。よって，$\angle\mathrm{EBF}=\angle\mathrm{ABE}+\angle\mathrm{ABF}=47^\circ+29^\circ=76^\circ$ となるから，$\angle x=29^\circ+76^\circ=105^\circ$ となる。

図1
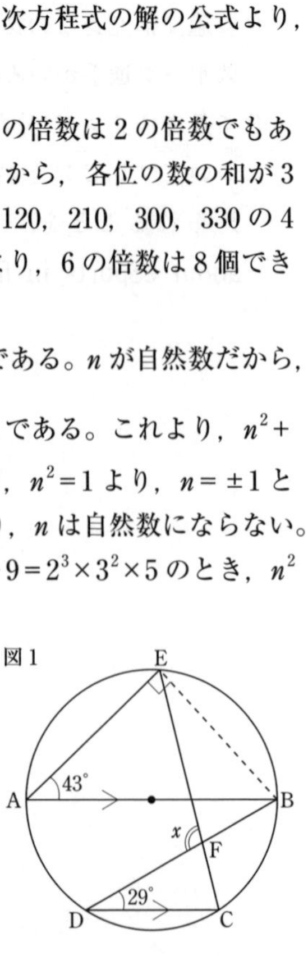

図2

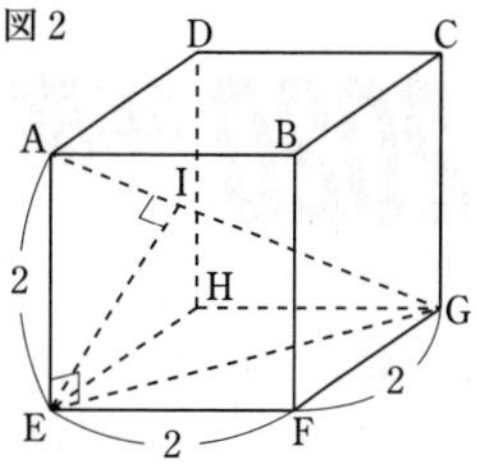

⑼＜図形—長さ＞(ア)右図2で，点Eと点Gを結ぶ。△EFGは直角二等辺三角形だから，$\mathrm{EG}=\sqrt{2}\,\mathrm{EF}=\sqrt{2}\times2=2\sqrt{2}$ となる。AE⊥〔面EFGH〕より，$\angle\mathrm{AEG}=90^\circ$ だから，△AEGは直角三角形である。よって，三平方の定理より，$\mathrm{AG}=\sqrt{\mathrm{AE}^2+\mathrm{EG}^2}=\sqrt{2^2+(2\sqrt{2})^2}=\sqrt{12}=2\sqrt{3}$ となる。　(イ)図2で，頂点EからAGに引いた垂線EIの長さは，△AEGの底辺を辺AGとしたときの高さとなる。$\triangle\mathrm{AEG}=\frac{1}{2}\times\mathrm{EG}\times\mathrm{AE}=\frac{1}{2}\times2\sqrt{2}\times2=2\sqrt{2}$ であり，(ア)より $\mathrm{AG}=2\sqrt{3}$ だから，△AEGの面積について，$\frac{1}{2}\times2\sqrt{3}\times\mathrm{EI}=2\sqrt{2}$ が成り立つ。これより，$\mathrm{EI}=\frac{2\sqrt{6}}{3}$ となる。

図3

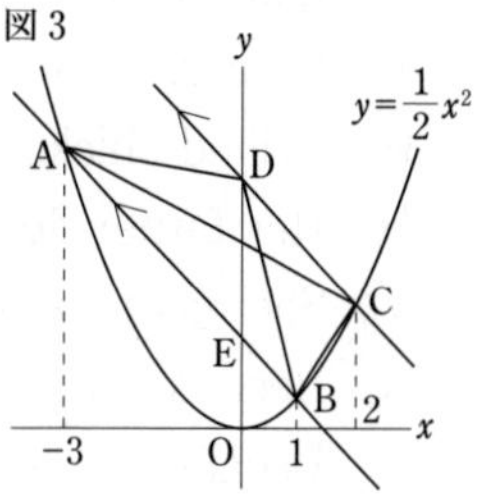

⑽＜関数—直線の式，面積＞(ア)右図3で，2点A，Bは関数 $y=\frac{1}{2}x^2$ のグラフ上にあり，x 座標はそれぞれ -3，1なので，$y=\frac{1}{2}\times(-3)^2=\frac{9}{2}$，$y=\frac{1}{2}\times1^2=\frac{1}{2}$ より，$\mathrm{A}\left(-3,\ \frac{9}{2}\right)$，$\mathrm{B}\left(1,\ \frac{1}{2}\right)$ である。よって，直線ABの傾きは $\left(\frac{1}{2}-\frac{9}{2}\right)\div\{1-(-3)\}=-1$ となるので，その式は $y=-x+b$ とおける。点Bを通るから，$\frac{1}{2}=-1+b$，$b=\frac{3}{2}$ となり，直線ABの式は，$y=-x+\frac{3}{2}$ である。　(イ)図3で，点Cは関数 $y=\frac{1}{2}x^2$ のグラフ上にあり，x 座標は2なので，$y=\frac{1}{2}\times2^2=2$ より，C(2，2)である。(ア)より，直線ABの傾きは -1 なので，点Cを通り直線ABに平行な直線の傾きも -1 となる。よって，求める直線の式は $y=-x+c$ とおけ，これが点Cを通るから，$2=-2+c$，$c=4$ となり，求める直線の式は $y=-x+4$ である。　(ウ)図3で，直線 $y=-x+4$ と y 軸との交点をDとすると，DC∥ABより，△ABC＝△ABDとなる。直線CDの切片は4だから，D(0，4)である。直線ABと y 軸との交点をEとすると，(ア)より直線ABの切片は $\frac{3}{2}$ だから，$\mathrm{E}\left(0,\ \frac{3}{2}\right)$ となる。よって，$\mathrm{DE}=4-\frac{3}{2}=\frac{5}{2}$ となる。これを底辺と見ると，2点A，Bの x 座標が -3，1だから，△ADEの高さは3，△BDEの高さは1となる。したがって，$\triangle\mathrm{ABD}=\triangle\mathrm{ADE}+\triangle\mathrm{BDE}=\frac{1}{2}\times\frac{5}{2}\times3+\frac{1}{2}\times\frac{5}{2}\times1=5$ となるので，△ABC＝△ABD＝5である。

2020年度 中央大学附属高等学校

【英　語】（60分）〈満点：100点〉

I　リスニング問題　〈編集部注：放送文は未公表につき掲載してありません。〉

（Part 1）　これから放送される英語の短い対話を聞いて，それに続く質問に対する最も適切な答えを1つずつ選び，記号で答えなさい。対話と質問は2回ずつ放送されます。

1．あ．Get off at San Francisco.　い．Buy a ticket for this bus.
　う．Look for her ticket.　え．Get on another bus.

2．あ．Soccer.　い．Tennis.　う．Baseball.　え．Rugby.

3．あ．Grilled chicken.　い．A bowl of salad.　う．Orange juice.　え．Bean soup.

4．あ．Her father does not like San Diego Zoo.　い．She cannot see the pandas this weekend.
　う．She has to work in the afternoon.　え．Her father does not like to drive a car.

5．あ．Because he couldn't get up early in the morning.
　い．Because he fell asleep again even though he got up early.
　う．Because he did his presentation in front of his parents.
　え．Because he was cooking.

6．あ．The boy missed the bus.　い．The bus was late.
　う．Mary was so angry at the boy.　え．The train was late.

（Part 2）　これから放送されるフィンランドへの研究旅行の概要説明を聞き，その内容に関する質問に対する最も適切な答えを1つずつ選び，記号で答えなさい。英語は2回放送されます。

7．What time will their plane leave ?
　あ．8:00 am.　い．9:25 am.　う．9:30 am.　え．10:30 am.

8．What should the students do to be ready for the lecture at the university on the 2nd day ?
　あ．Watch the weekly weather forecast.
　い．Go to a university in Japan.
　う．Do some research in Japanese.
　え．Talk with some local high school students.

II　次の英文を読んで，設問に答えなさい。

It happened when I was about seven years old.　I climbed out of bed at night and went downstairs to look for my grandmother.　Grandma liked to stay up late and watch TV.　I would sometimes go downstairs in my pajamas, and stand quietly behind her chair.　She couldn't see me, but I watched the show with her.　Only that night, Grandma wasn't watching TV.　She also wasn't in her room when I looked for her.

"Grandma ?" I called, as I began to worry about her.　My grandmother was always in our house. Anytime when I needed her, she was always there for me.　Then I remembered Grandma went on an overnight trip with some friends.　That made me feel better, but there were still tears in my eyes.

I ran back to my room and took out the blanket Grandma made.　It was as *comfortable and warm as one of her hugs.　Grandma will be home tomorrow, I told myself.　She wouldn't ever go away and not come back.

Since before I was born, Grandma lived with our family : my mom and dad and my older brother, Greg. We lived in Michigan, and when I was in the fifth grade, we bought a big new house. My mom had to go to work to make some money.

Lots of my friends were by themselves after school because both of their parents worked. But I was one of the lucky ones. My mom's mom was always at the back door with a glass of milk and a thick slice of chocolate cake that was still hot from the oven.

We sat together and I'd tell Grandma all about my day. Then we'd play a few card games. Grandma always let me win. She was always very kind to me.

Like most kids, I'd have my bad days at school or sometimes get into a fight with one of my friends. Or maybe my parents might tell me we simply couldn't buy that new bicycle I wanted more than anything. It didn't matter how sad I felt, but Grandma was always there to make me feel happy again. Everything felt better when she gave me a hug.

Grandma was a big woman, too, and when she hugged you, you really knew you'd been hugged. It was great. Her hugs made me feel really special. When she hugged me, I knew that everything was going to be fine.

Then, one day when I was 17, everything wasn't fine anymore. Grandma was very ill, and the doctors said she had a serious illness and had to stay in hospital. They didn't think she would be able to return home again.

Every night when I went to bed, I could hear my grandmother saying a *prayer in her bedroom next door and talking about me to God by name. Well, that night I talked to God myself. I told Him how much I loved my grandmother and asked Him not to take her away from me. "Couldn't you wait until I don't need her anymore ?" I asked, selfishly. I never thought there would come a day when I wouldn't need my grandmother.

Grandma died a few weeks later. I cried myself to sleep that night and the next, and for many more after that. One morning, I carefully folded the blanket my grandmother had made and carried it to my mom. "It's so horrible that I'm so close to Grandma without being able to talk to her and get a hug," I cried. So, my mother packed the blanket away. To this day it is still one of my favorite items in the world.

I missed Grandma terribly. I missed her warm smile, and her kind words. She wasn't there when I graduated from high school, or the day eight years ago when I married Carla. But then something happened that let me know Grandma was always with me and she was watching over me still.

A few weeks after Carla and I moved to Arkansas, we learned that Carla was going to have a baby. However, it turned out that Carla had some serious problems and had to stay in the hospital. We spent so much time there that I lost my job a few weeks before Carla gave birth.

The week the baby was *due to be born, Carla caught a serious illness. On the day our baby was born, the doctors wouldn't allow me in the hospital room. I walked around the waiting room and hoped they would get better. Carla's *blood pressure was really high. My mom and dad were on their way south from Michigan, but they weren't there yet. I felt so helpless and alone.

Then, suddenly, it felt like Grandma hugged me. "Everything's going to be just fine," I could almost hear her saying ! But soon, she was gone again.

At the same time, in the next room, the doctors walked out of the hospital room. They told me that I was now a father. It was a baby boy. He was strong and healthy. The doctors also told me that

Carla was also doing really well and that she was feeling much better. I was so happy that I started to cry.

"Thank you, Grandma," I said, as I looked through the nursery window at our beautiful new baby. We named him Christian. "I only wish you could be here to give my son half of the love and kindness you gave to me."

One afternoon, two weeks later, Carla and I were home with Christian when someone knocked at our door. It was the postman with a package—a gift for Christian. The box was for "a very special grandbaby." Inside, there was a beautiful handmade baby blanket and a pair of small shoes.

My eyes were filled with tears as I read the card. "I knew I wouldn't be here for the grand day of your birth. I made a plan to send this blanket to you. I made these shoes before I left on my journey." The note was signed "Great-Grandma."

Grandma's eyes were so weak near the end that my Aunt Jeanette helped her to make the blanket. But she made the shoes herself, and she did it all during those few weeks before she died. Grandma really was an amazing lady.

注：*comfortable 快適な　*prayer 祈り　*due to *do* ～する予定である　*blood pressure 血圧

* When the writer was a child, [1].
  あ. he sometimes got out of bed and watched TV behind Grandma
  い. Grandma told him to come downstairs and watch TV with her
  う. his bedroom was on the first floor and he usually went to bed early
  え. he always went to bed late because he enjoyed watching TV by himself
* One night, Grandma wasn't watching TV because [2].
  あ. she was reading a travel magazine
  い. she was tired and wanted to go to bed early
  う. she was out of the house
  え. her TV was broken so it didn't work
* The writer took out the blanket Grandma made because [3].
  あ. he wanted to show his parents how much he loved Grandma
  い. he wanted to feel that she was around him
  う. he could always sleep well when he had it
  え. his pajamas were not enough to keep him warm
* The writer thought he was lucky because [4].
  あ. Grandma always took care of him after school
  い. his family bought a big new house when he was about 10 years old
  う. he was the youngest child so all of his family members paid special attention to him
  え. he always enjoyed eating something he liked after school
* When the writer was 17, Grandma's doctors said [5].
  あ. everything was going to be fine if he hugged her
  い. she would die within a few weeks
  う. she had a serious disease, but she would get well soon
  え. she might never get well enough to come home again
* When the writer said a prayer to God, [6].
  あ. he strongly believed that God would wait until he didn't need Grandma any more

い. he was also sick and taken to the hospital
う. Grandma said a prayer at the same time in her bedroom
え. he still thought he needed Grandma to be with him

* The writer's mother packed the blanket away because [7].
  あ. it was his treasure so he wanted to keep it clean
  い. it was not important for him any more
  う. it made him really sad as it reminded him that Grandma wasn't there
  え. it was damaged as he cried on it day after day
* Just before the writer's baby was born, [8].
  あ. he went into the hospital room to support his wife
  い. his wife was in a serious situation
  う. he was sitting on a sofa in the waiting room of the hospital
  え. his parents came to help him and support his wife
* When the writer felt helpless and alone, [9].
  あ. Carla's doctor let him in the hospital room
  い. his parents had just arrived at the hospital
  う. he felt Grandma was near him and supported him
  え. he remembered those wonderful days with Grandma
* The doctors came out of the room and the writer started to cry because [10].
  あ. he wanted Grandma to be there with him to see his baby
  い. he could hear Grandma's kind words
  う. the baby was not a girl, but a boy
  え. both the baby and his wife were not in danger any more
* Two weeks after Christian was born, [11].
  あ. the writer got a job as a postman
  い. a package was sent to his house
  う. the writer's old blanket was sent to him by his mother
  え. the writer bought a blanket and a pair of shoes for his son
* Before Grandma died, [12].
  あ. she made a pair of shoes by herself, and a blanket with the help of Aunt Jeanette
  い. she made a pair of shoes and a blanket all by herself
  う. she went shopping and bought a pair of shoes and a blanket for Christian
  え. she believed that she would see her great grandchild soon

III ブラウン先生(Mr. Brown)とカレン(Karen)の会話を読み，設問に答えなさい。

Mr. Brown : Please have a look at this picture. It is a picture of a whale ①(find) on the Philippine coast that died with 40 kilograms of plastic inside its body.

Karen : That's terrible. How did this happen ?

Mr. Brown : Well, it is easy for us to understand the difference between food and plastic, but it's impossible for animals and sea animals to (A) that. So they eat what they find in the sea. In the short *term, eating plastic makes an animal feel full, so they don't eat any other food.

Karen　　: I've heard on the news that plastic waste in the oceans is becoming a serious problem. I guess we shouldn't be too surprised. If we look around us, we can see plastic everywhere. A lot of our food and drinks come in plastic *containers—like bags or bottles.

Mr. Brown : That's correct. We can't live without plastic. Today, people make a lot of things out of plastic because it is cheap and very useful. Plastic things also (B) a long time, almost forever. That's why plastic waste is becoming such a serious problem, especially around the earth's coastlines and oceans.
(*Pointing at Chart 1*) Some scientists say plastic in the oceans will outweigh fish by 2050 if no action is taken.

Karen　　: Does that mean ②(be / fish / there / than / will / plastic)? I can't believe it!

Mr. Brown : Yeah. I couldn't believe my ears when I heard that.

Karen　　: I understand plastic can be very useful for us but it's one of the biggest problems for the environment. I don't understand though, why don't we just recycle it?

Mr. Brown : (*Pointing at Chart 2*) Globally, the percentage of plastic recycling has gone up since the 1990's, but according to the survey in 2015, only (C) of plastic waste was recycled and more than (D) was just thrown away. A lot of it ended up in the soil, rivers, lakes and, in particular, the world's oceans.

Karen　　: I see. So a lot of sea creatures die as a result of plastic waste.

Mr. Brown : Take a look at another chart. (*Pointing at Chart 3*) It shows how much plastic packaging waste each person created in 2014. What can you tell me from this chart?

Karen　　: Well, in that year, Japan ③(throw) away more plastic than any other country after the US.

Mr. Brown : That's true. And Japan produced more than six times the amount of plastic packaging waste than India did. The first step in ④(reduce) our plastic waste is to say "NO" to single-use plastic bags in convenience stores and supermarkets. Outside Japan, more than 30 countries have stopped using single-use plastic bags. In the Netherlands, after shops began charging almost 34 yen per bag in 2016, the number of plastic bags ⑤(use) every year dropped by 40%.

Karen　　: So first, we need to understand that plastic is a big problem. Then we can start to do something about it. I believe such small changes can make a big (E).

注：*term　期間　　*container(s)　容器

(Chart 1)

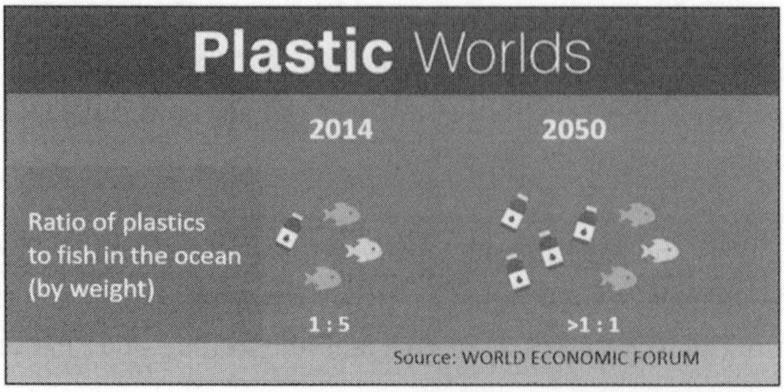

(Chart 2)

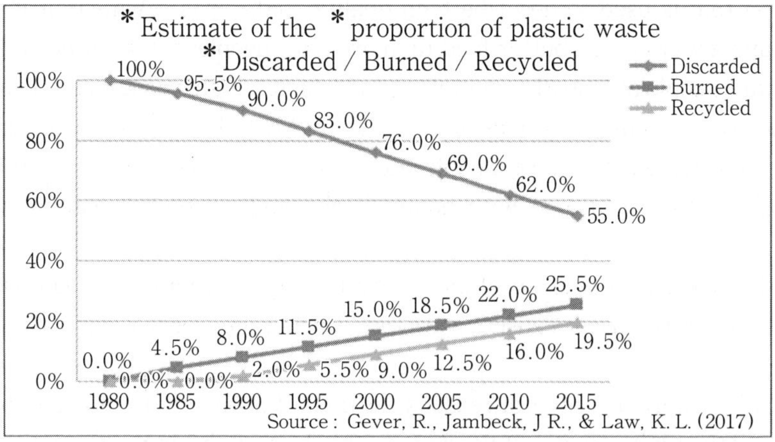

注：*estimate　推定　　*proportion　割合，比率　　*discard　廃棄する

(Chart 3)

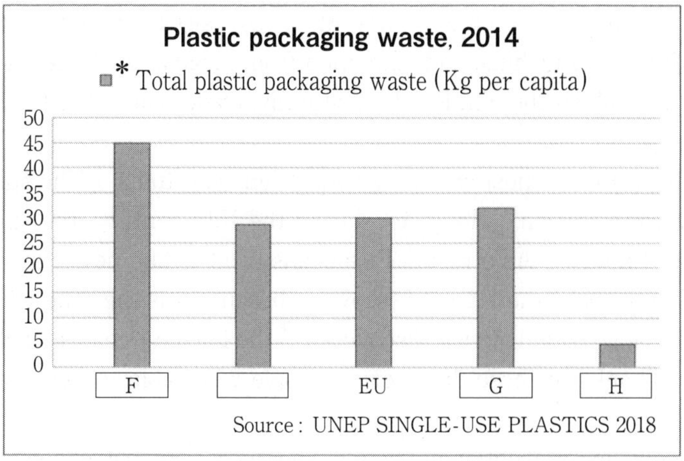

注：*Total plastic packaging waste (Kg per capita)　プラスチック包装ごみ総排出量(キログラム/一人当たり)

1．①(find)，③(throw)，④(reduce)，⑤(use)を，それぞれ適切な形に変えなさい。

2．(A)～(E)に入る最も適切なものを1つずつ選び，記号で答えなさい。なお，同じ記号は2度以上用いないこと。

あ．few　い．end　う．do　え．eat　お．one-fifth

か．problem　き．half　く．last　け．waste　こ．difference

3．②(be / fish / there / than / will / plastic)を意味の通るように並べかえたとき，**不足している1語を答えなさい**。

4．(Chart 3)の F ，G ，H に入る最も適切な組み合わせを1つ選び，記号で答えなさい。

あ．F：Japan　G：USA　H：India

い．F：Japan　G：USA　H：the Philippines

う．F：USA　G：Japan　H：the Philippines

え．F：USA　G：Japan　H：India

IV　次の英文を読んで，設問に答えなさい。

There is an English expression that is used to describe high quality food. It is, "A meal fit for a king." Of course, rich people have always eaten better food than ordinary people, but what does this really mean ? In the past, ordinary people ate mostly vegetables and beans. Fish was not eaten very often, and meat was eaten even (①). Their food was often *flavored with local *herbs and salt, but it didn't taste very good. However, the richest people ate a lot of meat and fish with their vegetables, ate the freshest fruit, and enjoyed food with honey, herbs, and unusual foreign spices. This is why [A].

(②) nearly 6,000 years, the trade in spices was one of the most important international businesses. Control of the spice trade made countries rich, caused wars, and encouraged people to travel to faraway lands.

Why were spices so important ? There are several reasons for this. Firstly, try to imagine food (③) no sugar, *pepper, or any other spices in it. It would probably be quite boring. Secondly, as well as making food taste better, many spices have an antimicrobial effect. In other words, [B]. In the days before fridges, this was very useful. Finally, ④(あ．come　い．use in our cooking　う．the spices　え．almost　お．we　か．of　き．all) from Asia. For example, pepper comes from India, *ginger from China, and cinnamon from Arabia, Sri Lanka, and China. Originally, these spices were traded along the Silk Road. Naturally, traders kept the source of these spices a secret [C].

(⑤) the end of the 18th century, the world's richest countries were China and India. The spice trade was one of the reasons why they were so rich. However, during the 15th century, the spice trade was *disrupted by *the Ottoman Empire. As a result, Europeans tried to find new ways to get their spices. Today, this period is known as *the Age of Discovery, because it is the time when Europeans found ways to sail to India by going around Africa, discovered *the Pacific Ocean, and also discovered North and South America. Thanks to these discoveries, people were able to buy more spices at a much (⑥) price.

Today, spices are still important goods in international trade. The most expensive spice is *saffron, which is part of a flower raised in West Asia, especially Iran. Saffron must be collected in the early morning and can only be collected for one or two weeks a year. To make one kilo of saffron, about 140,000 flowers must be collected. Saffron was very expensive. In 1730, saffron was worth its weight in gold. In other words, one kilo of saffron and one kilo of gold had the (⑦) price. However, today one kilo of saffron is worth about $10,000.

Saffron is used to flavor food, of course, but that is not its only use. Today, scientists are investigating saffron as a possible cure for some types of cancer. Saffron is not alone in having possible medical uses, however. Ginger is also being researched as a cure for cancer, as is pepper. Hot spices like pepper could even help us to lose weight.

It is amazing to think that the spices have been so strongly connected to important historical events like the discovery of the Americas by Europeans. Just as the spice trade led to the Age of Discovery, today scientists are discovering new things about spices and how they can help to keep us healthy. Spices certainly may continue to be one of the most expensive goods in the future.

注：*flavor　(食べ物などに)風味を付ける　*herb(s)　ハーブ　*pepper　コショウ
　*ginger　ショウガ　*disrupt　～を妨害する

＊the Ottoman Empire　オスマン帝国，トルコ帝国　＊the Age of Discovery　大発見[航海]時代

＊the Pacific Ocean　太平洋　＊saffron　サフラン(香辛料の一種)

1．(①)，(②)，(③)，(⑤)，(⑥)，(⑦)に入る最も適切なものを1つずつ選び，記号で答えなさい。文頭にくるべき語も小文字になっている。また，同じ記号は2度以上用いないこと。

あ．better　い．until　う．with　え．for　お．without

か．less　き．same　く．since　け．lower　こ．expensive

2．④(あ．come　い．use in our cooking　う．the spices　え．almost　お．we　か．of　き．all)を意味が通るように並べかえ，**(　)内で3番目と6番目**にくる記号を答えなさい。

3．[A]～[C]に入る最も適切なものを1つずつ選び，記号で答えなさい。なお，同じ記号は2度以上用いないこと。

あ．food cooked with spices can be kept longer

い．in order to discover a new way to go to China and India

う．ordinary people were not able to eat high quality food

え．we say the very best meals are "fit for a king"

お．many spices made ordinary food more delicious

か．in order to keep the prices high

4．本文の内容と一致するものを**2つ**選び，記号で答えなさい。

あ．香辛料のおかげで，一般の人々も裕福な人々と同様に，おいしい料理が食べられるようになった。

い．香辛料貿易がオスマン帝国により妨害された結果，中国とインドは最も裕福な国となった。

う．サフランはがん治療薬としても効果的なため，今日では年間を通じて収穫が行われるようになった。

え．香辛料は食材の風味づけ以外にも，さまざまな用途があることが分かってきている。

お．香辛料の中でサフランが唯一がん治療に有効なので，今日でも高値で取引されている。

か．香辛料貿易はアメリカ大陸発見の重要なきっかけとなった。

V　次の(　)に入る最も適切な語(句)を1つずつ選び，記号で答えなさい。

1．Mike (　　) the teacher for more than 20 years.

あ．know　い．is knowing　う．is known　え．has known

2．My host mother said to me, "(　　) yourself to anything in the fridge."

あ．Help　い．Make　う．Eat　え．Take

3．Who (　　) care of your cat while you were away on a business trip?

あ．take　い．does it take　う．took　え．does take

4．We don't have (　　) snow here, even in winter.

あ．a few　い．much　う．many　え．little

5．Now, it's your (　　).　Please draw a card.

あ．turn　い．order　う．number　え．game

6．It was a great (　　) to see one of my old friends at the party.

あ．surprise　い．surprises　う．surprising　え．surprised

7．You should always keep (　　　　).

あ．clean your room　い．your room clean

う．cleaned your room　え．your room cleaning

8．Let me show you the e-mail (　　　　) yesterday.
あ．that sent me by him　　い．it sent to me by him　　う．he sent me　　え．he sent it to me
9．Our school has (　　　　) your school.
あ．twice as many students as　　い．as twice students as
う．students twice more than　　え．students as bigger than
10．You have to listen to me carefully, or you will (　　　　).
あ．find important something　　い．find it's any important
う．miss important something　　え．miss something important
11．"Toy Soldier" is one of (　　　　) I've ever seen.
あ．the most action movie　　い．the best movies
う．the adventurous movie　　え．the most excited movies

VI　次の各組の文がほぼ同じ意味になるように(　)に最も適切な語を入れたとき，(＊)に入る語を答えなさい。

1．I lost my grandfather at the age of four.
I lost my grandfather (＊) I (　　) four years old.
2．Mr. Miller went to Los Angeles. He is not in Japan now.
Mr. Miller (　　) (＊) to Los Angeles.
3．The gentleman was kind enough to take me to the station.
The gentleman was (　　) kind that he (＊) me to the station.
4．You don't have to finish the work by 5 o'clock.
It's not (＊) (　　) you to finish the work by 5 o'clock.
5．They went to Tokyo by plane.
They (＊) to Tokyo.

VII　(　)内の あ．～か．を並べかえ，意味の通る英文を完成させなさい。ただし，解答はそれぞれの [a]，[b] に入る記号のみ答えなさい。なお，文頭にくるべき語も小文字になっている。

1．This morning, (＿＿ ＿＿ [a] ＿＿ [b] ＿＿) in English, but I couldn't understand anything.
(あ．was　い．spoken　う．to　え．I　お．by　か．a foreigner)
2．(＿＿ ＿＿ [a] ＿＿ ＿＿ [b]) so kind. I can't wait to go there again.
(あ．Australia　い．people　う．I　え．were　お．met in　か．the)
3．A：What is the most precious thing in the world？
B：([a] ＿＿ ＿＿ ＿＿ [b] ＿＿).
(あ．more　い．time　う．nothing　え．important　お．is　か．than)
4．Could you (＿＿ ＿＿ [a] ＿＿ [b] ＿＿) from here to the airport？ I need to be there before 10:30 tomorrow morning.
(あ．me　い．will　う．tell　え．take　お．it　か．how long)
5．A：Are you busy now？
B：No. Why？
A：Well, I (＿＿ ＿＿ [a] ＿＿ ＿＿ [b]) my homework.
(あ．to　い．want　う．me　え．help　お．with　か．you)

Ⅷ　日常生活の中で，あなた自身が心がけていることや習慣としていることを１つ挙げなさい。さらに，その理由を**15語以上**の英語で書きなさい。なお，ピリオド，コンマなどの符号は語数に含めない。

In my daily life, I ______________________. （この英文は語数に含めない）

15語以上

【数　学】（60分）〈満点：100点〉

〈注意〉 1．答の $\sqrt{}$ の中はできるだけ簡単にしなさい。

2．円周率は π を用いなさい。

1　次の問いに答えなさい。

(1)　次の $\square$ にあてはまる式を答えなさい。

$$\square \times \left(\frac{x}{4}\right)^3 y \div \left\{-\frac{(x^2y)^2}{16}\right\} = -\frac{1}{2}$$

(2)　$\dfrac{(\sqrt{12}+\sqrt{2})^2}{(3\sqrt{2}-2\sqrt{3})(\sqrt{18}+\sqrt{12})} - \dfrac{\sqrt{2}(\sqrt{3}-\sqrt{2})^2-\sqrt{18}}{\sqrt{3}}$ を計算しなさい。

(3)　$ax+b-1-x+a+bx$ を因数分解しなさい。

(4)　連立方程式 $\begin{cases} 0.6x+0.5y=-3.8 \\ \dfrac{1}{12}x-\dfrac{3}{8}y=\dfrac{5}{4} \end{cases}$ を解きなさい。

(5)　2次方程式 $\dfrac{1}{3}(x^2-1)=\dfrac{1}{2}(x+1)^2-1$ を解きなさい。

(6)　関数 $y=-x^2$ について，x の変域が $a \leqq x \leqq a+3$ のとき，y の変域が $-4 \leqq y \leqq 0$ となるような定数 a の値をすべて求めなさい。

(7)　大中小3つのさいころを投げて，出た目の和が12となる確率を求めなさい。

(8)　図1の $\angle x$，$\angle y$ の大きさを求めなさい。ただし，図の円周上の点は円周を12等分した点とする。

(9)　図2の平行四辺形ABCDにおいて，AP：PD＝BQ：QC＝3：1，CQ＝k，QR＝1，△RQSの面積を1とするとき，△ASPの面積は［ア］k^2，五角形CDPSQの面積は［イ］k^2＋［ウ］k と表せる。

［ア］～［ウ］にあてはまる数を答えなさい。

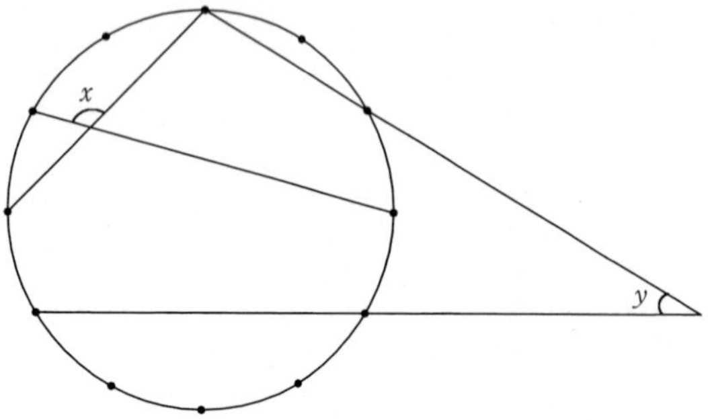

図1

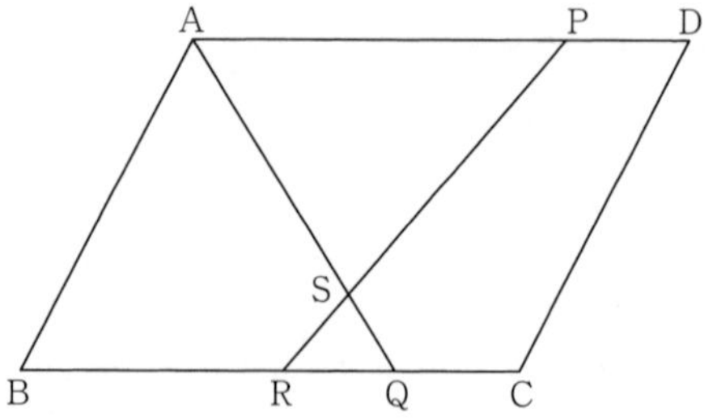

図2

2　連続する3つの整数を p，q，r $(p<q<r)$ とする。

(1)　$p+q+r=2019$ を満たす p を求めなさい。

(2)　3つの数 p，q，r のうち，1つを4倍したものを s とするとき，$p+q+r+s=2020$ を満たす p を求めなさい。

3　双曲線 $y=\dfrac{a}{x}(a>0)$ と放物線 $y=\dfrac{1}{4}x^2$ が点Aで交わっている。点Aから x 軸に下ろした垂線と x 軸の交点を点Bとし，双曲線 $y=\dfrac{a}{x}$ 上に点C，放物線 $y=\dfrac{1}{4}x^2$ 上に点Dをとる。点Aの x 座標が4のとき，次の問いに答えなさい。

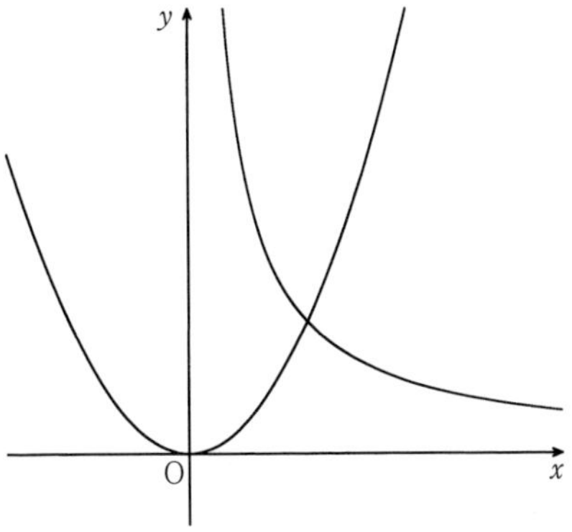

(1)　a の値を求めなさい。

(2)　△ABCの面積が8になるとき，点Cの座標を求めなさい。

(3)　(2)のとき，△ABCと△BCDの面積が等しくなるような点Dの座標を求めなさい。ただし，2点A，Dは異なる点とする。

4　図1のように，円錐を底面に平行な平面で切り，小円錐の部分を除いた立体図形を「円錐台」という。図1のような，上底(上方にある円形の面)の半径，下底(下方にある円形の面)の半径，高さが順に a，b，h である円錐台の体積 V は $V=\dfrac{\pi h}{3}(a^2+ab+b^2)$ で求めることができる。

(1)　図2の円錐台の体積を求めなさい。

(2)　図2の円錐台の表面積を求めなさい。

(3)　図2の円錐台を高さが半分になるように下底に平行な平面で切り，体積の小さい方をA，大きい方をBとするとき，AとBの体積比を最も簡単な整数の比で表しなさい。

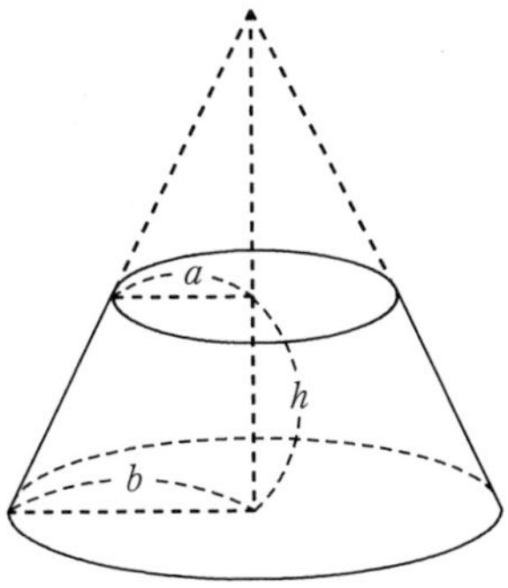

図1

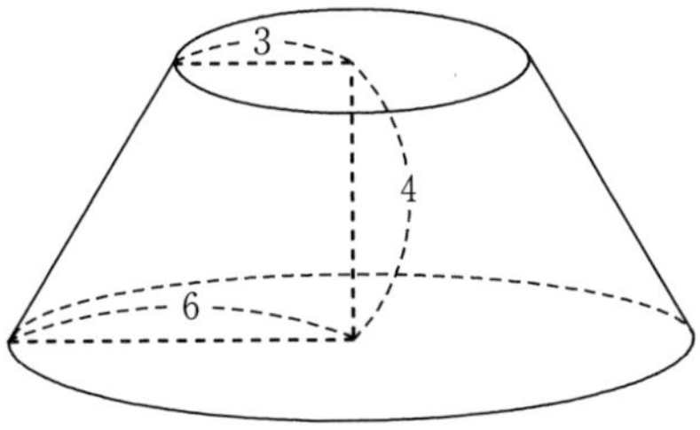

図2

[e]によるものであれ、他人を殴ることなど許されるべきではないのに。しかし、殴られ、殴り返すという異常な体験によって、堂島は加奈江にとって忘れられない特別な存在となってしまったようである。恋の始まりなのか。加奈江は堂島の姿を求めて、夜の銀座へと出かけて行く……。しかし、堂島が銀座に現れないのは、加奈江に殴られたことと手紙で釈明したことで、堂島は加奈江に対する気持ちに自分なりの[f]をつけたつもりでいるからなのかもしれない。

(イ) 熱情　(ロ) 思慕　(ハ) 連帯　(ニ) 決着　(ホ) 悲劇
(ヘ) 憎悪　(ト) 尊敬　(チ) 暴力　(リ) 因縁　(ヌ) 騒動

【出典】
一 阿部公彦『詩的思考のめざめ』（東京大学出版会・二〇一四年）より。
二 岡本かの子「越年」―『岡本かの子全集5』（ちくま文庫・一九九三年）より。

たが、銀座で美味《おい》しいものをご馳走すれば、明子に感謝の気持ちを伝えることになり、自分の負い目も少しは解消されると思うようになっていた、ということ。

(ハ) 自分の方から明子を誘って、堂島の捜索をするために銀座へ出向くつもりだったが、正月らしく着飾ってきたのだし、すさんだ話はいったん置いておいて、今夜は銀ブラを楽しもうという気分になっていた、ということ。

(ニ) 新しい年を迎えても、堂島に対する怒りや憎しみは一向に消えなかったが、華やかな着物を着て、銀座でご馳走を食べようという話になったら、堂島に対する憎悪の念がすっと消えていくように感じられた、ということ。

(ホ) 年が明けると、堂島に対する憎しみの気持ちはすっかり薄れていたが、明子と二人で銀座に出かけることになった途端、堂島に対する激しい怒りや憤りが再び沸き上がり、居ても立ってもいられなくなった、ということ。

問10 傍線部⑨「堂島は不思議と神妙に立っているきりだった」とありますが、この時の「堂島」はどのような気持ちだったと考えられますか。次の中から最も適当なものを選び、符号で答えなさい。

(イ) 思わぬ場所で加奈江に遭遇して、その場をどう取り繕ったらよいのかと、内心ではあたふたしている。

(ロ) 加奈江と明子が銀座を探索しているなどとは知らず、銀座で遊興していた自分の油断を後悔している。

(ハ) 二度と会うことがないと思っていた加奈江と再会したことで、運命の皮肉を感じて、呆然《ぼうぜん》としている。

(ニ) 加奈江の怒りや興奮が少しでもおさまったら、加奈江に対して謝罪の気持ちを伝えたいと思っている。

(ホ) 銀座の街中で加奈江と明子に捕縛されてしまい、この先、自分がどうされるのかと不安に感じている。

問11 空欄D～Fに当てはまる語として最も適当なものを次の中から選び、それぞれ符号で答えなさい。

(イ) まさか　(ロ) いっそ　(ハ) いつも
(ニ) どうか　(ホ) たとえ

問12 傍線部⑩「しかし堂島は遂に姿を見せないで、路上には漸《ようや》く一月の本性の寒風が吹き募って来た」とありますが、これに関する次の説明文を読んで、空欄a～fにそれぞれ当てはまる語句を後より選び、(イ)～(ヌ)の符号で答えなさい。

　堂島は以前から加奈江に対して［ a ］の念を抱いていたが、その思いを加奈江に伝えるすべが分からず、悶々《もんもん》とした日々を送っていたようである。そうして、いよいよ会社を辞めるという時になり、堂島は自分の加奈江に対する気持ちを［ b ］というかたちで表現してしまった。加奈江の左の頬は赤く腫れ上り、その夜は頭痛で眠れなかったというのだから、今の時代なら医師の診断書があれば傷害罪が成立するかもしれない。

　この理不尽な行為に憤慨したのは、加奈江が殴られた現場にいた女性の同僚たちである。明子と磯子は加奈江と［ c ］し、ともに戦おうという意思を示したばかりか、明子は加奈江と二人で夜の銀座を何日も歩き回ってくれた。それに対して、男性の同僚たちはどうだったか。加奈江が復讐を遂げたことを聞いた男の社員たちは、「痛快痛快」と叫びながら加奈江の職場に押し寄せ、遅れて出社した課長は「仇討本懐じゃ」という言葉で祝っている。彼らにとって、加奈江が堂島に殴られ、そして加奈江が堂島を殴り返したという出来事は、身近で起きたちょっと刺激的な事件であり、彼らの俗な好奇心を満たす［ d ］だったとも言えそうである。

　さて、堂島からの手紙を受け取り、それによって自分に対する［ b ］行為の真相を知った加奈江は、堂島の行為を「［ e ］」によるものと受け止めてしまう。それが

とする人間で、山岸たちがいつも堂島の後始末ばかりさせられてきたことに対する不満。

問6　傍線部⑤「こりゃ一杯、おごりものだぞ」とありますが、「山岸」はどのような意図でこの発言をしたと考えられますか。次の中から最も適当なものを選び、符号で答えなさい。

(イ)　堂島との間に何があったかはよく分からないが、堂島の住所を教えてやる代わりに、加奈江と二人で飲みに行く機会を作れるのではないか、と期待するような言い方。

(ロ)　加奈江は堂島に気があるらしいが、自分が二人の縁を取り持つ役割をするのなら、それなりのお礼をしてもらってもいいんじゃないか、という冗談めかした言い方。

(ハ)　退職した社員の行方を追うということは、金銭がからんだ事件があったに違いないから、自分もそのおこぼれにあずかれるのではないか、という下心を秘めた言い方。

(ニ)　退社の届けが出ているとは言え、社員だった人間の個人情報を加奈江にもらすのだから、加奈江からは一度ご馳走《ちそう》してもらいたいものだ、と強く求めるような言い方。

(ホ)　加奈江は切羽詰った様子であるので、ここで一つ力を貸してやれば、ボーナスが出たばかりでもあるから、一杯おごってもらえるだろう、という打算を含んだ言い方。

問7　傍線部⑥「自分の意図が素直に分って貰えない」とありますが、「加奈江」の「意図」とは具体的にどのようなことだと考えられますか。次の中から最も適当なものを選び、符号で答えなさい。

(イ)　堂島が加奈江をどう思っていたのか、本当のところを知りたい、ということ。

(ロ)　堂島の行方をつきとめて、何とかして堂島を懲らしめてやりたい、ということ。

(ハ)　堂島が会社を辞めた理由について、山岸から詳しいことを聞きたい、ということ。

(ニ)　堂島の加奈江に対する非道なふるまいを、男性の社員にも知らせたい、ということ。

(ホ)　堂島と親しかった山岸に話を聞くことで、堂島の本性を暴いてやりたい、ということ。

問8　傍線部⑦「こつんとした感じが加わった」とありますが、どういうことだと考えられますか。次の中から最も適当なものを選び、符号で答えなさい。

(イ)　日本が中国で戦争をしている状態だということもあって、夜の銀座で気晴らしをする人たちの様子にも、どこか張り詰めたような空気が感じられる、ということ。

(ロ)　戦局がどう変化するか分からない状況下で、夜の銀座に繰り出して来た人たちは、都会の享楽を存分に味わおうと躍起になっているように見える、ということ。

(ハ)　日本が他国と戦っている最中であろうと、年の瀬ともなれば多くの人たちが夜の銀座に繰り出し、その雑踏する街角は異様な熱気を放ってさえいる、ということ。

(ニ)　戦争中ということもあって、夜の銀座も本来の華やかさは鳴りをひそめ、質素であるどころか、うつうつとした辛気臭い空気さえ立ちこめている、ということ。

(ホ)　戦時下であるためか、夜の銀座で遊興する人たちにも何か険悪な雰囲気があり、加奈江と明子に向けるまなざしにも敵意のようなものが感じられる、ということ。

問9　傍線部⑧「加奈江は家を出たときとは幾分心構えが変っていた」とありますが、どういうことですか。「加奈江」の心情の説明として最も適当なものを次の中から選び、符号で答えなさい。

(イ)　正月三日の晩になっても誘いに来ない明子を、少し恨んではいたが、久しぶりに顔を合わせてみると、そんな気持ちは跡形もなく消えて、今日は明子と銀座で楽しい夜を過ごしたいという気分になっていた、ということ。

(ロ)　堂島の捜索に明子を付き合わせることを申し訳なく思ってい

な思い入れに過ぎないもの

(ヲ) あくまでも仕事とは全く関係のないことであって、加奈江は自分に非があったとは思えない。それゆえ、加奈江は磯子をにらみつけ、「無論ありません」ときっぱり否定するのである。

問3 傍線部②「磯子は焦れったそうに口を尖らして加奈江に言った」とありますが、この時の「磯子」はどんな気持ちだったと考えられますか。次の中から最も適当なものを選び、符号で答えなさい。

(イ) 磯子は堂島が卑怯な人間であることを知って、ともかく腹の虫がおさまらず、何とかして堂島を痛い目にあわせてやりたいと考えている。

(ロ) 磯子は堂島が怖《お》じ気《け》づいて会社に出て来ないため、振り上げた拳のもって行き場がなくなり、何だかはぐらかされたような気がしている。

(ハ) 磯子は加奈江が直接的な行動に出ないことに不満《ふまん》を覚え、加奈江の助太刀を買って出た自分が、何だか馬鹿《ばか》にされたような気がしている。

(ニ) 磯子は加奈江の機嫌を取りたくて、堂島に対する怒りを表してみせたが、内心では加奈江の復讐に付き合わされるのを不満に思っている。

(ホ) 磯子は加奈江に加勢するつもりで意気込《いきご》んで出社したのに、ものごとが思うように進まないことに不満を覚え、いらだたしく感じている。

問4 傍線部③「二人の憤慨とは反対に加奈江はへたへたと自分の椅子に腰かけて息をついた」とありますが、この時の「加奈江」の気持ちはどのようなものであったと考えられますか。次の中から最も適当なものを選び、符号で答えなさい。

(イ) 殴られた左頰の腫れも引き、自分を殴った堂島も会社から消えた以上、悔しいけれど仕返しは断念するしかないと、自分を納得させようとしている。

(ロ) 張り詰めていた気持ちがほどけて、急に疲れを覚えるとともに、堂島が会社を去った今、当面の手立てが思い付かなくて、ふさぎこんでしまっている。

(ハ) 堂島が会社を辞めたことを知って、立っていられないほどの打撃を受けたが、これで堂島に対する復讐はあきらめるしかないと思うと、無念でならない。

(ニ) 堂島の行動は全《すべ》て計画的なもので、自分は殴られ損に過ぎなかったと分かり、前日の騒ぎを馬鹿らしく思うとともに、泣きたいような気持ちになっている。

(ホ) 明子と磯子が躍起になるほど、何だかしらけた気分になってしまい、ただ堂島に殴られたことに対する怒りだけが、胸の中で燃え殻のようにくすぶっている。

問5 傍線部④「彼も不満を持ってるらしかった」とありますが、「山岸」は「堂島」に対してどのような「不満」を抱いていたと考えられますか。次の中から最も適当なものを選び、符号で答えなさい。

(イ) 堂島がボーナスをタダ取りしたばかりか、うら若き女性社員の頰を殴りつけ、後ろ足で砂をかけるようにして会社を去っていったことに対する不満。

(ロ) 堂島は日本が戦争をすることについて肯定的で、戦争が終わって平和になれば、日本の景気は低迷してしまうと周囲に吹《ふい》聴《ちょう》していたことに対する不満。

(ハ) 堂島が一緒に飲み歩いていた山岸にも移転先を知らせず、勝手に会社を辞めたばかりか、女事務員との間でトラブルまで起こしていたことに対する不満。

(ニ) 堂島が会社の先行きについて嫌味《いやみ》なことを口にしただけでなく、自分だけ割のいい仕事を見つけて、さっさと会社を辞めてしまったことに対する不満。

(ホ) 堂島は頭が切れる男ではあるが、自分だけうまく立ち回ろう

いを叩きあった堂島と、このまま別れてしまうのは少し無慙《むざん》な思いがあった。一度、会って打ち解けられたら……。
加奈江は堂島の手紙を明子たちに見せなかった。家に帰るとその晩一人銀座へ向った。次の晩も、その次の晩も、十時過ぎまで銀座の表通りから裏街へ二回も廻って歩いた。⑩しかし堂島は遂に姿を見せないで、路上には漸《ようや》く一月の本性の寒風が吹き募って来た。

【語注】
＊白磁色…白磁は、白色の素地に透明な上薬《うわぐすり》をほどこした焼き物。白磁色は、白磁のようにすべすべした白い色。
＊拓殖会社…開拓・殖民を事業とする会社。殖民とは、国外の領土や未開地への移住を促し、開発や支配を進めること。第二次世界大戦前の日本では、植民地での拓殖事業を行う半官半民の会社が数多く設立された。
＊軍需品会社…軍隊で使われるものを扱う会社。
＊事変下…ここでの「事変」とは、「支那《しな》事変」（日中戦争）を指す。「支那事変」は日本と中国との間で行なわれた戦争で、一九三七年（昭和12年）の盧溝橋《ろこうきょう》事件をきっかけにして起こり、日本の敗戦（一九四五年）まで続いた。事変下とは、日中戦争が続いている最中である、ということ。
＊銀ブラ…銀座の街をぶらぶら歩くこと。
＊裾《すそ》模様《もよう》…女性の和服の模様づけの一種で、裾の部分だけに模様を置いたものを言う。
＊羅《ら》紗《しゃ》地…羅紗は、厚地の毛織物。羅紗地とは、ラシャを衣服の生地（材料）として用いてあるということ。
＊スエヒロ…銀座5丁目にあったステーキ・レストラン「スエヒロ銀座店」のこと。
＊オリンピック…銀座2丁目にあった洋食レストラン。ビーフステーキが評判料理の一つだった。
＊資生堂《しせいどう》…銀座8丁目にあった洋食レストラン「資生堂アイスクリームパーラー」のこと。関東大震災で全焼した資生堂薬局を建て替え、一九二八年（昭和3年）に本格的な洋食を提供するレストランとして開業した。
＊仇討本懐《あだうちほんかい》…仇討ちの本懐を遂げること。ここでは、仕返しをし、見事うらみを晴らすこと。

問1　空欄A～Cに当てはまる語句として最も適当なものを次の中から選び、それぞれ(イ)～(チ)の符号で答えなさい。
(イ)　眩《まぶ》しそうに　(ロ)　物珍しそうに　(ハ)　滑るように
(ニ)　舐《な》めるように　(ホ)　不安そうに　(ヘ)　恨めしそうに
(ト)　笑うように　(チ)　燃えるように

問2　傍線部①「磯子自身ですら悪いことを訊いたものだと思うほど加奈江も明子も不快なお互いを探り合うような顔付きで眼を光らした」とありますが、どういうことですか。「磯子」と「加奈江」の内面について説明した次の文章を読んで、選択肢(a)～(d)より最も適当なものを選び、それぞれ(イ)～(ヲ)の符号で答えなさい。

加奈江が堂島から平手打ちされたことについて、磯子は(a)｛(イ)　堂島には女を殴るだけの理由があったはずだと考えている　(ロ)　加奈江の側に非や落ち度があったなどとは思ってもいない　(ハ)　加奈江と堂島の間に何かあったに違いないと勘ぐっている｝。しかし、「あんた何も堂島さんにこんな目にあうわけないでしょう」という磯子の言葉は、取りようによっては、(b)｛(ニ)　加奈江には後ろ暗いことなど何もない　(ホ)　磯子自身には全く係《かか》わりのないことだ　(ヘ)　何の理由もなしに堂島は女を殴るのか｝という意味にもなり得る。だから、加奈江の反応を見た時、磯子は自分が誤解を招くような言い方をしてしまったのだと気付かされたのだった。
一方、加奈江の方は、(c)｛(ト)　自分が堂島につれない態度をとったという覚えはある　(チ)　磯子が自分と堂島の仲を疑っていることが悔しかった　(リ)　堂島が加奈江に好意を抱いていることを分かっていた｝。しかし、それは(d)｛(ヌ)　上司の命ずるところに従ったまでのこと　(ル)　堂島の一方的

しょうよ。今日は私のおごりよ」
二人はスエヒロに向った。

六日から社が始まった。明子から磯子へ、磯子から男の社員たちに、加奈江の復讐成就が言い伝えられると、社員たちはまだ正月の興奮の残りを沸き立たして、痛快々々と叫びながら整理室の方へ押し寄せて来た。

「おいおい、みんなどうしたんだい」

一足後《おく》れて出勤した課長は、この光景に不機嫌な顔をして叱ったが、内情を聞くに及んで愉快そうに笑いながら、社員を押し分けて自分が加奈江の卓に近寄り「よく貫徹したね、＊仇討本懐《あだうちほんかい》じゃ」と祝った。

加奈江は一同に盛んに賞讃《しょうさん》されたけれど、堂島を叩き返したあの瞬間だけの強《し》いて自分を弾ませたときの晴々した気分はもうとっくに消《き》え失《う》せてしまって、今では却《かえ》ってみんなからやいやい言われるのがかえって自分が女らしくない奴《やつ》と罵られるように嫌だった。

社が退《ひ》けて家に帰ると、ぼんやりして夜を過ごした。銀座へ出かける目標《めあて》も気乗りもなかった。勿論《もちろん》、明子はもう誘いに来なかった。戸外は相変らず不思議に暖かくて雪の代りに雨がしょぼしょぼと降り続いた。加奈江は茶の間の隅に坐《すわ》って前の坪庭の山茶花《さざんか》の樹に雨が降りそそぐのをすかし見ながら、むかしの仇討《あだう》ちをした人々の後半生というものはどんなものだろうなぞと考えたりした。そして自分の詰らぬ仕返しなんかと較《くら》べたりする自分を莫迦《ばか》になったのじゃないかとさえ思うこともあった。

一月十日、加奈江宛の手紙が社へ来ていた。加奈江が出勤すると給仕が持って来た。手紙の表には「ある男より」と書いてあるだけで加奈江が不審に思って開いてみると意外にも堂島からであった。

この手紙は今までの事柄の返事のつもりで書きます。僕は自分で言うのもおかしいけれど、はっきりしていると思う。現在、あの拓殖会社が煮え切らぬ存在で、今度の社が軍需に専念である点が僕の去就を決した。しかし私に割り切れないものがあの社を去るに当って一つあった。それは貴女《あなた》に対する私の気持でした。社を辞めるとなれば殆《ほとん》ど貴女には逢えなくなる。その前に僕の気持を打ち明けて、[D] 同情して貰いたいとあせった。しかし僕は令嬢というものに対してはどうしても感情的なことが言い出せない性質です。だから遂々《とうとう》ボーナスを貰って社を辞めようとした最後の日まで来てしまったのです。いよいよ、言うことすら出来ないのか。思い切って打ち明けたところで、断られたらどういうことになる。此方《こちら》はすごすごと思いを残して引下り貴女は僕のことなぞ忘れてしまうだけだ。[E] 喧嘩《けんか》でもしたらどうか。或《ある》いは憎むことによって僕を長く忘れないかも知れない。僕もきっかり決裂した感じで気持をそらすことが出来よう。そんな自分勝手な考えしか切羽詰って来ると浮びませんでした。とつおいつ、僕は遂《つい》に夢中になって貴女をあの日、撲ったのでした。しかし、女を、しかも一旦慕った麗人を乱暴にも撲ったということは僕のヒューマニズムが許しませんでした。[F] 苦い悪汁となって胸に浸み渡るのでした。その不快さに一刻も早く手紙を出して詫《わ》びようと思ったが、それも矢張《やは》り自分だけを救うエゴイズムになるのでやめてしまったのです。先日、銀座で貴女に撲り返されたとき、これで貴女の気が晴れるだろうから、そこでやっと自分の言い訳やら詫びをしようと、もじもじしていたのですが、連れの者が邪魔して、それを果しませんでした。よって手紙を以《も》って、今、釈明する次第です。平にお許し下さい。

堂《どう》島《じま》 潔《きよし》

としてあった。加奈江は、そんなにも迫った男の感情ってあるものかしらん、今にも堂島の荒々しい熱情が自分の身体に襲いかかって来るような気がした。

加奈江は時を二回分けて、彼の手、自分の手で夢中になってお互

人になればよいが――と加奈江はあせりにあせった。それに堂島が自分たちを見つけて知っているかどうかも知りたかった。そう思って堂島の後姿を見ると特に目立って額を俯向《うつむ》けているのも怪しかった。二人は半丁もじりじりして後をつけた。そのとき不意に堂島は後を振り返った。

「堂島さん！　ちょっと話があります。待って下さい」

　加奈江はすかさず堂島の外套の背を握りしめて後へ引いた。明子もその上から更に外套を握って足を踏張った。堂島は周章《あわ》てて顔を元に戻したが、女二人の渾身《こんしん》の力で喰《く》い止められてそれのまま遁《のが》れることは出来なかった。五人の一列は堂島を底にしてV字型に折れた。

「よー、こりゃ素敵、堂島君は大変な女殺しだね」

　同僚らしいあとの四人は肩組も解《ほど》いてしまって、呆《あき》れて物珍らしい顔つきで加奈江たちを取巻いた。

「いや、何でもないよ。一寸失敬する」

　そういって堂島は加奈江たちに外套の背を摑まれたまま、連れを離れて西の横丁へ曲って行った。小さな印刷所らしい構えの横の、人通りのないところまで来ると堂島は立止まった。離して逃げられでもしたらと用心して確《し》っかり握りしめてついて来た加奈江は、必死に手に力をこめるほど往時《むかし》の恨みが衝《つ》き上げて来て、今はすさまじい気持ちになっていた。

「なぜ、私を撲ったんですか。一寸口を利かなかったぐらいで撲る法がありますか。それも社を辞める時をよって撲るなんて卑怯《ひきょう》じゃありませんか」

　加奈江は涙が流れて堂島の顔も見えないほどだった。張りつめていた復讐心《ふくしゅうしん》が既に融《と》け始めて、あれ以来の自分の惨めな毎日が涙の中に浮び上った。

「本当よ、私たちそんな無法な目にあって、そのまま泣き寝入りなんか出来ないわ。課長も訴えてやれって言ってた。山岸さんなんかも許さないって言ってた。さあ、どうするんです」

　⑨堂島は不思議と神妙に立っているきりだった。明子は加奈江の肩を頼りに押して、叩き返せと急《せ》きたてた。しかし女学校在学中でも友だちと口争いはしたけれども、手を出すようなことの一度だってなかった加奈江には、いよいよとなって勢いよく手を上げて男の顔を撲るなぞということはなかなか出来ない仕業《しわざ》だった。

「あんまりじゃありませんか、あんまりじゃありませんか」

　そういう鬱憤の言葉を繰返し繰返し言い募《つの》ることによって、加奈江は激情を弾ませて行って

「あなたが撲ったから、私も撲り返してあげる。そうしなければ私、気が済まないのよ」

　加奈江は、やっと男の頬を叩いた。その叩いたことで男の顔がどんなにゆがんだか鼻血が出はしなかったかと早や心配になり出す彼女だった。叩いた自分の掌《てのひら》に男の脂汗が淡くくっついたのを敏感に感じながら、加奈江は一歩後退《しさ》った。

「もっと、うんと撲りなさいよ。利息ってものがあるわけよ」

　明子が傍から加奈江をけしかけたけれど、加奈江は二度と叩く勇気がなかった。

「おいおい、こんな隅っこへ連れ込んでるのか」

　さっきの四人連れが後から様子を覗《のぞ》きにやって来た。加奈江は独りでさっさと数寄屋橋の方へ駆けるように離れて行った。明子が後から追いついて

「もっとやっつけてやればよかったのに」

と、自分の毎日共に苦労した分までも撲って貰いたかった不満を交ぜて残念がった。

「でも、私、お釣銭は取らないつもりよ。後くされが残るといけないから。あれで私気が晴々した。今こそあなたの協力に本当に感謝しますわ」

　改まった口調で加奈江が頭を下げてみせたので明子も段々気がほぐれて行って「お目出《めで》とう」と言った。その言葉で加奈江は

「そうだった、ビフテキを食べるんだったっけね。祝盃《しゅくはい》を挙げま

新年を迎える家の準備にいそしんだ。来るべき新年は堂島を見つけて出来るだけの仕返しをしてやる――そういう覚悟が別に加わって近ごろになく気持ちが張り続けていた。

いよいよ正月になって加奈江は明子の来訪を待っていた。三日の晩になっても明子は来なかった。加奈江は自分の事件だから本当は自分の方から誘いに出向くべきであったと始めて気づいて独《ひと》りで苦笑した。今まで加奈江は明子と一緒に銀座の人ごみの中で堂島を摑《つか》まえるのには和服では足手まといだというので、いつも出勤時の灰色の洋服の上に紺の外套をお揃《そろ》いで着て出たものだったが、流石《さすが》に新年でもあり、まだ二三回しか訪れたことのない明子の家へ行くのだから、加奈江は入念にお化粧して、女学校卒業以来二年間、余り手も通さなかった＊裾模様の着物を着て金模様のある帯を胸高に締めた。着なれない和服の盛装と、一旦途切れて気がゆるんだ後の冒険の期待とに妙に興奮して息苦しかった。＊羅紗《らしゃ》地のコートを着ると麻布の家を出た。外は一月にしては珍らしくほの暖かい晩であった。

青山の明子の家に着くと、明子も急いで和服の盛装に着替えて銀座行きのバスに乗った。

「わたし、正月早々からあんたを急《せ》き立てるのはどうかと思って差控えてたのよ。それに松の内は銀座は早仕舞《はやじま》いで酒飲みなんかあまり出掛けないと思ったもんだから」

明子は言い訳をした。

「わたしもそうよ。正月早々からあんたをこんなことに引っ張り出すなんか、いけないと思ってたの。でもね、正月だし、たまにはそんな気持ちばかりでなく銀座を散歩したいと思って、それで裾模様で来たわけさ。今日はゆったりした気持ちで歩いて、＊スエヒロか＊オリンピックで厚いビフテキでも食べない」

⑧加奈江は家を出たときとは幾分心構えが変っていた。

「まあまあそれもいいねえ。裾模様にビフテキは少しあわないけれど」

「ほほほほ」

二人は晴やかに笑った。

銀座通りは既に店を閉めているところもあった。人通りも割合いに少なくて歩きよかった。それに夜店が出ていないので、向う側の行人まで見通せた。加奈江たちは先ず尾張町から歩き出したが、瞬《またた》く間に銀座七丁目の橋のところまで来てしまった。拍子抜けのした気持ちだった。

「どうしましょう。向う側へ渡って京橋の方へ行ってオリンピックへ入りましょうか、それともこの西側の裏通りを、別に堂島なんか探すわけじゃないけれど、さっさと歩いてスエヒロの方へ行きますか」

加奈江は明子と相談した。

「そうね、何だか癖がついて西側の裏通りを歩いた方が、自然のような気がするんじゃない」

明子が言い終らぬうちに、二人はもう西側に折れて進んでいた。

「そら、あそこよ。暮に堂島らしい男がタクシーに乗ったところは」

明子が思い出して指さした。二人は今までの澄ました顔を忽《たちま》ちに厳《けわ》しくした。それから縦の裏通りを尾張町の方に向って引返し始めたが、いつの間にか二人の眼は油断なく左右に注がれ、足の踏まえ方にも力が入っていた。

＊資生堂《しせいどう》の横丁と交叉《こうさ》する辻角《つじかど》に来たとき五人の酔った一群が肩を一列に組んで近くのカフェから出て来た。そしてぐるりと半回転するようにして加奈江たちの前をゆれて肩をこすり合いながら歩いて行く。

「ちょいと！　堂島じゃない、あの右から二番目」

明子がかすれた声で加奈江の腕をつかんで注意したとき、加奈江は既に獲物に迫る意気込みで、明子をそのまま引きずって、男たちの後を追いかけた。――どうにかこの一列の肩がほぐれて、堂島一

「あの人は今度、どこへ引っ越したの」
　加奈江はそれとなく堂島の住所を訊き出しにかかった。だが山岸は一寸解《げ》せないという顔付をして加奈江の顔を眺めたが、直ぐにやにや笑い出して
「おや、堂島の住所が知りたいのかい。⑤こりゃ一杯、おごりものだぞ」
「いえ、そんなことじゃないのよ。あんたあの人と親友じゃないの」
　加奈江は二人の間柄を先《ま》ず知りたかった。
「親友じゃないが、銀座へ一緒に飲みに行ってね、夜遅くまで騒いで歩いたことは以前あったよ」
「それなら新しい移転先知ってるでしょう」
「移転先って。いよいよあやしいな、一体どうしたって言うんだい」
　加奈江は昨日の被害を打ち明けなくては、⑥自分の意図が素直に分って貰えないのを知った。
「山岸さんは堂島さんがこの社を辞めた後もあの人と親しくするつもり。それを聞いた上でないと言えないのよ」
「いやに念を押すね。ただ飲んで廻ったというだけの間柄さ。社を辞めたら一緒に出かけることも出来ないじゃないか。もっとも銀座で逢《あ》えば口ぐらいは利くだろうがね」
「それじゃ話すけれど、実は昨日私たちの帰りに堂島が廊下に待ち受けていて私の顔を撲ったのよ。私、眼が眩《くら》むほど撲られたんです」
　加奈江はもう堂島さんと言わなかった。そして自分の右手で顔を撲る身振りをしながら眼をつむったが、開いたときは両眼に涙を浮べていた。
「へえー、あいつがかい」
　山岸もその周《まわ》りの社員たちも椅子から立上って加奈江を取り巻いた。加奈江は更に、撲られる理由が単に口を利かなかったということだけだと説明したとき、不断おとなしい彼女を信じて社員たちはいきり出した。
「この社をやめて他の会社の社員になりながら、行きがけの駄賃に女を撲って行くなんてわが社の威信を踏み付けにした遣《や》り方だねえ。山岸君の前だけれど、このままじゃ済まされないなあ」
　これは社員一同の声であった。

【省略部分のあらすじ】　山岸も堂島の転居先は知らなかったが、酒場やカフェが客を追い出す時間帯に銀座の西側の裏通りを探して歩けば、きっと堂島を見つけられる、と山岸は言う。それを聞いた加奈江と明子は、夜の銀座で堂島探しを始めることにした。そうして、加奈江と明子が年の瀬の銀座を歩き回る日々《ひび》は、すでに十日目となっていた。

　それから二人は再び堂島探しに望みをつないで暮れの銀座の夜を縫《ぬ》って歩いた。＊事変下の緊縮した歳暮《せいぼ》はそれだけに成るべく無駄を省いて、より効果的にしようとする人々の切羽《せっぱ》詰まったような気分が街に籠《こも》って、＊銀ブラする人も、裏街を飲んで歩く青年たちにも、⑦こつんとした感じが加わった。それらの人を分けて堂島を探す加奈江と明子は反撥《はんぱつ》のようなものを心身に受けて余計に疲れを感じた。
「歳《とし》の瀬の忙しいとき夜ぐらいは家にいて手伝って呉れてもいいのに」
　加奈江の母親も明子の母親も愚痴《ぐち》を滾《こぼ》した。
　加奈江も明子も、まだあの事件を母親に打ちあけてないことを今更、気づいた。しかしその復讐《ふくしゅう》のために堂島を探して銀座に出るなどと話したら、直《ただ》に足止めを食うに決まっている――加奈江も明子も口に出さなかった。その代り「年内と言っても後四日、その間だけ我慢して家にいましょう」二人は致し方のないことだと諦めて

て言い争う自分を想像すると、いつしか身体が顫《ふる》えそうになるのでそれをまぎらすために窓外に顔を向けてばかりいた。

磯子も社で加奈江の来るのを待ち受けていた。彼女は自分たちの職場である整理室から男の社員たちのいる大事務所の方へ堂島の出勤を度々《たびたび》見に行って呉れた。

「もう十時にもなるのに堂島は現われないのよ」

②磯子は焦《じ》れったそうに口を尖《とが》らして加奈江に言った。明子は、それを聞くと

「いま課長、来ているから、兎《と》も角《かく》、話して置いたらどう。何処《どこ》かへ出かけちまったら困るからね」

と注意した。加奈江は出来るだけ気を落ちつけて二人の報告や注意を参考にして進退を考えていたが、思い切って課長室へ入って行った。そこで意外なことを課長から聞かされた。それは堂島が昨夜のうちに速達《そくたつ》で退社届を送って寄こしたということであった。卓上にまだあるその届書も見せて呉れた。

「そんな男とは思わなかったがなあ。実に卑劣極まるねえ。社の方もボーナスを貰ってやめたのだしねえ。それに住所目下移転中と書いてあるだろう。何から何までずらかろうという態度だねえ。君も撲られっ放しでは気が済まないだろうから、一つ懲《こら》しめのために訴えてやるか。誰かに聞けば直《す》ぐ移転先は分るだろう」

課長も驚いて膝を乗り出した。そしてもう既に地腫も引いて＊白磁色に艶々《つやつや》した加奈江の左の頬をじっとみて

「痕《あと》は残っておらんけれど」と言った。

加奈江は「一応考えてみましてから」と一旦、整理室へ引退《ひきさが》った。待ち受けていた明子と磯子に堂島の社を辞《や》めたことを話すと

「いまいましいねえ、どうしましょう」

磯子は床を蹴って男のように拳《こぶし》で傍《そば》の卓の上を叩《たた》いた。

「ふーん、計画的だったんだね。何か私たちや社に対して変な恨みでも持っていて、それをあんたに向って晴らしたのかも知れませんねえ」

明子も顰《しか》めた顔を加奈江の方に突き出して意見を述べた。

③二人の憤慨とは反対に加奈江はへたへたと自分の椅子《いす》に腰かけて息をついた。今となっては容易《たやす》く仕返しの出来難《できがた》い口惜しさが、固い鉄の棒のようになって胸に突っ張った苦しさだった。

加奈江は昼飯の時間が来ても、明子に注いで貰ったお茶を飲んだだけで、持参した弁当も食べなかった。

「どうするつもり」と明子が心配して訊《たず》ねると

「堂島のいた机の辺りの人に様子を訊いて来る」と言って加奈江はしおしおと立って行った。

＊拓殖会社の大事務室には卓が一見縦横乱雑に並び、帳面立ての上にまで帰航した各船舶から寄せられた多数の複雑な報告書が、堆《うずたか》く載っている。四隅に置いたストーヴの暖かさで三十数名の男の社員たちは一様に上衣《うわぎ》を脱いで、シャツの袖口をまくり上げ、年内の書類及び帳簿調べに忙がしかった。加奈江はその卓の間をすり抜けて堂島が嘗《か》つて向っていた卓の前へ行った。その卓の右隣りが山岸《やまぎし》という堂島とよく連れ立って帰って行く青年だった。

加奈江は早速、彼に訊いてみた。

「堂島さんが社を辞めたってね」

「ああそうか、道理で今日来なかったんだな。前々から辞める辞めると言ってたよ。どこか品川の方にいい電気会社の口があるってね」

すると他の社員が聞きつけて口をはさんだ。

「ええ、本当かい。うまいことをしたなあ。あいつは頭がよくって、何でもはっきり割り切ろうとしていたからなあ」

「そうだ、ここのように純粋の＊軍需品会社でもなく、平和になればまた早速に不況になる惧《おそ》れのあるような会社は見込みがないって言ってたよ」

山岸は辺りへ聞えよがしに言った。④彼も不満を持ってるらしかった。

二

次の文章は一九三九年（昭和14年）に発表された岡本かの子の『越年』という短編小説で、日本が中国と戦争をしていた時代の東京を舞台としています。この文章を読んで、以下の設問に答えなさい。

年末のボーナスを受取って加奈江《かなえ》が社から帰ろうとしたときであった。気分の弾《はず》んだ男の社員たちがいつもより騒々しくビルディングの四階にある社から駆け降りて行った後、加奈江は同僚の女事務員二人と服を着かえて廊下に出た。すると廊下に男の社員が一人だけ残ってぶらぶらしているのがこの際妙に不審に思えた。しかも加奈江が二、三歩階段に近づいたとき、その社員は加奈江の前に駆けて来て、いきなり彼女の左の頰《ほお》に平手打ちを食わした。

あっ！　加奈江は仰反《のけぞ》ったまま右へよろめいた。同僚の明子《あきこ》も磯《いそ》子《こ》も余り咄嗟《とっさ》の出来事に眼《め》をむいて、その光景をまざまざ見詰めているに過ぎなかった。瞬間、男は外套《がいとう》の裾《すそ》を女達の前に飜《ひるがえ》して階段を駆け降りて行った。

「堂島《どうじま》さん、一寸《ちょっと》待ちなさい」

明子はその男の名を思い出して上から叫んだ。男の女に対する乱暴にも程があるという憤《いきどお》りと、こんな事件を何とかしなければならないというあせった気持から、明子と磯子はちらっと加奈江の方の様子を［ A ］窺《うかが》って加奈江が倒れもせずに打たれた頰をおさえて固くなっているのを見届けてから、急いで堂島の後を追って階段を駆け降りた。

しかし堂島は既に遥《はる》か下の一階の手すりのところを［ B ］降りて行くのを見ては彼女らは追いつけそうもないので「無茶《むちゃ》だ、無茶だ」と興奮して罵《ののし》りながら、加奈江のところへ戻って来た。

「行ってしまったんですか。いいわ、明日来たら課長さんにも立会って貰《もら》って、……それこそ許しはしないから」

加奈江は心もち赤く腫《は》れ上った左の頰を涙で光らしながら［ C ］唇をぴくぴく痙攣《けいれん》させて呟《つぶや》いた。

「それがいい、あんた何も堂島さんにこんな目にあうわけないでしょう」

磯子が、そう訊《き》いたとき、①磯子自身ですら悪いことを訊いたものだと思うほど加奈江も明子も不快なお互いを探り合うような顔付きで眼を光らした。間もなく加奈江は磯子を睨《にら》んで

「無論ありませんわ。ただ先週、課長さんが男の社員とあまり要らぬ口を利《き》くなっておっしゃったでしょう。だからあの人の言葉に返事しなかっただけよ」と言った。

「あら、そう。なら、うんとやっつけてやりなさいよ。私も応援に立つわ」

磯子は自分のまずい言い方を今後の態度で補うとでもいうように力んでみせた。

「課長がいま社に残っているといいんだがなあ、昼過ぎに帰っちまったわねえ」

明子は現在加奈江の腫れた左の頰を一目、課長に見せて置きたかった。

「じゃ、明日のことにして、今日は帰りましょう。私少し廻り道だけれど加奈江さんの方の電車で一緒に行きますわ」

明子がそういってくれるので、加奈江は青山に家のある明子に麻《あざ》布《ぶ》の方へ廻《まわ》って貰った。しかし撲《なぐ》られた左半面は一時痺《しび》れたようになっていたが、電車に乗ると偏頭痛にかわり、その方の眼から頻《しき》りに涙がこぼれるので加奈江は顔も上げられず、明子とも口が利けなかった。

翌朝、加奈江が朝飯を食べていると明子が立ち寄って呉《く》れた。加奈江の顔を一寸調べてから「まあよかったわね、傷にもならなくて」と慰めた。だが、加奈江には不満だった。

「でもね、昨夜は口惜しいのと頭痛でよく眠られなかったのよ」

二人は電車に乗った。加奈江は今日、課長室で堂島を向うに廻し

問9　傍線部⑨「『檸檬』という小説の冒頭は、この欲望を露わにしたものです」とありますが、どういうことですか。次の中から最も適当なものを選び、符号で答えなさい。

(イ)　この作品は、一般的には価値がないと思われている何気ない日常の風景を、対極にある想像の内面的世界として描いてみせることを通じて、「えたいの知れない不吉な塊」を鎮めるためにこそ、書かれたものであるということ。

(ロ)　この作品は、自身の内側に抱え込まれた「えたいの知れない不吉な塊」の特徴を、「私」が自分自身の手で解明しようと格闘し、その細部に至るまですべて言葉で明らかにすることを目指して書き始められているということ。

(ハ)　この作品は、自らの内に巣食う「えたいの知れない不吉な塊」が自身を食い尽くす前に、どんなに見つづけても飽きることのない「檸檬」という爆弾を使い、象徴的に破壊しようとする衝動に駆られて書かれているということ。

(ニ)　この作品は、「えたいの知れない不吉な塊」に気づいた「私」が、その「塊」を何とかしたいともがき、その意味をつかまえようとして、何か動かざるを得ない状況に追い込まれていくことの宣言から始まっているということ。

(ホ)　この作品は、「えたいの知れない不吉な塊」に襲われた「私」が、ほかでもない自分だけが巻き込まれた災厄を呪いつつ、何とか回復の方法を探っていこうとする、抑圧からの解放という筋書きとして始動しているということ。

問10　本文における筆者の意見や考えとして適当なものを次の(イ)～(ヘ)の中から2つ選び、符号で答えなさい。

(イ)　詩とは、名づけられる一歩手前まで差し戻された混沌《こんとん》に言葉で立ち向かっていこうとする行為であり、その不確かな対象のイメージは、何かをせねばならない強制として私たちに襲いかかってくる。

(ロ)　詩人になるためには、無意味と有意味との間で揺れ動く欲望に忠実であることが必要であり、その覚悟と詩的な感受性がなければ、読んだ人を感動させる作品になど仕上げることはできないだろう。

(ハ)　「檸檬」という作品がこれからも時代を越えて読み継がれていくうえで、作品世界が持つ詩としての象徴性にも注意を払いながら、その技巧の細やかさを明らかにしていくことが必要である。

(ニ)　防弾ガラスのように大切に守られてきた詩や小説は、自分が持っている視野をつねに広げようと注意しながら日々を過ごすことによってようやくその本質を露わにし、鑑賞できるようになる。

(ホ)　普段の体験を詩や小説などに昇華させていくためには、「檸檬」の主人公のように京都の街をうろついて檸檬と出会ったり、さらには檸檬を使った小さないたずらを企図したりしなければならない。

(ヘ)　「檸檬」の中で、自身に巣食う暗部に気づき、その場にそれ以上とどまっていられなくなってもがく「私」は、その振る舞いを通じて、図らずも詩というものの本質に限りなく近づいているのである。

問6　傍線部⑥「主人公は『檸檬』を目前にしてあれこれと語りますが、実は周到に『名づけ』を避けています」とありますが、それに関する次の説明文の空欄a～fに該当する語句を、「檸檬」本文[C]～[E]の中から抜き出して答えなさい。

> 自分の心のうちに「えたいの知れない不吉な塊」の存在を見つけ、それが気になって仕方がなくなってしまった「私」にとって、たまたま購入した「檸檬」の「冷たさ」は非常に[a（2字）]ものでした。その冷たさは、肺をわずらい、熱を帯びがちな「私」の体中に[b（5字）]いったのです。「匂い」もそうでした。何度も何度もその「檸檬」の匂いを嗅ぎ、海の向こうの産地や、古典で描かれた一場面を想起しながら、「私」は病のためにかなわなかった、[c（3字）]に呼吸することを楽しみます。すると「私」の身体には、病の熱とは異なった[d（8字）]が戻ってくるのです。名づけようとしても名づけることのできなかった感覚はいま、「檸檬」という実体を手にすることによって包摂されようとしています。この「檸檬」は、「私」の想像のうちで、[e（8字）]すべての善いものや美しいものの重さを[f（2字）]したかのように感じられます。すなわち、ここで「檸檬」は、「私」の心のうちに巣食っていた「えたいの知れない不吉な塊」をすべて吸収するかのような役割を果たしているのです。

問7　傍線部⑦「名づけることは私たちが生きるうえで、もっとも原初的な行為と言ってもいい」とありますが、そのように言えるのはどうしてですか。次の中から最も適当なものを選び、符号で答えなさい。

(イ)　ものと名前が決して切り分けられない密接な関係にあるからこそ、ふさわしい言葉が名前として求められるから。

(ロ)　仮にそこに何かがあったとしても、それを指し示す言葉がなければ、人は安心と安全を得ることができないから。

(ハ)　対象に名前をつけられることで初めて秩序ある世界が立ち上がり、母語と外国語との間の翻訳が可能になるから。

(ニ)　あるものを命名するためには、名づける以前にそれ自体が対象としてしっかりと認識されている必要があるから。

(ホ)　私たちは世界の断片を名前によって認識しており、それによって世界が意味あるものとして捉えられているから。

問8　傍線部⑧「でも、そこで問題が生ずるのです」とありますが、ここで生ずる「問題」とはどのようなことですか。次の中から最も適当なものを選び、符号で答えなさい。

(イ)　名づけは、最低限の社会的な制約を受けるものの、発案者の豊かな想像力が試される意味において、何ものにも縛られることのない、自発的な考えの表明としての解放感にあふれた行為であるということ。

(ロ)　名づけは、どのような名前をつけてもよいという無数の選択に開かれている一方で、決定に対する確信を持ちえないため、これでよかったのかという気がかりから無縁でいられない行為であるということ。

(ハ)　名づけは、いったん決まってしまうと、候補として挙げられていたほかの名前は存在さえ許されなくなってしまうため、名前のふさわしさをめぐる議論から逃れようのない残酷な行為であるということ。

(ニ)　名づけは、本来的に自由の名のもとに行われるべきものであって、それは何人も侵すことのできない永久の権利として、現在および将来の人々まで保障されて当然の行為でなければならないということ。

(ホ)　名づけは、無根拠のうえに成り立つものであるはずなのに、私たちはいったん名づけられると、その対象を実体化し、あたかもそれが必然であったかのような認識を促してしまう行為であるということ。

さらには檸檬を使っていやらしい〝いたずら〟をくわだてたりしなければならない、つまり、必ずや何かをしなければならなくなる。欲望とはまさにそういうものです。必ずや何かをせねばならないと思う。檸檬についても同じです。それが名づけられないがゆえに、語り手は欲しくなる。買ってしまう。そして持ち歩いたあげく、その檸檬を使って何かをしてしまう。そこにはつねに「是非せねばならない」という欲望が働いていた。このような心理の背後にあるのは、いったい何なのか。

それは名づけられるべき、しかし未《いま》だ名づけられていないものとの出会いだと言えるでしょう。名づけられるべきだという必然性や切迫感の縛りと、未だ名づけられていないという自由や不安定さとが同居している。詩とは、名づけられるべき、でも、未だ名づけられていないものと出会うための場なのです。あるいはそういうふうに名づけられていないものと出会うことが詩だと言ってもいい。強烈にこちらを突き動かす圧迫的な衝動と、「さあ、お好きに」と放っておいてくれるゆるやかさ。「檸檬」の中で、このようにいたたまれなくなってじたばたしてしまう語り手は、詩というものをきわめて純粋な形で行為として演じているように思います。このように強烈な名づけの衝動に駆られることが詩なのです。そうして無限の自由の喜びに束《つか》の間《ま》ひたってしまうこと。一度でもこうした体験をしたことがあるなら、あなたはすでに詩を知っていると言ってもいいでしょう。もしまだ未体験だとしても、間違いなく、これから体験するはずです。

＊梶井基次郎…一九〇一年〜一九三二年。大阪市生まれの小説家。鋭敏な感覚で特異な心象風景を短編に結晶させたが、結核で早逝。

＊「檸檬」…一九二五年「青空」に発表。不安にさいなまれた主人公の精神が一個のレモンによってよみがえるさまを描いた小説作品。

＊肺尖《はいせん》カタル…肺の上部（肺尖）の炎症。肺結核の初期と考えられていた。

＊丸善…京都にある書店。「檸檬」発表当時、洋書などの取りそろえが充実していたことで知られる。二〇〇五年に閉店するも、二〇一五年に復活した。

＊コード…ここでは、約束事のこと。

問1 二重傍線部ⓐ〜ⓔの漢字はその読みをひらがなで記し、カタカナは漢字に改めなさい。

ⓐ 頻繁　ⓑ コカツ　ⓒ キョウギ
ⓓ シジュウ　ⓔ ショウソウ

問2 傍線部①「私たちの日常生活では、いろいろな「名づけ」が行われています」とありますが、筆者が想定している「名づけ」の場面と私たちの気づきについての説明として適当な語句を、本文の中から抜き出して答えなさい。

> 生まれた子供に名前をつけたり、チームに名前をつけたりする［a（6字）］だけでなく、［b（7字）］場面にめぐり会うことで、私たちは［c（9字）］に気づくことができる。

問3 傍線部②「散文」、③「未知」の対義語を、それぞれ漢字2字で答えなさい。

問4 傍線部④「ある普遍的な状況」とありますが、この「普遍」とはどういうものと考えられますか。次の中から最も適当なものを選び、符号で答えなさい。

(イ) 特定の主義にとらわれることなどない公正な立場。
(ロ) さまざまな出来事に当てはまるような一般の法則。
(ハ) 誰しもに思い当たることがあるような共通の事柄。
(ニ) 時間や空間を超えて変わることのない真理の実相。
(ホ) 特に珍しくもないありきたりで平凡な日常の風景。

問5 傍線部⑤「主人公はこの『えたいの知れない不吉な塊』に追い立てられるようにして、とにかく移動をつづけます」とありますが、追い立てられるようにして移動する「私」の様子は、「檸檬」本文の［A］ではどのように表現されていますか。漢字2字で抜き出して答えなさい。

その重さこそ常々私が尋ねあぐんでいたもので、疑いもなくこの重さはすべての善いものすべての美しいものを重量に換算してきた重さであるとか、思いあがった諧謔《かいぎゃく》心からそんな馬鹿げたことを考えてみたり——何がさて私は幸福だったのだ。

こうしてならべてみるとわかるのは、冷たさも匂いも重さも、名前の一歩手前だということです。このように触覚や嗅覚を通してのみ檸檬を語っているうちに、ふつうなら「檸檬」という名前で簡単に名指されうるはずのありふれた果物が、名指される一歩手前のところまで差し戻されるのです。どうもこの小説は名づけられない、名指せないといったことを大きなテーマとしているらしい。

先ほども触れたように、私たちの誰もがこのように「名指し得ぬもの」を体験として知っている。それはいったいどういうことか。私たちは「何」なのかはわからなくても、「そういうこと」として対象を理解する回路を持っているのではないでしょうか。名前の一歩手前で、それをとらえることができる。その一歩手前では、いったいどんなことが起きているのでしょう。「檸檬」という作品は、そこに私たちの注意を導いてくれるように思います。

私が考えているのはこのようなことです。私たちは日常生活の中でいつも名づけや名指しを行っている。必要だからです。名前があることで私たちは世界を整理し、意味づけ、世界と自分との関係を整え直したり、上手に付き合うための方法を見つけたりできる。⑦名づけることは私たちが生きるうえで、もっとも原初的な行為と言ってもいい。はじめの一歩です。食べたり排泄《はいせつ》したり眠ったりすることと同じくらい、私たちにとっては欠くことのできない行為なのです。

しかし、必要に駆られてとは言っても、名づけは根本的に自由な行為です。名づけることが可能なのは、どんな名前をつけてもいいという前提があるからです。もちろん多少の制約はあるかもしれません。いかにも男の子らしい名前とか、喫茶店にふさわしい名前といったような＊〝コード〟はある。でも、あらかじめすべてが決まっていたら、それはもはや名づけとは呼べません。何らかの自由さの余地が必ず残されているはず。

⑧でも、そこで問題が生ずるのです。自由ということは、どこかに無根拠さがつきまとう。そうである必然性などない。たまたまそうなっているにすぎない。恣意的なのです。私たちはこのような無根拠さと付き合うのが実は苦手です。どうでもいい、と言われると、かえって何らかの「意味」が欲しくなる。つまり、名づけを行う私たちは、いつも微妙に不安定などっちつかずの気持ちを味わっているはずなのです。「さあ、好き勝手に名前をつけてやるぞ」という解放感と、「ほんとうに自分に的確な名前がつけられるだろうか？大丈夫か？」という不安とがセットになっている。別の言い方をすると、無意味であることの自由と、有意味であることの安心とを私たちはともに欲しがってしまう。

この無意味と有意味との間で揺れる欲望そのものに、詩ならではの作用が隠れていると私は思うのです。たとえば、どんな名前にも私たちは意味を読みこんでしまう。つい「良い名前ですね」とか、「お似合いの名前です」なんてことを言う。名づけの瞬間の無根拠さを忘れ、名前の与えられたその瞬間から意味を読んでしまう。それはいつも私たちが、些細《ささい》な理由を見つけて安心してしまおうと身構えているからです。でも、名前がつけられたときの無根拠さの記憶もかすかに残っている。だから、「よかったね。根拠なんかないのに、たまたまいい名前がついて」というメッセージがそこにはこめられることになる。

⑨「檸檬」という小説の冒頭は、この欲望を露《あら》わにしたものです。なぜ「えたいの知れない不吉な塊」が出てくるのかというと、それは私たちに対応を強いるからです。「えたいの知れない不吉な塊」がそこにあるのなら、それは放っておくわけにはいかない。そんな恐ろしいものが迫ってきたら、何かしなければならないでしょう。この語り手がそうするように町をうろついたり、檸檬と出会ったり、

したおさまりのいい言葉で名指すだけではたりない、もっと言いようもなく嫌なものです。いたたまれない気分にさせる。じっとしていられなくて、思わずじたばたしてしまう。

「檸檬」とはまさにそんな小説です。⑤主人公はこの「えたいの知れない不吉な塊」に追い立てられるようにして、とにかく移動をつづけます。そして町をうろついたあげく、ある果物屋にたどりつく。

[B] ある朝――その頃私は甲の友達から乙の友達へという風に友達の下宿を転々として暮らしていたのだが――友達が学校へ出てしまったあとの空虚な空気のなかにぽつねんと一人取残された。私はまた其処《そこ》から彷徨《さまよ》い出なければならなかった。何かが私を追いたてる。そして街から街へ、先にいったような裏通りを歩いたり、駄菓子屋の前で立ち留《どま》ったり、乾物屋の乾蝦《ほしえび》や棒《ぼう》鱈《だら》や湯葉《ゆば》を眺めたり、とうとう私は二条の方へ寺町を下り、其処の果物屋で足を留《と》めた。

この果物屋で彼にはいつもと違うことが起きます。なぜか檸檬が欲しくなる。それで、一つ買うのです。気分のよくなった彼は、これなら何とかなるとばかりに＊丸善に乗りこむ。「えたいの知れない不吉な塊」のせいで今の彼には近づきがたくなっていた洋書店です。そして、この書店で高級な洋書を繰りながら、彼はある〝いたずら〟を思いつくのです。他愛《たあい》もない、しかし、彼にとってみれば、少なくとも彼の心の中では、ほとんどテロリズムにも似たある暴力的なくわだて。そして最後に、この〝いたずら〟を完結させるべく彼は先ほど買った檸檬をポケットから取り出す。この〝いたずら〟のおかげで彼はこの「えたいの知れない不吉な塊」から解放されることになります。抑圧からの解放という筋書きがここからは読み取れるでしょう。

しかし、今、「檸檬」を持ち出したのは、この短編の全体をどう解釈するか考えるためではありません。気になるのは、「えたいの知れない不吉な塊」をこのように小説の冒頭に据えることの意味です。いや、冒頭だけではありません。この「えたいの知れない不吉な塊」と拮抗《きっこう》するようにしてあらわれた「檸檬」もまた――「檸檬」と仮に呼ばれているにもかかわらず――ほんとうのところでは名指し得ぬもののようなのです。⑥主人公は「檸檬」を目前にしてあれこれと語りますが、実は周到に「名づけ」を避けています。まるでその檸檬に「檸檬」という名前などついていないかのように、手探りで接するのです。だから、たとえばその冷たさを語る。

[C] その檸檬の冷たさはたとえようもなくよかった。その頃私は肺尖を悪くしていていつも身体に熱が出た。事実友達の誰彼に私の熱を見せびらかすために手の握り合いなどをしてみるのだが、私の手のひらが誰《だれ》のよりも熱かった。その熱いせいだったのだろう。握っている手のひらから身内に浸《し》み透《とお》ってゆくようなその冷たさは快いものだった。

それから匂い。

[D] 私は何度も何度もその果実を鼻に持って行っては嗅いで見た。それの産地だというカリフォルニヤが想像に上って来る。漢文で習った「売柑者之言」の中に書いてあった「鼻を撲《う》つ」という言葉がきれぎれに浮かんで来る。そしてふかぶかと胸一杯に匂やかな空気を吸い込めば、ついぞ胸一杯に呼吸したことのなかった私の身体や顔には温《あたたか》い血のほとぼりが昇って来て何だか身内に元気が目覚めて来たのだった。……

そして重さ。

[E] ――つまりはこの重さなんだな。――

二〇二〇年度 中央大学附属高等学校

【国語】（六〇分）〈満点：一〇〇点〉

[一] 次の文章を読んで、以下の設問に答えなさい。なお、本文中にある[A]～[E]は、＊梶井基次郎《かじいもとじろう》の短編小説＊「檸檬《れもん》」から引用された部分（小説「檸檬」から、その一部分を抜き出したもの）となります。

①私たちの日常生活では、いろいろな「名づけ」が行われています。生まれて名前をつけられるというような、誰の人生にも必ずある出来事もあるでしょうし、バレーボールチームに名前をつけるような、軽いネーミング的な行為はもっとⓐ頻繁になされている。でも、そうした〝順調な名づけ〟以外にも、さまざまな派生的な出来事が起きている。

そのような派生的な出来事の中でもとりわけ詩と縁が深いのが、名づけようとしても名づけられないという状況です。というのも、まさにそういう状況に置かれることで私たちは自分の名づけの欲望を自覚するからです。私たちは名づけたいのです。言いたい。呼びたい。でも、そのための名前がうまく見つからない。言葉をめぐるそんな苦しい行き詰まりは、私たちの言葉とのかかわり合いをおおいに深めます。私たちは自分の中にある引き出しをかき回し、いろんな組み合わせを試してみるでしょう。そして言葉のⓑコカツにあえぎ、自分の貧しさを呪い、呻吟《しんぎん》し、ついには生まれてから一度も口にしたこともないような言葉を口にするかもしれないのです。

次にあげるのはそんな例の一つです。梶井基次郎の「檸檬」という短編。言うまでもなくこれはⓒキョウギの「詩」ではありません。②散文で書かれた小説です。でも、そこでどのようなことが起きているかを確認することで、詩について考える助けになるかと思います。その冒頭部はいかにも重々しいものです。

[A] えたいの知れない不吉な塊が私の心をⓓシジュウ圧《おさ》えつけていた。ⓔショウソウといおうか嫌悪といおうか――酒を飲んだあとに宿酔《ふつかよい》があるように、酒を毎日飲んでいると宿酔に相当した時期がやって来る。それが来たのだ。これはちょっといけなかった。結果した＊肺尖《はいせん》カタルや神経衰弱がいけないのではない。また背を焼くような借金などがいけないのではない。いけないのはその不吉な塊だ。以前私を喜ばせたどんな美しい音楽も、どんな美しい詩の一節も辛抱がならなくなった。蓄音器を聴かせてもらいにわざわざ出かけて行っても、最初の二、三小節で不意に立ち上《あが》ってしまいたくなる。何かが私を居堪《たたま》らずさせるのだ。それでシジュウ私は街から街を浮浪し続けていた。

「えたいの知れない不吉な塊」とはいったい何でしょう？　語り手もそれが何だかわかってはいない。むしろはっきりしているのは、それが正体不明だということです。名づけるのが不可能だという。しかし、ほかにもわかっていることはあります。「不吉」だという。良くないものなのです。嫌な、不快なものらしい。

考えてみると、「正体不明さ」と「不吉さ」という二つの要素はお互いに密接に結びついていそうです。正体不明だからこそ不吉なわけだし、逆に、不吉さというのは基本的には未来や③未知を示しているので正体不明なのが当然でもある。いずれにしてもまだ見ぬものであり、実体がない。

そうしてみると、この「えたいの知れない不吉な塊」というのは、私たちの誰もが知っている、④ある普遍的な状況について語っているように思えます。正体不明な何かが未来から迫ってきているという予感。その予感そのものが心の中で暴れている。そんな体験をしたことのある人は少なくないのではないでしょうか。一般にそれは、そう「不安」といった言葉で呼ばれたりするのかもしれませんが、そう

2020年度／中央大学附属高等学校

英語解答

Ⅰ 1 え　2 う　3 あ　4 い
5 い　6 い　7 え　8 う

Ⅱ 1 あ　2 う　3 い　4 あ
5 え　6 え　7 う　8 い
9 う　10 え　11 い　12 あ

Ⅲ 1 ① found　③ threw
④ reducing　⑤ used
2 A…う　B…く　C…お　D…き
E…こ
3 more　4 え

Ⅳ 1 ①…か　②…え　③…う　⑤…い
⑥…け　⑦…き
2 3番目…か　6番目…い
3 A…え　B…あ　C…か
4 え，か

Ⅴ 1 え　2 あ　3 う　4 い
5 あ　6 あ　7 い　8 う
9 あ　10 え　11 い

Ⅵ 1 when　2 gone　3 took
4 necessary　5 flew

Ⅶ 1 a…い　b…お
2 a…う　b…え
3 a…う　b…か
4 a…か　b…い
5 a…あ　b…お

Ⅷ (例)(In my daily life, I) keep early hours(.) If I get up early, I don't have to hurry. Rushing to the station can be very dangerous.

Ⅰ〔放送問題〕放送文未公表

Ⅱ〔長文読解─内容一致─物語〕

≪全訳≫❶それは私が7歳くらいのときに起こった。夜，私はベッドからはい出て，祖母を探しに階段を下りていった。祖母は夜更かしをしてテレビを見るのが好きだった。私はよくパジャマのまま階下へ下り，黙って彼女の椅子の後ろに立っていたものだ。彼女には私は見えなかったが，私は彼女と一緒に番組を見ていた。その夜に限って，祖母はテレビを見ていなかった。私が探したときも部屋にいなかった。❷「おばあちゃん？」と，私は彼女を心配し始めながら呼んだ。祖母はいつでも私たちの家にいた。私が彼女を必要とするときはいつも，彼女は私のためにそこにいてくれた。やがて，私は祖母が何人かの友人と一緒に泊まりがけの旅行に行っていることを思い出した。私は少しほっとしたが，まだ涙ぐんでいた。❸私は走って部屋に戻り，祖母がつくってくれた毛布を取り出した。それは彼女のハグと同じくらい快適で温かかった。おばあちゃんは明日には帰ってくる，と私は自分に言い聞かせた。彼女が出かけたまま戻ってこないはずがなかった。❹私が生まれる前から，祖母は私の家族，つまり母と父，兄のグレッグと暮らしていた。私たちはミシガンに住んでいて，私が5年生のとき，大きくて新しい家を買った。お金をいくらか稼ぐため，母は働きに出なくてはならなかった。❺私の友達の多くは，両親が働いていたので放課後は1人で過ごしていた。しかし，私は恵まれている1人だった。いつも私の母の母が，コップ1杯のミルクとオーブンから取り出したできたての温かいチョコレートケーキの分厚い1切れを用意して，勝手口にいてくれた。❻私たちは一緒に座り，私はその日の出来事を全部祖母に話したものだ。それから少しトランプで遊んだ。祖母はいつも私に勝たせてくれた。彼女はいつでも私にとても優しかった。❼ほとんどの子どもと同じように，私は学校でうまくいかない日もあれば，友達の1人とけんかをしてしまうときもあった。もしくは，私が何よりも欲しがっている新しい自転車をどうしても買えない，と両親が私に話すこともあったかもしれない。私がどれほど悲しく感じるかは問題ではなかったが，祖母はいつでも私が再びうれしい気持ちになれるようにそこにいてくれた。彼女が私をハグしてくれると，何もかもがましに感じられた。❽祖母は大柄な女性でもあり，彼女にハグされると本当にずっと抱きしめられているとわかった。それはすばらしかった。彼女にハグされると，私は本当に特別な気分になった。彼女にハグされると，私は全てがうまくいくだろうとわかった。❾その後，私が17歳のときのある日，もう全てがうまくいくわけではなくなった。祖母はとても具合が悪く，医師たちは彼女は深刻な病気で入院しなくてはならないと言った。彼らは，彼女がまた家に戻れるとは思っていなかった。❿毎晩，ベッドに入ると，隣の寝室で祖母が祈りを唱え，神様に私の名前を挙げて話しているのが聞こえた。さて，その夜，私は自分で神様に話しかけた。私は自分がどれほど祖母を愛しているかを神様に話し，彼女を私から奪わないでほしいと頼んだ。「僕がもう彼女を必要としなくなるまで待ってもらえませんか？」と，私は身勝手なお願いをした。私が祖母を必要としない日がくるなんて全く思いもしなかった。⓫祖母は数週間後に亡くなった。その夜も次の夜も，その後の幾晩も，私は泣き疲れて眠った。ある朝，私は祖母がつくった毛布をていねいにたたみ，母の所へ持っていった。「おばあちゃんと話したりハグしたりしてもらえないのに，こんなにおばあちゃんのそばにいるのはつらすぎる」と私は泣いた。そこで，母は毛布をしまい込んだ。今日まで，それはいまだに私が世界中で一番好きなものの１つだ。⓬私は祖母がいなくてとても寂しかった。彼女の温かい笑顔や優しい言葉が恋しかった。私が高校を卒業したときも，８年前にカーラと結婚した当日も，彼女はそこにいなかった。しかしその後あることが起こり，私は祖母がいつも私と一緒にいて，まだ私を見守ってくれていると知ることになった。⓭カーラと私がアーカンソーに引越して数週間した後，カーラが妊娠していることがわかった。しかし，カーラには深刻な問題があり，入院しなくてはならないとわかった。私たちはそこでとても長い間過ごしたため，カーラが出産する数週間前に私は失業してしまった。⓮赤ん坊が生まれることになっていた週，カーラはひどい病気になった。赤ん坊が生まれる日，医師たちは私をどうしても病室に入れてくれなかった。私は待合室を歩き回り，彼女たちが快復することを願った。カーラの血圧はとても高かった。私の母と父はミシガンから南下してくる途中だったが，まだ到着していなかった。私はとても無力で孤独に感じていた。⓯そのとき，不意に祖母が私をハグしてくれたような気がした。「何もかも，ちゃんとうまくいくよ」と，彼女がそう言うのが聞こえたような気さえした！　しかしすぐに，彼女はまたいなくなってしまった。⓰ちょうどそのとき，隣室では，医師たちが病室から出てきた。彼らは私が今や父親であると伝えた。男の赤ちゃんだった。強くて健康だった。医師たちはまた，カーラはとてもよくがんばっていて，具合もずっと良くなってきたとも言った。とてもうれしくて，私は泣き出した。⓱「ありがとう，おばあちゃん」と，私は私たちの美しい生まれたばかりの赤ん坊を新生児室の窓から見つめながら言った。私たちは彼をクリスチャンと名づけた。「おばあちゃんがここにいて，僕にくれた愛と優しさの半分でも僕の息子に与えてくれたらなぁ」⓲２週間後のある午後，カーラと私がクリスチャンと家にいるとき，誰かがドアをノックした。それは小包──クリスチャンへの贈り物を持った郵便配達員だった。その箱は「かけがえのない孫」宛だった。中には，きれいな手づくりの赤ん坊用の毛布と小さな靴が入っていた。⓳カードを読みながら，私の目は涙でいっぱいになった。「私はあなたが生まれる大切な日に，ここにはいないことを知っています。あなたにこの毛布を送る計画を立てました。旅立つ前にこの靴をつくりました」　カードには「ひいおばあちゃんより」と書かれていた。⓴亡くなる前，祖母の目はとても弱っていたので，毛布をつくるのはジャネットおばさんが手伝った。しかし靴は彼女が自分でつくり，しかも亡くなる前の数週間でそれをやり遂げたのだ。祖母は本当にすばらしい女性だった。

1．「筆者が子どもだったとき，(　　)」―あ．「彼はときどきベッドを抜け出し，祖母の後ろでテレビを見た」　第１段落参照。　2．「ある夜，祖母はテレビを見ていなかった。なぜなら(　　)からだ」―う.「彼女は外出していた」 第２段落終わりから２文目参照。 3.「筆者は祖母がつくった毛布を取り出した。なぜなら(　　)からだ」―い.「彼女がそばにいると感じたかった」 第３段落第１，２文参照。毛布にくるまると，祖母にハグされているように感じた。 4.「筆者は自分は運がいいと思っていた。なぜなら(　　)からだ」―あ.「放課後はいつも祖母が自分の面倒を見てくれた」 第５段落第２，３文参照。 5.「筆者が17歳のとき，祖母の医師たちは(　　)と言った」―え.「彼女は再び家に戻れるほど元気になることはないだろう」 第９段落参照。 6.「筆者が神に祈りを捧げたとき，(　　)」―え.「彼はまだ祖母にそばにいてもらう必要があると感じていた」 第10段落終わりの２文参照。 7.「筆者の母親は毛布をしまい込んだ。なぜなら(　　)からだ」―う.「祖母がいないことを思い出して彼がとても悲しくなる」 第11段落第３～５文参照。 8.「筆者の赤ん坊が生まれる直前，(　　)」―い.「彼の妻は深刻な状況だった」 第14段落第１文参照。 9.「筆者が無力で孤独に感じたとき，(　　)」―う.「彼は祖母がそばにいて支えてくれていると感じた」 第14段落最終文および第15段落第１，２文参照。 10.「医師たちが部屋から出てきて，筆者は泣き出した。なぜなら(　　)からだ」―え.「赤ん坊も妻ももう危険な状態ではなかった」 第16段落参照。 11.「クリスチャンが生まれて２週間後，(　　)」―い.「小包が彼の家に送られてきた」 第18段落第１，２文参照。 12.「祖母は亡くなる前，(　　)」―あ.「１足の靴を自力で，また１枚の毛布をジャネットおばさんの助けを借りてつくった」 第20段落第１，２文参照。

Ⅲ〔長文読解総合―対話文〕

≪全訳≫❶ブラウン先生(Mr)：この写真を見てごらん。体内に40kg のプラスチックがたまって死んだ，フィリピンの海岸で発見されたクジラの写真だよ。❷カレン(K)：ひどいですね。どうしてこんなことが起きたんですか？❸ Mr：えっと，僕たちは食べ物とプラスチックの違いを簡単に理解できるけど，動物や海洋生物にはそれは無理だ。だから，彼らは海で見つけたものを食べてしまう。プラスチックを食べると動物は短期間で満腹になってしまい，他の食べ物を食べなくなるんだ。❹ K：海中のプラスチックごみが深刻な問題になっているとニュースで聞きました。それほど驚くべきことではないと思います。周りを見れば，プラスチックはどこでも見ることができます。多くの飲食物がプラスチック容器，袋やボトルのような――に入ってやってきます。❺ Mr：そのとおりだね。僕たちはプラスチックなしでは生活できない。今，人は多くの物をプラスチックからつくっている，というのも，安くて便利だからね。それに，プラスチックの物は，ほぼ永遠に長持ちする。だからプラスチックごみは，特に地球のあちこちの海岸や海でこんなにも深刻な問題になっているんだ。(図１を指して)もし何の行動も起こさなければ，2050年までに海中のプラスチックが魚の量を超えるという科学者もいるんだよ。❻ K：魚よりも多くのプラスチックがあるという意味ですか？ 信じられない！❼ Mr：そうだね。僕も聞いたときには自分の耳が信じられなかったよ。❽ K：プラスチックはすごく私たちの役に立ってくれているけれど，環境にとっては最大の問題の１つだとわかりました。でも，なぜそれをちゃんとリサイクルしないのかがわかりません。❾ Mr：(図２を指して)世界的には，プラスチックのリサイクル率は1990年代から上がっているけれども，2015年の調査によると，プラスチックごみの５分の１しかリサイクルされず，半分を超える量がただ捨てられていたんだ。その多くは最後には地中や川，湖，そして特に世界中の海に流れ込んだ。❿ K：なるほど。それで，プラスチックごみの結果として多くの海洋生物が死んでいるんですね。⓫ Mr：もう１つの図を見てみよう。(図３を指して)これは2014年に１人がどれだけプラスチック包装ごみを出したかを示している。この図から何がわかるかな？⓬ K：えーっと，その年，日本はアメリカに次いで他のどの国よりも多くのプラスチックを捨てました。⓭ Mr：そのとおり。

それに，日本はインドの６倍を超える量のプラスチック包装ごみを出した。プラスチックごみを減らす第一歩は，コンビニエンスストアやスーパーマーケットで使い捨てのビニール袋を「いりません」と言うことだ。海外では，30を超える国が使い捨てのビニール袋の使用をやめている。オランダでは，2016年に店舗が袋１枚につきおよそ34円を取り始めたところ，毎年使われるビニール袋の数が40％減ったんだ。⓮Ｋ：ではまず，プラスチックが大きな問題だと理解する必要がありますね。そうすれば，それについて何かをし始めることができます。こうした小さな変化でも，大きな違いになりうると思います。

１＜語形変化＞①直前の a whale「クジラ」は「発見される」ものなので，受け身の意味のまとまりをつくる過去分詞の形容詞的用法が適する。　find－found－found　③第11，12段落で話題になっている図３は2014年，つまり過去のデータなので，過去形にする。　throw－threw－thrown　④ in という前置詞に続くので，動名詞(～ing)が適する。　⑤直前の plastic bags「ビニール袋」は「使われる」ものなので，受け身の意味のまとまりをつくる過去分詞の形容詞的用法が適する。

２＜適語選択＞Ａ．直後の that「それ」は，前にある to understand the difference between food and plastic を受けている。動物や海洋生物にはそれを「する」のは無理だ，という文脈なので，do が適する。この do は，understand の繰り返しを避けるために用いられている。　Ｂ．後ろに almost forever「ほぼ永遠に」と補足されているので，last a long time「長い時間続く」とすればよい。　last「続く」　Ｃ．図２参照。2015年にリサイクルされたプラスチックは19.5％，つまり約５分の１である。　Ｄ．図２参照。2015年に捨てられたプラスチックは55.0％で，半分を超えている。　Ｅ．make a difference で「違いが生じる」「重要だ」。

３＜整序結合＞カレンのこの言葉は，その前の「海中のプラスチックは魚の量を超える」というブラウン先生の言葉の言い換えになっている。語群から，‘there＋be動詞 ～’「～がある，いる」の文だとわかるので，there will be と始める。魚よりもプラスチックの方が多くなるのだから，more plastic than fish と続ければよい。　there will be more plastic than fish

４＜グラフの読み取り＞排出量の最も多いＦと，これに次ぐＧについては，第12段落参照。第13段落第２文から，インドの排出量は日本の６分の１未満であるとわかる。

Ⅳ〔長文読解総合─説明文〕

≪全訳≫❶質の高い食事を表すのに使われる英語の表現がある。それは「王様にふさわしい食事」だ。もちろん，裕福な人々は常に一般の人々よりもいいものを食べてきたが，これは実際には何を意味しているのだろうか。昔，一般の人々は主に野菜や豆類を食べていた。魚はそうそう食べられなかったし，肉はさらにめったに食べられなかった。彼らの食事はその土地のハーブや塩で味つけされていることが多かったが，あまりおいしくはなかった。しかし，最富裕層は野菜とともに大量の肉や魚を食べ，このうえなく新鮮な果物を食べ，ハチミツやハーブや珍しい外国の香辛料を加えた食事を楽しんでいた。だから A 私たちは最高の食事を「王様にふさわしい」と言うのだ。❷およそ600年もの間，香辛料貿易は最も重要な国際貿易の１つだった。香辛料貿易の支配が国を豊かにし，戦争を引き起こし，人々に遠くの土地まで旅をさせた。❸なぜ香辛料がそれほど重要だったのか。これにはいくつかの理由がある。まず，砂糖，コショウ，あるいは他のどんな香辛料も入っていない食べ物を想像してみてほしい。おそらくとても味気ないだろう。次に，多くの香辛料には食べ物をおいしくするだけでなく，抗菌効果がある。言い換えると，B 香辛料を使って調理された食べ物はより長く保存できるのだ。冷蔵庫が登場する前の時代には，これはとても役に立った。最後に，④ 私たちが調理に使用する香辛料のほぼ全てがアジア原産である。例えば，コショウはインド原産，ショウガは中国原産，シナモンはアラビア，スリランカ，中国原産だ。当初，これらの香辛料はシルクロードで交易されていた。当然，交易人たちは C 値段を高く保つためにこれらの香辛料の出所を秘密にしていた。❹18世紀末まで，世界で最も裕福な国は中国とインドだった。香辛料貿易はその国々がそこまで裕福だった理由の１つだった。しかし，15世紀の間，香辛料貿易はオスマン帝国に妨害されていた。その結果，ヨーロッパ人たちは自分たちの香辛料を手に入れる新しい方法を見つけようとした。今日，この時代は大航海時代として知られている。なぜなら，これがヨーロッパ人がアフリカを回ってインドへ航海する方法を見つけ，太平洋を発見し，南北アメリカ大陸をも発見した時代だからだ。これらの発見のおかげで，人々はずっと安い値段でより多くの香辛料を買うことができるようになった。❺今日，香辛料は依然として国際貿易における重要な商品だ。最も高価な香辛料はサフランで，それは西アジア，特にイランで栽培される花の一部だ。サフランは早朝に収穫しなくてはならず，１年に１，２週間しか収穫できない。サフラン１キロをつくるのに，約14万輪の花を収穫しなくてはならない。サフランはとても高価だった。1730年には，サフランは同じ重さの金の価値があった。言い換えると，サフラン１キロと金１キロは同じ値段だった。しかし，今日ではサフラン１キロの価値は約１万ドルだ。❻サフランは，もちろん食べ物に風味をつけるために使われるが，それが唯一の利用法ではない。今日，科学者たちはある種のがんを治すかもしれない薬としてサフランを研究している。しかし，薬に利用できる可能性があるのはサフランだけではない。ショウガもがんの治療薬として研究されているし，コショウもそうだ。コショウのような辛い香辛料は，私たちが体重を減らすのにさえ役立つかもしれない。❼香辛料が，ヨーロッパ人によるアメリカ大陸の発見のような重要な歴史的な出来事に強く結びついてきたことを考えると，驚かされる。香辛料貿易が大航海時代につながっていったのとちょうど同じように，今日，科学者たちは香辛料についての新しいことや，それらがどのようにして私たちの健康を保っていけるかを発見しつつある。香辛料は，将来的にも最も高価な商品の１つであり続けるだろう。

１＜適語選択＞①一般の人々が肉と魚を食べていた頻度を説明した文。比較級を強調する even があることから，肉を食べる頻度は魚より低かったのだとわかる。ここでは，less often の often が省略されている。　②この後，香辛料貿易の歴史が説明されることから，600 years は‘期間’を表すとわかるので，for「～の間」が適切。　③「砂糖やコショウ，その他の香辛料なしの食事」はすごく味気ないだろう，という文脈。空所の後に no があるので，without ではなく with no sugar ～とする。　⑤「18世紀末(　　)，世界で最も裕福な国は中国とインドだった」という文脈なので，until「～まで」が適する。　⑥前に比較級を強調する much「ずっと」があり，price「値段」が続く語であることなどから，low「低い」の比較級 lower が適する。price は high「高い」や low で高低を表す。　⑦前文の内容を言い換えた部分。worth its weight in gold「同じ重さの金と同じ価値がある」ということは，同じ重さの金と「同じ値段」ということなのだから，the same price とすればよい。

２＜整序結合＞語群や続く部分から，‘almost all of＋名詞’「～のほぼ全て」と come from ～「～からくる，～に由来する」というまとまりがつくれる。また，ここから，主語 we に対応する動詞が come ではなく use だとわかるので，we use in our cooking というまとまりもできる。「私たちが調理に使用する香辛料のほとんど全て」という文全体の主部ができる(目的格の関係代名詞は省略)。この後に come を置く。　Finally, almost all of the spices we use in our cooking come from Asia.

３＜適文選択＞A．空所Aを含む文の This は直前の文の，「最富裕層は豊かな食生活を楽しめた」という内容を指している。このことが，最高の食事を「王様にふさわしい」と言うことの理由になっているのである。　B．In other words「言い換えると」とあるので，前文の have an antimicrobial effect「抗菌効果がある」を言い換えたものが適する。　C．交易人たちが香辛料の出所を秘密にした‘目的・理由’を表すin order to keep the prices highが適する。

4＜内容真偽＞あ…×　このような記述はない。　い…×　第4段落第3，4文参照。オスマン帝国の妨害の結果，ヨーロッパ人が新航路を求めるようになった。　う…×　第5段落第3文参照。1年のうち1，2週間しか収穫できず，これが延長されたという記述もない。　え…○　第6段落の内容に一致する。　お…×　第6段落第3，4文参照。サフラン以外にも，ショウガやコショウで同様の研究が進められている。　か…○　最終段落第1文参照。

V〔適語(句)選択・語形変化〕

1．for ～「～の間」という‘期間’を表す語があるので，‘have/has＋過去分詞’の現在完了(‘経験’用法)が適する。　「マイクは20年以上その先生を知っている」

2．help ～self to … で「…を自分で取って食べる〔飲む〕」。命令文にすると，「…をご自由にどうぞ」という意味になる。　「ホストマザーは私に，『冷蔵庫にあるものを何でも自由にどうぞ』と言った」

3．後半がwhile you were awayと過去の内容になっているので，これに合わせる。　「君が出張に行っている間，誰がネコの世話をしたの？」

4．snowは‘数えられない名詞’なので，多さを表す際にはmuchやlittleを用いる。ここでは‘not＋much ～’「あまり～ない」とする。littleはそれだけで「ほとんど～ない」という意味なので，notが不要。　「ここではあまり雪は降らないんだ，たとえ冬でもね」

5．turn「順番」　「さあ，あなたの番ですよ。カードを引いてください」

6．直前にa greatがあることから，単数名詞が入るとわかる。　「パーティーで旧友の1人に会ったのは大きな驚きだった」

7．‘keep＋目的語＋形容詞’「～を…(の状態)に保つ」　「君はいつも部屋をきれいに保つべきだ」

8．「彼が私に送った」というまとまりが「Eメール」を修飾していると推測できる。he sent me the e-mailという文のthe e-mailが先行詞として前に置かれ，目的格の関係代名詞が省略された形である。　「昨日彼が私に送ってきたEメールをあなたに見せましょう」

9．‘twice as many＋複数名詞＋as …’で「…の2倍の～」を表せる。　「私たちの学校にはあなたの学校の2倍の生徒がいる」

10．‘命令文～，or …’で「～しなさい，さもないと…」。「～なこと」は‘something＋形容詞’の語順になる。　「私の話を注意深く聞きなさい，さもないと重要なことを聞き逃しますよ」

11．‘one of the＋最上級＋複数名詞’で「最も～なものの1つ」。なお，え．はthe most exciting moviesとすれば正しい。　「『トイ・ソルジャー』は私が見た中で最高の映画の1つだ」

VI〔書き換え―適語補充〕

1．「私は4歳で祖父を亡くした」→「私は4歳のときに祖父を亡くした」　at the age of ～は‘when＋主語＋was/were ～ years old’で書き換えられる。

2．「ミラー氏はロサンゼルスに行った。彼は今，日本にいない」→「ミラー氏はロサンゼルスに行ってしまった」　どこかへ行ってしまい，今ここにいない，という内容はhas gone to ～で表せる。

3．「その紳士は親切にも私を駅まで連れていってくれた」→「その紳士はとても親切だったので私を駅まで連れていってくれた」　kind enough to ～「親切にも～してくれる」はso kind that主語＋動詞…「とても親切なので…してくれる」で書き換えられる。takeはwasに合わせて過去形にする。

4．「君は５時までに仕事を終えなくてもよい」→「５時までに仕事を終えることは君にとって必要ではない」　You don't have to ～≒ It's not necessary for you to ～

5．「彼らは飛行機で東京に行った」go to ～ by plane は fly to ～で書き換えられる。　fly－flew－flown

Ⅶ〔整序結合〕

1．語群に spoken と a foreigner があり，空所の後に in English があるので，「外国人に英語で話しかけられた」という文だと推測できる。speak to ～「～に話しかける」の受け身は，be spoken to by …「…に話しかけられる」。　This morning, I was spoken to by a foreigner in English, but I couldn't understand anything.「今朝，私は外国人に英語で話しかけられたが，何もわからなかった」

2．The people were so kind「人々はとても優しかった」が文の骨組み。The people の後に I met in Australia「私がオーストラリアで出会った」を置き，これを修飾する形にする(目的格の関係代名詞は省略)。　The people I met in Australia were so kind. …「私がオーストラリアで出会った人々はとても優しかった。私はまたそこに行くのが待ちきれない」

3．Ａ：世界で最も貴重なものは何かな？／Ｂ：時間より大切なものはないよ。∥まず，more important than ～という比較級のまとまりがつくれる。語群に nothing があるのでこれを主語にし，「時間より大切なものは何もない」とする。　Nothing is more important than time.

4．文頭の Could you に tell me を続け，「～を私に教えてくれませんか」とする。残りの語句は「どれくらい時間がかかるか」という内容になると推測でき，このまとまりが tell の目的語になっているので，'疑問詞＋主語＋動詞...' という間接疑問の語順で how long it will take と並べる。Could you tell me how long it will take from here to the airport? …　「ここから空港までどのくらい(時間が)かかりますか？　明朝10：30より前にそこに行く必要があるんです」

5．Ａ：今，忙しい？／Ｂ：いや。どうして？／Ａ：えっと，宿題を手伝ってほしいんだ。∥'want＋人＋to ～'「〈人〉に～してほしい」と 'help＋人＋with ～'「〈人〉の～を手伝う」を組み合わせればよい。　Well, I want you to help me with my homework.

Ⅷ〔テーマ作文〕

日常生活の中で自分が心がけていることや習慣としていることを答えるので，まず「早寝早起きをする」や「新聞を読む」など，心がけや習慣として不自然ではないことを書く。本問では，この１文目は語数に含めず，「15語以上」の「理由」を書くという指示があるので注意する。

数学解答

1 (1) $2xy$　(2) $\frac{19}{3}$

(3) $(x+1)(a+b-1)$

(4) $x=-3,\ y=-4$

(5) $x=-3\pm\sqrt{10}$　(6) $-2,\ -1$

(7) $\frac{25}{216}$　(8) $\angle x=120^\circ,\ \angle y=30^\circ$

(9) ア…9　イ…6　ウ…5

2 (1) 672　(2) 287

3 (1) 16　(2) (8, 2)　(3) (−2, 1)

4 (1) 84π　(2) 90π　(3) 19：37

1 〔独立小問集合題〕

(1)＜式の計算＞$\square\times\frac{x^3}{64}y\div\left(-\frac{x^4y^2}{16}\right)=-\frac{1}{2}$，$\square\times\frac{x^3y}{64}\times\left(-\frac{16}{x^4y^2}\right)=-\frac{1}{2}$，$\square\times\left(-\frac{1}{4xy}\right)=-\frac{1}{2}$より，$\square=2xy$となる。

(2)＜平方根の計算＞$\frac{(\sqrt{12}+\sqrt{2})^2}{(3\sqrt{2}-2\sqrt{3})(\sqrt{18}+\sqrt{12})}=\frac{(2\sqrt{3}+\sqrt{2})^2}{(3\sqrt{2}-2\sqrt{3})(3\sqrt{2}+2\sqrt{3})}=\frac{12+4\sqrt{6}+2}{18-12}=\frac{14+4\sqrt{6}}{6}=\frac{7+2\sqrt{6}}{3}$，$\frac{\sqrt{2}(\sqrt{3}-\sqrt{2})^2-\sqrt{18}}{\sqrt{3}}=\frac{\sqrt{2}(3-2\sqrt{6}+2)-3\sqrt{2}}{\sqrt{3}}=\frac{\sqrt{2}(5-2\sqrt{6})-3\sqrt{2}}{\sqrt{3}}=\frac{5\sqrt{2}-4\sqrt{3}-3\sqrt{2}}{\sqrt{3}}=\frac{2\sqrt{2}-4\sqrt{3}}{\sqrt{3}}=\frac{(2\sqrt{2}-4\sqrt{3})\times\sqrt{3}}{\sqrt{3}\times\sqrt{3}}=\frac{2\sqrt{6}-12}{3}$だから，与式$=\frac{7+2\sqrt{6}}{3}-\frac{2\sqrt{6}-12}{3}=\frac{7+2\sqrt{6}-(2\sqrt{6}-12)}{3}=\frac{7+2\sqrt{6}-2\sqrt{6}+12}{3}=\frac{19}{3}$となる。

(3)＜因数分解＞与式$=ax+bx-x+a+b-1=x(a+b-1)+(a+b-1)$として，$a+b-1=A$とおくと，与式$=xA+A=(x+1)A$となる。$A$をもとに戻して，与式$=(x+1)(a+b-1)$である。

(4)＜連立方程式＞$0.6x+0.5y=-3.8$……①，$\frac{1}{12}x-\frac{3}{8}y=\frac{5}{4}$……②とする。①×10より，$6x+5y=-38$……①′　②×24より，$2x-9y=30$……②′　①′−②′×3より，$5y-(-27y)=-38-90$，$32y=-128$　∴$y=-4$　これを①′に代入して，$6x-20=-38$，$6x=-18$　∴$x=-3$

(5)＜二次方程式＞両辺に6をかけて，$2(x^2-1)=3(x+1)^2-6$より，$2x^2-2=3(x^2+2x+1)-6$，$2x^2-2=3x^2+6x+3-6$，$x^2+6x-1=0$となるから，解の公式より，$x=\frac{-6\pm\sqrt{6^2-4\times1\times(-1)}}{2\times1}=\frac{-6\pm\sqrt{40}}{2}=\frac{-6\pm2\sqrt{10}}{2}=-3\pm\sqrt{10}$である。

(6)＜関数—$\boldsymbol{a}$の値＞関数$y=-x^2$は，xの絶対値が大きくなるとyの値が小さくなる関数だから，yの変域が$-4\leqq y\leqq0$より，xの絶対値が最大のとき$y=-4$，xの絶対値が最小のとき$y=0$となる。$y=-4$となるとき，$-4=-x^2$，$x^2=4$，$x=\pm2$である。また，$y=0$となるとき，$x=0$である。よって，xの変域$a\leqq x\leqq a+3$において，絶対値が最大になるxは-2か2であり，$x=0$が含まれる。$a=-2$とすると，$a+3=-2+3=1$より，xの変域は$-2\leqq x\leqq1$となり，適する。$a+3=2$とすると，$a=-1$より，xの変域は$-1\leqq x\leqq2$となり，適する。以上より，求めるaの値は，$a=-2,\ -1$である。

(7)＜確率—さいころ＞大中小3つのさいころを投げるとき，目の出方は，全部で6×6×6＝216(通り)ある。このうち，出た目の和が12となるのは，出た3つの目が1と5と6，2と4と6，2と5と5，3と3と6，3と4と5，4と4と4のときである。1と5と6のとき，(大，中，小)＝(1，5，6)，(1，6，5)，(5，1，6)，(5，6，1)，(6，1，5)，(6，5，1)の6通りある。2と4と6，3と4と5のときも同様にそれぞれ6通りある。2と5と5のとき，(大，中，小)＝(2，5，5)，(5，2，5)，(5，5，2)の3通りある。3と3と6のときも同様に3通りある。4と4と4のとき，(大，中，小)＝(4，4，4)の1通りある。以上より，出た目の和が12となるのは6×3＋3×2＋1＝25(通り)あるから，求める確率は$\frac{25}{216}$となる。

(8)＜図形—角度＞右図1のように，点A～点Lを定め，ADとCJの交点をPとし，点Aと点J，点Dと点Jをそれぞれ結ぶ。線分DJは円の直径だから，$\angle \mathrm{PAJ}=90^\circ$である。また，$\overset{\frown}{\mathrm{AC}}:\overset{\frown}{\mathrm{DJ}}=2:6=1:3$より，$\angle \mathrm{AJP}:\angle \mathrm{PAJ}=1:3$だから，$\angle \mathrm{AJP}=\frac{1}{3}\angle \mathrm{PAJ}=\frac{1}{3}\times 90^\circ=30^\circ$となる。よって，△APJで内角と外角の関係より，$\angle x=\angle \mathrm{PAJ}+\angle \mathrm{AJP}=90^\circ+30^\circ=120^\circ$となる。次に，図1のように，点Qを定め，点Kと点Eを結ぶ。$\overset{\frown}{\mathrm{KI}}=\overset{\frown}{\mathrm{AC}}$より，$\angle \mathrm{KEQ}=\angle \mathrm{AJC}=30^\circ$である。また，$\overset{\frown}{\mathrm{AE}}:\overset{\frown}{\mathrm{AC}}=4:2=2:1$より，$\angle \mathrm{AKE}:\angle \mathrm{AJC}=2:1$だから，$\angle \mathrm{AKE}=2\angle \mathrm{AJC}=2\times 30^\circ=60^\circ$である。よって，△KEQで内角と外角の関係より，$\angle y=\angle \mathrm{AKE}-\angle \mathrm{KEQ}=60^\circ-30^\circ=30^\circ$である。

図1

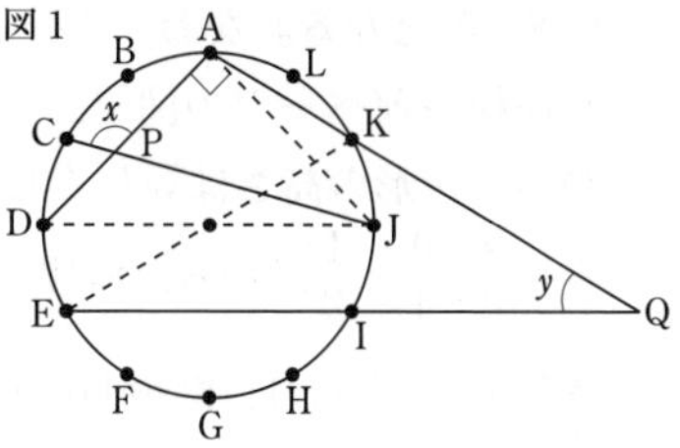

(9)＜図形—面積＞右図2で，AD＝BCだから，AP：PD＝BQ：QC＝3：1，CQ＝kより，AP＝BQ＝3CQ＝$3k$，DP＝CQ＝kと表される。AD∥BCより，△ASP∽△QSRであり，相似比がAP：QR＝$3k$：1だから，△ASP：△QSR＝$(3k)^2:1^2=9k^2:1$となり，△ASP＝$9k^2$△QSR＝$9k^2\times 1=9k^2$となる。次に，点Pと2点Q，Cをそれぞれ結ぶ。SP：SR＝$3k$：1となるから，△QSP：△QSR＝$3k$：1より，△QSP＝$3k$△QSR＝$3k\times 1=3k$となる。△PQR＝△QSP＋△QSR＝$3k+1$だから，△PQC：△PQR＝CQ：QR＝k：1より，△PQC＝k△PQR＝$k(3k+1)=3k^2+k$となる。△CDP≡△PQCだから，〔五角形CDPSQ〕＝△QSP＋△PQC＋△CDP＝$3k+(3k^2+k)\times 2=6k^2+5k$である。

図2

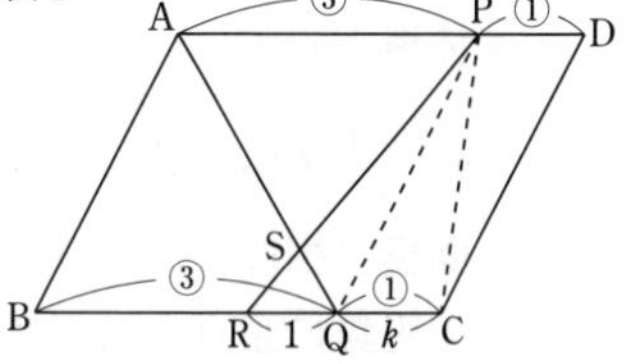

2 〔方程式—一次方程式の応用〕

≪基本方針の決定≫(2)　$s=4p$，$s=4q$，$s=4r$の各場合について調べる。

(1)＜一次方程式の応用＞p，q，rは連続する整数で，$p<q<r$だから，$q=p+1$，$r=p+2$と表せる。よって，$p+q+r=2019$より，$p+(p+1)+(p+2)=2019$が成り立つ。これを解くと，$3p=2016$，$p=672$である。

(2)＜一次方程式の応用＞$s=4p$，$s=4q$，$s=4r$の3つの場合それぞれについて考える。$s=4p$のとき，$p+q+r+s=2020$より，$p+(p+1)+(p+2)+4p=2020$が成り立ち，$7p=2017$，$p=\frac{2017}{7}$となり，整数でないから，適さない。$s=4q$のとき，$s=4(p+1)$だから，$p+(p+1)+(p+2)+4(p+1)=2020$が成り立ち，$7p=2013$，$p=\frac{2013}{7}$となり，整数でないから，適さない。$s=4r$のとき，$s=4(p+2)$だから，$p+(p+1)+(p+2)+4(p+2)=2020$が成り立ち，$7p=2009$，$p=287$となり，整数だから，適する。よって，$p=287$である。

3 〔関数—関数$\boldsymbol{y=ax^2}$と直線〕

≪基本方針の決定≫(3)　DAとBCの位置関係に気づきたい。

(1)＜比例定数＞右図で，点Aは放物線$y=\frac{1}{4}x^2$上にあり，x座標が4だから，$y=\frac{1}{4}\times 4^2=4$より，A(4，4)である。双曲線$y=\frac{a}{x}$が点Aを通るから，$4=\frac{a}{4}$より，$a=16$となる。

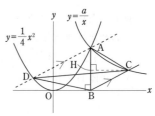

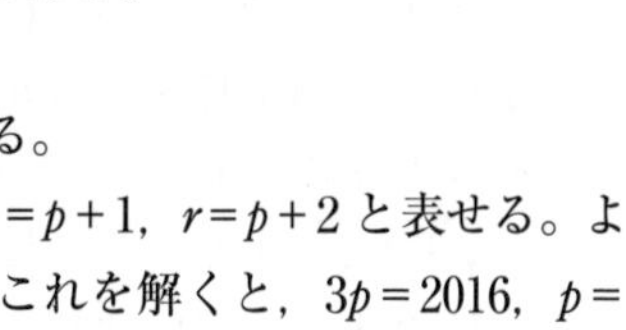

(2)＜座標＞右図で，(1)よりA(4，4)であり，ABはy軸に平行だから，AB＝4となる。点CからABに垂線CHを引くと，△ABCの面積が8より，$\frac{1}{2}\times 4\times \mathrm{CH}=8$が成り立ち，CH＝4である。CHは$x$軸に平行であり，点Hの$x$座標は4だから，点Cの$x$座標は4＋4＝8である。点Cは双曲線$y=\frac{16}{x}$上にあるから，$y=\frac{16}{8}=2$より，

C(8, 2)となる。なお，CH=4なので，直線ABより左側に点Cをとることはできない。

(3)<座標>前ページの図で，△ABC，△BCDの底辺をBCと見ると，△ABC=△BCDより，この2つの三角形の高さは等しくなる。よって，DA∥BCである。B(4, 0)，C(8, 2)より，直線BCの傾きは$\frac{2-0}{8-4}=\frac{1}{2}$だから，直線DAの式は$y=\frac{1}{2}x+b$とおける。これがA(4, 4)を通るから，$4=\frac{1}{2}\times4+b$，$b=2$となり，直線DAの式は$y=\frac{1}{2}x+2$である。点Dは放物線$y=\frac{1}{4}x^2$と直線$y=\frac{1}{2}x+2$の交点となるから，2式から$y$を消去して，$\frac{1}{4}x^2=\frac{1}{2}x+2$より，$x^2-2x-8=0$，$(x+2)(x-4)=0$　$\therefore x=-2, 4$　よって，点Dのx座標は-2だから，$y=\frac{1}{4}\times(-2)^2=1$より，D(−2, 1)である。

4 〔空間図形—円錐〕

(1)<体積>$a=3$，$b=6$，$h=4$だから，これらを$V=\frac{\pi h}{3}(a^2+ab+b^2)$に代入して，求める立体の体積は，$V=\frac{\pi\times4}{3}\times(3^2+3\times6+6^2)=84\pi$である。

(2)<面積—相似，三平方の定理>右図1で，もとの円錐の頂点をO，底面の周上の点をP，底面の円の中心をHとし，切り取った小さい円錐の底面と線分OPとの交点をQ，線分OHとの交点をIとする。OI=xとすると，△OQI∽△OPHより，OI：OH=QI：PHだから，$x:(x+4)=3:6$が成り立つ。これを解くと，$6x=3(x+4)$より，$x=4$となる。よって，△OQIで三平方の定理より，$\mathrm{OQ}=\sqrt{\mathrm{QI}^2+\mathrm{OI}^2}=\sqrt{3^2+4^2}=\sqrt{25}=5$である。さらに，OQ：OP=OI：OH=4：(4+4)=1：2より，OP=2OQ=2×5=10となる。次に，円錐台を展開すると，右上図2のようになる。おうぎ形OPP′の中心角をyとすると，$\overset{\frown}{\mathrm{PP'}}$の長さは円Hの周の長さに等しいから，$2\pi\times10\times\frac{y}{360^\circ}=2\pi\times6$が成り立ち，$\frac{y}{360^\circ}=\frac{3}{5}$となる。これより，曲面の部分を展開した図形PP′Q′Qの面積は，〔おうぎ形OPP′〕−〔おうぎ形OQQ′〕$=\pi\times10^2\times\frac{y}{360^\circ}-\pi\times5^2\times\frac{y}{360^\circ}=\pi\times10^2\times\frac{3}{5}-\pi\times5^2\times\frac{3}{5}=45\pi$となる。円Iの面積は$\pi\times3^2=9\pi$，円Hの面積は$\pi\times6^2=36\pi$だから，円錐台の表面積は，$45\pi+9\pi+36\pi=90\pi$である。

図1

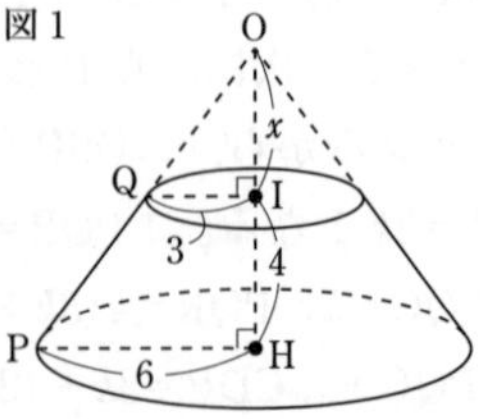

図2

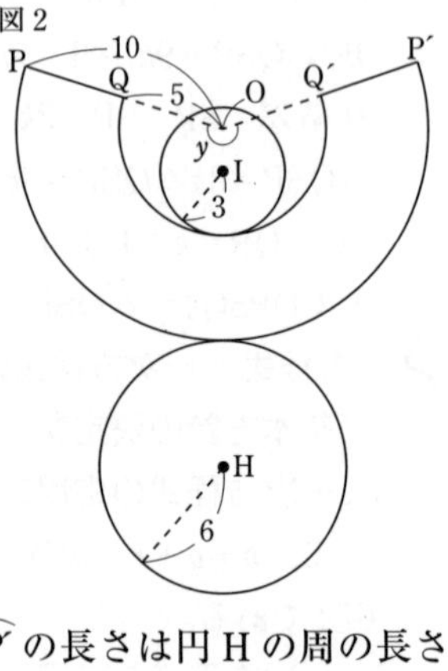

(3)<体積比—相似>右図3で，円錐台の高さが半分になる底面に平行な平面とIHの交点をJとすると，点Jは線分IHの中点だから，$\mathrm{IJ}=\mathrm{JH}=\frac{1}{2}\mathrm{IH}=\frac{1}{2}\times4=2$となる。切り取った小さい円錐をCとすると，円錐C，円錐Cと立体Aを合わせた円錐，円錐Cと立体Aと立体Bを合わせた円錐は相似だから，相似比がAI：AJ：AH=4：(4+2)：8=2：3：4より，体積比は$2^3:3^3:4^3=8:27:64$となる。よって，立体Aと立体Bの体積比は，(27−8)：(64−27)=19：37である。

図3

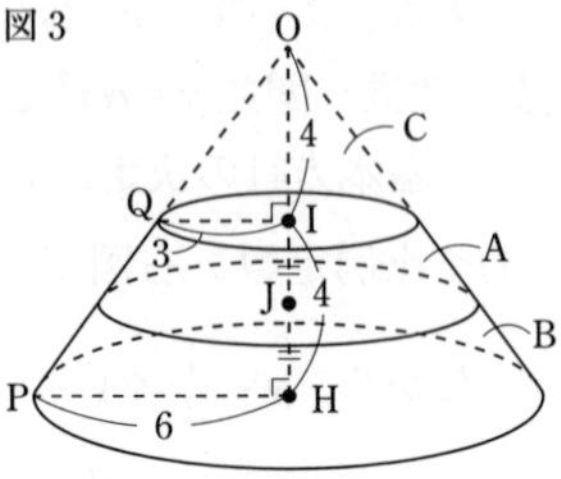

2020年度／中央大学附属高等学校

国語解答

一 問1 ⓐ ひんぱん ⓑ 枯渇
ⓒ 狭義 ⓓ 始終 ⓔ 焦燥

問2 a 順調な名づけ
b 名づけられない
c 自分の名づけの欲望

問3 ② 韻文 ③ 既知　問4 (ハ)

問5 浮浪

問6 a 快い b 浸み透って
c 胸一杯
d 温い血のほとぼり
e 尋ねあぐんでいた f 換算

問7 (ホ)　問8 (ロ)　問9 (ニ)

問10 (イ), (ヘ)

二 問1 A…(ホ) B…(ハ) C…(ヘ)

問2 (a)…(ロ) (b)…(ヘ) (c)…(ト) (d)…(ヌ)

問3 (ホ)　問4 (ロ)　問5 (ニ)

問6 (ロ)　問7 (ロ)　問8 (イ)

問9 (ハ)　問10 (ニ)

問11 D…(ニ) E…(ロ) F…(ハ)

問12 a…(ロ) b…(チ) c…(ハ) d…(ヌ)
e…(イ) f…(ニ)

一 〔論説文の読解―芸術・文学・言語学的分野―文学〕出典；阿部公彦『詩的思考のめざめ 心と言葉にほんとうは起きていること』。

≪本文の概要≫私たちは，名づけの欲望を持っている。名づけの中でも，とりわけ，名づけようとしても名づけられない状況は，詩と縁が深い。梶井基次郎の小説『檸檬』は，正体不明で名づけ不可能な「えたいの知れない不吉な塊」や，ふつう「檸檬」と呼ばれている果物を，名前の一歩手前のところまで差し戻し，名指しえぬものをとらえようとしたという意味で，詩的な作品であるといえる。私たちは，名前があることで世界を整理し意味づけることができるから，日常生活の中で常に名づけや名指しを行うが，名づけは，自由な行為であると同時に，自由に伴う無根拠さから不安定な気持ちが生じるものでもある。この名づけの無意味と有意味との間で揺れる欲望の中に，詩の作用がある。『檸檬』の冒頭は，名づけえぬものに対して何かをしなければならないという欲望を，表現している。詩とは，名づけられるべきだがいまだ名づけられていないものとの出会いの場である。『檸檬』の語り手は，強烈な名づけの衝動である詩というものを，純粋な形で演じてみせている。

問1＜漢字＞ⓐ「頻繁」は，しきりに行われること。　ⓑ「枯渇」は，尽きてなくなること。　ⓒ「狭義」は，ある言葉の狭い意味のこと。　ⓓ「始終」は，始めから終わりまでのこと。ここでは，絶えず，という意味。　ⓔ「焦燥」は，焦っていらいらすること。

問2＜文章内容＞私たちの日常生活では，「生まれて名前をつけられる」とか「バレーボールチームに名前をつける」というような「順調な名づけ」もあるが，「名づけようとしても名づけられない」状況に置かれることによって，「私たちは自分の名づけの欲望を自覚する」のである。

問3＜語句＞②「散文」は，一定の韻律や形式にとらわれない，小説，評論，随筆，説明文などの文章のこと。「韻文」は，一定の韻律，形式を持つ，和歌，俳句，漢詩，詩などの文章のこと。　③「未知」は，まだ知らない，という意味。「既知」は，すでに知っている，という意味。

問4＜文章内容＞「えたいの知れない不吉な塊」は「正体不明」であるが，「正体不明だからこそ不吉」であるし，逆に，「不吉さ」は「基本的には未来や未知を示しているので正体不明なのが当然」だと考えてみると，『檸檬』の冒頭の表現は，「私たちの誰もが知っている」，未来に対する不安について語っているように思われる。

問5＜文章内容＞『檸檬』の主人公は，「えたいの知れない不吉な塊」によって「居堪らずさせ」られて，「街から街を浮浪し」続けた。

問6＜文章内容＞a．「えたいの知れない不吉な塊」によって「居堪らずさせ」られた「私」は，果物屋で買った「檸檬」の「冷たさ」を，「快いもの」に思った。　b．「私」は，肺病で熱っぽかったこともあって，「檸檬」の「冷たさ」が「握っている手のひらから身内に浸み透ってゆくよう」だと感じた。　c．「檸檬」の「匂い」について，「私」は，肺病のために今までできなかった「ふかぶかと胸一杯に匂やかな空気を吸い込」むことを楽しんだ。　d．「檸檬」の「匂い」を吸い込んだ「私」は，「身体や顔」に「温い血のほとぼりが昇って来」るような気がした。　e，f．「私」は，「檸檬」の「重さ」を，「常々私が尋ねあぐんでいた」，全ての善と美を「重量に換算してきた重さである」などと想像して，幸福感に満たされた。

問7＜文章内容＞「名前があることで私たちは世界を整理し，意味づけ」ているので，私たちにとって名づけとは，「欠くことのできない」原初的な行為なのである。

問8＜文章内容＞名づける際には，「どんな名前をつけてもいい」という前提に基づく「解放感」と同時に，「ほんとうに自分に的確な名前がつけられるだろうか？」という「不安」が生ずる。

問9＜文章内容＞小説『檸檬』の冒頭は，「えたいの知れない不吉な塊」を「放っておくわけにはいかな」くて「何かしなければならない」という「欲望」に駆られ，「名づけられるべき，しかし未だ名づけられていない」ものに名づけをして意味づけをしようと「じたばたしてしまう語り手」の心理を表現している。

問10＜主題＞「詩とは，名づけられるべき，でも，未だ名づけられていないものと出会うための場」であり，その「未だ名づけられていないという自由や不安定さ」に対して「必ずや何かをせねばならない」という欲望に等しい「強烈な名づけの衝動に駆られること」である（イ…○）。小説『檸檬』の冒頭で，自分の中の「えたいの知れない不吉な塊」に気づき，それによって「いたたまれなくなってじたばたしてしまう語り手は，詩というものをきわめて純粋な形で行為として演じている」といえる（ヘ…○）。

二〔小説の読解〕出典；岡本かの子『越年』。

問1＜表現＞A．突然の事件に焦った明子と磯子は，堂島に平手打ちされた加奈江の様子をちらっと心配そうに見て，加奈江が無事なのを確認してから堂島を追った。　B．堂島は，加奈江を殴った後，階段をすばやく降りていった。　C．自分を殴った堂島を取り逃がしたと知った加奈江は，悔し涙を流しながら，明日課長に言いつけてやる，と堂島に強い憎しみを向けてつぶやいた。

問2＜心情＞磯子が「あんた何も堂島さんにこんな目にあうわけないでしょう」と確認したのは，加奈江の側には堂島に平手打ちされてもしかたのないような非は当然ないものと考えてのことだったが（(a)…(ロ)），その言葉は，裏を返せば，堂島は理由もなく女を殴ったというのか，そんな道理はないのだから，加奈江の側に殴られるだけの理由があったのではないのか，という意味にもとれることに磯子は気づいた（(b)…(ヘ)）。これに対し，加奈江は，堂島の「言葉に返事しなかった」という経緯はあるが（(c)…(ト)），それは「課長さんが男の社員とあまり要らぬ口を利くなっておっしゃった」のに従っただけだと弁明し（(d)…(ヌ)），磯子をにらみつけた。

問3＜心情＞磯子は，翌日出社したら，堂島が加奈江をいきなり平手打ちした件について，加奈江が課長に申し立てをするのを，「私も応援に立つわ」と意気込んでいた。ところが，翌日，「十時にもなるのに堂島は現われない」ので，磯子は，堂島をやっつけてやるという計画がうまく運ばないことにいら立ちを覚えたのである。「口を尖らす」は，不満の表情。

問4＜心情＞加奈江は，昨日の堂島の所業を課長に訴えることで堂島に仕返しをしようと，ひどく緊張していたが，堂島があのまま会社を辞めたことを知って，堂島を課長に叱責してもらうという計画は破れた。そこで，「今となっては容易く仕返しの出来難い」状況になったことから，急に緊張の糸が切れて気疲れを覚え，「へたへたと自分の椅子に腰かけ」た。加奈江は，昼になっても食欲がわかず，弁当も食べられないほど，落ち込んでしまった。

問５＜心情＞会社について，「ここのように純粋の軍需品会社でもなく，平和になればまた早速に不況になる惧れのあるような会社は見込みがない」と言っていて，「品川の方にいい電気会社の口がある」ということであっさり会社を辞めた堂島を，山岸は，「うまいことをした」要領のいい男だと思い，不満を覚えていた。

問６＜心情＞加奈江が，堂島に殴られた仕返しをしたいがために堂島の住所をきこうとしたのを，山岸は，加奈江が堂島を好きだからだと勘違いした。そして，加奈江に堂島の住所を教えることは，自分が加奈江の恋の手伝いをすることになるのだから，そのお礼として加奈江に酒をおごってもらってもいいはずだと冗談を言ったのである。

問７＜文章内容＞加奈江は，堂島が好きだからではなく，堂島に「昨日の被害」への仕返しをするために，堂島の住所や新しい移転先をきき出したかったのである。

問８＜表現＞「事変下」にあって，歳末の銀座の街で「銀ブラする人も，裏街を飲んで歩く青年たち」も，どこか「切羽詰まったような」緊迫感があるように思われた。

問９＜心情＞加奈江は，「家を出たとき」は，銀座で堂島探しをするのに明子を誘いに行くつもりだったが，新年でもあり，裾模様の着物で盛装してきたことで，明子に会って銀座に出てからは，「たまにはそんな気持ちばかりでなく銀座を散歩したい」と思うようになっていた。

問10＜心情＞堂島は，後から出した加奈江宛の手紙の中で，「銀座で貴女に撲り返されたとき，これで貴女の気が晴れるだろうから，そこでやっと自分の言い訳や詫びをしようと，もじもじしていた」と述べている。

問11＜表現＞Ｄ．堂島は，加奈江を好きだという自分の「気持を打ち明け」て，加奈江に同情してもらいたいと心から思った(…(ニ))。　Ｅ．堂島は，加奈江への恋が打ち明けられないのなら，思い切って「喧嘩」でもしたら，加奈江が恨みによって「僕を長く忘れないかも知れない」と思った(…(ロ))。　Ｆ．「一旦慕った麗人を乱暴にも撲った」ことを，堂島自身の「ヒューマニズムが許」さず，この経験は，以後，常に，「苦い悪汁となって」堂島の「胸に浸み渡」っていた(…(ハ))。

問12＜主題＞堂島は，以前から加奈江に，恋い慕う思いを抱いていたが(ａ…(ロ))，退社の前日，加奈江への思いを，加奈江を殴るという乱暴な行為によって表現してしまった(ｂ…(チ))。この行為に対して，当事者の加奈江はもちろん，現場にいた同僚の明子と磯子も憤慨し，加奈江に協同してともに闘う意思を示した(ｃ…(ハ))。正月の銀座で堂島を見つけた加奈江と明子は，堂島を捕まえ，加奈江が堂島を殴り返すことで事件は終結したが，これは男性の同僚たちにとっては，彼らの俗な好奇心を満足させる騒ぎの結末であるにすぎなかった(ｄ…(ヌ))。その後，堂島からの手紙で，堂島が自分に恋していたことを知った加奈江は，堂島の乱暴を「堂島の荒々しい熱情」によるものと受けとめ(ｅ…(イ))，殴り，殴り返すという事件を通して互いに忘れられない存在になってしまった堂島と自分に恋の始まりを感じ，再び銀座に堂島を捜しに行くが，堂島の方では，銀座で加奈江に殴り返され，自分の真意を手紙で伝えたことで，加奈江への恋に自分なりに区切りをつけたつもりでいるらしいのであった(ｆ…(ニ))。

2020年度 中央大学附属高等学校（帰国生）

【英　語】（60分）〈満点：100点〉

（注意）　試験開始30分後にリスニング問題を放送します。

Ⅰ　次の（　）に入る最も適切なものを１つずつ選び，記号で答えなさい。

1．The population of Tokyo is larger than (　　) of Osaka.
あ．one　い．which　う．those　え．that

2．I'll never forget (　　) Australia when I was a junior high school student.
あ．to visit　い．to have visited　う．visiting　え．visited

3．(　　　　) what to say, she kept quiet during the meeting.
あ．No knowing　い．Not knowing　う．Not known　え．Knowing nothing

4．He always does his best.　That's (　　) we respect him.
あ．why　い．how　う．who　え．which

5．(　　) your help, I would not be able to complete the assignment.
あ．With　い．By　う．For　え．Without

6．He decided to stay at an inexpensive hotel because his (　　) was quite limited.
あ．reputation　い．benefit　う．budget　え．nutrition

7．She is so (　　) that she cleans her room every day.
あ．neat　い．rare　う．enormous　え．vague

8．The tennis match was (　　　　) due to the terrible weather.
あ．called for　い．called out　う．called on　え．called off

9．A：Excuse me.　Is there a post office around here?
B：Turn right at the next corner and go straight ahead.　(　　　　)
あ．You will miss it.　い．You can miss it.
う．You can't miss it.　え．You don't have to miss it.

10．A：Shall I carry your bag?
B：That's very kind (　　) you.
あ．for　い．of　う．on　え．with

Ⅱ　次の各組の文がほぼ同じ意味になるように，（　）に最も適切な語を入れたとき，（＊）に入る語を答えなさい。

1．Could you tell me when we should come here again?
Could you tell me (　　) (　＊　) come here again?

2．The computer is out of order.
Something is (　　) (　＊　) the computer.

3．This is the photo which my teacher took at the zoo last week.
This is the photo (　＊　) (　　) my teacher at the zoo last week.

4．She went to New York two years ago and she is still there.
She (　＊　) (　　) in New York for two years.

5．I happened to meet an old friend of mine the day before yesterday.

I met an old friend of mine (＊) (　　) the day before yesterday.

Ⅲ　次の各文の下線部のうち，文法的に**誤っているもの**を１つずつ選び，記号で答えなさい。

1．The question was so difficult that no one in this class were able to answer it.
　　あ　い　う　え

2．We had no choice but to go to a near restaurant since we were in such a hurry.
　　あ　い　う　え

3．I am looking forward to visiting the town which one of my favorite authors was born.
　　あ　い　う　え

Ⅳ　次の２つの英文を読み，質問に対する答えとして最も適切なものを１つずつ選び，記号で答えなさい。

［１］　While dinosaurs came a long time before us humans, fossils and modern technology have helped us understand what dinosaurs may have looked like and even how they might have lived.　The word dinosaur comes from the Greek language and means "terrible lizard."　Dinosaurs ruled the earth for over 160 million years.　This period of time is often called the Age of the Dinosaurs because they developed and became the strongest living animals during this time.　Dinosaurs lived on the earth until around 65 million years ago when they all suddenly died out.　Scientists believe that the event that led to this happening may have been a large object from space hitting the earth, or a huge earthquake.　Even though dinosaurs died out a long time ago, they are often seen in the media.　One of the most famous examples of this is Michael Crichton's 1990 book *Jurassic Park*.　The story was made into a movie in 1993.　It is about dinosaurs being cloned and brought back to life by scientists.

Which sentence is true about the passage？

あ．We can learn a lot about dinosaurs thanks to fossils and modern technology.
い．The period when dinosaurs were the strongest living animals lasted for 65 million years.
う．Dinosaurs died out because a large object from space hit the earth after the huge earthquake.
え．Dinosaurs became popular as the movie called *Jurassic Park* was successful in 1993.

［２］　Our brains are amazing.　Like a high-tech computer, they can remember and organize thousands of pieces of data.　Scientists who study how the brain works put memory into three categories：short-term memory, long-term memory, and working memory.　Each type of memory is controlled by a different part of the brain.　In short-term memory, information is kept for a short time and it isn't processed.　In other words, you don't try to give it meaning.　For example, you use short-term memory to remember a phone number while you dial it.　Working memory is similar to short-term memory, but with working memory, you use data in some way.　For example, you try to remember a phone number longer than for a few seconds and write it down.　Long-term memory includes the memories that we hold for a long time, including memories from our life or something we read in a book that really interested or moved us.　We tend to remember the things that are most important to us or the things we do the most.

Which sentence is true about the passage？

あ．Brains can remember and organize more data than high-tech computers do.
い．There are three types of memory, and each is controlled by a different part of the brain.
う．Short-term memory and working memory are similar because they don't last more than a

second.

え．In long-term memory, we only remember the most interesting thing that happens to us.

V 次の英文を読んで，設問に答えなさい。

Roger Crawford had everything he needed to play tennis—except two hands and a leg. When Roger's parents saw their son for the first time, they saw a baby with something that looked like a thumb coming out of his right arm, and a thumb and one finger coming out of his left arm. The baby's arms and legs were shortened, and he had only three toes on his shrunken right foot. His left leg was even worse, and would later be cut off.

The doctor said Roger suffered from a rare birth defect affecting only one out of 90,000 children born in the United States. The doctor said Roger would probably never walk or care for himself. Fortunately Roger's parents didn't believe the doctor. "My parents always taught me that I was only as handicapped as I wanted to be," said Roger. "(1)They never allowed me to feel sorry for myself or take advantage of people because of my handicap. Once I got into trouble because my school papers were continually late," explained Roger, who had to hold his pencil with both "hands" to even write slowly. "I asked Dad to write a note to my teachers, asking for a two-day extension on my assignments. Instead Dad made me start writing my paper two days early !"

Roger's father always encouraged him to get involved in sports, teaching Roger to catch and throw a volleyball, and play backyard football after school. At age 12, Roger managed to win a spot on the school football team.

Before every game, Roger would visualize his dream of scoring a touchdown. Then one day he got his chance. The ball landed in his arms and off he ran as fast as he could on his (2)artificial leg toward the goal line, his coach and teammates cheering wildly. But at the ten-yard line, a guy from the other team caught up with Roger, grabbing his (ア) ankle. Roger tried to pull his artificial leg free, but instead it ended up being pulled off. "I was still standing up," recalls Roger. "I didn't know what else to do, so I started hopping toward the goal line. (3)The referee ran over and threw his hands into the air ! You know, even better than the six points was the look on the face of the other kid (a) was holding my artificial leg."

Roger's love of sports grew and so did his self confidence. But (4)(あ．every い．gave way う．Roger's え．obstacle お．not か．to) determination. Eating in the lunchroom with the other kids watching him have trouble with his food proved very painful to Roger, as did his repeated failure in typing class. "I learned a very good lesson from typing class," said Roger. "You can't do everything—it's better to concentrate on [(1)]."

One thing Roger could do was swing a tennis racket. Unfortunately, when he swung it hard, (5)his weak grip usually launched it into space. By luck, Roger found an odd-looking tennis racket in a sports shop and accidentally got his finger caught in its handle when he picked it up. The comfortable fit made it possible for Roger to swing, serve and volley like an able-bodied player. He practiced every day and was soon playing—and losing—matches. But Roger persisted. He practiced and practiced and played and played. Surgery on the two fingers of his left hand enabled Roger to grip his special racket better, greatly improving his game. Although he had no role models to guide him, Roger fell in love with tennis and in time he started to win.

Roger went on to play college tennis, finishing his tennis career with 22 wins and 11 losses. He later became the first physically handicapped tennis player to be certified as a teaching professional by the United States Professional Tennis Association. Roger now tours the country, speaking to groups about what it takes to be a winner, no (b) who you are. "(6)The only difference between you and me is that you can see my handicap, but I can't see yours. We all have them. When people ask me how I've been able to overcome my physical handicaps, I tell them that I haven't overcome anything. I've simply learned what I can't do — such as play the piano or eat with chopsticks — but more importantly, I've learned [(2)]. Then I do what I can with all my heart and soul."

1．(ア)に入る最も適切な語を１つ選び，記号で答えなさい。

あ．right　い．left　う．both　え．each

2．(ａ)，(ｂ)に入る最も適切な語を答えなさい。

3．[(1)]，[(2)]に入る最も適切なものを１つずつ選び，記号で答えなさい。ただし，記号は１度しか使えない。

あ．what I can do　い．what I can't do　う．what you can do　え．what you can't do

4．下線部(1) They never allowed me to feel sorry for myself or take advantage of people because of my handicap. の例として述べられているものを１つ選び，記号で答えなさい。

あ．Rogerの父親は宿題の提出期限の延長を勧めたが，Rogerは受け入れなかった。

い．Rogerの先生は宿題の提出期限の延長を提案したが，Rogerは受け入れなかった。

う．Rogerは宿題の提出期限の延長を求めたが，父親は必要な日数分早く始めさせた。

え．Rogerは宿題の提出期限の延長を求めたが，Rogerの先生はそれを認めなかった。

5．下線部(2) artificial の本文中の意味として最も適切なものを１つ選び，記号で答えなさい。

あ．不自然な　い．芸術的な　う．人工的な　え．独創的な

6．下線部(3) The referee ran over and threw his hands into the air! が意味する内容として，考えられるものを１つ選び，記号で答えなさい。

あ．Rogerがタッチダウンを決めて，Rogerのチームに得点が入ったこと。

い．Rogerが反則を犯してしまい，相手チームに得点が入ったこと。

う．相手選手が反則を犯してしまい，Rogerのチームに得点が入ったこと。

え．Rogerがタッチダウンを決める前に試合時間が終了したこと。

7．下線部(4)(あ．every　い．gave way　う．Roger's　え．obstacle　お．not　か．to) determination が，「Rogerが決心しても，全ての困難を乗り越えられたわけではなかった」という意味になるように並べかえ，**2番目**と**5番目**にくる記号を答えなさい。

8．下線部(5) his weak grip usually launched it into space の意味として最も適切なものを１つ選び，記号で答えなさい。

あ．わざと弱く握り，Rogerはよくラケットを放り投げた。

い．握りが弱かったので，Rogerのラケットはよく空中に飛んでいった。

う．握りが弱くても，Rogerのラケットは手から離れることはなかった。

え．握りは弱かったが，Rogerはラケットを肌身離さず持っていた。

9．下線部(6) The only difference between you and me とあるが，Rogerと他の人との唯一の違いとして本文で述べられている最も適切なものを１つ選び，記号で答えなさい。

あ．Rogerの障がいは目に見えるが，他の人の障がいは目に見えないこと。

い．Rogerは障がいを克服してきたが，他の人は必ずしもそうではないこと。

う．Rogerは出来ないことを学ぶが，他の人は出来ることを学ぶということ。

え．Rogerは出来ることを全身全霊で行うが，他の人は必ずしもそうではないこと。

10. Rogerが苦手なこととして本文で**述べられていないもの**を1つ選び，記号で答えなさい。
あ．ピアノを弾くこと　　い．絵を描くこと
う．タイピングをすること　え．箸で食べること

11. 本文の内容と一致するものを**3つ**選び，記号で答えなさい。
あ．Rogerは生後間もなく病気にかかり，手足が不自由になった。
い．Rogerの右手の指は1本だけで，左手の指は2本だけだった。
う．Rogerの右足は，指が3本しかなかったので，後に切断した。
え．Rogerはいつか歩けるようになると医師から言われていた。
お．Rogerの障がいは，アメリカでは9万人に1人にしか見られないものだった。
か．Rogerは12歳の時にフットボールの試合に出場する機会を得た。
き．Rogerは憧れていた選手のようになりたくて，テニスを始めた。
く．Rogerの大学でのテニスの戦績は，大きく負け越しであった。
け．Rogerはボランティアのテニスコーチになり，子どもたちにテニスを教えた。

＜リスニング・ライティング問題＞〈編集部注：放送文は未公表につき掲載してありません。〉

VI　これから英語による授業を聞き，Part Aの問いに答えなさい。英文は2回読まれます。
また，Part Bでは，授業の内容に関連するあなたの意見を書きなさい。Part Bについては，具体的な指示がありますので，よく読んでから解答してください。

＜資料＞　Volunteer opportunities for young people in New York City

City Harvest	*Toy Friends*	*God's Love*	*New York Cares*	*Books for Children*

Part A　空所にあてはまる答えとして最も適切なものを1つずつ選び，記号で答えなさい。

1．In *City Harvest*, volunteers collect ［　　　］.
あ．food that will be thrown out by stores and restaurants
い．food that people do not eat and throw away at home
う．cars that are not used and left on the streets
え．cars that volunteers need to drive for their activities

2．*Toy Friends* have collected ［　　　］ million toys since they started.
あ．1　い．3　う．6　え．9

3．If you want to help people with pets, you should join ［　　　］.
あ．*City Harvest*　い．*Toy Friends*
う．*God's Love*　え．*New York Cares*

4．According to the lesson, ［　　　］.
あ．*God's Love* serves food to sick people on Christmas Day
い．*God's Love* is only active on holidays
う．in *New York Cares*, volunteers can talk to seniors
え．in *New York Cares*, teenagers do little children's homework for them

5．In *Books for Children*, ［　　　］.
あ．you must do two types of volunteer activities
い．your books will be sent to sick children in hospital
う．you can be a volunteer by sending old books to the organization
え．you will read books for children in poor schools

Part B　あなたは，どのようなことが人の役に立つ行為だと思いますか。あなたの身の回りにある**具体的な事例を１つ**取り上げ，なぜそれが人の役に立つ行為だと思うのか**理由を２つ**あげ，100語程度の英語で述べなさい。

【数　学】 (60分) 〈満点：100点〉

(注意)　1．答の $\sqrt{\ }$ の中はできるだけ簡単にしなさい。

2．円周率は π を用いなさい。

1　次の問いに答えなさい。

(1)　$\left\{-\left(\frac{1}{4}-\frac{1}{6}\right)+\frac{3}{8}\right\}\div\frac{1}{6^2}+1.8\times\frac{5}{6}$ を計算しなさい。

(2)　$(2\sqrt{3}-1)(3\sqrt{3}-2)-(4-\sqrt{3})^2$ を計算しなさい。

(3)　1次方程式 $0.2(x-0.1)-0.18x=0.3$ を解きなさい。

(4)　連立方程式 $\begin{cases}\frac{x+6}{3}-\frac{1-y}{4}=\frac{1}{6}\\(x+y+8):(2x-y+8)=3:1\end{cases}$ を解きなさい。

(5)　2次方程式 $(x-1)(3x+4)-2(x-2)(x+2)-10=0$ を解きなさい。

(6)　1，2，2，3，3，4の数字が1つずつ書かれた6枚のカードが袋の中に入っている。この袋から2枚のカードを同時に取り出し，それらのカードに書かれている数の和を a，積を b とするとき，$\frac{a}{b}<1$ となる確率を求めなさい。

(7)　$\frac{54}{35}$ と $\frac{72}{25}$ にそれぞれ同じ分数をかけたところ，どちらも自然数となった。このような分数の中で最も小さいものを求めなさい。

(8)　大小2つの自然数がある。大きい数は小さい数より2大きく，これらの和の2乗は，これらの積を5倍した数より20小さい。このとき，大きい数を求めなさい。

(9)　x %の食塩水400gから水を y g蒸発させると，6%の食塩水ができた。このとき，y を x で表しなさい。

(10)　図1の $\angle x$ の大きさを求めなさい。ただし，BDは直径であり，$\overset{\frown}{AB}=2\overset{\frown}{BC}$，$\angle BDC=23^\circ$ である。

(11)　底面の半径がともに2である表面積の等しい円錐と円柱がある。円錐の高さが $\sqrt{5}$ であるとき，円柱の高さを求めなさい。

(12)　図2の直方体ABCD-EFGHについて，AB＝AD＝1，AE＝2である。この直方体を3点C，F，Hを通る平面で切り，頂点Gを含む立体をXとするとき，次のものを求めなさい。

(ア)　立体Xの体積

(イ)　△CFHの面積

(ウ)　立体Xに内接する球の半径

図1

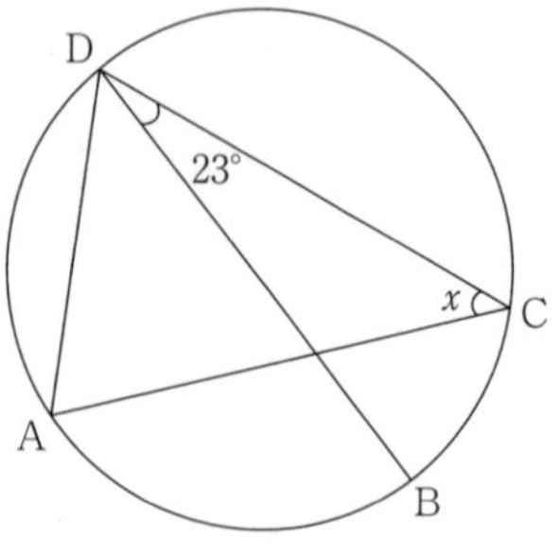

図2

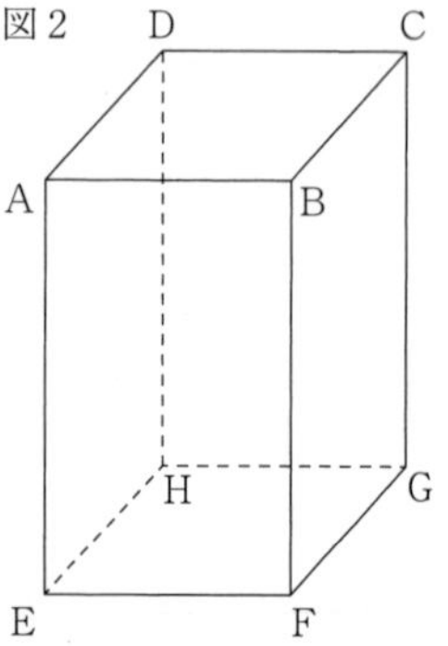

2　以下の文章を読み，次の問いに答えなさい。

数学の先生「Math」と生徒の「太郎」が「数の拡張」について話しています。

Math：今日はすでに知っている数を拡張(extension)して新しい数をつくり出し，その性質を考えてみましょう。

　まずは，太郎君が知っている数について考えてみます。太郎君が知っている数を言ってみてください。

太　郎：はい，「自然数」(natural number)です。

Math：そうですね。では，自然数同士を引くとその数はどうなりますか？　例えば，4−2は2ですね。2−4はいくつになりますか？

太　郎：−2です。

Math：正解です。では，自然数と0とこのような負の数をあわせて何といいますか？

太　郎：「整数」(integer)です。

Math：そうです。今度は整数同士を割ってみますね。6÷2は3で整数だね。では2÷6の答えは？

太　郎：$\frac{1}{3}$ です。

Math：正解です。$\frac{1}{3}$ は分数といいますが，このような数を「有理数」といいます。英語では整数の比(ratio)で表現できる数ということで，rational numberといいます。もちろん，整数は分母が1の分数と考えられるので，整数全体も有理数の一部です。

太　郎：確かに。7は $\frac{7}{1}$ だから，有理数でもあるのですね。

　先生，「有理」とくれば「無理」ですよね。

Math：そうですね。有理数で表せない「無理数」(irrational number)があります。このように自然数に，0と負の数を含めて整数，整数に比で表せる数を含めて有理数と拡張しました。そして有理数と無理数を合わせて「実数」(real number)といいます。

問1　次の数について，以下の問いに答えなさい。

$-3,\ 0.375,\ -\frac{4}{6},\ \sqrt{36},\ \sqrt{12}$

(1)　整数をすべて選びなさい。

(2)　有理数をすべて選びなさい。

(3)　実数をすべて選びなさい。

Math：さて，ここからさらに数を拡張していきましょう。

　2次方程式 $x^2-4=0$ の解は $x=\pm\sqrt{4}=\pm2$ です。

　では，2次方程式 $x^2+4=0$ の解はどうなりますか？

太　郎：え？　左辺の定数4を右辺に移項すると −4です。

　実数の中で2乗して負になる数を知りません。

　今までのように解いたら，$x^2=-4$ から $x=\pm\sqrt{-4}$ です。

　だから，解はありません。

Math：実は，$\sqrt{-4}$ は $\sqrt{-4}=\sqrt{4\times(-1)}=\sqrt{4}\times\sqrt{-1}$ と考えて $\sqrt{-4}=2\times\sqrt{-1}=2i$ と書くことができるんだ。

　(あくまで考え方で数学的ルールは無視しています)

太　郎：この i とは何ですか？

Math：i は虚数単位(imaginary unit)といって，２乗すると -1 になる「新しい数」です。つまり，$i^2=-1$ です。

太　郎：２乗して負になる数は当然実数ではありませんね。何というのですか？

Math：虚数(きょすう，imaginary number)といいます。そこで実数と虚数を合わせた数，「複合的な数」を考えます。この数のことを「複素数」(complex number)といいます。

複素数 z は $z=a+bi$（a，b は実数)のように表します。

太　郎：では，複素数同士は足したり引いたりできるのですか。

Math：２つの複素数の計算は一般の文字式と同じようにします。ただし，i^2 が出てきたら，i^2 は -1 に置き換えます。

加法は $(2+3i)+(1-2i)=(2+1)+(3-2)i=3+i$

乗法は $(2+3i)(1-2i)=2-4i+3i-6i^2$

$$=2+(-4+3)i-6\times(-1)$$
$$=2-i+6$$
$$=8-i$$

となります。

問２　次の複素数の計算をしなさい。

(1)　$(3-2i)-(2-3i)$

(2)　$(3-2i)(3+2i)$

Math：複素数の計算には慣れましたか？

今度は複素数の性質で面白いことを紹介します。

まずは素数って知っていますか？

太　郎：えーと，２，３，５，７のような数のことをいいます。

Math：もう少し正確に言うと，どんな言い方があるかな？

太　郎：「１と自分自身以外には約数を持たない数(A whole number larger than 1 that is divisible only 1 and itself)」です。

Math：そうですね。または，「正の約数が２つしかない自然数(A prime number is a number having two, and only two, factors)」ともいいます。

Math：さて，次に Gaussian integer という数を紹介します。

$a+bi$ の形をして，a も b も整数(integer)のとき，$a+bi$ を Gaussian integer といいます。

問３　次の複素数のうち Gaussian integer はどれですか。

$27-15i$，$3+\dfrac{7}{2}i$，$\sqrt{2}+i$

Math：虚数の性質を使うと，素数２を２つの数 Gaussian integer の積として表すことができます。

$a>0$，$b\neq0$ の場合を考えてみよう。たとえば，$2=(1+i)(1-i)$という風にね。

太　郎：本当だ。素数はそれ以上に分解できないのに，２は２つの因数に分解できていますね。

Math：和と差の公式をうまく使うとできるんだよ。驚くかもしれないけど５は２通りに因数分解できるんだよ。

太　郎：２通りに！

問４　５を $a>0$，$b\neq0$ である Gaussian integer を使って２通りに因数分解しなさい。

Math：ただし，すべての素数が Gaussian integer を使うと因数分解できるというわけではないんです。

太　郎：そうなんですか？　複素数はマジカルパワーで何でもできそうなのに。

Math：次の素数で因数分解できるのはどれかな？

3，7，11，13，17，29

太　郎：よーし頑張って考えてみます。

Math：さてさて，数問の例題でしたが素数でも因数分解できるパターンが分かったかな？

問5　$a>0$，$b\neq0$ である Gaussian integer を使って因数分解できる素数の条件を述べなさい。

Math：最後に「ピタゴラス数」について複素数のマジカルパワーを使います。

太　郎：「ピタゴラス数」とは何ですか？

Math：$a^2+b^2=c^2$ を満たす，3つの自然数$(a,\ b,\ c)$をいいます。

太　郎：あ，そうか。直角三角形で斜辺の2乗は他の2辺の2乗の和に等しいというものですね。

Math：太郎君が知っている「ピタゴラス数」を言ってみて。

太　郎：簡単です！　(3，4，5)です。$3^2+4^2=5^2$ が成り立ちます。

Math：正解です。では他に知っているかな？

太　郎：えーと，(5，12，13)はどうですか？　$5^2+12^2=13^2$ ですから。

Math：他にはありますか？

太　郎：えーと，2乗して加えた数が他の平方数になる組み合わせを見つけるのは大変です。

Math：そうですね。でも，この3つの数を Gaussian integer を使うと簡単に見つけることができるのです。まずは，$a>b>0$ である Gaussian integer を考えてみましょう。

例えば，$3+2i$ を考えます。次に2乗してごらん。

太　郎：$(3+2i)^2=9+12i+4i^2=9+12i-4=5+12i$ となります。

Math：この5と12をそれぞれ2乗して加えてごらん。

太　郎：5と12の2乗の和なら，さっきの「ピタゴラス数」と同じですね。答えは13の2乗です！

Math：このように計算すると，いくらでもピタゴラス数を見つけることができますよ。

太　郎：よーし！　やってみます！

問6　上記の方法を用いて(3，4，5)，(5，12，13)以外のピタゴラス数を1組求めなさい。ただし，答えのみではなく，その過程も書きなさい。

たら言葉はもう届かない。だから人間というのは、殺さないということが前提になって成立している。

そのことが、科学主義によって、忘れられています。遺伝子によって規定されるのは生物としての人間ですが、人間はよかれ悪《あ》しかれただの生物ではないのです。

近代国家が登場したときに、あるいはそれ以前でもそうだけれども、殺す権利をもつ者がそれぞれの社会の中にはありました。近代国家ではそれが、至上権力を持った者、つまり主権者として位置づけられました。主権者ははじめは王のような具体的存在としてありましたが、概念化されて主権が抽出されます。その主権は国家を統治する権力で、その国の法制度を一元的に集約し、それを国民に課します。その最終的な担保が死刑でした。だからかつては主権は、生殺与奪の力をもって国内を統治し、同時にその国をまとめて他国と戦争する権力で、言いかえれば、内に向けては死刑、外に向けては殺人を命ずることができる、そういう権力だったわけです。その主権はやがて、じつは国民に発し、国民に帰属するもの、ということになると、「文明」の更新につれて戦争がしだいに不合理になり、かつて国家が殺人の権利を独占していたとしても、一人ひとりの人間には人を殺す権利はないとみなされ、今はまさに「文明世界」の流れとして、国家でさえ人を殺す権利はないと考えられ、死刑廃止が広がっています。それは国家や戦争の変容と関係しているのです。

ところが、「テロとの戦争」はこれを反転して、殺してもよい、あるいは「人類の敵」として殺さなければならない、この世から抹消すべき人間ないしは「非人間」という、新しい人間のカテゴリーを作ったことになります。それが「テロリスト」と呼ばれる存在です。そして「テロリスト」と呼べば、それは人類の敵であって、問答無用で排除できる。やつらは人間ではないから、何をしてもいい、ということになっています。でも、そう主張する「われわれ」は「彼ら」にとって何なのでしょう。極悪非道の無法者ということになるでしょう。殺人の禁止を解除して、何でもやるのですから。それも「文明の精華」を駆使して。「文明」が進んで「人権」という考え方ができて、生まれてきた人間は皆生きていく権利があるということや、その人権を元に社会は構成されなくてはいけないという考えが徐々に形作られました。けれども、それとともに十九世紀以降、戦争がしだいに「発達」し、二十世紀に「世界戦争」として頂点に達して、ついに核兵器とか絶滅収容所が出現して、「人類」が危機に瀕《ひん》したとみなされたからこそ、人は誰でも文句なしに生きる権利を認めなくてはいけないとする「普遍的人権」の考え方が確立されたはずでした。

それを「テロリスト」という概念は一挙に流し去ることに成功したのです。この規定を受けることによって、殺されてもよい、完全に人権のない、いっさいの当事者能力も奪われて抹殺されるべき、そういう存在として断罪され、「人間」の範疇《はんちゅう》から排除されるのです。これは画期的なことです。「テロとの戦争」という観念が作られ、それが現実化されて、全世界の主要国がそれを認めた時から、地上には存在を認められない人間、「非人間」という新しいカテゴリーができてしまった。アメリカの指導層が始めた「テロとの戦争」は、そのように根本から「文明」の倒錯に導くものなのです。「人類の敵」を作り上げて「正義」の戦争をすること、それは権力をもつ者たちの仕掛ける途方もない詐欺だと言わなければならないでしょう。

（西谷　修『戦争とは何だろうか』ちくまプリマー新書、二〇一六年七月より。なお、本文には省略した箇所がある。）

問1　この文章を一〇〇字程度で要約しなさい。

問2　筆者の主張について、あなたの考えを四〇〇字程度で書きなさい。

二〇二〇年度　中央大学附属高等学校（帰国生）

【国語】（六〇分）〈満点：一〇〇点〉

一　以下の設問に答えなさい。

問1　次の①～⑮について、傍線部のカタカナを漢字に直しなさい。また、⑯～⑳について、傍線部の漢字の読み方をひらがなで書きなさい。

① 縦横ムジンに動き回る。
② ケンジツな生活を送る。
③ 犯人をツイセキする。
④ バッポン的な見直し。
⑤ シュウネンが実る。
⑥ 規制をカンワする。
⑦ オメイを返上する。
⑧ 宝物を庭にウめる。
⑨ 人ごみにマギれる。
⑩ 寸暇をオしむ。
⑪ 生徒のメイボを作る。
⑫ タイグウを改善する。
⑬ 進路をサマタげる。
⑭ 仕事がトドコオる。
⑮ 友人をハゲます。
⑯ 諮問機関を置く。
⑰ 作業を怠ける。
⑱ 人の目を欺く。
⑲ 書物を著す。
⑳ 危険を冒す。

問2　次の①～⑤の慣用句について、□に当てはまる語を(ア)～(カ)の中から選び、それぞれ符号で答えなさい。また、その意味として適当なものを(キ)～(シ)の中から選び、それぞれ符号で答えなさい。

慣用句
① □に立つ
② □を放つ
③ □につく
④ □に取る
⑤ □をつぶす

語
(ア) 鼻　(イ) 矢面　(ウ) 肝
(エ) 手玉　(オ) 足　(カ) 異彩

意味
(キ) 質問や非難を受ける立場に身を置くこと。
(ク) 他人を思いどおりにあやつること。
(ケ) 飽きてしまって嫌になること。
(コ) 無理を押し通そうとすること。
(サ) きわだって見えること。
(シ) とても驚くこと。

二　次の文章を読んで、以下の設問に答えなさい。

「テロとの戦争」で決定的なのは、「殺してもよい人間」という新しいカテゴリーができてしまったことです。罰せられずに殺すことのできる人間です。人間社会ではふつう基本的に人を殺してはいけない。殺してもいいとすると社会は成り立たないからです。禁じられているから殺さないのではありません。殺し合ったら社会が、人と人との結びつきが成り立たない。その時点で人間は人間として存続できません。言葉でどんなに喧嘩《けんか》しても、多少殴り合っても、殺しはしません。言葉がある、言葉を使って生存を組織しているということは、生きている人間が相手だということです。死んでしまっ

英語解答

I
1 え　2 う　3 い　4 あ
5 え　6 う　7 あ　8 え
9 う　10 い

II
1 to　2 with　3 taken
4 has　5 by

III
1 え　2 い　3 う

IV
[1] あ　[2] い

V
1 い
2 a who〔that〕 b matter
3 (1)…う (2)…あ
4 う　5 う　6 あ
7 2番目…あ　5番目…か
8 い　9 あ　10 い
11 い, お, か

VI
Part A 1…あ　2…え　3…え
4…う　5…う

Part B (例) Every time I feel sad and depressed, my brother listens to me closely, which helps me a lot. Talking to my brother sometimes makes me notice what I didn't notice before. When I talked about the breakup with my girlfriend, he helped me to realize some of my words might have hurt her feelings. By sharing my sad experience with my brother, I can feel I'm not alone. One day I told him about my fatal error in a baseball tournament game. He said he had made a similar mistake in a soccer game and consoled me. I don't think you need special skills. Just listening actively will help someone. (110語)

数学解答

1
(1) 12　(2) $\sqrt{3}+1$　(3) $x=16$
(4) $x=-4$, $y=-1$　(5) $x=-3$, 2
(6) $\frac{3}{5}$　(7) $\frac{175}{18}$　(8) 6
(9) $y=-\frac{200}{3}x+400$　(10) 44°
(11) $\frac{1}{2}$　(12) (ア) $\frac{1}{3}$　(イ) $\frac{3}{2}$　(ウ) $\frac{1}{4}$

2
問1 (1) -3, $\sqrt{36}$
(2) -3, 0.375, $-\frac{4}{6}$, $\sqrt{36}$
(3) -3, 0.375, $-\frac{4}{6}$, $\sqrt{36}$, $\sqrt{12}$

問2 (1) $1+i$　(2) 13

問3 $27-15i$

問4 $(2+i)(2-i)$, $(1+2i)(1-2i)$

問5 (例) 2つの自然数の2乗の和で表せる数

問6 (例) $(4+i)^2=16+8i+i^2=16+8i-1=15+8i$　$8^2+15^2=17^2$より, ピタゴラス数は, (8, 15, 17)

国語解答

一

問1 ① 無尽 ② 堅実 ③ 追跡
④ 抜本 ⑤ 執念 ⑥ 緩和
⑦ 汚名 ⑧ 埋 ⑨ 紛
⑩ 惜 ⑪ 名簿 ⑫ 待遇
⑬ 妨 ⑭ 滞 ⑮ 励
⑯ しもん ⑰ なま
⑱ あざむ ⑲ あらわ
⑳ おか

問2 ①…(イ)・(キ) ②…(カ)・(サ)
③…(ア)・(ケ) ④…(エ)・(ク)
⑤…(ウ)・(シ)

二

問1 (例)「文明」の更新につれ，人権が確立され，戦争や死刑が不合理になってきた。しかし「テロとの戦争」は，こうした流れを反転し，「人間の敵」または「非人間」という新しいカテゴリーをつくった。「テロとの戦争」は，「文明」の倒錯を導く，権力者たちによる詐欺である。(125字)

問2 (省略)

Memo

高校を受験する生徒とご父母のための…

2025年度用 高校合格資料集

■首都圏有名書店にて今秋発売予定！

※表紙は昨年のものです。

内容目次

1. まず試験日はいつ？推薦ワクは？競争率は？
2. この学校のことはどこに行けば分かるの？
3. かけもち受験のテクニックは？
4. 合格するために大事なことが二つ！
5. もしもだよ！試験に落ちたらどうしよう？
6. 勉強しても成績があがらない
7. 最後の試験は面接だよ！

定価1430円（税込）

当社発行物の無断使用は固くお断りいたします。御使用の前はまずご相談ください。

当社発行物には500点余の首都圏中・高過去問をはじめ、6点の学校案内、そのほかいくつかの情報誌などがございます。その多くが年度版で、限られたスタッフが来るべき受験シーズン前に余裕を持って受験生へ届けられるよう、日夜作業にあたり出版を重ねております。

最近、通塾生ご父母や塾内部からの告発によって、いくつかの塾が許諾なしに当社過去問を複写（コピー）し生徒に配布、授業等にも使用していることが発覚し、その一部が紛争、係争に至っております。過去問には原著作者や管理団体、代行出版等のほか、当社に著作権がございます。当社としましては、著作権侵害の発覚に対しては著作権を有するこれらの著作権関係者にその事実を開示して、マスコミにリリースする場合や法的な措置を取る場合がございます。その事例としましては、毎年当社過去問の発行を待って自由にシステム化使用していたA塾、個別教室でコピーを生徒に解かせ指導していたB塾、冊子化していたC社、生徒の希望によって書籍の過去問代わりにコピーを配布していたD塾などがあります。

当社発行物の全部もしくは一部を無断使用することは固くお断りいたします。

当社コンテンツの中にはリーズナブルな設定で紙面の利用を許諾している塾もたくさんございますので、ご希望の方は、お気軽にご相談くださいますようお願いします。同時に、当社発行物を無断で使用している会社などにつきましての情報もお寄せいただければ幸いです。

株式会社 声の教育社

スーパー過去問の **解説執筆・解答作成スタッフ（在宅）募集！** ※募集要項の詳細は、10月に弊社ホームページ上に掲載します。

2025年度用
高校スーパー過去問

■編集人 声の教育社・編集部
■発行所 株式会社 声の教育社
〒162-0814 東京都新宿区新小川町8-15
☎03-5261-5061㈹ FAX03-5261-5062
https://www.koenokyoikusha.co.jp

※本書の内容についての一切の責任は当社にあります。内容・解説・解答その他の質問等は文書にて当社に御郵送くださるようお願いいたします。

公立高校過去問シリーズ

定価1100円(税込)

- ●東京都立高校
- ●神奈川県公立高校
- ●千葉県公立高校
- ●埼玉県公立高校
- ●茨城県公立高校
- ●栃木県公立高校
- ●群馬県公立高校

掲載全問に
わかりやすい解説つき
各教科の
出題傾向と対策

都立独自高校 公立高校過去問シリーズ

定価2090円(税込)

251 都立日比谷高校
252 都立西高校
253 都立八王子東高校
254 都立国立高校
255 都立戸山高校
256 都立国分寺高校
257 都立立川高校
258 都立新宿高校
259 都立青山高校

高校ベスト10シリーズ

出題形式別、入試によく出る順!!

ベスト10Neo **国語** 読解問題

ベスト10Neo **数学** 図形問題

英語 文法問題ベスト10

定価990〜1100円(税込)

高校受験面接ブック

別冊がウリ!! 首都圏の各高校の面接内容

定価1320円(税込)

本体 質問回答例ベスト150
面接ワークシート
自己PR書の書き方とワークシート

別冊 首都圏の私国立高校などの面接方法、時間、質問具体例
推薦・一般入試の面接内容
主要校の面接会場のようす
(各校図示)

小冊子 試験場に持って行ける
チェックBOOK
など面接対策がつまった1冊

図解でわかる!! 作文・小論文

定価1100円(税込)

本体 (88P) **合格作文の書き方**
①7日間で仕上げる基礎編
②4日間で仕上げる応用編

別冊 (52P) 首都圏の各高校の作文課題、制限時間、文字数の具体例調査
①首都圏の作文課題2000例を代表的な15パターンに分類(書き易くするため)
②着眼点、キーワード、ポイントを各パターンごとにコメント
③推薦と一般入試の作文出題校と課題例を一挙公開!!
④首都圏公立高校4年間課題調査

公立の漢字

公立高校の試験によく出る漢字

定価748円(税込)

1 漢字は全都道府県で出題!!
2 公立の漢字の配点は高い!!
3 10年間の頻度をデータ化!!
4 最頻出漢字を5段階評価!!

声の教育社 〒162-0814 東京都新宿区新小川町8-15
TEL.03(5261)5061 FAX.03(5261)5062

カコを追いかけ
ミライをつかめ
「今の説明、もう一回」を何度でも
web過去問
ストリーミング配信による入試問題の解説動画
声の教育社
詳しくはこちらから

中央大学附属高等学校

別冊解答用紙

丁寧に抜きとって、別冊としてご使用ください。

★合格者平均点＆合格者最低点

推薦

	合格者平均点	合格者最低点
2024年度（満点：各60点）	男 267.6　女 268.9	男 250　女 257
2023年度（満点：各60点）	男 262.4　女 267.1	男 253　女 257
2022年度（満点：各60点）	男 85.3　女 87.0	男 61　女 46
2021年度（満点：各60点）	男 93.6　女 95.5	男 78　女 78
2020年度（満点：各60点）	男 96.3　女 96.0	男 76　女 77

※2020～22年度の合格者平均点は，英語・数学の合計。2023年度は内申素点も含む総合点で300点満点。

一般

	英語	数学	国語	合格者最低点
2024年度	男 80.9 女 81.2	男 72.9 女 68.3	男 76.7 女 80.2	男 214　女 213
2023年度	男 74.6 女 73.8	男 69.8 女 65.9	男 75.8 女 79.4	男 202　女 204
2022年度	男 81.0 女 83.9	男 75.0 女 69.3	男 75.1 女 81.0	男 217　女 220
2021年度	男 78.9 女 83.0	男 73.4 女 75.6	男 80.3 女 80.7	男 216　女 224
2020年度	男 75.8 女 75.6	男 84.9 女 84.7	男 79.8 女 83.1	男 227　女 229

注意

○ 解答用紙は、収録の都合により縮小したものや、小社独自に作成したものもあります。
○ 学校配点は学校発表のもの、推定配点は小社で作成したものです。
○ 無断転載を禁じます。
○ 解答用紙を拡大コピーする場合、表示した拡大率に対応する用紙サイズは以下のとおりです。
101%～102%＝B5　103%～118%＝A4　119%～144%＝B4　145%～167%＝A3
(タイトルと配点表は含みません)

２０２４年度　　中央大学附属高等学校・推薦

英語解答用紙

番号		氏名		評点	／60

I

1	2	3	4	5
6	7	8	9	10

II

1	2	3	4	5

III

1	2	3	4	5

IV

[1]	[2]

V

1		2
【call】	【be】	

3	4	5
6	7	8

9	
2番目	5番目

10	11

VI

(1) When I'm with my friends, I try to .

(2)

（注）この解答用紙は実物を縮小してあります。B4用紙に137%拡大コピーすると、ほぼ実物大で使用できます。（タイトルと配点表は含みません）

推定配点		計
	I～III　各１点×20　　IV　各３点×２ V　１，２　各１点×３　３　２点　４～11　各３点×８ VI　(1)　２点　(2)　３点	60点

２０２４年度　中央大学附属高等学校・推薦

数学解答用紙

番号		氏名		評点	／60

解答欄			
(1)		(2)	
(3)		(4)	$x=$　　　　，$y=$
(5)	$x=$	(6)	
(7)	$\angle x=$	(8)	
(9)			
(10) (ア)	$a=$	(イ)	
(10) (ウ)	P（　　　，　　　）		

（注）この解答用紙は実物を縮小してあります。Ｂ４用紙に137％拡大コピーすると、ほぼ実物大で使用できます。（タイトルと配点表は含みません）

推定配点		計
	(1)～(10)　各５点×12	60点

２０２４年度　中央大学附属高等学校

英語解答用紙

番号		氏名		評点	／100

	1	2	3	4	5	6	7	8	9	10
I										

	1-①	1-②	2							
II										
	3-1	3-2	3-3	3-4	3-5	3-6	3-7	3-8	3-9	3-10

	1	2	3-A	3-B	3-C		
III							
	4	5	6	7	8	9	10

	1	2	3	4	5
IV					

	1	2	3
V			
	4	5	6

	1		2		3		4		5	
VI	a	b	a	b	a	b	a	b	a	b

VII						
I	think					will
be	the	most	important	thing	for	me
when	I	become	a	high	school	student.
This	is	because				
					10	
		20				
					30	
	40					
			50			
I	can't	wait	to	start	in	April.

（注）この解答用紙は実物を縮小してあります。Ａ３用紙に145%拡大コピーすると、ほぼ実物大で使用できます。（タイトルと配点表は含みません）

推定配点		計
	I，II　各２点×23 III　１～６　各２点×８　７～10　各３点×４ IV～VI　各１点×16　VII　10点	100点

2024年度　中央大学附属高等学校

数学解答用紙

番号		氏名		評点	／100

解答欄			
1	(1)	(2)	(3)
	(4) $x=$, $y=$		(5) $x=$
	(6) $\angle x=$	(7)	(8) P（　　,　　）
2	(1) 通り	(2)	
3	(1) $x=$, $y=$	(2)	(3) (ア) (イ) (ウ)
4	(1)	(2)	(3)
5	(1)	(2) (ア)	(イ)

（注）この解答用紙は実物を縮小してあります。Ｂ４用紙に137％拡大コピーすると、ほぼ実物大で使用できます。（タイトルと配点表は含みません）

推定配点		計
	1, 2　各５点×10　　3　各４点×５　　4, 5　各５点×６	100点

二〇二四年度　中央大学附属高等学校

国語解答用紙

番号		氏名		評点	/100

一

問1　ⓐ　ⓑ　ⓒ　ぎ　ⓓ　ぐ　ⓔ

問2

問3　A　B　C　D

問4

問5　a　b　c　d

問6

問7　⑤　⑥　⑧

問8

問9　(1)　(2)　(3)　(4)

問10

問11　a　b　c　d

二

問1

問2

問3

問4　a　b　c　d

問5

問6　A　B　C　D

問7　a　b　c　d

問8　⑦　⑧　⑨　⑩

問9

問10　a　b　c　d

問11　(1)　(2)　(3)　(4)

（注）この解答用紙は実物を縮小してあります。B4用紙に133%拡大コピーすると、ほぼ実物大で使用できます。（タイトルと配点表は含みません）

推定配点		計
	一 問1　各2点×5　問2　3点　問3　各2点×4　問4　3点 問5　4点　問6　3点　問7　各2点×3　問8　3点 問9〜問11　各4点×3 二 問1〜問3　各3点×3　問4　4点　問5　3点　問6　各2点×4 問7　4点　問8　各2点×4　問9〜問11　各4点×3	100点

２０２３年度　　中央大学附属高等学校・推薦

英語解答用紙

番号		氏名		評点	／60

Ⅰ

1	2	3	4	5
6	**7**	**8**	**9**	**10**

Ⅱ

1	2	3	4	5

Ⅲ

1	2	3	4	5

Ⅳ

［1］	［2］

Ⅴ

1	
【be】	【fall】

2		
A	B	C

3			
(a)	(b)	(c)	(d)

4		5
2番目	8番目	

6	7	8	9	10
			r	

Ⅵ

1	I would write a letter to the “12-year-old me” and tell myself　　　　　　　　.
2	

(注) この解答用紙は実物を縮小してあります。Ｂ４用紙に133％拡大コピーすると、ほぼ実物大で使用できます。(タイトルと配点表は含みません)

推定配点		計
	Ⅰ～Ⅲ　各１点×20　　Ⅳ　各３点×２ Ⅴ　１，２　各１点×５　３～７　各２点×８ ８　３点　９　２点　10　３点 Ⅵ　⑴　２点　⑵　３点	60点

２０２３年度　中央大学附属高等学校・推薦

数学解答用紙

番号		氏名	

評点	／60

解答欄			
(1)		(2)	
(3)		(4)	$x=$ 　　, $y=$
(5)	$x=$	(6)	$a=$
(7)	通り	(8)	$\angle x=$
(9) (ア)		(イ)	
(10) (ア)	A(　　,　　) ,		B(　　,　　)
(10) (イ)	C(　　,　　)	(ウ)	△ABC : △AOB

(注) この解答用紙は実物を縮小してあります。Ｂ４用紙に132%拡大コピーすると、ほぼ実物大で使用できます。(タイトルと配点表は含みません)

推定配点		計
推定配点	(1)〜(8)　各４点×８　(9)　各５点×２　(10)　(ア)　各４点×２　(イ), (ウ)　各５点×２	60点

２０２３年度　中央大学附属高等学校

英語解答用紙

番号		氏名	

評点	／100

Ⅰ

1	2	3	4	5	6
7	8	9	10		

Ⅱ

1	2	3	4	5	6
7	8	9	10	11	12

Ⅲ

1	2	3		4
5-A	5-B	5-C	6	7
8				

Ⅳ

1	2	3	4
5			
4 番目	6 番目		
6	7		

Ⅴ

1	2	3	4	5

Ⅵ

1	2	3
4	5	6

Ⅶ

1		2		3		4		5	
a	b	a	b	a	b	a	b	a	b

Ⅷ

（注）この解答用紙は実物を縮小してあります。Ｂ４用紙に139％拡大コピーすると、ほぼ実物大で使用できます。（タイトルと配点表は含みません）

推定配点		計
	Ⅰ，Ⅱ　各２点×22 Ⅲ　１　２点　２　１点　３，４　各２点×２　５～７　各１点×５ ８　各２点×２ Ⅳ　各２点×７　Ⅴ～Ⅶ　各１点×16　Ⅷ　10点	100点

2023年度　中央大学附属高等学校

数学解答用紙

番号		氏名	

評点	／100

解答欄						
1	(1)		(2)		(3)	
	(4)	$x=$	(5)	$a=$	(6)	$a=$　　　　, $b=$
	(7)		(8)	$\angle x=$		
2	(1)	$h=$	(2)	円柜　　：　　球		
3	(1)	$a=$　　　　, $b=$	(2)			
4	(1)	回	(2)		(3)	回
5	(1)	$M=$	(2)	$m=$		

（注）この解答用紙は実物を縮小してあります。Ｂ４用紙に135%拡大コピーすると、ほぼ実物大で使用できます。（タイトルと配点表は含みません）

推定配点		計
	1　各５点×８ 2　各６点×２ 3　⑴　各３点×２　⑵　７点 4, 5　各７点×５	100点

二〇二三年度　中央大学附属高等学校

国語解答用紙

番号		氏名		評点	/100

一

問1

ⓐ	ⓑ	ⓒ	ⓓ	ⓔ
	めて			

問2

(1)	(2)	(3)

問3

問4

A (1)	A (2)	A (4)	B (3)

問5　問6　問7　問8　問9　問10

問11

A (1)	A (3)	A (4)	A (5)	A (6)	A (7)	B (2)

二

問1

a	b	c	d

問2　問3　問4

問5

a	b	c	d

問6　問7　問8

問9

問10

(1)	(2)	(3)	(4)	(5)	(6)

(注) この解答用紙は実物を縮小してあります。Ｂ４用紙に128%拡大コピーすると、ほぼ実物大で使用できます。(タイトルと配点表は含みません)

推定配点		計
	一 問1～問4 各2点×13 問5～問11 各3点×10〔問11(A)の(1)・(3)、(4)・(5)、(6)・(7)はそれぞれ完答〕 二 問1 各2点×4 問2～問10 各3点×12〔問5 a・b、c・d、問10(1)・(2)、(3)・(4)、(5)・(6)はそれぞれ完答〕	100点

2023年度　中央大学附属高等学校・帰国生

英語解答用紙　No.1

番号		氏名	

評点	／100

I

1	2	3	4	5
6	7	8	9	10

II

1	2	3	4

III

1	2	3	4

IV

[1]	[2]

V

1				2
(1)	(2)	(3)	(4)	

3	
a	b

4	
①	②

5	6	7

8		

VI

Part A				
1	2	3	4	5

２０２３年度　中央大学附属高等学校・帰国生

英語解答用紙　No.２

Ⅵ	Part B

（注）この解答用紙は実物を縮小してあります。Ｂ４用紙に137％拡大コピーすると、ほぼ実物大で使用できます。（タイトルと配点表は含みません）

推定配点		計
	Ⅰ～Ⅲ　各２点×18　Ⅳ　各３点×２ Ⅴ　１　各２点×４　２　３点　３，４　各２点×４ ５～８　各３点×６ Ⅵ　Part A　各２点×５　Part B　11点	100点

２０２３年度　中央大学附属高等学校・帰国生

数学解答用紙　No.1

番号		氏名		評点	／100

解答欄							
1	(1)		(2)		(3)		
	(4)	$x=$ 　　　, $y=$	(5)	$x=$			
	(6)	$t=$	(7)	$\angle x=$	(8)		
	(9)	(ア)			(イ)		
	(10)	(ア)	(イ)	$n=$	(ウ)		

２０２３年度　中央大学附属高等学校・帰国生

数学解答用紙　No.２

解答欄								
2	ア		イ					
	ウ		※イについては，展開しなくてもよい					
	エ		オ		カ		キ	
	ク		ケ		コ		サ	

（注）この解答用紙は実物を縮小してあります。Ｂ４用紙に132%拡大コピーすると、ほぼ実物大で使用できます。（タイトルと配点表は含みません）

推定配点		計
	1　⑴〜⑺　各５点×７　⑻〜⑽　各６点×６ 2　ア〜ウ　各５点×３　エ〜キ，ク〜サ　各７点×２	100点

二〇二三年度　中央大学附属高等学校・帰国生

国語解答用紙　No. 1

番号		氏名		評点	/100

一

【問1】

①	②	③	④	⑤
	け			ねる

⑥	⑦	⑧	⑨	⑩
	す		う	

⑪	⑫	⑬	⑭	⑮
	い			

⑯	⑰	⑱	⑲	⑳
	る			し

【問2】

①		②		③		④		⑤	
語	意味	語	意味	語	意味	語	意味	語	意味

(注) この解答用紙は実物を縮小してあります。Ｂ４用紙に137%拡大コピーすると、ほぼ実物大で使用できます。(タイトルと配点表は含みません)

二〇二三年度　中央大学附属高等学校・帰国生

国語解答用紙　No.2

二

【問1】

【問2】

推定配点		計
	一　各2点×30 二　問1　10点　問2　30点	100点

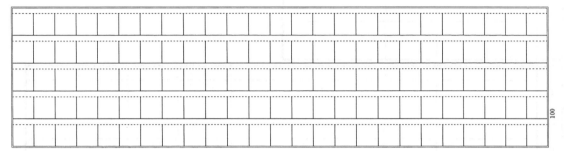

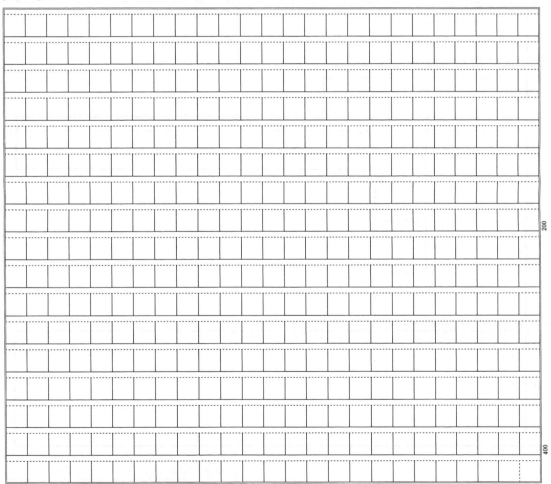

２０２２年度　中央大学附属高等学校・推薦

英語解答用紙

番号		氏名		評点	／60

Ⅰ

1	2	3	4	5
6	7	8	9	10

Ⅱ

1	2	3	4	5

Ⅲ

1	2	3	4	5

Ⅳ

1	2

Ⅴ

1 (1) (2)

2	3	4		5		
		2番目	6番目			

6	7	
	3番目	6番目

8 X Y

9	10

Ⅵ

1 The advantage of taking lessons online is that .

2

（注）この解答用紙は実物を縮小してあります。Ｂ４用紙に133％拡大コピーすると、ほぼ実物大で使用できます。（タイトルと配点表は含みません）

推定配点		計
	Ⅰ～Ⅲ　各１点×20　Ⅳ　各３点×２ Ⅴ　１　各２点×２　２，３　各３点×２　４，５　各２点×２ ６　３点　７～10　各２点×６〔８，10はそれぞれ各２点×２〕 Ⅵ　１　２点　２　３点	60点

２０２２年度　中央大学附属高等学校・推薦

数学解答用紙

番号		氏名		評点	／60

解　答　欄					
(1)		(2)		(3)	
(4)	$x=$　　　　, $y=$	(5)	$a=$	(6)	
(7)		(8)	$\angle x=$		
(9) (ア)		(イ)			
(10) (ア)	$a=$	(イ)			
(10) (ウ)	$b=$	(エ)	C(　　　,　　　)		

(注) この解答用紙は実物を縮小してあります。Ｂ４用紙に141％拡大コピーすると、ほぼ実物大で使用できます。(タイトルと配点表は含みません)

推定配点		計
	(1)～(8)　各４点×８　(9)　各５点×２ (10)　(ア), (イ)　各４点×２　(ウ), (エ)　各５点×２	60点

２０２２年度　中央大学附属高等学校

英語解答用紙

番号		氏名	

評点	／100

Ⅰ

1	2	3	4	5	6
7	8				

Ⅱ

1	2	3	4	5	
6	7	8	9	10	11

Ⅲ

1	2	3-③	3-④
4-⑤	4-⑥		
5	6-A	6-B	6-C
7			

Ⅳ

1	2	3				
4-①	4-②	4-③	4-④	4-⑤	4-⑥	5

Ⅴ

1	2	3	4	5
6	7	8	9	10

Ⅵ

1	2	3
4	5	

Ⅶ

1		2		3		4		5	
a	b	a	b	a	b	a	b	a	b

Ⅷ

I ____.

（注）この解答用紙は実物を縮小してあります。Ｂ４用紙に143％拡大コピーすると、ほぼ実物大で使用できます。（タイトルと配点表は含みません）

推定配点		計
	Ⅰ, Ⅱ　各２点×19　Ⅲ　各１点×12　Ⅳ　各２点×10 Ⅴ～Ⅶ　各１点×20　Ⅷ　10点	100点

２０２２年度　中央大学附属高等学校

数学解答用紙

番号		氏名		評点	／100

解答欄

1	(1)		(2)		(3)	
	(4)	$x=$　　　, $y=$	(5)	$x=$	(6)	$n=$
	(7)		(8)	$\angle x=$	(9)	
2	(1)	cm^2	(2)	$y=$	(3)	$x=$
3	(1)	$n(4)=$　　　, $n(5)=$	(2)	$n(k+1)=$	(3)	回
4	(1)	$a=$	(2)	A(　　,　　), C(　　,　　)		
	(3)					

（注）この解答用紙は実物を縮小してあります。Ｂ４用紙に132％拡大コピーすると、ほぼ実物大で使用できます。（タイトルと配点表は含みません）

推定配点	1　(1)～(6)　各５点×６　(7)～(9)　各６点×３ 2　各６点×３　3　(1)　各２点×２　(2), (3)　各６点×２ 4　(1)　６点　(2)　各３点×２　(3)　６点	計 100点

二〇二三年度　中央大学附属高等学校

国語解答用紙

番号　　氏名　　評点 /100

一

問1　ⓐ　ⓑ　ⓒ り　ⓓ　ⓔ らか

問2

問3　A　B　C　D

問4　(1)　(2)　(3)　(4)

問5

問6

問7

問8　a　b　c　d

問9　E　F　G　H

問10　(1)　(2)　(3)　(4)

問11　(1)　(2)　(3)　(4)

二

問1

問2　(1)　(2)　(3)　(4)

問3　A　E

問4　B　C　D

問5　a　b　c

問6　→　→　→

問7

問8

問9

(注) この解答用紙は実物を縮小してあります。B４用紙に135%拡大コピーすると、ほぼ実物大で使用できます。(タイトルと配点表は含みません)

推定配点

一 問1　各1点×5　問2　3点　問3　各1点×4　問4　各2点×4
問5～問7　各3点×3　問8～問11　各2点×16
二 問1　3点　問2　各2点×4　問3、問4　各1点×5
問5　各3点×3　問6　2点　問7～問9　各3点×4

計　100点

２０２２年度　中央大学附属高等学校・帰国生

英語解答用紙　No.1

番号		氏名		評点	／100

	1	2	3	4	5
I					
	6	7	8	9	10

	1	2	3	4	5
II					

	1	2	3
III			

	[1]	[2]
IV		

V	1			
	(a)	(b)	(c)	
	2			
	①	②		
	3			
	(1)	(2)	(3)	(4)
	4	5		
	6	7		
	8			

順不同

	Part A				
VI	1	2	3	4	5

２０２２年度　中央大学附属高等学校・帰国生

英語解答用紙　No.２

Ⅵ　Part B

(注) この解答用紙は実物を縮小してあります。Ｂ４用紙に137%拡大コピーすると、ほぼ実物大で使用できます。(タイトルと配点表は含みません)

推定配点		計
	Ⅰ～Ⅳ　各２点×20 Ⅴ　１～３　各２点×９　４～８　各３点×７ Ⅵ　Part A　各２点×５　Part B　11点	100点

２０２２年度　中央大学附属高等学校・帰国生

数学解答用紙　No.1

番号		氏名		評点	／100

解答欄							
1	(1)		(2)		(3)		
	(4)	$x=$　　　　, $y=$			(5)	$x=$	
	(6)	個	(7)	$a=$　　　　, $b=$	(8)		
	(9)	$\angle x=$	(10)	(ア)	(イ)		
	(11)	(ア) C(　　,　　)	(イ)	D(　　,　　)	(ウ)		

数学解答用紙　No. 2

解答欄					
2	【問1】	(ア)		(イ)	
		(ウ)		(エ)	
	【問2】	(オ)		(カ)	
		(キ)		(ク)	
	【問3】	(ケ)			
	【問4】	(コ)			
	【問5】	(サ)			

（注）この解答用紙は実物を縮小してあります。Ｂ４用紙に132％拡大コピーすると、ほぼ実物大で使用できます。（タイトルと配点表は含みません）

推定配点		計
	1　⑴～⑽　各５点×11　⑾　各７点×３ 2　問１～問４　各２点×10　問５　４点	100点

二〇二三年度　中央大学附属高等学校・帰国生

国語解答用紙　No. 1

番号		氏名		評点	/100

一

【問1】

①	②	③	④	⑤

⑥	⑦	⑧	⑨	⑩

⑪	⑫	⑬	⑭	⑮
	える	ぐ	う	らか

⑯	⑰	⑱	⑲	⑳
				げる

【問2】

①		②		③		④		⑤	
語	意味	語	意味	語	意味	語	意味	語	意味

（注）この解答用紙は実物を縮小してあります。Ｂ４用紙に137%拡大コピーすると、ほぼ実物大で使用できます。（タイトルと配点表は含みません）

二〇二二年度　中央大学附属高等学校・帰国生

国語解答用紙　No. 2

二

【問1】

100

【問2】

200

400

推定配点		計
	一　各2点×30 二　問1　10点　問2　30点	100点

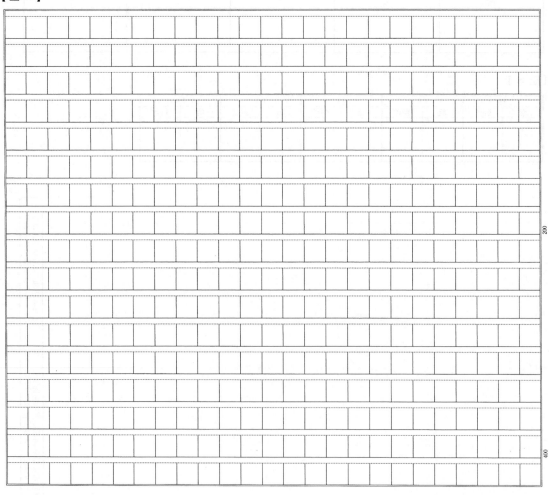

２０２１年度　中央大学附属高等学校・推薦

英語解答用紙

番号		氏名		評点	／60

Ⅰ

1	2	3	4	5
6	7	8	9	10

Ⅱ

1	2	3	4

Ⅲ

1	2
3	

Ⅳ

[1]	[2]

Ⅴ

1			2	3	
A	B	C		②	③
4	5	6	7	8	9
10					

Ⅵ

①
I　　　.
②
I　　　.

(注) この解答用紙は実物を縮小してあります。Ｂ４用紙に130%拡大コピーすると、ほぼ実物大で使用できます。(タイトルと配点表は含みません)

推定配点		計
	Ⅰ, Ⅱ　各１点×14　Ⅲ　各２点×３　Ⅳ　各３点×２ Ⅴ　各２点×14　Ⅵ　各３点×２	60点

２０２１年度　中央大学附属高等学校・推薦

数学解答用紙

番号		氏名	

評点	／60

解答欄					
(1)		(2)		(3)	
(4)	$x=$　　　　, $y=$	(5)	$x=$	(6)	$n=$
(7)	$a=$	(8)	個	(9)	$\angle x=$
(10)(ア)		(イ)			
(11)(ア)		(イ)	$a=$	(ウ)	

(注) この解答用紙は実物を縮小してあります。Ｂ４用紙に143%拡大コピーすると、ほぼ実物大で使用できます。(タイトルと配点表は含みません)

推定配点		計
	(1)～(5)　各４点×５　(6)～(9)　各５点×４　(10), (11)　各４点×５	60点

２０２１年度　中央大学附属高等学校

英語解答用紙

番号		氏名	

評点	／100

Ⅰ

1	2	3	4	5	6
7	8				

Ⅱ

1-1	1-2	1-3	1-4	1-5
1-6	1-7	1-8	1-9	1-10
2				

Ⅲ

1		2			
3番目	6番目				

3	4	5	6-1	6-2	6-3	6-4	6-5	6-6

Ⅳ

1-①	1-②	1-③	1-④	1-⑤	1-⑥	1-⑦
2	3	4		5		

Ⅴ

1	2	3	4	5
6	7	8	9	

Ⅵ

1	2	3
4	5	

Ⅶ

1		2		3		4		5	
a	b	a	b	a	b	a	b	a	b

Ⅷ

During the spring holiday, I want to

（注）この解答用紙は実物を縮小してあります。B4用紙に133%拡大コピーすると、ほぼ実物大で使用できます。（タイトルと配点表は含みません）

推定配点		計
	Ⅰ, Ⅱ　各２点×20　Ⅲ　各１点×11　Ⅳ　各２点×11 Ⅴ～Ⅶ　各１点×19　Ⅷ　８点	100点

2021年度　中央大学附属高等学校

数学解答用紙

番号		氏名		評点	／100

解答欄						
1	(1)		(2)		(3)	
	(4)	$x=$　　　，$y=$	(5)	$x=$	(6)	$n=$
	(7)		(8)	$x=$	(9)	$\angle x=$
2	(1)		(2)			
3	(1)	$a=$	(2)		(3)	
4	(1)		(2)	$\dfrac{S}{n^2}=$		
	(3)		(4)	$n=$		

（注）この解答用紙は実物を縮小してあります。Ｂ４用紙に135％拡大コピーすると、ほぼ実物大で使用できます。（タイトルと配点表は含みません）

推定配点		計
	1　(1)〜(6)　各５点×６　(7)〜(9)　各６点×３ 2, 3　各６点×５ 4　(1), (2)　各５点×２　(3), (4)　各６点×２	100点

二〇二一年度　中央大学附属高等学校

国語解答用紙

番号　　氏名　　評点　／100

一

問1	ⓐ	ⓑ	ⓒ	ⓓ	ⓔ
	ば				

問2　問3　問4　問5　問6

問7	a	b	c	d

問8

問9	D	E	F	G

問10　問11　問12　問13

問14	(1)	(2)	(3)	(4)

二

問1	a	b	c

問2　問3

問4

問5　問6　問7

問8　問9

問10	a	b	c	d	e	f	g	h

(注) この解答用紙は実物を縮小してあります。B4用紙に133%拡大コピーすると、ほぼ実物大で使用できます。(タイトルと配点表は含みません)

推定配点	計
一 問1　各2点×5　問2～問14　各3点×16〔問7 a・b、c・d、問9 D・E、F・G、問14(1)・(2)、(3)・(4)はそれぞれ完答〕 二 問1　各2点×3　問2～問10　各3点×12〔問10 a・b、c・d、e・f、g・hはそれぞれ完答〕	100点

２０２１年度　中央大学附属高等学校・帰国生

英語解答用紙　No.１

番号		氏名		評点	／100

I

1	2	3	4	5
6	7	8	9	10

II

1	2	3	4	5

III

1	2	3

IV

[1]	[2]

V

1	2	
3	4	5

6	
ア	イ

7			
(1)	(2)	(3)	(4)

8		

9

VI

Part A				
1	2	3	4	5

英語解答用紙　No. 2

Ⅵ　Part B

（注）この解答用紙は実物を縮小してあります。Ｂ４用紙に137％拡大コピーすると、ほぼ実物大で使用できます。（タイトルと配点表は含みません）

推定配点		計
	Ⅰ～Ⅳ　各２点×20 Ⅴ　１，２　各３点×２　３～６　各２点×５　７～９　各３点×８ Ⅵ　PartＡ　各２点×５　PartＢ　10点	100点

２０２１年度　中央大学附属高等学校・帰国生

数学解答用紙　No.1

番号		氏名		評点	／100

解答欄						
1	(1)		(2)		(3)	
	(4)	$x=$　　　　, $y=$	(5)	$x=$		
	(6)	$n=$	(7)	$a=$	(8)	
	(9)	$\angle x=$	(10)	x ： y		
	(11) (ア)	g	(イ)	g	(ウ)	$x=$

2021年度　中央大学附属高等学校・帰国生

数学解答用紙　No.2

解答欄							
2	【問1】						
	【問2】	(1)		(2)			
		(3)		(4)		(5)	
		(6)		(7)		(8)	
		(9)		(10)		(11)	

(注) この解答用紙は実物を縮小してあります。Ｂ４用紙に135%拡大コピーすると、ほぼ実物大で使用できます。(タイトルと配点表は含みません)

推定配点		計
	1 (1)～(10) 各５点×10 (11) 各７点×３ 2 問１ ７点 問２ 各２点×11	100点

二〇二二年度　中央大学附属高等学校・帰国生

国語解答用紙　No. 1

番号		氏名		評点	/100

一

【問1】

①	②	③	④	⑤
			える	う
⑥	⑦	⑧	⑨	⑩
れ				
⑪	⑫	⑬	⑭	⑮
				く
⑯	⑰	⑱	⑲	⑳
		める	る	く

【問2】

①		②		③		④		⑤	
語	意味	語	意味	語	意味	語	意味	語	意味

（注）この解答用紙は実物を縮小してあります。B４用紙に135％拡大コピーすると、ほぼ実物大で使用できます。（タイトルと配点表は含みません）

二〇二二年度　中央大学附属高等学校・帰国生

国語解答用紙　No.2

二

【問1】

【問2】

推定配点		計
	一 各2点×30 二 問1 10点　問2 30点	100点

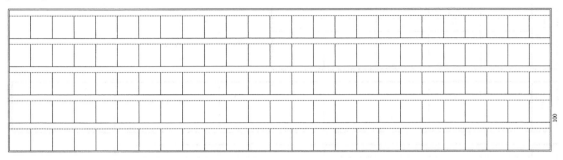

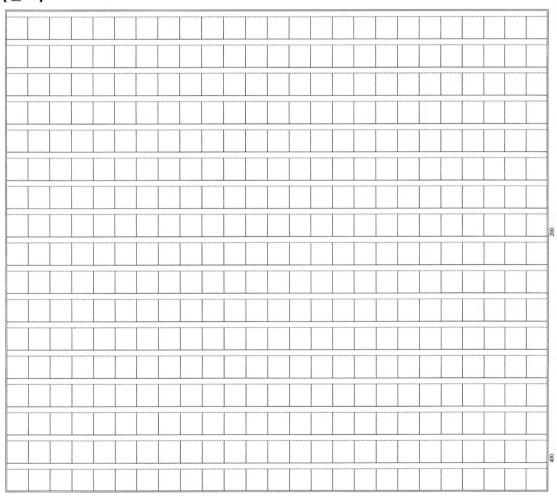

２０２０年度　中央大学附属高等学校・推薦

英語解答用紙

番号		氏名	

評点	／60

Ⅰ

1	2	3	4	5
6	7	8	9	10

Ⅱ

1	2	3	4	5

Ⅲ

1		2	
3		4	

Ⅳ

[1]	[2]

Ⅴ

1	2	3	4	
5	6	7	8	9
4番目 / 7番目				
10				

Ⅵ

1

2

in the world?

3

Let's .

（注）この解答用紙は実物を縮小してあります。Ｂ４用紙に130％拡大コピーすると、ほぼ実物大で使用できます。（タイトルと配点表は含みません）

推定配点		計
	Ⅰ～Ⅲ　各１点×19　Ⅳ　各３点×２ Ⅴ　各２点×11〔５は完答〕 Ⅵ　１，２　各４点×２　３　５点	60点

２０２０年度　　中央大学附属高等学校・推薦

数学解答用紙

番号		氏名		評点	／60

解答欄					
(1)		(2)		(3)	$a=$ 　　　, $b=$
(4)		(5)	$x=$	(6)	個
(7)	$n=$	(8)	$\angle x=$		
(9) (ア)		(イ)			
(10) (ア)		(イ)		(ウ)	

（注） この解答用紙は実物を縮小してあります。Ｂ４用紙に143％拡大コピーすると、ほぼ実物大で使用できます。（タイトルと配点表は含みません）

推定配点		計
	(1)～(6)　各４点×６　(7)～(9)　各５点×４ (10)　(ア)，(イ)　各５点×２　(ウ)　６点	60点

２０２０年度　中央大学附属高等学校

英語解答用紙

番号		氏名	

評点	／100

Ⅰ

1	2	3	4	5	6
7	8				

Ⅱ

1	2	3	4	5	6
7	8	9	10	11	12

Ⅲ

1-①	1-③	1-④	1-⑤

2-A	2-B	2-C	2-D	2-E

3	4

Ⅳ

1-①	1-②	1-③	1-⑤	1-⑥	1-⑦

2	
3番目	6番目

3-A	3-B	3-C	4

Ⅴ

1	2	3	4	5	6
7	8	9	10	11	

Ⅵ

1	2	3
4	5	

Ⅶ

1		2		3		4		5	
a	b	a	b	a	b	a	b	a	b

Ⅷ

In my daily life, I ______________________________ .

（注）この解答用紙は実物を縮小してあります。B４用紙に143％拡大コピーすると、ほぼ実物大で使用できます。（タイトルと配点表は含みません）

推定配点		計
	Ⅰ，Ⅱ　各２点×20　Ⅲ　各１点×11　Ⅳ　各２点×12〔２は完答〕 Ⅴ～Ⅶ　各１点×21〔Ⅶは各１点×５〕　Ⅷ　４点	100点

2020年度　中央大学附属高等学校

数学解答用紙

番号		氏名		評点	／100

解答欄							
1	(1)		(2)		(3)		
	(4)	$x=$ 　　　, $y=$	(5)	$x=$	(6)	$a=$	
	(7)		(8)	$\angle x=$ 　　　, $\angle y=$			
	(9)	ア	イ		ウ		
2	(1)	$p=$	(2)	$p=$			
3	(1)	$a=$	(2)	(　　, 　　)	(3)	(　　, 　　)	
4	(1)		(2)		(3)	A ： B	

（注）この解答用紙は実物を縮小してあります。Ｂ４用紙に133％拡大コピーすると、ほぼ実物大で使用できます。（タイトルと配点表は含みません）

推定配点		計
	1 (1)〜(8)　各５点×９〔(8)は各５点×２〕　(9)　各３点×２〔イ・ウは完答〕 2, 3　各６点×５　　4　(1), (2)　各６点×２　(3)　７点	100点

二〇二〇年度　中央大学附属高等学校

国語解答用紙

番号　　氏名　　評点 ／100

一

問1　ⓐ　ⓑ　ⓒ　ⓓ　ⓔ

問2　a　b　c

問3　②　③

問4

問5

問6　a　b　c　d　e　f

問7

問8

問9

問10

二

問1　A　B　C

問2　a　b　c　d

問3

問4

問5

問6

問7

問8

問9

問10

問11　D　E　F

問12　a　b　c　d　e　f

（注）この解答用紙は実物を縮小してあります。B4用紙に130%拡大コピーするとほぼ実物大で使用できます。（タイトルと配点表は含みません）

推定配点		計
	一 問1、問2　各2点×8 問3〜問10　各3点×12〔問6a・b、c・d、e・fはそれぞれ完答〕 二 問1　各2点×3 問2〜問12　各3点×14〔問2a・b、c・d、問11、問12a・b、c・d、e・fはそれぞれ完答〕	100点

２０２０年度　中央大学附属高等学校・帰国生

英語解答用紙　No.１

番号		氏名		評点	／100

Ⅰ

1	2	3	4	5
6	7	8	9	10

Ⅱ

1	2	3	4	5

Ⅲ

1	2	3

Ⅳ

[1]	[2]

Ⅴ

1	2	
	a	b
3		
(1)	(2)	
4	5	6
7		
2番目	5番目	
8	9	10
11		

Ⅵ

Part A				
1	2	3	4	5

２０２０年度　中央大学附属高等学校・帰国生

英語解答用紙　No. 2

Ⅵ　Part B

(注) この解答用紙は実物を縮小してあります。Ｂ４用紙に137%拡大コピーすると、ほぼ実物大で使用できます。(タイトルと配点表は含みません)

推定配点		計
	Ⅰ～Ⅳ　各２点×20 Ⅴ　１～３　各２点×５　４～11　各３点×10〔７は完答〕 Ⅵ　Part A　各２点×５　Part B　10点	100点

２０２０年度　中央大学附属高等学校・帰国生

数学解答用紙　No.1

番号		氏名	

評点	／100

解　答　欄

1	(1)		(2)		(3)	$x=$
	(4)	$x=$　　　　, $y=$	(5)	$x=$	(6)	
	(7)		(8)		(9)	$y=$
	(10)	$\angle x=$	(11)			
	(12) (ア)		(イ)		(ウ)	

２０２０年度　中央大学附属高等学校・帰国生

数学解答用紙　No.２

解答欄					
２	【問1】	(1)			
		(2)			
		(3)			
	【問2】	(1)		(2)	
	【問3】				
	【問4】				
	【問5】				
	【問6】				

（注）この解答用紙は実物を縮小してあります。Ｂ４用紙に135％拡大コピーすると、ほぼ実物大で使用できます。（タイトルと配点表は含みません）

推定配点		計
	１　各５点×14　　２　問１～問４　各２点×８　問５，問６　各７点×２	100点

二〇二〇年度　中央大学附属高等学校・帰国生

国語解答用紙　No.1

番号		氏名	

評点	/100

一

【問1】

①	②	③	④	⑤
	な			
⑥	⑦	⑧	⑨	⑩
		める	れる	しむ
⑪	⑫	⑬	⑭	⑮
		げる	る	ます
⑯	⑰	⑱	⑲	⑳
	ける	く	す	す

【問2】

①		②		③		④		⑤	
語	意味	語	意味	語	意味	語	意味	語	意味

（注）この解答用紙は実物を縮小してあります。B4用紙に135%拡大コピーすると、ほぼ実物大で使用できます。（タイトルと配点表は含みません）

二〇二〇年度　中央大学附属高等学校・帰国生

国語解答用紙　No. 2

二

【問1】

【問2】

推定配点		計
	一　各2点×30 二　問1　10点　問2　30点	100点

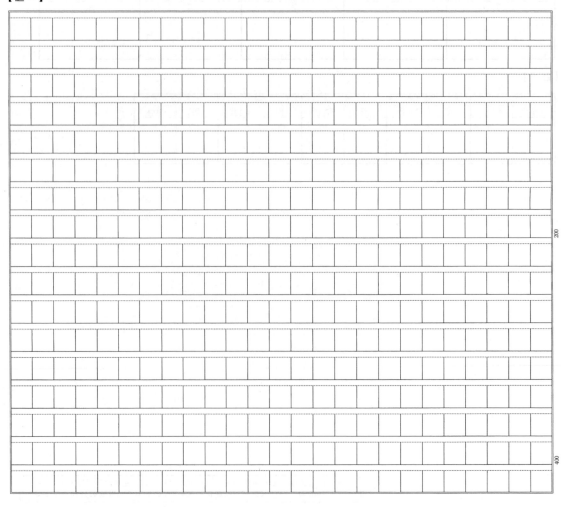

Memo

Memo